公司理财（第三版）

Corporate Finance

刘淑莲 主编

图书在版编目(CIP)数据

公司理财/刘淑莲主编.—3版.—北京:北京大学出版社,2020.11
(21世纪经济与管理规划教材·财务管理系列)
ISBN 978-7-301-31668-9

Ⅰ.①公⋯　Ⅱ.①刘⋯　Ⅲ.①公司—财务管理—高等学校—教材　Ⅳ.①F276.6

中国版本图书馆 CIP 数据核字(2020)第 182584 号

书　　名	公司理财(第三版)
	GONGSI LICAI(DI-SAN BAN)
著作责任者	刘淑莲　主编
责 任 编 辑	黄炜婷
标 准 书 号	ISBN 978-7-301-31668-9
出 版 发 行	北京大学出版社
地　　　址	北京市海淀区成府路 205 号　100871
网　　　址	http://www.pup.cn
微信公众号	北京大学经管书苑(pupembook)
电 子 信 箱	em@pup.cn　　QQ:552063295
电　　　话	邮购部 010-62752015　发行部 010-62750672　编辑部 010-62752926
印 刷 者	天津中印联印务有限公司
经 销 者	新华书店
	787 毫米×1092 毫米　16 开本　29.25 印张　747 千字
	2007 年 12 月第 1 版　2012 年 8 月第 2 版
	2020 年 11 月第 3 版　2022 年 7 月第 2 次印刷
定　　　价	68.00 元

未经许可,不得以任何方式复制或抄袭本书之部分或全部内容。
版权所有,侵权必究
举报电话: 010-62752024　电子信箱: fd@pup.pku.edu.cn
图书如有印装质量问题,请与出版部联系,电话: 010-62756370

教与学扩展资源

扫码获取提供给读者的"学习资源包":

◆ "Excel 应用",展示教材中主要计算分析题的 Excel 运算过程;

◆ "习题参考答案",课后基础训练和案例分析的指导性分析;

◆ "延伸阅读材料",囊括教材中重要财务概念的延伸阅读材料,完全的参考文献与专业网上资源链接,现值、终值系数表,正态分布曲线的面积等资料。

还提供给教师 PPT 教学课件,读者可关注公众号"北京大学经管书苑",通过菜单栏"在线申请"—"教辅申请"提交申请。

丛书出版前言

教材作为人才培养重要的一环,一直都是高等院校与大学出版社工作的重中之重。"21世纪经济与管理规划教材"是我社组织在经济与管理各领域颇具影响力的专家学者编写而成的,面向在校学生或有自学需求的社会读者;不仅涵盖经济与管理领域传统课程,还涵盖学科发展衍生的新兴课程;在吸收国内外同类最新教材优点的基础上,注重思想性、科学性、系统性,以及学生综合素质的培养,以帮助学生打下扎实的专业基础和掌握最新的学科前沿知识,满足高等院校培养高质量人才的需要。自出版以来,本系列教材被众多高等院校选用,得到了授课教师的广泛好评。

随着信息技术的飞速进步,在线学习、翻转课堂等新的教学/学习模式不断涌现并日渐流行,终身学习的理念深入人心;而在教材以外,学生们还能从各种渠道获取纷繁复杂的信息。如何引导他们树立正确的世界观、人生观、价值观,是新时代给高等教育带来的一个重大挑战。为了适应这些变化,我们特对"21世纪经济与管理规划教材"进行了改版升级。

首先,为深入贯彻落实习近平总书记关于教育的重要论述、全国教育大会精神以及中共中央办公厅、国务院办公厅《关于深化新时代学校思想政治理论课改革创新的若干意见》,我们按照国家教材委员会《全国大中小学教材建设规划(2019—2022年)》和教育部《普通高等学校教材管理办法》《高等学校课程思政建设指导纲要》等文件精神,将课程思政内容融入教材,以坚持正确导向,强化价值引领,落实立德树人根本任务,立足中国实践,形成具有中国特色的教材体系。

其次,响应国家积极组织构建信息技术与教育教学深度融合、多种介质综合运用、表现力丰富的高质量数字化教材体系的要求,本系列教材在形式上将不再局限于传统纸质教材,而是会根据学科特点,添加讲解重点难点的视频音频、检测学习效果的在线测评、扩展学习内容的延伸阅读、展示运算过程及结果的软件应用等数字资源,以增强教材的表现力和吸引力,有效服务线上教学、混合式教学等新型教学模式。

为了使本系列教材具有持续的生命力,我们将积极与作者沟通,争取按学制周期对教材进行修订。您在使用本系列教材的过程中,如果发现任何问题或者有任何意见或建议,欢迎随时与我们联系(请发邮件至 em@pup.cn)。我们会将您的宝贵意见或建议及时反馈给作者,以便修订再版时进一步完善教材内容,更好地满足教师教学和学生学习的需要。

最后,感谢所有参与编写和为我们出谋划策提供帮助的专家学者,以及广大使用本系列教材的师生。希望本系列教材能够为我国高等院校经管专业教育贡献绵薄之力!

北京大学出版社
经济与管理图书事业部

21世纪经济与管理规划教材

财务管理系列

第三版前言

1998年6月,美国咨询机构Heidrick & Struggles将CFO定位为战略合作伙伴,并对美国财富1 000强企业的CEO进行问卷调查。CEO认为一个合格的CFO应具备系统思维能力、战略规划能力、领导能力、创造力、沟通能力、人力资源开发能力、合作精神、综合的知识结构(公司理财、公司治理、资本预算、风险管理、会计程序)。德国传媒公司贝塔斯曼集团(Bertelsmann AG)CFO Siegfried Luther认为,CFO"应该一半是会计师,一半是战略家,并且在这两个角色中,他都越来越有必要成为有效的沟通者"。从某种程度上说,CFO的战略视野和沟通能力被视为其重要技能,甚至超过会计专业技能。

从传统的"数豆者""预算编制者""数据提供者"转变为CEO的战略合作伙伴,从记录价值的会计主管转变为创造价值的业务伙伴,这不仅是时代赋予CFO的角色变化,也是CFO职业生涯的重造。完成这次变革的前提之一就是扩展CFO的战略视野和提高其综合素质。这种提高一方面来自实践经验的积累,另一方面来自不断学习与积累新知识。本书定位于将财务理论带出课堂的教科书,旨在介绍和传播财务知识,帮助读者将财务概念用于解决现实问题,为现在的CFO和未来的CFO提供一种新的、简单而实用的理财技术。

CFO作为企业的战略合作伙伴,是公司价值管理的中枢,主要通过投资决策和融资决策为公司创造价值:一方面,通过资源的流动和重组,实现资源的优化配置与价值增值,为公司的未来创造价值;另一方面,通过金融工具的创新和资本结构的调整,实现资本的扩张与增值,为投资者创造价值。本书根据价值创造与价值管理这一技术路线,按照教学要求设计各章内容,本着"一切以使用和实用"为原则,从实务出发,结合理论与真实案例,帮助读者理解公司理财的理论与技术。

本书在第二版的基础上,对结构和内容进行了一定的增删。本版删除了财务预测中的部分内容,增加了公司战略与实物期权的章节,将公司战略、实物期权和公司财务策略联系起来,描述了战略价值、灵活性价值和财务价值的理论与技术。各章内容以中国上市公司财务数据为基础,修改和增删了一些案例的数据。为帮助读者更好地掌握书中内容,以Excel形式将主要例题的运算过程提供给读者,读者可通过"博雅学与练"平台获得。

本书特点

系统性 本书以公司理财目标为导向,以风险与收益为决策变量,按照价值评估—价值创造—价值管理的技术路线设置各篇章的内容。全书共分三篇十五章,第一篇为财务估值基础理论,以公司财务理论为背景,系统介绍了财务报表分析、证券价值评估模型、风险与收益模型。第二篇为财务决策,根据资产负债表框架设置投资、筹资和营运资本管理相关内容,先后介绍了资本成本、投资决策、资本结构、股利政策、长期融资和营运资本管理等。第三篇为公司理财专题,分别阐述了经济增加值与价值管理、期权定价与公司财务、公司战略与实物期权、衍生工具与风险管理、公司并购与资产剥离等基本理论与实用技术。书中内容积木化设置,各篇既相互联系又独立成篇,方便教师根据实际需要组织教学与学生自主学习。

开拓性 本书力求突破公司理财教材的传统模式与写作方法,将"求实""求新"与"求深"相结合,将现代财务管理模式与中国公司理财现实相结合,尽量为学生提供一种理财的思路或导向。书中许多章节以中国上市公司的财务数据为基础,以大量的实例将各章的前后概念和财务术语联系起来,运用估值模型将公司投资决策、资本结构设置、营运资本管理和风险管理有机地结合在一起。通过反复讨论和提示给读者更多的启发,这不仅能帮助读者理解书中内容,还能使公司财务的理论与实际操作有机地融为一体。

实用性 与一般教材不同的是,本书不仅将财务学研究的最新成果融入内容之中,使读者通过本书得到完整的财务知识,而且提供了用 Excel 财务函数工具解决一般财务问题的具体操作过程,通过模拟增强了读者对财务模型的理解和应用能力,学会利用 Excel 工具进行财务建模、财务决策和价值评估。读者在学习相关的财务理论后,只需具备 Excel 基础知识,根据各种财务变量关系,导入真实数据,即可进行实际演练。

本书各章之后设置的本章小结、基础训练、案例分析等可作为课堂教学的补充。基础训练既适合课堂讨论,也适合小组作业。书中的一些案例分析提供了详细的分步骤解析过程,有利于学生自己动手、下载数据、查阅文献、设计方案、分析论证、撰写报告。随着课程进度分析相关的案例,使案例分析成为课堂教学和自我测试的一个必要环节。本书各章所选案例具有较强的代表性,注意融合和贯通各章知识,易于学生把握财务知识的总体框架。与本书内容紧密关联的学习资源包括习题参考答案、Excel 应用、延伸阅读材料,读者可自行扫码下载"学习资源包"获取。

教学方式

本书各章节的顺序体现了"公司理财"课程的授课过程,教师也可根据需要变更次序或放弃某一部分内容。在教和学的过程中,应注意以下几个问题:

第一,处理好全面和重点的关系。在教学过程中,教师应当根据学生的特点和要求,精心组织教学内容,力求突出重点,讲清难点,解答疑点,使学生在全面理解的基础上,尽快掌握必要的理论、方法和技能。为了体现本课程的实务特色,课堂教学可采取问题导向型教学方式。学生在每次上课之前应仔细阅读教材,各章后的小结、讨论与案例可作为预习的线索。

第二,处理好理论教学与实务操作之间的关系。在教学方法上,以基本理论为基点,强调案例(真实案例和虚拟案例)教学,坚持"理论—方法—案例"并行,以便使学生循序渐进，有所借鉴。为了培养学生的合作能力、沟通能力和实践能力，本课程宜采取学生研究训练(students research training, SRT)计划。例如，各章后的基础训练与案例分析适合小组作业和现场报告，由5—7名学生组成小组，在主讲教师指导下，学生按特定题目各抒己见，然后展开讨论、互相切磋，这样就为学生提供了在课堂中难以得到的自我表现机会。事实上，学生知识的主要部分不是从教师讲课中得到的，图书馆、网络资源、实验室也可进行相关的案例分析，使其成为课堂教学和习题测试的一个必要环节。

第三，处理好课堂讨论与案例分析的关系。为了使学生在学习专业基础理论的同时，增强对财务管理方法应用的感性认识，充分锻炼学生的分析能力和应用能力，要求学生上网收集上市公司的相关资料，随着课程进度进行相关的案例分析，使其成为课堂教学和习题测试的一个必要环节。本书各章后的案例分析（虚拟案例和真实案例）通常是运用财务管理的理论或方法，针对某一事项进行计算或分析。与一般练习题不同，案例向读者提供的资料、信息往往不全或较为复杂，反映的情节具有一定的拟真性或真实性，提出的问题带有较多的思考性和启发性。为了更好地理解各章后设置的基础训练和案例分析，学生可通过"博雅学与练"平台查询基础训练与案例分析指引。各章的案例分析方法一般会因人而异，没有标准答案。在案例分析中，学生首先要认真阅读案例的内容，掌握其中的要点和重点，如公司名称、事件背景、数据资料、问题症结，以及各要素之间的相互关系；其次，从教材中找出用于解释相关问题的理论、方法或模型，确定思考问题和分析问题的角度；最后，根据这些理论或模型的要求，整理、加工和筛选案例所提供的数据，找出解决问题的方法，并根据自己的观点加以阐述。需要特别注意的是，案例分析通常没有绝对的答案，也可能会有多种正确答案。

第四，处理好课堂教学与课后练习和网络教学的关系。与本书内容相关的配套教材《公司理财习题与案例》，为各章设计了单项选择、多项选择、判断题、计算分析题、案例分析、模拟试题。这些教学资源对于读者学习与自我测试、尽快掌握理财技术是一个非常好的辅助资源。教师可以利用"学习资源包"提供的内容设计网络教学讨论题目和进行网上答疑，让学生主动参与讨论并及时得到反馈。教师根据学生参加讨论的活动记录和发表的见解及意见的内容给予评价。这种教学模式不但提高了学生的积极性和学习效果，而且在潜移默化中培养了学生的合作能力、表达沟通能力和实践能力。

目标读者群

我们假设学生已经学习了"经济学""管理学""会计学""概率论与统计学"课程，这些先修课程有助于学生加深对本书内容的理解。但是先修课程并非至关重要，为了学习方便，本书对前续课程中的有关概念做了必要的铺垫性说明。书中许多内容曾出现于高等院校经济与管理专业的主要教材，并在使用过程中不断进行修订和补充。这次再版不仅可以满足会计、财务管理、金融等经济与管理专业的课程学习，还可以满足中高级管理人员培训需求。无论是对于渴望得到财务管理知识的学生，还是对于追求公司价值最大化的财务决策者，都可以从本书中找到值得学习和借鉴的地方。书中有关财务管理案例的讨论与分析既可应用在学校的教室，也可应用在公司董事会的办公室和投资银行的会议室。本书提供的财务知识和管理工具，可使财务经理将来自市场的知识转化为可运用于公司中的知识。因此，本书可以成为财务管理从业人员书架上十分有用的参考手册。

任何一本教材的架构与写作不仅源于作者的知识积累和创造，更来自前人的研究成果和贡献。在写作本书的过程中，作者参阅了国内外许多财务专家、学者的最新研究成果，他们的思想和观点对本书的完成极为重要。为了反映这些专家和学者的贡献，书中引用的观点或案例尽可能地标注了相应的出处。对于这些专家和学者，我们再次表示诚挚的谢意！

　　本书的写作目的不仅在于通过财务知识的介绍、传播，帮助读者将财务管理概念用于解决现实问题，还将我从这门学科中感悟的兴奋与快乐传递给读者。虽然我主讲"公司理财"课程已四十多年，多次主编不同层次的公司理财教材，但每次撰写教材都是一个重新学习的过程。在本书的写作过程中，虽然我穷尽了自己在这一领域教学与实践的积累，在许多地方反复推敲、几易其稿，但限于水平和时间，书中难免有许多疏漏和不当之处。谨以此书献给理论界与实务界的理财专家，献给在这一领域不懈地学习与探索的未来的理财专家，你们的批评和建议将是本书日后修订的重要依据。

编者

2020 年 5 月

教 学 思 政

授课教师可参考以下建议展开思政教学活动：

章节	教学内容	知识点	思政维度
第一章 公司理财概述	1. 财务管理的内容与财务经理职责 2. 企业组织形式与财务管理目标 3. 委托代理关系与代理问题 4. 金融市场特征与金融资产价值决定因素 5. 有效市场假说	财务管理内容、财务经理职责、独资企业、合伙企业、公司制企业、财务管理目标、所有权与控制权、风险分担、代理关系、公司治理、金融市场功能、金融市场类型、金融资产价值、弱式效率、半强式效率、强式效率	1. 组织学生观看视频"管道的故事"，讨论：努力和选择的关系；财务研究的内容；合格CFO的职业素质 2. 组织学生查找公司治理案例，引导学生了解CFO在实现财务目标、完善公司治理结构、履行社会责任中的作用，培养学生正确的行为观 3. 引导学生了解金融资产价值的特点，了解资本市场证券价格和信息之间的效率关系，构筑学生正确的信息观
第二章 财务报表分析	1. 财务报表分析信息来源、财务报表分析方法 2. 公司盈利能力、营运能力、偿债能力、增长能力 3. 财务比率综合分析 4. 现金流量分析 5. 财务危机分析	财务报表勾稽关系、财务报表相关性与可靠性、财务报表分析方法、盈利能力比率、营运能力比率、偿债能力比率、增长能力比率、市场状况比率、净资产收益率五因素分析、杜邦财务比率分析、现金流量分析、信用风险分析	1. 引导学生续编"管道故事"，假设通过招商引资修建或扩大管道建设，思考采用股权融资或债务融资方式对"管道公司"资产负债表的影响 2. 查找上市公司财务造假案例，分析财务造假的类型、手段及其对公司股东和债权人等利害相关人的影响；帮助学生树立正确的人生观、伦理观、道德观 3. 根据《公司理财习题与解析》，组织学生讨论格力电器2010—2019年财务状况和经营成果，提高学生的财务分析能力
第三章 证券价值评估	1. 货币的时间价值 2. Excel时间价值函数 3. 债券价值评估模型与利率决定因素 4. 现金流折现模型 5. 乘数估值模型	货币时间价值、现值、终值、年金、名义利率、有效利率、真实利率、债券价值评估模型、到期收益率模型、利率决定因素、利率期限结构、零息债券、股利折现模型、稳定增长模型、股权自由现金流量、公司自由现金流量、市盈率乘数、公司价值乘数、销售收入乘数、市净率乘数	1. 根据复利效应，引导学生在"管道的故事"后续中加入复利效应，拓展学生的经济思维 2. 引导学生将新学的知识嫁接到原有的存量知识，使知识资产账户产生复利效应，分析每天进步1%或退步1%的复利效应 3. 根据利率估计方法，引导学生计算借贷消费的真实利率水平 4. 假设将学生的思想品德、信用等作为学生风险评估的折现率，将知识增长作为学生个人增长率，根据股票估值稳定增长模型，说明这两个因素对个人价值的影响

（续表）

章节	教学内容	知识点	思政维度
第四章 风险与收益	1. 历史预期收益率与风险的衡量方法 2. 预期收益率与风险的衡量方法 3. 投资组合收益与风险的衡量方法 4. 投资组合风险分散效应 5. 资本资产定价模型的影响因素与确定方法	系统风险、非系统风险、经营风险、财务风险、历史收益率、预期收益率、必要收益率、无风险收益率、方差、标准差、协方差、相关系数、有效边界、资本市场线、证券市场线、资本资产定价模型、多因素模型	1. 通过疫情、俄乌战争、美联储加息、股市下跌等案例，引导学生区分"风险"和"确定性"的联系与区别，学习如何运用统计和概率模型评价风险与不确定性 2. 1968年5月，美国海军天蝎号核潜艇在大西洋亚速海海域失踪。军方运用概率方法进行区域搜索，最终指向一个"最可疑区域"。利用这一案例说明概率思维在风险决策中的作用，引导学生把大概率思维转化为行动，提高成为人生赢家的可能性 3. 引导学生使用股票历史收益率计算模型评价自己的价值：价值=个人品质能力+贝塔系数（市场等外部）+误差项（风险）。请思考提高自身价值的主要因素是什么
第五章 资本成本	1. 资本成本的经济含义和投资决策的基本法则 2. 股权资本成本估计的基本方法 3. β系数、市场风险溢价的确定方法 4. 债务资本成本估计的基本方法 5. 公司资本成本与项目资本成本的关系	资本成本、股权资本成本、风险溢价、隐含的股票风险溢价、历史β系数、行业β系数、负债公司β系数、无负债公司β系数、债券到期收益率、违约风险溢价、债务成本、加权平均资本成本、项目资本成本	1. 引导学生将价值评估的折现率与资本成本联系起来，讨论折现率与资本成本的关系；说明资本成本、投资机会成本与资金成本、融资代价的区别 2. 结合案例，引导学生分析为什么许多公司认为股权资本成本低于债务成本 3. 结合案例说明：人为降低融资成本不能使一个本来亏损的项目变为盈利项目，人为提高融资成本也不能使一个本来盈利的项目变为亏损项目
第六章 投资决策	1. 项目现金流量预测的原则和方法 2. 附加效应、沉没成本、机会成本的基本含义 3. 净现值、内部收益率、获利指数、投资回收期的计算 4. 项目风险敏感性和盈亏平衡的分析方法 5. 概率分析以及风险调整的基本方法	资本预算、增量现金流量、附加效应、沉没成本、机会成本、项目初始投资、经营性营运资本、所得税效应、经营现金流量、终结现金流量、净现值、内部收益率、获利指数、投资回收期、会计收益率、敏感性分析、盈亏平衡分析、风险调整折现率法、确定等值法	1. 通过案例引导学生了解增量现金流量原则，并讨论大学生的沉没成本、机会成本是什么，学生应通过什么方法改变或降低这两种成本？ 2. 引导学生讨论项目评价标准的特点。如何评价大学生创业项目？大学生创业成功与否的成因是什么？如何培养学生不确定性条件下的决策能力？ 3. 引导学生查找北宋真宗年间"丁谓造渠"和现代"马斯克隧道"两个案例，分析它们在降低成本和风险、加快项目建设上的相同之处，"马斯克隧道"是否借鉴或复制了"丁谓造渠"的思想
第七章 资本结构	1. 经营杠杆、财务杠杆和总杠杆之间的关系 2. 资本结构、资本成本与公司价值的关系 3. 税收优惠与财务危机成本对公司价值的影响 4. 代理成本、不对称信息对资本结构的影响 5. 目标资本结构设置与调整方式	经营杠杆、财务杠杆、总杠杆、MM无税理论、MM含税理论、资本结构、无税下股权资本成本、含税下股权资本成本、利息抵税额现值、财务危机成本、代理成本、信号传递理论、优序融资理论、目标资本结构、破产成本、资本成本法、调整现值法	1. 资产负债关系有：总资产=净资产+负债，知识资产账户（总知识）=存量知识（净知识）+增量知识（负债知识），杠杆率=知识资产账户/存量知识。提高杠杆率的方法就是通过学习不断将增量知识并转化为存量知识的过程。根据杠杆原理引导学生寻找杠杆的支点，掌握不断放大杠杆效应的方法 2. 查找企业破产案例，从财务视角说明破产原因，举债融资对公司有什么影响；为什么个人成长要提高知识资产的杠杆率，而公司的经营杠杆和财务杠杆是一把双刃剑

(续表)

章节	教学内容	知识点	思政维度
第八章 股利政策	1. 现金股利与股票股利的概念 2. 股票回购与股票分割对公司价值和投资者收益的影响 3. 股利政策无关论和税收差别理论的基本思想 4. 股利政策与公司价值、税收、代理成本、交易成本等基本思想 5. 股利政策的决定因素和实务中的基本做法	现金股利、股票回购、股票股利、股票分割、股利政策无关论、差别税收理论、交易成本与代理成本、信号传递理论、剩余股利政策、固定股利、固定股利支付率	1. 引导学生讨论不同股利政策(现金股利、股票回购)对投资者收益的影响,为什么不同的投资者偏好不同的股利政策 2. 将学生分为两组,分别代表公司股东和管理层,讨论公司是派发现金股利还是留存现金用于扩大再生产,公司派发现金股利的原因 3. 根据上市公司股利派发情况,引导学生讨论为什么亏损的公司仍会发放现金股利,发放现金股利的资金来自哪里,对公司的经营有什么影响
第九章 长期融资	1. IPO的发行程序及销售方式、新股发行的定价方法 2. 私募股权融资、IPO、股权再融资的发行条件 3. 长期借款保护性条款的类型和内容 4. 债券的种类、创新及评级 5. 租赁对税收和资产负债表的影响	普通股、优先股、IPO、新股发行价、增发与配股融资、私募股权投资、IPO折价、市盈率与利率分析、长期借款、可赎回条款、可回售条款、可转换条款、债券品种、直接融资、间接融资、租赁融资	1. 公司财务主管的主要工作是为公司的现在经营和未来增长提供资本。结合案例,组织学生讨论普通股、优先股、债券融资的优缺点,说明如何提高CFO的融资能力和融资技术 2. 结合IPO相关案例,引导学生分析IPO折价问题,讨论新股公开发行折价的原因,以及为什么股票发行公司的股东会容忍新股折价发行 3. 查找上市公司债券发行案例,引导学生分析债券发行条款,跟踪债券评级、公司业绩变化等信息,讨论公司的财务危机及其对投资者的影响,明确"信用"对公司或个人的重要性
第十章 营运资本管理	1. 营运资本组合策略与融资策略 2. 目标现金余额的确定方法 3. 公司信用政策的分析方法 4. 存货订货批量模型及管理模式 5. 商业信用、短期融资的方式和特点	营运资本、净营运资本、资产组合策略、现金周转期、目标现金存货模式、目标现金随机模式、应收账款信用成本、应收账款信用政策、应收账款收账策略、存货成本、经济订货批量、商业信用、商业票据、短期借款、现金预算	1. 查询青岛啤酒财务公司独具特色的资金管理模式,说明其目标现金持有量的测定方法,组织学生讨论为什么公司"现金流重于利润流" 2. 组织学生讨论格力电器2010—2019年应收账款和应付账款相关比率,分析公司上下游的议价能力 3. 从会计的角度看存货是资产,但迈克·戴尔认为企业的存货是负债,组织学生讨论这一观点,分析不同存货策略对公司的影响
第十一章 经济增加值与价值管理	1. 经济增加值的经济意义和基本模型 2. 从会计利润到经济增加值的主要调整项目与方法 3. 经济增加值与净现值、市场增加值的关系 4. 公司价值创造的动因及财务战略矩阵的基本内容 5. 价值创造、价值评价与价值分享体系的基本内容	经济增加值、税后净经营利润、投入资本收益率、EVA调整项目、市场增加值、价值驱动因素、内含增长率、可持续增长率、财务战略矩阵、价值创造体系、价值评价体系、价值分享体系	1. 结合中央企业经营业绩考核相关案例,组织学生讨论采用EVA指标考核管理者经营业绩的作用,以及采用EVA指标考核经营者业绩需要注意的问题 2. 组织学生分析格力电器经济增加值动量,说明价值成长型矩阵的基本内容,判断格力电器的经济增加值状况 3. 可口可乐1995年报提出:"可口可乐向每一个接触它的人提供价值。"根据公司价值分享体系,组织学生讨论为什么经济增加值指标能够更好地度量员工的业绩

（续表）

章节	教学内容	知识点	思政维度
第十二章 期权定价与公司财务	1. 期权价值、内含价值与时间价值的关系 2. 无套利定价和风险中性定价模型 3. 二项式期权定价模型的基本原理 4. B-S 期权价值评估的基本理论与方法 5. 股票与债券隐含期权价值及分析方法	看涨期权、看跌期权、行权价格、期权费（权利金）、欧式期权、美式期权、内含价值、时间价值、买权—卖权平价、无套利定价、风险中性定价、二项式期权定价、B-S 模型、附认股权证债券、可转换债券、股票和债券期权价值	1. 组织学生讨论：1995 年巴林银行里森构造的"进取"的期权组合；2006 年 4 月万华化学发行的认股权证和认售权证。比较两个案例的区别，分析两种不同蝶式期权组合对投资者的影响 2. 2019 年 12 月 30 日晚间，新希望发布公告将于 2020 年 1 月 3 日在网上发行 40 亿元可转债，期限 6 年。组织学生查询希望转债的各种条款、无风险利率、可转债隐含波动率的历史分布，引导学生分析希望转债的纯债券价值、期权价值及可转换债券价值
第十三章 公司战略与实物期权	1. 公司战略与价值驱动因素 2. 实物期权分析和折现现金流量分析的联系与区别 3. 扩展（战略）净现值的基本思想 4. 实物期权的类型和分析方法 5. 实物期权价值评估的基本理论与方法	产业结构理论、战略资源理论、核心能力理论、实物期权法、扩展的净现值、灵活性期权、财务价值、战略值、递增期权、柔性期权、扩张（缩小）期权、放弃期权、延迟期权、实物期权与金融期权	1. 战略的本质是公司目标与能力平衡，组织学生查找滴滴、拼多多、咖啡品牌三顿半、东方甄选的战略，引导学生思考公司应该怎样制定战略 2. 组织学生查找亚马逊发展历程，从实物期权的视角梳理亚马逊的战略选择。不管是 Marketplace、Prime 还是 AWS 云服务，都帮助亚马逊成为成功的大公司。Marketplace 没能成功，那么亚马逊是否会伤筋动骨？引导学生思考在以后的生活中，如何让自己获得更多的"可选择权"
第十四章 衍生工具与风险管理	1. 远期、期货、互换和期权合约的特点 2 远期合约、期权合约在外汇风险管理中的作用 3. 修正久期和凸性对债券价格的影响及分析方法 4. 远期外汇利率协议、利率互换、货币互换的基本含义和作用 5. 利率期权在外汇风险、利率风险管理中的作用和运作方式	衍生工具、远期合约、期货合约、互换合约、期权合约、外汇风险、外汇风险暴露、折算风险、交易风险、经济风险、风险对冲、利率风险、久期、修正久期、凸度、远期利率协议、利率互换、货币互换、利率上限期权、利率下限期权、利率双限期权	1. 组织学生讨论宣钢与 Via Pomini 项目风险对冲策略案例，分析两家公司不同的风险对冲方法对各自的影响 2. 1981 年 8 月，IBM 和世界银行进行了世界上第一笔货币互换交易。组织学生查找相关资料，了解世界银行与 IBM 货币互换协议的内容，分析互换对双方成本的影响 3. 查询人民币汇率、利率变化对中国进出口贸易的影响，组织学生讨论：假设你是一家进出口公司的 CFO，应采用什么方法对冲汇率、利率对公司业务的影响
第十五章 公司并购与资产剥离	1. 并购的类型、并购协同效应与价值来源 2. 内涵式扩张与外延式扩张 3. 并购价格对价方式对并购双方股东价值的影响 4. 反收购的管理策略和抗拒策略 5. 资产出售、股权分割等重组形式对公司价值的影响	兼并和收购、横向并购、纵向并购、混合并购、内涵式扩张、外延式扩张、收入协同效应、成本协同效应、税收协同效应、财务协同效应、并购价格、控制权溢价、现金对价、股票对价、资产剥离、股权分割、持股分立	1. 2018 年 10 月，美的集团发布公告称，将发行股份并换股吸收合并小天鹅。交易完成后，小天鹅全部股票将被注销，进而退市。组织学生上网查询资料，并分析美的为何弃壳而换股吸收合并小天鹅 2. 吉利控股集团 2010 年 8 月 2 日宣布以支付 13 亿美元现金和 2 亿美元票据完成了对沃尔沃轿车公司的并购。引导学生分析吉利为什么采取现金对价方式完成并购沃尔沃的交易，现金对价会对吉利未来的发展产生怎样的影响

目 录

第一篇 财务估值基础理论

第一章 公司理财概述 ………………………………………………………… 3
第一节 公司理财内容与财务经理职责 …………………………………… 3
第二节 财务管理目标与代理问题 ………………………………………… 5
第三节 金融市场环境 ……………………………………………………… 11

第二章 财务报表分析 ………………………………………………………… 19
第一节 财务报表分析基础知识 …………………………………………… 19
第二节 财务业绩分析 ……………………………………………………… 23
第三节 现金流量与信用风险分析 ………………………………………… 33

第三章 证券价值评估 ………………………………………………………… 44
第一节 货币的时间价值 …………………………………………………… 44
第二节 Excel 时间价值函数 ……………………………………………… 51
第三节 债券价值评估 ……………………………………………………… 54
第四节 股票价值评估 ……………………………………………………… 62

第四章 风险与收益 …………………………………………………………… 84
第一节 历史收益与风险的衡量 …………………………………………… 84
第二节 预期收益率与风险的衡量 ………………………………………… 89
第三节 投资组合收益与风险的衡量 ……………………………………… 90
第四节 资本资产定价模型 ………………………………………………… 98

第二篇 财务决策

第五章 资本成本 ……………………………………………………………… 113
第一节 公司资本成本 ……………………………………………………… 113
第二节 项目资本成本 ……………………………………………………… 129

第六章 投资决策 ... 137
- 第一节 投资项目现金流量预测 ... 137
- 第二节 投资项目评价标准 ... 142
- 第三节 投资项目风险分析 ... 152

第七章 资本结构 ... 163
- 第一节 杠杆分析 ... 163
- 第二节 资本结构理论 ... 168
- 第三节 目标资本结构调整 ... 189

第八章 股利政策 ... 208
- 第一节 股利支付方式 ... 208
- 第二节 股利政策的争论 ... 213
- 第三节 实践中的股利政策 ... 220

第九章 长期融资 ... 233
- 第一节 股权融资 ... 233
- 第二节 长期债务融资 ... 255
- 第三节 租赁融资 ... 270

第十章 营运资本管理 ... 278
- 第一节 营运资本管理策略 ... 278
- 第二节 现金管理 ... 286
- 第三节 应收账款信用管理 ... 293
- 第四节 存货管理 ... 301
- 第五节 短期融资 ... 304

第三篇 公司理财专题

第十一章 经济增加值与价值管理 ... 317
- 第一节 经济增加值调整方式 ... 317
- 第二节 经济增加值驱动因素 ... 327
- 第三节 可持续增长与财务战略矩阵 ... 332
- 第四节 价值导向管理 ... 336

第十二章 期权定价与公司财务 ... 343
- 第一节 期权交易的基础知识 ... 343
- 第二节 二项式期权定价模型 ... 353
- 第三节 布莱克-斯科尔斯模型 ... 358
- 第四节 期权与融资估价 ... 364
- 第五节 股票、债券期权价值分析 ... 371

第十三章 公司战略与实物期权 ·· 383
  第一节 公司战略价值评价 ·· 383
  第二节 期权投资法 ·· 390
  第三节 实物期权价值评估 ·· 396

第十四章 衍生工具与风险管理 ·· 407
  第一节 衍生工具概览 ·· 407
  第二节 外汇风险对冲 ·· 411
  第三节 利率风险管理 ·· 417

第十五章 公司并购与资产剥离 ·· 433
  第一节 并购与价值创造 ·· 433
  第二节 并购价格与对价方式 ··· 440
  第三节 资产剥离价值分析 ·· 445

主要参考文献 ·· 451

21世纪经济与管理规划教材

财务管理系列

第一篇

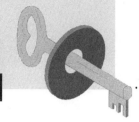

财务估值基础理论

第一章　公司理财概述
第二章　财务报表分析
第三章　证券价值评估
第四章　风险与收益

第一章 公司理财概述

[学习目的]
- 熟悉公司理财内容与财务经理职责
- 了解企业组织形式和经典的财务管理目标
- 熟悉委托—代理关系与代理问题
- 掌握金融资产特征及其价值决定因素
- 了解有效市场假说的基本内容

假设你希望设立一家生产家用电子产品的公司,你必须筹措资金(用自己的资金或借入资金)购买设备和原材料、雇用员工,通过产品销售获得现金,并将投资所获收益进行再投资或以股利或利息的形式回报给投资者。从现金流入公司到现金返还给投资者的过程即公司价值的创造过程,也是设立公司的目标。用财务学的术语来说,你将获得的资金投放到能够创造价值增长的活动。这里的"资金"通常是"他人的钱",对于上市公司来说,"他人的钱"主要是由股东和债权人提供的。资金的使用者必须为资金的提供者提供报酬,这个报酬通常是公司用"他人的钱"进而"以钱生钱"(投资)创造的。公司只有不断地为"他人""生钱聚钱",才能持续不断地得到"他人的钱"(外部筹资)。因此,在财务管理过程中,公司必须正确权衡资本提供者与使用者之间的委托—代理关系,在为"他人"创造财富的同时也为公司创造价值。

第一节 公司理财内容与财务经理职责

一、公司理财内容

根据财务学科的范畴,公司理财/财务管理(corporate finance)是研究公司资源的取得与使用的管理学科。资源的取得主要指筹资活动,即筹措公司经营活动和投资活动所需的资本;资源的使用主要是指投资活动,即将筹得的资本用于提高公司价值的各项活动。由于资源的取得和资源的使用在价值量上是相等的,因此公司理财内容可以用简化的资产负债表予以描述,如图1-1所示。

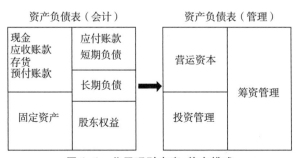

图 1-1 公司理财内容:静态模式

图 1-1 描述了会计视角的资产负债表和管理视角的资产负债表的关系。在资产负债表(管理)中,将公司理财内容分为投资管理、筹资管理和营运资本管理三部分。投资管理(资本预算)主要侧重于公司长期资产的投向、规模、构成及使用效果的管理,即对列示在资产负债表(会计)左下方有关项目的管理;筹资管理主要侧重于资本的来源渠道、筹措方式、资本结构、股利政策[①]的管理,即对列示在资产负债表(会计)右方有关项目的管理;营运资本管理主要侧重于流动资产和流动负债的管理,即对列示在资产负债表(会计)左上方和右上方有关项目的管理。投资管理、筹资管理及营运资本管理的目的在于使资本的使用效益大于资本的取得成本,实现公司价值最大化。

如果图 1-1 是从静态视角研究公司理财内容,那么图 1-2 就是从动态视角描述公司理财的主要内容。

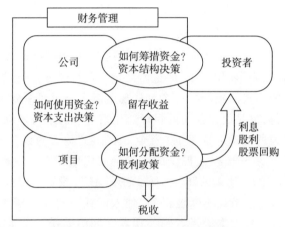

图 1-2 公司理财内容:动态模式

图 1-2 描述的公司理财内容反映了现金从投资者流向公司并最终返回投资者的过程。如果你要成立一家公司,那么你必须筹措资本(用自有资本或在资本市场筹措资本)并用于项目投资(购买设备和原材料、雇用员工)和产品经营,将投资所获收益进行再投资或以股利或利息等形式回报给投资者。

根据图 1-2,公司理财必须回答三个基本问题:如何进行项目投资,为公司未来创造价值? 如何设计、发行金融工具(股票、债券等),以便筹措满足经营和投资所需的资本? 如何分配新创造的价值? 对第一个问题的回答是公司的投资决策,即根据公司的战略规划确定公司资本预算,参与投资方案的财务评估。对第二个问题的回答是公司的筹资决策,即根据公司筹资需要与商业银行或投资银行一起选择或设计各种筹资工具、设置资本结构等。对第三个问题的回答是公司的分配决策,即根据公司未来发展和投资者利益需求,将新创造的价值以利息、股利等方式在投资者之间进行分配。

二、财务经理职责

在公司制企业中,股东选举董事会实现对公司的控制,董事会将大部分日常经营决策

---

① 需要说明的是,股利政策是确定公司的利润如何在股利和再投资两者间进行分配。尽管分配股利会增加股东财富,但若不将利润作为股利分配给股东,它就会成为公司的一项资本来源,将其再投资可为股东创造更多的财富。因此,在投资既定的情况下,公司的股利政策可作为融资活动的一个组成部分。

权授予以 CEO(首席执行官)、COO(首席运营官)、CFO(首席财务官)等为首的管理层。在工业发达国家,CFO 负责公司的财务管理工作,其下设立会计部门和财务部门,分别由主计长(controller)和司库(treasurer)负责,再根据工作内容设置若干科室。主计长的职责主要是通过会计核算工作向外部投资者和公司管理层提供各种数量化的财务信息。司库的职责主要是负责公司的现金管理、资本筹措,以及与银行、股东及其他投资者保持联系。公司 CFO 的主要职责不仅仅是监管主计长和司库的工作,更重要的是根据公司战略规划与经营目标编制和调整财务计划,制定公司的财务政策等。典型的公司组织架构和财务经理职责如图 1-3 所示。

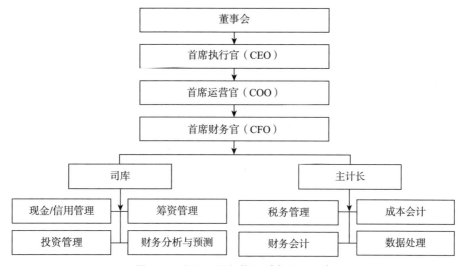

图 1-3 公司组织架构和财务经理职责

在上述各种管理职责中,有的集中在财务部门,有的由几个部门共同管理。例如,应收账款中的信贷限额可由财务部门或市场部门负责,但由此引起的现金流量必须通过财务部门才能完成。又如,为公司现在经营或未来增长提供资本是财务经理的主要职责之一,但有关筹资工具或金融产品的设计、包装、发行通常由财务部门和证券管理部门(如果公司专门设置了这一部门)共同完成。虽然公司的资本预算过程交由司库或 CFO 负责组织、监管,但重大资本投资项目、产品开发计划与产品营销等方面的决策需要相关部门经理参与筹划和分析,最终的决策由公司总裁或董事会决定或批准。

随着经济全球化、金融一体化的进程不断深入,公司对资本市场的依赖程度不断增强,迫切需要越来越多的专业 CFO,他们在战略规划、信息流程化管理、投资者关系管理、业绩评估、风险管理、公司治理结构等方面发挥着重要作用。CFO 的战略视野和沟通能力被视为 CFO 的重要技能,其重要性甚至超过会计专业技能。

第二节 财务管理目标与代理问题

一、企业组织形式

企业组织形式主要有独资企业、合伙企业和公司制企业三种。

独资企业是指一个人所拥有的企业,其特点主要表现在:(1)企业的资本主要来自个人储蓄、银行借款、企业利润再投资等,不允许发行股票、债券或以企业名义发行任何可转让证券;(2)个人拥有企业的全部资产,并对企业的债务承担全部责任;(3)企业的收入即为企业所有者的收入,并据此向政府缴纳个人所得税;(4)独资企业的存续期受制于企业所有者的生命期。

合伙企业是指由两个或两个以上合伙人共同创办的企业,其特点主要表现在:(1)合伙企业筹资与独资企业相同,企业开办资本主要来自合伙人的储蓄等,企业不能通过出售证券筹措资本;(2)合伙企业可分为普通合伙制和有限合伙制两类,前者对企业债务承担无限责任,后者对企业债务的责任仅限于个人在合伙企业中的出资额;(3)合伙人通常按照他们对合伙企业的出资比例分享利润或分担亏损;(4)合伙企业本身不缴纳所得税,其收益直接分配给合伙人,他们所得的分红是各自缴纳个人所得税的依据;(5)合伙制企业的管理控制权归属于普通合伙人;(6)普通合伙企业随着一个普通合伙人的死亡或撤出而终止,有限合伙人可以出售他们在企业中的权益而退出。

公司制企业是企业形态中最高层次的组织形式,是由股东集资创建的经济实体,具有独立的法人资格。公司制企业的特点主要表现在:(1)公司的资本可由股东共同出资,也可以在资本市场上发行股票、债券等各种有价证券筹措;(2)公司实行有限责任制,即股东对公司的债务只负有限责任,当公司破产时,股东的损失以其在该公司的出资额为限;(3)股东对公司的净利润拥有所有权;(4)公司股份代表着股东对公司的所有权,并可以随时转让给新的所有者;(5)公司双重纳税,即公司收入要征税,分配给股东的红利也要征税;(6)公司存续期无限,因为公司与其所有者相互独立,所以某一所有者的死亡或撤出股份在法律上并不能影响公司的存在。

与独资企业或合伙企业相比,公司制企业最大的优点是有限责任、股权容易转让、易于获得外部资本、经营寿命期长等;公司制企业的最大缺点是双重纳税。由于公司日渐成为企业组织形式的主导,本书以股份公司作为财务管理的主体,但基本原理同样适用于其他两种组织形式。

二、所有权、控制权与风险分担

现以一个假想的案例说明组织形式变革对企业所有权、控制权与风险分担的影响。

1. 企业设立

假设企业创始人丁一决定自己出资购买材料,组装电脑并卖给客户而获得一定的收入。他又将销售所得的资金,投资购买更多的材料,组装和销售更多的电脑。图1-4列示了丁一最初的资产负债表。

图1-4 丁一初始资产负债表(万元)

在图1-4中,丁一提供了全部资本,因此负债和股东权益仅记录丁一的权益,丁一也是企业的经理。实际上,丁一是该企业唯一的直接投资者。初始资产负债表反映了三个特点:①丁一享有该企业唯一所有权;②丁一享有该企业及其资产的完全控制权(在法定范围内);③丁一承担该企业投资的全部风险。

2. 举债筹资

为了提高电脑的生产量,丁一向银行借款,并承诺以电脑销售收入归还借款本息。假设企业利润全部回馈给投资者,举债经营后的资产负债表如图1-5所示。

现金·············×××	银行借款·············×××
存货·············×××	丁一权益·············×××
产房、设备·············×××	
资产总额·············×××	负债+股东权益 ×××

图1-5 丁一企业向银行借款后的资产负债表(万元)

举债后的企业比初创时多了一个利益关系人(债权人),现在的情况是:①丁一仍然保持企业的唯一所有权;②丁一仍然控制企业的资产,但受银行借款义务的约束;③银行承担一定的违约风险,丁一承担其余全部剩余风险。

3. 发行新股

随着企业规模不断扩大,订单增加,银行借款增加,企业负债率上升,银行不愿意承担追加贷款的风险。为了筹措资金,银行建议丁一发行新股,此时公司的股东由丁一和新股东两部分组成,公司组建了董事会进行管理。图1-6描述了企业发行新股后的资产负债表。

现金·············×××	银行借款·············×××
存货·············×××	新股东权益·············×××
产房、设备·············×××	丁一权益·············×××
资产总额·············×××	负债+股东权益 ×××

图1-6 丁一企业发行新股后的资产负债表(万元)

发行新股后的企业比初创时增加了债权人和新股东,在这种情况下:①该企业不再归丁一独有;②丁一虽然控制企业的资产,但除了受银行借款义务的约束,还要承担为其他股东利益行事的义务;③银行仍然承担一定的风险;④丁一不再承担其余全部风险,他和新股东按各自持股比例分担剩余的企业风险。

4. 所有权、控制权分离

随着时间的推移,丁一决定聘请经理经营企业,自己退出企业管理,仅依靠投资报酬获得企业收益。在这种情况下:①丁一不再直接控制企业及其资产;②与股东相比,企业的经理对资产拥有直接控制权;③丁一与其他股东一样,委托经理经营企业。这时,该企业已成为一家股份公司。在初创时,企业资产负债表右方非常简单,资产全部由丁一提供。变为股份公司后,不但存在股东与债权人、股东与管理者之间的控制权、风险分担等问题,股东之间的一些隐性契约也会增大股东之间潜在的利益冲突。

三、经典的财务管理目标

经典的财务管理目标主要表现为三种形式:利润最大化、股东财富最大化、公司价值最大化。

利润最大化目标是经济学界的传统观点,并在实务界受到广泛的推崇,但从公司资源提供与风险承担的角度分析,股东作为公司资源的提供者,对公司收益的索取权位于其他所有关系人(如债权人、管理者等)之后,并且承担公司的全部剩余风险。这种剩余收益索取权赋予股东的权利、义务、风险、收益都大于公司的债权人、管理者和其他员工。因此,公司应从股东利益出发,以股东财富最大化作为经营目标。

股东财富最大化是一般上市公司追求的基本目标。与利润最大化相比,股东财富最大化的特点主要表现在:(1)股票的内在价值是按照投资者要求的收益率折现后的现值,这一指标考虑了获取收益的时间因素和风险因素;(2)股票价值是一个预期值,股东财富最大化在一定程度上可以克服公司追求利润时的短期行为,确保公司的长期发展;(3)能够充分体现公司所有者对资本保值与增值的要求。

股东财富最大化的缺点主要是:(1)只适用于上市公司,对非上市公司很难适用;(2)由于股票价格的变动不是公司业绩的唯一反映,而是受诸多因素影响的综合结果,因而股票价格的高低实际上不能完全反映股东财富或价值的大小;(3)股东财富最大化目标在实际工作中可能导致公司所有者与其他利益主体之间的矛盾和冲突。

公司价值最大化主要指公司资源提供者(股东、债权人等)价值最大化,这一目标实现的前提条件是公司管理者的目标与股东的目标相一致,公司经营不产生无法追踪的社会成本。

四、代理关系与公司治理

在公司制下,参与公司经营活动的关系人主要有两种:一种是公司资源的提供者——股东和债权人;另一种是公司资源的使用者——管理者。除此之外,公司在经营活动中还要与社会上的其他关系人(如社区、供应商、客户、政府等)发生往来。公司在经营活动中形成的各种关系表现为委托—代理关系,如图1-7所示。从公司财务的角度分析,这种委托—代理关系也可以看作公司财务活动所形成的财务关系。

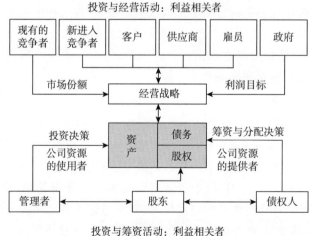

图1-7 委托—代理关系

在图1-7中,与经营战略相关的公司市场份额、利润目标等反映了公司财务活动的经营成果,公司收入在与供应商、雇员、政府、债权人、股东之间的利益分配关系可以用利润表加以描述。表中灰底部分类似一张简化的资产负债表,反映了公司资源提供者和资源使用者之间的关系,资产方反映了公司对各种资源的使用权,权益方反映了公司对各种资源提供者的责任或义务,对应这些责任或义务的是这些资源提供者对公司收益的索取权。一般来说,债权人对公司收益具有固定索取权或法定索取权,在公司持续经营的情况下,债权人只是一个"默默无闻"的商业伙伴,没有投票权,只有在公司清算时,债权人才可能参与管理。与债权人的固定索取权不同,股东对公司收益具有剩余索取权。在公司持续经营的前提下,这种索取收益的权利仅限于公司的利润;在公司清算时,这种索取权位于其他关系人的索取权(工资、利息、税收等)之后。与剩余索取权相对应,股东是公司风险的主要承担者,因此股东拥有公司的控制权和管理权,以确保公司的投资、融资活动能够增加公司价值和剩余索取权价值。公司资源使用者主要指管理者,他们作为股东的代理人,在董事会领导下开展经营活动和投融资活动。他们对公司收益的索取权通常由契约规定,是一种状态依存的"或有索取权",也就是这种索取权对收益享有的权利依存于未来某时刻(约定或未约定)某物(如果是约定的,又称标的物)的状态,如可转换债券、认股权证和期权等。

1. 股东与管理者

股东与管理者之间委托—代理关系产生的主要原因是资本的所有权和经营权相分离,但代理关系并不必然导致代理问题。如果代理人的目标函数与委托人的目标函数完全一致,那么就不会引发代理问题,但在两权分离的条件下,这一假设很难满足。拥有公司所有权的股东具有剩余索取权,他们追求的目标是资本的保值、增值,期望最大限度地提高资本收益,增加股东价值,集中表现为货币性收益目标;拥有公司经营权的管理者作为所有者的代理人,除了追求货币性收益目标(高工资、高奖励),还追求一些非货币性收益目标,如豪华的办公条件、气派的商业应酬,以及个人声誉、社会地位等。由于代理人的目标函数既包括货币性收益又包括非货币性收益,在其他因素一定的条件下,代理人对非货币性收益的追求是以牺牲股东利益为代价的。因此,如果没有适当的激励约束机制,代理人就有可能利用委托人的授权谋求更多的非货币性收益,使股东最大利益难以实现。

除此之外,代理人作为"经济人"同样存在所谓的"机会主义倾向",在代理过程中会产生怠慢、损害或侵蚀委托人利益等道德风险。由于委托人与代理人存在严重的信息不对称,因此委托人较难察觉代理人努力程度的大小、有无机会主义行为。管理者与股东目标间的偏离以及由此产生的代理成本(如签约成本、监督成本等)可能最终都会由股东承担。

根据代理理论,解决股东与管理者之间矛盾和冲突的最好方法就是建立激励、约束管理者的长期契约或合约,通过契约关系对代理人(管理者)行为进行密切监督,以便约束代理人那些有悖委托人(股东)利益的活动。这种监督机制既可以是股东大会和董事会对管理者的行政监督,也可以是具有独立性的内部审计部门对管理者的审计监督,或者是股东大会聘请的外部审计师对管理者的外部审计监督。除监督机制外,还可以采取激励机制解决目标偏离问题,如对管理者实行股票期权或年薪制等,使代理人为实现委托人的利益而努力工作。激励成本是股东财富的直接减项,只有当激励机制产生的收益高于激励成本时,这一机制才可能有效。除内部监督与激励机制外,控制权市场和经理人市场的存在,也增加了管理者因并购或其他原因而被替换的机会和可能,迫于自身价值和职业声誉的压力,管理者必须恪守职责、努力工作,从而部分地纠正股东与管理者的利益目标偏差。

2. 股东与债权人

当债权人借出资本后,便与股东形成一种委托—代理关系。从某种意义上说,股东与债权人之间是一种"不对等"的契约关系。股东对公司资产承担有限责任,对公司价值享有剩余追索权。前者给予股东将公司资产交给债权人(发生破产时)而不必偿付全部债务的权利,后者给予股东获得潜在收益的最大好处。也可以说,有限责任使借款人对极端不利事态(如破产)所产生的损失享有最低保证(债务人的收入不可能小于零),而对极端有利事态所获得的收益则没有最高限制。这种风险与收益的"不对等契约"是股东与债权人之间矛盾和冲突的根源所在。

此外,由于在借贷活动中存在以债务人占有私有信息为特征的信息不对称现象,即债务人比处于公司外部的债权人更了解公司的状况,利用私有信息选择有利于增进自身效用而不利于债权人的各种行为。例如,债务人违反借款协议,私下改变资金用途,或从事高风险投资,或转移资本、弃债逃债等,而债权人既不能亲自监督债务人的行为选择过程,又无法证实债务人已经选择的行为是违背契约的。

对于债务人的各种违约行为,理性的债权人一般是降低债券投资的支付价格或提高资本放贷利率,以反映他们对股东行为的重新评估。不仅如此,他们还会在债务契约中增加各种限制性条款加以监督,包括限制生产或投资条款、限制股利支付条款、限制筹资条款和约束条款等。

3. 股东财富与社会责任

根据古典经济学的解释,在一个有效的市场中,市场机制这只"看不见的手"使股东财富增加与履行社会责任趋于一致。股东在为自己创造财富(通过投资等活动增加收益)的同时,也为社会创造更多的就业机会,提供更多的产品,从而实现社会责任的目标。但是,市场机制有时不能区分"对"和"错",股东在追求财富最大化的同时,也可能会给社会带来负面效应(例如,为了公司自身利益生产各种污染环境的产品或损害公共利益的产品等)。如果这些负面效应不能以成本的形式追溯到特定的公司,从短期看,虽然可能会增加股东财富,但从长期看,这种损害社会利益增加股东财富的方式会阻止股东价值的可持续增长。也就是说,股东从客户、供应商、员工或社会那里获得的不合理利益,最终都会减少股东或公司的利润。从长远来看,股东财富最大化的财务目标意味着公平地对待社会各个群体,而这些群体的经济状况与公司经营状况和公司价值是密切相关的。

以股东财富最大化作为财务管理的目标,其隐含的假设是:存在一个有效反映信息的金融市场,信息本身可以通过公司管理者或公司财务分析人员及时、真实地传送到金融市场。实际上,公司有时会压制或延缓,特别是延缓不利信息的公布,甚至会向市场传送一些误导性或欺骗性信息。大量的经验证据表明,公司经理确实会延期公布不利消息。又如,一些公司为提高股票价格,蓄意向金融市场发出有关公司现状和前景的误导性信息,使股票的市场价格严重偏离真实价值。事实上,即使公司传递的信息并没有使市场价格产生扭曲,也不能保证市场价格是真实价值的无偏估计,如市场参与者的非理性投资,金融市场对信息的过度反应都可能使市场价格偏离真实价值。

对于这些问题,至今仍没有简单又确凿的解决方法,从长期来看,可以采取某些方法改善信息质量,减轻价格与价值的偏离程度。这些方法主要有:第一,改善信息质量,如证券交易管理机构要求公司披露额外信息,并对提供误导性和欺骗性信息的公司进行惩罚;

第二，改善市场效率，如提高市场流动性，降低交易成本等。市场效率并不要求市场价格总是等于真实价值，但它应是真实价值的"无偏"估计。

第三节 金融市场环境

一、金融市场功能

在现代经济系统中，金融市场是引导资本流向，沟通资本由盈余部门向短缺部门转移的市场。金融市场主要包括三层含义：第一，它是交易金融资产的一个有形和无形的场所；第二，它反映了金融资产的供应者和需求者之间形成的供求关系；第三，它包含了金融资产交易过程所产生的运行机制，其中最主要的是价格（包括利率、汇率及各种证券的价格）机制。在金融市场上，市场参与者之间的关系已不是一种单纯的买卖关系，而是一种借贷关系或委托—代理关系，是以信用为基础的资本使用权和所有权的暂时分离或有条件让渡。

从公司理财的角度看，金融市场的作用主要表现在以下几个方面：

1. 资本的筹措与投放

公司在金融市场上既可以发售不同性质的金融资产或金融工具以吸收不同期限的资本，也可以购买金融工具进行投资以获取额外收益。

2. 分散风险

在金融市场的初级交易过程中，资本使用权的出售者在获得资本使用权购买者（生产性投资者）一部分收益的同时，也有条件地分担了生产性投资者面临的一部分风险。这样，资本使用权出售者本身也变成了风险投资者，使经济活动中风险承担者的数量大大增加，从而减少了每个投资者所承担的风险量。在期货市场和期权市场，金融市场参与者还可以通过期货、期权交易进行筹资、投资的风险防范与控制。

3. 转售市场

资本使用权出售者可根据需要，在金融市场上将尚未到期的金融资产转售给其他投资者或交换其他金融资产。如果没有金融资产的转售市场，公司几乎不可能筹集巨额资本。此外，由于公司股票没有到期日，即股票持有者无法从发行者处收回购买股票的资本（除非股票发行者想收回已发行的股票），因此股票转售市场的存在显得格外重要。

4. 降低交易成本

金融市场减少了交易的搜索成本和信息成本。金融市场中各种中介机构可为潜在的和实际的金融交易双方创造交易条件，沟通买卖双方的信息往来，从而使潜在的金融交易变为现实。金融中介机构的专业活动降低了公司的交易成本和信息成本。

5. 确定金融资产价格

金融市场上买方与卖方的相互作用决定了交易资产的价格，或者说确定了金融资产要求的收益率，金融市场这一定价功能指示着资本流动的方向与性质。此外，在金融交易中形成的各种参数（如市场利率、汇率、证券价格和证券指数等）是进行财务决策的前提和基础。

二、金融市场的类型

在实务中,金融市场通常以金融工具大类为标准进行分类,即把金融市场分为六个市场:股票市场、债券市场、货币市场、外汇市场、期货市场、期权市场。在这六个市场中,前三个市场又称有价证券市场,这三个市场的金融工具主要发挥筹措资本、投放资本的功能。无论是从市场功能还是从交易规模上看,有价证券市场构成了整个金融市场的核心部分。外汇市场的交易工具主要是外国货币,这个市场具有买卖外国通行货币和保值投机的双重功能;但对筹措资本和投放资本这两大主要财务活动来说,它只是一个辅助性的市场。对于以筹资或投资为目的的金融市场参与者来说,他们利用外汇市场,只是为了最终参与其他国家的有价证券市场活动。期货市场和期权市场的辅助性质更为突出。市场参与者既不能从这两个市场筹措资本用于生产,也不能向这两个市场投放资本以获得利息。对于具有筹资和投资目的的金融市场参与者来说,这两个市场主要是用来防止因市场价格和市场利率剧烈波动而给筹资、投资活动造成巨大损失的保护性机制。因此,这两个市场又被称为保值市场。六个市场之间的关系如图 1-8 所示。

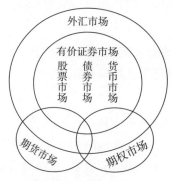

图 1-8 金融市场关系

从公司理财的角度分析,有价证券市场是一国金融市场的主体。要想进行筹资或投资活动,必须利用有价证券市场。外汇市场是一国有价证券市场和另一国有价证券市场之间的纽带,一国的投资者或筹资者要想进入另一国的有价证券市场,必须先通过外汇市场这一环节。期货市场和期权市场是市场价格不稳定条件下有价证券市场与外汇市场的两个支点,它们提供保证金融市场稳定发展的机制。期货市场是以金融期货与有价证券市场和外汇市场相交,而期权市场是以期权的各种基础证券与其他金融市场相交。

为了从不同的角度说明同一事物的不同侧面,在分析中也运用其他一些分类方法。例如,按金融市场的组织方式,将金融市场分为拍卖市场(又称交易所市场)和柜台市场(又称证券公司市场或店头市场)。按金融工具的期限,将金融市场分为长期金融市场(又称资本市场)和短期金融市场(又称货币市场)。前者如期限在一年以上的股票、债券交易市场;后者如期限不超过一年的银行同业拆借市场、票据贴现市场、银行短期信贷市场、短期证券市场等。按金融市场活动的目的,将金融市场分为有价证券市场和保值市场。前者如股票、债券市场;后者如期货市场、期权市场等。按金融交易的过程,将金融市场分为初级市场和二级市场。前者是指从事新证券和票据等金融工具买卖的转让市场,又称发行市场或一级市场;后者是指从事已上市证券或票据等金融工具买卖的转让市场,又称流通市场或次级市场。按金融市场所处的地理位置和范围,将金融市场分为地方金融市场、区域性金融市场、全国性金融市场、国际金融市场等。

三、金融资产特征

金融资产是对未来现金流入量的索取权,其价值取决于它所能带来的现金流量。由于这个现金流量是未来的,尚未实现的,因此它具有时间性和不确定性两个特征。

从时间性分析,金融资产是一种特殊的资产形态,体现在对于购买人来说,获得金融资产时支付的是现金,而持有金融资产后获得的收入流量仍然是现金。因此,购买金融资产,实质上是购买人把今天的现金变成未来的现金,把自己今天的现金使用权在一段时间内让渡给他人,然后按商定的条件逐渐收回。在商品经济条件下,金融资产的购买人通常要求所购买的金融资产能够带来比其价款更多的现金流量,多出的部分就是让渡现金使用权的补偿,这个补偿额的大小通常按让渡时间的长短计算。金融资产的期限越长,购买人要求的时间补偿就越大,这就是金融资产现金流量的时间性特征。

金融资产现金流量的不确定性主要表现在,在购买金融资产后,购买人今天的现金流量便转移到金融资产出售人手中。出售人用这笔现金流量购买有形或无形资产,通过生产过程使其增值,再从这些资产创造的收入流量中分出一部分,变成现金支付给金融资产购买人。在商品经济条件下,未来的各种因素(经济因素、政治因素、社会因素等)是不确定的,在金融资产的买卖中,一方面,社会中暂时闲置的现金从金融资产购买人手中转移到金融资产出售人手中;另一方面,一部分生产性投资风险也从金融资产出售人那里转移到金融资产购买人那里,使后者也变成风险投资人,其持有的金融资产的未来现金流入量就变成一个不确定的量。金融资产购买人承担生产性风险并不是无条件的,他要求生产性投资人支付一定的报酬作为承担风险的补偿。这个补偿额的大小与投资风险成正比,金融资产的风险越大,购买人要求的风险补偿也越大,这就是金融资产现金流量的不确定性因素特征。

根据金融资产的特点,其价值主要由时间价值和风险价值两部分构成。时间价值反映了投资者延期消费要求的补偿,影响这一价值的主观因素是投资者个人用收入进行消费的时间偏好。任何人进行投资都是以牺牲当前消费来换取未来消费,由于未来消费具有不确定性,因此人们看重现在消费甚于未来消费。这种时间偏好越强,对推迟消费要求的补偿就越大,要求的收益率就越高;反之亦然。时间价值的影响因素主要是各种客观的经济因素和资本市场发展水平,如经济周期、国家货币政策和财政政策、国际关系、国家利率管制等。

风险价值主要指与宏观经济有关的预期通货膨胀溢价和与证券特征有关的风险(如债券违约风险、流动性风险、到期期限风险、外汇风险和国家风险等)溢价。风险越大,投资者要求的风险溢价就越大。

四、有效市场假说

有效市场假说是现代经济学中理性预期理论在金融学中的发展。理性预期思想表明,如果金融市场是有效的,那么市场预期就是基于所有可能信息的最优预测。高度发达的金融市场已经发展出大量相互竞争的投资中介机构,包括商业银行、共同基金、保险公司等。这些投资中介机构高薪聘请专家,收集市场信息,包括国内外的政治、经济动态和行业发展状况、公司的财务状况和经营成果及发展前景等;同时,它们还采取各种方法迅速地处理这些信息,从而比较准确地判断有关证券的价位、收益率和风险程度。不同的中介机构对相关证券信息的收集、加工和处理能力各不相同,对证券未来价格的预期会得出不同的结论。在一个完全竞争的市场中,那些收集信息越充足、做出判断越准确的中介机构能够吸收越多的资本,其投资行为对市场价格的影响就越大。因此,市场形成的均衡价格所包含的信息和对未来预期(金融市场的估价机制依赖于对未来的预期)的准确性远远高于所有市场参与者预测估值的平均水平。这样,由于投资中介机构的高度竞争化,金融市场就具备了高效率的"公允"价格的发现功能和形成机制。从财务的角度理解,这里的"公允"价格就是能正确地反映资产价值的市场均衡价格,也是在所有可能获得的信息的基础上做出的最优预测价格。

在金融市场上,不同信息对价格的影响程度不同,从而金融市场效率程度因信息种类不同而异。一些经济学家将证券的有关信息分为历史信息、公开信息和全部信息,从而定义了弱式、半强式、强式三种不同程度的市场效率。

1. 弱式效率

在一个具有弱式效率(week-form efficiency)的市场中,所有包含证券价格过去变动的资料和信息(价格、交易量等历史资料)都已完全反映在证券的现行市价中;证券价格的过去变动和未来变动是不相关的,即所有证券价格的变动都是相互独立的。由于有关证券的历史信息已经被充分披露、均匀分布和完全使用,因此任何投资者均不可能利用任何方法分析这些历史信息以获取超额收益。反之,如果有关证券的历史资料对证券价格的变动仍有影响,那么说明证券市场尚未达到弱式效率。

2. 半强式效率

这是指证券价格中不仅包含了过去的信息,还包含了所有已公开的其他信息,如经济和政治形势的变化、收入情况、股票分割,以及其他有关公司经营情况等重大信息。在一个具有半强式效率(semi-strong form efficiency)的市场中,投资者无法利用已公开的信息获得超额收益。在新的资料尚未公布之前,证券价格基本上处于均衡状态。一旦新的信息出现,价格将根据新的信息而变化。公开信息传递的速度越快、越均匀,证券价格调整得越迅速;反之,就越慢。如果每个投资者同时掌握和使用有关公开信息进行投资决策,那么任何投资者都不可能通过使用任何方法来分析这些公开信息以获取超额收益。然而,公司的内线人物(如董事长或总经理等)却可能取得投资者无法得到的信息去买卖自己公司的股票,从而获得超额收益。

3. 强式效率

证券的现行市价已经反映了所有已公开的或未公开的信息(即全部信息),因此任何人甚至内线人物都无法在证券市场中获得超额收益。如果有人利用内部信息买卖证券而获利,就说明证券市场尚未达到强式效率(strong-form efficiency)。

在上述三种效率市场中,由于历史信息集是公开信息集的一个子集,而公开信息集又是所有信息集的一个子集,因此强式效率市场包含半强式效率市场,半强式效率市场包含弱式效率市场。

经济学家做了大量的实证研究来检验有效市场假说的合理性。在弱式效率市场的检验中,研究者利用统计检验方法考察股票市场周收益率关系,发现相邻两周收益之间几乎没有关系;在半强式效率市场的检验中,研究者采用事件研究方法,检验证券价格对利润或股利公告、兼并信息、宏观经济信息等消息的反应速度,发现当一家公司公布最新收益公告或股利变化时,价格调整主要在 5—10 分钟内完成;在强式效率市场的检验中,那些证券分析人士推荐的、预期表现优于大盘的互助基金或养老基金,经验证据表明它们稍稍领先于大盘的表现,但若考虑到管理成本,则专业管理基金收益与市场收益相比并没有超常的表现。

本章小结

1. 公司理财是研究公司资源的取得与使用的管理学科。所谓资源的取得主要指筹资活动,即筹措公司经营活动和投资活动所需的资本;资源的使用主要是指投资活动,即将筹得的资本用于旨在提高公司价值的各项活动中。

2. 与独资企业或合伙企业相比,公司制企业最大的优点是有限责任、股权容易转让、易于获得外部资本、经营寿命期长等,缺点是双重纳税。

3. 在公司制企业中,参与公司经营活动的关系人主要有两种:一种是公司资源提供者——股东和债权人;另一种是公司资源使用者——管理者。除此之外,公司在经营活动中还要与其他关系人(如社区、供应商、客户、政府等)发生往来。

4. 股东、债权人、管理者之间的委托—代理关系源于资本所有权与使用权的分离;委托人与代理人之间的矛盾或冲突在于各方的目标函数不同、信息不对称和风险分担不均衡。

5. 在金融市场上,不同的信息对价格的影响程度不同,从而金融市场效率程度因信息种类不同分为弱式效率、半强式效率和强式效率三种。

基础训练

1. 根据《麦肯锡全球调查结果:财务部门的变革之道》(2009),财务部门在公司层面上扮演的角色主要表现在四个方面:价值经理(占受访者43%)、业务合作伙伴(占受访者22%)、流程经理(占受访者18%)、精算会计(占受访者15%)。德国传媒公司贝塔斯曼集团 CFO Siegfried Luther 认为,CFO"应该一半是会计师,一半是战略家;并且在这两个角色中,他越来越有必要成为有效的沟通者"。神华集团 CFO 张克慧认为,CFO 应当像一个传道士一样,不断给企业强调价值创造的理念,随着经济环境的变化和持续的呼吁,企业上下也会逐渐接受这一理念并贯彻于管理实践中。

请上网查询相关资料(如上市公司针对财务经理的职位描述等),说明财务经理的基本职责,你认为一个合格的 CFO 应具备哪些条件。

2. 2015 年 6 月 18 日,上海家化(600315)长期激励计划正式通过最终审批。此次激励计划包括:

(1) 2015 年股票期权与限制性股票激励计划:拟向激励对象(涵盖 333 名公司董事、高级管理人员、公司核心人才等)授予权益总计 260.62 万份,其中股票期权不超过 80.80 万份,限制性股票不超过 179.82 万份。限制性股票的授予价格为 19.00 元/股,股票期权的行权价格为 41.43 元/股。行权/解锁的业绩条件为:以 2013 年业绩为基准,2015 年、2016 年、2017 年营业收入相对于 2013 年的增长率分别不低于 37%、64% 和 102%,同时 2015 年、2016 年、2017 年加权平均净资产收益率均不低于 18%。

(2) 2015 年员工持股计划:覆盖其他经董事会确定的、与上海家化签订劳动合同的正式全职员工。2015 年员工持股计划的资金总额为 634.37 万元,参与者预计共计 1 183 人,股票来源为由公司授权的管理层在二级市场上购买的公司股票。

根据上述资料,上海家化这一做法对解决股东与管理者之间的代理冲突有何普遍意义?股权激励对防止经理的短期行为,引导其长期行为具有什么作用?员工持股计划对于建立员工、股东与公司风险共担、利益共享的机制,挖掘公司内部成长的原动力,提高公司自身的凝聚力和市场竞争力有什么作用?

3. 2002 年,在连续发生了安然、世通公司财务丑闻后,美国国会批准了《萨班斯-奥克斯利法案》等三个旨在强化公司治理与会计改革的法案,它们有一个共同点就是强调会计与审计的独立性,独立是公允的基础。CFO 与经营层的相对独立不受经营层直接制约,向董事会负责,也就是在制度安排上制约管理者的内部人控制行为,维护股东的利益。由此可见,CFO 的制度设计是公司治理的产物,CFO 的功能之一是强化公司治理,CFO 的核心功能之一是治理能力。在公司治理中,你认为 CFO 的治理能力应包括哪些内容。

4. 针对 1988 年美国总统大选中的候选人老布什和杜卡基斯,加利福尼亚州大学伯克利分校的哈斯商学院进行了一次金融实验。参加实验 350 人,每个人获得 1 股老布什公司和杜卡基斯公司的股票。根据大选信息在虚拟市场购入或卖出股票。大选结束前,老布什公司的股票价格为 63 美元/股,杜卡基斯公司的股票价格为 37 美元/股。令人惊讶的是最后两位候选人在大选中的实际得票比例为:老布什得票 64%,杜卡基斯得票 36%,与两家公司的价格比例几乎相当。这次实验的结果远比其他民意测验准确得多,请用财务理论解释这种现象。

案例分析

1. 雷士照明控制权之争

雷士照明控股有限公司(HK:02222,以下简称"雷士照明")是一家中国领先的照明产品供应商。1998 年,吴长江、杜刚和胡永宏共同出资创立雷士照明,三人合力领导雷士照明,一度被行业誉为"照明三剑客"。2005 年,吴长江推出了渠道变革,遭到了杜刚和胡永宏的强烈反对,最终两位选择出局,但雷士照明必须即刻向这两位股东各支付 5 000 万元,并在半年内再各支付 3 000 万元,总额 1.6 亿元的现金流出让雷士照明不堪重负,吴长江开始寻找资金。此时,亚盛投资总裁毛区健丽带着自己的团队在雷士照明最缺钱时成功低价入股,一下子就稀释了吴长江 30% 的股权。此后,赛富亚洲投资基金(以下简称"赛富")和高盛的资金陆续进入雷士照明,吴长江的股权再次遭到大幅稀释,第一大股东地位拱手于人,赛富成为雷士照明第一大股东。2014 年,雷士照明引入战略投资者德豪润达国际(香港)有限公司,并通过股权置换成为雷士照明第一大股东。吴长江在大幅转让自己股权的同时,也为各方的利益冲突及控制权纷争埋下了隐患。2014 年 7 月 14 日,德豪润达联合赛富、施耐德全面替换雷士照明 11 家控股子公司董事,吴长江及其管理团队核心成员全面出局。2014 年 8 月 8 日,雷士照明董事会决议罢免吴长江的 CEO 职务,由董事长王冬雷担任临时 CEO,同时罢免吴长江管理团队核心成员的副总裁职务。2014 年 8 月 29 日,雷士照明在香港召开临时董事会,以 95.84% 的投票权罢免了吴长江执行董事等职务。下表列示了雷士照明股权变动情况。

时间	融资及相关事项	股权结构	第一大股东
1998—2002 年	吴长江、杜刚、胡永宏分别出资 45 万元、27.50 万元、27.50 万元	吴长江 45%,杜刚 27.50%,胡永宏 27.50%	吴长江
2002 年	创始人重新划分股权	吴长江 33.4%,杜刚 33.30%,胡永宏 33.30%	吴长江
2005 年	创始人杜刚、胡永宏退出	吴长江 100%	吴长江
2006 年 8 月	亚盛投资总裁毛区健丽等出资 894 万美元用于解决公司财务危机,支付杜刚、胡永宏股权转让费	吴长江 70%,毛区健丽 20%,陈金霞、吴克忠、姜萍三人共占 10%	吴长江
2006 年 9 月	赛富出资 2 200 万美元,自然人叶志如出资 200 万美元,用于解决公司资金短缺,满足经营与发展的资金缺口	吴长江 41.78%,赛富 35.71%,毛区健丽 12.88%,叶志如 3.21%,陈金霞、吴克忠、姜萍三人共占 6.43%	吴长江

(续表)

时间	融资及相关事项	股权结构	第一大股东
2008年8月	高盛出资3 656万美元,赛富再出资1 000万美元,用于收购世通投资有限公司现金对价	吴长江34.40%,赛富36.05%,高盛11.02%,毛区健丽9.50%,其他9.03%	赛富
2008年8月	定向增发326 930股雷士普通股给世纪集团作为收购对价的一部分	吴长江29.33%,赛富30.73%,世纪集团14.75%,高盛9.39%,毛区健丽7.74%,其他8.06%	赛富
2010年5月	港交所IPO,发行6.94亿新股,占发行后总股份的23.85%,募资14.57亿港元	吴长江22.33%,赛富23.40%,世纪集团11.23%,高盛7.15%,毛区健丽5.89%,其他29.99%	赛富
2011年7月至2012年11月	由赛富、高盛联合吴长江等六大股东向法国施耐德电气转让2.88亿股股票,施耐德出资12.75亿港元用于拓展海外销售市场,拓展工程照明业务	吴长江15.33%,赛富18.48%,施耐德9.22%,世纪集团9.04%,高盛5.65%,其他42.28%	赛富
2012年12月至2014年12月	吴长江多次向德豪润达转让股份,到2013年12月31日,吴长江仅股1.71%,主要用于拓展LED照明业务,对赛富、施耐德形成股权制衡	德豪润达27.03%,赛富18.50%,施耐德9.22%,世纪集团8.97%,高盛5.67%,其他39.58%	德豪润达

资料来源:依据雷士照明公司公告、年报及媒体报道整理。

要求:上网查询雷士照明控制权纷争的相关信息,回答以下问题:

(1)雷士照明主要经历了三次大的控制权之争:第一次是2005年创始人吴长江与创始人杜刚、胡永宏之间的控制权之争;第二次是创始人吴长江与机构投资者(赛富)之间的控制权之争;第三次是创始人吴长江与战略投资者(德豪润达)之间的控制权纷争。请说明吴长江引入资本导致控制权丧失对民营企业引入外部资本有什么启发。在实践中,为了防止创始人控制权被稀释,可以通过一些制度安排加以控制。请上网查询民营上市公司保持控制权的其他方法,例如百度创始人李彦宏、搜狐创始人张朝阳、京东商城创始人刘强东如何将控制权保持在创始人手中。

(2)雷士照明2006年8月第一次出售股权是为了支付两位创始人的退出费用,后面几次融资(出售股权、IPO或定向增发、股权置换等)大部分是为了满足公司经营或战略需要,请查询雷士照明各次股权融资的原因和用途,以及各次引入资金后对公司治理的影响。在公司需要资金时,公司创始人采用什么方式筹资能降低控制权风险?

(3)雷士照明控制权之争并没有完结,可继续跟踪这一事件后续的发展情况。雷士照明控制权纷争对民营上市公司治理有什么启发?

2. 公司治理结构案例

假设你刚到一家咨询公司工作,你的上司要求你选择一家公司进行公司治理结构分析。

(1)登录相关网站,获取相关信息。

登录巨潮资讯网http://www.cninfo.com.cn,在主页右上角的搜索框输入公司名称或公司查询代码(如输入600019),然后点击"搜索",可以看到所选择公司的相关信息;然后点击"公司概况""公司高管""股本结构"等栏目,下载需要的相关信息。在"定期报告"中,可以下载公司的资产负债表、利润表和现金流量表,以及其他与公司治理有关的数据。

(2)撰写一份公司治理结构报告,报告内容应包括:

① 公司治理结构基本情况。总经理或首席执行官:谁是公司的总经理或首席执行官?他或她担任这一职位多长时间了?他或她是产生于企业内部还是来自外部的空降兵?如果公司是"家族企业",那么总经理是这个家族的成员吗?如果不是,那么这位总经理走过了怎样的职业道路才达到这一职位?总经理的年收入(包括工资、奖金、津贴)是多少?总经理拥有多少该公司的股票或股票期权?

公司董事会:董事会成员的持股比例和担任董事的时间分别是多少?是内部董事,还是外部董事?有多少董事(作为供应商、客户或消费者)与该公司有其他关联?有多少董事同时兼任其他公司的总经理?

② 公司管理者与股东。公司股东通过何种方式行使投票权?他们参加过股东大会吗?他们购买公

司股票是为了获得资本利得还是股利收入？公司管理者是如何对股东负责的？股东采取何种方式（监督或激励）解决他们之间的矛盾与冲突？

③ 公司与债权人。公司存在公开交易的债务吗？最大的债权人是谁？公司的信用评级是多少？资产负债率是多少？长短期负债率是多少？公司债务契约中是否含有限制性条款或附有防止股东侵害债权人利益的保护性条款？如果股东与债权人之间存在矛盾和冲突，公司如何解决？

④ 公司与金融市场。市场如何得到关于公司的信息？有多少分析人员对公司进行追踪分析？公司股票目前的交易量和交易价格是多少？公司上市后股票价格的变动幅度如何？

⑤ 公司与社会。公司如何看待自身的社会责任？公司如何处理自身的社会形象？如果公司具有某种声誉，那么它是如何获得这种声誉的？如果成为社会舆论批评的目标，公司是如何反应的？

第二章 财务报表分析

[学习目的]
- 熟悉三张财务报表的基本构成、财务报表之间的勾稽关系
- 掌握盈利能力、营运能力、偿债能力、增长能力的基本指标
- 理解杜邦财务分析体系的基本内容和分解方法
- 熟悉现金流量的影响因素及分析方法
- 了解财务指标在财务危机预警和信用评级中的作用

第一节 财务报表分析基础知识

一、财务报表分析信息来源

财务报表分析是指汇总、计算、对比及说明财务数据和相关信息,借以揭示与评价公司的财务状况和经营成果,为报表使用者的投资、筹资和经营决策提供财务信息,对未来经营业绩预测、信用评价、风险分析、公司估价提供依据。上市公司的财务信息主要来自公司历史财务报告,主要包括基本财务报表、报表附注和财务情况说明书。

基本财务报表主要指资产负债表、利润表和现金流量表。资产负债表是用来反映公司某一特定时日(月末、季末、期末)财务状况的静态报表。资产负债表右边反映公司资本来源及构成比例,通过负债与股东权益项目的对比、期末与期初的对比,基本可以判断公司的财务风险高低及其变化趋势;资产负债表左边是公司资产的分布,通过流动资产与长期资产项目的对比、期末与期初的对比,基本可以判断公司的经营风险高低及其变化趋势。

利润表(或称损益表)是总括反映公司一定时期(月份、年份)内经营成果的动态报表。利润表首行以销售收入科目开始,末行以净利润科目结束,反映了公司在一定时期内扣除所有费用后的净盈利水平。对于利润表,采用同期利润结构分析,可以判断公司利润的来源与构成;采用前后期同项目对比分析,可以判断公司盈利的变化原因及其发展趋势。

现金流量表是反映公司一定时期现金的流入量、流出量和净流量的动态报表。对于现金流量表,采用同期现金流入与流出结构分析,可以了解公司在一定时期内现金的生成能力和使用方向,反映现金的增减变动状况,说明资产、负债、股东权益变动对现金的影响;采用前后期同项目对比分析,可以判断公司现金流量变化原因及其变化趋势。

资产负债表、利润表和现金流量表之间的勾稽关系如图2-1所示。

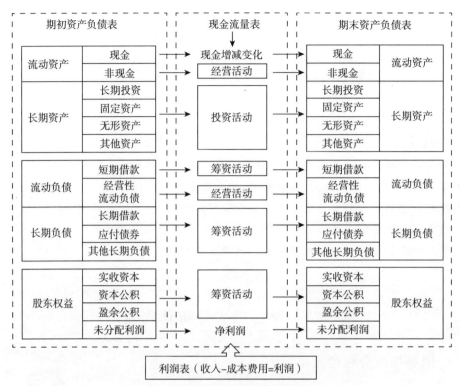

图 2-1 财务报表之间的勾稽关系

基本财务报表之间具有勾稽关系。例如，资产负债表中的经营性流动资产（非现金流动资产加上最低现金需求量）、经营性流动负债（流动负债减去短期借款等筹资性流动负债）通常与现金流量表中的经营现金流量相关；长期资产与现金流量表中的投资现金流量相关；长期负债、股东权益通常与筹资活动现金流量相关；利润表中的收入项目往往与流动资产相关；利润表中的费用项目往往与存货、固定资产相关。通过各项目之间的勾稽关系，可以掌握公司财务状况、现金流量、经营成果的基本情况，甚至可以找出某些造假的财务报表。

从某种意义上说，公司的资产负债表是基本财务报表的核心，无论是现金流量表还是利润表都是对资产负债表的深入解释。在图 2-1 中，现金流量表是对资产负债表变化的解释，现金的变化最终会反映到资产负债表的一个项目：现金及等价物的变动。利润表反映了收入、成本、利润的生成过程，净利润会影响资产负债表的现金项目：未分配利润的变动。净利润经过"经营""投资""筹资"三项重要的现金变动转变为最终的现金变化。

除三张基本财务报表外，财务信息还包括股东权益变动表、报表附注和财务情况说明书。其中，股东权益变动表是反映上市公司本期（年度或中期）内截至期末股东权益增减变动情况的报表。报表附注是指对财务报表编制基础、编制依据、编制原则和方法及主要项目所做的解释。财务报表附注至少应当包括下列内容：会计政策和会计估计及其变更情况的说明；重大会计差错更正的说明；关键计量假设的说明；或有事项和承诺事项的说明；资产负债表日后事项的说明；关联方关系及其交易的说明；重要资产转让及其出售的说明；公司合并、分立的说明；重大投资、筹资活动的说明；财务报表重要项目的说明；有助于理解和分析财务报表需要说明的其他事项。财务情况说明书一般包括：公司生产经营的基本情况；利润实现和分配情况；资本增减和周转情况；对公司财务状况、经营成果和现金流量有重大影响的其他事项等。

对于由母公司和子公司组成的企业集团,财务分析应以合并财务报表为基础。这是因为合并财务报表能够提供反映母子公司组成的企业集团整体经营情况的财务信息,有利于避免企业集团利用内部控股关系粉饰财务状况。

在财务分析中,公司管理者提供的报告、董事长信函、工作报告、财经新闻、新闻发布、网站等,以及其他专业性机构(如投资咨询服务机构、行业性协会、证券交易所等)提供的有关资料也可以作为财务分析的信息来源。

二、报表可靠性和相关性分析

在进行财务分析之前,首先要根据公认会计准则考察财务报表的可靠性和相关性,以提高会计信息的真实性,为正确评价公司的财务状况和经营成果提供信息。

(一) 评价会计政策的灵活性

由于会计政策的多样性,几乎所有的资产、负债、股东权益、收入和费用项目都存在可供选择的惯例、实务与原则。例如,存货计量、固定资产折旧方法以及投资核算方法的选择等。不同的会计政策和会计估计对公司财务报告的影响不同,从而为管理者操纵财务报告提供了平台或空间。又如,信用风险管理是银行业的关键因素,对于如何估计坏账,管理者享有较大的弹性;而软件开发业可以选择在哪一个阶段将研发费用资本化。因此,我们应当比较同一个公司不同时点或不同公司间的财务状况、经营成果,对公司会计政策选择的适当性做出评价,进而明确管理者选择会计政策的意图。

(二) 评价会计信息披露策略

出于盈余管理的需要,管理者在对外报告中通常采用三种方式调整公司的盈利水平:大幅增加当期利润、巨额冲销当期利润、采用平滑方式减小大幅波动。因此,在评估公司会计信息披露质量时,应注意以下三方面:第一,公司会计信息是否充分披露。这些信息主要是公司所在行业的说明、公司技术水平和技术进步能力的说明、公司面临的机会与风险的说明、公司重点投资计划的说明、公司竞争对手或潜在竞争者对公司的影响的说明、不符合会计核算基本前提的说明、重要会计政策和会计估计及其变更的说明、或有事项和资产负债表日后事项的说明、重要资产转让及其出售的说明,以及公司合并、分立的说明等。第二,根据公司披露的会计信息能否说明或评价公司的经营策略和经营成果。第三,附注中相关内容是否与会计政策和假设存在逻辑关系。

(三) 识别和评价危险信号

常见的危险信号有:未加解释的会计政策和会计估计变动,在公司经营恶化时应当特别注意;报告利润与经营性现金流量之间的差距日益扩大;报告利润与应纳税所得之间的差距日益扩大;未加解释的旨在"提升"利润的异常交易;与销售有关的应收账款的非正常增长;与销售有关的存货的非正常增长;出人意料的大额资产冲销;第四季度和第一季度的大额调整;频繁的关联交易、资产重组和剥离、股权转让、资产评估;巨额补贴收入、资产捐赠;过分热衷于筹资机制的设计,如与关联方合作从事研究开发活动,附追索权的应收账款转让等;被出具"保留意见"的审计报告,或更换注册会计师的理由不充分等。

(四) 注意会计政策的一致性

在进行财务比较分析时,应当对同一业务采用相同的会计处理,以确保财务分析的可比性。同样,在对同一公司不同时期进行比较分析时,应注意不同时期会计政策选择的一致性。在实务中,需要调整的项目主要是资产减值和债务重组支出、研究开发等资本性支出、股东持股计划支出、递延税项等。

三、财务报表分析方法

虽然通览财务报表可以得到大量的财务信息,但很难获取各种直接有用的信息,有时甚至还会被会计数据引入歧途,被表面假象蒙蔽。为了使报表使用者正确理解各种会计数据之间存在的重要关系,全面反映公司的财务状况和经营成果,通常采用比较分析、结构百分比分析、趋势百分比分析、财务比率分析等方法。

比较分析(comparative analysis)是指前后两期财务报表间相同项目变化的比较分析,即将公司连续两年(或多年)的会计数据并行排列在一起,并增设"绝对金额增减"和"百分率增减"两栏,编制出比较财务报表,以揭示各会计项目在相应时期内发生的绝对额变化和百分率变化情况。

结构百分比分析(common-size analysis)是指同一期间财务报表中不同项目间的比较与分析,主要通过编制百分比报表(percentage statement)进行分析,即将财务报表中的某一重要项目(如资产负债表中的资产总额或权益总额,利润表中的销售收入,现金流量表中的现金流入量总额)的数据作为100%,然后将报表中其余项目与该重要项目的百分比做纵向排列,从而揭示各个项目数据在财务管理中的相对意义。不仅如此,采用这种形式编制的财务报表还使两家规模不同的公司进行经营和财务状况比较成为可能。因为把各个会计项目的余额都转化成百分比,在经营规模不同的公司之间就形成了可比基础,这就是"共同比"的含义。当然,要在不同公司之间进行比较,前提条件是这两家公司基本上属于同一行业,它们所采用的会计核算方法和财务报表编制程序也大致相同,否则就不会得到任何有实际意义的结果。

趋势百分比分析(trend percentage analysis)是指将连续多年的财务报表数据集中在一起,选择其中某一年份为基期,计算每一期间各项目对应基期同一项目的百分比或指数,以揭示各期间财务状况的发展趋势。对于不同规模的公司,在一定条件下也可采用百分比进行比较。这种趋势百分比的计算公式为:

$$某期趋势百分比=(报告期金额/基期金额)\times 100\% \qquad (2-1)$$

财务比率分析(financial ratio analysis)是指将两个有关会计项目的数据相除,从而得到各种财务比率,以揭示同一张财务报表中不同项目之间、不同财务报表不同项目之间内在关系的一种分析方法。它可以是同一公司不同时期财务比率的比较分析,也可以是同一时期不同公司财务比率的比较分析。

以资产负债表和利润表为基础的财务比率分为三种:第一,存量比率,即资产负债表各项目之间的比率,反映公司某一时点的财务状况;第二,流量比率,即利润表各项目之间的比率,反映公司一定时期的经营成果;第三,流量与存量之间的比率,即将利润表中某个"流量"项目与资产负债表中某个"存量"项目加以比较。由于资产负债表中各项目是一个时点指标,不能准确反映该变量在一定时期的流量变化情况,因此采用资产负债表期初、期末余额的平均值作为某一比率的分母,可以更好地反映公司的整体情况。投资收益比率、资产周转率等指标均属于利润表与资产负债表比率,都要采用"存量"项目的平均值。在实务中,为简化,也可直接以期末数代替资产占用额。

第二节 财务业绩分析

一、财务业绩分析的逻辑起点

财务业绩分析的逻辑起点是公司的盈利能力和可持续增长能力。在图2-2中,公司财务业绩是产品市场策略和金融市场策略共同作用的结果,前者是通过公司的经营与投资策略得以执行,后者是通过筹资与股利策略得以执行。为了保持持续的盈利能力与可持续增长能力,公司主要通过利润表反映收入与费用的对比关系,通过利润表与资产负债表的组合反映公司资产使用效率,通过资产负债表反映公司财务杠杆与股利分配状况。有效的财务业绩分析可以将财务数据与经营因素相结合,为报表使用者提供有关公司成果与财务状况的有用信息。

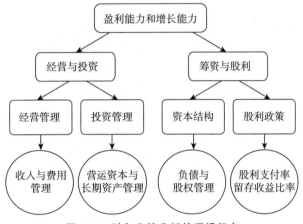

图 2-2 财务业绩分析的逻辑起点

根据图2-2,评价财务业绩的财务比率,一般包括盈利能力、营运能力或资产使用效率、偿债能力和增长能力等财务指标。

二、盈利能力分析

反映公司盈利能力的指标主要有以销售收入为基础的盈利指标和以资产总额、以投入资本或股东权益为基础的收益率指标。前者主要有销售毛利率、息税前利润率、息税折旧摊销前利润率、销售净利率;后者主要有总资产收益率、投入资本收益率和净资产收益率。

销售毛利率(sales margin)是指毛利占销售净收入的百分比,计算公式为:

$$销售毛利率 = \frac{销售净收入 - 销售成本}{销售净收入} \qquad (2-2)$$

其中,毛利等于销售净收入减去销售成本;销售净收入通常采用主营业务收入减去销售折扣(折让)的余额。销售毛利率反映了公司产品竞争力和产品销售的初始获利能力,是公司净利润的起点。与同行业相比,如果公司的毛利率显著高于同业水平,就说明公司产品附加值高、产品定价高,或者与同行比较公司存在成本优势,竞争力较强。与历史比较,如果公司的毛利率显著提高,则可能是公司所在行业处于复苏时期,产品价格大幅上升。在这种情况下,投资者应考虑这种价格上升能否持续,公司将来的盈利能力是否有保证;相反,如果公司毛利率显著降低,则可能是公司所在行业竞争激烈,毛利率下降往往伴随着价格战的爆发或成本失控,这种情况预示产品盈利能力下降。

公司的整体毛利率是由所有产品的毛利率共同组合形成的。一方面,每个产品的毛利率变动对整体毛利率都会有影响;另一方面,对整体毛利率的影响也可以归结于产品组合、价格、成本三大因素。在销售量一定的条件下,提高毛利率的方法有提高单价和/或降低单位成本,它们分别反映了公司采用的是差异化战略还是低成本战略。例如,微软公司采用的是差异化战略,其电脑单价高于平均水平;而沃尔玛采用的是低成本战略,其售卖的商品价格低于平均水平。

息税前利润率(EBIT margin,ROS)是指息税前利润占营业收入或销售收入的比例,计算公式为:

$$息税前利润率 = \frac{息税前利润}{营业收入} \quad (2-3)$$

其中,息税前利润(earnings before interest and taxes,EBIT)是指不考虑付息债务的税前利润。根据财务报表及其报表附注数据,息税前利润等于利润总额加上利息净支出(利息支出-利息收入)。

与净利润不同,息税前利润剔除了财务杠杆和所得税对利润的影响。例如,同一行业中的不同公司之间,无论所在地的所得税税率有多大差异,或是财务杠杆有多大差异,采用息税前利润可以更为准确地比较盈利能力。而同一个公司在分析不同时期的盈利能力变化时,使用息税前利润也比净利润更具可比性。息税前利润率也称营业利润率,主要用来衡量公司主营业务的盈利能力,该指标值越大,公司主营业务盈利能力越强。

息税折旧摊销前利润率(EBITDA margin)是指息税折旧摊销前利润与营业收入或销售收入的比率,计算公式为:

$$息税折旧摊销前利润率 = \frac{息税折旧摊销前利润}{营业收入} \quad (2-4)$$

其中,息税折旧摊销前利润(earnings before interest,taxes,depreciation and amortization,EBITDA)是指利息、所得税、折旧、摊销前利润。利息、所得税、折旧、摊销等项目通常与经营活动产生的成本费用无关,扣除这些项目,可以使财务报表使用者更清晰地了解经营活动创造的利润。采用这一指标可以剔除不同公司间的财务杠杆、折旧政策、税收政策的差异,从而使公司间更具可比性。由于折旧、无形资产摊销属于非现金支出,因此息税折旧摊销前利润显示了公司通过经营活动所产生的现金。这是现金利息支出的来源,是公司债权人密切关注的指标。

从数量上讲,EBIT加上折旧和摊销即得到EBITDA。如果说EBIT主要用来衡量公司主营业务的盈利能力,那么EBITDA则主要用来衡量公司主营业务产生现金流的能力。两者都反映公司现金的流动情况,是资本市场投资者比较重视的两个指标,在计算利润时剔除一些因素,可以使利润的计算口径更方便投资者使用。

20世纪80年代,伴随着杠杆收购的浪潮,EBITDA首次被资本市场上的投资者广泛使用,但当时投资者更多地视之为评价公司偿债能力的指标。随着时间的推移,EBITDA开始被实业界广泛接受,成为公司价值评估的一个工具。但是,该指标没有考虑补充营运资本以及重置设备的现金需求,不能简单地将EBITDA与现金流对等。另外,由于折旧、摊销都是费用,将其包含在收益中,可能会高估公司的业绩。

销售净利率(net profit margin on sales/net profit margin)是指公司净利润与销售收入的比率,计算公式为:

$$销售净利率 = \frac{净利润}{销售收入} \quad (2-5)$$

销售净利率指标反映每一元销售收入带来多少净利润。这一指标的高低不仅取决于公司的经营环境和行业属性,还取决于公司的资本结构、非经常性损益和所得税等因素的影响,因此通常需要结合其他指标来评价公司的盈利能力。

总资产收益率(return on assets, ROA)是指公司在一定时期创造的收益与资产总额的比率,计算公式为:

$$总资产收益率 = \frac{息税前利润}{总资产平均余额} \quad (2-6)$$

其中,总资产平均余额是公司资产总额期初数与期末数的算术平均数。总资产收益率主要用于衡量公司全部资产创造收益的能力,在市场经济比较发达、各行业竞争比较充分的情形下,各行业的总资产收益率趋向一致。如果某个公司的资产收益率偏低,说明公司资产利用效率较低,经营管理存在问题,应该调整经营方针、加强经营管理。公式(2-6)中的分子也可以使用利润总额(或净利润),以反映公司总资产创造的利润总额(净利润)的情况。

投入资本收益率(return on investment capital, ROIC)是指公司为投资者(股东、债权人)创造的收益,计算公式为:

$$投入资本收益率 = \frac{税后净经营利润}{投入资本期初余额} \quad (2-7)$$

其中,税后净经营利润(net operating profit after taxes, NOPAT)是指归属于股东和债权人的收益,为了反映正常经营活动创造的利润,通常需要扣除非经常性损益,例如处置长期股权投资、固定资产、在建工程、无形资产、其他长期资产产生的损益;计入当期损益的对非金融企业收取的资金占用费等。如果公司发生非经常性收益,就会导致公司经常性活动产生的净利润低于利润表所反映的当期净利润。只有扣除非经常性损益,才能真实、公允地评价公司当期经营成果和获利能力,税后净经营利润的计算公式为:

$$税后净经营利润 = 净利润 + 利息 \times (1-所得税税率) - 税后非经常性损益 \quad (2-8)$$

投入资本(investment capital, IC)是指股东和债权投入资本的账面价值,包括有息债务资本和股权资本。前者指长短期贷款,不包括应付账款和其他应付款等无息负债;后者主要指普通股和优先股。投入资本也可理解为公司的全部资产减去商业信用(应付账款、应付工资和其他应付款等)后的净值。为了计算与主营业务有关的投资,应从资产项目中扣除超额现金(一般指货币资金超过最低现金需要量的部分)和非经营性资产(例如,交易性金融资产、可供出售金融资产、持有至到期投资等)。

$$投入资本 = 净资产 + 少数股东权益 + 有息债务 - 超额现金 - 非经营性资产 \quad (2-9)$$

净资产收益率或股东权益收益率(return on equity, ROE)反映公司为普通股股东创造的收益。假设公司无优先股,净资产收益率的计算公式为:

$$净资产收益率 = \frac{净利润}{净资产平均余额} \quad (2-10)$$

其中，净资产平均余额是资产负债表中股东权益期初数与期末数的算术平均值。这一比率说明公司为普通股股东创造的收益，比率值越大，净资产收益率越高。在实务中，为了正确反映公司的经营收益，在净利润中还应剔除非经常性损益。在我国，净资产收益率是证券市场上使用频率最多的一个财务比率，被视为衡量上市公司首发、增发、配股资格的主要指标之一。

三、营运能力分析

营运能力是指公司资产的使用效率或资产周转状况，通常以资产周转率作为评价指标，主要有应收账款周转率、存货周转率、应付账款周转率、固定资产周转率和总资产周转率等。

资产周转率是指资产周转额与资产平均占用额的比率，应收账款、固定资产、总资产一般采用营业收入作为周转额，存货、应付账款通常采用营业成本作为周转额。

应收账款周转率反映了公司一定时期内营业收入与应收账款平均余额的关系，计算公式为：

$$应收账款周转率 = \frac{营业收入}{应收账款平均余额} \quad (2-11)$$

应收账款平均余额为应收账款期初余额和应收账款期末余额的算术平均数。

应收账款周转率是考核应收账款变现能力的重要指标，反映了应收账款转化为货币资金的平均次数。一般来说，应收账款周转率越高，收账速度越快，发生坏账的可能性就越小。在以信用交易为主的现代公司中，公司的信用政策是以货款的收现期（货款周转一次的天数）表示的。因此，需要计算"应收账款周转天数"或"应收账款账龄"，计算公式为：

$$应收账款周转天数 = \frac{日历天数}{应收账款周转率} \quad (2-12)$$

$$应收账款周转天数 = \frac{应收账款平均余额 \times 365}{营业收入} \quad (2-13)$$

通常，应收账款周转天数越短越好。如果公司实际收回账款天数超过公司规定的应收账款天数，一方面说明债务人拖欠时间长，资信度低，发生坏账损失的风险比较大；另一方面说明公司催收账款不力，使结算资产形成呆账、悬账甚至坏账，造成流动资产不流动，不利于公司经营活动的正常进行。但是，如果公司应收账款周转天数太短，则表明公司奉行较紧的信用政策，有可能减少部分营业额，使公司实际得到的利润少于本来可以得到的利润。

需要注意的是，2019年的资产负债表中增设了"应收款项融资"科目。这是企业以应收账款为工具筹措资金的方式，也是一种债务融资形式，主要有应收账款抵借和应收账款出售两种形式。在进行应收账款时间序列分析时，应注意"应收账款融资"科目的影响。

存货周转率反映公司一定时期内营业成本与存货占用之间的关系，计算公式为：

$$存货周转率 = \frac{营业成本}{存货平均余额} \quad (2-14)$$

存货平均余额是存货期初余额和期末余额的算术平均数。存货周转率也可以用周转一次需要多少天来表示，称为存货周转天数（日历天数/存货周转率）。一般而言，存货周转越快,说明存货在公司停留的时间越短,存货占用的资金越少,公司的存货管理水平越高。如果存货周转放慢,则表明公司有过多的流动资金在存货上滞留,不能更好地用于业务经营。太高的存货周转率则可能是存货水平太低或库存经常中断的结果,公司也许会因此而丧失某些生产或销售机会。

应付账款周转率是指营业成本与应付账款平均余额之间的关系,计算公式为:

$$应付账款周转率=\frac{营业成本}{应付账款平均余额} \quad (2-15)$$

应付账款周转率反映本公司免费使用供货公司资金的能力。应付账款周转天数(日历天数/应付账款周转率)反映从购进原材料开始,到付出账款为止所经历的天数。这个指标通常不应超过信用期。如果过长,则意味着公司的财务状况不佳,从而无力清偿货款;如果过短,则表明管理者没有充分利用流动资金。

实务中,企业通常会比较分析应收账款和应付账款。应收账款显示企业对下游的议价能力,应付账款显示企业对上游的议价能力。应收账款则是营业收入待收回的部分,应付账款可以理解为购买原材料(营业成本)而待支付的部分,都是体现在利润表中但未能实现的收支。应付账款/应收账款为议价能力比率,该数值大于1表示公司整体议价能力较强(该收的已收回,该付的却欠着),该数值小于1可以理解为公司整体议价能力较弱(该收的没收回,该付的都付了)。例如,格力电器2010—2019年的议价能力比率平均值为1.13,由此可以判断出格力电器的下游议价能力相对较强。

固定资产周转率反映公司长期资产的利用效率,计算公式为:

$$固定资产周转率=\frac{营业收入}{固定资产平均余额} \quad (2-16)$$

其中,固定资产平均余额等于固定资产期初余额和期末余额的算术平均数。固定资产周转率越大,公司长期资产的利用效率越高。实际上,这一指标的大小与行业性质密切相关,通常资本密集型行业固定资产周转率较低,劳动密集型行业固定资产周转率较高。因此,我们应将公司的固定资产周转率与行业平均固定资产周转率进行比较,以判断公司长期资产的使用效率。

总资产周转率用来分析公司全部资产的使用效率,计算公式为:

$$总资产周转率=\frac{营业收入}{总资产平均余额} \quad (2-17)$$

其中,总资产平均余额是总资产期初余额和期末余额的算术平均数。理论上,总资产周转越快,资产管理效率越高。但实际上,这一指标的大小与行业性质密切相关,通常资本密集型行业的周转率较低,劳动密集型行业的周转率较高。因此,我们应将公司的总资产周转率与行业平均周转率进行比较,以判断公司资产的使用效率。

四、偿债能力分析

反映公司偿债能力的指标主要有流动性比率和财务杠杆比率,分别用于衡量公司短期偿债能力和长期偿债能力。前者主要有流动比率和速动比率,后者主要有资产负债率、权益乘数和利息保障倍数等。

流动比率是流动资产与流动负债的比值,计算公式为:

$$流动比率=\frac{流动资产}{流动负债} \quad (2-18)$$

流动比率反映公司流动资产"包含"流动负债的倍数,用以反映每1元流动负债有多少流动资产作为偿还保障。由于行业或时期不同,流动比率标准往往不尽一致,短期债权人可能偏好较高的流动比率,但过高的流动比率可能是由存货积压所引起,这非但不能偿付到期债务,还可能因存货跌价遭受损失从而危及财务状况。过高的流动比率也可能是拥有过多的货币资金但未有效运用,进而影响公司的盈利能力。适当的流动比率应视经营行业及管理政策而确定,同时应考虑流动资产的构成、流动负债的性质,以及其他非现金资产转为现金的速度等。

速动比率是速动资产与流动负债的比值,计算公式为:

$$速动比率 = \frac{速动资产}{流动负债} \tag{2-19}$$

速动资产是指现金、银行存款、短期投资、应收账款、应收票据等几乎可以立即用来偿付流动负债的资产。对于大多数公司来说,如果速动比率为1:1,则表明公司短期偿债能力较强,较容易筹措到经营活动所需的现金;反之,如果公司的速动比率较小,则说明公司在现金安排和使用上不合理或有缺口,随时会面临流动资产不足以偿付到期债务而被迫中断生产经营的危机。在这种情况下,公司必须立即采取措施调整资产结构,并想方设法筹措到足够的资金以备不测之需。

资产负债率用以反映公司全部负债(流动负债和长期负债)在资产总额中的占比。这一比率越大,公司偿还债务的能力越差;反之亦然。

$$资产负债率 = \frac{负债总额}{资产总额} \tag{2-20}$$

为正确反映公司的负债水平,还可以计算有息负债率,计算公式为:

$$有息负债率 = \frac{有息债务}{投入资本} \tag{2-21}$$

其中,有息债务是指短期借款、一年内到期长期借款、长期借款以及公司债券等支付利息的债务,投入资本可根据公式(2-9)计算。在公司价值评估中,计算公司加权平均资本成本时通常采用有息负债率而不是资产负债率。

权益乘数通常指资产总额相当于股东权益总额的倍数。权益乘数越大,说明股东投入资本在资产总额中的占比越小,公司财务风险越大。权益乘数的计算公式为:

$$权益乘数 = \frac{资产总额}{股东权益总额} = \frac{1}{1-\dfrac{负债总额}{资产总额}} = \frac{1}{1-资产负债率} \tag{2-22}$$

利息保障倍数主要用于分析公司在一定盈利水平下支付债务利息的能力。利息保障倍数越大,说明公司的收益或利润在支付债务利息方面的资信度高,能够一贯按时、足额地支付债务利息,公司就有可能借新债还旧债,永远不需要偿还债务本金。利息保障倍数较小,说明公司的收益难以为支付利息提供充分保障,就会使公司失去对债权人的吸引力。一般来说,利息保障倍数至少要大于1;否则,公司就无法举债经营。

$$利息保障倍数 = \frac{息税前利润}{利息费用} \tag{2-23}$$

为了正确评价公司偿债能力的稳定性,一般要计算连续数年的利息保障倍数,并且通常选择一个指标最低的会计年度考核公司长期偿债能力状况,以保证公司最低的偿债能力水平。公司的某些长期性经营租赁具有长期融资特征,因此在计算利息保障倍数时,租赁费也应视作利息费用,这是一种更为保守的度量方式。

五、增长能力分析

在进行财务报表分析时,一般计算不同财务指标的同比增长率,即某一财务指标在同一周期、同一阶段的数据比值,计算公式为:

$$同比增长率 = \frac{本期数 - 同期数}{同期数} \tag{2-24}$$

比较常见的同比增长率是指本年和上年同期相比的增长率,计算公式为:

$$某一指标同比增长率 = \frac{本年指标值 - 上年同期指标值}{上年同期指标值} \tag{2-25}$$

根据分析的需要,可计算营业收入增长率、营业利润增长率、净利润增长率、总资产增长率、负债增长率、股东权益增长率等指标。[①]

六、市场指标分析

对于上市公司来说,还应将财务报表提供的数据和市场数据结合起来,以评价公司经营业绩的发展潜力。与此有关的各项评价指标主要有每股收益、市盈率、市净率等。每股收益的计算公式为:

$$每股收益 = \frac{净利润 - 优先股股息}{普通股股数} \tag{2-26}$$

普通股股数可采用按月计算的发行在外的普通股加权平均数。如果计算期内公司存在稀释性潜在普通股,则应计算稀释后每股收益(EPS)。潜在普通股主要包括可转换债券、认股权证和股票期权等。可转换债券持有者行使转换权,或者认股权证持有者按预定价格购买普通股,都会增加公司普通股股数,从而降低或"稀释"每股收益。每股收益是衡量上市公司盈利能力的重要财务指标,每股收益越高,公司的财务形象越好。

市盈率(P/E)是股票价格相当于当前会计利润的比值,计算公式为:

$$市盈率 = \frac{普通股每股市价}{普通股每股收益} \tag{2-27}$$

这一指标的数学意义是每 1 元净利润对应的股票价格;经济意义为购买公司 1 元净利润的价格,或者按市场价格购买公司股票回收投资需要的年数。在实务中,市盈率已成为股票发行定价和股票市场评价股票投资价值最常用的估价模型。但是在股票市场上,一个公司的市盈率可能会被非正常地抬高或压低,无法反映该公司的资产收益率状况,导致投资者错误地预期公司的发展前景。而且,由于各公司的税负、价格、还贷等政策不尽相同,每股收益的确定口径也就不一致,这就给运用该指标在各公司之间进行比较分析带来一定的困难。

[①] 与同比增长率不同的是,环比增长率是以报告期水平与前一期水平对比(相邻期间的比较)所得的动态相对数,表明某一指标的发展变动程度。例如,计算一年内各月与前一个月的对比,即 2 月比 1 月,3 月比 2 月,4 月比 3 月……12 月比 11 月,以说明逐月的发展程度。

$$市净率 = \frac{每股市场价格}{每股净资产} \quad (2-28)$$

每股净资产是股权资本的账面价值。市场价格与账面价值之间的差额主要源于以下两点：第一，财务报表是以交易数据（历史数据和历史成本）为基础计算的，没有考虑公司资产可能产生的未来收益；第二，公司有许多影响未来收益，但没有计入资产负债表的资产或负债，如商标、高新技术、品牌、良好的管理、未决诉讼、过时的生产线、低效的管理等。这些从会计角度无法计量的资产和负债，使公司的账面价值与市场价格相距甚远；除此之外，还要分析股票市场定价效率对两者差异的影响。

上述各项指标是根据公司的会计利润衡量公司的盈利能力，这种方法存在的一个最大的问题就是没能给出一个用于比较的尺度。从经济意义来看，只有公司的投资收益大于其资本成本时才能为投资者创造价值。而会计利润仅扣除了公司的债务资本成本并没有扣除股权资本成本，因而并不能真正反映公司的盈利能力。为此，许多公司开始采用经济利润或经济增加值衡量公司价值创造能力。

七、财务比率综合分析

在上述各种财务比率中，净资产收益率是一个综合性极强、具有代表性的指标，构成了财务分析体系的核心。净资产收益率不仅反映了为股东创造的收益，还反映了公司筹资、投资等各种经营活动的效率。假设不考虑优先股，并以期末数代替总资产或股东权益占用额，净资产收益率可表示为：

$$净资产收益率 = \frac{净利润}{股东权益}$$

$$= \frac{息税前利润}{销售收入} \times \frac{销售收入}{资产总额} \times \frac{税前利润}{息税前利润} \times \frac{资产总额}{股东权益} \times \frac{净利润}{税前利润} \quad (2-29)$$

公式（2-29）表明影响净资产收益率的因素有五个。其中，前两个比率（销售利润率和总资产周转率）综合反映了公司投资和经营决策对总体盈利能力的影响，它们的乘积就是总资产收益率，表示公司息税前盈利能力。

第三个比率称作财务成本比率（financial cost ratio），这一比率的高低与公司负债筹资额大小有关，公司负债越多，这一比率越小，净资产收益率就越低；反之亦然。若公司全部为股权筹资，则财务成本比率等于1，此时税前利润与息税前利润相等。一般情况下，"1"是财务成本比率的极大值，只要公司存在债务筹资，该值就会小于1。只有在财务费用为负数的情况下，这一比率才会大于1。

第四个比率为权益乘数，这一比率的高低与公司负债筹资额的大小同方向变化，公司负债越多，这一比率越大，反之亦然。

第三、第四个比率反映了公司筹资政策对总体盈利能力的影响，两者的乘积称作财务杠杆乘数（financial leverage multiplier）。

第五个比率称作税收效应比率（tax effect ratio），反映税收对净资产收益率的作用。税率越高，这一比率越小，公司净资产收益率越低。税收效应比率可表示为：

$$税收效应比率 = \frac{净利润}{税前利润} = \frac{税前利润 \times (1-所得税税率)}{税前利润} = 1-所得税税率 \quad (2-30)$$

从以上分析可以看出,公司的盈利能力涉及公司活动的各个方面,如筹资结构、销售收入、成本控制、资产管理等。这些因素构成一个系统,只有协调好系统内每个因素之间的关系,才能最大化净资产收益率,从而实现公司价值最大化。综合上述五个因素,可将公式(2-29)改写为:

$$\text{净资产收益率} = \text{销售利润率} \times \text{总资产周转率} \times \text{财务成本比率} \times \text{权益乘数} \times \text{税收效应比率} \quad (2\text{-}31)$$

假设不考虑财务成本比率和所得税因素的影响,仅从经营活动的视角研究净资产收益率的影响因素,公式(2-31)可改写为:

$$\text{净资产收益率} = \frac{\text{净利润}}{\text{资产总额}} \times \frac{\text{资产总额}}{\text{股东权益}}$$

$$= \frac{\text{净利润}}{\text{销售收入}} \times \frac{\text{销售收入}}{\text{资产总额}} \times \frac{\text{资产总额}}{\text{股东权益}} \quad (2\text{-}32)$$

公式(2-32)称为杜邦财务分析指标体系,它将净资产收益率分解为销售净利率、总资产周转率、权益乘数之间的相互关联关系,这一体系给管理层提供了一张明晰的考察公司资产管理效率和是否最大化股东投资收益的路线图。作为综合财务业绩评价指标,净资产收益率不但反映了为股东创造的收益,而且反映了公司筹资、投资等各种经营活动的效率。分解净资产收益率的影响因素,有助于分析指标变化原因和变动趋势,为今后采取改进措施提供方向。

【例2-1】 以格力电器2019年年报为例,说明净资产收益率及相关指标之间的关系。如图2-3所示,上一层级指标是下一层级的结果指标,下一层级指标可以视为上一层级指标的动因或影响因素。图2-3左侧部分是与利润表有关的关键指标,右侧部分是与资产负债表有关的关键指标,中间部分列示的是利润表和资产负债表之间的比率关系。

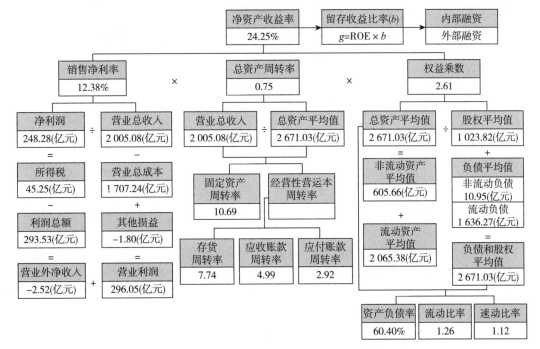

图2-3 格力电器净资产收益率及分解指标

根据净资产收益率指标还可以解析以下指标:一是净资产收益率和增长率的关系;另一个是净资产收益率和总资产收益率的关系。增长率、净资产收益率、股利支付率的关系可表述如下:

$$\text{增长率} = \text{净资产收益率} \times (1 - \text{股利支付率}) = \text{净资产收益率} \times \text{留存收益比率} \quad (2-33)$$

根据公司的股利政策可以确定留存收益比率,进而确定公司的增长率,再根据增长率等指标确定未来资金需求额,包括内部融资需求和外部资金需求等。

净资产收益率和总资产收益率的关系可表述如下:

$$\frac{\text{净资产}}{\text{收益率}} = \frac{\text{总资产}}{\text{收益率}} + \left(\frac{\text{总资产}}{\text{收益率}} - \text{利率}\right) \times \left(1 - \frac{\text{所得税}}{\text{税率}}\right) \times \left(\frac{\text{债务资本}}{\text{股权资本}}\right) \quad (2-34)$$

总资产收益率根据公式(2-6)计算,与净资产收益率相比,二者的差异主要反映利息和所得税的影响。

为了明晰不同行业的净资产收益率及其影响因素,表2-1列示了格力电器等七家上市公司(分别属于食品、家电、房地产、医药、公用、批发零售、钢铁等行业)归属于母公司股东的净资产收益率及其因素分析。

表2-1 归属于母公司股东的净资产收益率及分解指标(2019年)

项目	伊利股份	格力电器	万科	云南白药	国投电力	苏宁易购	宝钢股份
净资产收益率(%)	25.66	24.52	22.61	14.50	12.18	11.66	7.00
净利润/营业总收入(%)	7.70	12.38	14.99	14.07	20.58	3.46	4.61
息税前利润/营业总收入(%)	9.00	13.59	22.36	15.52%	35.52	5.74	5.89
利润总额/息税前利润	1.009	1.077	0.930	1.027	0.685	0.944	0.872
净利润/利润总额	0.848	0.846	0.720	0.883	0.846	0.639	0.898
归属于母公司股东净利润/净利润	0.998	0.995	0.705	1.003	0.545	1.056	0.922
总资产周转率	1.670	0.751	0.226	0.741	0.191	1.234	0.866
权益乘数	2.000	2.651	9.477	1.387	5.705	2.584	1.902

资料来源:笔者根据Wind数据计算整理。

在表2-1中,归属于母公司股东的净资产收益率的计算公式为:

$$\text{归属于母公司股东的净资产收益率} = \frac{\text{净利润}}{\text{营业总收入}} \times \frac{\text{归属于母公司股东的净利润}}{\text{净利润}} \times \frac{\text{营业总收入}}{\text{总资产平均余额}} \times \frac{\text{总资产平均余额}}{\text{归属于母公司股东的股东权益}}$$

其中:

$$\text{销售净利率} = \frac{\text{息税前利润}}{\text{营业总收入}} \times \frac{\text{利润总额}}{\text{息税前利润}} \times \frac{\text{净利润}}{\text{利润总额}}$$

从上式中可以看出,影响母公司股东净资产收益率的因素有四个:销售净利率、归属于母公司股东的净利润占公司净利润的比率、总资产周转率、权益乘数。其中,销售净利率又受三个因素的影响,息税前利润/营业总收入反映了经营活动创造的利润的影响,利润总额/息税前利润反映了公司利息费用(举债)的影响,净利润/利润总额反映了税收效应的影响。

在七家公司中,伊利股份、格力电器的净资产收益率分别排在前两位,作为食品饮料业和家电业的龙头企业,它们借助品牌优势,在价格竞争激烈的市场上为股东创造了较高的价值。在这两家公司中,伊利股份的销售净利率、息税前利润率均低于格力电器,但总资产周转率远高于格力电器,从而创造了较高的净资产收益率。尽管不同行业的总资产周转率不能并列对比,但资产周转率高是伊利股份高净资产收益率的重要影响因素。

作为房地产业的龙头公司,万科的净资产收益率位列七家公司的第三。虽然万科的销售净利率、息税前利润率比较高(息税前利润率位列第二),但总资产周转率较低,从而降低了净资产收益率;万科的权益乘数或资产负债率在七家公司中排在首位,这一方面表明地产行业的负债率较高,另一方面表明充分利用财务杠杆也是万科净资产收益率的重要影响因素。

云南白药属于医药行业,在七家公司中,其净资产收益率位列第四,销售净利率位列第三,总资产周转率相对较低,权益乘数最低,表明公司财务风险较低。

国投电力属于公用事业行业,在七家公司中,其净资产收益率排在第五位,但息税前利润率排在第一位,总资产周转率排在最后,表明公司具有较强的行业特征。

苏宁易购的净资产收益率位列第六。苏宁易购属于零售业,其行业特点是价格竞争激烈,销售净利率低但资产周转速度较快,强劲的营销策略和品牌效应是净资产收益率的重要影响因素。此外,公司使用了较高的财务杠杆,增强了盈利能力。

宝钢股份的净资产收益率在七家公司中最低,其他指标(如销售净利率、总资产周转率、权益乘数)也比较低。宝钢股份的净资产收益率较低的外部原因包括全球经济弱势复苏、国内经济增速放缓、钢铁行业低迷,行业盈利下滑至工业行业的最低水平。

值得注意的是,上述分析是在不同行业之间进行的,分析结果的可比性较差。例如,不同行业的总资产周转率相差很大,因此每种指标最好要与行业指标进行对比。

第三节 现金流量与信用风险分析

一、现金流量分析

在日益崇尚"现金至上"的理财环境中,现金流量分析对信息使用者来说显得更为重要。这是因为现金流量可更浅显地反映出公司创造现金净流量的能力,揭示公司资产的流动性和财务状况。

从财务报表间的相互关系可知,现金流量表是连接其他两张报表的纽带。它从利润表的净利润开始,调整非现金费用,然后追踪资产负债表中现金项目(货币资金及现金等价物)以外的各个项目的余额变动。余额变动是指资产负债表某项目当年余额(第 t 年)与上一年度(第 $t-1$ 年)余额的差值。资产负债表项目除现金外的每项变动都代表了现金的来源(例如,出售资产或增加借款意味着公司持有的现金增多了)或现金的运用(例如,增加存货或偿还债务意味着公司持有的现金减少了)。现金流量表最后一行为现金净流量,该数值和本年度现金余额与上一年度现金余额的差值是相等的,并且应该和资产负债表第 t 年与第 $t-1$ 年的现金余额的差值相符。根据现金流量表和资产负债表的关系,现金流量分析的对象为:

现金流量分析对象=期末现金及现金等价物-期初现金及现金等价物
=现金及现金等价物净增加额(增量现金流量)

比较资产负债表期末现金与期初现金的差额,目的在于分析公司一定时期现金净流量变动的原因。

根据资产负债表的平衡式,分析影响现金净流量的因素:

$$资产=负债+股东权益$$

$$现金+非现金流动资产+非流动资产=非筹资性流动负债(应付账款等)+$$
$$短期借款+长期负债+普通股股本+留存收益$$

$$现金=非筹资性流动负债+短期借款+长期负债+普通股股本+留存收益-$$
$$非现金流动资产-非流动资产$$

根据上述分析可以发现,影响公司现金流量的因素与资产负债表和利润表有关,非现金资产类项目变化与现金反方向变化;负债与股东权益类项目变化与现金同方向变化。在其他因素不变的条件下,股东权益的变化主要与留存收益有关,而后者取决于公司经营活动创造的净利润以及公司的股利政策。

分析增量现金流量的影响因素,增量资产负债表的等式为:

$$\Delta 现金+\Delta 非现金流动资产+\Delta 非流动资产=\Delta 非筹资性流动负债+\Delta 短期借款+$$
$$\Delta 长期负债+\Delta 普通股股本+\Delta 留存收益$$

假设:

$$\Delta 非流动资产=资本支出-折旧$$

$$\Delta 留存收益=(息税前利润-利息)\times(1-所得税税率)-股利$$
$$=息税前利润\times(1-所得税税率)-利息\times(1-所得税税率)-股利$$
$$=净利润+税后利息费用-利息\times(1-所得税税率)-股利$$
$$=税后净经营利润-利息\times(1-所得税税率)-股利$$

整理上式各项,可以得到现金净流量的计算公式为:

$$\Delta 现金=税后净经营利润+折旧-(\Delta 非现金流动资产-\Delta 非筹资性流动负债)-资本支出+$$
$$\Delta 短期借款+\Delta 长期负债-利息\times(1-所得税税率)+\Delta 普通股股本-股利 \quad (2-35)$$

以净利润为基础的现金净流量调整方式(间接法)如表2-2所示。

表2-2 现金净流量调整方式

现金净流量(现金和现金等价物净增加额)	
净利润	
加:税后利息费用	
税后净经营利润(NOPAT)	经营活动现金净流量
加:折旧	
减:非现金流动资产增加(加:减少)	
加:非筹资性流动负债增加(减:减少)	
减:资本支出	投资活动现金净流量
加:短期借款增加(减:减少)	
加:长期负债增加(减:减少)	
减:利息×(1-所得税税率)	筹资活动现金净流量
加:普通股股本增加(减:减少)	
减:股利	
现金净流量(与现金和现金等价物净增加额相互核对)	

在现金流量分析中,结构百分比法可以更好地反映公司现金流量的生成与使用。这种方法以现金流入总额作为100%,分别计算经营活动、投资活动和筹资活动现金流入量、

流出量占现金流入总额的比重,分别反映公司现金的来源与运用,以便分析公司现金流入量与流出量的匹配程度。

二、现金流量比率分析

1. 经营活动现金流量比率

经营活动现金流是现金流量表的核心部分,在分析中可以把主要关注点放在"销售商品、提供劳务收到的现金"和"经营活动产生的现金流量净额"上,主要关注以下三个比率:

(1) 销售商品、提供劳务收到的现金/营业收入。将销售商品、提供劳务收到的现金与经营活动流入的现金总额进行比较,可以大致说明公司销售回收现金的情况及销售质量。收现占比大,说明销售收入实现后增加的资产转换为现金的速度快、质量高。

(2) 销售商品、提供劳务收到的现金/购买商品、接受劳务付出的现金。将销售商品、提供劳务收到的现金与购买商品、接受劳务付出的现金进行比较,在公司经营正常、购销平衡的情况下,二者的比较是有意义的。该比率大,说明公司的销售利润多、销售回款好、创现能力强。

(3) 经营活动现金净流量/净利润。经营活动产生的现金流量与会计利润之比若大于等于1,则说明会计收益的收现能力较强,利润质量较好;若小于1,则说明会计利润可能受到人为操纵或存在大量应收账款,盈利质量较差。

2. 偿付能力的比率

在市场经济条件下,公司现金流量在很大程度上决定公司的生存和发展能力。即使公司有盈利能力,若现金周转不畅、调度不灵,也将严重影响公司正常的生产经营活动;偿债能力的弱化直接影响公司的信誉,最终影响公司的生存。基于现金流量表计算偿债能力的指标主要有:

公司短期偿债能力比率=经营活动净现金流量/流动负债

偿付全部债务能力比率=经营活动净现金流量/债务总额

分配现金股利、利润和利息的比率=经营活动净现金流量/分配股利、利润或偿付利息支付的现金

上述三个比率越大,说明公司偿债能力和支付现金股利能力越强。

3. 现金流量资本支出比率

现金流量资本支出比率=经营活动净现金流量/资本支出总额

其中,资本支出总额指公司为维持或扩大生产能力而购置固定资产或无形资产所发生的支出。这一比率越大,说明公司支付资本支出的能力越强,资金自给率越高。若比率大于等于1,则说明公司可以靠自身经营满足扩充所需的资金;若比率小于1,则说明公司需要靠外部融资补充扩充所需的资金。

在分析现金流量时应注意以下几个问题:(1)公司经营活动是否创造了正的现金净流量?负的现金净流量是公司经营亏损还是快速扩张引起的?公司能否利用经营活动的现金流量偿还短期到期债务?(2)公司投资活动现金流出量有多少?扩张所需的资金是来自内部还是来自外部?投资活动是否符合公司整体经营战略?是否为公司创造了长期增长价值?(3)公司外部筹资主要采取何种形式?是否符合公司风险管理策略?公司在

支付现金股利时,是利用内源资金还是利用外源资金?如果不得不采取外源资金支付股利,这种股利政策能否持续?

三、财务危机预警分析

财务危机预警分析最常用的方法是从多个财务比率中筛选出能提供违约信息的变量,构建判别函数,对公司的财务状况所属类别进行判别。判别函数的一般形式为:

$$Z = \alpha + \sum_{j=1}^{k} \beta_j X_j \tag{2-36}$$

其中,Z 是判别分值,α 是常数项,X_j 是反映研究对象的财务比率,β_j 是各变量的判别系数。Z 值越大,财务危机越小;反之,Z 值越小,财务危机越大。

利用财务比率进行财务危机预警分析有很多方法,美国学者 Altman(1968)基于行业和资产规模,选择了 33 家破产公司和 33 家非破产公司作为研究样本,根据误判率最小原则,确定了 5 种财务比率作为判别变量,采用计算机运算法则确定了每种比率对公司破产的影响程度——各种比率的系数,以此作为预测公司破产的基本模型,即所谓的 Z-Score 模型,其基本表达式为:

$$Z = 1.2X_1 + 1.4X_2 + 3.3X_3 + 0.6X_4 + 1.0X_5 \tag{2-37}$$

其中,Z 是判别函数值,X_1 = 营运资本/资产总额,X_2 = 留存收益/资产总额,X_3 = 息税前利润/资产总额,X_4 = 普通股和优先股市场价值总额/负债账面价值总额,X_5 = 销售收入/资产总额。

在 Z-Score 模型中,Altman 提出了判别公司破产的临界值(Z-Score)。若 Z 值大于 2.675,则表明公司的财务状况良好,发生破产的可能性较小,即公司处于安全区;若 Z 值小于 1.81,则表明公司存在较高的破产危险,即公司处于危机区;若 Z 值介于 1.81 和 2.675 之间,则表明公司处于灰色区,这个区域是因原始样本存在错误分类或两类重叠而产生的,Z 值落在该区域的公司,其财务状况需要通过其他方法来判别。Altman 对 Z-Score 模型的有效性进行了检验,发现该模型可以提前 2—3 年较好地预测公司的破产,破产前一年的预测准确率为 95%,破产前两年的预测准确率为 82%。

针对非上市公司与非制造业企业,Altman 修改了 Z-Score 模型,主要是在计算比率 X_4 时用账面价值替代市场价值,于是得到的 Z′-Score 模型为:

$$Z' = 0.717X_1 + 0.847X_2 + 3.107X_3 + 0.420X_4 + 0.998X_5 \tag{2-38}$$

在 Z′-Score 模型中,Z' 值大于 2.90 表明公司处于安全区,Z' 值小于 1.23 表明公司处于危机区,Z' 值介于 1.23 和 2.90 之间表明公司处于灰色区。

由于 X_5(营业收入/资产总额)在不同行业中差异较大,商业和服务性企业的这一指标比工业企业更高,因为它们不是资本密集型企业。非制造业企业的总资产周转率和 Z 值相对较高,模型(2-37)、(2-38)可能低估了这些企业的破产风险。为了纠正这一缺陷,Altman 直接删除了该指标,修正后的模型为:

$$Z = 6.51X_1 + 3.26X_2 + 6.72X_3 + 1.05X_4 \tag{2-39}$$

在模型(2-39)中,Z 值的上限为 2.6,下限为 1.11,中间区域为不确定的状况。

Z-Score 模型是以走向破产的企业为基础建立的,该模型也可以用来估计由债务或上述其他财务危机引起的违约。同样,Z-Score 模型也可以用于存在两种以上结果的情景。

因此,在进行债券评级(需要确定多个等级)时,企业也可以采用其他指标(如资产规模、利息保障倍数、收益稳定性等)建立类似的财务危机预警模型。

四、财务比率与信用评级

利用财务比率进行信用评级是信用评级公司经常采用的一种方法,现以标准普尔公司为例加以说明。标准普尔公司利用财务比率进行公司信用评级时,首先使用各种财务比率和信用评级标准对公司进行风险信用评级分类,然后根据公司商业风险调整其财务风险,最后确定公司信用评级。表2-3列示了制造业不同债券信用评级与财务比率平均水平之间的相互关系。

表2-3 债券信用评级与公司财务比率(制造业)

项目	AAA	AA	A	BBB	BB	B	CCC
息税前利润/利息	21.4	10.1	6.1	3.7	2.1	0.8	0.1
息税折旧摊销前利润/利息	26.6	12.9	9.1	5.8	3.4	1.8	1.3
(净利润+非现金费用)/有息债务(%)	84.2	25.2	15.0	8.5	2.6	-3.2	-12.9
公司自由现金流量/有息债务(%)	128.8	55.4	43.2	30.8	18.8	7.8	1.6
总资产收益率(%)	34.9	21.7	19.4	13.6	11.6	6.6	1.0
息税折旧摊销前利润/销售收入(%)	27.0	22.1	18.6	15.4	15.9	11.9	11.9
长期负债/长期资本(%)	13.3	28.2	33.9	42.5	57.2	69.7	68.8
有息债务/(有息债务+股东权益)(%)	22.9	37.7	42.5	48.2	62.6	74.8	87.7
公司数目(家)	8	29	136	218	273	281	22

资料来源:Standard & Poor's Ratings Direct, Reproduced with permission of Standard & Poor's, August 10, 2001.

标准普尔公司指出,上述信用指标只是宽泛地定义了一家公司目前的信用评级和位置,在使用这个评级标准对比不同公司时,应特别注意每家公司有关这些信用指标的计算方法各有不同,特别是在不同的国家和地区,每家公司有着自己特定的财务运作方法及商业环境。

标准普尔公司在进行公司信用评级时,还要结合公司商业风险调整其财务风险评级。如果公司的市场竞争优势很强、商业远景非常好、可预测未来现金流量,并且可以克服财务危机,就可以保持目前的信用评级,而不会因财务状况而被降低信用评级。此外,还要与行业"平均"商业风险水平进行比较,如果公司的商业风险高于行业商业风险"平均"值,则其信用评级应低于同等条件的公司信用评级;反之亦然。

信用评级的目的是在给定的风险水平下估计公司违约概率,虽然所有的评级机构在信用风险评估中都不可能是完美的,但总体上可以提供有关的公司违约估计数。表2-4列示了不同等级债券信用评级的Z均值。

表2-4 标准普尔债券信用评级的Z均值(1996—2001年)

信用评级	年均公司数量	Z均值	标准离差
AAA	66	6.20	2.06
AA	194	4.73	2.36
A	519	3.74	2.29

(续表)

信用评级	年均公司数量	Z 均值	标准离差
BBB	530	2.81	1.48
BB	538	2.38	1.85
B	390	1.81	1.91
CCC	10	0.33	1.61
D*	244	−0.20	—

资料来源:Altman, E. I. and E. Hotchkiss, 2006, *Corporate Financial Distress and Bankruptcy: Predict and Avoid Bankruptcy, Analyze and Invest in Distressed Debt*, John Wiley & Sons Inc.

从表 2-4 可以看到,1996—2001 年,AAA 级债券的 Z 均值为 6.20,而 B 级债券的 Z 均值为 1.81,这恰好为 Z-Score 模型的危机区上限值。

【例 2-2】 反映公司业绩和财务状况的财务指标比较多,现以格力电器财务报表为例,说明财务比率分析的关键指标,如表 2-5 和表 2-6 所示。

表 2-5 格力电器关键财务指标(2015—2019 年)

项目	2015 年	2016 年	2017 年	2018 年	2019 年
成长能力比率					
营业收入增长率(%)	−28.17	9.50	36.24	33.33	0.24
营业利润增长率(%)	−15.99	29.15	49.67	18.64	−4.49
净利润增长率(%)	−11.43	22.98	44.99	17.19	−5.88
总资产增长率(%)	3.50	12.78	17.87	16.87	12.63
净资产增长率(%)	7.61	13.09	21.69	38.72	20.85
盈利能力比率					
销售毛利率(%)	34.35	33.81	33.63	30.89	28.43
销售净利率(%)	12.55	14.10	15.00	13.19	12.38
息税前利润率(%)	10.36	10.92	16.58	14.15	12.01
总资产收益率(%)	6.55	6.99	12.52	12.14	9.02
投入资本收益率(%)	21.21	21.75	33.82	30.35	19.97
净资产收益率(%)	26.95	30.00	36.97	33.07	24.25
归属于母公司净资产收益率(%)	27.34	30.42	37.51	33.40	24.52
营运能力比率					
应收账款(票据)周转率	2.84	4.35	4.23	4.90	4.99
存货周转率	9.53	9.90	9.74	9.27	7.74
应付账款(票据)周转率	2.61	2.58	3.01	3.60	2.92
总资产周转率	0.63	0.64	0.76	0.86	0.75
偿债能力比率					
流动比率	1.07	1.13	1.16	1.27	1.26
速动比率	0.99	1.06	1.05	1.14	1.12
资产负债率(%)	69.96	69.88	68.91	63.10	60.40
有息债务/投入资本(%)	16.21	16.72	22.68	19.81	12.59

资料来源:根据 Wind 数据计算整理。

表 2-6 格力电器现金流量和每股指标(2015—2019 年)

项目	2015 年	2016 年	2017 年	2018 年	2019 年
现金流量比率					
销售商品、提供劳务收到现金/营业收入	1.10	0.63	0.72	0.68	0.83
经营活动产生的现金流量净额/净利润	3.52	0.96	0.73	1.02	1.12
经营现金净流量/流动负债	0.39	0.12	0.11	0.17	0.16
每股指标					
流通股股数(亿股)	30.08	60.16	60.16	60.16	60.16
每股收益(元)	4.20	2.58	3.74	4.38	4.13
归属于母公司的每股收益(元)	4.17	2.56	3.72	4.36	4.11
每股净资产(元)	16.15	9.13	11.11	15.41	18.63
每股营业收入(元)	14.68	7.90	8.95	10.90	15.18
每股经营现金净流量(元)	14.75	2.47	2.72	4.48	4.64

资料来源:根据 Wind 数据计算整理。

根据格力电器财务报表和上述数据,格力电器各年 Z-Score 计算如表 2-7 所示。

表 2-7 格力电器 Z-Score 值(2015—2019 年)

项目	2015 年	2016 年	2017 年	2018 年	2019 年
营运资本/资产总额	0.0515	0.0879	0.1118	0.1673	0.1548
留存收益/资产总额	0.2550	0.2609	0.2756	0.3401	0.3438
息税前利润/资产总额	0.0644	0.0659	0.1157	0.1127	0.0851
普通股市场价值/负债账面价值	1.0323	1.0949	1.7511	1.3364	2.3082
营业收入/资产总额	0.6219	0.6038	0.6979	0.7962	0.7086
Z-Score 值	1.8728	1.9490	2.6505	2.6466	3.0415

注:留存收益=未分配利润+盈余公积金。
资料来源:根据 Wind 数据计算整理。

格力电器分析期(2015—2019 年)财务报表的主要特点为:

(1)格力电器分析期利润(营业利润、利润总额、净利润)增长率大于收入增长率,表明公司主营业务的盈利能力较强;分析期公司销售毛利率、销售净利率、总资产收益率和净资产收益率等指标呈上升趋势,整体上处于行业领先地位;经营活动现金净流量/净利润比率在 0.73 和 3.52 之间变动,表明公司盈利质量好、盈利结构健康。

(2)根据应收账款周转率、存货周转率和应付账款周转率,还可计算各类资产的周转天数。以 2019 年为例,格力电器应收账款周转天数为 14.76 天,应付账款周转天数为 86.21 天。在分析期内,格力电器应收账款合计数小于应付账款合计数,表明公司对行业上下游的议价能力较强。

(3)从负债结构看,格力电器分析期负债几乎全部为短期负债。在流动负债中,应付账款(票据)占比较大,反映公司偿债能力的资产负债率在 69.96% 和 60.40% 之间波动,但有息负债率(有息债务/投入资本)在 22.68% 和 12.59% 之间变动,表明公司有息债务占比较小。

(4)格力电器分析期的 Z-Score 值从 1.8728 上升到 3.0415,表明公司财务状况开始改善,信用风险逐年降低。

在公司财务分析中,还要进行经济环境、行业、公司战略分析。例如,根据 PESTLE 进行宏观环境分析,说明政治、经济、社会、技术、法律、环境等因素对公司经营业绩和财务状况的影响。根据 SWOT 分析,明确公司在竞争中的优势、劣势,面临的机会与挑战;明确公司的核心竞争力和未来的发展方向。PESTLE 分析框架、SWOT 分析框架(波特五力模型)以及格力电器详细的报表分析(Excel 应用)可从学习资源包中获取。

五、财务比率分析应注意的问题

以上是根据公司财务报表提供的数据,采用不同的财务比率对公司的偿债能力、营运能力、盈利能力进行的分析和评价,这对于报表阅读者了解和判断公司的财务状况与经营成果具有一定的意义和作用。但是,这些方法也有一定的局限性,在使用时应注意以下几个问题:

第一,财务比率的有效性。财务报表所反映的数据,是公司过去会计事项影响的结果,根据这些历史数据计算得到的各种财务比率,对于预测公司未来的经济动态,只有参考价值,并非完全有效。

第二,财务比率的可比性。可比性一般是指不同公司,尤其是同行业不同公司之间,应使用相似的会计程序和方法,将不同公司财务报表的编制建立在相同的会计程序和会计方法的基础上,便于报表使用者比较分析一个公司在不同时期,以及公司和公司之间的盈利能力与财务状况的强弱和优劣。对于同一个公司来说,虽然一致性会计原则的运用使其有可能进行不同期间的比较,但如果公司的会计环境和基本交易的性质发生变动,则同一个公司不同时期财务比率的可比性就会大大减弱。因此,在采用比率法分析公司财务状况和经营成果时,必须充分注意公司重大会计事项(包括会计处理方法的变动情况、变动原因及其对本期财务状况的作用)的影响等。

第三,财务比率的相关性。相关性是指财务信息要与经济决策相关联,以便报表使用者利用财务信息做出各种决策。在进行财务分析,特别是比率分析时,有时会出现这样的情况,某一特定比率无法反映出正确的财务信息,即对财务信息使用者来说是不相关的。这是因为比率的高低既受到两个或两个以上的财务数据的同时影响,又受到某些综合财务数据构成的影响。例如,存货周转次数,一般认为此项比率升高是好现象。但是,存货周转次数的增加,可能是因为销售成本增加,即公司维持一定的存货水平,完成了较多的销售任务;也可能是由于存货减少,这种情况虽然增加了存货周转次数,但也可能使公司因减少存货而丧失了生产和销售等的获利机会。

第四,财务信息的可靠性。可靠性是指提供的财务信息应不偏不倚,以客观事实为依据,不受主观意志的左右,力求财务信息准确可靠。事实上,编制财务报表所采用的各种核算资料的可靠性往往受到多方面的影响,使得报表分析同样显得不够可靠。例如,在正常情况下,财务报表一般不反映物价水平的变动,各种资产在资产负债表中都是以原始成本列示,与其现行价值必然存在差异;不仅如此,这种差异还会影响利润表中收入、费用和净利润的比较。

第五,财务比率的比较方式。为了判断各种财务比率是否恰当,还需要将计算出的各种财务比率与标准比率进行比较。与此相关的标准有三种:一是历史标准,即以公司历史上较正常的经济状况或相似时期的财务比率作为标准;二是行业标准,即以公司所属的行业在同一时期的平均比率作为标准;三是预算标准,即以公司当期预算中的财务比率作为比较标准。为了解某一比率的变化情况,还可以将公司当年的财务比率与历年来的同一比率做比较,以便确定公司的发展趋势;也可以将公司的财务比率与同一时期同行业其他公司的财务比率做比较,以便对本公司在市场竞争中所处的地位有一个更深入的认识。

第六,财务比率极端值问题。在计算比率时,可能会遇到以下两个特殊的问题:负的分母和极端值。假设在分析某一行业公司的盈利能力或某一公司连续若干年的盈利能力时,该公司某一年度的净资产为"负"值,那么将这一观察值作为净资产收益率的分母,会导致一个没有明显的解释意义的比率。在这种情况下,我们应考察分母为"负"的原因,并做适当调整,比如采用总资产收益率或销售利润率(这两个比率的分母为"负"的可能性是极小的)。此外,还有可能发生"计算机"计算"错误",因此我们应注意检查计算机程序。例如,计算机打印出来的资料为:A 公司的净资产收益率为 12%,B 公司的净资产收益率为 10%。但是,在这些财务比率背后的具体数据是:A 公司的净利润和净资产均为负数,B 公司的净利润和净资产均为正数,即

$$A\text{ 公司净资产收益率} = \frac{-120}{-1\,000} = 12\%$$

$$B\text{ 公司净资产收益率} = \frac{100}{1\,000} = 10\%$$

在财务分析中,显示为"负"的数据意味着存在某些问题,在下面的例子中,公司 D 的股利支付率(股利/净利润)为负:

	公司 C	公司 D
股利	10 000	10 000
净利润	50 000	-50 000
股利支付率	20%	-20%

股利支付率为"负"并不意味着公司 D 的支付率低于公司 C,而是公司 D 拥有超高的股利支付率,因为公司在存在净损失时依然支付股利。对于这种情况,应注意支付股利的资金从哪里来,如果通过借款支付股利,则意味着公司的财务状况较差。

所谓极端值,是指一个明显与整个数据系列中的其余数据不一致的观察值(这种"明显不一致"在一定程度上是分析者所做的一种经验推断)。如何确定一个观察值是否是"极端值"?首先要确定该"极端值"是否因计算而产生?是否由记录错误所导致?是否由会计分类、会计方法的变化所引起?例如,一笔巨大的非常项目利得包含在净利润中,就可能引起极端的销售净利率;一个极端的利息保障倍数可能是因为表外筹资,或者可能是因为巨额汇兑损益引起的。如果在分析中发现极端值且不是缘于记录错误,则予以删除;如果极端值代表特定背景或特定事项的一种极端状况,则应该保留;如果极端值是由会计因素引起的,则需要做出调整。例如,比较销售利润率、非常项目前销售利润率和销售净利润率这三个比率,如果只有销售净利润率显得"极端",那么这种"极端"缘于会计分类的可能性就很大,可以进一步分析产生差异的原因。

本章小结

1. 从某种意义上说,公司的资产负债表是基本财务报表的核心,无论是现金流量表还是利润表都是对资产负债表的深入解释。现金流量表是对资产负债表变化的解释,而现金的变化最终反映了资产负债表的一个项目——现金及其等价物的变动情况。利润表反映了收入、成本和利润的生成过程,净利润将影响资产负债表的一个项目——未分配利润的变动情况。净利润经过经营、投资、筹资三项重要的现金变动转变为最终的现金变动。

2. 以资产负债表和利润表为基础的财务比率分为三种:一是存量比率,即资产负债表各项目之间的比率,反映公司某一时点的财务状况;二是流量比率,即利润表各项目之间的比率,反映公司一定时期的经营成果;三是流量与存量之间的比率,即将利润表中的某个"流量"项目与资产负债表中的某个"存量"项目加以比较。由于资产负债表中各项目是一个时点变量,不能准确反映它在一定时期的流量变化情况,因此采用资产负债表期初和期末余额的平均值作为某一财务比率的分母,可以更好地反映公司的整体情况。

3. 反映公司盈利能力的指标主要有销售利润率、销售净利率、总资产收益率、净资产收益率和投入资本收益率;反映公司营运能力的指标主要有应收账款周转率、存货周转率、应付账款周转率、固定资产周转率、总资产周转率等。

4. 反映公司偿债能力的指标主要有流动比率和财务杠杆比率,前者衡量公司短期偿债能力,后者衡量公司长期偿债能力;反映公司增长能力的指标主要有同比增长率和某一指标同比增长率。

5. 财务危机预警分析最常用的方法是利用财务指标判断公司的财务状况(财务危机或财务健康),既可以根据单一财务比率进行分析,也可以从多个财务比率中筛选出能提供较多信息的变量,构建判别函数,对公司的财务状况所属类别进行判别。

基础训练

1. 不论是 CEO 还是 CFO,"底线"是他们最关注的指标之一。底线(本意指财务报表中最后一行的数值,即最终结果)只不过是一组数字,但其背后却隐含着十分复杂的世界。从财务报表中你能够了解财务报表的基本知识和编制原理,建立与报表使用者沟通的基本语言,理解报表中的财务管理思想、政策和战略。所谓财务报表分析,可谓"三表"入手,由"表"及里。企业管理中最常用的三张财务报表的功能各不相同,请说明利润表、资产负债表、现金流量表之间的相互关系。

2. 为了阿里巴巴的上市,马云在美国路演要做的事情,除了讲他的"中国梦"和"中国故事",还要和上千名美国投资人(财务专家)探讨阿里巴巴当时的财务报表和财务状况及其未来的财务报表和财务状况。与马云的"中国梦"相比,投资人更关心阿里巴巴能不能赚到钱,能赚多少钱。作为一名投资人,在阅读财务报表之前,需要做哪些基本功课?

3. 美国商界有一句谚语"一副手铐是铐四只手的",寓意是上市公司财务报表的真实性必须由 CEO 和 CFO 同时签字并承担责任。2001 年安然公司倒闭和 2002 年世通公司会计丑闻催生的《萨班斯法案》,要求所有在美国上市的公司财务报表都必须由 CEO 和 CFO 共同签字认可。在阅读财务报表时,如何判断其财务数据是否异常?

4. 1975 年 10 月,美国最大的商业企业之一 Grant 公司宣告破产,但引起商界的广泛关注而令人不解的是,Grant 公司破产前一年(1974 年),其营业净利润近 1 000 万美元,经营活动提供的营运现金达 2 000 多万美元,银行扩大贷款总额达 6 亿美元;更令人不解的是,1973 年末,公司股票仍按其收益 20 倍的价格出售。

请上网查询相关信息,说明为什么银行会为一家濒临破产的公司发放贷款,为什么投资者乐于购买其股票。这一案例给我们带来了哪些启示?

5. 下表列示了贵州茅台(2013—2018年)的营业收入与营业成本。

贵州茅台营业收入与营业成本   单位:亿元

	2013年	2014年	2015年	2016年	2017年	2018年
营业收入(亿元)	309.22	315.74	326.60	388.62	582.18	736.39
营业成本(亿元)	21.94	23.39	25.38	34.10	59.40	65.23

(1) 计算贵州茅台营业收入同比增长率、在此期间的平均增长率及复合增长率。上网查询有关贵州茅台产品类型的资料,说明贵州茅台酒在其全部产品收入中的比重。

(2) 分析贵州茅台产品的毛利、毛利率及其变动趋势。

(3) 选择至少5家同行业公司,比较它们的2018年销售毛利率。

(4) 说明影响毛利率的主要影响因素。

案例分析

(1) 登录相关网站,获取相关信息。登录巨潮资讯网(http://www.cninfo.com.cn/),在主页右上角的搜索框输入公司名或公司代码(如输入600019),点击"搜索",可以看到所选择公司的相关信息;然后点击"定期报告",可以下载相关公司的资产负债表、利润表和现金流量表。例如,点击利润表,将光标移到报表中间,然后右击鼠标,选择"导出到Excel";资产负债表和现金流量表的下载方式相同。在该网页上也可以根据需要下载其他财务指标,如分红配股、财务指标等。

(2) 选择一家上市公司,仔细阅读上市公司财务报告,特别是董事长陈述,分析公司的目标、战略与竞争优势,分析公司的盈利能力、营运能力、偿债能力、增长能力、市盈率、市净率及现金流量等财务状况和经营成果。

(3) 登录雅虎财经网(http://finance.yahoo.com),收集六家上市公司股票价格信息。在股票主页的查询窗口,输入你要评估的股票代码(如600000),点击"Get Quotes"后,就可以看到与"Shanghai Pudong Development Bank Co., Ltd. (600000.SS)"相关的信息;然后点击"Historical Data"(历史价格,包含所在行业相关财务比率的行业均值),将公司的财务业绩与行业均值做比较,评价每家公司的优势、劣势、机会和面临的挑战,分析公司业绩差异的导因。

第三章　证券价值评估

[学习目的]
- 掌握现金流量现值与终值的计算方法
- 熟悉债券价值评估方法和利率决定因素
- 掌握股权自由现金流量和公司自由现金流量的确定方法
- 熟悉采用稳定增长模型、两阶段模型进行估价
- 掌握乘数估价法的类型和估价的基本方法

1938年，一个在股市上相当成功的投资者威廉姆斯（Williams）出版了他尚未通过答辩的博士论文《投资价值理论》，多年后的历史证明威廉姆斯的这本书成为"投资学"这一学科的前驱经典著作。威廉姆斯是第一批挑战股票市场即赌场观点的经济学家之一。在此之前，以凯恩斯的"选美"理论为代表，很多经济学家认为股票市场就是赌场，股票定价由交易双方对于投资收益率的预期以及对于这些预期的预期决定。威廉姆斯认为资产定价的关键要素表现为四个方面：第一，你必须把自己视为资产的所有者，并且像你评估一个私有企业那样评估一家股份公司；第二，你必须对公司未来的盈利潜力进行估计；第三，你必须确定未来的盈利波动状况；第四，你必须使用一定的折现率对未来现金流量进行调整。威廉姆斯最重要的贡献是他首次将复利模型引入资产定价领域，提出股利折现定价模型。他认为资产价值由其内在价值决定。对于股票来说，内在价值就是股票未来现金流量（股利、股票出售价格）的现值。巴菲特认为现值估价法可以计算不同投资类型的资产价值，包括政府债券、公司债券、普通股票、住房建筑、油井和农场。

第一节　货币的时间价值

一、基本符号与含义

货币的时间价值最早出自经济学家欧文·费雪（Irving Fisher）的著作《利息理论》，通常与银行的存款利率、贷款利率、债券利率、通货膨胀率等联系在一起，成为各种资产定价的基础。

货币的时间价值是指随时间推移而发生的价值增值。由于等额的现金在不同时点的价值量是不相等的，为此必须将不同时点的现金流量按照利率或折现率调整为同一时点的现金流量，以便进行比较和分析。

在计算现金流量的终值和现值时，若现金流量序列是确定的，则可采用无风险利率或折现率①进行调整；若现金流量序列是不确定的，则可采用风险调整折现率或资本成本进

---

① 在计算现金流量终值时，通常称 r 为利率；在计算现金流量现值时，通常称 r 为折现率。

行调整。不同时点的现金流量既可以调整为现值,也可以调整为终值。为计算方便,本书有关的符号标示如表 3-1 所示。

表 3-1 计算符号与说明

符号	说明
PV	现值:一个或多个发生在未来的现金流量相当于现在时点的价值
FV	终值:一个或多个现金流量相当于未来时点的价值
CF_t	现金流量:第 t 期期末的现金流量
A(PMT)	年金:连续发生在一定周期内的等额现金流量
r(RATE)	利率或折现率
g	现金流量预期增长率
n(NPER)	收到或付出现金流量的期数

注:括号内的符号为 Excel 内置函数的符号。

为简化,假设现金流量均发生在每期期末;决策时点为 $t=0$,除非特别说明,"现在"即为 $t=0$;现金流量折现频数与收付款项频数相同。

二、一次现金流量的终值与现值

复利终值是指某一现金流量按复利计算的一期或多期后的价值,其计算公式为:

$$FV = PV(1+r)^n \tag{3-1}$$

公式(3-1)中的 $(1+r)^n$ 为 1 元复利终值系数。

在其他条件一定的情况下,现金流量的终值与利率、时间同向变动,现金流量时间间隔越长,利率越高,终值越大。

假设你在银行存入 1 000 元,年利率 8%,经过 9 年、30 年、75 年后你的账户余额分别为:

$$FV_9 = 1\,000 \times (1+8\%)^9 = 1\,999.00(元)$$
$$FV_{30} = 1\,000 \times (1+8\%)^{30} = 10\,062.66(元)$$
$$FV_{75} = 1\,000 \times (1+8\%)^{75} = 321\,204.53(元)$$

上述计算表明,在年利率为 8% 的条件下,9 年后你的存款将翻一番;30 年后你的存款余额为初始存款额的 10.06 倍;75 年后你的存款余额为初始存款额的 321.2 倍。在其他因素一定的情况下,期限越长,终值越大。

年利率由 8% 上升到 10%,75 年后你的存款余额将为 1 271 895.37 元。这一结果表明,现在的 1 000 元,按 10% 复利计算,与 75 年后的 1 271 895.37 元在价值量上是相等的。

折现是指将未来预期发生的现金流量按折现率调整为现值的过程,复利现值是复利终值的逆运算,计算公式为:

$$PV = FV(1+r)^{-n} \tag{3-2}$$

公式(3-2)中的 $(1+r)^{-n}$ 为 1 元复利现值系数,可直接查询复利现值系数表。

在其他条件不变的情况下,现金流量现值与折现率、时间反向变动,现金流量间隔时间越长,折现率越高,现值越小。

假设某投资项目预计 5 年后可获得现金 1 000 万元,在折现率分别为 5%、10%、20% 时,这笔现金的现值分别计算如下:

$$PV_{5\%} = 1\,000 \times (1+5\%)^{-5} = 783.53(万元)$$

$$PV_{10\%} = 1\,000 \times (1+10\%)^{-5} = 620.92(万元)$$

$$PV_{20\%} = 1\,000 \times (1+20\%)^{-5} = 401.88(万元)$$

上述计算表明,在折现率为 5% 的条件下,5 年后的 1 000 万元与现在的 783.53 万元在价值量上是相等的。在其他因素一定的情况下,折现率越大,现值越低。在上例中,如果 1 000 万元收益是在 10 年后获得的,在折现率为 5% 的条件下,这笔收益的现值为:

$$PV_{5\%} = 1\,000 \times (1+5\%)^{-10} = 613.91(万元)$$

图 3-1 描述了不同期限复利终值(上面的曲线)、单利终值(中间的曲线)及复利现值(下面的曲线)。以第 10 年年末为例,1 000 元按复利计算的终值为:$2\,594 = 1\,000 \times (1+10\%)^{10}$;1 000 元按单利计算的终值为:$2\,000 = 1\,000 + 1\,000 \times 10\% \times 10$;第 10 年年末 1 000 元按复利计算的现值为:$386 = 1\,000 \times (1+10\%)^{-10}$。

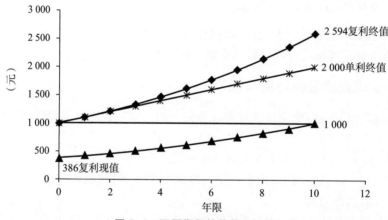

图 3-1　不同期限的终值和现值

三、系列现金流量的终值与现值

系列现金流量中最主要的表现形式就是年金,即等额、定期的系列收付款项,例如分期付款赊购、分期偿还贷款、发放养老金、分期支付工程款、每年相同的销售收入等。按照现金流量的时点和方式不同,可以将年金分为普通年金、预付年金、递延年金、永续年金、增长年金等形式。

1. 普通年金终值与现值

普通年金又称后付年金,是指一定时期每期期末等额的现金流量。

普通年金终值是一定时期内每期期末现金流量的复利终值之和,计算公式为:

$$FV = A\left[\frac{(1+r)^n - 1}{r}\right] \tag{3-3}$$

公式(3-3)中方括号内的数值称为年金终值系数。

假设你今年 35 岁,打算每年年末存入退休金账户 10 000 元,连续存至 64 岁(共 30 次),如果存款年利率为 6%,到 65 岁时,退休金账户余额计算如下:

$$FV = 10\,000 \times \left[\frac{(1+6\%)^{30} - 1}{6\%}\right] = 790\,581.86(元)$$

如果给定现金流量的终值和利率,就可以计算每年等额的现金流量 A。

$$A = \text{FV} \times \frac{r}{(1+r)^n - 1} \tag{3-4}$$

在实际工作中,公司可根据要求在贷款期内建立偿债基金,以保证在期满时有足够的现金偿付贷款本金或兑现债券。例如,一家公司在 10 年后要偿还面值为 100 万元的债券,假设票面利率为 10%,那么公司每年年末的偿债基金为:

$$偿债基金 = 1\,000\,000 \times \left[\frac{0.10}{(1+0.10)^{10} - 1}\right] = 62\,745(元)$$

普通年金现值是指一定时期内每期期末现金流量的复利现值之和,计算公式为:

$$\text{PV} = A\left[\frac{1-(1+r)^{-n}}{r}\right] \tag{3-5}$$

公式(3-5)中方括号内的数值称为年金现值系数。

假设 ABC 公司以分期收款方式向 XYZ 公司出售一台大型设备,合同规定 XYZ 公司在 10 年内每年年末支付 5 000 元设备款。为了马上取得现金,ABC 公司将合同向银行折现。假设银行同意以 12% 的利率对合同金额进行折现,这笔金额的现值为:

$$\text{PV} = 5\,000 \times \left[\frac{1-(1+12\%)^{-10}}{12\%}\right] = 28\,251(元)$$

在年金现值公式中,如果给定现金流量的现值和折现率,就可以计算每年等额的现金流量 A,计算公式为:

$$A = \text{PV} \times \frac{r}{1-(1+r)^{-n}} \tag{3-6}$$

假设你准备按揭贷款 400 000 元购买一套房子,贷款期限 20 年,每月末偿还一次。如果贷款的年利率为 6%,则每月贷款偿还额计算如下:

贷款月利率 = 0.06/12 = 0.005,复利计算期为 240 期,则

$$按揭贷款月支付额 = 400\,000 \times \left[\frac{0.06/12}{1-(1+0.06/12)^{-240}}\right] = 2\,866(元)$$

上述计算表明,每月支付 2 866 元就能在 20 年内偿付 400 000 元,而每期付款额是由利息和本金两部分组成。

2. 预付年金终值与现值

预付年金又称先付年金,是指一定时期内每期期初等额的系列现金流量。预付年金与普通年金(后付年金)的差别仅在于现金流量的时间不同。预付年金终值和现值的计算公式分别为公式(3-7)和公式(3-8):

$$\text{FV} = A\left[\frac{(1+r)^{n+1}-1}{r} - 1\right] = A\left[\frac{(1+r)^n - 1}{r}\right](1+r) \tag{3-7}$$

$$\text{PV} = A\left[\frac{1-(1+r)^{-(n-1)}}{r} + 1\right] = A\left[\frac{1-(1+r)^{-n}}{r}\right](1+r) \tag{3-8}$$

上述公式表明,预付年金的终值和现值比普通年金的终值和现值多了一期的利息。

假设某公司每年年初存入银行 1 000 元,年利率为 10%,则 10 年后的本利和为:

$$\text{FV} = 1\,000 \times \frac{(1+10\%)^{10}-1}{10\%} \times (1+10\%) = 17\,531(元)$$

假设你采取分期付款方式购物,每年年初支付 200 元,连续支付 6 年,如果银行利率

为10%,则该项分期付款的现值为:

$$PV = 200 \times \frac{1-(1+10\%)^{-6}}{10\%} \times (1+10\%) = 958(元)$$

3. 递延年金终值和现值

递延年金是指第一次等额收付发生在第2期或第2期以后的普通年金。递延年金终值的计算方法与普通年金终值相同,只是期间 n 是产生递延年金的实际期限,也可以说递延年金终值与递延期限无关。

递延年金现值的计算一般分两步:先求出正常产生普通年金期间的递延期期末的现值,再将该现值按单一支付款项的复利现值计算方法折算为第1期期初的现值。

假设某公司打算在年初存入一笔资金,从第3年起每年年末取出100元,连续取4期,在折现率为10%的情形下,该公司最初一次应该存入多少钱?

第一步,计算4期的年金现值,即采用公式(3-5)计算年金现值:

$$PV_2 = 100 \times \frac{1-(1+10\%)^{-4}}{10\%} = 316.99(元)$$

第二步,根据公式(3-2),将年金现值从第2期期末(或第3期期初)调整到第0期,即计算现值:

$$PV_0 = 316.99 \times (1+10\%)^{-2} = 261.97(元)$$

上述计算结果表明,公司最初应存入261.97元,计算过程也可参阅图3-2。

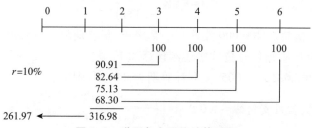

图3-2 递延年金现值计算过程

4. 永续年金现值

永续年金是指无限期支付的年金,永续年金没有终止的时间,因此永续年金只需计算现值。根据普通年金现值的计算公式可以推导出永续年金现值的计算公式,当 $n \to \infty$ 时,$(1+r)^{-n}$ 的极限为0,普通年金现值公式(3-5)可写成:

$$PV = A \times \frac{1}{r} \qquad (3-9)$$

一项业务有时可能包含不同类型的现金流量(如普通现金流量、年金、永续年金),这时必须独立计算每一项现金流量的现值。如果每期支付利息、到期一次还本的债券,就必须分别计算利息现值和到期本金现值。

5. 增长年金现值

增长年金是指按固定比率增长,按相等间隔期连续支付的现金流量。假设 A_0 为第0期的现金流量,g 表示预计增长率,第1—n 期的增长年金分别为:$A_0(1+g)$,$A_0(1+g)^2$,…,$A_0(1+g)^n$,n 期增长年金现值可表示为:

$$PV = \frac{A_0(1+g)}{1+r} + \frac{A_0(1+g)^2}{(1+r)^2} + \frac{A_0(1+g)^3}{(1+r)^3} + \cdots + \frac{A_0(1+g)^n}{(1+r)^n} \qquad (3-10)$$

公式(3-10)等号两边同乘以 $\frac{1+r}{1+g}$,可以得到:

$$PV\left(\frac{1+r}{1+g}\right) = A_0 + \frac{A_0(1+g)}{(1+r)} + \frac{A_0(1+g)^2}{(1+r)^2} + \cdots + \frac{A_0(1+g)^{n-1}}{(1+r)^{n-1}} \qquad (3-11)$$

公式(3-11)减公式(3-10),整理后可以得到增长年金现值公式:

$$PV = \frac{A_0(1+g)}{r-g} \times \left[1 - \frac{(1+g)^n}{(1+r)^n}\right] \qquad (3-12)$$

假设你今年 35 岁,开始安排退休金储蓄计划。你打算下一年向退休金账户存入 10 000 元 $[A_1 = A_0(1+g) = 10\,000]$,以后每年增加 3%,连续存至 65 岁。假设存款年利率为 6%,到 65 岁时,退休金账户的余额为多少?

首先计算增长年金现值:

$$PV = \frac{10\,000}{6\% - 3\%} \times \left[1 - \frac{(1+3\%)^{30}}{(1+6\%)^{30}}\right] = 192\,463(元)$$

然后计算到 65 岁时你可以得到的金额,这一金额相当于你当前存入银行 192 463 元,期数 $n=30$,年复利率 $r=6\%$,即

$$FV = 192\,463 \times 1.06^{30} = 1\,105\,409.57(元)$$

在新的储蓄计划下,到 65 岁时你可得到 1 105 409.6 元,比每年等额存入 10 000 元的储蓄计划多了 314 827.71 元(1 105 409.57−790 581.86)。

增长年金公式(3-12)为一般表达式,可从这一公式推导出其他公式。若增长率 $g=0$,则公式(3-12)适用于普通年金现值;若 $g=0$ 且 $n\to\infty$,则公式(3-12)适用于永续年金现值;若 $n\to\infty$ 且 $g<r$,那么:

$$\frac{1+g}{1+r} < 1$$

当 $n\to\infty$ 时,增长年金的现值公式变为:

$$PV = \frac{A_0(1+g)}{r-g} = \frac{A_1}{r-g} \qquad (3-13)$$

这就是增长型永续年金现值的计算公式,通常作为稳定增长模型用于股票估价。

四、名义利率与有效年利率

现值或终值是根据复利原理计算的,在运用上述公式时,期间必须是复利计算期,利率或折现率必须是每个单一复利期对应的利率或折现率。假设一家银行提供 12% 的年利率且每半年复利计息,这意味着一笔 100 元的存款半年后变为 106 元(100×1.06),再过半年变为 112.36 元(106×1.06),或者说一年后的存款价值为:

$$100 \times \left(1 + \frac{12\%}{2}\right)^2 = 100 \times 1.06^2 = 112.36(元)$$

相比而言,如果 100 元存款以年为单位复利计息,一年后的价值为 112 元(100×1.12);如果 100 元投资按季复利计息,一年后的终值为 112.55 元(100×1.03⁴)。同理可知,一年中一项投资每年按复利计息 m 次的年末终值为:

$$CF_0 \times \left(1 + \frac{r_{nom}}{m}\right)^m \tag{3-14}$$

其中,CF_0 为初始现金流量,r_{nom} 为名义利率(nominal annual rate),m 为一年复利次数。

名义利率是不考虑年内复利计息的,等于计算周期利率(r_{nom}/m)乘以一年内的计息次数(m)。在银行或金融机构中,通常将名义利率称作年百分比利率(annual percent rate,APR)。金融机构在提供金融服务、报出 APR 的同时,必须明确复利次数。例如,12%的 APR,若复利次数按月计息,则月利率为 1%(12%/12);若按季复利计息,则季利率为 3%(12%/4)。若名义利率为 12%且按月复利计息,则 100 元投资一年后的价值为:

$$100 \times \left(1 + \frac{12\%}{12}\right)^{12} = 100 \times 1.01^{12} = 112.69(\text{元})$$

上述结果表明,年投资收益率为 12.69%(112.69/100−1)。这个收益率被称为有效年利率(effective annual rate,EAR)或有效年收益率(effective annual yield,EAY)。将名义利率或 APR 按不同计息期调整后的有效年利率可表示为:

$$EAR = \left(1 + \frac{r_{nom}}{m}\right)^m - 1 \tag{3-15}$$

若名义利率为 12%,每年复利一次,则名义利率和有效利率相等,均为 12%;若每年复利计息两次($m=2$),则有效年利率为:

$$EAR = \left(1 + \frac{r_{nom}}{m}\right)^m - 1 = \left(1 + \frac{12\%}{2}\right)^2 - 1 = 12.36\%$$

同理,复利次数越多,有效年利率越大。当 $m=4$ 时,EAR 为 12.55%;当 $m=12$ 时,EAR 为 12.69%。随着复利次数的增加,有效利率逐渐趋于一个定值。理论上,复利次数可以是无限大的值,当复利间隔趋于零(即连续复利)时,有效年利率 EAR 并不趋近于无穷大,而是趋近于 $e^{名义利率}-1$,即

$$EAR = \lim_{m \to \infty}\left[\left(1 + \frac{r_{nom}}{m}\right)^m - 1\right] = e^{r_{nom}} - 1 \tag{3-16}$$

在上例中,如果每年复利无穷多次,EAR 等于 12.75%($e^{0.12}-1$)。这里的 e 是自然对数底,约等于 2.718。

表面上看公式(3-15)是用来转换年度有效利率和名义利率的,事实上它可以用来转换任何两个有效利率和名义利率,只要它们是基于同一时间段,而且 m 度量名义利率所在时间段的复利计算期数。假设某项投资的名义季度利率 6%,每月付息,设 $m=3$,则有效季利率为:

$$EAR_{季} = \left(1 + \frac{6\%}{3}\right)^3 - 1 = 6.12\%$$

需要说明的是,名义利率(或 APR)只有在给出计息间隔期的情况下才有意义。例如,若 APR 为 12%,按半年复利计息时,则 1 元投资一年后的终值为 1.1236 元($(1+0.12/2)^2$);按季复利计息时,则 1 元投资一年后的终值为 1.1255 元。如果仅给出名义利率而没有给出计息间隔期,就不能计算终值。

与名义利率不同,有效年利率本身就有明确的意义,它不需要给出复利计息的间隔期。例如,若有效年利率为 12.36%,意味着 1 元投资一年后可变成 1.1236 元。你也可以

认为这是名义利率 12%、半年复利计息，或名义利率 12.36%、年复利计息方式情况下所得到的。

第二节　Excel 时间价值函数

一、终值、现值的基本模型

如果采用公式计算现值或终值，那么每个公式都包含四个变量。例如，简单现金流量的四个变量是 PV、FV、r、n；系列现金流量的四个变量是 PV 或 FV、A、r、n。我们只要知道其中三个变量值，就可以求出第四个变量。采用 Excel 计算时通常包含五个变量：PV、FV、PMT、RATE、NPER。这是因为计算机程序中被设计成：如果输入 PMT（等额款项），PV 或 FV 的值有一个为 0 时默认解决年金问题；输入 PMT 值为 0，处理的则是简单现金流量问题。在这五个变量中，只要输入四个变量值，就可以计算第五个变量。现以 Microsoft Excel™ 软件为例，各个变量在 Excel 电子表格中的输入方式如表 3-2 所示。

表 3-2　Excel 时间价值输入公式

终值（FV）	= FV(Rate, Nper, Pmt, PV, Type)
现值（PV）	= PV(Rate, Nper, Pmt, FV, Type)
每期等额现金流量（PMT）	= PMT(Rate, Nper, PV, FV, Type)
期数（NPER）	= NPER(Rate, Pmt, PV, FV, Type)
利率或折现率（RATE）	= RATE(Nper, Pmt, PV, FV, Type)

当采用 Excel 内置函数计算现金流的现值、终值等任何一个变量值时，应注意以下三个问题：

第一，若现金流量发生在每期期末，则输入函数中的"TYPE"项为 0 或忽略；若现金流量发生在每期期初，则"TYPE"项为 1。

第二，在 Excel 内置函数中，PV 函数认定年金 PMT 和终值 FV 现金流量的方向与计算出的现金流量现值的方向相反，即如果年金 PMT 和终值 FV 是付款，计算出的现值为收款；反之亦然。为了使计算出的现值显示为正数，应在输入 PMT 和 FV 参数时加上负号。FV 函数输入原理与 PV 函数相同。

第三，在输入函数中，如果某一变量值为 0，可直接输入"0"或用","代替。

二、不等现金流量的现值

如果各年现金流量不相等但间隔期相同，那么采用 Excel 函数计算不等现金流量现值的输入方式为：

= NPV(rate, value1, value2, …)

其中，rate 为折现率；value1，value2，…分别代表 1，2，…笔支出或收入参数值，时间均匀分布并出现在每期期末。

需要说明的是，虽然 Excel 中 PV 和 NPV 函数都是计算现金流量现值的，但两者有区别。NPV 函数可以计算任何现金流量序列的现值，而 PV 函数只能处理恒定的现金流量序列。假设对一项投资进行估值，项目周期为 5 年，每年年末产生的现金流量均为 100

元,假设折现率为 10%,则投资项目的价值如表 3-3 所示。

表 3-3　投资项目现值

	A	B	C	D
	年数	现金流(元)	现值(10%)(元)	
1	1	100.00	90.91	=B1/(1+10%)^A1
2	2	100.00	82.64	=B2/(1+10%)^A2
3	3	100.00	75.13	=B3/(1+10%)^A3
4	4	100.00	68.30	=B4/(1+10%)^A4
5	5	100.00	62.09	=B5/(1+10%)^A5
6		现值计算		
7		求和	379.08	=SUM(C1:C5)
8		运用 PV 函数计算	379.08	=PV(10%,5,-100)
9		运用 NPV 函数计算	379.08	=NPV(10%,B1:B5)

在标准的财务术语中,一系列现金流量的现值应为第 1 年到第 n 年现金流量的现值;净现值(NPV)表示现金流量现值减去初始投资(第 0 时刻的现金流量)。在上例中,若初始投资为 200 元,则项目投资的净现值为 179.08 元。

在 Excel 中,函数 NPV 假定投资现金流量(初始投资)发生在第 1 期期末(value1),也就是 Excel 中的 NPV 函数只对第 1 期及以后各期的现金流量进行折现。因此,如果计算项目的净现值,需将项目未来现金流量用 NPV 函数求出的现值再减去该项目初始投资的现值。假设某投资项目在未来 4 年每年年末的现金流量分别为 90 元、100 元、110 元、80 元,初始投资为 300 元,各期折现率均为 8%,该项目的净现值如表 3-4 所示。

表 3-4　固定折现率净现值　　　　　　　　　　　　　　　　　　　　　　单位:元

	A	B	C	D	E	F
1	期数	0	1	2	3	4
2	各期现金流量	-300.00	90.00	100.00	110.00	80.00
3	各期固定折现率	0	8.00%	8.00%	8.00%	8.00%
4	各期现金流量现值	-300.00	83.33	85.73	87.32	58.80
5	项目现值	315.19	=SUM(C4:F4),或:=NPV(8%,C2:C4)			
6	净现值(NPV)	15.19	=SUM(B4:B5)			

在表 3-4 单元格 B4 中输入:=B2/(1+B3)^B1;依此类推,在 C4:F4 区域的单元格内输入对应的公式,即可得到各期现金流量现值;项目现值和净现值参考表 3-4 单元格 B5 和单元格 B6 的输入方式。

在上例中,假设各期折现率均为 8%,若各期折现率从第 1 期的 8% 降至第 4 期的 7%(见表 3-5),则应根据各期累积折现率计算现值,第 t 期累积折现率的计算公式为:

$$累积折现率_t = (1+累积折现率_{t-1}) \times (1+折现率_t) - 1 \qquad (3-17)$$

根据 Excel 函数,在表 3-5 单元格 C4 中输入:=(1+B4)*(1+C3)-1,回车后可得到第 1 期累积折现率为 8.0%;依此类推,在 D4:F4 区域的单元格内输入对应的公式,即可得到第 2 期至第 4 期的累积折现率,根据各期累积折现率计算各期现值:

$$各期现金流量的现值 = (第 t 期的现金流量)/(1+第 t 期的累积折现率) \qquad (3-18)$$

表 3-5 非固定折现率净现值　　　　　　　　　　　　　　　　　　单位:元

	A	B	C	D	E	F
1	期数	0	1	2	3	4
2	各期现金流量	−300.00	90.00	100.00	110.00	80.00
3	各期非固定折现率	0	8.00%	7.67%	7.33%	7.00%
4	累积折现率	0	8.00%	16.28%	24.81%	33.54%
5	各期现金流量现值	−300.00	83.33	86.00	88.14	59.91
6	净现值(NPV)	17.37	=SUM(B5:F5)			
7	内部收益率(IRR)	10.27%	=IRR(B2:F2)			

在表 3-5 单元格 B5 中输入:=B2/(1+B4);依此类推,在 C5:F5 区域的单元格中输入相应的公式,即可得到各期现金流量现值。在单元格 B6 中输入:=SUM(B5:F5),回车后可得到净现值 17.37 元。

三、不等现金流量内部收益率

当各期现金流量不相等时,可使用 IRR 函数计算收益率或折现率。IRR 函数的功能是返回由数值代表的一组现金流量的内部收益率,这些现金流量不一定必须是均衡的,但必须按固定的间隔发生(按月或年),其输入方式为:

$$=IRR(values, guess)$$

其中,value 为数组或单元格,包含用来计算内部收益率的数值。values 必须包含至少一个正值和一个负值。函数 IRR 根据数值的顺序解释现金流量的顺序,因此应确定按需要的顺序输入数值。guess 是对函数 IRR 计算结果的估计值,大多数情况下,并不需要为函数 IRR 的计算提供 guess 值,若省略 guess,则默认为 0.1。

采用 Excel 函数计算投资内部收益率,可在表 3-5 单元格 B7 中输入:=IRR(B2:F2),回车后得出 IRR=10.27%。

四、非固定间隔期现金流量净现值

前述各种现值或 IRR 的计算模型都假设固定周期的现金流量,即发生在第 0,1,2,…,n 期的现金流量,这里的周期性意味着年、半年、月、日或其他固定的期间。如果各期发生的现金流量间隔期不相等,且各期现金流量也不相等,可使用 Excel 函数中的"XNPV",输入方式为:

$$=XNPV(rate, values, dates)$$

其中,rate 为折现率;values 是与 dates 中的支付时间相对应的一系列现金流转。首期支付是可选的,并与投资开始时的成本或支付有关。若第一个值为成本或支付,则其必须是一个负数。所有后续支付是基于 365 天/年折现率确定的。数值系列必须至少包含一个正数和一个负数。dates 是与现金流支付相对应的支付日期表。第一个支付日期代表支付表的开始,其他日期应迟于该日期,但可按任何顺序排列。

需要说明的是,XNPV 与 NPV 的输入语法不同。XNPV 需要全部的现金流,包括期初的现金流,而 NPV 假设各期只发生一笔现金流。①

假设 2017 年 1 月 1 日至 2020 年 12 月 25 日发生的现金流量如表 3-6 所示,其净现值的输入方式见单元格 C8。

表 3-6 投资净现值与内部收益率

	A	B	C
1	日期	现金流(元)	
2	2017/1/1	−1 000	
3	2018/3/3	100	
4	2018/8/4	195	
5	2019/10/12	350	
6	2020/12/25	800	
7	折现率	0.12	
8	净现值	15.30	=XNPV(B7,B2:B6,A2:A6)
9	内部收益率	12.56%	=XIRR(B2:B6,A2:A6)

五、非固定间隔期现金流量内部收益率

如果现金流量发生的间隔期是不均匀的,返回一组现金流的内部收益率,可按 XIRR 计算,输入方式为:

$$=XIRR(values, dates, guess)$$

其中,values 是与 dates 中的支付时间相对应的一系列现金流。首次支付与投资开始时的成本或支付有关,所有后续支付都是基于 365 天/年折现率确定的,系列中必须包含至少一个正值和一个负值。dates 是与现金流支付相对应的支付日期表。第一个支付日期代表支付表的开始。其他期应迟于该日期,但可按任何顺序排列。应使用 DATE 函数输入日期,或者将日期作为其他公式或函数的结果输入。例如,使用 DATE(2018,5,23)输入 2018 年 5 月 23 日。guess 是对函数 XIRR 计算结果的估计值。

需要说明的是,XIRR 函数输出的是按年计算的收益率,其工作原理是计算每天的 IRR 并把它年度化,即:

$$XIRR = (1+每日 IRR)^{365} - 1$$

表 3-6 中的数据表明,2017 年 1 月 1 日一笔 1 000 元的投资的 IRR,其现金流入发生的间隔期各不相同,利用 XIRR 函数计算出内部收益率为 12.55%。

第三节 债券价值评估

一、现值估价模型

债券的内在价值等于预期现金流量的现值,债券价值既可以用金额表示,也可以用发行者预先承诺的收益率描述。前者可采用现值估价模型,以市场利率或投资者要求的收

---

① 采用 XNPV 内置函数时,需要激活 Excel,点击菜单"工具","加载宏",再点击"分析工具库"。

益率作为折现率计算债券的价值;后者可采用收益率模型,根据债券当前市场价格计算预期收益率。

在现值估价模型下,债券价值 P_d 的计算公式为:

$$P_d = \sum_{t=1}^{n} \frac{I_t}{(1+r_d)^t} + \frac{F}{(1+r_d)^n} \qquad (3-19)$$

其中,I_t 表示第 t 期利息,F 表示到期本金,r_d 表示投资者要求收益率或市场利率。

假设债券投资者要求的收益率各期不变,债券现值或内在价值 P_d 的计算公式为:

$$P_d = \frac{I_1}{(1+r_d)} + \frac{I_2}{(1+r_d)^2} + \cdots + \frac{I_n}{(1+r_d)^n} + \frac{F}{(1+r_d)^n} \qquad (3-20)$$

假设 XYZ 公司发行面值为 100 元的 4 年期债券,息票率为 9%。同类债券目前的到期收益率为 7%。假设每年付息二次,每次利息 4.5 元(100×9%÷2),计息期数 8 期(2×4)。由于到期收益率指年收益率,在估价时应以半年到期收益率作为折现率,即:

$$r_{半年} = (1+r_{年})^{1/2} - 1 = (1+7\%)^{1/2} - 1 = 3.44\%$$

XYZ 公司债券内在价值为:

$$P_d = \sum_{t=1}^{8} \frac{4.5}{(1+3.44\%)^t} + \frac{100}{(1+3.44\%)^8} = 107.305(元)$$

除了采用公式计算债券价格,还可以利用 Excel 中的 PV 函数计算债券价格:

	NPER	RATE	PV	PMT	FV	Excel 输入方式
已知	8	3.44%		-4.5	-100	=PV(Rate,Nper,Pmt,FV,Type)
求现值			107.305			=PV(0.0344,8,-4.5,-100)

计算结果表明,该公司债券价值大于面值(107.305>100),原因是该债券半年息票率 4.5% 大于市场同类债券收益率 3.44%。

一般来说,债券内在价值既是发行者的发行价值,又是投资者的认购价值。如果市场是有效的,债券的内在价值与票面价值应该是一致的,即债券的票面价值可以公平地反映债券的真实价值。债券价值不是一成不变的,债券发行后,虽然债券的面值、息票率和债券期限一般会依据债券契约保持不变,但投资者要求收益率会随市场状况的变化而变化,由此引起债券价值(未来现金流量序列的现值)随之变化。

假设 ABC 公司为筹措资金拟发行面值 100 元、息票率 10%、期限 20 年的长期债券。契约规定债券每年付息一次,到期一次偿还本金。当市场利率或投资者要求收益率(r_d)分别为 8%、10% 和 12% 时,债券的现值分别为:

$$P_{8\%} = \sum_{t=1}^{20} \frac{100 \times 10\%}{(1+8\%)^t} + \frac{100}{(1+8\%)^{20}} = 119.64(元)$$

$$P_{10\%} = \sum_{t=1}^{20} \frac{100 \times 10\%}{(1+10\%)^t} + \frac{100}{(1+10\%)^{20}} = 100.00(元)$$

$$P_{12\%} = \sum_{t=1}^{20} \frac{100 \times 10\%}{(1+12\%)^t} + \frac{100}{(1+12\%)^{20}} = 85.10(元)$$

上述计算结果表明,在其他因素一定的情况下,市场利率越高,债券价值越低。

图 3-3 描述了息票率 10%、期限 20 年、市场利率分别为 0—20% 的债券价值—收益率曲线。图 3-3 表明，债券价值是市场利率或投资者要求收益率的单调减函数，不过这一关系并不是线性，而是向下凸的。当市场利率上升时，未来预期现金流量的现值以递减的速度下降；当市场利率等于零时，本例中债券的现值为 300 元（100+10×20）；当市场利率趋于无穷大时，未来现金流量的现值趋于 0。

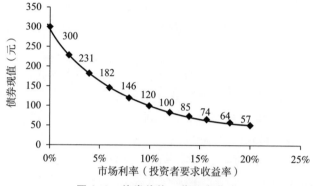

图 3-3 债券价值—收益率曲线

在债券价值评估中，除考虑债券价值与市场利率之间的关系外，还要考虑债券到期日与债券价值之间的关系。假设某投资者在 ABC 债券发行两年后准备购买，当市场利率（r_d）分别为 8%、10%、12% 时，该债券的现值分别为：

$$P_{8\%} = \sum_{t=1}^{18} \frac{100 \times 10\%}{(1+8\%)^t} + \frac{100}{(1+8\%)^{18}} = 118.74(元)$$

$$P_{10\%} = \sum_{t=1}^{18} \frac{100 \times 10\%}{(1+10\%)^t} + \frac{100}{(1+10\%)^{18}} = 100.00(元)$$

$$P_{12\%} = \sum_{t=1}^{18} \frac{100 \times 10\%}{(1+12\%)^t} + \frac{100}{(1+12\%)^{18}} = 85.50(元)$$

上述计算结果表明，只要债券的市场利率保持在 10% 的水平，两年后债券的价值仍然为 100 元。推而广之，在分期付息、到期一次还本的条件下，只要息票率等于市场利率，债券的价值就等于面值。当市场利率低于息票率时，债券溢价销售。随着债券到期日的接近，债券价值逐渐下降，直至到期日，债券的价值等于面值。当市场利率高于息票率时，债券折价销售。随着债券到期日的接近，债券价值逐渐上升，直至到期日，债券的价值等于面值。溢价、折价债券的价值运行轨迹如图 3-4 所示。

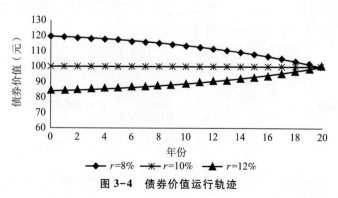

图 3-4 债券价值运行轨迹

二、到期收益率模型

上述分析通过投资者要求收益率对债券的现金流量进行资本化,进而实现对债券价值的评估。在收益率模型中,假设用债券当前的市场价格代替公式(3-19)中债券的内在价值(P_d)计算折现率或预期收益率。若计算出来的收益率等于或大于投资者要求收益率,则应购买该债券;反之,则应放弃。

债券到期收益率(yield to maturity,YTM)是指按当前市场价格购买债券并持有至到期日可获得的预期收益率。如果同时满足以下两个假设条件,债券到期收益率或预期收益率就等于投资者实现的收益率:第一,投资者持有债券直至到期日;第二,所有期间的现金流量(利息支付额)都以计算出的 YTM 进行再投资。具体来说,到期收益率是指债券预期利息和到期本金(面值)的现值与债券现行市场价格相等时的折现率,计算公式为:

$$P_d = \sum_{t=1}^{n} \frac{I_t}{(1+\text{YTM})^t} + \frac{F}{(1+\text{YTM})^n} \quad (3\text{-}21)$$

假设你可以按 1 050 元的价格购进 15 年后到期、票面利率 12%、面值 1 000 元、每年付息 1 次、到期一次还本的某公司债券。你购买后一直持有该债券至到期日,债券到期收益率计算如下:

$$P_d = 1\,050 = \sum_{t=1}^{15} \frac{1\,000 \times 12\%}{(1+\text{YTM})^t} + \frac{1\,000}{(1+\text{YTM})^{15}}$$

对于每年付息一次、到期一次还本的债券,其到期收益率可根据 Excel 内置函数 RATE 计算:

	NPER	RATE	PV	PMT	FV	Excel 公式
已知	15		-1 050	120	1 000	=RATE(Nper,Pmt,PV,FV,Type)
求收益率		11.29%				=RATE(15,120,-1 050,1 000)

在实务中,如果投资者按当前市场价格购买已发行的债券并持有至到期(不处于最后付息周期的固定利率债券),若在此期限内由于各年现金流量不相等且现金流量间隔期限不同,则可根据 Excel 内置函数 XIRR 计算到期收益率。

【例 3-1】 北京同仁堂科技发展股份有限公司 2016 年 7 月 29 日发布公告:发行公司债券(代码 136594.SH),发行面值不超过 12 亿元,每张面值为人民币 100 元,期限 5 年,债券票面利率询价区间为 2.80%—3.80%,最终票面利率为 2.95%,每年付息日为各年 7 月 31 日。假设现在是 2018 年 4 月 13 日,同仁堂公司债券的市场价格为 96.65 元,应计利息 2.07 元,全价为 98.7271 元,剩余年限为 3.2932 年,计算同仁堂公司债券到期收益率(见表 3-7)。

表 3-7 同仁堂公司债券到期收益率

	A	B	C	D
16	日期	现金流量(全价)	现金流量(收盘价)	
17	2018/4/13	-98.7271	-96.65	=-收盘价
18	2018/7/31	2.95	2.95	=面值×利率
19	2019/7/31	2.95	2.95	=面值×利率

（续表）

	A	B	C	D
20	2020/7/31	2.95	2.95	=面值×利率
21	2021/7/31	102.95	102.95	=面值×利率+面值
22	到期收益率	4.01%	4.71%	=XIRR(C17:C21,$A$17:$A$21)

在实务中，记账式债券交易采用净价方式报价，以不含自然增长应计利息的价格报价并成交。净价交易方式中的交易价格不含应计利息，其价格的形成及变动能够更加准确地体现债券的内在价值、供求关系及市场利率的变动趋势。与净价相对应的是，债券买卖资金采用全价法交割，公式为：买入全价=买入净价+应计利息。其意义在于净价能真实地反映债券价值的变动情况，有利于投资人分析和判断债券走势。因为在债券价值不变的情况下，随着持有天数的增加，全价自然上升，如果只观察全价，就产生债券升值的错觉；只有净价变动，才表明债券价值变动。

根据表3-7中数据，采用XIRR函数，在"B22"单元格中输入：=XIRR(B17:B21,$A$17:$A$21)，可以得到同仁堂公司债券到期收益率为4.01%。该收益率表明，如果你在2018年4月13日以98.7271元购入"同仁堂公司债券"一直持有到2021年7月31日，在此期间获得的预期收益率为4.01%。"C22"单元格描述了按债券净价计算的到期收益率。

三、零息债券价值评估

在实务中，除附息债券外，不附息的零息债券也是一种较为常见的金融产品。零息债券（strip bonds or zero coupon）是指以折现方式发行，不附息票，到期按面值一次性支付给投资者的债券。零息债券的最大特点是规避了投资者的再投资风险。

零息债券的估价和到期收益率的计算方法与附息债券的原理是一样的。假设公司发行面值（FV）1 000元、期限7年的零息债券，若投资者对同类债券要求的到期收益率（YTM）为10%，则零息债券的发行价格为：

$$P_d = \frac{FV}{(1+YTM_n)^n} = \frac{1\,000}{(1+0.1)^7} = 513(元)$$

如果知道零息债券当前的市场价格，也可以按公式（3-22）计算 n 期零息债券的到期收益率：

$$YTM_n = \left(\frac{FV}{P_d}\right)^{1/n} - 1 \tag{3-22}$$

其中，YTM_n 是指从今天起持有债券至到期日 n 的到期收益率。上例的结果可以描述为：当前支付513元购买一张零息债券，7年后可以收到1 000元。根据公式（3-22），持有这张债券隐含的到期收益率为：

$$YTM = \left(\frac{1\,000}{513}\right)^{1/7} - 1 = 10\%$$

事实上，任何一只附息债券都可分解为几只不同期限零息债券的组合。例如，面值100元、息票率10%、5年期的附息国库券，可以看成5张零息债券：第1张到期时的面值为10元，1年后到期；第2张到期时的面值为10元，2年后到期……最后一张到期时的面值为110元，5年后到期。

假设不同期限零息债券面值、债券市场价格如表3-8第2、第3列所示，据此根据公式(3-22)计算的不同期限零息债券的到期收益率如表3-8第4列所示。

表3-8 不同期限零息债券到期收益率及现值

零息债券期限(年)	面值(元)	债券价格(元)	到期收益率(%)
1	10	9.61	4.06
2	10	9.21	4.20
3	10	8.76	4.51
4	10	8.30	4.77
5	110	85.86	5.08
零息债券组合		121.74	4.98

由于附息债券是由不同期限的零息债券组成的，那么附息债券价值应当等于零息债券价值，并据此计算附息债券的到期收益率。

假设债券面值为100元，息票率为10%，期限为5年，债券市场价格为121.74元，根据公式(3-22)，附息债券的到期收益率计算如下：

$$P_d = 121.74 = \frac{10}{(1+YTM)} + \frac{10}{(1+YTM)^2} + \frac{10}{(1+YTM)^3} + \frac{10}{(1+YTM)^4} + \frac{110}{(1+YTM)^5}$$

根据Excel函数求解附息债券的到期收益率为4.98%，这一收益率也可理解为附息债券各年平均收益率，这一结果可验证如下：:

$$P_d = \frac{10}{(1+4.98\%)} + \frac{10}{(1+4.98\%)^2} + \frac{10}{(1+4.98\%)^3} + \frac{10}{(1+4.98\%)^4} + \frac{110}{(1+4.98\%)^5}$$
$$= 121.74(元)$$

理论上，附息债券的到期收益率与不同期限零息债券的到期收益率有关。本例中，由于附息债券的价值大部分来自第5年现金流现值，因此到期收益率最接近于5年期零息债券5.08%的收益率。

通过了解零息债券的收益率情况，投资者可以很清楚地了解市场，及时根据市场调整自己的投资策略。此外，零息债券收益率曲线也可以作为政府部门把握债券市场情况的参数和制定宏观调控决策的基础。

四、利率的决定因素

在债券的息票率、到期期限和票面价值一定的情况下，决定债券价值(价格)的唯一因素就是市场利率或债券投资者要求收益率。在本章，市场利率、投资者要求收益率、折现率都指所讨论债券的当前到期收益率YTM，它们是同一概念的不同说法。

市场利率反映了债券投资者要求的最低收益率，它主要由两部分构成：一是按投资者让渡资本使用时间长短要求的时间价值补偿；二是按投资者承担风险大小要求的风险价值补偿。影响利率的因素可描述为：

$$r = 纯利率 + 预期通货膨胀率 + 风险溢价 \tag{3-23}$$

1. 时间价值补偿

纯利率通常指无通货膨胀、无风险时的均衡利率，反映了投资者延期消费要求的补偿,即时间价值补偿。影响纯利率的客观因素是各种经济因素和资本市场发展水平等,诸如经济周期、国家货币政策和财政政策、国际关系、国家利率管制等对利率的变动均有不同程度的影响,这些因素有些是通过影响资本供求来影响利率的。影响纯利率的主观因素是投资者个人对收入进行消费的时间偏好。任何人进行投资都是以牺牲当前消费来换取未来的消费,由于未来消费具有不确定性,因此人们看重现在消费甚于未来消费。这种时间偏好越强,对推迟消费要求的补偿越大,要求的收益率越高;反之亦然。

2. 通货膨胀补偿

通货膨胀率是指预期未来的通货膨胀率而非已发生的实际通货膨胀率。由于通货膨胀的存在,货币购买力下降,从而影响投资者的真实收益率,因此应将通货膨胀率视为风险溢价的一个影响因素。假设你对一项无风险投资要求4%的真实收益率,但预期在投资期内通货膨胀率为3%。在这种情形下,投资的必要收益率应达到7%(1.04×1.03-1)左右的水平。如果不提高必要收益率,年末你只能获得1%的真实收益率。名义无风险利率和真实无风险利率之间的关系为:

$$名义无风险利率 = (1+真实无风险利率) \times (1+预期通货膨胀率) - 1 \quad (3-24)$$

上例中的真实收益率为3.88%(1.07/1.03-1),或近似等于名义无风险利率减去预期通货膨胀率4%(7%-3%)。

3. 风险溢价

风险溢价主要指与公司债券特征有关的违约风险、流动性风险、到期期限风险,以及外汇风险和国家风险等引起的风险补偿等。

(1) 违约风险是指借款人无法按时支付利息、偿还本金而给投资者带来的风险。在实务中,它一般是根据公司的信用评级确定违约风险,债券信用评级越低,违约风险溢价越高。实务中通常以国债利率与公司债券利率之间的利差作为违约风险溢价。例如,5年期国债利率为5%,同期公司债券利率为6.5%,则违约风险溢价为1.5%(6.5%-5%)。

(2) 流动性风险是指某项资产迅速转化为现金的可能性。衡量流动性的标准有两个:资产出售时可实现的价格和变现时所需要的时间。其判断基础是:在价格没有明显减损的条件下,短期内大量出售资产的能力。资产的流动性越低,为吸引投资者所要求收益率就越高。

(3) 期限风险是指到期期间长短不同而形成的利率变动风险。例如,在流动性和违约风险相同的情况下,五年期国库券利率比三年期国库券利率高,差别在于到期时间不同。一般来说,证券期限越长,其市场价值波动风险越高。因此,为鼓励对长期证券的投资,必须给予投资者必要的风险补偿。只有在预期利率大幅下降时,投资者才愿意投资于长期证券而不愿意投资于中短期证券。

不同期限债券与利率之间的关系,称为利率的期限结构(term structure of interest rate)[①]。在市场均衡情况下,借款者的利率与贷款者的收益率是一致的,利率的期限结构即收益率的期限结构。[①] 图3-5描绘了四种假设下国库券收益率曲线的形状。

[①] 利率的期限结构有两个限制条件:一是它只与债务性证券有关,因为只有债务性证券才有固定的偿还期限范畴;二是利率的期限结构指其他条件(如风险、税收、变现力等)相同而仅期限不同的债务利率之间的关系。

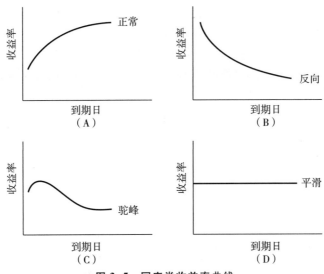

图 3-5　国库券收益率曲线

图 3-5(A)中的收益率曲线自左下方向右上方延伸,这种形状的债券收益率曲线叫作正收益率曲线(positive yield curve)。债券的正收益率曲线是在整个经济运行正常、不存在通货膨胀压力和经济衰退条件下出现的。它表示在其他条件一定的情况下,长期债券的即期利率高于短期债券的即期利率;或者说,未来债务合约的开始时间越远,远期利率越高。

图 3-5(B)中的收益率曲线自左上方向右下方延伸,这种形状的债券收益率曲线叫作反收益率曲线(inverse yield curve)。负斜率的收益率曲线意味着未来债务合约的开始时间越远,远期利率越低。在市场供求关系的支配下,如果人们过多追求长期债券的高收益,必然造成长期资本供大于求,引起长期债券利率下降而短期利率上升,最终导致短期利率高于长期利率的反收益率曲线现象。反收益率曲线通常不会仅仅受到资本供求关系的影响而自动调整为正收益率曲线。在投资人对长期债券的信心和兴趣恢复以前,中央银行必须先采取有效的货币政策措施以消除利率混乱,修正收益率曲线。

当人们过分追求短期利率而把资本投入较短期限的债券时,短期利率因资本供应过多而下降,长期利率却因资本供应不足而上升,以致反收益率曲线转变为正收益率曲线。在正反收益率曲线相互替代的利率变化过程中,经常出现一种长期、短期收益率趋于一致的过渡阶段。这时,债券的收益率曲线与坐标系中的横坐标趋于平行,这种形状的债券收益率曲线叫作平收益率曲线(flat yield curve),如图 3-5(D)所示。

收益率曲线还存在另一种形状,即在某期限之前债券的利率期限结构是正收益率曲线,而在该期限之后却变成反收益率曲线,如图 3-5(C)所示。这种形状的收益率曲线称作拱收益率曲线(humped yield curve),表示在某一时间限度内债券的期限越长,收益率越高,超过这一限度,期限越长,收益率越低。拱收益率曲线体现出短期利率急剧上升阶段特有的利率期限结构。在西方经济极不稳定、市场利率起伏剧烈的 20 世纪 70 年代,拱收益率成为美国债券市场和货币市场上一种最为常见的利率期限结构形式。

(4) 外汇风险是指投资者购买不以本国货币标价的证券而产生的收益不确定性。这种汇率波动导致的风险越大,投资者要求的汇率风险溢价越高。

(5) 国家风险也称政治风险,是指一个国家的政治或经济环境发生重大变化的可能性所导致的收益不确定性。

此外,税收和债券契约条款也会影响债券利率的高低。通常,政府对债券和银行存款投资获得的利息征收一定的所得税,但对国库券利息则免征所得税。因此,国库券比其他由公司或银行发行的债务工具更优越。如果证券包含某些契约条款,如抵押条款、偿债基金条款和含期权特征的条款等都会影响债券利率。以期权条款为例,如果债券含有可转换权或认股权,投资者可以利用该权利获得公司的普通股股票,因此其利率较低;但如果证券含有赎回权,当利率下跌时,公司会提前偿还债务,致使投资者蒙受再投资风险。因此,含有此种期权的债券,其利率相对较高,以弥补投资者的损失。

第四节 股票价值评估

一、股票价值评估基本模型

根据现金流量折现法(discounted cash flow,DCF),股票价值等于股票未来现金流入量的现值,因此股票价值评估基本模型可描述为:

$$P_0 = \sum_{t=1}^{\infty} \frac{CF_t}{(1+r_e)^t} \tag{3-25}$$

其中,P_0 为股票价值,CF_t 为第 t 期预计现金流量,r_e 为折现率。

根据公式(3-25),决定公司价值的因素主要有现金流量、资本成本以及由此派生的其他因素,前者主要指股利或股权自由现金流量,后者指股票投资者要求的收益率或股权资本成本。影响股票价值的因素如图 3-6 所示。[①] 在图 3-6 中,股权资本成本或折现率主要取决于无风险利率和风险溢价,有关确定方法可参阅第五章有关内容,本章假设折现率根据资本资产定价模型确定。

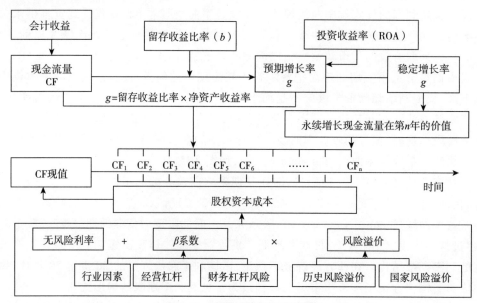

图 3-6 股票价值的决定因素

[①] Aswath Damodaran, 2002, *Investment Valuation* (2nd Edition), New York Wiley.

二、股利折现模型

假设不考虑股票回购的影响,根据股利折现模型(dividend discount model,DDM),股东投资的现金流量包括每期预期股利和股票出售时的预期价格。由于持有期期末股票的预期价格是由股票未来股利所决定的,因此股票当前价格应等于无限期股利的现值。

$$P_0 = \frac{D_1}{(1+r_e)} + \frac{D_2}{(1+r_e)^2} + \cdots = \sum_{t=1}^{\infty} \frac{D_t}{(1+r_e)^t} \qquad (3-26)$$

其中,D_t表示未来各期的股利($t=1,2\cdots$);r_e表示普通股投资必要收益率。

公式(3-26)有两个基本输入变量:预期股利和投资必要收益率。在实务中,许多盈利公司很少支付现金股利,而是将收益都用于再投资。股东虽然未得到股利,但可以出售股票(股价上涨时)而获得资本利得。当有利的投资机会减少时,公司就会开始支付股利或回购股份。通常情况下,公司扩大投资所赢得的收益,至少应与持股人接受股利所获得的收益相等。因此,在使用公式(3-26)评估股票价值时,通常假设公司会在未来某一时间支付股利;或者说,当公司清算或被并购时会支付清算性股利,或者回购股票而发生现金支付。

股利折现法主要适用于现金流量相对确定的公司(如公用事业性公司),特别适用于当前处于早期发展阶段且无明显盈利或现金流量,但具可观增长前景的公司,通过一定期限的现金流量的折现,可确保日后的增长机会得到体现。这种方法的局限性是:估价结果取决于对未来现金流量的预测,以及对与未来现金流量风险特性相匹配的折现率的估计,当实际情况与假设的前提条件有差距时,估价结果的可信度会受到影响。

1. 股利零增长模型

假设未来股利增长率为0,即每期发放股利相等,均为固定值D,这时$D_t \equiv D$($t=1,2,3\cdots$),则公式(3-26)可改写为:

$$P_0 = \sum_{t=1}^{\infty} \frac{D_t}{(1+r_e)^t} = D\left[\sum_{t=1}^{\infty} \frac{1}{(1+r_e)^t}\right]$$

当r_e大于0时,$1/(1+r_e)$小于1,则上式可简写为:

$$P_0 = D/r_e \qquad (3-27)$$

公式(3-27)主要适用于评价优先股的价值。优先股通常没有到期日,优先股股东只要不出让优先股股份,就可以永远持有股份并收取股利。如果未来股利预期不变,优先股可以被看作一种永续年金,根据公式(3-27),优先股价值是优先股未来股利按投资必要收益率折现的现值。

在公式(3-27)中,如果以股票(优先股)的现行市价代替内在价值(P_0),就可以直接求出股票(优先股)的预期收益率,即股利与市场价值之比,计算公式为:

$$E(r_e) = D/P_0 \qquad (3-28)$$

公式(3-28)中的$E(r_e)$表示预期收益率,r_e表示必要收益率。如果市场是有效的,那么预期收益率与必要收益率相等。

2. 股利稳定增长模型

股利稳定增长模型又称Gordon增长模型(Gordon growth model),模型的假设条件是:(1)股利支付是永久性的,即公式(3-26)中的t为无穷大;(2)股利增长率为常数g,即

$g_t = g$;(3)折现率大于股利增长率,即$r_e > g$。根据上述三个假设条件,可采用公式(3-13)计算股票价值,即:

$$P_0 = \frac{D_0(1+g)}{r_e - g} = \frac{D_1}{r_e - g} \qquad (3-29)$$

公式(3-29)中假设股利按常数g预期增长,年复一年出现偏差是可能的,但这些偏差的发生将围绕常数g增长,尽管公式(3-29)假设g和r_e是常数且$r_e > g$,与现实不符,但它可提供用于价值预测的近似值。

在公式(3-29)中,股票价值与预期股利、必要收益率和股利增长率三个因素的关系如下:预期股利越高,股票价值越大;必要收益率越小,股票价值越大;股利增长率越大,股票价值越大。

【例3-2】 假设一个投资者正考虑购买ACC公司的股票,预期下一年度每股收益为5元,留存收益率为40%,股利为3元/股,股利在可预见的将来预计以每年8%的比率增长,投资者基于对ACC公司风险的评估,要求最低获得12%的投资收益率。ACC公司股票价值是多少?

根据公式(3-29),ACC公司股票价格为:

$$P_0 = \frac{3}{12\% - 8\%} = 75(元)$$

如果市场是有效的,ACC公司股票的现时市场价格应该等于预期价格(按股利稳定增长模型估计),股票投资的必要收益率r_e等于预期收益率$E(r_e)$。在【例3-2】中,假设ACC公司股票现时市场价格为75元,投资者预期在下一年收到现金股利3元,预期一年后股票出售价格为81元,那么股东的预期收益率为:

$$E(r_e) = \frac{3}{75} + \frac{81 - 75}{75} = 4\% + 8\% = 12\%$$

在12%的预期收益率中,4%为股利收益率,8%为资本利得收益率。上述结果表明,在市场均衡条件下,如果股票价格为75元,那么投资者要求收益率r_e(12%)等于股票的预期收益率$E(r_e)$(12%)。

如果已知股票市场价格、预期股利和股利增长率,也可以计算股票预期收益率:

$$E(r_e) = \frac{D_1}{P_0} + g = \frac{3}{75} + 8\% = 12\%$$

上述计算结果表明,股票预期收益率中的增长率与资本利得收益率相等,即:

$$\frac{P_1 - P_0}{P_0} = \frac{\frac{D_1(1+g)}{r-g} - \frac{D_1}{r-g}}{\frac{D_1}{r-g}} = g$$

上式表明,如果股利增长率是一个常数,股票价值和股利预期可以按相同比率增加。按两种方法计算的股票预期收益率均为12%,且与投资者要求收益率(12%)相等。因此,在市场有效的情形下,必要收益率的一个较好估计是预期收益率。

采用稳定增长模型评估股票价值时,如果一家公司的收益增长率大于股利支付率且将收益的一部分转化为新项目投资,那么公司股票价值可分解为两部分:公司现有资产预期创造收益(EPS$_1$)的现值和公司未来投资机会收益的现值。后一种价值可称作增长机会现值(present value of growth opportunities, PVGO)[①]。在这种情况下，公司股票价值可表示为：

$$P_0 = \frac{\text{EPS}_1}{r_e} + \text{PVGO} \tag{3-30}$$

其中，第一项表示现有资产创造收益的现值，即公司把所有收益都分配给投资者时的股票价值；第二项表示增长机会收益现值，即公司留存收益用于再投资所带来的新增价值。现仍以 ACC 公司为例，分三种情况加以说明。

第一，如果 ACC 公司为增长型公司，现有资产创造的每股收益为 5 元，每年将收益的 40%用于再投资，再投资收益率(ROE)为 20%，股利稳定增长率为 8%，投资者要求收益率为 12%，各年再投资现金流量、再投资收益及现值、各年股利如表 3-9 所示。

表 3-9　ABC 公司股票增长机会价值　　　　　　　　　　单位：万元

现金流量与价值	第1年	第2年	第3年	第4年	第5年	…
现有资产创造的价值	5.000	5.000	5.000	5.000	5.000	…
未来投资机会创造的价值						
第1年年末再投资现金流量	-2.000	0.400	0.400	0.400	0.400	…
第2年年末再投资现金流量		-2.160	0.432	0.432	0.432	…
第3年年末再投资现金流量			-2.333	0.467	0.467	…
第4年年末再投资现金流量				-2.519	0.504	…
第5年年末再投资现金流量					-2.721	…
⋮						…
各年再投资收益现值	3.333	3.600	3.888	4.199	4.535	…
各年再投资	-2.000	-2.160	-2.333	-2.519	-2.721	…
未来投资机会价值(股利)	1.333	1.440	1.555	1.680	1.814	…

在表 3-9 中，第 1 年再投资额为 2 万元(5×40%)，如果再投资收益率为 20%，从第 2 年开始每年收益为 0.4 万元(2×20%)，按永续年金计算，第 1 年再投资获得的收益现值为 3.333 万元(0.4÷12%)，归属于股东的增量现金流量(可视为股利)为 1.333 万元(3.333-2.000)。第 2 年再投资额为 2.160 万元(5×1.08×40%)，从第 2 年开始每年再投资收益为 0.432 万元(2.16×20%)，按永续年金计算，第 2 年再投资获得的收益现值为 3.600 万元(0.432÷12%)，归属于股东的增量现金流量为 1.44 万元(3.60-2.16)，相比第 1 年的 1.333 万元增长了 8%。第 3 年归属于股东的增量现金流量为 1.555 万元(1.333×1.08²)……第 t 年归属于股东的增量现金流量为 $1.333×1.08^{t-1}$，以后各年以此类推。根据稳定增长模型，未来各年投资机会现值计算如下：

$$\text{PVGO} = \frac{1.3333}{12\% - 8\%} = 33.33(\text{元})$$

【例 3-2】中 ACC 股票价值可分解为现有资产创造的价值(41.67 元)和未来投资机会的价值(33.33 元)之和：

[①] Myers, S. C., 1977, Determinants of corporate borrowing, *Journal of Financial Economics*, 5(2), 147-175.

$$P_0 = \frac{5}{12\%} + \frac{1.3333}{12\% - 8\%} = 41.67 + 33.33 = 75(元)$$

第二,假设 ACC 公司为维持型公司,每年的投资仅用来更新已损耗的设备,以维持原有的生产能力不变,这样公司未来净投资为 0(公司将收益全部作为股利发放),未来增长机会的现值为 0。假设 ACC 公司各期每股收益均为 5 元,且全部用于股利发放,增长率为 0,如果投资必要收益率为 12%,则公司目前股票价值应为:

$$P_0 = \frac{\text{EPS}_1}{r_e} = \frac{5}{12\%} = 41.67(元)$$

第三,假设 ACC 公司为收益型公司,虽然收益中的 40% 用于再投资,但新投资的期望收益率与原来公司必要收益率(12%)相同,其他条件与前述相同。按照稳定增长模型估值,ACC 公司的收益增长率(股利增长率)为 4.8%(40%×12%),则股票价值为:

$$P_0 = \frac{3}{12\% - 4.8\%} = 41.67(元)$$

上述分析结果表明,增长型公司股票价值为 75 元,维持型公司与收益型公司股票价值均为 41.67 元,两者的差异 33.33 元即未来增长机会的现值。股票价值提高的原因在于新增投资的预期收益率(20%)高于公司必要收益率(12%)8 个百分点,这是价值增值的真正源泉。

根据上述分析可知:如果 PVGO = 0,P_0 = EPS_1/r_e,则为收益型或维持型股票;如果 PVGO>0,P_0>EPS_1/r_e,则为增长型股票;如果 PVGO<0,P_0<EPS_1/r_e,则为衰退型股票。

采用股利稳定增长模型进行股票估值简单而快捷,但对增长率特别敏感。当增长率收敛于折现率时,计算出的股票价值会变得无穷大;当增长率大于折现率时,股票价值会变成负数。

采用稳定增长模型进行价值评估时应注意以下三个问题:(1)稳定的增长率意味着公司的股利将永久持续下去,且其他指标(如净利润)预期也以同一速度增长。在这种情况下,以预期收益增长率代替预期股利增长率,可以得到同样的结果。(2)股利增长率一般应小于宏观经济名义增长率,如果一家公司确实存在连续几年的"高速稳定增长",那么可分阶段预测增长率,公司真正处于稳定增长时再运用股利稳定增长模型。(3)对于一家周期性公司,即使预期增长率发生周期性波动,但只要其平均增长率接近于稳定增长率,采用 Gordon 模型对公司进行估值的误差也是很小的。因此,稳定增长模型主要适用于具有以下特征的公司:公司以一个与名义经济增长率相当或稍低的速度增长;公司拟在未来继续执行已确定的股利政策;公司的股利支付必须与稳定性的假设一致。

3. 两阶段增长模型

这一模型将增长分为两个阶段:高速增长阶段和随后的稳定增长阶段。这类公司股票价值由两部分构成:高速增长阶段(n)股利现值和稳定增长阶段股票价值的现值。其计算公式为:

$$P_0 = \sum_{t=1}^{n} \frac{D_t}{(1+r_e)^t} + \frac{P_n}{(1+r_e)^n} \qquad (3-31)$$

也可写作:

$$P_0 = \sum_{t=1}^{n} \frac{D_t}{(1+r_e)^t} + \frac{D_{n+1}}{(r_{en} - g_n)(1+r_e)^n}$$

其中，P_n 为第 n 期期末股票价值，r_{en} 为第 n 期以后股票投资必要收益率，g_n 为第 n 期以后股利稳定增长率。

【例 3-3】 格力电器 2016 年每股收益为 2.56 元，每股股利为 1.7856 元，预计 2017 年公司收益增长率为 15%，2018—2021 年收益增长率在 14% 和 11% 之间变动，2022 年以后的固定收益增长率为 7%；2017—2021 年股利支付率为 50%，2022 年以后的股利支付率为 60%；2017—2021 年投资者要求的必要收益率为 12.5%，2022 年以后投资者要求的必要收益率为 10.5%。现采取两阶段模型计算格力电器股票价格。

根据上述资料，高速增长期（2017—2021 年）股利现值预测如表 3-10 所示。

表 3-10 高速增长期股利现值

年份	收益增长率（%）	每股收益（元）	股利支付率（%）	每股股利（元）	资本成本（%）	股利现值（元）
2016		2.560	69.75	1.786		
2017	15	2.944	50.00	1.472	12.5	1.308
2018	14	3.356	50.00	1.678	12.5	1.326
2019	13	3.792	50.00	1.896	12.5	1.332
2020	12	4.248	50.00	2.124	12.5	1.326
2021	11	4.715	50.00	2.357	12.5	1.308
2022	7	5.045	50.00	2.522	10.5	

高速增长期股权自由现金流量的现值 = 1.308+1.326+1.332+1.326+1.308 = 6.60（元）

稳定增长期股票价值为：

$$V_{2021年年末} = \frac{2.522}{10.5\% - 7\%} = 72.06（元）$$

将稳定增长期的股票价值从 2021 年年末调整到 2017 年年初，即：

$$V_{2017年年初} = 72.06 \times (1+12.5\%)^{-5} = 39.99（元）$$

综合上述，格力电器股票价值为 46.59 元（6.60+39.99）。

在采用两阶段增长模型评估股票价值时，稳定增长模型所要求的增长率约束条件同样适用于两阶段增长模型。此外，如何划分高速增长阶段和稳定增长阶段，也是价值评估中的难点。特别是在高速增长期股利增长率与稳定增长期股利增长率存在明显不同时，股东要求收益率也不相同，能否合理确定不同时期股东要求收益率，对正确评估股票价值的影响很大。

两阶段增长模型一般适用于具有以下特征的公司：(1) 公司当前处于高速增长阶段，并预期今后一段时间内仍保持这一较高的增长率，在此之后，支持高速增长的因素会消失。例如，某公司拥有一种在未来几年内能产生高利润的产品专利权，在这段时间内，公司将实现超常增长；专利到期后，公司将无法保持超常增长率，从而进入稳定增长阶段。(2) 一家公司处于一个超常增长的行业，而这个行业之所以能够超常增长，是因为存在很高的进入壁垒（法律或必要的基础设施所导致），并预计这一进入壁垒在此后几年内能够继续阻止新的竞争者进入该行业。另外，在采用两阶段增长模型时，两阶段的增长率不应相差太悬殊。如果一家公司从高速增长阶段陡然下降到稳定增长阶段，那么按两阶段增长模型得到的公司价值是不合理的。

4. 三阶段增长模型

三阶段增长模型假设公司收益增长经历三个阶段：收益率高速增长的初始阶段、增长率下降的过渡阶段和永续低增长率的稳定阶段。这一概念与产品的生命周期相同，在初始阶段，由于新产品不断上市及其市场份额不断增大，公司收益快速增长；在过渡阶段，公司收益增长率开始逐渐下跌；在稳定增长阶段，公司进入成熟期，收益将按整体经济增长率稳定增长。三阶段增长模型与其他股利折现模型不同，不存在许多人为的限制条件，但作为代价，它要求输入较多的变量，如特定年份的股利支付率、增长率、β 系数等。对于在估计过程中存在大量噪声的公司而言，输入变量的错误会超过该模型灵活性带来的任何好处。此外，三阶段增长模型相对复杂，一般使用计算机完成。

5. 增长率

在公式（3-29）中，股票价格与股利、增长率同方向变化，提高股利支付率或者提高股利增长率都可以提高股票价格。但股利支付率和增长率之间又存在此消彼长的关系。如果公司将收益全部用于支付股利，则留存收益比率为零，当没有外来资本投入时，公司的增长率为零；如果公司留存收益并用于再投资，可以按照再投资收益率获得报酬，从而提高公司的预期增长率。假设公司既不发行新股也不回购股票，那么未来所有收益的增加只能来自用留存收益进行的新投资，则：

$$\text{净利润变动额} = \text{新增投资} \times \text{投资收益率} \tag{3-32}$$

其中
$$\text{新增投资} = \text{净利润} \times \text{留存收益比率} \tag{3-33}$$

将公式（3-33）代入公式（3-32），然后将等式两边同时除以净利润，即可得到净利润增长率的表达式为：

$$\text{预期增长率} = \text{留存收益率} \times \text{投资收益率} \tag{3-34}$$

投资收益率一般指净资产收益率（ROE）。在股利固定增长的情形下，增长率可分解为公司留存收益和投资收益带来的报酬。公司将收益用于投资，预期会获得比上一年更多的收益，进而预期可以支付更多的股利。如果公司将收益全部用于支付股利，则意味着留存收益为零或再投资等于零。在这种情况下，通常假设用金额等于折旧的一笔资本投资来维持公司的收益（即公司收益不变）。

假设 ACC 公司下一年度每股收益为 5 元，留存收益率由 40%提高到 50%，其他条件保持不变（即新增投资预期收益率为 20%，投资者要求的必要收益率为 12%），则股利增长率为 10%（50%×20%）。根据股利稳定增长模型，股票当前价值为：

$$P_0 = \frac{5 \times 50\%}{12\% - 10\%} = 125(\text{元})$$

公司降低股利支付率后，股票价值大幅提高，原因在于新增投资的预期收益率（20%）大于投资必要收益率（12%），这是价值增值的真正源泉。

在实务中，公司也可以根据收益增长率等历史数据预测股利增长率。采用历史数据时应注意以下几个问题：第一，增长率波动性的影响。基于历史增长率预测未来增长率的可靠性与增长率的波动性成反比。一般来说，历史增长率的波动性越大，两个时期增长率之间的相关系数越小。因此，在预测公司未来增长率时，必须谨慎地使用历史增长率。第二，公司规模的影响。公司的增长率是以百分数（相对值）表示的，公司规模越大越难以保持较高的增长率，对于规模和利润均已经有惊人增长的公司而言，保持历史增长率是很难的。第三,经济周期性的影响。预测所取样时段处于经济周期的哪一阶段,对历史增长率有很大影响。对于周期性公司而言,如果使用萧条时期的历史增长率进行预测,增长率就很可能为负数;如果作为预测的历史增长率是在经济高峰时期出现的,则会有相反的结果。因此,预测周期性公司的未来增长率,跨越两个或更多个经济周期的历史增长率将更有意义。第四,基本因素的改变。一般来说,历史增长率是公司在业务组合、项目选择、资本结构和股利政策等基本决策的结果。如果公司在某一方面或所有方面的决策发生改变,历史增长率相对于预期增长率的可靠性就比较差。第五,公司所处行业变化的影响。行业基本情况的改变可能会导致该行业所有公司增长率上升或下降,我们在预测时必须仔细予以考虑。第六,盈利的质量。不同类型的收益增长是有区别的。会计政策的改变或非正常收入导致的收益增长,相比产品销售收入增加引起的收益增长更不可靠,因此在未来增长率的预测中应赋予其较小的权重。

在预测未来增长率时,除了使用历史数据,还应利用对预测未来增长率有价值的其他信息调整历史增长率。这些信息主要有:(1)在最近期财务报告之后已公开的公司特定的信息;(2)影响未来增长率的宏观经济信息,如 GNP 增长率、利率和通货膨胀率等;(3)竞争对手披露的有关未来前景的信息,如竞争对手在定价政策和未来增长方面透露的信息等;(4)公司未公开信息;(5)收益以外的其他公共信息,如留存收益、边际利润率和资产周转率等。

三、股权自由现金流量模型

股权自由现金流量(free cash flow to equity,FCFE)是指归公司在履行所有的财务责任(如债务的还本付息)、满足公司再投资需要之后的剩余现金流量。股权自由现金流量的计算公式为:

$$FCFE_t = NI_t + NCC_t - \Delta W_t - F_t - d_t + \Delta P_t + \Delta L_t \tag{3-35}$$

其中,NI 为净利润,NCC 为非现金支出净额,ΔW 为经营性营运资本追加支出,F 为资本支出,d 为优先股股利,ΔP 为优先股净增加额;ΔL 为债务净增加额(发行新债与偿还旧债之间的差额)。

公式(3-35)中的 FCFE 是以净利润(NI)为起点予以调整的,调整方式说明如下:

(1)调整非现金支出。非现金支出是指不引起现金流量变动的项目。在估价中,非现金支出主要有:①以折旧、摊销为主要内容的不引起当期经营现金流量变动的项目净额,应将其加回到经营活动现金流量中。②债券溢价(折价)摊销,通过减少(增加)财务费用影响净利润,但并未引起现金流量的变化,应从经营活动现金流量中扣除(加回)。③扣除(加回)长期资产处置的收益(损失),因为资产重组的现金流量属于投资活动,基于净利润计算经营活动现金流量时要进行一定的调整。④递延所得税,虽然从长期看,应交所得税和所得税费用是一致的,但是由于税法和会计对所得税确认的时间、口径不同,可能会产生递延所得税,因此在进行调整时,必须用递延所得税将所得税费用还原为公司本期实际应交税金。

(2)调整资本性支出。资本性支出是指当年发生的非流动性资产投资,如固定资产投资(如厂房的新建、改建和扩建,设备的更新、购置)、无形资产投资以及其他长期资产投资(如新产品试制、专利费用支出等)。资本性支出信息主要来自公司资产负债表和现金流量表中的投资现金净流量。此外,在根据现金流量表计算资本性支出时,要扣除处置长期资产所得的现金流量,对于公司发生的研究开发费用和经营性租赁费用应予以资本化处理,以便正确衡量公司的资本性支出。

(3) 调整经营性营运资本追加支出。为了反映与经营活动有关的营运资本,需要从流动资产中剔除与经营活动无关的超额现金、交易性金融资产,从流动负债中剔除短期借款等筹资性负债,从而得到经营性营运资本为:

$$经营性营运资本 = 经营性流动资产 - 经营性流动负负债 \tag{3-36}$$

$$经营性流动资产 = 流动资产 - 超额现金 - 交易性金融资产 \tag{3-37}$$

$$超额现金 = 货币资金 - 最低现金^{①} \tag{3-38}$$

$$经营性流动负债 = 流动负债 - 短期借款 - 一年内到期的长期负债 \tag{3-39}$$

$$经营性营运资本追加支出 = 经营性营运资本_t - 经营性营运资本_{t-1} \tag{3-40}$$

为简化,可直接用营运资本(流动资产-流动负债)支出代替经营性营运资本支出,或者直接根据经营性营运资本占销售收入比重的历史数据加以确定。

(4) 调整其他项目。这主要指派发优先股股利、偿还债务本金以及发行优先股和新债等引起的现金流量。

与股利折现法相同,按股权自由现金流量估价时,如果预期 FCFE 增长率将一直保持稳定状态,或者等于或稍低于名义经济增长率,则可采用稳定增长模型计算股票价值:

$$P_0 = \frac{FCFE_1}{r_e - g} \tag{3-41}$$

其中,g 表示 FCFE 稳定增长率。如果净利润、资本性支出、经营性营运资本增加额以同一比率增长,则 FCFE 增长率可采用股利增长率予以估算。

如果公司当前处于高增长阶段,并预期在今后一段时间内仍保持较高的增长率;随后,支持高增长率的因素消失,增长率维持在与名义经济增长率持平的水平上,可采用两阶段增长模型估值,则股权价值等于高增长阶段 FCFE 的现值加上稳定增长阶段 FCFE 的现值。

$$P_0 = \sum_{t=1}^{n} \frac{FCFE_t}{(1+r_e)^t} + \frac{P_n}{(1+r_e)^n}$$

$$P_n = \frac{FCFE_{n+1}}{r_{en} - g_n} \tag{3-42}$$

其中,P_n 表示第 n 期股权资本价值。

如果被估值的公司预期经过以下三个阶段——高增长率的初始阶段、增长率下跌的过渡阶段和增长率稳定阶段,此时可采用三阶段模型评估股票价格。采用 FCFE 估价时,需要注意两点:一是资本性支出在第一阶段的高速增长中可能会远远大于折旧,经过第二、第三阶段,两者之间的差距应该逐渐减少,甚至为零;二是公司风险随着 FCFE 增长率的下降而减少,β 系数也逐渐降低。

四、公司自由现金流量模型

公司自由现金流量(free cash flow to firm,FCFF)是指公司在支付了经营费用和所得税之后,向公司权益要求者(普通股股东、公司债权人和优先股股东)支付现金股息或债

---

① 通常根据销售收入的一定百分比或者银行现金存款的最低要求确定。

息之前的全部现金流量,表达式为:

$$FCFF_t = [NI_t + NCC_t - \Delta W_t - F_t - d_t + \Delta P_t + \Delta L_t] + [d_t - \Delta P_t] + [I_t(1-T_t) - \Delta L_t]$$
$$= NI_t + NCC_t - \Delta W_t - F_t + I_t(1-T)$$

等式右方第一项为归属于普通股股东的现金流量,第二项为归属于优先股股东的现金流量,第三项为归属于债权人的现金流量,整理后可以得到公司自由现金流量为:

$$FCFF_t = EBIT(1-T) + NCC_t - \Delta W_t - F_t \tag{3-43}$$

整理公式(3-42)和公式(3-43),从中反映 FCFE 与 FCFF 之间的转换关系,即:

$$FCFF_t = FCFE_t + d_t - \Delta P_t + I_t(1-T_t) - \Delta L_t \tag{3-44}$$

在公式(3-44)中,FCFF 是在 FCFE 的基础上加上优先股股利,减去优先股净增加额;加上税后利息费用,再减去债务净增加额计算得出的。FCFF 是对整个公司而不是股权进行估价,但股权价值可以用公司价值减去发行在外债务的市场价值得到。FCFF 是偿还债务前的现金流量,使用公司估值方法的好处是不需要明确考虑与债务相关的现金流量,而估计 FCFE 时必须考虑与债务相关的现金流量。在财务杠杆预期将随时发生重大变化的情况下,这一特点有利于简化计算,但在确定折现率时需要结合负债率和利率等计算加权平均资本成本。

采用公司自由现金流量模型,公司价值(V_f)是指公司预期自由现金流量的现值,其基本表现形式为:

$$V_f = \sum_{t=1}^{\infty} \frac{FCFF_t}{(1+r_w)^t} \tag{3-45}$$

$$V_e = \sum_{t=1}^{\infty} \frac{FCFF_t}{(1+r_w)^t} - MV_d \tag{3-46}$$

其中,V_e 表示股权价值,$FCFF_t$ 表示第 t 期公司自由现金流量,r_w 表示加权平均资本成本,MV_d 表示公司负债的市场价值。

根据公司自由现金流量增长率的不同特点,公司自由现金流量模型可分为稳定增长模型、两阶段增长模型和三阶段增长模型,其计算原理与股权自由现金流量估值原理相同。

【例 3-4】 假设 ESP 公司的 CFO 要求你采用两阶段增长模型评估股票价值,预计高速增长期为 5 年(2018—2022 年),第 6 年(2023 年)起进入稳定增长期。假设稳定增长期的增长率为 5%,其他数据如下:

(1)公司预计利润表、预计资产负债表和预计现金流量表分别如表 3-11、表 3-12 和表 3-13 所示。

表 3-11 ESP 公司预计利润表 单位:亿元

项目	基期	2018 年	2019 年	2020 年	2021 年	2022 年	2023 年
销售收入	400.00	448.00	492.80	532.22	564.16	592.37	621.98
减:销售成本	291.20	326.14	358.76	387.46	410.71	431.24	452.80
销售利润	108.80	121.86	134.04	144.76	153.45	161.12	169.18
减:销售和管理费用	32.00	35.84	39.42	42.58	45.13	47.39	49.76
折旧费	24.00	26.88	29.57	31.93	33.85	35.54	37.32
短期借款利息	3.84	4.30	4.73	5.11	5.42	5.69	5.97

（续表）

项目	基期	2018年	2019年	2020年	2021年	2022年	2023年
长期借款利息	2.24	2.51	2.76	2.98	3.16	3.32	3.48
财务费用合计	6.08	6.81	7.49	8.09	8.58	9.00	9.45
税前利润	46.72	52.33	57.56	62.16	65.89	69.19	72.65
减：所得税	14.02	15.70	17.27	18.65	19.77	20.76	21.79
净利润	32.70	36.63	40.29	43.51	46.13	48.43	50.85
加：年初未分配利润	20.00	24.00	50.88	75.97	98.05	115.93	131.73
可供分配的利润	52.70	60.63	91.18	119.49	144.17	164.36	182.58
减：普通股股利	28.70	9.75	15.20	21.44	28.24	32.64	34.27
留存收益	24.00	50.88	75.97	98.05	115.93	131.73	148.31

表 3-12　ESP 公司预计资产负债表　　　　　　　　　　　　　　　单位：亿元

项目	基期	2018年	2019年	2020年	2021年	2022年	2023年
货币资金	4.00	4.48	4.93	5.32	5.64	5.92	6.22
应收账款	80.00	89.60	98.56	106.44	112.83	118.47	124.40
存货	60.00	67.20	73.92	79.83	84.62	88.85	93.30
其他流动资产	16.00	17.92	19.71	21.29	22.57	23.69	24.88
减：应付账款	32.00	35.84	39.42	42.58	45.13	47.39	49.76
其他流动负债	8.00	8.96	9.86	10.64	11.28	11.85	12.44
经营性营运资本	120.00	134.40	147.84	159.67	169.25	177.71	186.60
固定资产原值	300.00	350.88	402.85	454.49	504.31	553.96	606.08
提取折旧	24.00	26.88	29.57	31.93	33.85	35.54	37.32
减：累计折旧	100.00	126.88	156.45	188.38	222.23	257.77	295.09
固定资产净值	200.00	224.00	246.40	266.11	282.08	296.18	310.99
投入资本总计	320.00	358.40	394.24	425.78	451.33	473.89	497.59
短期借款	64.00	71.68	78.85	85.16	90.27	94.78	99.52
长期借款	32.00	35.84	39.42	42.58	45.13	47.39	49.76
有息负债合计	96.00	107.52	118.27	127.73	135.40	142.17	149.28
股本	200.00	200.00	200.00	200.00	200.00	200.00	200.00
累计留存收益	24.00	50.88	75.97	98.05	115.93	131.72	148.31
股东权益	224.00	250.88	275.97	298.05	315.93	331.72	348.31
有息债务及股东权益	320.00	358.40	394.24	425.78	451.33	473.89	497.59

表 3-13　ESP 公司现金流量表　　　　　　　　　　　　　　　单位：亿元

项目	2018年	2019年	2020年	2021年	2022年	2023年
经营活动现金流量						
净利润	36.63	40.29	43.51	46.13	48.43	50.85
折旧与摊销	26.88	29.57	31.93	33.85	35.54	37.32
财务费用	6.81	7.49	8.09	8.58	9.00	9.45

(续表)

项目	2018年	2019年	2020年	2021年	2022年	2023年
应收账款(增加)减少	-9.60	-8.96	-7.88	-6.39	-5.64	-5.92
存货(增加)减少	-7.20	-6.72	-5.91	-4.79	-4.23	-4.44
其他流动资产(增加)减少	-1.92	-1.79	-1.58	-1.28	-1.13	-1.18
应付账款增加(减少)	3.84	3.58	3.15	2.55	2.26	2.37
其他流动负债增加(减少)	0.96	0.90	0.79	0.64	0.56	0.59
经营活动现金净流量	56.40	64.36	72.10	79.29	84.80	89.04
投资活动现金流量						
固定资产净值增加	-24.00	-22.40	-19.71	-15.97	-14.10	-14.81
固定资产支出(折旧)	-26.88	-29.57	-31.93	-33.85	-35.54	-37.32
投资活动现金净流量	-50.88	-51.97	-51.65	-49.82	-49.65	-52.13
筹资活动现金流量						
短期借款增加	7.68	7.17	6.31	5.11	4.51	4.74
长期借款增加	3.84	3.58	3.15	2.55	2.26	2.37
财务费用	-6.81	-7.49	-8.09	-8.58	-9.00	-9.45
支付股利	-9.75	-15.20	-21.44	-28.24	-32.64	-34.27
筹资活动现金净流量	-5.04	-11.94	-20.07	-29.15	-34.87	-36.61
现金净流量	0.48	0.45	0.39	0.32	0.28	0.30

（2）采用股权自由现金流量模型预测股权价值。在采用两阶段模型估值时，我们假设高速增长阶段的股权资本成本为12.35%，稳定增长阶段的股权资本成本为11%。根据预计财务报表和预设资本成本，首先计算高速增长期股权自由现金流量（FCFE）现值，然后加上稳定增长期股权自由现金流量的现值，最后确定股权价值（见表3-14）。

表3-14 股权自由现金流量现值　　　　　　　　　　　　　金额单位：亿元

项目	预测时点	高速增长期					稳定增长期
		2018年	2019年	2020年	2021年	2022年	2023年
净利润		36.63	40.29	43.51	46.13	48.43	50.85
加：折旧与摊销		26.88	29.57	31.93	33.85	35.54	37.32
减：经营性营运资本增加额		14.40	13.44	11.83	9.58	8.46	8.89
资本支出		50.88	51.97	51.65	49.82	49.65	52.13
加：有息债务增加额		11.52	10.75	9.46	7.66	6.77	7.11
股权自由现金流量(FCFE)		9.75	15.20	21.44	28.24	32.64	34.27
股权资本成本(%)		12.35	12.35	12.35	12.35	12.35	11.00
高速增长期 FCFE 现值	71.80	8.68	12.04	15.12	17.73	18.23	
稳定增长期 FCFE 现值	319.05					571.12	
股东权益价值	390.85						

在表3-14中，股权自由现金流量预测数值主要来自预计资产负债表、预计利润表和预计现金流量表；根据资本成本、稳定增长阶段增长率（5%）等数据，按 FCFE 计算股权价值如下：

高速增长期 FCFE 现值 = 8.68+12.04+15.12+17.73+18.23 = 71.80(亿元)

稳定增长期股权价值的计算方法为：首先计算稳定增长期股权价值(571.12 亿元)，然后折算为现值，即稳定增长期 FCFE 现值。

$$V_{2018年年初} = \frac{34.27}{11\%-5\%} \times \frac{1}{(1+12.35\%)^5}$$

$$= 571.12 \times (1+12.35\%)^{-5} = 319.08(亿元)$$

综合上述，ESP 公司股权价值为 390.88 亿元(71.80+319.08)。需要注意的是，表 3-14 是采用 Excel 计算的，得出的 ESP 公司股权价值为 390.85 亿元，与上述计算结果稍有偏差。

(3) 采用股利折现模型预测股权价值。假设 ESP 公司流通在外的普通股股数为 30 亿股，则各期每股股利以及按股利折现模型计算的每股价值如表 3-15 所示。

表 3-15　股利折现模型预测股票价值

项目	预测时点	高速增长期					稳定增长期
		2018 年	2019 年	2020 年	2021 年	2022 年	2023 年
普通股股利(亿元)		9.75	15.20	21.44	28.24	32.64	34.27
普通股股数(亿股)		30.00	30.00	30.00	30.00	30.00	30.00
每股股利(元)		0.32	0.51	0.71	0.94	1.09	1.14
股权资本成本(%)		12.35	12.35	12.35	12.35	12.35	11.00
高速增长期股利现值(元)	2.39	0.29	0.40	0.50	0.59	0.61	
稳定增长期(元)	10.64						19.04
股利现值(元)	13.03						

在两阶段法下，股票价值计算如下：

高速增长期股利现值 = 0.29+0.40+0.50+0.59+0.61 = 2.39(元)

稳定增长期股利现值：

$$V_{DIV} = \frac{1.14}{11\%-5\%} \times \frac{1}{(1+12.35\%)^5} = 10.61(元)$$

在股利折现模型下，每股价值为 13 元(2.39+10.61)，这与采用 Excel 计算的结果(13.03 元)稍有偏差(原因在于手工计算的稳定增长期股利现值为 10.61 元，采用 Excel 函数计算的结果为 10.64 元)。上述计算表明，采用股利折现模型和股权自由现金流量模型计算的股权价值均为 390.85 亿元(13.03×30，近似值)，原因在于利润表中的"普通股股利"与估计的股权自由现金流量相等。

(4) 采用公司自由现金流量模型预测股权价值。根据公司自由现金流量(FCFF)和资本成本，可计算各期 FCFF 的现值。假设公司高速增长期的加权平均资本成本为 9.98%，稳定增长期的加权平均资本成本为 9.03%。在采用两阶段增长模型时，首先计算增长期 FCFF 现值；然后加上稳定增长期 FCFF 现值，确定公司价值；最后从公司价值中扣除债务的市场价值，从而确定股权价值。公司自由现金流量现值如表 3-16 所示。

表 3-16　公司自由现金流量现值　　　　　　　　　　　　　　　　　　金额单位：亿元

项目	预测时点	高速增长期					稳定增长期
		2018 年	2019 年	2020 年	2021 年	2022 年	2023 年
净利润		36.63	40.29	43.51	46.13	48.43	50.85
加：利息×(1-所得税税率)		4.77	5.24	5.66	6.00	6.30	6.62
税后净经营利润		41.40	45.53	49.18	52.13	54.73	57.47
加：折旧与摊销		26.88	29.57	31.93	33.85	35.54	37.32
减：经营性营运资本增加额		14.40	13.44	11.83	9.58	8.46	8.89
追加资本支出		50.88	51.97	51.65	49.82	49.65	52.13
公司自由现金流量(FCFF)		3.00	9.69	17.64	26.58	32.17	33.78
加权平均资本成本(%)		9.98	9.98	9.98	9.98	9.98	9.03
高速增长期 FCFF 现值	62.17	2.72	8.02	13.26	18.17	20.00	
稳定增长期 FCFF 现值	521.00					838.13	
公司价值	583.17						

根据表 3-16 的数据，高速增长期 FCFF 的现值为 62.17 亿元。对于稳定增长期 FCFF 的现值，首先利用稳定增长模型计算稳定增长期 FCFF 的价值，然后将 2022 年的价值（838.13 亿元）调整到 2018 年年初的现值（521.01 亿元），最后确定公司价值为 583.17 亿元（62.17+521.00）。

股权市场价值等于公司市场价值减去债务市场价值，由于公司债务很难全部在公开市场上交易，较难取得债务市场价值资料，因此通常以账面价值代替市场价值。本例中，ESP 公司有息债务账面价值为 96 亿元，股权价值为 487.17 亿元（583.17-96.00）。

相对而言，公司自由现金流量的计算较为简单，可先计算公司自由现金流量，然后根据 FCFF 与 FCFE 的关系计算股权自由现金流量。公司自由现金流量与股权自由现金流量的关系如表 3-17 所示。

表 3-17　公司自由现金流量与股权自由现金流量的关系　　　　　　　　　　　单位：亿元

项目	2018 年	2019 年	2020 年	2021 年	2022 年	2023 年
公司自由现金流量	3.00	9.69	17.64	26.58	32.17	33.78
减：利息×(1-所得税税率)	4.77	5.24	5.66	6.00	6.30	6.62
加：有息债务增加额	11.52	10.75	9.46	7.66	6.77	7.11
股权自由现金流量(FCFE)	9.75	15.20	21.44	28.24	32.64	34.27

不同估值模型的评估结果与现行市场价格的比较如表 3-18 所示，根据债务账面价值和股权市场价值可计算出公司价值。

表 3-18　不同估值模型的评估结果与现行市场价格的比较

指标	FCFF	FCFE	DDM
股票价值(亿元)	487.17	390.85	390.85
普通股股数(亿股)	30.00	30.00	30.00
股权价值(预测)(元/股)	16.24	13.03	13.03
股票市场价格(元/股)	12.50	12.50	12.50
债务账面价值(亿元)	96.00	96.00	96.00
公司价值(亿元)	583.17	486.85	486.85

在表 3-18 中,不同模型的估值结果均高于市场价格,可能的原因或者是市场价值被低估,或者是本例中的各种假设不合理,从而高估了股权价值。从三种估值方法的结果看,公司自由现金流量模型的估值结果高于其他两种方法,原因主要是公司自由现金流量采用加权平均资本成本计算,而其他两种方法均采用股权资本成本计算。由于加权平均资本成本低于股权资本成本,致使其计算结果与其他方法所得结果的偏差较大,表明股权价值对资本成本较为敏感。

利用自由现金流量(FCFE/FCFF)估值时应注意以下几个问题:

第一,预测自由现金流量。公司是一个持续经营的实体,其寿命一般是不可预知的,为了合理预测公司价值,一般将未来现金流量分为两部分:一是预测期内的现金流量,二是预测期后(存续期)的现金流量。需要逐期预测预测期内的现金流量,以 5—10 年作为预测期最为普遍。随着预测期的延长,不确定性因素越多,预测的难度越大,预测的可靠性越低。因此,逐期预测必须止于一个最后期限。这个最后期限是指当公司处于均衡状态时的年份或时点,即增量投资的预期收益率等于资本成本的年份或时点。此时,公司无论采取何种盈余分配政策(追加投资或发放股利)均不会影响公司价值。也就是说,如果公司将盈余用于追加投资,只能取得相当于资本成本的报酬;如果公司将盈余用于支付股利,股东同样可以找到同等风险、同等收益的投资机会。因此,为了简化计算,可假设预测期之后,公司将当期盈余全部用于发放股利,公司仅维持简单再生产。这样,在其他条件不变的情形下,预测期后的各年盈余可视为永续年金,只要将其资本化,就可以计算预测期后公司现金流量的现值。

除了逐期预测现金流量,也可根据现金流量的不同增长率,分阶段预测自由现金流量。在每一个阶段,预期的现金流量按照特定的模式增长。这样就可以将每一阶段各年的现金流量描述为期初现金流量与增长率的函数。增长率的变化模式可以分为常态增长率和线性递减增长率,前者通常用在公司稳定增长阶段,后者通常用在从高增长向低增长转换阶段。

第二,增长率。基于财务报表计算出自由现金流量后,还要分别确定 FCFF 和 FCFE 的增长率。这两种现金流量的增长率通常是不相等的,原因在于 FCFF 是债务偿还前的现金流量(息税前利润),其增长不受财务杠杆的影响;FCFE 是债务偿还后的现金流量,财务杠杆可以通过净资产收益率(ROE)对 FCFE 增长率施加影响。

第三,折现率。决定合适的资本成本或折现率是价值评估过程中较为复杂的环节。在确定折现率时,除了按一般的原理计算资本成本,还应注意以下几个问题:其一,折现率的选择应与现金流量相匹配。FCFE 按股权资本成本进行折现,FCFF 按加权平均资本成本进行折现。其二,折现率的选择应与公司风险相匹配。未来现金流量的不确定性越大,风险越大,所采用的折现率就越高。其三,折现率的选择应与公司存续方式相匹配。例如,在评估并购中的目标公司价值时,不但要考虑并购后协同效应和重组效应所带来的增量现金流量,而且必须以并购后存续公司或新设公司预期的资本成本作为折现率。在不考虑并购双方的协同效应和重组带来的增量现金流量时,可根据各自公司的资本结构和风险水平确定资本成本并作为折现率。在购买股权(控制权)的情况下,目标公司依然是一个独立法人和经济实体,并按照公司现有资源独立运作。现金流量是在目标公司现有资源和资本结构下经营所致,因此应以目标公司的资本成本作为折现率。

五、乘数估值法

乘数估值法又称相对估值法,是用拟估值公司的某一变量乘以价格乘数进行估值。在实务中,相关的乘数主要有市盈率乘数、公司价值乘数、销售收入乘数、账面价值乘数。

1. 市盈率乘数

市盈率(P/E)乘数是指股票价格相对于当前会计收益的比值。P/E 乘数的数学意义为每1元税后利润对应的股票价格;经济意义为购买公司1元税后利润所支付的价格,或者按市场价格购买公司股票后回收投资所需的年数。P/E 乘数的投资意义是以一定的 P/E 乘数为基准,超过基准值视为高估,低于基准值视为低估。但这一投资意义并不明确,因为很难确定基准 P/E 乘数以及高估或低估的数值界限。采用 P/E 乘数估值的一般公式为:

$$P_0 = \text{EPS}_1 \times P/E \tag{3-47}$$

运用公式(3-47)确定股票价值(价格),主要取决于每股收益 EPS 与 P/E 乘数两个因素。投资者在确定每股收益时,应注意以下几个问题:(1)对于偶发事件导致的非正常收益,在计算 EPS 时应予以剔除;(2)对于受商业周期或行业周期影响较大的公司,应注意不同周期(如成长期和衰退期)对 EPS 的影响;(3)对于会计处理方法变更引起的 EPS 差异,应进行相应的调整;(4)如果公司有发行在外的认股权证、股票期权、可转换优先股或可转换债券,应注意含期权的证券行权后对 EPS 的影响,即稀释 EPS(diluted EPS)。

P/E 乘数与股利稳定增长模型的关系如下:

$$P_0 = \frac{D_1}{r_e - g} = \frac{\text{EPS}_0 \times (1-b) \times (1+g)}{r_e - g}$$

$$\frac{P_0}{\text{EPS}_0} = \frac{(1-b) \times (1+g)}{r_e - g}$$

$$\frac{P_0}{\text{EPS}_1} = \frac{1-b}{r_e - g}$$

假设 b 为留存收益率,根据【例 3-2】的数据,按 P/E 乘数计算的 ACC 公司股票价格为:

$$\frac{P_0}{\text{EPS}_1} = \frac{1-b}{r_e - g} = \frac{1-40\%}{12\% - 8\%} = 15(倍)$$

$$P_0 = \text{EPS}_1 \times P/E = 5 \times 15 = 75(元)$$

P/E 乘数在估值中的应用广泛,原因主要是:(1)P/E 乘数计算简单,资料易于取得;(2)P/E 乘数将公司当前股票价格与公司盈利能力联系在一起;(3)P/E 乘数能够反映公司的风险与成长性等重要特征。

P/E 乘数法的不足主要表现在以下三个方面:(1)当 EPS 为负数时,无法使用 P/E 乘数评估公司价值;(2)会计政策选择(包括盈余管理和职业判断)可能扭曲 EPS,进而导致不同公司间的 P/E 乘数缺乏可比性;(3)在股票市场上,一只股票的 P/E 乘数可能会被非正常地抬高或压低,无法反映该公司的资产收益状况,从而很难正确地评估股票价值。

决定个股市盈率合理水平的重要指标是公司的增长率。关于市盈率与增长率之间的关系,美国投资大师彼得·林奇有一个非常著名的论断:任何一家公司的股票定价如果合理,那么该公司的市盈率应该等于公司的增长率。也就是说,如果一家公司的年增长率大约是15%,15倍的市盈率就是合理的。

2. 公司价值乘数

公司价值乘数(EV/EBITDA)是指公司价值(enterprise value,EV)与息税折旧摊销前利润(EBITDA)或息税前利润(EBIT)的比值,计算公式为:

$$\frac{EV}{EBITDA} = \frac{股权市场价值 + 债务市场价值 - 现金和短期投资}{EBITDA} \quad (3-48)$$

$$\frac{EV}{EBIT} = \frac{股权市场价值 + 债务市场价值 - 现金和短期投资}{EBIT} \quad (3-49)$$

上述公式计量的公司价值不包括现金和短期投资,主要原因在于EBIT不包括现金和短期投资的利息收益。EV/EBITDA(EBIT)是关于公司总体而非股权资本的估值指标。

公司价值乘数法的优点主要表现在以下三个方面:(1)应用范围大于P/E乘数法,无论公司是盈利还是亏损都可采用公司价值乘数法评估公司价值,而P/E乘数法只限于评估收益大于零的公司价值;(2)EBITDA没有扣除折旧和摊销,减少了折旧和摊销会计处理方法对净利润及经营收益的影响,有利于进行同行业比较分析;(3)在跨国并购价值评估中,可消除不同国家税收政策的影响。公司价值乘数法的不足之处在于,EBITDA没有考虑营运资本和资本支出对收益的影响,因此,用EBIT或EBITDA衡量公司收益不够准确。

3. 销售收入乘数

销售收入乘数(P/S)是指股权市场价值与销售收入总额的比值,计算公式为:

$$P/S = \frac{股权市场价值}{销售收入总额} \quad (3-50)$$

销售收入乘数法的主要优点是:(1)适用范围较大,无论公司盈利或亏损,都可采用销售收入乘数进行价值评估;(2)与利润和账面价值不同,销售收入不受折旧、存货和非经常性支出所采用的会计政策的影响;(3)在检验公司定价政策和其他战略决策变化所带来的影响方面,销售收入乘数优于其他乘数。销售收入乘数法的缺点是采用销售收入做分母,可能因无法识别各个公司在成本控制、利润等方面的差别而导致错误的评价。

4. 账面价值乘数

账面价值乘数(P/B)又称市净率,反映股票市价与股权资本每股账面价值的比率关系,计算公式为:

$$P/B = \frac{股票市价}{股权资本每股账面价值} \quad (3-51)$$

公式(3-51)中的股权资本一般指普通股股权资本,实务中也可以直接用股权资本市场价值与账面价值之比表征账面价值乘数。计算账面价值乘数时应注意剔除不同会计政策对账面价值的影响。

采用账面价值乘数估值可以反映市场对公司资产质量的评价。股权资本每股账面价值采用历史成本计量,而每股市价是公司资产的现时价值,是证券市场上交易的结果。市价高于账面价值时表明资产质量较好,公司有发展潜力;反之,则资产质量较差,公司没有发展前景。一般说来,账面价值乘数为3可以树立较好的公司形象。

采用账面价值乘数的主要优点有:(1)账面价值提供了一个相对稳定且直观的衡量标准,投资者可以直接将其与市场价值进行比较;(2)适用于亏损公司的价值评估;(3)由于每股账面价值比每股收益更稳定,当每股收益过高、过低或变动性较大时,账面价值乘数比市盈率乘数更具现实意义。

账面价值乘数的主要缺点有:(1)出于会计计量等原因,一些对公司生产经营非常重要的资产没有被确认入账,如商誉、人力资源等;(2)根据会计制度,资产的账面净值等于初始购买价格减去折旧,而通货膨胀和技术进步可能使账面价值极大地背离市场价值,使得各公司之间的账面价值乘数缺少可比性。

除以上价格乘数外,对于一些特殊行业,还可采用不同的价格乘数。例如,当评估互联网公司和手机生产公司的价值时经常使用价格/顾客数量乘数,当评估水泥生产公司的价值时经常使用价格/产品生产数量乘数,等等。

5. 乘数估值法的计算步骤

第一,分析公司近期的收益状况。在分析时应特别注意支持公司收益的会计政策,如税收减免政策、折旧和摊销等。在进行并购估价中,为保持与并购方的政策相一致,也可适当调整目标公司已公布的收益,如目标公司将研发费转作资本从而增加了公司收益等。

第二,确认乘数变量。一般应选择与公司股票价格密切相关的变量,它们通常是可比公司的基本财务指标,如每股收益、EBIT、EBITDA、销售收入、账面价值或每股净资产、现金流量等。

第三,选择标准比率。标准比率的选择主要有以下几种:以公司的市场乘数作为标准比率;以具有可比性的公司的市场乘数作为标准比率;以公司所处行业的平均市场乘数作为标准比率。所选择的标准必须确保在行业、主营业务或主导产品、资本结构、公司规模、市场环境及风险程度等方面具有可比性。

第四,根据计算得出的乘数(如P/E乘数、P/B乘数、EV/EBITDA乘数等),结合公司的风险与成长的预期状况进行适当的调整,如决定市场乘数的各种因素、维持持续性收益所追加的投资费用、出售不符合公司发展战略的资产、会计准则和税收政策变化的影响等,然后在此基础上确定公司的评估价值。

仍以【例3-4】为例,采用乘数法计算ESP公司股票价值。以2017年12月30日ESP公司股价(12.5元)、普通股股数(30亿股)为基础,根据2018—2022年预测数据计算的各种乘数如表3-19所示。

表3-19 预测ESP公司股票估值乘数

项目	2018年	2019年	2020年	2021年	2022年
销售收入(亿元)	448.00	492.80	532.22	564.16	592.37
EBIT(亿元)	45.52	50.07	54.07	57.32	60.18
EBITDA(亿元)	72.40	79.64	86.01	91.17	95.73
有息债务(亿元)	107.52	118.27	127.73	135.40	142.17
股东权益(账面)(亿元)	250.88	275.97	298.05	315.93	331.72
股东权益(市价)(亿元)	375.00	375.00	375.00	375.00	375.00

(续表)

项目	2018 年	2019 年	2020 年	2021 年	2022 年
现金及现金等价物(亿元)	4.48	4.93	5.32	5.64	5.92
公司价值(EV)(亿元)	478.04	488.34	497.41	504.76	511.24
净利润(亿元)	36.63	40.29	43.51	46.13	48.43
每股收益(元)	1.22	1.34	1.45	1.54	1.61
P/E	10.24	9.31	8.62	8.13	7.74
EV/EBITDA	6.60	6.13	5.78	5.54	5.34
EV/EBIT	10.50	9.75	9.20	8.81	8.49
P/S	0.84	0.76	0.70	0.66	0.63
P/B	1.49	1.36	1.26	1.19	1.13

根据乘数法，按市盈率乘数计算的股票当前价格为 12.5 元(10.24×1.22)；按公司价值乘数计算的股票价格为 15.93 元(6.6×72.4/30)，其他以此类推。

【例 3-5】 万华化学(600309)是国内 MDI(二苯基甲烷二异氰酸酯)生产龙头企业，亚太地区最大的 MDI 生产企业。表 3-20 列示了同行业六家上市公司的市盈率乘数(P/E)、公司价值乘数(EV/EBITDA)、销售收入乘数(P/S)、账面价值乘数(P/B)，利用相关数据分析万华化学的估值水平。

表 3-20 六家上市公司价值乘数(2013 年 12 月 31 日)

	P/E	EV/EBITDA	P/S	P/B
平均值	36.07	3.57	1.51	2.09
沧州大化	22.07	2.69	0.88	1.69
万华化学	11.92	3.08	1.71	3.57
方大化工	−25.16	2.68	0.82	1.14
江山化工	54.11	9.58	1.12	1.37
红宝丽	73.71	3.88	1.46	2.89
双象股份	79.77	−0.49	2.74	1.90

资料来源：Choice 数据库。

表 3-20 表明，2013 年 12 月 31 日万华化学的 P/E 乘数、EV/EBITDA 乘数低于行业平均值；P/S 乘数、P/B 乘数高于行业平均值。根据万华化学 2013 年财务报表，公司 2013 年每股收益为 1.34 元，每股净资产为 4.4757 元。如果按万华化学 P/E 乘数、行业平均 P/E 乘数计算，万华化学的股票价格为 15.97—48.34 元(1.34×11.92 或 1.34×36.07)；如果按万华化学 P/B 乘数、行业平均 P/B 乘数计算，万华化学的股票价格为 9.36—15.97 元(4.4757×2.09 或 4.4757×3.57)。按不同价值乘数计算会得出不同的结果，且价值波动范围较大。因此，基于不同乘数确定的股票价格只是一种参考，实务中到底按哪一种乘数确定的股票价格比较合理，必须结合影响股票价格的其他因素分析确定。

对于非上市公司，在按乘数估值法评估其价值时，需要找出一个与非上市公司在经营规模、经营方式、财务政策等方面类似的上市公司作为参照物，并根据参照物的相关资料估算该公司的价值。

本章小结

1. 货币的时间价值是指随时间推移而发生的价值增值。由于等额的现金在不同时点上的价值量是不相等的,因此必须将不同时点的现金流量按照利率或折现率调为同一时点的现金流量,以便进行比较和分析。

2. 当必要收益率(市场利率)低于息票率时,债券溢价销售;当必要收益率高于息票率时,债券折价销售;当必要收益率等于息票率时,债券等价销售。价格与收益率之间的关系不是直线形的,而是向下凸的。当必要收益率下降时,债券价格以加速度上升;当必要收益率上升时,债券价格却以减速度下降。

3. 市场利率反映了债券投资者要求的最低收益率,主要由两部分构成:一是投资者让渡资本使用时间长短所要求的时间价值补偿;二是投资者承担风险大小所要求的风险价值补偿。

4. 股权自由现金流量与现金股利是归属于股东的现金流量,由于现金股利稳定性偏好、未来投资的需要、税收因素的影响、信号传递作用等因素,两者有时并不相等。公司自由现金流量是指公司在支出经营费用和所得税之后,向公司权益要求者(普通股股东、优先股股东和债权人)支付现金股息或债息之前的全部现金流量。

5. 价格乘数是指以一种乘数形式计量的价格尺度,可以为不同公司或不同股票之间的比较提供基准。常用的价格乘数主要有市盈率乘数、公司价值乘数、销售收入乘数和账面价值乘数等。

基础训练

1. 1981 年 6 月,美国通用汽车承兑公司(GMAC)首次向公众发行面值 1 000 美元、期限 10 年的零息票债券,每张债券发行价格为 252.5 美元。1982 年美国百事可乐公司发行面值总额 8.5 亿美元、期限 30 年的零息票债券,每张债券面值 1 000 美元、售价 60 美元。两种债券发行均获得成功。这两种零息票债券的到期收益率是多少?两种债券收益率不同的原因是什么?一个投资者会购买哪种债券?为什么?

2. 假设一个酿酒者面临两项选择:应该花多少钱买酒?应该花多少钱购买酒厂的股票?影响酿酒者选择的因素是什么?

3. 王先生计划将 100 000 元投资于政府债券,投资期至少为 4 年。这种债券到期一次还本付息。作为他的投资顾问,你会给他提供何种建议?有关资料如下表所示。

投资期	1 年	2 年	3 年	4 年	5 年
利率	4.00%	4.35%	4.65%	4.90%	5.20%

(1) 根据以上资料,王先生有多少种投资选择?至少列出五种投资组合。

(2) 根据问题(1)的结果,王先生在每种投资选择中的投资价值(本金加利息)是多少?假设收益率曲线保持不变。

(3) 假设王先生投资于一只 5 年期债券,并在第 4 年年末出售该债券,债券的出售价应为多少?如果王先生在第 4 年年末需要现金 123 000 元,这一投资选择能否满足他的要求?列示计算过程。

4. 2018 年年初,SRJ 公司为了偿还债务,急切想要出售分公司。为整体出售分公司而估价的有关数据如下:

(1) 基期数据。2018 年的销售收入为 108 450 万元,息税前利润为 7 980 万元,资本性支出为 4 650 万元,折旧、摊销为 3 105 万元,经营性营运资本占销售收入的比例为 25%,所得税税率为 25%,债务价值为 66 853 万元,流通在外的普通股股数为 2 000 万股。

(2) 高速增长阶段数据。高速增长阶段为 5 年,息税前利润、销售收入、资本性支出、折旧都以 8% 的速度增长,加权平均资本成本为 8.75%。

(3) 稳定增长阶段数据。公司自由现金流量的预期增长率为 5%，资本性支出与折旧相互抵消，加权平均资本成本为 8.4%。

请采用两阶段增长模型评估 SRJ 分公司的出售价格。

5. 在购买一家公司的股票之前，巴菲特要确保这只股票在长期内至少获得 15% 的年复合收益率。也就是说，15% 是巴菲特要求的最低收益率。为了确定一只股票能否带来 15% 的年复合收益率，计算方式如下：

(1) 目前股票价格按 15% 的年增长率上涨一段时间（比如 10 年），算出 10 年后的目标股价。

(2) 利用每股收益并结合过往若干年的平均收益增长率，可以算出 10 年后每股收益。

(3) 根据各年每股收益和股利支付率确定各年股利。

(4) 计算 10 年后的每股收益乘以平均（合理的）市盈率，得到的股价与目标股价对比，如果其远远超过目标股价，则以当前股价买入是合理的。如果不能实现 15% 的年复合收益率，巴菲特就倾向于放弃该股票。这种股票估价方法被称作"巴菲特 15% 原则"，该选股策略主要有四个变量：现行每股收益、净利润增长率、市盈率（现行市盈率、长期平均市盈率）、股利支付率。

假设 2000 年 4 月可口可乐公司股票的成交价为 89 美元/股，最近连续 12 个月的每股收益为 1.30 美元，分析师预期年收益增长率为 14.5%；根据历史数据，可口可乐公司的股利支付率为 40%，预期股利如下表所示。

年度	收益增长率(%)	每股收益(美元)	每股股利(美元)
1999		1.30	
2000	14.50	1.49	0.60
2001	14.50	1.70	0.68
2002	14.50	1.95	0.78
2003	14.50	2.23	0.89
2004	14.50	2.56	1.02
2005	14.50	2.93	1.17
2006	14.50	3.35	1.34
2007	14.50	3.84	1.54
2008	14.50	4.40	1.76
2009	14.50	5.03	2.01
合计		29.49	11.80

由于无法预测 10 年后的市场状况，投资者必须通盘考虑在景气阶段和衰退阶段的较高与较低的市盈率，以及牛市和熊市的市盈率，因此有必要选择一个长期的平均市盈率。预计可口可乐公司的长期平均市盈率为 22。

要求：

(1) 假设你在 2000 年 4 月以 89 美元/股购买可口可乐公司股票，一直持有 10 年。10 年后可口可乐公司股票价格为多少可以获得 15% 的年复合收益率？

(2) 根据长期平均市盈率，10 年后可口可乐公司最可能的股票价格为多少？

(3) 投资者在此期间获得的预期股利（假设不考虑货币时间价值）为多少？投资者预期现金流量为多少？

(4) 投资者的预期复合收益率为多少？

(5) 为达到 15% 的年复合收益率，可口可乐公司当前（2000 年 4 月）的合理股价为多少？

(6) 请上网查询跟踪可口可乐公司股票价格，并据此说明"巴菲特 15% 原则"，分析该选股策略四个变量在股票估值中的作用。

案例分析

假设你刚到一家咨询公司工作,上司要求你在大商股份、浦发银行、用友网络、青岛啤酒、同仁堂、宝钢股份中选择两只股票进行价值分析。

(1) 登录相关网站,获取所选两家上市公司相关财务信息、股票市场信息,查阅方法详见第二章相关内容。

(2) 根据相关数据,撰写一份报告,主要回答以下问题:

① 所选两家公司股票的最新价格是多少?市盈率是多少?当前年度股利及股利收益率是多少?

② 过去的 5 年中,所选两家公司的每股收益和每股股利增长率是多少?增长率是否表现出稳定的趋势,能否用于长期预测?

③ 采用股利稳定增长模型所需的关键变量是股利在长期内的预期增长率。在估计股利增长率时,你如何评价下列各种因素对股票价值的影响:通货膨胀率、公司所属经济的发展状况、公司所处行业的增长潜力、公司目前的经营管理质量等。

④ 根据所选两家公司的财务数据和分析师预测数据,分别确定这两家公司的股权自由现金流量和公司自由现金流量。

⑤ 设定一个折现率(股权资本成本和加权平均资本成本)或上网查询股票分析师的建议,采用股利折现法(DDM)、股权自由现金流量模型(FCFE)、公司自由现金流量模型(FCFF)评估两家公司股票的价值。这两家公司最适合采用哪种现金流量折现法(DDM、FCFE、FCFF)?采用哪种价值评估模型(稳定增长模型、两阶段增长模型)较为合适?

⑥ 将上述评估结果与股票市场价格进行比较,如果出现差异,请向你的上司说明产生差异的原因。

⑦ 请采用市盈率乘数、公司价值乘数、销售收入乘数、账面价值乘数估计所选两只股票的价格,说明这两只股票的价格区间。我国上市公司发行新股(IPO)通常采用市盈率乘数法估计股票价格,你认为采用乘数法评估公司价值应注意什么问题。

第四章　风险与收益

[学习目的]
- 掌握历史预期收益率与风险的衡量方法
- 掌握预期收益率与风险的衡量方法
- 熟悉投资组合风险分散效应
- 了解资本市场线、证券市场线的特点
- 熟悉资本资产定价模型的影响因素与确定方法

欧文·费雪（Irving Fisher）的时间价值和约翰·威廉姆斯（John Williams）的股利估价模型推动了资产估价理论的发展，但同时也给人们提出了一个问题：为什么不同的资产或证券具有不同的收益？为什么有的人将钱存入银行或购买政府债券，有的人却将钱投入股市或进行实业投资？威廉姆斯的模型基于资产的未来收益评估价值，而未来收益是不确定的，这种不确定性对投资者来说既可能是机会，也可能是损失。为获得机会投资者愿意承担风险，为规避损失投资者要求风险补偿，这种体现风险的价值被称作风险溢价。从时间价值到风险溢价的演变，使资产估价理论得到令人瞩目的发展。之前，我们主要讨论了证券价值的计算方法，而将价值评估所采用的折现率视为外生给定的变量，本章将根据风险与收益的关系建立计算资产预期收益率的基本模型，为评估资产价值提供理论依据。

第一节　历史收益与风险的衡量

一、风险的含义与分类

从财务学的角度来说，风险是指资产未来实际收益相对预期收益变动的可能性和变动幅度。在汉语中，风险可用"危机"一词描述，包含了"危险"和"机会"双重含义。机会使投资者和公司敢于承担风险，危险要求承担风险必须得到补偿。在风险管理中，一般根据风险的不同特征进行分类。按风险能否分散，分为系统风险和非系统风险；按风险形成的来源，分为经营风险和财务风险。

系统风险（市场风险、不可分散风险）是指政治、经济及社会环境等公司外部因素（如通货膨胀、利率和汇率的波动、国家宏观经济政策变化、战争、政权更迭、所有制改造等）的不确定性产生的风险。系统风险是由综合因素导致的，这些因素是个别公司或投资者无法通过多样投资予以分散的。

非系统风险（公司特有风险、可分散风险）是指经营失误、劳资纠纷、新产品试制失败等因素产生的个别公司风险。非系统风险是由单个特殊因素引起的，由于这些因素的发生是随机的，因此可以通过多样化投资予以分散。

经营风险是指经营行为(生产经营和投资活动)给公司收益带来的不确定性。通常采用息税前利润的变动程度描述经营风险的大小。经营风险是公司商业活动中固有的,主要来自客观经济环境的不确定性,如经济形势和经营环境的变化、市场供求和价格的变化、税收政策和金融政策的调整等外部因素,以及公司自身技术装备、产品结构、成本水平、研发能力等因素的变化等。

财务风险一般是指举债经营给股东收益带来的不确定性,通常用净资产收益率(ROE)或每股收益(EPS)的变动描述财务风险的大小。财务风险主要来自利率、汇率变化的不确定性以及公司负债率的大小。如果公司的经营收入不足以偿付到期利息和本金,就会使公司陷入财务危机,甚至导致公司破产。

二、收益的含义与类型

收益一般是指初始投资的价值增量。为分析方便,应区分三种不同的收益率:必要收益率、预期收益率和实际收益率。

必要收益率是指投资者进行投资要求得到的最低收益率,通常由无风险利率和风险溢价两部分构成。前者取决于零息政府债券利率,后者取决于公司的经营风险和财务风险。

预期收益率是指在不确定条件下,投资者根据现有信息预测的某项资产未来可能实现的收益率。在证券估价中,如果将债券的现行市价代入公式(3-21),求出的折现率(YTM)即为债券投资的预期收益率;如果将股票的现时市价作为股票的现值(P_0)代入公式(3-26),求出的折现率即为股票投资的预期收益率。在一个完善的资本市场中,如果证券价格为公平市价,那么所有投资的净现值都为零。此时,预期收益率等于必要收益率。

必要收益率和预期收益率在时间点上是面向未来的,都具有不确定性,但必要收益率是根据投资者主观上对投资项目的风险评价确定的,预期收益率是由市场交易条件决定的,即在当前市场价格水平下投资者可获得的收益。如果投资者的主观评价与市场的客观交易不一致,两个收益率就会形成差异。但在一个完善的市场上,市场套利行为很快就会消除这种差异,使两者趋于一致,此时,投资的预期收益率等于必要收益率。例如,某公司拟发行面值为 100 元、息票率为 8%、期限为 1 年的公司债,预计发行价为 100 元。如果投资者以预定的发行价购买该债券,那么 1 年后的预期收益率为 8%。如果投资者认为按 100 元的发行价购买该债券所提供的预期收益率(8%)不足以补偿持有该债券所要求的收益率(时间价值和风险溢价),他们就会要求更高的收益率补偿。假设投资者要求的收益率为 12%,在这种条件下,该债券的发行价只有低于 96.43 元(108/1.12),投资者才愿意购买。因为当发行价为 96.43 元时,该债券所提供的预期收益率刚好等于 12%,与投资者要求的收益率相等。而任何高于 96.43 元的发行价均不能引起投资者购买该债券的意愿。如果债券的发行价设定低于 96.43 元,假设发行价为 94 元,此时债券可以提供 14.89%(108/94-1)的预期收益率。该收益率除满足投资者要求的收益率(12%)之外,还提供了 2.89%的超额收益率的套利机会,这必然会引起投资者的抢购和追捧,促使债券价格即刻上升,直到 96.43 元的均衡价为止。这意味着公司应将债券发行价定为 96.43 元,此时该债券所提供的预期收益率与投资者要求的收益率正好相等。也就是说,在完善的市场交易条件下,无套利的市场均衡价格使投资者要求的收益率与该项投资提供的预期收益率在数值上是相等的。

实际收益率或历史收益率是在特定时期实际获得的收益率,它是已经发生的、不可能通过投资决策而改变的收益率。由于存在风险,实际收益率很少与预期收益率相同,两者之间的差异越大,风险就越大,反之亦然。同样原因,实际收益率与必要收益率也没有必然的联系。

第三章介绍了如何通过市场价格和预期未来现金流量确定预期收益率,并以此推断必要收益率。本章将继续运用这些概念确定证券的价值,首先根据风险衡量方法讨论资产的预期收益率,然后根据风险与收益的关系建立一个计算资产必要收益率的模型。

三、历史收益率的衡量

历史收益率或实际收益率是指投资者在一定期间内实现的收益率。投资者在第 $t-1$ 期期末购买股票,在第 t 期期末出售该股票,假设第 t 期支付股利为 D_t,则第 t 期股票投资收益率可采用离散型与连续型两种方法计算。

离散型股票投资收益率可定义为:

$$r_t = \frac{D_t + (P_t - P_{t-1})}{P_{t-1}} = \frac{D_t}{P_{t-1}} + \frac{P_t - P_{t-1}}{P_{t-1}} \tag{4-1}$$

其中,r_t 表示第 t 期股票投资收益率,P_t 和 P_{t-1} 分别表示第 t 期和第 $t-1$ 期股票价格,D_t 表示第 t 期股利。公式(4-1)等号后第一项为股利收益率,第二项为资本利得率。

连续型股票投资收益率可定义为:

$$r_t = \ln\left(\frac{P_t + D_t}{P_{t-1}}\right) \tag{4-2}$$

连续型股票投资收益率①小于离散型股票投资收益率,但差别一般不大。表 4-1 列示了这两种股票投资收益率的计算结果的差异。

公式(4-1)是计算单项投资在单一年份的持有期收益率(holding period return,HPR),在一个多年期的单项投资中,还需要计算一个总体指标,集中反映该项投资的业绩。给定某单项投资各年度的持有期收益率,可以采用两个指标(算术平均收益率和几何平均收益率)衡量收益率,计算公式分别为:

$$\bar{r}_{AM} = \sum_{i=1}^{n} r_i / n \tag{4-3}$$

$$\bar{r}_{GM} = [(1+r_1)(1+r_2)\cdots(1+r_n)]^{1/n} - 1 \tag{4-4}$$

其中,$\bar{r}_{AM}$、$\bar{r}_{GM}$ 分别表示算术平均收益率和几何平均收益率;r_i 表示收益率数据系列 r_1,r_2,…,r_n,其中 n 为序列观测值的数目。

假设股票 X 第 1 年至第 4 年的收益率分别为 10%、-5%、20% 和 15%,持有 4 期的收益率为 40%,按算术平均数计算的收益率为:

$$\bar{r}_{AM} = \frac{10\% - 5\% + 20\% + 15\%}{4} = 10\%$$

几何平均数是指 n 期观测值连续乘积的 n 次方根。当比较不同投资工具时,几何平

---

① 一个比率取自然对数值近似于分子与分母的百分比差异,因此公式(4-2)可用来测试 $t-1$ 到 t 期的股票收益率。

均数能相对较好地衡量长期收益率。上例中,按几何平均数计算持有期收益率和平均收益率如下:

$$\text{HPR} = (1+r_1) \times (1+r_2) \times (1+r_3) \times (1+r_4) - 1$$
$$= 1.10 \times 0.95 \times 1.20 \times 1.15 - 1 = 44.21\%$$
$$(1+\bar{r}_{GM})^4 = (1+r_1) \times (1+r_2) \times (1+r_3) \times (1+r_4)$$
$$\bar{r}_{GM} = \sqrt[4]{1.10 \times 0.95 \times 1.20 \times 1.15} - 1 = 9.5844\%$$

如果年投资收益率为 9.5844%,则持有期收益率为 44.21%,即:
$$1.4421 = (1.095844)^4$$

上述结果表明,如果以 9.5844% 的复利计算,那么投资者期初投资的 1 元在 4 年后的期末价值为 1.4421 元。

采用算术平均数衡量一项资产的长期收益,其结果总是高于几何平均数。对于波动性大的资产而言,这一点更为明显。例如,某证券价格第一年从 50 元升至 100 元,第二年又跌回 50 元,按算术平均数计算,持有期收益率为:(100% - 50%) ÷ 2 = 25%。其实,这项投资没有给财富带来任何变化,收益应当为 0。如果按几何平均数计算,持有期收益率为 0,这个结果准确地反映了该项投资未产生任何财富的事实。

$$\text{持有期收益率} = \sqrt{(1+100\%) \times (1-50\%)} - 1 = 0$$

四、历史收益率的方差和标准差

收益率的方差和标准差是描述风险或不确定性的两种统计量。方差(variance)是收益率及其均值之差的平方的平均值,标准差(standard deviation)是方差的平方根。方差或标准差越大,表明收益率围绕其均值变化的幅度越大,收益率的风险越大。

如果数据来自总体,那么总体收益率方差(Varp)和标准差(Stdp)的计算公式为:

$$\text{Varp}(r_1,\cdots,r_N) = \frac{1}{N} \sum_{i=1}^{N} [r_i - \bar{r}(r_1,\cdots,r_N)]^2 \qquad (4-5)$$

$$\text{Stdp}(r_1,\cdots,r_N) = \sqrt{\text{Varp}(r_1,\cdots,r_N)} \qquad (4-6)$$

如果数据来自总体分布中的一个样本,那么样本收益率方差(Var)和标准差(Std)的计算公式为:

$$\text{Var}(r_1,\cdots,r_N) = \frac{1}{N-1} \sum_{i=1}^{N} [r_i - \bar{r}(r_1,\cdots,r_N)]^2 \qquad (4-7)$$

$$\text{Std}(r_1,\cdots,r_N) = \sqrt{\text{Var}(r_1,\cdots,r_N)} \qquad (4-8)$$

总体收益率方差和样本收益率方差的区别在于公式是除以"N"还是除以"$N-1$"。大多数教科书认为除以 $N-1$ 而非 N 可以得到无偏的方差和标准差,但是如果根据历史数据推测未来收益率的方差,由于历史数据可以表达总体分布,这样采用公式(4-5)就可以得到总体收益率分布的统计量。

【例 4-1】 东软集团(600718.SH)2016 年 3 月至 2017 年 3 月各月股票收盘价和收益率如表 4-1 所示,据此计算东软集团股票在此期间的收益率、方差和标准差。[①]

[①] 这里选取了 12 个月的数据,仅仅是为了计算方便,并不能充分反映该股票的收益和风险,也不能说明该股票是否值得投资。

表 4-1　东软集团股票的收盘价和收益率

日期	收盘价（元）	收益率(r_i)(%)		$(r_i-\bar{r}_{AM})^2$(%)
		离散型	连续型	
2016/3/31	18.51			
2016/4/29	17.60	-4.91	-5.04	0.284
2016/5/31	17.91	1.74	1.73	0.020
2016/6/30	18.20	1.63	1.62	0.018
2016/7/29	17.40	-4.42	-4.52	0.232
2016/8/31	17.36	-0.23	-0.23	0.003
2016/9/30	17.11	-1.43	-1.44	0.030
2016/10/31	17.88	4.53	4.43	0.171
2016/11/30	19.22	7.50	7.23	0.481
2016/12/30	19.53	1.60	1.59	0.017
2017/1/26	18.53	-5.14	-5.27	0.310
2017/2/28	19.25	3.91	3.84	0.126
2017/3/31	19.17	-0.41	-0.41	0.005
合计		4.38	3.52	1.697

表 4-1 中的数据是根据股票月末收盘价计算的月收益率,假设它是投资者在 $t-1$ 月末购买股票又在下一个月末出售该股票所获的收益。为简化起见,月收益率没有考虑在此期间公司派发的股利。

根据表 4-1 的数据,按离散型计算的收益率大于按连续型计算的收益率。现以连续型为例,东软集团在此期间的收益率、方差、标准差计算如下:

$$\bar{r}_{AM} = 3.52\% \div 12 = 0.29\%$$

$$\text{Var}(r_{月}) = 1.697\% \div (12-1) = 0.1543\%$$

$$\text{Var}(r_{年}) = 0.1543\% \times 12 = 1.8512\%$$

$$\text{Std}(r_{月}) = \sqrt{0.1543} = 3.9277\%$$

$$\text{Std}(r_{年}) = \sqrt{1.8512\%} = 13.606\%$$

表 4-1 中的收益率、方差和标准差可采用 Excel 内置函数计算。

分析一家公司股票的收益与风险状况,通常要与市场指数相比较。东软集团 1996 年 11 月 18 日上市,时隔二十多年,股票价格随着股市的波动而不断变化,2017 年 9 月 29 日收盘价为 17.06 元。上证综指以 1990 年 12 月 19 日为基期,基期指数定为 100 点,以样本股的发行股本数为权数进行加权计算,到 2017 年 9 月 29 日为 3 388.25 点。

图 4-1 描绘了东软集团与上证综指从 1996 年 6 月至 2017 年 9 月各月收盘价的变化趋势。从图 4-1 可以看出,东软集团股票价格与上证综指的变化趋势基本一致。从收益率和风险看,在过去二十多年,不考虑股利收益,仅按月收盘价均值计算,东软集团股票的月均收益率为 1.14%,年均收益率为 13.73%;上证综指的月均收益率为 0.56%,年均收益率为 6.74%。东软集团股票的市场表现好于上证综指。从收益率的离散程度看,东软集团股票和上证综指的年标准差分别为 46.53% 和 27.45%。整体上,东软集团股票的收益与风险都高于上证综指。

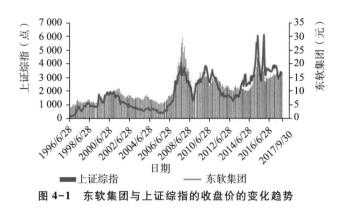

图 4-1　东软集团与上证综指的收盘价的变化趋势

第二节　预期收益率与风险的衡量

一、预期收益率

预期收益率是指某种资产所有可能的未来收益水平的均值。通常有两种方法估计预期收益率：一种是以某项资产收益率历史数据的样本均值作为估计数，这种方法假设该项资产未来收益的变化服从其历史上实际收益的大致概率分布；另一种是根据未来影响收益的各种可能结果及其概率分布估计预期收益率。

表 4-2 上半部分列出了证券收益率的概率分布，一一对应于四种投资方案，分别为政府债券、公司债券、股票 X 和股票 Y。其中，政府债券的收益是确定的（即不论经济状况如何，政府债券都有 3% 的收益），因此政府债券为零风险[①]。与此不同，其他三种投资方案的收益率不能在事先确切得知，因而被定为风险投资。

表 4-2　四种证券收益率的均值与标准差

经济状态	发生概率	投资收益率			
		政府债券	公司债券	股票 X	股票 Y
萧条	0.20	0.030000	0.060000	0.070000	−0.020000
一般	0.50	0.030000	0.080000	0.120000	0.150000
繁荣	0.30	0.030000	0.040000	0.080000	0.300000
合计	1.00				
预期收益率		0.030000	0.064000	0.098000	0.161000
方差		0.000000	0.000304	0.000496	0.012409
标准差		0.000000	0.017436	0.022271	0.111396
标准离差率		0.000000	0.272431	0.227256	0.691899

表 4-2 根据三种不同的经济环境分别假设了四种证券的收益率水平，并舍弃影响收益率变化的其他因素。用数学上常用的方式表达，就是把经济环境看作一个离散型的随机变量，而证券的收益率水平则是这一随机变量的函数。在这里，每种证券收益率水平的概率分布都是投资者主观评价的产物。根据证券未来收益率水平的概率分布确定其预期

---

① 　仅仅考虑市场风险，也许可以说政府债券零风险。然而事实上，政府本身也有信用风险。历史上俄罗斯、希腊均有违约行为，一旦政府没有意愿或没有能力偿付债券本息，政府债券的风险就很大。也就是说，没有任何一种投资品种是零风险的。

收益率,这是一种最基本的衡量方法。对于单项投资来说,预期收益率就是各种可能情况下收益率的加权平均数,权数为各种可能结果出现的概率,计算公式为:

$$E(r) = \sum_{i=1}^{n} r_i P_i \qquad (4-9)$$

其中,$E(r)$表示预期收益率,r_i表示在第i种可能情况下的收益率,P_i表示第i种可能情况出现的概率,n表示可能情况的个数。

表4-2下半部分列示了各种证券预期收益率、标准差等的计算结果。以股票Y为例,其预期收益率的计算如下:

$$E(r) = (-0.02) \times 20\% + 0.15 \times 50\% + 0.3 \times 30\% = 16.1\%$$

二、预期收益率的方差和标准差

预期收益率的计算过程说明了投资风险的存在,但并没有说明投资风险的大小。从数学的角度分析,投资风险可以用未来可能收益率水平的离散程度表示。或者说,风险量值可以直接表示为未来可能收益率水平围绕预期收益率变化的区间大小,即采用方差和标准差衡量预期收益率的风险,计算公式分别为:

$$\mathrm{Var}(r) = \sum_{i=1}^{n} [r_i - E(r)]^2 P_i \qquad (4-10)$$

$$\mathrm{Std}(r) = \sqrt{\sum_{i=1}^{n} [r_i - E(r)]^2 P_i} \qquad (4-11)$$

根据表4-2的资料,投资于股票Y的预期收益率的方差和标准差计算如下:

$$\mathrm{Var}(r) = (-0.02-0.161)^2 \times 20\% + (0.15-0.161)^2 \times 50\% + (0.30-0.161)^2 \times 30\% = 0.012409$$

$$\mathrm{Std}(r) = \sqrt{0.012409} = 0.1113957$$

为了说明标准差在度量不同投资项目预期收益率的风险时的确切含义,应将标准差标准化,以度量单位收益的风险,这一目的可借助标准离差率(CV)来实现。标准离差率是指标准差与预期收益率之比,计算公式为:

$$CV = \frac{\mathrm{Std}(r)}{E(r)} \qquad (4-12)$$

表4-2中股票Y的标准离差率为:

$$CV = 0.1113957 \div 0.161 = 0.6918988$$

表4-2中的四个备选方案基本上反映了证券投资风险与收益的关系,随着收益率的提高,反映收益风险的标准差同时提高。在这种情况下,选择何种证券进行投资还应当以投资者对风险的态度为标准。例如,股票Y的收益率较高,但风险大于其他三个方案,并且存在发生亏损的可能性,如果投资者不愿出现任何亏损,股票Y就会被淘汰。除此之外,投资者还必须考虑收益率估计值的可靠程度,四个方案的概率分布是否都具有同等的可信度等。

第三节 投资组合收益与风险的衡量

一、投资组合预期收益率

此前主要讨论单项资产投资的收益和风险。事实上,投资者很少把所有的资金都投入一项资产或单一项目中,而是构建一个投资组合或投资于一系列项目,利用资产多样化效应降低投资风险。对于投资组合来说,预期收益率是投资组合中单项资产预期收益率的加权平均数,权数是单项资产在总投资价值中的占比。

$$E(r_p) = \sum_{i=1}^{n} w_i E(r_i) \tag{4-13}$$

其中,$E(r_p)$ 表示投资组合的预期收益率,w_i 表示第 i 项资产在投资组合总价值的占比,$E(r_i)$ 表示第 i 项资产的预期收益率,n 表示投资组合中资产的个数。

二、两项投资组合收益率的方差与标准差

投资组合收益率的方差是各项资产收益率方差的加权平均数,加上各种资产收益率的协方差。两项资产投资组合收益率的方差的计算公式为:

$$\mathrm{Var}(r_p) = w_1^2 \mathrm{Var}(r_1) + w_2^2 \mathrm{Var}(r_2) + 2w_1 w_2 \mathrm{Cov}(r_1, r_2) \tag{4-14}$$

其中,w_1、w_2 分别表示资产 1 和资产 2 在投资组合总体中的占比,$\mathrm{Var}(r_1)$、$\mathrm{Var}(r_2)$ 分别表示投资组合中两项资产各自预期收益率的方差,$\mathrm{Cov}(r_1, r_2)$ 表示两项资产预期收益率的协方差。

协方差是两个变量(资产收益率)离差乘积的预期值,资产 1 和资产 2 的收益率的协方差 $\mathrm{Cov}(r_1, r_2)$ 的计算公式为:

$$\mathrm{Cov}(r_1, r_2) = \sum_{i=1}^{n} [r_{1i} - E(r_1)][r_{2i} - E(r_2)] P_i \tag{4-15}$$

其中,$[r_{1i} - E(r_1)]$ 表示资产 1 的收益率在第 i 种经济状态下对其预期值的离差,$[r_{2i} - E(r_2)]$ 表示资产 2 的收益率在第 i 种经济状态下对其预期值的离差,P_i 表示第 i 种经济状态发生的概率。

在公式(4-15)中,如果两个变量(资产 1 收益率和资产 2 收益率)的变化趋势一致,即其中一个大于(或小于)自身的期望值而另外一个也大于(或小于)自身的期望值,那么两个变量之间的协方差为正值;如果两个变量的变化趋势相反,即一个大于自身的期望值而另一个小于自身的期望值,那么两个变量之间的协方差为负值;如果两个变量在统计上是独立的,那么两者的协方差为零。一般来说,两项资产的不确定性越大,其标准差和协方差也越大;反之亦然。

在采用历史数据预测两项资产的协方差时,如果按总体计算方差,则协方差的计算公式为:

$$\mathrm{Cov}(r_1, r_2) = \frac{1}{N} \sum_{i=1}^{n} [r_{1i} - E(r_1)][r_{2i} - E(r_2)] \tag{4-16}$$

如果按样本计算方差,则协方差的计算公式为:

$$\mathrm{Cov}(r_1, r_2) = \frac{1}{N-1} \sum_{i=1}^{n} [r_{1i} - E(r_1)][r_{2i} - E(r_2)] \tag{4-17}$$

使用表 4-2 中各项资产收益率数据,计算四种证券预期收益率的协方差(见表 4-3)。

表 4-3 四种证券预期收益率协方差

证券	政府债券	公司债券	股票 X	股票 Y
政府债券	0	0	0	0
公司债券	0	0.000304	0.000328	−0.000944

(续表)

证券	政府债券	公司债券	股票 X	股票 Y
股票 X	0	0.000328	0.000496	0.000142
股票 Y	0	-0.000944	0.000142	0.012409

表 4-3 中公司债券(B)与股票 X(SX)的协方差为：

$$\text{Cov}(r_B, r_{SX}) = (0.06-0.064) \times (0.07-0.098) \times 0.2 + (0.08-0.064) \times (0.12-0.098) \times 0.5 + (0.04-0.064) \times (0.08-0.098) \times 0.3 = 0.000328$$

从表 4-3 可以发现：①政府债券的收益率恒为 3%、标准差为 0，它与其他任何证券之间的协方差必定为 0，表明无风险证券与风险证券的收益不存在线性关系，彼此独立。②公司债券与股票 X 的协方差为正数，表明这两种证券收益率的变动方向相同；公司债券与股票 Y 的协方差为负数，表明这两种证券收益率的变动方向相反。③股票 X 与股票 Y 的协方差为正数，表明两者收益率的变动方向相同。④比较表 4-2 和表 4-3 可以发现，任一证券与自身的协方差等于该证券收益率的方差。

衡量资产收益率相关程度的另一个指标是相关系数，通常以 Corr 表示。两项资产（资产 1 和资产 2）收益率的相关系数的计算公式为：

$$\text{Corr}(r_1, r_2) = \frac{\text{Cov}(r_1, r_2)}{\text{Std}(r_1)\text{Std}(r_2)} \tag{4-18}$$

相关系数与协方差的关系可描述为：

$$\text{Cov}(r_1, r_2) = \text{Corr}(r_1, r_2) \times \text{Std}(r_1) \times \text{Std}(r_2) \tag{4-19}$$

根据表 4-2 和表 4-3 的资料，公司债券(B)和股票 Y(SY)的相关系数为：

$$\text{Corr}(r_B, r_{SY}) = \frac{-0.000944}{0.0174356 \times 0.111395} = -0.4860$$

上述计算结果表明，公司债券和股票 Y 负相关，其收益率回归线的斜率为负值。表 4-4 列示了三种风险证券之间相关系数的矩阵。

表 4-4 风险证券相关系数矩阵

	公司债券	股票 X	股票 Y
公司债券	1.0000000	0.8446878	-0.4860342
股票 X	0.8446878	1.0000000	0.0572373
股票 Y	-0.4860342	0.0572373	1.0000000

协方差给出的是两个变量间关系的绝对值，而相关系数是度量两个变量间关系的相对值。相关系数是标准化的协方差，取值范围为[-1,+1]。如果两种资产（如 A 和 B）收益率的相关系数等于+1，表明它们完全正相关，即两种资产收益率的变动方向相同，如图 4-2(a)中正斜率直线所示。如果两种资产收益率的相关系数等于-1，表明它们完全负相关，即两种资产收益率的变动方向相反，如图 4-2(b)中负斜率直线所示。如果两种资产收益率的相关系数等于 0，表明它们线性零相关或相互独立，如图 4-2(c)中随机散落的点。

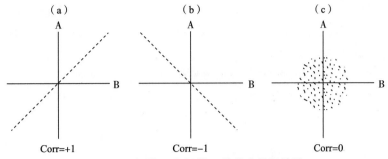

图 4-2 证券 A 和证券 B 收益率的相关性

【例 4-2】 查询白云机场和万华化学两只股票在 2016 年 1 月至 2016 年 12 月的价格，根据各月（月末）股票价格，计算月平均收益率、标准差、协方差、相关系数（见表 4-5）。

表 4-5 白云机场与万华化学收益率相关数据　　　　　　　　　　单位：%

日期	白云机场（BJ）		万华化学（WH）		②×④
	①收益率	②收益率-均值	③收益率	④收益率-均值	
2016/12/29	-13.17	-13.21	-14.35	-15.67	2.07
2016/2/29	0.34	0.30	-13.43	-14.75	-0.04
2016/3/31	-3.89	-3.93	6.83	5.50	-0.22
2016/4/29	3.13	3.09	8.92	7.59	0.23
2016/5/31	-1.77	-1.82	-3.82	-5.15	0.09
2016/6/30	-0.22	-0.26	11.68	10.35	-0.03
2016/7/29	7.24	7.20	5.79	4.46	0.32
2016/8/29	3.83	3.78	7.83	6.50	0.25
2016/9/30	3.23	3.19	2.18	0.85	0.03
2106/10/31	1.62	1.57	5.03	3.71	0.06
2016/11/30	4.77	4.73	-1.89	-3.21	-0.15
2016/12/30	-4.59	-4.63	1.15	-0.18	0.01
合计					2.62
收益率均值	0.04		1.33		
标准差	5.44		8.38		

资料来源：根据 Wind 资讯提供的月股票价格等数据计算。收益率标准差采用 Excel 内置函数并按样本标准差（STDEV）计算。

根据公式（4-16）和公式（4-18），白云机场和万华化学股票的协方差、相关系数计算如下：

$$\text{Cov}(r_{BJ}, r_{WH}) = \frac{2.62\%}{12-1} = 0.00238$$

$$\text{Corr}(r_{BJ}, r_{WH}) = \frac{0.00238}{5.44\% \times 8.38\%} = 0.5266$$

相关系数是一个无量纲值，例如白云机场与万华化学股票收益率的相关系数为 0.5266，表明两只股票的收益率正相关，且相关程度较高。

两项资产收益率的协方差和相关系数也可以使用 Excel 内置的数组函数计算。①

假设某投资组合由白云机场和万华化学两只股票构成,持股权重均为 50%。该组合的收益率和标准差计算如下:

$$E(r_p) = 50\% \times 0.04\% + 50\% \times 1.33\% = 0.69\%$$

$$\text{Var}(r_p) = 50\%^2 \times 5.44\%^2 + 50\%^2 \times 8.38\%^2 + 2 \times 50\% \times 50\% \times 0.00238 = 0.37\%$$

$$\text{Std}(r_p) = \sqrt{0.37\%} = 6.07\%$$

三、N 项资产投资组合收益率的方差与标准差

N 项资产投资组合预期收益率的方差的计算公式为:

$$\text{Var}(r_p) = \sum_{i=1}^{N} w_i^2 \text{Var}(r_i) + \sum_{i=1}^{N} \sum_{j=1}^{N} w_i w_j \text{Cov}(r_i, r_j) \quad (i \neq j) \quad (4-20)$$

公式(4-20)中的第一项为各项资产的方差,反映了它们各自的风险状况;第二项为各项资产间的协方差,反映了两两资产收益的风险状况。从公式(4-20)可知,当投资组合是由 N 项资产组成时,组合总体方差是由 N 个方差和 $N(N-1)$ 个协方差组成。例如,当投资组合包含 3 项资产时,组合总体方差的构成为 3 个方差和 6 个协方差;当投资组合包含 100 项资产时,组合总体方差由 10 000 项组成,即 100 个方差和 9 900 个协方差。

表 4-6 列示了南方航空等五只股票收益率与标准差等数据,各年收益率是假设投资者在第 $t-1$ 年按年末收盘价购买股票,在第 t 年年末卖出股票获得的收益率。为简化起见,没有考虑投资者在股票持有期间收到的现金股利。表 4-6 中的收益率标准差、方差是采用 Excel 内置函数按样本标准差(STDEV)和样本方差(VAR)计算的。

表 4-6 五只股票收益率与标准差

	南方航空	同仁堂	格力地产	复星医药	青岛啤酒
2007/12/28	192.15%	70.87%	140.91%	87.55%	103.60%
2008/12/31	−217.00%	−104.21%	−132.96%	−33.01%	−67.19%
2009/12/31	64.17%	53.55%	133.27%	61.22%	63.20%
2010/12/31	47.45%	48.86%	−56.58%	−37.35%	−8.11%
2011/12/30	−72.02%	−89.34%	−34.20%	−45.57%	−3.52%
2012/12/31	−19.25%	23.91%	29.15%	20.57%	−1.26%
2013/12/31	−35.19%	18.31%	18.45%	62.46%	39.25%
2014/12/31	62.93%	4.70%	96.64%	7.43%	−15.84%
2015/12/31	50.73%	68.76%	−3.52%	10.73%	−22.99%
2016/12/30	−19.95%	−35.18%	−129.63%	−1.50%	−12.02%
收益率均值	5.40%	6.02%	6.15%	13.25%	7.51%
标准差	1.0740	0.6294	0.9811	0.4560	0.4856
方差	1.1535	0.3961	0.9626	0.2079	0.2358

---

① 需要注意的是,Excel 采用 Varp 表示总体方差(除以 N),采用 Var 表示样本方差(除以 $N-1$),总体和样本的标准差分别为 Stdevp 和 Stdev,但 Excel 并没有在协方差函数(Covar)作此区分,不论总体或样本,Excel 数组函数的程序设定均以 N,而不是 $N-1$。如果 Excel 是完全合理的,它应该有两个函数:Covarp,它除以 N(对应 Varp 或 Stdevp);Covar,它除以 $N-1$(对应 Var 或 Stdev)。在这种情况下,如果想要采用 Excel 数组函数计算协方差,可先使用 Excel 数组函数计算相关系数,然后根据协方差和相关系数的关系计算协方差。

表 4-7 列示了五只股票收益率方差—协方差矩阵。从中可以看出,组合总体方差由 5 个方差、20 个协方差构成。投资组合的方差或标准差,可根据每只股票收益率的标准差、投资组合的方差—协方差矩阵、每只股票的投资权重,采用 Excel 数组函数计算。假设投资组合中每只股票的权重均为 20%,采用 Excel 数组函数计算可以得到投资组合的收益率为 7.67%,投资组合收益率的标准差为 0.6448。[①]

表 4-7 五只股票方差—协方差矩阵

	南方航空	同仁堂	格力地产	复星医药	青岛啤酒
南方航空	1.1535	0.5720	0.7912	0.3017	0.3858
同仁堂	0.5720	0.3961	0.4078	0.1870	0.1850
格力地产	0.7912	0.4078	0.9626	0.3374	0.3652
复星医药	0.3017	0.1870	0.3374	0.2079	0.1856
青岛啤酒	0.3858	0.1850	0.3652	0.1856	0.2358

随着投资组合中资产个数的增加,单项资产方差对投资组合总体方差造成的影响会越来越小,而资产与资产间协方差形成的影响会越来越大。当投资组合中包含的资产数目达到非常大时,单项资产方差对投资组合总体方差造成的影响几乎可以忽略不计。

投资组合中包含 N 项资产,每项资产在投资组合总体中所占份额相等($w_i = 1/N$)。假设每种资产的方差都等于 $\mathrm{Var}(r)$,并以 $\mathrm{Cov}(r_i, r_j)$ 代表平均协方差,则公式(4-20)的简化公式为:

$$\mathrm{Var}(r_p) = \sum_{i=1}^{n} \left(\frac{1}{N}\right)^2 \times \mathrm{Var}(r) + \sum_{i=1}^{n} \sum_{j=1}^{n} \left(\frac{1}{N}\right)^2 \times \mathrm{Cov}(r_i, r_j) \quad (i \neq j)$$

$$= \left(\frac{1}{N^2}\right) N \times \mathrm{Var}(r) + \left(\frac{1}{N^2}\right) N(N-1) \times \mathrm{Cov}(r_i, r_j)$$

$$= \left(\frac{1}{N}\right) \mathrm{Var}(r) + \left(1 - \frac{1}{N}\right) \mathrm{Cov}(r_i, r_j)$$

当 $N \to \infty$、$(1/N)\mathrm{Var}(r) \to 0$ 时,投资组合中资产个数增加,公式中的第一项将逐渐消失;当 $(1-1/N)\mathrm{Cov}(r_i, r_j)$ 趋近于 $\mathrm{Cov}(r_i, r_j)$ 时,即协方差在投资组合中资产个数增加且不完全消失,而是趋于均值,投资组合风险将趋于各项资产间的平均协方差。这个均值是所有投资活动的共同运动趋势,反映了系统风险。

假设市场中股票收益率方差平均为 50%,任何两项资产的协方差平均为 10%,则由 n 只等权重公司股票构成的投资组合的标准差的计算公式为:

$$\mathrm{Var}(r_p) = \frac{1}{n} \times 50\% + \left(1 - \frac{1}{n}\right) \times 10\%$$

根据上述公式可以计算不同股票数目组成的投资组合的收益率标准差,随着投资组合数目的增加,组合的标准差逐渐下降但呈递减趋势(见图 4-3)。

[①] 投资组合收益率的方差和标准差通常可利用 Excel 数组函数计算。Excel 数组函数并不是本章主要内容,要了解相关知识,可参阅有关 Excel 财务建模的书籍。

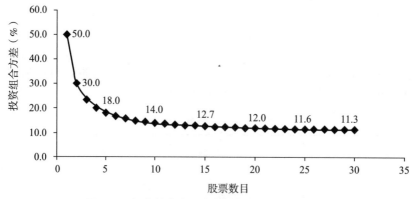

图 4-3　投资组合方差和投资组合中的股票数目

在图 4-3 中，当股票数目从 1 只增加到 2 只时，投资组合方差从 50% 降到 30%；当股票数目增加到 5、10、20 和 30 种时，投资组合方差分别为 18%、14%、12% 和 11.3%。事实上，当投资组合中的资产数目增加到 20 种时，投资组合风险分散效应很小，或者说持有大约 20 只股票就可以获得几乎全部的风险分散效应，进一步增加资产数目只能分散很少的风险；而且，即使投资组合的资产数目非常多，也无法消除所有风险。随着投资组合中资产数目增加，上述投资组合的方差收敛于平均协方差 10%。

四、风险资产有效边界

如果投资组合由风险资产 X 和风险资产 Y 组成，在预期收益率一定的情况下，最小风险的投资组合比例 w_x 的计算公式为：

$$w_x = \frac{\text{Var}(r_y) - \text{Cov}(r_x, r_y)}{\text{Var}(r_x) + \text{Var}(r_y) - 2\text{Cov}(r_x, r_y)} \quad (4-21)$$

公式（4-21）是一个使投资组合风险最小化的通式。公式中分子和分母中均含有协方差，而协方差与相关系数和风险资产的标准差有关。因此，w_x 数值会因相关系数的不同而不同。

假设有两项风险资产构成的投资组合，资产 1 的预期收益率为 10%、标准差为 15%，资产 2 的预期收益率为 18%、标准差为 25%；两项资产收益率的相关系数为 0.23。

据此计算的最小风险投资组合的权重、投资组合的收益率和标准差如下：

$$w_1 = \frac{0.25^2 - 0.23 \times 0.15 \times 0.25}{0.15^2 + 0.25^2 - 2 \times 0.23 \times 0.15 \times 0.25} = 79.52\%$$

$$w_2 = 1 - 79.51\% = 20.48\%$$

$$E(r_p) = 79.52\% \times 10\% + 20.48\% \times 18\% = 11.64\%$$

$$\text{Var}(r_p) = 79.52\%^2 \times 15\%^2 + 20.48\%^2 \times 25\%^2 + 2 \times 79.52\% \times 20.48\% \times 0.23 \times 15\% \times 25\%$$
$$= 1.9658\%$$

$$\text{Std}(r_p) = \sqrt{1.9658\%} = 14.02\%$$

改变资产 1 的投资权重，可以描绘两项资产不同投资权重的风险收益曲线。图 4-4 描绘了资产 1 的权重从 0% 到 100% 的收益率与标准差。曲线左下端表示投资者将资金全部投资于资产 1（资产 2 权重为 0），投资组合的预期收益率为 10%、标准差为 15%。如果投资者最初把所有资金全部投入资产 1，那么他把部分资金转投资产 2 时会增加投资组合的收益,投资组合风险也会因此而下降,直到投资组合标准差达到最小。此时,资产1的权重为79.52%,资产2的权重为20.48%,投资组合的标准差为14.02%,这一风险小于两个风险资产各自的风险。如果继续增加对资产2的投资,那么投资组合的风险和收益均增加。如果投资者将全部资金转投于资产2,此时投资组合的预期收益率为18%、标准差为25%。为了获得更高的收益,风险偏好的投资者可以减少对资产1的投资、增加对资产2的投资。

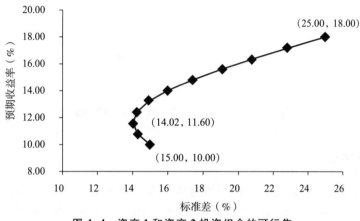

图4-4 资产1和资产2投资组合的可行集

在图4-4中,风险资产投资组合的可行集(feasible set)是可行投资组合的均值和标准差的集合。考察两个不同的资产组合,并绘出所有可能权数对应的曲线,就会得到一个类似于图4-5的图形。如果一个可行投资组合在给定的收益下方差最小,那么这个可行投资组合位于可行集线上。如果一个投资组合 x 在给定方差(标准差)下收益最大,那么这个投资组合是有效的。也就是说,如果没有其他投资组合 y 使得 $E(r_y)>E(r_x)$ 和 $\mathrm{Var}(r_y)\leqslant\mathrm{Var}(r_x)$,那么 x 是有效的。因此,所有有效投资组合的集合构成了风险资产有效边界。当资产种类增多时,可行集合在曲线右边的区域内。图4-5是根据表4-6、表4-7的数据构造的可行投资组合区域(南方航空等五只股票和一只假想的股票 N),曲线上 E 至 F 各点是有效投资组合的集合,落于有效边界上的所有资产组合,与边界下方的资产组合相比,要么在风险水平相同的条件下具有较高的预期收益率(E2 相对于 N 点),要么在预期收益率相等的条件下具有较低的风险水平(E1 相对于 N 点)。因此,通常将 EF 曲线称为可行投资组合的有效边界,它是由资产组合而不是单项资产构成的。从图4-5中可以看出,南方航空(NH)、同仁堂(TRT)、格力地产(GL)、复星医药(FX)、青岛啤酒(QP)五项风险资产没有一项落在有效边界上,因此投资者把所有资金投资在单一资产上不是有效的。

即使在 EF 线有效边界上包含无数个可能的投资组合,其范围从最小风险和最小预期收益率的投资组合到最大风险和最大预期收益率的投资组合,每一点都代表一种不同的风险与收益的选择:预期收益率越高,承担的风险越大,没有一种投资组合先验地比其他投资组合优越。选择何种资产构成投资组合,不仅要考虑该项资产组合的预期收益水平、资产组合预期收益率的方差或标准差,还要考虑投资者的风险规避态度,以及他们对承担风险所要求获得的收益补偿水平。

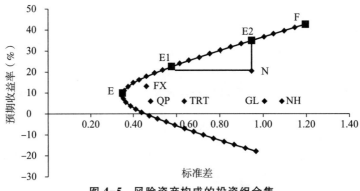

图 4-5　风险资产构成的投资组合集

第四节　资本资产定价模型

一、资本市场线

在上述投资组合中,假设所有资产均为风险资产。事实上,除风险资产外,市场上可供选择的投资工具还有大量的无风险资产,因此不能忽略无风险资产对投资组合收益的影响。

假设无风险资产 f 与风险资产组合 i 进行组合,无风险资产 f 的预期收益率为 r_f、方差为 $\mathrm{Var}(r_f)$,风险资产组合 i 的预期收益率为 r_i、方差为 $\mathrm{Var}(r_i)$。投资权重分别为 w_f 和 w_i 且 $w_f + w_i = 1$,则投资组合预期收益率 $E(r_p)$ 为:

$$E(r_p) = w_f r_f + w_i r_i = (1 - w_i) r_f + w_i r_i$$
$$= r_f + w_i (r_i - r_f) \tag{4-22}$$

根据公式(4-22),投资组合的预期收益率等于无风险利率与风险资产组合预期收益率的加权平均数;或者说,投资组合预期收益率等于无风险利率加上按风险资产投资比重计算的风险溢价 $(r_m - r_f)$。投资组合风险 $\mathrm{Var}(r_p)$ 为:

$$\mathrm{Var}(r_p) = w_f^2 \mathrm{Var}(r_f) + w_i^2 \mathrm{Var}(r_i) + 2 w_f w_i \mathrm{Cov}(r_f, r_i) \tag{4-23}$$

证券 f 为无风险资产,即 $\mathrm{Var}(r_f) = 0$,则 $\mathrm{Var}(r_p) = w_i^2 \mathrm{Var}(r_i)$,从而:

$$\mathrm{Std}(r_p) = w_i \mathrm{Std}(r_i) \tag{4-24}$$

公式(4-24)表明,由无风险资产和风险资产构成的投资组合标准差 $\mathrm{Std}(r_p)$ 是风险资产组合 $\mathrm{Std}(r_i)$ 的简单线性函数。因此,无论风险资产组合的风险有多大,由无风险资产和风险资产构成的投资组合,其风险收益对应的集合总会形成一条直线。

现分两种情形加以说明:(1)一项无风险资产和一项风险资产构成的组合;(2)一项无风险资产和一项风险资产组合构成的组合。

情形 1　假设由两项资产构成的组合:资产 0 为无风险资产,预期收益率为 5%,标准差为 0;资产 1 为风险资产,预期收益率为 10%,标准差为 15%。

图 4-6 描绘了投资于资产 1 的比重从 0% 变化到 100% 所得的风险收益线。投资者在这条直线上选择哪一点进行投资,取决于他的风险规避偏好。

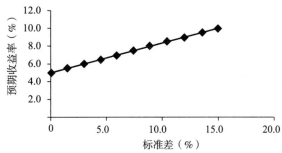

图 4-6 一项无风险资产和一项风险资产的组合

情形 2 假设投资组合由一项无风险资产 0 和一个风险资产组合(资产 1 和资产 2 的组合)构成,有关数据如表 4-8 所示。

表 4-8 一项无风险资产和一个风险资产组合的投资组合

基础数据	预期收益率	标准差	预期收益率-无风险利率
资产 0(%)	5.00	0	
资产 1(%)	10.00	15.00	5.00
资产 2(%)	18.00	25.00	13.00
资产 1 与资产 2 相关系数		0.23	

无风险资产与风险资产组合的有效边界相切时即最优投资组合。为计算切点处各资产的权重,需要计算超额收益率(风险资产预期收益率超过无风险利率的收益率),分别定义为:$E(R_1) = E(r_1) - r_f$ 和 $E(R_2) = E(r_2) - r_f$,风险最小投资组合权重的计算公式为:

$$w_1 = \frac{\mathrm{Var}(r_2)E(R_1) - \mathrm{Cov}(r_1, r_2)E(R_2)}{\mathrm{Var}(r_2)E(R_1) + \mathrm{Var}(r_1)E(R_2) - \mathrm{Cov}(r_1, r_2)[E(R_1) + E(R_2)]}$$

$$= \frac{25\%^2 \times 5\% - 0.23 \times 15\% \times 25\% \times 13\%}{25\%^2 \times 5\% + 15\%^2 \times 13\% - 0.23 \times 15\% \times 25\% \times (5\% + 13\%)} = 44.55\%$$

图 4-7 描绘了一项无风险资产和一个风险资产组合构成的投资组合的风险收益曲线,图中边界线上的每个点都代表资产 1 和资产 2 的某种组合。从无风险资产出发,连接有效边界上的资产组合,直线与有效边界的切点就是最佳投资组合。在这一切点上,无风险资产 0 的权重为 0,风险资产 1 的权重为 44.55%,风险资产 2 的权重为 55.45%。在切点上,投资收益率为 14.44%,组合的标准差为 16.72%。

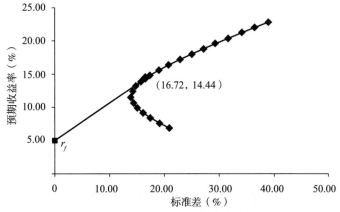

图 4-7 一项无风险资产和一个风险资产组合的投资组合

在图 4-7 中,假设投资者用自己的资金进行投资。如果市场是完善的,投资者以无风险利率自由地借入或贷出资金(不考虑借贷交易成本)。在这种情况下,投资者可以无风险利率借入资金,再加上自有资金,增加对 M 点组合的投资。这时,所有可能投资组合的连线会超过 M,并以相同的斜率继续上升,如图 4-8 所示。

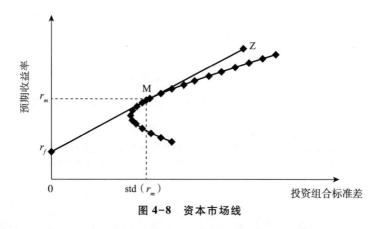

图 4-8　资本市场线

在图 4-8 中,r_f 和 r_m 分别代表无风险利率和市场投资组合收益率,$Std(r_m)$ 代表市场投资组合的标准差。由 r_f 和 Z 构成的直线是 r_f—M 线向上延伸形成的。从左向右观察这条与有效边界相切的直线,r_f 点表示投资者将全部资金投入无风险资产;在切点 M,投资者将全部资金投入风险资产组合 M(44.55%资产 1,55.45%资产 2)。从图 4-8 可以看出,直线 r_f—Z 上任一点投资组合都优于风险资产组合形成的曲线。

在直线 r_f—Z 上,通常将点 M 作为市场投资组合。市场投资组合有两个重要特征:第一,如果市场是有效的,M 点所代表的投资组合包含了市场上存在的所有资产;第二,当市场均衡时,各种风险资产都不会有过度的需求和过度的供给。由于所有的理性投资者所选择的风险资产的比重都与 M 所代表的投资组合的权重相同,因此各种风险资产的市场价值在全部风险资产市场总价值中的占比应当和 M 点所代表的投资组合的各种资产占比相同。

投资者在直线 r_f—Z 上选择哪一点进行投资,取决于他的风险规避态度。r_f 与 M 之间的组合称为"贷出投资组合",表示风险规避程度较高的投资者通过资本市场将拥有的部分资金贷给风险规避程度较低者。M 与 Z 之间的组合称为"借入投资组合",表示风险规避程度较低的投资者除将自己的全部资金投资于 M 外,还以成本为 r_f 借入一定量的资金再投资于 M。实际上,直线 r_f—Z 上的任意一点,都可以看成是 r_f 与 M 的一种组合。

市场有关资料如下:无风险利率为 10%,市场投资组合收益率为 14%,市场投资组合的标准差为 20%。投资者 A 拥有的投资额为 1 000 元,假设他以无风险利率借入 200 元,与原有的 1 000 元一起(共计 1 200 元)投入市场投资组合。投资者 A 形成的投资组合的预期收益率和标准差计算如下:

$$E(r_p) = 1.2 \times 0.14 + (-0.2) \times 0.10 = 0.148$$

或

$$E(r_p) = 0.10 + 1.2 \times (0.14 - 0.10) = 0.148$$

$$Std(r_p) = 1.20 \times 0.20 = 0.24$$

上述计算中,风险投资权重大于 1,无风险投资权重小于 1,表明投资者借钱增加对市场投资组合的投入。如果投资者 A 以无风险利率贷出 200 元,则用于购买市场投资组合

的资金只余 800 元,由此形成的投资组合的预期收益率和标准差为:

$$E(r_p) = 0.80 \times 0.14 + 0.20 \times 0.10 = 0.132$$

$$\text{Std}(r_p) = 0.80 \times 0.20 = 0.16$$

上述计算表明,当投资者借入资金进行风险投资时,其预期收益率和标准差均高于市场均值;当投资者贷出资金进行无风险投资时,其预期收益率和标准差均低于市场均值。

如果投资者对所有资产收益概率分布的预期是一致的,那么他们面临的有效资产组合就是一致的,都会试图持有由无风险资产和市场投资组合 M 构成的一个组合。或者说,任何一个投资者都会在直线 r_f—Z 上选点,直线(r_f—Z)称作资本市场线(capital market line,CML)。CML 描述了有效资产组合预期收益率和风险间一种简单的线性关系,位于资本市场线上的每一点都代表有效投资组合。任何一个投资者的最优投资组合都可以表示为无风险资产和风险资产的线性组合,只是在无风险投资和切点处的投资组合上有所不同。如果每个投资者都持有切点处的投资组合,那么该组合一定是股票市场上实际可以观察到的,每只股票的投资组合权重是股票市场价值的一部分,该组合即为市场组合。

资本市场线与纵轴的截距为无风险利率 r_f,斜率为 $(r_m - r_f)/\text{Std}(r_m)$,CML 的表达式为:

$$E(r_p) = r_f + \frac{(r_m - r_f)}{\text{Std}(r_m)} \times \text{Std}(r_p) \qquad (4-25)$$

公式(4-24)表明,任意有效投资组合的预期收益率等于无风险利率与风险溢价之和,而风险溢价等于斜率与该投资组合标准差的乘积。

仍以表 4-8 的数据为例。假设你有 10 000 元,希望获得 18% 的预期收益率,你可以将 10 000 元全部投资于资产 2,也可以构造一种投资组合——风险资产组合(资产 1 的权重为 44.55%,资产 2 的权重为 55.45%)与无风险资产构成的组合。在后一种情况下,需要确定各项资产的投资比重。假设风险资产组合的投资比重为 w,则无风险资产比重为 $1-w$,即:

$$18\% = 5\% + w(14.44\% - 5\%)$$

解得 $w = 1.3777$,即投资于风险资产组合的比重为 1.3777,投资于无风险资产的比重为 -0.3777。也就是说,你需要借入 3 777 元,加上原有的 10 000 元进行风险资产投资,其中投资于资产 1 的比重为 61.38%($1.3777 \times 44.55\%$),投资于资产 2 的比重为 76.39%($1.3777 \times 55.45\%$),该投资组合的预期收益率和标准差分别为:

$$E(r_p) = 61.38\% \times 10\% + 76.39\% \times 18\% - 37.77\% \times 5\% = 18\%$$

$$\text{Std}(r_p) = 1.3777 \times 16.72\% = 23.03\%$$

图 4-7 切点的收益率代表了市场投资组合收益率,因此投资组合的预期收益率也可以根据公式(4-24)计算:

$$E(r_p) = 5\% + \frac{(14.44\% - 5\%)}{16.72\%} \times 23.03\% = 18\%$$

上述结果表明,投资组合的预期收益率由两部分构成:无风险利率(5%)加上风险溢价(13%)。从投资组合的风险看,在给定投资收益率(18%)的情况下,预期收益率的标准差为 23.03%。相对于投资于风险资产 2,虽然预期收益率也为 18%,但预期收益的标准差为 25%,高于投资组合标准差 1.97%。也就是说,组合投资降低了投资风险。

二、证券市场线

如果说资本市场线揭示了有效资产组合的预期收益率和风险的线性关系,那么,作为有效资产组合中的单项风险资产与市场投资组合存在什么关系呢？美国学者威廉·夏普(William Sharp)等在 20 世纪 60 年代提出的资本资产定价模型(capital assets pricing model,CAPM),揭示了在市场均衡条件下,单项资产或资产组合(无论是否有效)与市场投资组合在预期收益率与风险上存在的关系。

为简化,资本资产定价模型通常假设:(1)所有投资者都追求单期最终财富效用最大化,他们根据投资组合的预期收益率和标准差选择并优化投资组合;(2)所有投资者都能以给定的无风险利率借入或贷出资金,其数额不受任何限制,市场上对卖空行为无任何约束;(3)所有投资者对每项资产收益的均值、方差的估计相同,即投资者对未来的期望相同;(4)所有资产都可完全细分并可完全变现(即可按市价卖出且不发生任何交易费用);(5)无任何税收;(6)所有投资者都是价格接受者,即所有投资者各自的买卖活动不影响市场价格。

根据上述假设条件,在投资者只持有无风险资产和市场投资组合的情况下,单项资产的风险将以市场投资组合为标准进行度量。任何一项资产的风险就是它使市场投资组合风险增加的部分,这一增加的风险通常用这项资产与市场投资组合之间的协方差加以衡量。

假设 $\mathrm{Var}(r_m)$ 是未加入新资产时的市场投资组合的方差,即将加入到市场投资组合的单项新资产的方差为 $\mathrm{Var}(r_j)$,新资产占市场投资组合的比重为 w_j,新资产与市场投资组合的协方差为 $\mathrm{Cov}(r_j,r_m)$,则加入新资产(j)的市场投资组合的方差 $\mathrm{Var}(r_m')$ 为：

$$\mathrm{Var}(r_m') = w_j^2 \mathrm{Var}(r_j) + (1-w_j)^2 \mathrm{Var}(r_m) + 2w_j(1-w_j)\ \mathrm{Cov}(r_j,r_m)$$

由于市场投资组合包含市场中所有交易的资产,任何单项资产在市场投资组合的市场价值中的比重是很小的,因而上式中的第一项接近 0,第二项接近于 $\mathrm{Var}(r_m)$,剩下的第三项(协方差)可用于度量因资产 j 而增加的风险。或者说,对单项资产风险的衡量应是该资产与市场组合的协方差 $\mathrm{Cov}(r_j,r_m)$。

单项资产与市场投资组合的风险和收益的关系可用图 4-9 描述,图中的直线称为证券市场线(security market line,SML),描述了第 j 种资产的风险与收益的关系,其中协方差 $\mathrm{Cov}(r_j,r_m)$ 是风险的衡量值。

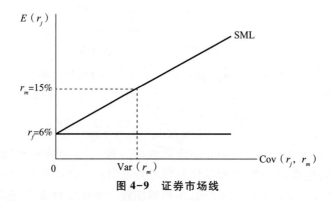

图 4-9 证券市场线

市场投资组合的收益率 r_m 应与自身的风险相匹配,这个风险用市场投资组合本身的协方差衡量。任何一项资产自身的协方差都等于它的方差,即 $\text{Cov}(r_j,r_j)=\text{Var}(r_j)$。于是,市场投资组合与自身的协方差等于市场投资组合收益率的方差,即 $\text{Cov}(r_m,r_m)=\text{Var}(r_m)$。因此,图 4-9 中证券市场线的方程为:

$$E(r_j)=r_f+\frac{r_m-r_f}{\text{Var}(r_m)}\times\text{Cov}(r_j,r_m)$$

$$=r_f+\frac{\text{Cov}(r_j,r_m)}{\text{Var}(r_m)}\times(r_m-r_f)$$

由于协方差并不是市场风险的标准衡量指标,必须将其标准化。将单项资产与市场投资组合的协方差除以市场投资组合方差,就可得到市场风险的标准度量值,通常用该项资产的 β 系数表示,从而导出资本资产定价模型:

$$E(r_j)=r_f+\beta_j(r_m-r_f) \tag{4-26}$$

其中,$E(r_j)$ 表示第 j 种资产或组合的必要收益率,或者根据系统风险评估投资的预期收益率;r_f 表示无风险利率;β_j 表示第 j 种资产的贝塔系数,用于衡量系统风险;r_m 表示市场投资组合收益率;(r_m-r_f) 表示市场风险溢价;$\beta_j(r_m-r_f)$ 表示第 j 种资产或投资组合的风险溢价。

根据相关系数和协方差的关系,公式(4-25)中第 j 种证券的 β 系数也可以写成:

$$\beta_j=\frac{\text{Cov}(r_j,r_m)}{\text{Var}(r_m)}=\frac{\text{Std}(r_j)\times\text{Corr}(r_j,r_m)}{\text{Std}(r_m)} \tag{4-27}$$

在公式(4-27)中,β 系数把单项资产和市场投资组合收益的协方差与市场投资组合的方差联系起来。据此可以得出市场投资组合的 β 系数等于 1,即:

$$\beta_m=\frac{\text{Std}(r_m)\times\text{Corr}(r_m,r_m)}{\text{Std}(r_m)}=1$$

由于无风险投资的收益率是确定性的,波动率等于 0,与市场投资组合不相关,根据公式(4-26),无风险资产的 β 系数等于 0,即:

$$\beta_f=\frac{\text{Std}(r_f)\times\text{Corr}(r_f,r_m)}{\text{Std}(r_m)}=0$$

如果以 β 系数衡量某项资产的系统风险,则证券市场线(见图 4-9)横轴可用 β 系数度量。注意,证券市场线的斜率不是 β 系数,而是市场风险溢价,即 (r_m-r_f)。

假设当前无风险利率为 6%,市场投资组合收益率为 15%,市场投资组合收益率的标准差为 16%;ABC 公司股票收益率的标准差为 48%,ABC 公司股票收益率与市场投资组合收益率的相关系数为 0.665。ABC 公司股票的 β 系数和预期收益率计算如下:

$$\beta_{\text{ABC}}=\frac{\text{Std}(r_j)\times\text{Corr}(r_j,r_m)}{\text{Std}(r_m)}=\frac{48\%\times0.665}{16\%}=2.0$$

$$r_{\text{ABC}}=6\%+2\times(15\%-6\%)=24\%$$

上述计算结果表明,市场投资组合的预期收益率每变动 1%,ABC 公司股票收益率变动 2%。由于 ABC 公司股票的系统风险大于市场风险,要求的收益率为 24%,即无风险利率 6% 加上股票风险溢价 18%[2×(15%-6%)]。图 4-10 描述了不同 β 系数条件下,股票的预期收益率和风险溢价。

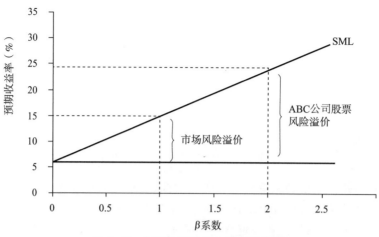

图 4-10　股票收益率与 β 系数的关系

证券市场线是资本资产定价模型（CAPM）的图示形式，用以反映证券（资产）收益率与系统风险（β 系数）的关系，说明相对于市场投资组合特定资产系统风险的大小。证券市场线与单项证券在线上的位置，会随着利率、投资者的风险厌恶程度以及单项证券 β 系数等因素的改变而改变。如果预期通货膨胀率提高 2%，投资者要求的无风险利率就会上升，从而导致证券市场线向上平移；如果投资者的风险厌恶感增强，就会引起证券市场线的斜率增大。假设某公司发行大量债券从而增大了其财务风险，公司股票在证券市场线上的位置将沿着证券市场线上移至较高的位置，投资者要求的收益率也会相应地提高。影响一项资产风险的任何变化都将导致该资产沿着证券市场线移动。通常风险溢价会随证券市场线斜率的变化而变化，并引起风险资产必要收益率变化。

资本资产定价模型从本质上揭示了投资收益率的内涵。该模型认为，市场投资组合的预期收益率减去无风险利率（$r_m - r_f$）就是市场对投资者承担的每一单位风险而支付的必要（额外）收益率。除市场补偿外，还要考虑某一特定投资机会（如证券 j）的风险因素（β_j）的影响。如果某项风险资产的 β 系数等于 0，说明该项资产的风险完全由非系统风险组成，其风险可通过分散化投资加以消除，因而该投资只能获得无风险利率。如果风险资产的 β 系数等于 1，则说明在该项资产的总风险中，系统风险与市场投资组合风险在量值上完全相等，此时投资者对该风险投资要求的收益率等于市场投资组合可以提供的预期收益率。如果风险资产的 β 系数大于 1，则表明该项资产的系统风险大于市场投资组合的风险，因此投资者对该项风险投资要求的收益率大于市场投资组合提供的预期收益率。如果风险资产的 β 系数小于 0，表明在该项资产的总风险中系统风险与市场投资组合风险反向变化，此时投资者要求该风险投资提供的预期收益率小于无风险利率。投资者之所以会投资小于无风险利率的风险资产，主要原因在于这类资产与市场投资组合预期收益率负相关，持有这类资产，投资者可以有效降低投资组合的市场风险。从某种意义上说，这类风险资产可被视为"经济衰退保险"，投资者为得到这种保险付出的代价是接受较低的收益率。

三、证券市场线定价功能

在市场均衡状态下，所有资产和所有资产组合都应落在证券市场线上，即所有资产都应被定价以便使其估计收益率（estimated rate of return）与其系统风险水平相一致。这个估计收益率是在现行市场价格下投资者期望得到的收益率。任何估计收益率落在证券市场线上方的证券应被认为定价过低,因为它表明你估计的证券收益率高于根据系统风险计算的必要收益率;相反,估计收益率落在证券市场线下方的证券则被认为定价过高,因为它表明你估计的收益率低于系统风险要求的收益率。

假设证券分析师对五只股票进行跟踪分析,预测五只股票的价格和股利(见表4-9),据此计算分析师预测的持有期间收益率。

表 4-9 股票市场价格和估计收益率

股票	现价(元/股)	预期价格(元/股)	预期股利(元/股)	估计的未来收益率(%)
A	25	27	0.5	10.00
B	40	42	0.5	6.25
C	33	39	1.0	21.21
D	64	65	1.0	3.13
E	50	54	0.0	8.00

为了分析现行市场价格水平以及估计收益率是否合理,可采用证券市场线确定某项特定资产的必要收益率并进行比较,以便判定一项投资是否被恰当定价。假设无风险利率为6%,市场投资组合收益率为12%,五只股票的β系数和预期的必要收益率以及估计收益率如表4-10所示。

表 4-10 必要收益率与估计收益率比较

股票	β系数	必要收益率(%)	估计收益率(%)	估计收益率-必要收益率(%)	评价
A	0.70	10.20	10.00	−0.20	定价合理
B	1.00	12.00	6.25	−5.75	定价过高
C	1.15	12.90	21.21	8.31	定价过低
D	1.40	14.40	3.13	−11.28	定价过高
E	−0.30	4.20	8.00	3.80	定价过低

表4-10中的必要收益率是根据每只股票的系统风险计算的,估计收益率是根据股票现行价格、预期价格和股利计算的。估计收益率与必要收益率间的差异被称为股票的超额收益率,这一指标可以为正(股票定价过低),也可以为负(股票定价过高)。如果超额收益率为0,表明股票正好落在证券市场线上,则股票定价正好与其系统风险相当。股票β系数、必要收益率、估计收益率之间的关系如图4-11所示。

在图4-11中,股票A几乎正好在证券市场线上,表明股票A的定价基本合理,其估计收益率几乎与必要收益率相等;股票B和股票D的定价过高,因为它们在持有期间的估计收益率低于投资者要求或预期的与风险相关的收益率;股票C和股票E的估计收益率大于根据系统风险计算的必要收益率,表明它们是定价过低的股票。如果你相信分析师对估计收益率的预测,就会买入股票C和股票E、卖出股票B和股票D,而对股票A不会采取任何行动。如果你是一个激进型投资者,也可以卖空股票B和股票D。

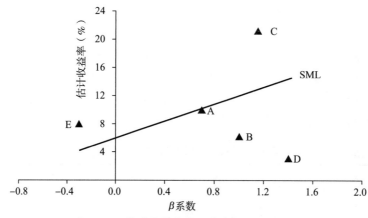

图4-11 估计收益率在证券市场线上的分布

资本资产定价模型不仅用于识别定价过高或过低的资产,还广泛用于确定股权资本成本,作为项目评价和业绩考核的标准。有关资本资产定价模型在实践中的应用可参阅第五章相关内容。

资本资产定价模型在应用中仍存在一些问题。例如,资本资产定价模型的假设与现实不完全符合,实际中无风险资产与市场投资组合可能不存在,采用历史数据估值的 β 系数很难准确衡量当前或未来的风险,选用的市场投资组合可能并不能代表真正的市场投资组合,等等。总之,由于资本资产定价模型的局限性,许多学者仍在不断探求比资本资产定价模型更为准确的资本市场理论;但到目前为止,尚无一种理论可与资本资产定价模型相匹敌。

四、资产定价多因素模型

在资本资产定价模型中,任何风险资产的预期收益率是该资产相对于市场系统风险的线性函数,即所有资产的收益率与一个共同的因素——市场组合风险线性相关。但在现实世界中,许多因素会影响风险资产的预期收益率。

Fama and French(1992)研究了美国股市 1962—1989 年股票收益与市场 β 系数、规模、财务杠杆、账面市值比、市盈率、现金流市价比、历史销售增长、历史长期回报及历史短期回报等因素的关系。他们发现市场 β 系数、财务杠杆及市盈率对股票收益的解释力较弱,而规模、账面市值比两个因素的联合基本可以对股票收益进行解释。1996 年,他们基于美国股市 1963—1993 年的数据进行实证检验,认为股票收益可以由市场风险溢价、规模溢价及账面市值比溢价三因素做出解释。他们认为股票收益可以由市场风险溢价($r_m - r_f$)、公司规模溢价(SMB)和账面市值比溢价(HML)三因素来解释,即:

$$r_{j,t} - r_{f,t} = \alpha_j + \beta_{\mathrm{MKT},j}(r_{m,t} - r_f) + \beta_{\mathrm{SMB},j}(\mathrm{SMB}_{j,t}) + \beta_{\mathrm{HML}_{j,t}}(\mathrm{HML}_{j,t}) + \varepsilon_{j,t} \qquad (4-28)$$

其中,$r_{j,t}$ 与 $r_{m,t}$ 分别是证券 j 和市场投资组合在第 t 期的收益,$r_{f,t}$ 是无风险利率;SMB_t 是小股票组合和大股票组合的收益率之差;HML_t 是高账面市值比和低账面市值比的股票组合收益率的差额;$\varepsilon_{j,t}$ 是扰动项。

他们还验证了包括美国在内的 12 个世界主要证券市场上价值型股票(高账面市值比)收益率高于成长型股票(低账面市值比)收益率,16 个主要证券市场上有 11 个市场的小公司股票收益率高于大公司,就 1975—1995 年的样本数据而言,两者年均差额达到 7.6%,从而证明公司规模和账面市值比对股票横截面收益率的作用的显著性很高。

Ross(1976)提出的套利定价理论(arbitrage pricing theory,APT),解释了风险资产预期收益率与相关共同因素的预期收益率的关系。认为任何资产的预期收益率都是 K 个要素的线性函数。资产分析的目的在于识别经济中的影响因素,以及资产对这些经济因素变动的敏感性。套利定价理论使得资本资产定价模型从单因素模式发展成为多因素模式,以期更加适应现实经济活动的复杂情况。根据套利定价原理,证券或资产 j 的预期收益率为:

$$E(r_j) = r_f + \beta_{j1}[E(r_{j1}) - r_f] + \beta_{j2}[E(r_{j2}) - r_f] + \cdots + \beta_{jk}[E(r_{jk}) - r_f] \quad (4-29)$$

其中,k 是影响资产收益率因素的数量;$E(r_{j1})$,$E(r_{j2})$,$\cdots$,$E(r_{jk})$ 是证券 j 在因素为 1, 2,$\cdots$,k 时的预期收益率;β_{j1},β_{j2},$\cdots$,β_{jK} 是证券 j 相对因素 1,2,$\cdots$,k 的敏感系数。

假设 A、B、U 分别代表三个投资组合,其收益率受单一因素的影响且均不存在可分散风险。$\beta_A = 1.2$,$\beta_B = 0.8$,$\beta_U = 1$;$r_A = 13.4\%$,$r_B = 10.6\%$,$r_U = 15\%$。A、B 组合的风险收益是对应的,它们的价格定得适当。U 组合的收益较高,大于其承担的风险补偿,即其价格被低估,它在三个投资组合中表现出获利机会,从而导致套利交易的形成。

为了说明这一套利过程及其结果,先假设投资 1 000 元建立一个与 U 组合风险相同($\beta_U = 1$)的 F 组合,F 组合的投资一半在 A 组合、一半在 B 组合。那么,F 组合的风险或收益就是 A 组合和 B 组合的风险或收益的加权平均数:

$$\beta_F = 0.5 \times 1.2 + 0.5 \times 0.8 = 1.0$$

$$E(r_F) = 0.5 \times 13.4\% + 0.5 \times 10.6\% = 12\%$$

A、B、U 三个组合的关系如图 4-12 所示。在图 4-12 中,F 组合和 U 组合的风险是相等的,都是1.0;但 U 组合的收益率为 15%,比 F 组合的收益率 12% 要高。这时,投资者既可进行套利交易,按 1 000 元卖空 F 组合,所得 1 000 元投在 U 组合上。在这笔交易中,投资者既没有增加资本,也不多承担风险,但通过卖空套利 30 元(见表 4-11)。

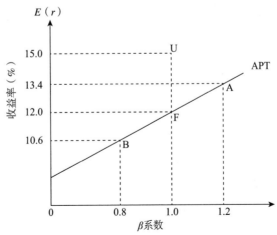

图 4-12　A、B、U 投资组合的关系

表 4-11 U 组合与 F 组合的套利组合

投资组合	投资额(元)	收益(元)	风险
U 组合	+1 000	+150	1.0
F 组合	-1 000	-120	-1.0
套利组合	0	30	0

由于这种套利既不增加投资,也不增大风险,投资者会持续进行。不过,从动态观点看,卖空 F 组合,将会降低 A 组合和 B 组合的价格,从而提高它们的预期收益率;同时,买进 U 组合会提高它的价格,但降低它的收益。这种过程将不断重复进行,直到 U 组合与 F 组合的收益持平,A、B、U 三个投资组合都位于套利定价线上为止。在市场均衡的条件下,所有资产都必须落在套利定价线上,也就是套利交易使资产或投资组合的风险与收益保持为套利线性关系。

需要说明的是,上例中预期收益率仅受一个因素的影响,并假设只有市场这一因素。套利定价理论的最大优点是可以扩大到包含若干个风险因素,但理论本身并没有指明影响证券收益的因素有哪些以及如何衡量这些因素的敏感性。这一问题还没有人做出肯定的回答,尚需理论界和实务界进一步探索。

多因素模型可以被认为是一种广义的资本资产定价模型,它为投资者提供了一种替代性方法,用以理解市场中的风险与收益率的均衡关系。套利定价理论与现代资产组合理论、资本资产定价模型、期权定价模型等一起构成了现代财务学的理论基础。

本章小结

1. 投资风险与收益的权衡因素有三个:资产的预期收益水平,用资产收益率方差或标准差表示的资产风险,投资者为承担风险而要求获得的收益补偿水平。

2. 投资组合收益率是单项资产预期收益率的加权平均数,权重为投资组合价值中投资于每项资产的比重。投资组合的风险(收益率标准差)取决于任意两项资产收益率的协方差或相关系数,投资组合的风险并不是各项资产标准差的简单加权平均数。

3. 资本市场线是指有效组合预期收益率和风险间的一种简单线性关系的直线。它是沿着投资组合的有效边界,由风险资产和无风险资产构成的投资组合,资本市场线上的每一点都代表有效投资组合。证券市场线是资本资产定价模型的图示形式,用以反映证券收益率与系统风险(β 系数)的关系,说明相对于市场投资组合而言特定资产系统风险的大小。

4. 资本资产定价模型从本质上揭示了投资收益率的内涵。资本资产定价模型认为,市场投资组合的预期收益率减去无风险利率($r_m - r_f$)是市场对投资者承担每一单位风险而支付的必要(额外)收益率。

5. 资本资产定价模型认为,任何风险资产的收益是该资产相对于市场的系统风险的线性函数;多因素模型论认为,风险资产的收益率不仅受市场风险的影响,还与其他许多因素相关,任何资产的收益率是 K 个要素的线性函数。在实务中,资本资产定价模型或多因素模型可以为确定风险资产(如投资项目)的资本成本提供理论依据。

基础训练

1. Fama(1976)随机选择了 50 只在纽约证券交易所上市的证券,用 1963 年 7 月至 1968 年 6 月的月数据计算出它们的标准差;再从中随机选取一只证券,该证券收益率的标准差为 11%;然后,将这只证券与另一只随机选取的证券按相同权重形成两只证券的组合。此时,组合的标准差降为7.2%左右。之后,越来越多的证券被逐步地随机添加到证券组合中,直到50只证券全部被包括在内。实证结果表明,当随机选择10—15只证券之后,几乎所有的可分散风险均被分散。另外,证券组合的标准差很快就趋于一个极限值,大致等于所有证券的平均协方差。请结合投资组合理论解释这一实证结果及其应用价值?

2. 假设当前无风险利率为8%,市场组合收益率为12%,如果投资者预计通货膨胀率将在国库券所反映的8%的基础上提高2个百分点,这对证券市场线及高风险、低风险债券各有什么影响?假设投资者的风险偏好发生变化,使得市场风险溢价由4%增至6%,这对证券市场线及高风险、低风险证券的收益各有什么影响?

3. 资本市场线与证券市场线是非常重要的一组概念,也是非常容易混淆的一对"线",请说明它们的区别。

4. 假设你是XYZ公司财务主管,目前正在进行一项包括四个待选方案的投资分析工作。各方案的投资期相同,对应不同经济状态下的预期收益率如下:

经济状况	概率	方案A	方案B	方案C	方案D
衰退	0.2	10.0%	6.0%	22.0%	5.0%
一般	0.6	10.0%	11.0%	14.0%	15.0%
繁荣	0.2	10.0%	31.0%	-4.0%	25.0%

要求:
(1)计算各方案的预期收益率、方差、标准差和标准离差率。
(2)根据各待选方案的预期收益率、标准差确定可淘汰的某一方案。
(3)你认为上述分析是以各方案的总风险(标准差)为依据,不十分科学,应当进行系统风险分析。方案D是经过高度分散的基金资产,可以代替市场投资。试计算各方案的β系数,然后用资本资产定价模型评价各方案。

5. FIM公司持有A、B、C三只股票组成的投资组合,已知A、B、C三只股票的β系数分别为2.3、1.8和0.8,各股票在投资组合中所占比重分别为20%、50%和30%。

本期无风险利率为8%,下期的市场预期收益率及其概率如下:

概率	0.1	0.3	0.4	0.2
市场收益率(%)	8	10	14	18

要求:
(1)计算市场预期收益率,并写出证券市场线(SML)的近似方程。
(2)计算该投资组合下期要求的收益率。
(3)假设当前市场上有新股票D可供投资,股票β系数为1.2,刚收到上年派发的每股1元的现金股利,预计股利以后每年将按6%稳定增长,目前该股票的市场价格为15元。分析目前的股票价格是否为均衡价格;如果不是,合适的均衡价格为多少,如何能够达到。

案例分析

假设你在一家财务咨询公司工作,你被安排评价一名客户的部分股票投资组合,选择组合中10只股票,分析其风险与收益。咨询公司没有购买股票数据库,需要你确定这10只股票在过去5年的平均月收益率和标准差,同时按资本资产定价模型估计投资组合中10只股票的预期收益率。

(1)登录雅虎财经网站(http://finance.yahoo.com),搜索每只股票的价格信息。

① 点击网址 http://finance.yahoo.com 后，在主页的左边"Quote Lookup"（报价查询）文本框内输入你要评估的股票代码，如"601857"，就可以看到与"601857SS CHINA PETROLEUM &'A'CNY1 Equity-Shanghai"的相关信息，选择进入"601857"股票信息查询界面，然后点击"Historical Data"（历史价格）。

② 输入起始日期和截止日期，通常需选择最近 5 年（60 个月）的数据，例如输入 2014 年 12 月 31 日至 2019 年 12 月 31 日，确定估计期间及间隔期距（日、周、月等），选择"Monthly"（月度），点击"Get Prices"（获取价格）后滚动到页面底部，点击"Download to Spreadsheet"（下载至电子数据表）。

③ 复制整个电子数据表，打开 Excel，将 Web 数据粘贴到 Excel 表中。保留日期和调整后的收盘价（第一列和最后一列），其他数据全部删除。

④ 返回到报价查询页面，输入下一只股票的代码，再次点击"Get Price"。不改变日期或间隔期距，确保你下载的所有股票信息都是相同的日期；再次点击"Download to Spreadsheet"，然后打开文档，复制最后一列"调整后的收盘价"，并粘贴到已打开的 Excel 文档中，把"调整后的收盘价"名称更改为相应的股票代码。确保股票每月的起始价格和截止价格分别与第 1 只股票的相应价格位在同一行。

⑤ 对剩下的 8 只股票重复上述步骤，依次相邻粘贴每只股票的收盘价格，再次确保每只股票相应日期的价格位于同一行。

（2）在 Excel 文档中建立一个单独的工作表，计算 10 只股票的月收益率（按连续收益率计算）。需要说明的是，要计算月收益率，必须知道每月的起始价格和截止价格，所以无法计算第一个月的收益率。为保证得到 60 个月的收益率，收盘价的起始月应提前一个月。

（3）计算每只股票的平均月收益率和月收益率标准差，并将月统计数据转化为年度统计数据（将平均月收益率乘以 12，月收益率标准差乘以 $\sqrt{12}$）。

（4）在 Excel 工作表中增加一列"全部股票的月平均收益率"，这是由权重相等的 10 只股票构成的投资组合月收益率。计算这个等权重投资组合月收益率的均值和标准差。复核等权重投资组合的平均收益率，它应当等于所有个股的平均收益率。

（5）使用年度统计数据绘制 Excel 图示，x 轴为标准差，y 轴为平均收益率，步骤如下：

① 在数据表中建立 3 列，分别输入你在第（3）问和第（4）问得到的每只股票和等权重投资组合的统计数据。第 1 列为股票代码，第 2 列为标准差，第 3 列为年均收益率。

② 选定后两列的数据（标准差和年均收益率），选择"插入>图表>XY 散点图"。逐步完成图表向导，结束绘图。根据所绘图表，与等权重波动率进行比较，对于个股的波动率，你注意到了什么？

21世纪经济与管理规划教材
财务管理系列

第二篇

财务决策

第五章　资本成本
第六章　投资决策
第七章　资本结构
第八章　股利政策
第九章　长期融资
第十章　营运资本管理

第五章 资本成本

[学习目的]
- 明确资本成本的经济含义和投资决策的基本法则
- 掌握股权资本成本估计的基本方法
- 熟悉 β 系数、市场风险溢价的确定方法
- 掌握债务资本成本估计的基本方法
- 熟悉公司资本成本与项目资本成本的关系

自 20 世纪 60 年代威廉·夏普等学者提出资本资产定价模型以来,资本成本理论就被广泛应用于财务理论与实践的各个环节。从筹资者使用资本付出的代价到投资者投入资本要求的收益率的角度研究资本成本,不仅反映两种理念的变化和进步,也为正确定义资本成本、运用资本成本进行财务决策提供了依据。在投资决策中,资本成本是评价投资项目、决定投资项目取舍的重要标准。在筹资决策中,资本成本是选择资本来源、设置资本结构的重要依据。在经营活动中,资本成本是衡量公司经营成果的尺度,因为只有公司的经营利润率高于资本成本,才能为投资者创造更大的价值。可以将本章看作第四章风险与收益的应用章,根据资本资产定价模型和股利折现模型估计预期收益率,并采用相同的方法估计股权资本成本;根据债券预期收益率、无风险利率和违约率等参数估计债务资本成本;将债务资本成本和股权资本成本相联系,将公司风险和项目风险相比较,将投资项目要求的最低收益率转化为项目资本成本。

第一节 公司资本成本

一、资本成本的基本含义

根据经济学理论,资本是指能够带来剩余价值的资金。在公司中,资本主要表现为资产负债表右方的债务资本和股权资本。如果将债务资本和股权资本视为可交换的风险性资产,并将整个公司看作这两类风险性资产的组合,那么公司的资本成本就是投资者持有该组合所要求的收益率的加权平均数,权重等于他们各自的投资比例。

假设一项为期 1 年的投资,项目初始投资为 100 万元,其中 40% 来自债务资本,60% 来自股权资本。根据项目的风险,债权人要求的最低收益率为 6%,股东要求的最低收益率为 12%。为了满足投资者的要求,1 年后项目投资的预期现金流量至少为 109.6 万元,计算如下:

项目预期现金流量 = 100×40%×(1+6%)+100×60%×(1+12%) = 109.6(万元)

此时,项目投资的预期收益率为 9.6%[(109.6/100−1)×100%],该收益率既是项目投资者要求的最低收益率,也是公司用 100 万元进行项目投资的资本成本(40%×6%+60%×12%)。如果预期收益率低于 9.6%,公司就很难为项目筹措到足额的现金。

根据资本成本的定义,确定资本成本最直接的方法就是在证券市场上找到与公司资产风险相同的证券,估计这些证券的预期收益率,并以之作为资本成本。投资者因持有的证券种类不同,承担的风险不同,对公司资产创造的现金流的要求权也不同。由于债权人对公司资产创造的现金流具有优先和固定要求权,他们承担的风险小于股东承担的风险,因此,持有债券要求的预期收益率应低于持有股票要求的预期收益率,即债务资本成本低于股权资本成本。

二、股权资本成本

股票是持有者拥有一定比例公司财产所有权的金融工具,它的标准形式是普通股。股权资本成本主要有两种估计方法:一是资本资产定价模型,二是股利折现模型。

(一)资本资产定价模型

股权资本成本是投资者对一家公司进行股权投资所要求的最低收益率,通常可根据资本资产定价模型(CAPM)估计预期(或必要)收益率,以此替代股权资本成本。根据资本资产定价模型的假设条件,在一个充分分散的有效投资组合中,市场风险代表着经济中的不可分散风险。如果某一投资对市场风险的敏感度(β系数)与其他投资机会相同,那么这一投资与其他投资具有相同的风险,这些投资的预期收益率或资本成本相同。因此,具有相同β系数的资产或项目,其资本成本可表示为:

$$r_j = r_f + \beta_j(r_m - r_f) \tag{5-1}$$

基于资本资产定价模型,影响股权资本成本(r_j)的因素主要是无风险利率(r_f)、市场风险溢价($r_m - r_f$)和股票β系数,现简要说明各参数及其确定方法。

1. 无风险利率

无风险资产是指实际收益率等于预期收益率的资产。无风险投资必须满足以下两个条件:第一,不存在违约风险;第二,不存在再投资风险。从证券投资来看,前者意味着该证券必须是政府债券,后者意味着该证券必须是零息债券。在短期投资分析中,可采用短期国债利率作为无风险利率;在长期投资分析中,可采用与分析期限相同的长期政府债券利率。理论上,每一个现金流都用一个到期日与其相近的政府债券利率进行折现,例如一个10年后产生的现金流应该用10年期零息债券得到的收益率折现。但在现实中,很少能够找到相匹配的收益率折现每一个现金流。为简单起见,在价值评估时会选择与要估值的现金流最匹配的政府债券的到期收益率作为无风险利率。在实践中,如果为公司或长期项目估价,通常采用流动性较强的长期政府债券作为无风险利率。

确定无风险利率时需要注意两个问题:第一,以国债利率作为无风险利率是假设政府没有违约风险,但在一些新兴市场,曾经出现政府无法偿付到期债务的现象,因此需要根据实际情况调整;第二,如果存在以外币计量的投资或筹资活动,还需要计算外汇风险对一国国债利率的影响。

2. 市场风险溢价

风险溢价是指投资者将资本从无风险投资转移到风险投资所要求的"额外收益"。由于市场中每个投资者对某种投资可接受的风险溢价的估计不同,因此风险溢价应是个别风险溢价的加权平均数,其权数取决于各个投资者所投入资本额。实务中主要根据历史风险溢价、国家风险溢价和隐含的股票风险溢价估计风险溢价的大小。

(1) 历史风险溢价。在资本资产定价模型中,预测风险溢价最常用的方法是历史数据分析法,其基本步骤为:第一步,确定代表市场指数的市场组合,如标准普尔 500 指数、上证综合指数等;第二步,确定抽样期间,实务中抽样期间往往为 5 年、10 年或更长;第三步,计算此期间市场组合或股票指数的平均收益率,以及无风险资产的平均收益率;第四步,确定风险溢价,即市场组合收益率与无风险资产收益率之间的差额。[①] 美国市场不同时期的风险溢价如表 5-1 所示。

表 5-1 美国市场风险溢价历史数据　　　　　　　　　　　单位:%

历史时期(年)	算术平均数		几何平均数	
	股票-国债	股票-国债	股票-国债	股票-国债
1928—2016	7.96	6.24	6.11	4.62
1967—2016	6.57	4.37	5.25	3.42
2007—2016	7.90	3.62	6.15	2.30

资料来源:http://www.stern.nyu.edu/-adamodar/New_Home_Page/AppldCF/appldCF.htm(数据下载于 2017 年 5 月)。

在表 5-1 中,股票采用的是标准普尔 500 工业指数收益率,国债采用的是 3 个月期国库券收益率,国债采用的是 10 年期国债收益率,股票-国债代表股票与短期国库券之间的风险溢价,股票-国债代表股票与长期国债之间的风险溢价。

根据表 5-1 可知,风险溢价的历史数据会因所选择方法(算术平均或几何平均)的不同而不同,也会因时间起算点的不同而不同,还会因无风险利率的选择(短期政府债券利率还是长期政府债券利率)而变化。到底以哪一种为标准确定风险溢价,目前并没有统一答案。一种观点认为,短期提供的风险溢价无法反映平均水平,应采用长期政府债券利率(按几何平均数计算)作为无风险利率。[②] 另一种观点认为,用长期平均的估计值会出现偏差,因为在计算过程中并没有给当前数据以更大的权重。由于价值评估是面向未来的,因而能够精确反映预期未来收益的平均数应该是在相同期间内同一种证券收益的算术平均数。实务中两种计算方法并存,很难说哪一种方法的计算结果能够更准确地反映风险溢价。

在资产估价中,如果无风险利率采用长期政府债券利率,与之匹配的市场风险溢价应采用股票收益率与长期政府债券利率之差。

(2) 国家或地区风险溢价。在分析时,除了利用历史数据,还要考虑其他一些因素,如宏观经济波动程度、一国或地区的政治风险和市场结构等。表 5-2 列示了部分国家或地区 2016 年风险溢价,这个数据每年会发生一些变化。

表 5-2 部分国家或地区 2016 年风险溢价

国家或地区	穆迪评级	违约风险溢价(%)	股票风险溢价(%)	国家风险溢价(%)
澳大利亚	Aaa	0.00	5.69	0.00
巴西	Ba2	3.47	9.96	4.27

---

① 采用历史数据分析法,实际上假设:(1)投资者的风险偏好在此期间内没有系统性变化,即风险偏好可能会逐年变化,但始终没有偏离历史平均水平;(2)在此期间内,"风险性"市场投资组合的平均风险程度没有系统性变化。

② 〔美〕爱德华斯·达莫德伦,2001,《公司财务——理论与实务》,曾力伟等译,北京:中国人民大学出版社。

（续表）

国家或地区	穆迪评级	违约风险溢价(%)	股票风险溢价(%)	国家风险溢价(%)
中国内地	Aa3	0.70	6.55	0.86
法国	Aa2	0.57	6.40	0.71
德国	Aaa	0.00	5.69	0.00
中国香港	Aa1	0.46	6.25	0.56
印度	Baa3	2.54	8.82	3.13
意大利	Baa2	2.20	8.40	2.71
日本	A1	0.81	6.69	1.00
墨西哥	A3	1.39	7.40	1.71
俄罗斯	Ba1	2.89	9.24	3.55
中国台湾	Aa3	0.70	6.55	0.86
英国	Aa1	0.46	6.25	0.56
美国	Aaa	0.00	5.69	0.00

资料来源：http://pages.stern.nyu.edu/~adamodar/（数据下载于2017年1月5日）。

一般来说，国家风险溢价是与特定市场相联系的、潜在的经济不稳定性和政治风险的函数。对国家风险溢价的衡量一般是以每个国家发行的国家债券的违约风险溢价为基础进行估计。标准普尔、穆迪等都对各国进行风险评级，这些评级主要衡量违约风险而非股票风险，但同样受到驱动股票风险的许多因素（例如一国货币的稳定性、预算和贸易收支以及政治稳定性等）的影响。典型的风险溢价是观察某个国家以同一信用评级发行的债券利率高于某一无风险利率（如美国国债或德国欧元利率）的差额进行估计的。

（3）隐含的股票风险溢价。风险溢价是建立在市场正确定价的基础上并根据股票定价模型倒推出的。一个典型的股票估价公式为：

$$股票价格 = \frac{下一期预期股利}{必要收益率 - 预期增长率} \quad (5-2)$$

公式(5-2)有四个参数，其中三个参数（目前股票价格、下一期预期股利和预期增长率）可以从外部得到，唯一"未知"的是必要收益率。如果确定了必要收益率，就能够求出隐含的股票预期收益率，再从中扣除无风险利率，就可以得到隐含的股票风险溢价。例如，股票现行市场的价格为75元/股，下一期预期股利为3元/股，预期增长率为8%，则投资者要求的收益率为12%。如果目前的无风险利率为5.5%，则风险溢价为6.5%（12%-5.5%）。

3. 股票 β 系数

在资本资产定价模型中，无风险利率和市场风险溢价对所有公司都是相同的，只有 β_j 随公司不同而变化。β_j 一般是根据第 j 只股票的收益率 r_j 和市场组合收益率 r_m 之间的线性关系确定，以反映第 j 只股票的市场风险。

（1）历史 β 系数。在实务中，一般根据第 j 只股票收益率和市场组合收益率的历史相关系数与标准差估计 β 系数。如果第 j 只股票的 β 系数在一段时间内相对稳定，那么这一方法是合理的。采用历史数据计算 β_j 的公式为：

$$r_j = \alpha_j + \beta_j \times r_m + \varepsilon_j \quad (5-3)$$

其中，r_j代表股票j的收益率；α_j代表截距项；β_j代表回归线斜率；r_m代表市场组合收益率；ε_j代表随机误差，反映给定期间实际收益率与回归预测收益率之间的差异，误差项的均值为零，在资本资产定价模型中，误差项对应的是可分散风险，与市场风险无关。

公式(5-3)中的参数α_j和β_j可使用回归分析软件确定。如果误差项的均值为零($\varepsilon_j=0$)，资本资产定价模型与回归方程的关系可描述为：

证券市场线： $r_j = r_f + \beta(r_m - r_f) = r_f(1-\beta) + \beta r_m$ （5-4）

线性回归： $r_j = \alpha_j + \beta r_m$ （5-5）

上述分析表明，截距(α_j)与$r_f(1-\beta)$相比较，衡量的是股票的历史表现与根据资本资产定价模型(或证券市场线)估算的预期收益率之间的相对关系。

- 若$\alpha_j > r_f(1-\beta)$，则表示在回归期间股票比预期表现要好；
- 若$\alpha_j = r_f(1-\beta)$，则表示在回归期间股票与预期表现相同；
- 若$\alpha_j < r_f(1-\beta)$，则表示在回归期间股票比预期表现要差。

回归线斜率为β系数，反映某只股票或投资组合的市场风险。投资组合的β_p系数，是每只股票β_j系数的加权平均数，权数w_j为各种证券在投资组合中所占的比重，其计算公式为：

$$\beta_p = \sum_{j=1}^{n} w_j \beta_j \quad (5-6)$$

回归过程中输出的数据R^2称拟合度，测量了由一个或几个自变量解释的因变量的变异性比率。R^2的统计意义在于它提供了回归适宜度的衡量指标，财务意义在于它提供了一家公司的风险(方差)中市场风险所占比重的估计；$(1-R^2)$则代表了公司特有风险。

【例5-1】 表5-3列示了浦发银行、上海机场、华能国际、中远海能、歌华有线、同仁堂六只股票，在2012年11月至2017年10月按月末收盘价作为当月价格，采用连续方法计算月收益率；以上证综指代表市场组合，以同一时期上证综指收盘点位作为基础，使用Excel内置函数计算六只股票的截距、斜率(β系数)及拟合度R^2。

表5-3 六只股票和上证综指各月收益率数据(2012年11月—2017年10月)

	浦发银行	上海机场	华能国际	中远海能	歌华有线	同仁堂	上证综指
2012/11/30	-0.67%	-1.67%	2.15%	-4.03%	-6.98%	-6.55%	-4.39%
2012/12/31	28.50%	10.22%	8.32%	11.64%	11.87%	3.95%	13.62%
2013/01/31	14.61%	6.52%	-5.32%	3.60%	2.51%	11.44%	5.00%
2013/02/28	-3.73%	-0.68%	-2.39%	-2.53%	2.02%	6.68%	-0.83%
2013/03/29	-8.78%	1.87%	4.29%	-6.84%	-9.42%	5.38%	-5.61%
2013/04/26	-2.50%	-6.36%	-7.99%	-3.48%	-2.22%	-0.44%	-2.66%
⋮	⋮	⋮	⋮	⋮	⋮	⋮	⋮
2017/05/31	-16.94%	9.84%	-0.13%	-6.66%	-7.01%	3.98%	-1.20%
2017/06/30	-1.49%	-1.28%	-5.95%	6.06%	1.59%	7.94%	2.39%
2017/07/31	5.46%	0.37%	0.00%	3.12%	-3.14%	-6.16%	2.49%
2017/08/31	-4.99%	4.18%	-2.62%	-2.67%	5.85%	-1.84%	2.65%
2017/09/29	1.25%	-2.78%	-2.98%	-4.77%	-1.35%	0.43%	-0.35%
2017/10/31	-2.04%	14.14%	-3.07%	1.56%	-1.85%	3.81%	1.32%

(续表)

	浦发银行	上海机场	华能国际	中远海能	歌华有线	同仁堂	上证综指
收益率均值	0.86%	2.24%	0.08%	0.68%	1.37%	1.02%	0.82%
截距	0.0023	0.0167	-0.0070	-0.0033	0.0030	0.0010	0.0000
斜率	0.7715	0.6851	0.9399	1.2255	1.2932	1.1142	1.0000
拟合度 R^2	0.3797	0.4489	0.4815	0.5252	0.4581	0.4590	1.0000

资料来源：按各月收盘价计算收益率（为简化，中间部分数据未列示）。

在表 5-3 选择的六家公司中，仅从 2012 年 11 月至 2017 年 10 月 60 个月的数据看，中远海能、歌华有线和同仁堂股票的 β 系数大于 1，表明公司风险大于市场风险；浦发银行、上海机场和华能国际股票的 β 系数小于 1，表明公司风险小于市场风险。本例采用 60 个月的数据，只是为了说明 β 系数的计算方法，其分析结果并不足以作为投资决策或评价某只股票收益与风险的依据。R^2 是指模型的拟合度，数值越接近 1，说明两个变量之间的相关性越强。

一定时期单项资产与市场组合收益率分布点的回归线称作证券特征线（security characteristics line，SML），图 5-1 描述了同仁堂与上证综指月收益率的拟合回归线。

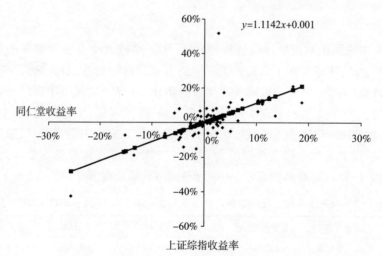

图 5-1　同仁堂与上证综指月收益率回归线（2012 年 11 月至 2017 年 10 月）

根据表 5-3 和图 5-1，同仁堂与市场组合收益率的回归统计分析如下：

第一，假设在此期间无风险利率为 3.49%，则：

$$r_f(1-\beta) = 3.49\% \times (1-1.1142) = -0.004$$

回归线截距为 0.001，大于 $r_f(1-\beta)$，表明此期间同仁堂股票历史收益率高于按证券市场线估计的预期收益率。

第二，回归线斜率为 1.1142，这是同仁堂在此期间股票月收益率的 β 系数。它表明如果市场平均收益率上升 1%，则同仁堂收益率将上升 1.1142%；如果市场平均收益率下降 1%，则同仁堂收益率将下降 1.1142%。

第三，根据回归输出的数据，回归拟合度 $R^2 = 45.9\%$，表明同仁堂 45.9% 的风险来自市场（如利率、通货膨胀风险等），54.1% 的风险来自公司特有风险。由于后一种风险是可分散的，因此不能从 CAPM 中获得相应补偿。

在根据历史数据计算某一只股票的 β 系数时,分析人员要注意以下四个问题:

第一,估计期的期限。大部分数据提供商使用 5 年的数据估计 β 系数,有的采用 2 年的数据。较长的估计期可以提供更多的数据,但公司风险特征在这一期间会发生变化。

第二,估计收益时间间隔期。对不同时段的数据进行回归或对同一时段但以不同的间隔(年、月、周或日)进行回归,会得到不同的 β 系数。例如,标准普尔(S&P)使用最近 5 年的月收益率估计 β 系数,价值线投资服务公司(Value Line)使用最近 5 年的周收益率估计 β 系数,布隆博格(Bloomberg)则根据最近 2 年的周收益率估计 β 系数,万德资讯(Wind)则采用 100 周收益率滚动估计 β 系数。

第三,估计所采用的市场指数。大多数 β 系数提供商使用股票市场指数估计其中公司的 β 系数。例如,估计美国股票的 β 系数使用纽约股票交易所综合指数(NYSE Composite),估计英国股票的 β 系数使用伦敦金融时报股票指数(FTSE),估计日本股票的 β 系数使用日经指数,估计中国上市公司股票的 β 系数一般使用上海证券交易所股价指数或深圳证券交易所股价指数等。

表 5-4 反映了不同观察期、不同的间隔期距及不同市场代理变量计算的结果是不相同的。由于资本资产定价模型是一个单期模型,它并不能告诉人们哪种标准更合适。不过,基于美国资本市场特征和不同的经验数据测试,大多数分析者认为:其一,原始回归至少要有 60 个数据点(例如 5 年的月收益率),通过 β 系数的滚动变化轨迹可以检查股票风险中的所有系统性变化;其二,原始回归应基于月收益率数据,如果使用更短的间隔期距(如日或周收益率),会导致系统性偏差;其三,公司股票收益率应该对应于经价值加权平均的、充分分散化的组合(如标准普尔 500 指数等)做回归。

表 5-4　β 系数提供商 β 系数的估计方法

	布隆博格	价值线	标准普尔
观测值数量	102	260	60
间隔期距	2 年周收益率	5 年周收益率	5 年月收益率
市场指数代理变量	标准普尔 500 指数	纽交所综合指数	标准普尔 500 指数
样本 β 系数平均数	1.03	1.24	1.18
样本 β 系数中位数	1.00	1.20	1.21

资料来源:Bruner, R. F., K. M. Eades, R. S. Harris, and R. C. Higgins, 1998, Best practices in estimating the cost of capital: Survey and synthesis, *Financial Practice & Education*, 23: 15-33.

(2) 行业 β 系数与财务杠杆。对 β 系数的估计并不是一个精确的过程,通过历史回归估算出同仁堂原始的 β 系数为 1.1142,R^2 为 45.9%,统计意义上的解释是回归线的拟合度为 45.9%。根据回归输出结果,β 系数的标准差为 0.1588,如果以两倍的标准差作为基础,那么同仁堂真实的 β 系数应为 0.7965—1.4319,严格来说,这个区间有些大。

为了提高 β 系数估计的准确度,可以采用行业而非个别公司的 β 系数。同一行业的公司面临相似的经营风险,其 β 系数也应相近。只要各公司的估算误差是不相关的,对各个 β 系数的高估或低估就可相互消除,因此行业 β 系数的中位数(或平均数)就是一个比较好的估计值。

但是,简单地使用行业原始 β 系数的中位数或平均数忽略了一个重要的因素:各公司的负债水平可能不相同。一个公司的 β 系数不但与经营风险有关,而且与公司的财务风险有关。负债较多公司的股东相对来说承担着更大的风险,这种风险就体现在 β 系数上。因此,为了比较经营风险相似的公司的 β 系数,首先必须消除公司负债水平的影响,只有这样才能比较行业内公司的 β 系数。

如果公司所有的风险来自股东(债务 β 系数为零)[①]并存在税收优惠,那么负债公司的 β 系数和无负债公司的 β 系数之间的关系可表示为:

$$\beta_L = \beta_U [1+(1-T)(D/E)] \qquad (5-7)$$

其中,β_L、β_U 分别表示负债公司和无负债公司的 β 系数,T 表示公司所得税税率,D/E 表示债务资本与股权资本的比率(或称财务杠杆)。

无负债 β 系数是由公司经营业务类型和经营风险水平决定的,而负债 β 系数是由经营风险和财务风险共同决定的。由于财务风险会增大潜在的行业风险,因此高风险行业的公司通常不愿意使用财务杠杆;同理,收入相对稳定的公司通常具有较高的财务杠杆。

以行业平均水平估算一个公司 β 系数的方法主要分四步:第一步,根据市场指数(例如上证综指)对每个公司的股票收益率做回归,求出原始的 β 系数;第二步,根据公司的财务杠杆把每个公司的 β 系数转化为无负债 β 系数,财务杠杆等于有息债务市场价值与股权市场价值之比;第三步,计算行业内无负债 β 系数的中位数或平均数;第四步,根据公司的目标财务杠杆(也可采用当前财务杠杆作为替代),把行业无负债 β 系数转换成各公司的负债 β 系数。

表 5-5 仅选择了 10 家医药行业的公司,计算该行业的无负债 β 系数。根据公式(5-7)将负债 β 系数转换为无负债 β 系数,求出行业平均无负债 β 系数为 0.9119。

表 5-5　医药行业无负债 β 系数(2012 年 11 月—2017 年 10 月)

公司	负债 β 系数	有息债务/股权价值*	所得税税率	无负债 β 系数
同仁堂	1.1142	0.0301	0.2500	1.0896
太极集团	1.4086	0.7770	0.2500	0.8900
复星医药	0.7586	0.1247	0.2500	0.6937
中新药业	0.9258	0.0391	0.2500	0.8995
亚宝药业	0.8052	0.1660	0.2500	0.7161
天药股份	1.1442	0.0728	0.2500	1.0850
康美药业	0.9107	0.1252	0.2500	0.8325
交大昂立	1.1696	0.0845	0.2500	1.1000
康恩贝	1.1748	0.1572	0.2500	1.0509
哈药股份	0.8126	0.0887	0.2500	0.7619
平均数				0.9119

注:*有息债务/股东权益的数据来自 Wind 资讯,假设所得税税率均为 25%。

---

① 理论上,可以使用资本资产定价模型估计负债资本成本,或者可以采用与估计股票 β 系数相同的方法,基于负债的历史收益率估计负债 β 系数。银行贷款和很多债券并不经常在市场上交易,也可以采用基于信用评级等指标估计的负债 β 系数作为公司负债 β 系数的替代值。如果债务具有市场风险(债务 $\beta>0$),那么我们应修正这个公式。如果负债 β 系数为 β_d,股权 β 系数可表示为 $\beta_L = \beta_u [1+(1-T)(D/E)] - \beta_d (D/E)$。由于负债要求权的优先级较高,因此负债 β 系数应该比较低,为简化起见,假设负债 β 系数为 0。

表 5-5 各公司负债 β 系数是以各月末收盘价作为当月价格,采用连续方法计算 60 个月的收益率,以上证综指代表市场组合,以同一时期上证综指收盘点位作为基础计算得出。

在进行公司估值时,通常采用有息债务和股权价值估计财务杠杆,其中,

有息债务 = 负债合计 - 无息流动负债 - 无息非流动负债

股权价值 = A 股收盘价×A 股合计股数 + B 股收盘价×人民币外汇牌价×B 股合计股数 + 海外流通股股数×海外流通股股价 + (总股数 - A 股股数 - B 股股数 - 海外流通股股数)×每股净资产

由于大多数负债(特别是银行借款)并没有在市场上交易,估价时一般采用账面价值近似地替代市场价值。在表 5-5 中,同仁堂股票无负债 β_U 系数计算如下:

$$\beta_U = \frac{\beta_L}{1+(1-T)(D/E)} = \frac{1.1142}{1+(1-25\%)\times 0.0301} = 1.0896$$

其他各公司无负债 β_U 系数计算方法相同,按算术平均数计算医药行业无负债 β_U 系数为 0.9119。假设以医药行业无负债 β_U 系数代替同仁堂公司无负债 β_U 系数,根据同仁堂公司的财务杠杆和所得税税率,同仁堂公司的负债 β_L 系数计算如下:

$$\beta_L = 0.9119\times[1+(1-25\%)\times 0.0301] = 0.9325$$

经过行业调整,同仁堂公司负债 β 系数由 1.1142 变为 0.9325,低于原始的 β 系数,主要原因有:一是行业无负债 β 系数均值低于同仁堂股票无负债 β 系数;二是同仁堂公司的财务杠杆在所选择的 10 家公司中处于最低位置,或者说同仁堂公司财务风险低于行业水平。

这种方法最主要的作用是可以用经行业调整的 β 系数估计非上市公司的 β 系数,也就是无须知道个别公司或资产的历史价格就可以估计 β 系数。例如,你要估计一家未上市医药公司的 β 系数,假设该公司的财务杠杆为 40%,所得税税率为 25%,则公司 β 系数的估计值为:

$$\beta_L = 0.9119\times[1+(1-25\%)\times 0.40] = 1.1855$$

计算结果表明,在其他因素既定的条件下,提高财务杠杆会同时提高财务风险和公司的 β 系数。

(3) β 系数的平滑调整。由于 β 系数是采用历史收益率数据进行计算的,通常将这一结果称为历史 β 系数或基础 β 系数(fundamental β)。市场环境的变化会使当前 β 系数与历史 β 系数有一定的差异,为了得到更真实的 β 系数,一般会对基础 β 系数进行一定的平滑调整,调整后的 β 系数(adjusted β)能够更接近真实 β 系数。

调整 β 系数 = (1-X) × 基础 β 系数 + X (5-8)

这里的 X 具体取多少,不同的市场环境、不同的研究方法得出的结果不同。例如,布隆博格取值(1/3)进行调整,即:

调整 β 系数 = 0.67×基础 β 系数 + 0.33

以同仁堂为例,采用回归方法计算的原始 β 系数为 1.1142,应用公式(5-8)可以得到一个调整 β 系数 1.077(1.1142×0.67+0.33)。采用一定的方法对回归分析得到的 β 系数进行调整,可以反映估计误差的可能性和 β 系数向平均值(或者是行业的,或者是整个市场的)回归的趋势。

假设无风险利率为 3.84%,市场收益率为 9.9%(0.825%×12,即上证综指同期月均收

益率×12个月),同仁堂股票必要收益率计算如下:

调整前必要收益率 = 3.84% + 1.1142×(9.9% - 3.84%) = 10.59%

调整后必要收益率 = 3.84% + 1.0771×(9.9% - 3.84%) = 10.37%

资本资产定价模型在理论上较为严密,但该模型的假设条件与现实不完全符合。首先,模型只考虑了股票市场的系统风险,也就是相当于假设普通股的相关风险只有市场风险,从而低估了普通股资本成本;其次,由于将 β 系数定义为股票市场平均风险的倍数,并用它计算个别股票风险补偿相对于股票市场平均风险补偿的倍数,实际上是假设风险与收益呈线性关系,而这是缺乏逻辑依据的;最后,模型所需要的各种数据特别是 β 系数有时很难取得,如果在估计时误差较大,估算结果就可能毫无意义。

除资本资产定价模型外,也可采用因素模型估计资本成本。Elton et al.(1994)在估算纽约州9家公用事业公司的资本成本时,根据多因素模型确定预期收益率或资本成本的步骤如下:

第一步,确定宏观经济因素。他们选择国库券收益率价差(长期政府债券收益率与30天期国库券收益率之差)、利率(短期国库券收益率的变化率)、汇率(美元对"外汇一篮子货币"币值的变化率)、实际GDP的变化率和预期通货膨胀率作为共同因子,并且将未被上述五个共同因子涵盖的其他市场影响因素全部归入第六个共同因子——剩余市场风险(residual market risk)。

第二步,估计各个共同因子的风险溢价($r_{因素} - r_f$),估计各因子的敏感系数。

第三步,根据当时的无风险利率(7%)计算有关的资本成本,9家公司的估算结果如表5-6所示。

表5-6 共同因子的风险溢价及预期收益率

共同因子	共同因子风险溢价(%)	共同因子的敏感系数	风险溢价(%)
国库券收益率价差	5.01	1.04	5.21
利率	-0.61	-2.25	1.37
汇率	-0.59	0.70	-0.41
实际GDP的变化率	0.49	0.17	0.08
预期通货膨胀率	-0.83	-0.18	0.15
剩余市场风险	6.36	0.32	2.04
风险溢价合计			8.44
无风险利率			7.00
预期收益率(股权资本成本)			15.44

在市场均衡的条件下,按资本资产定价模型或多因素模型确定的风险资产预期收益率与投资者要求的收益率在数值上是相等的,我们可以根据资本市场上的历史价格数据,计算未来预期收益率的估计值,以此为投资者要求的收益率或资本成本,并作为股票价值评估、资本预算、融资决策以及业绩评价的基准。

(二)股利折现模型

股权资本成本的另一种估计方法是采用股利折现模型确定投资预期收益率,以此替代资本成本。一般来说,持有普通股的投资者拥有公司收益的剩余索取权,他们的预期收益主要指现金股利(D),假设不考虑股票回购且公司股利年增长率(g)固定不变,根据稳定增长模型,普通股的预期收益率r_e为:

$$r_e = \frac{D_1}{P_0} + g \tag{5-9}$$

以同仁堂为例,根据公司公告和财务报表,同仁堂2016年每股股利为0.24元,留存收益率为64.73%,净资产收益率为12.30%,则股利增长率为7.96%(12.30%×64.73%)。假设以2016年12月末股票市场价格(31.38元/股)作为当前股票价格(P_0),则普通股预期收益率为:

$$r_e = \frac{0.24 \times 1.0796}{31.38} + 7.96\% = 8.79\%$$

预期收益率(8.79%)也可以表示为公司股权资本成本的估计值。在上述计算中,同仁堂股利增长率是根据2016年相关数据计算得出,且假设以后每年增长率均为7.96%。在实务中,对公司发放股利的不定期观察表明,股利既不可能保持恒定不变,也不可能永远按照恒定比率增长,甚至有的公司根本不发放股利,或者至少在一定时期内不发放股利。对于这些公司,不仅要预测公司股利支付额,还要预测公司什么时候发放股利。因此,公式(5-9)只适用于那些定期发放股利、股利增长十分稳定的公司,如公用事业类公司。

三、债务资本成本

债务资本成本是债权人贷放资金要求的最低收益率,通常采用公司长期无期权债券(纯债券)到期收益率估算债务资本成本。从技术上说,到期收益率只能作为预期收益率的一个替代指标,因为到期收益率实际上是公司债券的一个承诺收益率(假设债权人能够按时收到利息,到期收回本金)。这种承诺对于债券等级较高(债券等级为BBB以上)的公司来说,用到期收益率替代预期收益率并作为债务资本成本是合适的。对于信用评级较低的公司债券来说,采用到期收益率作为预期收益率或债务资本成本可能会导致较大的估价偏差。

根据第三章相关内容,债券到期收益率(YTM)的计算公式为:

$$P_d = \sum_{t=1}^{n} \frac{CF_t}{(1+YTM)^t} \tag{5-10}$$

理论上,到期收益率应采用流动性强、无期权的长期债券计算得出。如果债券的市场交易匮乏、债券价格缺乏公允性,使用这种债券价格计算的到期收益率就很难与实际情况相符。如果公司债券含有某些期权条款,如可赎回、可回售、可转债等,由于期权会影响债券的价格,但并不改变承诺的现金流,从而使计算出来的到期收益率发生偏差。

【例5-2】 2016年7月同仁堂发行债券融资,每张面值为100元,期限为5年,债券票面利率为2.95%。该债券采取无担保方式发行,公司长期信用评级为AA+级。假设现在是2018年4月13日,同仁堂公司债券的市场价格为96.65元,应计利息为2.07元,全价为98.72元,剩余年限为3.2932年,按债券净价计算得到的到期收益率为4.76%。这一收益率既可表示债券持有者的预期收益率,也可替代债券资本成本。

在本例中,为什么债券资本成本是债券的到期收益率4.76%,而不是息票率2.95%?原因在于同仁堂的债务成本是假设公司现在发行债券时应支付的利率,即债券市场到期收益率4.76%；息票率2.95%是基于2016年发行债券时计算得出的利率，即同仁堂现在发行新的5年期债券，理论上它必须支付4.76%的利率。因此，这里不应用债券的息票率近似替代到期收益率。息票率是公司在发行债券时设定的，只有当债券交易价格与债券面值较接近时，才可以用息票率近似替代到期收益率。

同仁堂公司债券到期收益率(4.76%)是否真实地反映了公司的债务资本成本？在此需要与信用评级相同、期限相同的债券的收益率做比较。在债券市场中，AA+级不同期限的债券预期收益率如图5-2所示。在图5-2中，上方描述的是企业债到期收益率曲线，下方描述的是国债到期收益率曲线。从中可以看出，期限为3.65年AA+级企业债券收益率大约为5.554%，这可以看作AA+级纯债券(无期权)的收益率或资本成本。同仁堂公司债券的到期收益率小于同期限、同信用评级债券的收益率，其中一个可能的原因是该公司债券附有可回售条款(这一条款规定投资者有权选择在本期债券的第3个计息年度付息日将持有的本期债券按票面金额全部或部分回售给发行人)。持有回售权的债权人要求的收益率低于同等风险的纯债券的收益率。因此，如果不含回售条款，同仁堂公司债券到期收益率约为5.554%。这一分析表明，相对于直接计算到期收益率，用公司债券信用评级确定到期收益率是一个较好的替代方法。

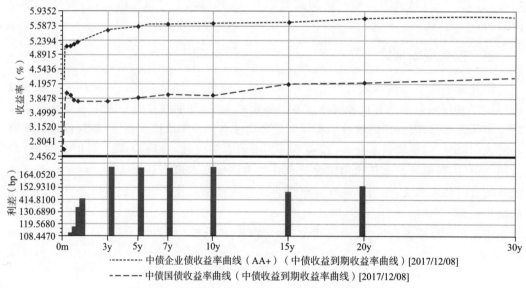

图5-2 不同期限AA+级公司债券与国债到期收益率

资料来源：Wind资讯。

公司债券收益率应该是该公司违约风险的一个函数。这个违约风险通常按信用评级衡量，信用评级高的债券的收益率低于信用评级低的债券，两者的差价称为违约差价或违约风险溢价，表5-2中第二、第三列描述了不同信用评级的违约风险溢价，这一溢价水平随着债券到期日的不同而不同，也会视当时经济状况的不同而不同。图5-2不仅描述了不同期限企业债(AA+)收益率曲线和国债收益率曲线，还描述了企业债与国债收益率之间的信用利差或违约风险溢价。

由于债券到期收益率反映了无违约风险债券的承诺收益率，一旦发生违约风险，债券持有者的预期收益率就会下降。假设要计算面值为100元的1年期零息债券的价值，该债券的违约概率为30%，如果债券违约，债券持有者就只能得到债券面值的50%。如果债券资本成本为6%（不是到期收益率），则债券当前市场价格为：

$$债券市场价格 = \frac{100 \times 0.70 + 50 \times 0.30}{1+6\%} = 80.19（元）$$

根据承诺的现金流（而不是预期现金流）计算债券到期收益率：

$$债券市场价格 = \frac{100}{1+YTM} = 80.19（元）$$

上式表明，如果你支付80.19元购买一只零息债券，到期可收到100元，则到期收益率为24.71%，这一结果远远高于债务资本成本。这表明债券违约率越高，债券价格越低，按承诺现金流（100元）计算的到期收益率就越高。在违约情况下，采用到期收益率作为债务资本成本会发生较大的偏差。

如果公司没有发行在外的债券，对于给定到期时限的债券资本成本，可通过政府债券（相同的持有期）市场收益率与公司的信用利差或违约风险溢价相加求得：

$$债务资本成本 = 政府债券收益率 + 违约风险溢价 \tag{5-11}$$

假设同期限政府债券的市场收益率为3.8396%，估计公司的违约风险溢价为1.7142%，则该公司的债务资本成本为5.5538%。

由于利息可以冲减公司应纳税所得，公司税后负债成本会低于税前负债成本。假设所得税税率为25%，根据公司债券信用评级确定的到期收益率为5.5538%，则同仁堂公司债券税后成本为4.1654%（5.5538%×75%），即：

$$税后债务成本 = 税前债务成本 \times (1 - 公司所得税税率) \tag{5-12}$$

公式（5-12）成立的前提是：(1) 公司的经营利润为正数，公司能充分利用利息支出冲减应纳税所得额；(2) 虽然公司当前的利润较低，但税务当局允许公司用当前的利息支出冲减其过去和未来的利润，即后转列支和前转列支。

四、加权平均资本成本

加权平均资本成本（weighted average cost of capital, WACC）是以不同来源的资本成本为基数，以不同来源资本占资本总额的比重为权数计算的加权平均数。

$$r_w = \sum_{j=1}^{n} w_j r_j \tag{5-13}$$

其中，r_w代表加权平均资本成本，w_j代表第j种来源资本在资本总额中所占比重，r_j代表第j种来源资本的资本成本。

加权平均资本成本的计算方法有两种：一种是以账面价值为权数加权平均，另一种是以市场价值为权数加权平均。账面价值反映公司发行证券时的原始出售价格，以此为权数，容易从资产负债表中取得相关资料，计算结果相对稳定；但如果债券和股票的市场价值脱离账面价值，据此计算的加权平均资本成本就不能正确反映实际的资本成本水平。

以市场价值为权数，代表了公司目前实际的资本水平，有利于进行财务决策。但由于证券市场价值处于经常变动之中，因而需要采用一定的方法进行预测。通常，股权市场价值是根据当前公司流通在外的普通股股数和每股市价进行预测，而不是以历史数据进行预测。如果公司存在尚未上市流通的普通股，或存在尚未执行的认股权证等，那么应预计其市场价值并加回到股票市场价值中。估计债务的市场价值相对比较难，这是因为少有公司将债务全部以市场交易债券的形式存在。一般情况下，公司债务中有许多是不可交易的,将债务账面价值转化为市场价值的一个简单方法就是将账面上的全部债务当作一只附息债券,根据公司债务的账面价值、利息费用、平均到期期限(设定为现有全部债务以票面价值为权重的加权平均到期期限)和税前债务资本成本估计负债的市场价值。

仍以同仁堂为例。公司税后债务成本为4.17%,采用资本资产定价模型计算的股权资本成本为10.59%,根据财务报表数据,2016年按账面价值计算的有息负债率为9.76%。2016年12月31日,同仁堂股票市场价格为31.38元/股,流通在外股数为13.71亿股,股票市值为430.22亿元。投入资本为443.28亿元(其中,有息债务为13.06亿元,股票市值为430.22亿元),按市场价值计算的有息负债率为2.95%,采用不同权重计算的加权平均资本成本如表5-7所示。

表5-7 同仁堂的加权平均资本成本

项目	资本成本（%）	账面价值（亿元）	市场价值（亿元）	有息债务/投入资本*		加权平均资本成本	
				账面权重（%）	市值权重（%）	账面权重（%）	市值权重（%）
债务	4.17	13.06	13.06	9.76	2.95	0.41	0.12
股票	10.59	120.78	430.22	90.24	97.05	9.55	10.28
合计		133.84	443.28	100.00	100.00	9.961	10.40

注:* 投入资本等于有息债务与股东权益之和,为简化起见,没有扣除超额现金和非经营性资产。

【例5-3】 DSN公司主要由媒体网络、主题乐园和度假村、影视娱乐、消费产品、网游产品五个事业部组成,有关资本成本的数据和计算如下:

(1)假设DSN公司的信用评级为BBB+,信用风险溢价为1.25%,假设无风险利率为4%,税前债务成本为5.25%,边际税率为36.1%,税后债务成本为3.35%。

(2)根据历史数据,市场风险溢价估计为5.76%。

(3)根据不同行业中可比公司的平均β系数和财务杠杆比率(负债/权益)的中位数估计各事业部的无负债β系数。以表5-8中媒体网络事业部为例,选择广播电视网络的26家公司作为可比公司。这26家公司的平均β系数为1.43,财务杠杆比率的中位数为71.09%,平均边际税率为40%,根据公式(5-7),将媒体网络事业部负债β系数转换为无负债β系数1.0024[1.43/(1+(1-40%)×71.09%)],其他各事业部的计算方法相同。

表5-8 DSN公司各事业部无负债β系数

事业部	可比公司	公司数量	负债β系数（平均）	负债/股权（%）	边际税率（%）	无负债β系数
媒体网络	广播电视网络公司	26	1.43	71.09	40.00	1.0024
主题乐园和度假村	主题公园和娱乐设施公司	20	0.87	46.76	35.67	0.6688
影视娱乐	电影电视公司	10	1.24	27.06	40.00	1.0668
消费产品	玩具、装饰零售公司以及音乐作品出版公司	44	0.74	29.53	25.00	0.6058
网游产品	电脑游戏公司	33	1.03	3.26	34.55	1.0085

资料来源:http://pages.stern.nyu.edu/~adamodar/,这里对数据进行了一定的简化。

(4)估计DSN公司无负债β系数。本例以各事业部2013年的销售收入为基础、采用乘数法计算各事业部的价值;根据各事业部价值占公司总价值的比重,乘以各事业部的无负债β系数,即可确定DSN公司无负债β系数为0.8898(见表5-9)。

表 5-9　DSN 公司无负债 β 系数

事业部	销售收入（万元）	公司价值/销售收入乘数	公司价值（万元）	价值权重（%）	无负债 β 系数
媒体网络	20 356.00	3.27	66 564.12	49.28	1.0024
主题乐园和度假村	14 087.00	3.24	45 641.88	33.79	0.6688
影视娱乐	5 979.00	3.05	18 235.95	13.50	1.0668
消费产品	3 555.00	0.83	2 950.65	2.18	0.6058
网游产品	1 064.00	1.58	1 681.12	1.24	1.0085
DSN 公司	45 041.00		135 073.72	100.00	0.8898

（5）将 DSN 公司无负债 β 系数转化为负债 β 系数（见表 5-10）；根据无风险利率、风险溢价、β 系数等计算股权资本成本（见表 5-11）；根据债务资本成本和股权资本成本计算公司加权平均资本成本（见表 5-12）。

表 5-10　DSN 公司负债 β 系数

事业部	无负债 β 系数	公司价值（万元）	债务价值（万元）	负债/股权（%）	负债 β 系数
媒体网络	1.0024	66 564.12	6 071.88	10.04	1.0667
主题乐园和度假村	0.6688	45 641.88	4 678.15	11.42	0.7176
影视娱乐	1.0668	18 235.95	3 128.52	20.71	1.2080
消费产品	0.6058	2 950.65	1 592.05	117.18	1.0595
网游产品	1.0085	1 681.12	490.17	41.16	1.2737
DSN 公司	0.8898	135 073.72	15 960.76	13.40	0.9660

表 5-11　DSN 公司股权资本成本

事业部	无风险利率(%)	风险溢价(%)	负债 β 系数	股权资本成本(%)
媒体网络	4.00	5.76	1.0667	10.14
主题乐园和度假村	4.00	5.76	0.7176	8.13
影视娱乐	4.00	5.76	1.2080	10.96
消费产品	4.00	5.76	1.0595	10.10
网游产品	4.00	5.76	1.2737	11.34
DSN 公司	4.00	5.76	0.9660	9.56

表 5-12　DSN 公司加权平均资本成本　　　　　　　　　　　　　单位：%

事业部	税前债务资本成本	边际税率	税后债务成本	负债率	股权资本成本	加权平均资本成本
媒体网络	5.25	36.10	3.35	9.12	10.14	9.52
主题乐园和度假村	5.25	36.10	3.35	10.25	8.13	7.64
影视娱乐	5.25	36.10	3.35	17.16	10.96	9.65
消费产品	5.25	36.10	3.35	53.96	10.10	6.46
网游产品	5.25	36.10	3.35	29.16	11.34	9.01
DSN 公司	5.25	36.10	3.35	11.82	9.56	8.83

以公司资本成本作为折现率可用于评估 DSN 公司价值,如果 DSN 新投资项目的风险与公司资产风险相同,这一折现率也可以作为项目投资要求的最低收益率。

五、实务中资本成本的确定方法

在实务中,公司怎样确定股权资本成本？Graham and Harvey（2001）在对 392 名美国公司的 CFO 进行问卷调查后,发现 73.49% 的公司使用资本资产定价模型计算股权资本成本,采用不同方法计算资本成本的调查结果如图 5-3 所示。

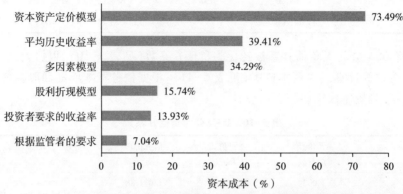

图 5-3 美国公司资本成本估计方法选择（按重要程度排序）

图 5-3 表明,被调查的 CFO 总是或几乎总是使用资本资产定价模型估计资本成本；排在第二、第三位的是根据平均历史收益率（39.41%）和多因素模型（34.29%）估计资本成本；采用股利折现模型的占 15.74%。

他们的研究发现：大公司比小公司更可能使用资本资产定价模型,而小公司更倾向于使用投资者要求的收益率；负债率高的公司更可能使用资本资产定价模型；管理层持股比例低的公司更可能使用资本资产定价模型；公众公司相比私营公司更可能使用资本资产定价模型；有境外销售收入的公司更可能使用资本资产定价模型；进入《财富 500 强》的公司更倾向于使用资本资产定价模型。

李悦等（2009）对中国上市公司财务总监（主管会计工作的负责人）进行问卷调查,收回有效问卷 167 份（回收率为 11.08%）,针对样本公司如何估算股权资本成本进行问卷调查,问卷调查结果如图 5-4 所示。

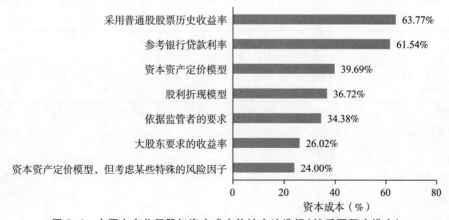

图 5-4 中国上市公司股权资本成本估计方法选择（按重要程度排序）

将图 5-3 和图 5-4 相比发现,中美两国上市公司在估计股权资本成本时的差别较大。与 Graham and Harvey(2001)研究发现的广泛使用资本资产定价模型作为股权资本成本估计方法相比差别明显,中国上市公司更倾向于采用股票历史平均收益率和银行贷款利率估计股权资本成本。这一现象表明中国上市公司与成熟市场上市公司相比还有很大差距。

第二节 项目资本成本

一、项目资本成本与公司资本成本

在项目评估中,任何项目都应该用自身的资本成本来估价。项目的资本成本通常与实施该项目的公司的资本成本不相等,两者的差异在于风险不同。在投资项目评估中,公司可被视作一个由不同风险资产或项目构成的组合,如果公司的所有项目与公司资产具有相同的风险,那么公司加权平均资本成本就是项目资本成本。

假设 ABC 公司股票的 β 系数为 1.5,无风险利率为 8%,市场投资组合收益率为 12%,根据资本资产定价模型,ABC 公司的股权资本成本可计算如下:

$$股权资本成本 = 8\% + 1.5 \times (12\% - 8\%) = 14\%$$

如果 ABC 公司负债利率为 10% 且公司负债与股本之比为 1:1,假设公司所得税税率为 25%,则 ABC 公司加权平均资本成本为 10.75%。

$$加权平均资本成本 = 0.5 \times 10\% \times (1-25\%) + 0.5 \times 14\% = 10.75\%$$

上述结果表明,当一个投资项目的收益高于 10.75% 时,投资者将愿意把资本交给 ABC 公司进行与公司现有资产风险相似的项目。

公司本身可以被视为由 N 个项目构成的"资产组合",而任何组合中的 β 系数都是该组合内各单项资产 β 系数的加权平均值。如果实施一个项目会引起公司 β 系数的变化,那么该项目也会使公司资本成本发生变化。

假设 ABC 公司正在考虑实施一个 β 系数为 2.5 的新投资项目,项目对公司风险的影响取决于与公司其他资产投资相比该投资的相对规模。如果公司将 80% 的资本用于公司其他资产,平均 β 系数为 1.5,20% 的资本用于新项目,β 系数为 2.5,那么公司新的 β 系数为:

$$\beta = 0.8 \times 1.5 + 0.2 \times 2.5 = 1.7$$

如果 ABC 公司的 β 系数由 1.5 增至 1.7,则公司股权资本成本也必须随之增至 14.8%。

$$股权资本成本 = 8\% + 1.7 \times (12\% - 8\%) = 14.8\%$$

由此,假设新项目投资后负债率仍保持 50%(即新项目投资额由股权和负债两部分构成,比重相同),ABC 公司加权平均资本成本将从 10.75% 升至 11.15%。

$$加权平均资本成本 = 0.5 \times 10\% \times (1-25\%) + 0.5 \times 14.8\% = 11.15\%$$

为了防止新项目投资降低公司的价值,公司资产的投资收益率必须由原来的 10.75% 提高到 11.15%。如果公司其他资产的收益率为 10.75%,那么新项目投资的收益为多少才能使公司总体收益率达到 11.15%?如果公司将 80% 的资本投到收益率为 10.75% 的资产上,将 20% 的资本投到收益率为 X% 的新项目上,那么公司总体收益率必须等于 11.15%。

$$0.8 \times 10.75\% + 0.2X = 11.15\%$$

求解上述方程得出 X=12.75%,这意味着如果 ABC 公司希望获得 11.15%的投资收益率,那么新项目的预期收益率必须等于或大于 12.75%,才能弥补项目风险要求的额外收益。总之,如果某一特定项目的 β 系数可以被测定,该项目的资本成本就可确定为:

项目的股权资本成本 = 8% + 2.5×(12%−8%) = 18%

项目资本成本 = 0.5×10%×(1−0.25) + 0.5×18% = 12.75%

需要注意的是,上述分析忽视了新项目对公司资本结构和债务成本的影响,即假定新项目的债务成本和筹资结构与公司其他资产完全相同。如果项目筹资资本结构发生了变化,还应采用一定的方法进行调整。

上述分析表明,如果项目的风险与公司的风险不相同,就不能以该公司的资本成本作为项目的资本成本,而要根据项目风险估计其资本成本。关于股权资本成本或债务资本成本的估计是基于证券的历史风险进行的,但新项目本身并不是可以公开交易的证券,这一方法用于估计项目的资本成本是不可行的。因此,估计项目风险(β 系数)最常见的方法是通过模拟项目风险,找出与项目风险等价的可比公司,用可比公司的资本成本评估项目。

假设你希望开设一家咖啡店,需要估计这一投资项目的资本成本。假设当前无风险利率为 3%,市场风险溢价为 6%。你对已上市的咖啡店(可比公司)进行风险评估,发现这些公司的无负债 β 系数均值为 0.85,以此作为该项目的 β 系数,采用资本资产定价模型,估计可比公司的资本成本为 8.1%。如果你开设的咖啡店对市场风险的敏感度与可比公司相似,则咖啡店投资合适的资本成本为 8.1%。或者说,你也可以简单地购买可比公司的股票进行投资,而不必投资于一家新的咖啡店。考虑到这一选择,新投资的预期收益率至少应等于投资于可比公司股票的收益率(8.1%),这项投资才具有吸引力。

在采用可比公司估计 β 系数时,可比公司至少要具备两个条件:一是可比公司与被评估的公司、资产或项目属于相同行业;二是可比公司与被评估的公司、资产或项目的经营风险相同。如果可比公司有负债,首先将可比公司的 β_L 系数调整到无负债时的 β_U 系数,然后根据被评估公司、资产或项目的负债率、所得税税率等确定 β_L 系数。

二、有关项目资本成本估计的错误观点

就方法而言,项目资本成本与公司资本成本的估算基本相同。从某种意义上说,每一个项目都有自身的成本,公司资本成本正是这些项目资本成本的加权平均数。在估计项目资本成本时有两个错误观点需要澄清。

错误观点 1 项目的资本成本与项目的资本来源有关,如果全部来自债务筹资,项目的资本成本就等于债务的利率;如果全部来自股权筹资,项目的资本成本就等于股权资本成本。

假设 ABC 公司拟投资新项目,计划以利率 10%发行新债券筹措项目所需的资金。如果新项目的预期收益率为 11%,公司是否接受这一新项目投资?回答这一问题的关键在于评价项目的标准是借款利率还是项目资本成本?如果以借款利率(10%)作为评价标准,则接受新项目;如果以项目资本成本(12.75%)作为评价标准,则拒绝新项目。那么,到底哪一种评价标准更符合项目预期收益和风险?

采用借款利率作为项目资本成本,虽然表面上看投资项目预期收益率大于借款利率,但并不能补偿投资者承担项目风险所要求的全部收益。或者说,项目投资者以承担高风

险的代价获得了一个低收益项目。事实上,无论项目的资本是来自债务还是来自股权,并不会改变项目本身的价值创造能力。一个"好项目"会吸引廉价的资本,但是廉价的资本却不能使一个"坏项目"变成"好项目"。事实上,公司之所以能够以 10% 的利率发行债券,不是因为项目而是因为公司有足够的股权资本或其他有价值的资产做担保,如果仅凭项目本身是很难按 10% 的利率筹措到项目资金的。如果将项目当作一个独立的公司,当项目资金全部来自债务筹资时,项目风险将全部转移给债权人,相当于债权人拥有这个项目,此时项目的预期收益率至少应等于与项目风险相似的资本成本(12.75%)才能补偿项目风险。因此,投资者应该以项目的资本成本而非项目的借款利率或股权资本成本作为项目决策的标准。

错误观点 2 即使项目风险与公司风险不等价,公司加权平均资本成本也可以用作项目资本成本,因为投资者通常不直接进行项目投资,而是将资金投入实施该项目的公司。因此,投资者的收益是从公司创造的现金流中得到的,而不是从项目创造的现金流中得到的。

虽然股东或债权人的预期收益(股利或利息)来自公司创造的现金流,但这并不意味着公司承担的任何项目的资本成本必然等于公司的资本成本。事实上,不是公司的资本成本决定了项目的资本成本,而是公司不同项目的资本成本的加权平均数构成了公司的资本成本。从机会成本的观念出发,项目的资本成本等于放弃其他风险等价项目的预期收益,与它们当前从公司得到的收益是不相关的。

【例 5-4】 假设 SST 公司没有负债,股票 β 系数等于 1,政府债券收益率为 6%,市场风险溢价为 7%,根据资本资产定价模型,SST 公司股权资本预期收益率为 13%,即 SST 公司股权资本成本或加权平均资本成本均为 13%。此时,市场投资组合的预期收益率也是 13%。SST 公司目前有两个投资项目——低风险项目和高风险项目,各自的预期收益率、资本成本如表 5-13 所示。在上述两个备选投资项目中,是以公司加权平均资本成本还是以各自项目的资本成本作为项目评价标准?

表 5-13 投资项目的预期收益率与资本成本

项目	公司	低风险项目	高风险项目
无风险利率(%)	6.0	6.0	6.0
市场风险溢价(%)	7.0	7.0	7.0
β 系数	1.0	0.6	1.4
股权资本成本(加权平均资本成本,%)	13.0	10.2	15.8
项目预期收益率(%)		12.0	15.0

图 5-5 中的 SML 为证券市场线,根据项目 β 系数给出其要求的预期收益率,以无风险利率(6%)为起点,经过 M 点,即市场收益率(13%)。如果 SST 公司根据项目的 β 系数而非公司的 β 系数评价投资项目,那么它就会放弃任何处于 SML 下方的项目,接受任何处于 SML 上方的项目,因为 SML 代表了投资项目预期收益率与项目 β 系数(风险)的关系。如果以项目资本成本进行评价,就会接受低风险项目而放弃高风险项目。这是因为,低风险项目的预期收益率(12%)大于项目资本成本(10.2%);高风险项目的预期收益率(15%)低于项目资本成本(15.8%)。如果 SST 公司以加权平均资本成本(13%)作为判断标准,就可能会错误地接受一些高风险项目,放弃一些低风险的项目。虽然高风

险项目的预期收益率大于公司加权平均资本成本,但本例中的高风险项目投资至少要求 15.8% 的投资收益率,而项目本身只能提供 15% 的预期收益率,显然应该拒绝高风险项目。低风险项目提供的预期收益率虽然低于公司加权平均资本成本,但风险小,补偿同等风险项目要求的预期收益率为 10.2%,低于项目本身的预期收益率,因而应该接受低风险项目。

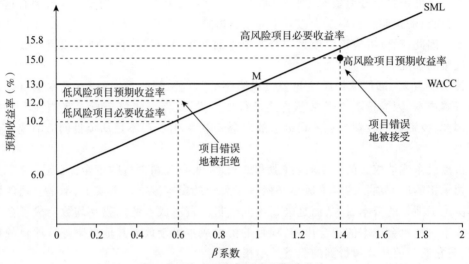

图 5-5　资本成本与项目预期收益率

三、资本成本与投资决策法则

如果以资产负债表左方项目表示公司价值,那么,公司可表示为 N 项资产的投资组合。公司的投资决策可表现为:选择为现有投资组合增加或减少某种资产。这一选择的依据是:每一种资产至少达到必要收益率。据此,每项资产(或一组相关资产)的预期收益率大于项目的资本成本或必要收益率才能被包含在资产组合中。

如同用证券市场线评价证券,投资者也可以创造出项目市场线(project market line, PML)进行项目评价。AAA 公司目前有五个投资项目,接受任一项目都不排除或要求接受其他项目。为简化起见,假设每个项目的初始投资额均为 100 万元,投产后各项目产生的现金流量不同,但均表现为永续年金形式;各项目的风险(β 系数)不同,市场组合收益率为 15%,无风险利率为 6%。各项目的必要收益率、预期收益率及净现值如表 5-14 所示。

表 5-14　AAA 公司投资项目

项目	β 系数	必要收益率(%)	初始现金流量(元)	各年永续现金流量(元)	预期收益率(%)	净现值(元)
A	1.30	17.70	1 000 000	200 000	20.00	129 944
B	1.75	21.75	1 000 000	220 000	22.00	11 494
C	0.95	14.55	1 000 000	140 000	14.00	-37 801
D	1.50	19.50	1 000 000	170 000	17.00	-128 205
E	0.60	11.40	1 000 000	140 000	14.00	228 070

表 5-14 中 A 项目的必要收益率或资本成本为 17.70%[6%+1.3×(15%-6%)];根据永续年金公式,预期收益率为 20%(200 000/1 000 000);投资项目的现值为 1 129 944 元(200 000/0.177),净现值为 129 944 元(1 129 944-1 000 000)。其他项目的计算以此类推。

图 5-6 描述了 AAA 公司各项目的必要收益率或资本成本、预期收益率及项目市场线 PML。由于资本成本是根据项目市场线等式计算的,因此资本成本各点落在了项目市场线上。与证券市场线一样,在项目市场线上方的投资有正的净现值,如项目 A、B、E,在项目市场线下方的投资为负的净现值,如项目 C 和项目 D。

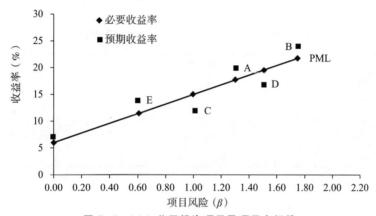

图 5-6　AAA 公司投资项目及项目市场线

根据以上分析,可以得出两条等价的投资决策法则:
- 净现值法则(net present value rule):接受净现值大于零的投资项目。
- 收益率法则(rate-of-return rule):接受预期收益率高于资本成本的投资项目。

上述分析表明,影响投资项目决策的因素主要有三个变量:项目现金流量、项目期限、将不同时点现金流量调为现值的资本成本。

本章小结

1. 如果将债务资本和股权资本视为可交换的风险性资产,并将整个公司看作这两类风险性资产的组合,那么公司的资本成本就是投资者持有该组合所要求的预期收益率的加权平均数,权重等于他们各自的投资比例。

2. 投资者因持有的证券种类不同,承担的风险不同,对公司资产创造的现金流的要求权也不同。通常,债权人对公司资产创造的现金流具有优先和固定要求权,他们承担的风险小于股东承担的风险,因此,持有债券要求的预期收益率低于持有股票要求的预期收益率,即债务资本成本低于股权资本成本。

3. 在一个充分分散的有效投资组合中,市场风险代表经济中的不可分散风险。如果某项投资对市场风险的敏感度(β 系数)与其他投资机会相同,那么这一投资与其他投资具有相同的风险,即这些投资的预期收益率或资本成本相同。因此,具有相同 β 系数的资产或项目的资本成本可采用资本资产定价模型进行估计。

4. 如果债券无违约风险,债务资本成本可采用公司长期无期权债券(纯债券)到期收益率估算。对于信用评级较低的公司债券来说,采用到期收益率作为预期收益率或债务资本成本可能会导致较大的估价偏差。

5. 项目资本成本通常不等于实施项目公司的资本成本,两者的差异在于风险不等价。在项目评估中,可将公司视为一个由不同风险资产或项目构成的组合,如果公司的所有项目与公司整体均具有相同的风险,那么公司加权平均资本成本就是项目资本成本。

基础训练

1. 在我国,与资本成本对应的一种提法是"资金成本",定义为资金使用费与资金筹集净额之比。以股权资金成本为例,通常将股票分红、股票筹资费、红利税、发行股票的负动力成本①、信息不对称成本作为计算股权资金成本的项目。一种计算方法是直接将每年付出的利息或股利除以实际可使用资金(筹资总额-筹资费用)。你认为"资金成本"和"资本成本"是同一个概念的两种提法还是两个不同的概念。

2. 你已收集过去 5 年 ABC 公司(一家大型的多种经营公司)股票收益率及上证综指收益率如下:

年份	ABC 公司股票收益率(%)	上证综指收益率(%)
2015	10	5
2016	5	15
2017	-5	8
2018	20	12
2019	-5	-5

要求:
(1) 估计回归的截距项和斜率。
(2) 假设 1 年期国库券利率为 6%,市场风险溢价为 7.1%。你今天购买了 ABC 公司的股票,你预计下一年 ABC 公司股票的收益率为多少。
(3) 假设在过去的 5 年里,市场平均无风险利率为 5%。ABC 公司股票收益表现是否好于市场收益?
(4) ABC 公司正在考虑出售一个部门,该部门的资产构成 ABC 公司账面价值的 50%、市场价值的 20%。该部门 β 系数为 ABC 公司 β 系数的两倍(分离之前)。剥离该部门后,ABC 公司 β 系数为多少?

3. 你被要求为一家大型中国企业 XYZ 公司估计资本成本。XYZ 公司在钢铁业和金融服务业有大量资产。股票收益率对当地市场指数的回归得出 XYZ 公司的 β 系数为 1.10,但公司股票价值占市场指数价值的比重为 15%。你已经收集了两个行业中国际性公司的平均 β 系数和平均负债/股东权益如下:

产业部门	平均 β 系数	平均负债/股东权益比(%)	所得税税率(%)
钢铁业	1.08	30	25
金融服务业	1.26	70	25

在最近一段时间内,XYZ 公司所获得的营业收入中,70%来自钢铁业,30%来自金融服务业,公司的负债/股东权益比为 70%,所得税税率为 25%。
(1) 请估计 XYZ 公司 β 系数,并将估计结果与回归估计的 β 系数进行比较,说明两者差异的原因。
(2) 如果按名义人民币计价的长期政府债券利率为 6%,目前中国的市场风险溢价为 6.55%,国家风险溢价为 0.85%,估计 XYZ 公司用名义人民币计算的股权资本成本。
(3) 假设美国长期国债利率为 4%,估计 XYZ 公司以美元计价计算的股权资本成本,将计算结果与问题(2)结果相比较,说明产生差异的原因。

---

① 这是指增发股票会稀释原有股东的股权比重,从而影响股权激励效应,但是因为目前不合理的公司治理结构,负动力成本基本上不存在。

4. 假设你采用市场价格指数对 MAP 公司股票月收益率进行回归并得到：

$$r_{股票} = 0.06 + 0.46 \times r_{市场}$$

MAP 公司流通在外的股票为 2 000 万股，目前每股价格为 2 元；公司未清偿债务为 2 000 万元，所得税税率为 36%。

（1）假设国库券收益率为 5%，市场组合收益率为 12%，MAP 公司股票投资者要求的收益率是多少？

（2）假设 MAP 公司有三个同等规模（按市场价值计算）的部门，公司希望以 2 000 万元的价格出售其中一个部门，以 5 000 万元收购另一个部门（公司需要再借入 3 000 万元来完成这次收购）。假设待出售部门所在行业的平均无负债 β 系数为 0.2，待收购部门所在行业的平均无负债 β 系数为 0.8。收购完成后，MAP 公司的 β 系数为多少？

5. 假设你被要求为一家私人超市 FW 估计债务资本成本。FW 超市没有信用评级，但它提供了以下资料：(1) FW 超市账面上的负债是三年前的，票面价值为 500 万元，初始借款利率为 10%；(2) FW 超市上年息税前利润为 300 万元；(3) 公司所得税税率为 25%；(4) 目前的长期国债利率为 6%，三年前为 8%。分析最近一段时间的利息保障倍数、信用评级和违约率之间的关系。

（1）估计 FW 超市的债务资本成本。

（2）为什么债务资本成本不等于债务利率？

（3）如果希望降低借款利率，FW 超市应采取哪些措施？条件是什么？

案例分析

假设你在一家财务咨询公司工作，你被安排为客户提供服务。客户要求你估计他所投资公司（第四章确定的 10 家上市公司）的风险及各种参数，并用这些参数估计公司资本成本。

1. 根据第四章案例分析的结果，采用资本资产定价模型估计股票的预期收益率。

（1）假设以上证综指作为市场指数，登录雅虎财经网站（http://finance.yahoo.com），获取上证综指收益率，即在页面右上方"Quote Lookup"（报价查询）文本框内输入上证综指代码"000001"，进入股票信息查询界面，点击"Historical Data"，输入起始日期和截止日期，例如，输入 2014 年 2 月 28 日至 2019 年 12 月 31 日，选择"Monthly"，从而获得上证综指 61 个月数值。下载这些调整后的收盘价，添加到 Excel 表中。

（2）计算上证综指月收益率，并根据第四章案例分析问题（2）的结果，计算每只股票及其等权重组合的截距、斜率和拟合度 R^2，并绘制每只股票与上证综指月收益率的回归线。对每只股票的回归分析输出参数进行分析和评价，并将分析结果与等权重组合的结果进行比较。

（3）假设无风险利率为 3.84%，市场收益率为 9.9%，按第四章案例分析问题（6）确定的回归线斜率（β 系数）计算每只股票的必要收益率（CAPM）。

（4）采用布隆博格（Bloomberg）方法，调整 β 系数，然后计算每只股票的必要收益率并作为公司的股权资本成本。你认为这 10 家股权资本成本产生差异的原因是什么？

2. 估计违约风险和债务资本成本。

（1）在第四章案例分析所选择的 10 家上市公司中，选择其中 1 家，查询该公司的财务报表，结合各公司最近一年的负债情况、利率水平、信用评级等计算平均利率水平，这一利率水平是否可以作为债务资本成本？

（2）假设公司已有信用评级，公司最近一次的信用评级是多少？与这个信用评级相关的违约率是多少？假设公司有未清偿的债券，估计长期债券的到期收益率是多少？这个到期收益率与问题（1）估计的利率有什么不同？公司的所得税税率是多少？

（3）假设公司尚未进行信用评级，公司最近有举债吗？如果有，那么公司债务的利率是多少？根据利息保障倍数确定信用评级和违约率为多少?

3. 估计资本成本。

针对所选择公司的资产负债表,将长期债务和短期债务相加,再减去应付账款等无息债务,得到有息债务账面价值。

将公司的历史股价与公司加权平均流通股股数相乘,计算公司每年年末的股票总价值;将有息债务总额与股票总价值相加,得到每年年末的公司价值。

4. 根据上述计算结果,确定公司加权平均资本成本。

第六章 投资决策

[学习目的]
- 掌握项目现金流量预测的原则和方法
- 理解附加效应、沉没成本、机会成本的基本含义
- 掌握净现值、内部收益率、获利指数、投资回收期的计算与项目评估方法
- 了解项目风险敏感性和盈亏平衡的分析方法
- 熟悉风险调整方法

资本预算作为长期投资决策的价值分析工具,旨在选择创造公司价值的投资项目。从财务学的角度分析,价值创造等于收益与资源投入的差额,即扣除所有生产要素成本后的剩余收益。古典经济学家通常认为资源本身没有价值,只有当它被投入使用并在多个用途之间做比较时才能够予以估价。从债券、股票等金融资产估价到投资项目等实物资产估价,虽然基本原理相同,但估计参数相差很大。项目投资主要是厂房的新建、扩建、改建,设备的购置和更新,资源的开发和利用,现有产品的改造,新产品的研制与开发等。项目投资具有投资额大、周期长、风险大等特点。许多人将投资决策比作"黑箱作业",处理的信息对象是"可知的未知信息"和"不可知的未知信息"。那么,如何了解未知的"黑箱"呢?理论上,我们只能在不直接影响原有"黑箱"内部结构、要素和机制的前提下观察"黑箱"中的"输入""输出"变量,得出关于"黑箱"内部情况的推论,寻找、发现其内部规律,实现对"黑箱"的控制。在项目决策中,我们必须注意项目未来发展变化(黑箱中隐含的不确定因素)对项目的影响,采用不同的方法进行风险分析,从不同的角度考察项目投资的可行性。

第一节 投资项目现金流量预测

一、现金流量预测的原则

现金流量是指投资项目涉及的一定时期内的现金流出量与现金流入量的总称。凡是因该项投资而增加的现金收入或现金支出的节约额称为现金流入;凡是因该项投资而引起的现金支出称为现金流出;一定时期的现金流入量减去现金流出量的差额为现金净流量。

(一)实际现金流量原则

实际现金流量原则的一个含义是指预测投资项目的成本和收益应采用现金流量而非会计收益。会计收益包含了一些非现金因素,如折旧及无形资产摊销在会计上作为一种费用而抵减了当期收益,但这种费用并没有发生实际的现金支出,只是账面记录而已,因此在现金流量分析中,折旧应加回收益中。如果将折旧作为现金支出,就会重复计算固定

资产投资支出,一次是在期初购买固定资产时,一次是在每期计提折旧计入成本时。

实际现金流量原则的另一个含义是指项目未来的现金流量必须用预计的未来价格和成本计算,而不是用现在的价格和成本计算,如在通货膨胀时期应注意调整通货膨胀对现金流量的影响。

(二) 增量现金流量原则

项目现金流量通常根据增量或边际原则进行预测,因为只有增量现金流量才是与项目相关的现金流量。所谓增量现金流量,是根据"有无"原则(with-versus-without)确认有该项投资与没有该项投资发生的现金流量的差额。在判断增量现金流量时,决策者会面临以下四个问题:

(1) 附加效应。公司投资一个新项目可能会对原有项目或业务产生影响。这种影响可能是积极的,即新项目与原有项目存在互补关系,项目实施后将增加原有项目的收入;这种影响也可能是消极的,即新项目与原有项目存在替代关系,新项目实施后会冲击原有项目的收入或获利水平。例如,苹果 iPhone 8 问世后,客户对苹果 iPhone 7 的需求可能会转向苹果 iPhone 8,假设苹果 iPhone 8 可创造的现金净流量为 2 000 万元,但同时失去了苹果 iPhone 7 的部分市场份额(假设为 500 万元),因此新产品苹果 iPhone 8 的增量现金流量为 1 500 万元(2 000—500)。又如,某航空公司在 A、B 两城市有一条航线,公司希望开通 AC 新航线,如果单纯看这个新项目,AC 航线是亏损的。但是,AC 航线的开通可能会增加 AB 航线的客流量或现金流量,如果增加的客流量所带来的收益大于亏损,开通 AC 航线就是可行的。那么,AC 航线的现金流量就应该包括给 AB 航线带来的增量现金流量。

(2) 沉没成本。这是指过去发生、无法由现在或将来的任何决策所能改变的成本。在投资决策中,沉没成本属于决策无关成本。例如,某投资项目前期工程投资 50 万元,要使工程全部完工,还需追加 50 万元。如果工程完工后的收益现值为 60 万元,则应追加投资完成这一项目,因为公司面临的不是投资 100 万元收回 60 万元的问题,而是投资 50 万元收回 60 万元的投资。此时,工程前期发生的 50 万元投资属于与决策无关的沉没成本。如果决策者将沉没成本纳入投资成本总额中,则会使一个有利的项目变得无利可图,从而造成决策失误。一般来说,大多数沉没成本是与研究开发、投资决策前市场调查有关的成本。尽管沉没成本不能作为投资决策应考虑的因素,但一个公司必须在较长的时间里收回它所支付的沉没成本,才能为公司创造增量价值。

(3) 机会成本。经济资源往往具有多种用途,选择了一种用途,必然要失去另一种用途,后者可能带来的最大收益就成了前者的机会成本。假设有一笔资金,可以把它存在银行,也可以把它投入公司运营。如果将资金投入运营,那么该笔资金的银行储蓄利息就是把资金投入公司运营的机会成本。虽然机会成本并未发生现金实体的交割或转让,但作为一种潜在的成本,投资者必须以认真对待,以便为既定资源寻求最佳使用途径。机会成本与投资选择的多样性和资源的稀缺性相联系,当存在多种投资机会而可供使用的资源有限时,机会成本就一定存在。

(4) 制造费用。在确定项目现金流量时,对制造费用要做进一步分析,只有那些确因本项目投资而引起的费用(如增加的管理人员薪资、租金和动力支出等),才能计入投资现金流量;与公司投资活动无关的费用,则不应计入投资现金流量。

二、项目现金流量预测

投资项目的现金流量一般包括初始现金流量、经营期现金流量和终结现金流量三部分。

(一) 初始现金流量

初始现金流量是项目建设过程中发生的现金流量,主要包括以下四项:

(1) 项目初始投资。这是指形成固定资产、无形资产和其他资产的投资。项目投资时直接形成固定资产的建设投资,如建筑工程费、设备购置费、安装工程费及建设期利息等;与项目相关的无形资产支出主要指技术转让费或技术使用费、商标权和商誉等;其他资产的支出主要指生产准备费、开办费、培训费、样品和样机购置费等。

需要说明的是,对于土地使用权,在尚未开发或建造自用项目前,土地使用权按规定作为无形资产核算,房地产开发公司开发商品房时,将其账面价值转入开发成本;公司建造自用项目时,将其账面价值转入在建工程成本。为了与以后的折旧和摊销相协调,在进行项目投资估算时通常将土地使用权直接列入固定资产其他费用。

(2) 经营性营运资本。这是指经营性流动资产与经营性流动负债的差额。在项目经营期,各期处于周转使用的经营性营运资本增加额的计算公式为:

$$\Delta W_t = W_t - W_{t-1} \tag{6-1}$$

在项目经营期末,满足项目需要的流动资产不再是必需的,如无须购买新的存货或应收账款将被收回且不会产生新的应收账款,因而投放在项目上的经营性营运资本在项目经营期末被逐渐收回。

SST公司投资项目预计经营性营运资本增加额如表6-1所示。在表6-1中,经营性营运资本投资额随着销售收入的变化而变化,在项目生产期的第三年(2019年),前两期投入的经营性营运资本逐渐被收回。

表 6-1 SST 投资项目预计经营性营运资本增加额 单位:万元

	基期	2017年	2018年	2019年	2020年	2021年
销售收入	4 000	4 400	4 840	3 800	1 800	1 000
最低现金(销售收入×2%)	80	88	97	76	36	20
应收账款(销售收入×8%)	320	352	387	304	144	80
存货(销售收入×10%)	400	440	484	380	180	100
应付账款(销售收入×7%)	280	308	339	266	126	70
经营性营运资本	520	572	629	494	234	130
经营性营运资本增加额		52	57	-135	-260	-104

(3) 原有固定资产变价收入。这是指重置固定资产或出售旧设备所得的现金净流量。

(4) 所得税效应。这是指固定资产重置时变价收入的税赋损益。按规定,出售资产(如旧设备)时产生的收益(售价高于原价或账面净值)应缴纳所得税,多缴的所得税构成现金流出量;出售资产时发生的损失(售价低于账面净值)可以抵减当年所得税支出,少缴的所得税构成现金流入量。诸如此类由投资引起的税赋变化,在计算项目现金流量时应加以考虑。

（二）经营现金流量

经营现金流量是指项目建成后，生产经营过程中发生的现金流量，一般按年计算。现金流量一般与项目期内发生的收入、成本有关。项目收入是指在项目投产后增加的税后现金收入（或成本费用节约额）；与项目有关的成本费用是指以现金支付的各种税后成本费用（不包括固定资产折旧费和无形资产摊销费等，也称经营成本）及各种税金支出。其计算公式为：

$$\text{净利润} = (\text{销售收入} - \text{经营成本} - \text{折旧}) \times (1 - \text{所得税税率})$$
$$= \text{息税前利润} \times (1 - \text{所得税税率}) \qquad (6-2)$$

按公式（6-2）计算的净利润称作无负债净利润或无杠杆净收益（unlevered net income），不考虑任何与负债或杠杆相关的利息费用，因为任何增加的利息费用都被视为与项目融资决策有关，或者说项目评价独立于融资决策。例如，某项目初始投资为200 000元，每年产生的息税前利润为32 000元，不论项目资本是来自股权还是来自债务，均不影响项目每年创造的息税前利润。

按公式（6-2）计算的净利润是公司会计业绩的一种评价标准，在此基础上加上折旧费用（非现金费用），就可以将净利润转化为经营现金流量，即：

$$\text{经营现金流量} = \text{息税前利润} \times (1 - \text{所得税税率}) + \text{折旧}$$
$$= EBIT \times (1-T) + DEP \qquad (6-3)$$

在公式（6-3）估计经营现金流量时，如果项目在持续期内追加营运资本（ΔW）和资本支出（F），则可将公式（6-3）改写为项目现金净流量（NCF），计算公式为：

$$NCF = EBIT \times (1-T) + DEP - F - \Delta W \qquad (6-4)$$

回顾第三章有关公司自由现金流量的计算公式（3-43），可以发现它与项目现金净流量公式（6-4）基本一致。

（三）终结现金流量

终结现金流量是指项目经营期末发生的现金流量，主要包括经营期项目现金流量和经营期终结现金流量两部分。经营期终结现金流量主要包括：第一，固定资产残值变价收入以及出售时的税赋损益。如果预计固定资产报废时的残值收入大于税法规定的数额，就应支付所得税，形成现金流出量；反之，则可抵减所得税，形成现金流入量。第二，垫支经营性营运资本的收回。这部分资本不受税收因素的影响，税法把它视为资本的内部转移，如同把存货和应收账款换成现金，因此收回的经营性营运资本仅仅是现金流量的增加。

【例6-1】 APT公司是一家玩具制造公司，公司计划用一台新设备更换一台旧设备。新设备的有关资料如下：(1)计划新设备的购买价格为500万元，按直线法计提折旧，10年后设备残值为50万元，设备安装费为60万元，其中50万元与设备购置成本一样资本化，剩余的10万元可立即费用化；(2)采用新设备后每年增加的经营性流动资产为30 000元，增加的经营性流动负债为10 000元；(3)公司预测10年后新设备的账面净值为50万元，但只能以30万元转让出去，届时还要支付搬运和清理费用40 000元；(4)新设备比旧设备每年可节约150万元的税前经营成本。

旧设备的有关资料如下：(1)公司目前正在使用的旧设备的账面净值为100万元，并在今后的5年中继续以直线法计提折旧直到账面价值为0;(2)假设旧设备尚可继续使用10年;(3)如果现在出售,旧设备的当前价格为25万元。APT公司所得税税率为25%。新设备取代旧设备的初始投资、经营现金流量、终结现金流量如表6-2、表6-3和表6-4所示,图6-1描述了APT公司新设备增量现金流量时间线。

表6-2 新设备取代旧设备的初始投资

项目	金额(元)	计算式
新设备购买价格	5 000 000	
安装费	500 000	
投资额(可折旧投资)	5 500 000	=5 000 000+500 000
经营性营运资本追加投资	20 000	=30 000-10 000
其他费用(税后)	75 000	=100 000×(1-0.25)
旧设备出售	250 000	
旧设备净值	1 000 000	
旧设备出售所得税	-187 500	=(250 000-1 000 000)×0.25
旧设备出售税后收入	437 500	=250 000-(-187 500)
初始投资	5 157 500	=5 500 000+20 000+75 000-437 500

在表6-2中,旧设备的原始购置成本并没有参与计算,因为它是沉没成本,发生在过去,对设备重置决策没有影响。

表6-3 新设备取代旧设备的各年经营现金流量   单位:元

项目	第1—5年	第6—10年
① 新设备增量收入	0	0
② 新设备每年经营成本节约额	-1 500 000	-1 500 000
③ 新设备每年折旧[(5 500 000-50 000)/10]	500 000	500 000
④ 旧设备前5年折旧(1 000 000/5)*	200 000	0
⑤ 增量折旧③-④	300 000	500 000
⑥ 经营现金净流量[①-②-⑤]×(1-0.25)+⑤	1 200 000	1 250 000

注:*旧设备的折旧期限剩余5年,前5年每年计提折旧200 000元,后5年折旧为0。

表6-4 新设备取代旧设备的终结现金流量

项目	金额(元)	计算式
第10年年末新设备净值(残值)	500 000	
第10年年末新设备转让价值	300 000	
第10年年末设备清理等税后费用	30 000	=40 000×(1-0.25)
第10年年末新设备出售所得税	-50 000	=(300 000-500 000)×0.25
第10年年末收回净营运资本	20 000	
第10年年末现金净流量	340 000	=300 000-30 000-(-50 000)+20 000

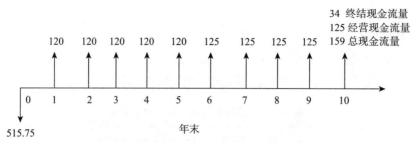

图 6-1 APT 公司新设备取代旧设备相关的现金流量时间线（万元）

第二节 投资项目评价标准

一、净现值

净现值（net present value，NPV）是指项目在整个建设和生产服务年限内各年现金净流量按项目资本成本折算的现值之和，计算公式为：

$$NPV = \sum_{t=0}^{n} \frac{NCF_t}{(1+r)^t} \quad (6-5)$$

其中，NCF_t 为第 t 期净现金流量，r 为项目资本成本，n 为项目周期。

假设有 A、B 两个投资项目，各期现金流量均发生在每期期末，项目折现率均为 8%，有关数据和计算结果如表 6-5 所示。

表 6-5 A、B 投资项目的净现值与内部收益率 金额单位：万元

项目	NCF_0	NCF_1	NCF_2	NCF_3	NPV(8%)	IRR(%)	PI
A	-10 000	8 000	4 000	960	1 599	20	1.16
B	-10 000	1 000	4 544	9 676	2 503	18	1.25

根据表 6-5 的数据，项目 A 的净现值计算如下：

$$NPV_A = -10\,000 + \frac{8\,000}{(1+8\%)} + \frac{4\,000}{(1+8\%)^2} + \frac{960}{(1+8\%)^3}$$

$$= -10\,000 + 11\,599 = 1\,599（万元）$$

采用净现值法则进行项目决策的标准是：接受净现值大于等于 0 的项目，放弃净现值小于 0 的项目；当一个投资项目有多种方案可供选择时，选择净现值最大的方案，或者按净现值大小进行项目排序，优先考虑净现值大的项目。从价值创造的角度分析，净现值是衡量投资项目对公司增量价值的贡献大小。在上例中，选择项目 B 可以为投资者（股东）带来更多的价值。

在项目评价中，如果项目的净现值大于 0，则表明项目产生的现金流量可以给投资者提供超过他们要求之外的收益，这个收益的现值就是项目的净现值，项目投资可以提高公司当前的市场价值。如果项目的净现值等于 0，则表明项目产生的现金流量刚好满足投资者要求的收益，项目投资不会改变公司当前的市场价值。如果项目的净现值小于 0，则意味着项目实施后会降低公司当前的市场价值。采用净现值法则进行项目评价具有以下特点：

第一，净现值具有可加性。假设表 6-5 中的项目 A 和项目 B 是相互独立的，既可以将两个项目合并在一起评价，也可以分别评价两个项目。根据价值可加性原则，合并或分别计算所得结果是一致的。

第二，净现值法则假定项目各期的现金流量（即发生在项目初始和终止之间的现金流量）能够以最低的可接受收益率（通常指资本成本）进行再投资。例如，项目 A 的净现值也可计算如下：

$$NPV_A = -10\,000 + \frac{8\,000 \times (1.08)^2 + 4\,000 \times (1.08) + 960}{(1+8\%)^3} = 1\,559(万元)$$

第三，净现值的计算考虑了预期期限结构和利率的变化。令 r_t 代表第 $t-1$ 期与第 t 期之间不变的折现率，在这种情况下，公式（6-5）可以很容易地推广到各期折现率不相等的净现值的计算公式为：

$$NPV = IC_0 + \frac{NCF_1}{(1+r_1)} + \frac{NCF_2}{(1+r_1)(1+r_2)} + \cdots + \frac{NCF_n}{\prod_{j=1}^{n}(1+r_j)} \quad (6-6)$$

其中，IC_0 为项目初始投资，$\prod$ 为连乘号。

假设某投资项目第 0 年至第 4 年的现金流量分别为 −1 000 万元、300 万元、400 万元、500 万元和 600 万元；各年折现率分别为 $t_1=10\%$、$t_2=11\%$、$t_3=12\%$ 和 $t_4=13\%$，则项目净现值计算如下：

$$NPV = -1\,000 + \frac{300}{1.1} + \frac{400}{1.1 \times 1.11} + \frac{500}{1.1 \times 1.11 \times 1.12} + \frac{600}{1.1 \times 1.11 \times 1.12 \times 1.13}$$

$$= -10\,000 + 272.3 + 327.6 + 365.63 + 388.27$$

$$= 354.23(万元)$$

在上例中，也可以将各期折现率调整为各期平均折现率。表 6-6 分别列示了根据各期各时点折现率和各期平均折现率计算的净现值。

表 6-6 净现值

	0	1	2	3	4
A：各期折现率不同					
现金流（万元）	−1 000	300	400	500	600
各期折现率（%）		10	11	12	13
累计折现率（%）	0	10	22	37	55
现金流现值（万元）	−1 000.00	272.73	327.60	365.63	388.27
净现值（万元）	354.23				
B：各期平均折现率					
现金流（万元）	−1 000.00	300.00	400.00	500.00	600.00
年平均折现率（%）		10.000	10.499	10.997	11.494
现金流现值（万元）	−1 000.00	272.727	327.600	365.625	388.275
净现值（万元）	354.23				

净现值法则考虑了项目周期各年现金流量的现时价值，反映了投资项目的收益，其理论上较为完善。但是，采用净现值法则进行投资决策隐含的假设为：以当前预测的现金流

量和折现率进行项目投资与否的决策,无论是"现在就投资"(NPV 大于 0)还是"永远不投资"(NPV 小于 0),都是一种当期决策,与决策后可能出现的新信息无关,从而忽略了随着时间的流逝和更多信息的获得导致项目发生变化的各种因素,否认了决策的灵活性。

二、内部收益率

内部收益率(internal rate of return,IRR)是指项目净现值为 0 时的折现率或者现金流入量现值与现金流出量现值相等时的折现率。内部收益率满足:

$$NPV = \sum_{t=0}^{n} NCF_t (1+IRR)^{-t} = 0 \qquad (6-7)$$

根据表 6-5 的数据,项目 A 的内部收益率计算如下:

$$NPV_A = -10\,000 + \frac{8\,000}{(1+IRR)} + \frac{4\,000}{(1+IRR)^2} + \frac{960}{(1+IRR)^3} = 0$$

公式(6-7)是一个 n 次方程,采用 Excel 内置函数求解上式,可以得到内部收益率约为 20%。

利用内部收益率法则评价投资项目的标准为:如果内部收益率大于(或等于)项目资本成本或投资最低收益率,则接受该项目;反之,则放弃该项目。内部收益率法则可直接根据投资项目的参数(现金流量)计算投资收益率,一般情况下能正确反映项目本身的获利能力。需要注意的是,投资项目的内部收益率与资本成本不同。内部收益率是根据项目本身的现金流量计算的,反映项目投资的预期收益率;资本成本是投资者进行项目投资所要求的最低收益率。

如果投资项目的现金流量为传统型——在投资有效期内只改变一次符号,例如 - + + … + +。如果项目各期采用相同的折现率且以资本成本作为比较基准,那么采用内部收益率法则和净现值法则对项目投资的评价结论是一致的。图 6-2 描述了项目 A 净现值与内部收益率的函数关系。

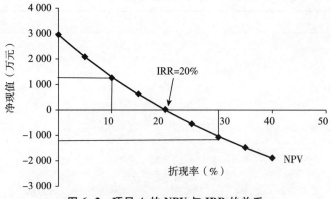

图 6-2 项目 A 的 NPV 与 IRR 的关系

在图 6-2 中,NPV 曲线与横轴的交点是内部收益率(IRR = 20%)。如果折现率或资本成本(10%)小于 20%,则净现值大于 0,按 IRR 和 NPV 两种标准判断,均应接受该投资项目。如果折现率或资本成本(30%)大于 20%,则净现值小于 0,按两种标准判断,均应放弃该投资项目。显然,在 IRR 左边的 NPV 均为正数,在 IRR 右边的 NPV 均为负数。这表明,如果 NPV 大于 0,IRR 必然大于资本成本;如果 NPV 小于 0,IRR 必然小于资本成本。由此可知:如果净现值法则得到满足,内部收益率法则也必然得到满足;反之亦然。不论采取哪种投资决策法则,结论是一致的。

与净现值法则相比,内部收益率法则存在某一些缺陷,具体表现在以下三方面:

(1) 项目可能存在多个内部收益率或无内部收益率。采用 IRR 进行项目评价时,如果投资项目的现金流量是交错型的,如现金流量为 - - + + + … - + +(即非传统型现金流量),则该投资项目可能会有几个 IRR,其个数是现金流量序列中正负号变动的次数,在这种情况下,很难选择哪一个 IRR 用于项目评价最合适。假设某投资项目在第 0 年至第 4 年的现金流量分别为 -1 000 万元、800 万元、1 000 万元、1 300 万元和 -2 200 万元,其 IRR 分别为 6.6% 和 36.5%(见图 6-3)。

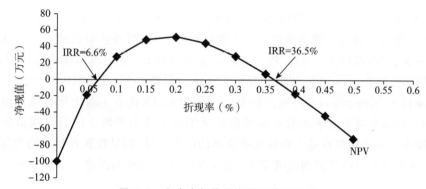

图 6-3　多个内部收益率项目的净现值

如果采用内部收益率法则,就要确定使用哪一个 IRR 进行比较。假设项目投资要求的最低收益率为 12%,若以 6.6% 作为内部收益率,则项目是不可行的;若以 36.6% 作为 IRR,则项目是可行的。如果采用净现值法则,在折现率为 12% 的条件下,只要项目的 NPV 大于 0,就可以简单地判断项目可行。

与多个 IRR 不同,也可能会出现没有任何折现率能满足定义 NPV = 0,即 IRR 无解(如某项目的现金流量为 -1、3、-2.5)的情况,这时无法找到评价投资项目的标准。

(2) 互斥项目排序矛盾。在互斥项目的比较分析中,如果两个项目的投资规模不同,或者两个项目的现金流量时间分布不同,采用净现值法则或内部收益率法则进行项目排序,有时会得出相反的结论。表 6-7 描述了规模不同的两个项目的净现值和内部收益率。

表 6-7　S、L 投资项目的现金流量　　　　　　　　　　　金额单位:万元

项目	NCF_0	NCF_1	NCF_2	NCF_3	NCF_4	NPV(12%)	IRR(%)	PI
S	-26 900	10 000	10 000	10 000	10 000	3 473	18.00	1.13
L	-55 960	20 000	20 000	20 000	20 000	4 787	16.00	1.09
L-S	-29 060	10 000	10 000	10 000	10 000	1 313	14.13	1.05

根据表 6-7 的数据,S、L 投资项目的内部收益率均大于资本成本(12%),净现值均大于 0,如果可能两者都应接受。如果两个项目只能选取一个,那么按内部收益率法则应选择项目 S,按净现值法则应选择项目 L。两个项目净现值曲线如图 6-4 所示。

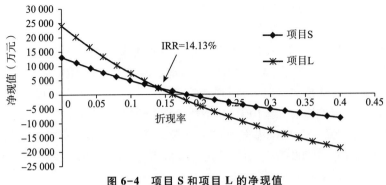

图 6-4 项目 S 和项目 L 的净现值

在图 6-4 中，两个项目净现值曲线与横轴的交点分别代表各自的内部收益率，与纵轴的交点则代表 $r=0$ 时各自的净现值。从中可以看出，不论投资者要求的收益率或资本成本（r）为多少，按内部收益率排序，项目 S 总是优于项目 L。按净现值排序，结果与所选择的折现率有关，如果 $r<14.13\%$，则项目 L 优于项目 S；如果 $r>14.13\%$，则项目 S 优于项目 L；如果 $r=14.13\%$，则两个项目的净现值相等，或者说 14.13% 代表了两个项目净现值相等时的收益率。如果投资者要求的收益率或资本成本等于或大于两个项目净现值曲线的交点，那么按净现值或内部收益率两种标准排序的结论一致；如果投资者要求的收益率或资本成本小于两个项目净现值曲线的交点，按净现值排序与按内部收益率排序的结论会发生冲突。

此外，如果两个项目的投资额相同但现金流量时间分布不同，也会引起两种项目评价标准在互斥项目选择上的不一致。在表 6-6 中，按内部收益率排序，项目 A 优于项目 B；按净现值排序，在折现率为 8% 的条件下，项目 B 优于项目 A。造成这一差异的原因是两个投资项目现金流量的时间分布不同，项目 A 的现金流量随时间递减，而项目 B 的现金流量随时间递增。

当基于两种评价标准的项目优劣排序出现冲突时，可进一步考虑增量现金流量。在表 6-7 中，项目 L-S 相当于追加投资，这一增量项目的内部收益率为 14.13%，大于资本成本（12%），净现值大于 0，不论按哪种评价标准，都应接受追加投资项目。[①] 因此，在条件许可的情况下，投资者在接受项目 S 后，也可接受项目 L-S，即选择项目 S+(L-S)=L。这样，在资本成本一定的情况下，投资规模大的项目可以获得较多的净现值。如果按内部收益率法则选择项目 S，则追加投资项目 L-S 会被舍弃，显然这有违项目评价的基本原则。因此，当基于两种评价标准的项目优劣排序发生矛盾时，应以净现值法则为准。

净现值与内部收益率法则产生矛盾的原因是这两种评价标准隐含的再投资利率不同。[②] 净现值假设投资项目在第 t 期流入的现金以资本成本或投资者要求的收益率进行再投资；内部收益率假设再投资利率等于项目本身的内部收益率。无论是投资规模差异还是时间差异，公司都将有数额不等的资金进行不等年限的投资，这取决于公司到底选择互斥项目中的哪一个。如果选择初始投资较小的项目，那么在 $t=0$ 时，公司将有更多的资金投资到其他方面；同样，对于具有相同规模的投资项目来说，拥有较多早期现金流入量

---

① 如果增量投资的 IRR 小于资本成本或增量投资的净现值小于 0，则应选择项目 S。
② 有关净现值和内部收益率之间的争论，可参阅 Plath, D. A. and W. F. Kennedy, 1994, Teaching return-based measures of project evaluation, *Financial Practice & Education*, 76–86。

的项目能提供较多的资金再投资于早期年度。因此,项目再投资利率的设定和选择是非常重要的。回答这一问题的关键在于:在投资规模一定的情况下,产生于早期的现金流量而非晚期的现金流量的价值如何计量?或者说,我们能够以多大的机会成本将早期的现金流量进行再投资?

在项目评估中,通常假设:(1)预期资本成本为 r,所有投资项目都按 r 进行评估;(2)资本市场较为完善,投资者能够按照 r 的成本筹到项目(现在或未来)所需的全部资金;(3)所有潜在项目都与目前项目具有相同的风险;(4)来自已投资项目的早期现金流量可用于支付给那些要求平均收益率为 r 的证券投资者和债权人,或者看作一笔利率为 r 的存款。

根据上述假设,正确的再投资利率应该是资本成本 r,在市场均衡的条件下,它代表项目投资者投入资金要求获得的最低收益率。这种设想隐含在净现值中,且对所有的投资项目(现在或未来)来说再投资利率都是相同的。在没有其他更确切的信息时,净现值关于再投资利率的假设是一种较客观、合理的预期。内部收益率假设的再投资利率,是以所要考虑的各项目的现金流量为基础,投资项目的内部收益率高,设定的再投资利率也高;反之亦然。但是,这对未来的项目投资来说是不现实的。由于各项目的内部收益率不同,各项目的再投资利率也不同,这不仅影响评价标准的客观性,也不利于各项目间的比较。由于内部收益率不能代表期间现金流量适宜的再投资利率,而净现值隐含的再投资利率是投资者要求的收益率,能够较准确地测定投资机会。因此,理论上,净现值法则优于内部收益率法则。在本例中,在资本成本为8%的条件下,项目 L 可以为公司创造更多的价值。

此外,采用哪种法则作为项目评价标准,还要考虑公司是否存在融资约束。如果公司有能力获得足够的资金进行项目投资,那么净现值法则提供了正确的答案;如果公司存在资本限额,那么内部收益率法则是一种较好的标准。

三、获利指数

获利指数(profitability index,PI)又称现值指数,是指投资项目未来现金净流量(NCF)现值与初始投资额(I_0)的比率,计算公式为:

$$PI = \frac{PV(NCF)}{I_0} \qquad (6-8)$$

根据表6-6的资料,项目 A 的现值指数计算如下:

$$PI = \frac{11\ 599}{10\ 000} = 1.16$$

根据获利指数法则进行项目选择的标准是:接受获利指数大于或等于1的项目;放弃获利指数小于1的项目。净现值与获利指数使用相同的信息评价投资项目,得出的结论常常是一致的;但在投资规模不同的互斥项目的选择中,则有可能得出不同的结论。如在表6-7中,按净现值法则,项目 L 优于项目 S;按获利指数法则,项目 S 优于项目 L。在这种情况下,项目选择的标准取决于公司是否存在资本约束:如果公司有能力获得足够的资本进行项目投资,净现值法则就提供了正确的答案;如果公司存在资本限额,获利指数法则就是一种较好的选择标准。

四、投资回收期

投资回收期(payback period,PP)是指以项目投产后的现金净流量收回初始投资所需的时间。假设 T 为项目累计现金净流量首次出现正值的年份,则投资回收期的计算公式为:

$$PP = T-1 + \frac{第\ T-1\ 年累计现金净流量的绝对值}{第\ T\ 年的现金净流量} \quad (6-9)$$

根据表 6-5 的数据,按项目 A 累计现金净流量(见表 6-8)计算的投资回收期为:

$$PP = (2-1) + \frac{2\,000}{4\,000} = 1.5(年)$$

表 6-8　项目 A 累计现金净流量　　　　　　　　　　　　单位:万元

	0	1	2	3
现金净流量	-10 000	8 000	4 000	960
累计现金净流量	-10 000	-2 000	2 000	2 960

采用投资回收期法则进行项目决策的标准是:如果投资回收期短于基准回收期(公司自行确定或根据行业标准确定),则接受该项目;反之,则放弃该项目。在比较分析互斥项目时,应以回收期最短的方案作为中选方案。

投资回收期以收回初始投资所需时间长短作为判断是否接受某项投资的标准,方法简单,反映直观,被公司广泛采用。但这种方法也存在一定的缺陷,主要表现在:

第一,投资回收期标准没有考虑货币的时间价值和投资的风险价值,在应用这一指标时,实际上是认定 $r=0$,也就是假设计算期内任何时点上的现金流量的价值都与其现时价值相等,这显然是不科学的。

第二,投资回收期标准只考虑回收初始投资以前各期现金流量的贡献,而将回收初始投资以后的现金流量截断了,完全忽略了回收初始投资以后现金流量的经济效益,也就忽略了不同方案的实际差异。例如在表 6-9 中,如果按净现值法则,应选择项目 D,拒绝项目 C;如果按投资回收期法则,则结论恰恰相反。从公司价值的角度分析,实施项目 D 可以增加公司财富,而实施项目 C 将减少公司财富。

表 6-9　投资项目净现值与回收期　　　　　　　　　　　　单位:万元

	0	1	2	3	4	5	NPV(15%)	PP
项目 C	-1 000	500	500	150	80	50	-17.92	2
项目 D	-1 000	500	300	400	300	150	170.73	2.5

为了弥补投资回收期标准未考虑货币时间价值和投资风险价值的缺陷,可采用折现投资回收期标准。这一标准是将未来各期现金流量用项目折现率进行折现,求得累计净现值与初始投资现值相等时所需的时间。但折现投资回收期标准仍未考虑投资回收项目以后各期现金流量的影响。

尽管投资回收期在项目评价中存在一些缺陷,但它确实告诉人们所投入资金被项目占用了多长时间。在其他因素不变的情况下,项目回收期越短,项目的流动性就越强。由于远期现金流量的风险大于近期现金流量的风险,因此投资回收期通常作为衡量项目风险的指标之一。

五、会计收益率

会计收益率(accounting rate of return,ARR)是指投资项目年平均净利润与项目年平均投资额的比率,计算公式为:

$$会计收益率 = \frac{年平均净利润}{年平均投资总额} \times 100\% \quad (6-10)$$

其中,年平均净利润是指项目投产后各年净利润总和的简单平均数,年平均投资总额是指固定资产投资账面价值的算术平均数。

利用会计收益率法则衡量投资项目的标准是:如果会计收益率大于基准会计收益率(通常由公司自行确定或根据行业标准确定),则接受该项目;反之,则放弃该项目。在有多个方案的互斥选择中,应选择会计收益率最高的项目。会计收益率标准的优点是简明、易懂、易算,但存在明显的缺陷,主要表现为:

第一,会计收益率标准没有考虑货币的时间价值和投资的风险价值,第一年的会计收益与最后一年的会计收益被看作具有同等价值。

第二,会计收益率是按投资项目账面价值计算的,当投资项目存在机会成本时,其判断结果与净现值等标准差异很大,有时甚至得出相反的结论,影响投资决策的正确性。因此,会计收益率只能作为一种辅助标准来衡量投资项目的优劣。

【例6-2】 XY公司研究开发出一种保健产品,销售市场前景看好。为了解保健产品的潜在市场,XY公司支付了50 000元,聘请咨询机构进行市场调查,调查结果表明该保健产品市场有10%—15%的市场份额有待开发。公司决定对该保健产品投资进行成本效益分析。

第一步,预测项目现金流量。

(1)市场调研费50 000元为沉没成本,属于项目投资决策的无关成本。

(2)保健产品生产设备购置费为110 000元,使用年限为5年,设备残值为5 500元,按直线法计提折旧,每年折旧费为20 900元;预计5年后不再生产该产品后可将设备出售,售价为30 000元。

(3)公司购买一处可满足项目需要的厂房,价款为70 000元,根据税法规定厂房按20年计提折旧,假设5年后厂房的市场价值为60 000元。

(4)预计保健产品各年的销售量(件)如表6-10所示。保健产品市场销售价格如下:第一年为每件200元,由于通货膨胀和竞争因素,售价每年将以2%的幅度增长;保健产品单位经营成本第一年100元,以后随着原材料价格的大幅上升,单位经营成本每年将以10%增长。

(5)生产保健产品需要垫支的经营性营运资本,假设各期按下期销售收入的10%估计。第一年年初经营性营运资本为10 000元,第5年年末经营性营运资本为0。

(6)公司所得税税率为25%,假设在整个经营期内保持不变。

根据上述(1)—(6)的相关数据,首先编制经营收入与成本预测表,然后编制项目现金流量表,分别如表6-10和表6-11所示。

表 6-10　经营收入与经营成本预测　　　　　　　　　　　　　　　　金额单位:元

年份	销售量(件)	单价	销售收入	单位经营成本	经营成本总额
1	500	200.00	100 000	100.00	50 000
2	800	204.00	163 200	110.00	88 000
3	1 200	208.08	249 696	121.00	145 200
4	1 000	212.24	212 242	133.10	133 100
5	600	216.49	129 892	146.41	87 846

表 6-11　现金流量预测　　　　　　　　　　　　　　　　　　　　　　单位:元

项目	0	1	2	3	4	5
项目经营期现金流量:						
销售收入		100 000	163 200	249 696	212 242	129 892
销售成本(经营成本)		50 000	88 000	145 200	133 100	87 846
设备折旧		20 900	20 900	20 900	20 900	20 900
厂房折旧		3 500	3 500	3 500	3 500	3 500
息税前利润		25 600	50 800	80 096	54 742	17 646
所得税(25%)		6 400	12 700	20 024	13 685	4 411
净利润(无负债)		19 200	38 100	60 072	41 056	13 234
折旧		24 400	24 400	24 400	24 400	24 400
经营现金流量		43 600	62 500	84 472	65 456	37 634
固定资产投资:						
设备投资	-110 000					23 875 *
厂房	-70 000					58 125 **
经营性营运资本:						
经营性营运资本(年末)	10 000	16 320	24 970	21 224	12 989	0
经营性营运资本增加值	-10 000	-6 320	-8 650	3 745	8 235	12 989
投资与经营性营运资本增加值	-190 000	-6 320	-8 650	3 745	8 235	94 989
现金净流量	-190 000	37 280	53 850	88 217	73 691	132 624
累计现金净流量	-190 000	-152 720	-98 870	-10 652	63 039	195 663

注:* 设备投资中第 5 年为设备残值出售时的资本利得。根据预测,设备 5 年后的售价为 30 000 元,而账面价值仅为 5 500 元,售价超过账面价值的差额应缴纳所得税 6 125 元[(30 000-5 500)×0.25],出售设备的税后净收入为 23 875 元(30 000-6 125)。** 根据预测,在第 5 年项目结束时,厂房的市场价值为 60 000 元,账面价值为 52 500 元,出售厂房的税后收入为 58 125 元,计算方法与设备相同。表中数据利用 Excel 电子表格完成,与手工计算结果有一定的尾数差异。

第二步,确定项目资本成本。

假设项目风险与公司风险相同,那么可以采用公司加权平均资本成本作为折现率。预计公司真实资本成本(不考虑通货膨胀因素)第 1 年等于公司当前资本成本(10%),以后逐年上升,到第 5 年升至 12.15%,预计通货膨胀率第 1 年为 2%,到第 5 年升至 4%。投资项目资本成本、净现值及内部收益率的计算如表 6-12 所示。

表 6-12　项目资本成本、现金流量

项目	0	1	2	3	4	5
资本成本						
真实资本成本(%)		10.00	10.50	11.05	11.60	12.15
预计通货膨胀率(%)		2.00	2.50	3.00	3.50	4.00
名义资本成本(%)		12.20	13.26	14.38	15.51	16.64
累计折现因子(%)		12.20	27.08	45.36	67.90	95.83
现金净流量(元)	−190 000	37 280	53 850	88 217	73 691	132 624
现金净流量现值(元)	−190 000	33 226	42 375	60 690	43 891	67 725

表 6-12 有关项目说明如下：

(1) 由于项目的现金流量是按名义现金流量计算的,因此需将真实资本成本调整为名义资本成本,调整公式为：

$$\text{名义利率} = (1+\text{真实利率}) \times (1+\text{预期通货膨胀率}) - 1 \tag{6-11}$$

$$\text{第1年名义资本成本} = (1+10\%) \times (1+2\%) - 1 = 12.2\%$$

其他各期名义资本成本的计算以此类推。

(2) 由于项目资本成本各年不相同,需计算各年累计资本成本。例如,第 2 年累计资本成本为：

$$\text{第 2 年累计资本成本} = (1+12.2\%) \times (1+13.26\%) - 1 = 27.08\%$$

其他各年累计资本成本的计算以此类推。

(3) 进行项目评价。根据上述各项数据,投资项目净现值计算如下：

$$\text{NPV} = -190\,000 + \frac{37\,280}{1+12.20\%} + \frac{53\,850}{1+27.08\%} + \frac{88\,217}{1+45.36\%} + \frac{73\,691}{1+67.90\%} + \frac{132\,624}{1+95.83\%}$$

$$= -190\,000 + 247\,908 = 57\,908(\text{元})$$

$$0 = -190\,000 + \frac{37\,280}{(1+\text{IRR})} + \frac{53\,850}{(1+\text{IRR})^2} + \frac{88\,217}{(1+\text{IRR})^3} + \frac{73\,691}{(1+\text{IRR})^4} + \frac{132\,624}{(1+\text{IRR})^5}$$

利用 Excel 函数计算项目的内部收益率为 23.53%。

根据表 6-11 和表 6-12 的数据,计算获利指数(PI)、投资回收期(PP)和会计收益率(ARR)如下：

$$\text{PI} = \frac{247\,908}{190\,000} = 1.3$$

$$\text{PP} = 3 + \frac{10\,652}{73\,691} = 3.15(\text{年})$$

$$\text{ARR} = \frac{(19\,200+38\,100+60\,072+41\,056+13\,234)/5}{180\,000/2} \times 100\% = 38.1\%$$

在这个案例中,NPV 大于 0,PI 大于 1,IRR 大于资本成本,会计收益率比较高,但投资回收期比较长。根据现有假设条件和预测数据,这个项目是可行的。但是,项目各项评价标准本质上都是一个预期值,与项目最终结果可能存在很大的差别。根据当前信息确定的"好"项目,不一定意味着最终一定是"好"项目,或者说所谓的"坏"项目也并不预示着该项目无法成功。这不仅因为上述各项评价参数都是预期值,与未来可能相差很大,还因为项目估价仅仅具有技术层面的参考价值,而最终的决策与实施取决于其他因素和决策层判断。

第三节 投资项目风险分析

一、项目风险来源

项目风险是指某一投资项目本身特有的风险,即不考虑与公司其他项目的组合风险效应,单纯反映特定项目未来收益(净现值或内部收益率)的可能结果相对于预期值的离散程度。通常采用概率方法,用项目标准差进行衡量。

投资项目风险一方面来自项目特有因素或估计误差,另一方面来自各种外部因素,其中具有普遍性且比较重要的因素如下:

(1) 项目收益风险。这是指影响项目收入的不确定性因素,如产品价格波动、市场状况、消费者偏好、意外事故等。项目收入比任何其他经济分析所采用的参数都具有更大的不确定性,而这种不确定性将给公司带来更大的投资风险。

(2) 投资与经营成本风险。这是指对各项费用估计不足的风险。例如,对厂房及机器设备的类型与数量、土地征用和拆迁安置费、机械使用费等建设投资估计不足,对材料费、工资费、各种管理费等经营成本估计不足,建设期的延长等对费用的影响估计不足等。

(3) 筹资风险。这是指项目资金来源、供应量与供应时间、利率、汇率变化对资本成本的影响。

(4) 其他风险。这主要是指社会、政治、经济的稳定程度,项目施工与经营管理的水平,技术进步与经济发展的状况,国家的投资及产业政策,投资决策部门的预测能力,项目设计质量和可靠性,通货膨胀和汇率等。

在分析投资项目风险时,还应考虑它与公司风险和市场风险的关系。公司风险是指不考虑投资组合因素,纯粹站在公司的立场上衡量的投资风险,通常采用公司资产收益率标准差进行衡量。如果将公司资产看作多个投资项目的组合,那么可参照投资组合风险分析方法衡量公司风险。在这种情况下,公司风险由三个要素构成:每种资产(或项目)占比、每种资产的风险,以及公司资产之间的相关系数或协方差。某一项目可能具有高度的不确定性,但如果项目在整个公司资产中所占的比重相对较小,而且项目收益与公司其他资产的收益并不密切相关,那么该投资项目的风险就可以通过与公司其他资产的组合被分散,而且公司规模越大,风险分散效应就越大。

市场风险是站在拥有高度多元化投资组合的公司股票持有者的角度来衡量的投资项目风险。或者说,在投资项目风险中,无法由多元化投资加以消除的那部分就是项目的市场风险,通常用投资项目的贝塔系数(β)表示。

如果一个高风险项目的收益与社会经济范围内的大部分资产密切相关,那么该项投资将同时具有高度的公司风险和市场风险。例如,公司计划扩建太阳能汽车生产线,如果在目前的技术水平下,公司无法确定是否可以采用流水线方式大量生产太阳能汽车,那么该项扩充型投资就具有相当大的项目风险和公司风险。如果公司预计经济长期繁荣,则该项投资成功的可能性较大;如果经济长期萧条,则该项投资失败的可能性较大。这意味着该项目与社会上其他公司的经营状况有关,具有较高的市场风险。

在上述三种风险中,由于项目的市场风险不能通过多元化投资加以分散,因此它对项目的影响非常重要。但公司风险和项目特有风险也不容忽视,这是因为:

第一,单一股票持有者,包括小型公司所有者,他们对公司风险的关注胜于市场风险,特别是由于交易成本和信息投资成本的影响,大多数投资者很难持有多种股票进行分散投资。因此,公司管理者更加重视公司风险的影响。

第二,公司经营的稳定程度对公司的所有股东、管理者、员工、客户、供应商、债权人以及公司所处的社区同样重要。如果公司经营状况差,获利能力低,甚至面临破产,那么供应商或客户将拒绝与其合作,债权人将提高贷款利率或终止贷款,公司优秀的管理者或员工将会离职。所有这些因素都将使高风险公司的利润下降,从而降低它的股票价值。因此,即使对那些实行多元化投资的股东而言,公司风险也是很重要的。

第三,对于公司的管理者和普通员工来说,他们投资于公司的是人力资本,这种风险与公司风险密切相关且不可分散。因此,他们关注更多的是公司风险而不是市场风险。

二、敏感性分析

敏感性分析是衡量不确定因素变化对项目评价标准(如 NPV 或 IRR)的影响程度。如果某因素在较小范围内发生变动,就会影响原定项目的盈利能力,即表明该因素的敏感性强;如果某因素在较大范围内变动,才会影响原定项目的盈利能力,即表明该因素的敏感性弱。敏感性分析的目的是找出投资机会的"盈利能力"对哪些因素最敏感,从而为决策者提供重要的决策信息。

投资项目敏感性分析的具体步骤如下:

第一步,确定敏感性分析对象。在进行敏感性分析时,可根据不同投资项目的特点,挑选出最能反映项目效益的指标(如净现值、内部收益率等)作为分析对象,并根据投资项目现金流量中的收入、成本等基本数据,分别计算出项目或几个对比项目的净现值、内部收益率等评价指标。

第二步,选择不确定因素。投资项目不确定因素的内容,依项目的规模、类型的不同而不同。例如,针对一家工厂改建的评估,必须估计与总改建费用(包括机器)、劳动力成本、广告费用、原材料成本和销售收入有关的现金流量;此外,还需要有关折现率和项目寿命期的信息。显然,在这一过程中产生的各种评估数据都会受到不确定因素的影响。在评估时,通常无须逐个分析全部可能出现的不确定因素,只分析那些在成本收益构成中占比较大、对盈利能力有重大影响、在经济周期中最有可能发生的因素。共同的不确定因素主要包括市场规模、销售价格、市场增长率、市场份额、项目投资额、变动成本、固定成本、项目周期等。对于选取的不确定因素,可按其发生变动时增大(减小)一定的百分比($±10\%$、$±15\%$、$±20\%$)分别计算出各因素变化对项目净现值、内部收益率等评价指标的影响。

第三步,调整现金流量。在进行敏感性分析时,一个敏感性因素的变化有可能会使其他条件发生相应变化。因此,在调整现金流量时,需注意以下几个问题:(1)销售价格的变化会直接影响销售收入的变化,在调整时不要忽略与销售收入有关的税金的变化;(2)原材料、燃料价格的变化要调整变动成本;(3)项目投产后,产量会发生变化,在相关范围内只调整变动成本,固定成本不变。

在分析计算敏感性的过程中,先假定一个因素变化而其他因素不变,算出项目效益对这个变化的敏感程度;再假定第二个因素变化,算出项目效益对这个变化的敏感程度;这样一个一个地逐个进行,直到算出对投资项目的经济效益有影响的所有主要因素及其相应的敏感度。

当完成上述各步骤之后,将得到的数据按不同项目分别列示,彼此相互对照,并据以进行项目的取舍。现以保健品投资项目为例加以说明。假设影响项目收益变动的因素主要是销售量、单位经营成本和资本成本,现以项目净现值(57 908 元)为基数值,计算上述各因素围绕基数值分别增减 10%、15%(每次只有一个因素变化)时新的净现值。表 6-13 和图 6-5 描述了销售量、单位经营成本和资本成本单独变动对净现值的影响程度。

表 6-13　各项因素变化对净现值的影响　　　　　　　　　　　　　金额单位:元

因素变化百分比(%)	销售量	单位经营成本	资本成本
15	84 136	19 901	43 788
110	75 393	32 570	48 356
100	57 908	57 908	57 908
90	40 423	83 246	68 052
85	31 680	95 915	73 360

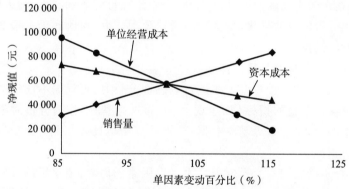

图 6-5　项目净现值对销售量、单位经营成本和资本成本的敏感性

从图 6-5 可以看出,项目净现值对单位经营成本最敏感(斜率比较大),其次为销售量,相对而言,资本成本变动对净现值的影响较为平缓。

敏感性分析主要解决一系列"如果……会怎样"的问题。例如,如果销售量比预期值下降 10% 会怎样?如果投资额增加 20% 会怎样?这种方法在一定程度上就多种不确定因素的变化对项目评价标准的影响进行定量分析,有助于决策者了解项目决策所需重点分析与控制的因素。但敏感性分析也存在一定的局限性,如它没有考虑各种不确定因素在未来发生变动的概率分布状况,从而影响风险分析的正确性。在实际中可能会出现这样的情况:通过敏感性分析找出的某一个敏感因素未来发生不利变化的概率很小,所引起的风险也很小;而另一个相对不太敏感因素在未来发生不利变化的概率很大,实际所引起的风险比敏感因素更大。另外,敏感性分析采取固定其他变量、改变某一变量的方法,往往与实际情况相脱离。事实上,许多变量是相互联系的,孤立地考察每一变量的影响往往不能得出正确的结论。

三、盈亏平衡分析

盈亏平衡点(break-even point)又称保本点、损益临界点。从会计分析的角度,盈亏平衡点是指会计利润等于0时的销售量或销售收入,即全部销售收入等于全部成本(销售收入线与总成本线的交点)的销售量。以盈亏平衡点为界,当销售收入高于盈亏平衡点时,公司盈利;反之,则亏损。由于会计利润忽略了与货币时间价值和风险价值相联系的机会成本,因此盈亏平衡点与净现值为0的那一点并不重合。因此,在项目分析中,可引入资本成本,估计投资项目盈亏平衡点,确定净现值等于0时的销售量或销售收入。

【例6-3】 假设某公司正在考虑一项投资,初始投资额为20 000元,第1—5年的年销售量为15 000件,单位售价为5元,单位变动成本为3元,固定成本总额为20 000元,其中折旧为4 000元。假设所得税税率为25%,折现率为22.106%,则该项投资各年经营现金净流量和净现值计算如下:

$$NCF_{1-5}=[15\ 000\times(5-3)-20\ 000]\times(1-25\%)+4\ 000=11\ 500(元)$$

$$NPV=-20\ 000+11\ 500\times\frac{1-(1+22.106\%)^{-5}}{22.106\%}=12\ 857(元)$$

从净现值评价标准看,这个项目值得投资;但问题在于计算净现值所用数据仅仅是预期值,而实际现金流量可能与预期值大不相同。假设销售量是影响净现值的重要因素,通过盈亏平衡分析,可以确定项目的销售量下降到某个数值,项目开始出现亏损。表6-14列示了不同销售量假设条件下,投资项目的净现值。

表6-14 不同销售量的项目净现值　　　　　　　　　　金额单位:元

销售量(件)	现金流入(第1—5年)	现金流出(第1—5年)			投资额(第0年)	现金流入现值	现金流出现值	净现值
		变动成本	固定成本	所得税				
0	0	0	16 000	−5 000	20 000	0	51 429	−51 429
1 000	5 000	3 000	16 000	−4 500*	20 000	14 286	61 429	−47 143
10 000	50 000	30 000	16 000	0	20 000	142 858	151 429	−8 571
10 425	52 125	31 275	16 000	213	20 000	148 930	155 679	−6 750
11 000	55 000	33 000	16 000	500	20 000	157 144	161 429	−4 286
12 000	60 000	36 000	16 000	1 000	20 000	171 430	171 430	0
13 000	65 000	39 000	16 000	1 500	20 000	185 715	181 430	4 286
14 000	70 000	42 000	16 000	2 000	20 000	200 001	191 430	8 572
15 000	75 000	45 000	16 000	2 500	20 000	214 287	201 430	12 857

注:*当项目出现亏损时,亏损额可用于抵扣公司其他业务的应税收入,在这种情况下,项目会带来减税收益,即所得税支出为负数。例如,销售量为1 000件时,应纳所得税为−4 500元[(5 000−3 000−20 000)×25%]。

表6-14的数据表明,当销售量为12 000件时,项目的净现值为0。因此,销售量12 000件或销售收入60 000元为项目净现值等于0时的盈亏平衡点;当销售量超过12 000件时,净现值大于0;否则,净现值小于0。

为比较净现值为0的盈亏平衡点与会计利润为0的盈亏平衡点的区别,表6-15给出了不同销售量水平下的税后利润。根据会计利润得到的盈亏平衡点为10 000件。

表 6-15　不同销售量下税后利润　　　　　　　　　　　　　　金额单位：元

销售量（件）	销售收入	销售成本		所得税	税后利润
		变动成本	固定成本		
0	0	0	20 000	−5 000	−15 000
1 000	5 000	3 000	20 000	−4 500	−13 500
9 000	45 000	27 000	20 000	−500	−1 500
10 000	50 000	30 000	20 000	0	0
11 000	55 000	33 000	20 000	500	1 500
12 000	60 000	36 000	20 000	1 000	3 000
13 000	65 000	39 000	20 000	1 500	4 500
14 000	70 000	42 000	20 000	2 000	6 000
15 000	75 000	45 000	20 000	2 500	7 500

为什么会计利润盈亏平衡点的销售量为 10 000 件，净现值盈亏平衡点的销售量为 12 000 件？当采用会计利润估计盈亏平衡点时，每年计提折旧 4 000 元，经过 5 年刚好弥补项目的初始投资额 20 000 元。如果公司每年销售 10 000 件产品，销售收入足以弥补经营成本和归还初始投资额，但不足以弥补 20 000 元的资本机会成本。假设将 20 000 元投资到其他业务，获得 22.106% 的利润率，那么年投资回收成本就不是 4 000 元，而是 7 000 元。①

$$\text{年投资回收成本} = 20\,000 \times \frac{22.106\%}{1-(1+22.106\%)^{-5}} = 7\,000(\text{元})$$

上述计算表明，当年销售量为 12 000 件时，项目的年销售收入不但可以弥补变动成本、固定成本和税金，而且每年还有 7 000 元用于弥补 20 000 元的初始投资，以保证初始投资获得 22.106% 的投资收益。

以会计利润计算的盈亏平衡点，实际上是处于亏损状态的，因为它丧失了投入资本的机会成本。莱因哈特（Reinhardt）曾就此类错误给出一个经典案例。1971 年，洛克希德公司向美国议会递交 L-1011 型三星商用飞机的投资项目可行性报告看好项目的商业前景，认为 L-1011 型三星商用飞机最终会超过 200 架飞机的盈亏平衡点，但是在计算盈亏平衡点时，公司忽略了投入资本的机会成本，如果考虑机会成本，盈亏平衡点就可能接近 500 架飞机。

应用敏感性分析，一次只考虑一个变量变化的影响，观察不同情境下项目的变化，也可以考虑把有限个变量较合理地组合在一起变化的情况。这种方法通常称作蒙特卡罗模拟法（Monte Carlo method）。Hertz（1968）首次提出在资本预算中采用蒙特卡罗模拟法，麦肯锡咨询管理公司也将蒙特卡罗模拟方法广泛应用于项目评估。

四、项目风险调整

根据项目风险来源和影响程度进行风险调整，主要有风险调整折现率法和确定等值法。前者是调整净现值公式的分母，后者是调整净现值公式的分子。

（一）风险调整折现率法

在风险调整折现率法下，净现值公式可写成：

---

① 这一结果采用第三章的公式（3-6）计算，相当于已知现值（初始投资）估计年金（等价回收额）。

$$\text{NPV} = \sum_{t=0}^{n} \frac{\text{NCF}_t}{(1+r)^t} = \sum_{t=0}^{n} \frac{\text{NCF}_t}{(1+i+\theta)^t} \tag{6-12}$$

其中，i 表示无风险利率，θ 表示风险溢价。

投资项目的风险调整折现率一般是在项目风险分析的基础上确定项目的风险溢价。如果无法直接确定项目的风险溢价，可根据同类项目的风险收益系数与反映特定项目风险程度的标准离差率估计风险溢价，再加上无风险利率，即为项目的风险调整折现率，计算公式为：

$$\text{风险调整折现率} = \text{无风险利率} + \text{同类项目风险收益系数} \times \text{特定项目的标准离差率} \tag{6-13}$$

运用公式(6-13)的难点是如何找到同类项目且能够确定其风险收益系数。在实务中，如果能找到同类项目或构造一个开展同类项目的公司的资产组合，就可以此作为合适的可比公司，估计同类项目或可比公司的风险（β 系数），并根据项目的负债率和税率将其转化为特定项目风险。

有些公司针对经常发生的某些类型的风险项目，预先根据经验按风险规定了大小不等的折现率，以供决策分析之需。例如，某公司对不同类型项目的风险调整折现率规定如表 6-16 所示。

表 6-16 不同类型项目的风险调整折现率

投资项目	风险调整折现率
重置型项目	8%+2%=10%
改造或扩充现有产品生产线项目	8%+5%=13%
增加新生产线项目	8%+8%=16%
研究开发项目	8%+15%=23%

实际上，公司对风险溢价的确定，在很大程度上取决于项目决策者对风险的态度。比较敢于承担风险的公司，往往把 θ 值定得低些；反之，比较稳健的公司，常常把 θ 值定得高些。

在运用风险调整折现率法时，对风险大的项目采用较高的折现率，对风险小的项目采用较低的折现率。这种方法简单明了，符合逻辑，在实际中应用较为普遍。但是这种方法把风险收益与时间价值混在一起，并依此进行现金流量折现，不论第 t 年为哪一年，第 $t+1$ 年的复利现值系数总是小于第 t 年的复利现值系数，这意味着风险必然随着时间的推移而被人为地逐年加大。这样处理常常与实际情况相反。有些投资项目往往对前期的现金流量没有把握，对后期的现金流量却较有把握，如果使用风险调整折现率法，就不能正确地反映项目的风险程度。

（二）确定等值法

确定等值法又称肯定当量法，要求项目决策者首先确定与风险现金流量同等效用的无风险现金流量，然后用无风险利率折现，计算项目的净现值，以此作为决策的基础。在确定等值法下，风险项目净现值的计算公式为：

$$\text{NPV} = \sum_{t=0}^{n} \frac{\alpha_t \text{NCF}_t}{(1+i)^t} \tag{6-14}$$

各年的 α_t 表示位于无风险现金流量和风险现金流量之间的等值系数，计算公式为：

$$\alpha_t = \frac{确定现金流量}{风险现金流量} \quad (0 \leq \alpha_t \leq 1) \quad (6-15)$$

各年的 α_t 值反映了管理层对风险的态度,管理层的风险规避程度越高,确定等值系数越小。对公司而言,如果项目的风险处于正常水平,而且资本成本和无风险利率已知,则可以估计出确定等值系数。

假设你正面临两种选择:(1)抛掷一枚硬币,如果正面向上,你将得到10 000元,如果反面向上,你将一无所获,掷币的期望现金流量为5 000元;(2)不抛掷硬币,你将直接得到3 000元。选择(1)的收益期望值和风险均大于选择(2),究竟选择哪一种,在很大程度上取决于决策者的经验、胆识、判断能力、风险厌恶程度等诸多因素。如果你认为掷币与否无差别,那么3 000元就是期望值为5 000元的风险性现金流量的确定等值。或者说,无风险或确定的3 000元为你提供了与5 000元风险性预期收益完全相等的效用,确定等值系数为0.6(3 000/5 000)。

在实践中,α_t 可由经验丰富的分析人员凭主观判断确定,也可以根据各年现金流量不同的离散程度(即现金流量的标准离差率)确定,可以将标准离差率划分为若干档次,并为每一档次规定一个相应的 α_t 值。标准离差率越低,风险越小,α_t 值越大;反之,则越小。标准离差率与确定等值系数并没有一致公认的客观标准。因此,如何划分档次,各档次的确定等值系数如何规定,均取决于投资决策者对风险的规避程度。

【例6-4】 假设SRR公司现有A、B两个投资方案,各年的现金流量如表6-17所示。为简化,假设各年现金流量相互独立,无风险利率为8%。

表6-17 投资方案现金流量及其概率

年数	A方案		B方案	
	概率	年现金净流量(元)	概率	年现金净流量(元)
0	1.0	-900	1.0	-500
1	0.3	780	0.3	430
	0.5	600	0.4	380
	0.3	400	0.3	260
2	0.2	720	0.1	310
	0.6	500	0.8	250
	0.2	300	0.1	190
3	0.3	560	0.2	220
	0.4	200	0.6	160
	0.3	100	0.2	100

注:A方案第1年的现金净流量不论是780元、600元还是400元,第2年的现金净流量都可能出现三种情况,即720元、500元还是300元;同样,第2年的现金净流量无论是720元、500元还是300元,第3年的现金净流量都可能出现560元、200元或100元。

假设SRR公司根据投资项目历史资料估计的标准离差率与确定等值系数的关系如表6-18所示。

表6-18 标准离差率与确定等值系数的关系

标准离差率	0.00—0.07	0.08—0.23	0.24—0.42	0.43—0.73
确定等值系数	1.00	0.85	0.60	0.40

根据表 6-17 和表 6-18 的资料，采用确定等值法计算的两个投资方案各年现金流量期望值、标准差、项目净现值如表 6-19 所示。

表 6-19 投资方案净现值

	0	1	2	3	净现值(8%)
A 方案：					
现金流量期望值(元)	-900.00	595.00	504.00	278.00	
标准差(元)		134.40	132.90	189.20	
标准离差率		0.23	0.26	0.68	
确定等值系数	1.00	0.85	0.60	0.40	
确定等值(元)	-900.00	505.75	302.40	111.20	-84.18
B 方案：					
现金流量期望值(元)	-500.00	359.00	250.00	160.00	
标准差(元)		68.04	26.83	37.95	
标准离差率		0.19	0.11	0.24	
确定等值系数	1.00	0.85	0.85	0.60	
确定等值(元)	-500.00	305.15	212.50	96.00	40.94

上述计算结果表明，A 方案各年现金流量的标准离差率较高，其确定的现金流量较低，导致方案的净现值小于 0，方案变得不可行；而 B 方案在排除风险因素之后，其期望净现值为正，可以考虑接受该项目。

确定等值法是通过调整现金流量来反映各年的投资风险，并将风险因素与时间因素分开讨论，这在理论上是成立的。但是，确定等值系数 α 很难确定，每个人会有不同的估算，数值差别很大。在更复杂的情况下，确定等值系数反映的是股票持有者对风险的偏好，而不是公司管理当局的风险观。因此，公司在决策中较少使用确定等值法。

大多数公司在投资分析中会进行风险分析，但采用的分析方法差别很大。格雷厄姆（Graham）和哈维（Harvey）对 1998 年"财富 500 强"公司的 CFO 进行问卷调查，392 家公司 CFO 给出了回复，有关项目风险调整的反馈情况如表 6-20 所示。

表 6-20 项目风险调整反馈　　　　　　　　　　　　　　　　　　　　　单元：%

风险来源	调整折现率	调整现金流量	两者同时调整	两者都不调整
① 预期通货膨胀风险	11.90	14.45	11.90	61.75
② 利率风险	15.30	8.78	24.65	51.27
③ 利率期限风险(长期与短期利率变动)	8.57	3.71	12.57	75.14
④ GDP 增长或商业周期风险	6.84	18.80	18.80	55.56
⑤ 商品价格风险	2.86	18.86	10.86	67.43
⑥ 外汇风险	10.80	15.34	18.75	55.11
⑦ 财务危机(破产概率)	7.41	6.27	4.84	81.84
⑧ 公司规模	15.00	6.00	13.43	66.00
⑨ 市账比(市场价值/公司资产账面价值)	3.98	1.99	7.10	86.93
⑩ 成长趋势(近期股票价格走势)	3.43	2.86	4.86	88.85

资料来源：Graham, J. R. and C. R. Harvey, 2001, The theory and practice of corporate finance: Evidence from the field, *Journal of Financial Economics*, 60(2): 187-243.

表6-20列示了除市场风险以外的风险来源,反馈者在评估项目时对风险的调整方式主要有：调整折现率、调整现金流量、同时调整、两者都不调整。总体来说,对公司而言,最重要的因素是利率风险、汇率风险、商业周期风险和通货膨胀风险。在计算折现率时,最重要的因素是利率风险、公司规模、通货膨胀风险和汇率风险。在计算现金流量时,最重要的因素是商品价格、GDP增长、通货膨胀风险和汇率风险。很少有公司因市账比、财务危机或成长趋势风险而调整折现率或现金流量,只有13.1%的反馈者会考虑因账面价值和市场价值的不同而调整现金流量或折现率,11.15%的反馈者认为成长趋势是非常重要的。

本章小结

1. 所谓增量现金流量,是根据"有无"(with-versus-without)原则,确认有这项投资与没有这项投资的现金流量的差额。判断增量现金流量,决策者会面临附加效应、沉没成本、机会成本、制造费用等。

2. 经营现金净流量等于无负债净利润或无杠杆净利润加上折旧,不考虑任何与负债或杠杆相关的利息费用,原因在于任何增加的利息费用都被视为与项目融资决策有关,或者说项目评价独立于融资决策。

3. 采用净现值法则进行项目决策的标准是：接受净现值大于等于0的项目,放弃净现值小于0的项目。利用内部收益率标准选择投资项目的基本法则是：若内部收益率大于或等于项目资本成本,则接受项目；反之,则放弃项目。

4. 投资项目风险一方面来自项目特有因素或估计误差,另一方面来自各种外部因素,其中具有普遍性且比较重要的因素主要有销售量、价格变动风险、项目投资成本与经营成本、筹资风险,以及与经济环境等有关的风险。一般可采用敏感性分析、盈亏平衡分析等风险分析方法。

5. 风险调整折现率法是调整净现值公式的分母,项目的风险越大,折现率越高,项目收益的现值越小。确定等值法是效用理论在风险投资决策中的直接应用。确定等值法要求项目决策者首先确定与风险现金流量带来同等效用的无风险现金流量,然后用无风险利率折现,计算出项目的净现值,以此作为决策的基础。

基础训练

1. ABC公司正在考虑一项新投资,公司可从当地一家银行取得贷款。ABC公司的财务部门根据预测的现金流量、项目的净现值和内部收益率,认为这个项目可行。但银行的贷款主管对项目分析不满意,坚持认为现金流量中应包含利息因素,即将利息作为项目的一项成本。他认为业务计划与预计财务报表应该同时完成。试根据资本预算理论向银行贷款主管进行解释。

2. BIO公司是一家生物技术公司,研究开发了一种新药,并取得了新药的专利权,期限10年。新药投入市场的财务可行性研究已完成,营销部门和财务部门正在向董事会撰写联合计划书,期望董事会能够批准新的投资项目。联合计划书中的资本预算部分只包括估计的未来费用和收入。负责该项目的主管坚持资本预算中应该包括过去几年花费在项目研发上的资金,认为忽略或省却项目研发费不仅低估了项目的投入,而且是对董事会的一种欺骗。评论项目主管的观点,如果不同意,你将如何解释并让他接受你的观点。

3. 在投资决策时,许多项目通常采用内部收益率、净现值、投资回收期作为主要的决策标准(见下表)。

不同国家不同时期项目投资决策标准选择占比

单位:%

评价标准	美国公司(1977)	新西兰(1995)	中国(1997)
内部收益率	53.60	30.20	5.30
净现值	9.80	29.50	19.40
获利指数	2.70	—	18.20
投资回收期	8.90	21.30	26.50
会计收益率	25.00	—	4.20
其他指标	—	19.00	26.40
合计	100.00	100.00	100.00

根据上表的数据,说明为什么美国和新西兰的项目经理倾向于内部收益率和净现值指标,而中国的项目经理倾向于投资回收期指标。如果你是一名项目经理,只能选择一个项目决策指标,你会选择哪个?为什么?

4. ABC 公司研究开发一种新型产品。项目的厂房、设备等投资共需 2 100 万元,运营 5 年,税法规定期满有净残值 100 万元,按直线法计提折旧。项目投资后即可投产使用,无建设期。预计投产后每年可实现收现销售收入 2 400 万元,年经营成本 1 800 万元,所得税税率为 25%。公司预计期满后所有的资产处置后可得到残值收入 80 万元。

(1)计算投资项目各年的现金流量。

(2)投资该项目所要求的必要收益率(或资本成本)为 15%,计算项目的净现值,并根据净现值做出投资决策。

(3)中国银行向 ABC 公司提出:愿意向项目提供年利率 8%的优惠贷款。你认为 ABC 公司是否应该改变决策。请根据公司理财相关理论进行分析。

5. TST 公司拟生产一种新产品,项目总投资 11 350 万元,寿命周期 7 年,期末无残值,采用平均年限法计提折旧。经预测,项目投产后的年销售量、通货膨胀率、真实资本成本、所得税税率如下表所示。

项目	2018 年	2019 年	2020 年	2021 年	2022 年	2023 年	2024 年
销售量(件)	2 000	4 000	5 600	6 800	7 400	3 700	1 800
通货膨胀率(%)	2.00	2.50	3.00	3.50	4.00	4.00	4.00
真实资本成本(%)	11.00	11.20	11.40	11.60	11.80	12.00	12.20
所得税税率(%)	25.00	25.00	25.00	25.00	25.00	25.00	25.00

(1)假设产品投产后第 1 年的销售价格为 9.7 元,以后每年按通货膨胀率调整;投资后第 1 年的变动成本为 7.4 元,以后每年按通货膨胀率调整;除折旧外的固定费用第 1 年为 5 280 万元,以后每年按通货膨胀率调整。请计算各年的销售价格、变动成本、除折旧外的固定费用、折旧费用。

(2)根据预期通货膨胀率将真实资本成本调整为名义资本成本,计算各年累计资本成本。

(3)假设项目需要的经营性营运资本按经营性营运资本/下年度销售收入之比(10%)计算,预测各年现金净流量。

(4)计算项目的净现值、内部收益率、获利指数、投资回收期、会计收益率,对项目可行性进行评价。

(5)进行敏感性分析:销售量、单位变动成本或资本成本分别从 85%至 115%变动对净现值的影响。

案例分析

1971 年,美国的洛克希德公司在国会听证会上寻求 2.5 亿美元的联邦担保,以保证完成 L-1011 型三星商用飞机投资所需的银行贷款。① L-1011 三星商用飞机是一种宽体的喷气式飞机,最多可容纳

---

① 与三星商用飞机项目有关的数据主要摘自 Reinhardt, U. E., 1972, Break-even analysis for lockheed's Tri Str: An application of financial theory, *The Journal of Finance*, 27: 821–838.

400 名乘客,可以与 DC-10 喷气式发动机飞机和 A-300B 空中客车飞机在市场上相抗衡。

洛克希德公司发言人宣布,三星商用飞机项目在经济上是可行的,问题仅仅是某些不相关的军事合同引起清算危机。与洛克希德的发言人观点不同,反对联邦担保的人士认为,三星商用飞机项目在经济上并不可行,它从一开始就注定会失败。

1. 三星商用飞机项目盈亏平衡销售量预测。

对三星项目可行性争论的焦点是"盈亏平衡销售量"的估算,即使全部收入能弥补所有累计成本所需售出的飞机数量。1971 年 7 月,洛克希德公司总裁在国会的证词中断言,投资三星飞机生产线的盈亏平衡点预计为 195—205 架飞机。公司已获得 103 份订单,外加 75 份有购买意向的订单,公司发言人证实销售量最终会突破盈亏平衡点,因此该计划将成为"商业上可行的尝试"。洛克希德公司还证明了在未来 10 年内,它有希望获得全球 35%—40% 的市场份额,即 775 架宽体飞机中 271—310 架飞机的订单。这个估计是基于空中旅行以 10% 的年增长率为基础的,这是一种乐观的假设。实际一点,假设增长率是 5%,全球销售总量只有约 323 架飞机。

2. 三星商用飞机项目资本成本预测。

根据专家估计,洛克希德公司(实施三星商用飞机项目之前)的资本成本的 9%—10%。由于三星商用飞机项目的风险高于洛克希德传统经营业务的风险,以 10% 作为三星商用飞机项目现金流量的折现率是一个合理的选择。

3. 三星商用飞机项目盈亏平衡销售量再预测。

1972 年 8 月,洛克希德公司在接受政府贷款担保之后修正了盈亏平衡销售量,并声称能够销售 275 架飞机来收回开发成本(大约 9.6 亿美元)并开始盈利。行业分析师在国会听证会之前估计的盈亏平衡销售量为 300 架飞机。基于学习曲线效应,假设不同销售量下的生产成本,据此计算不同折现率条件下的净现值预测(见下表)。

不同销售量下的生产成本、净现值预测   金额单位:百万美元

预测来源	销售量(架)	单位成本	NPV(10%)	NPV(15%)	NPV(20%)
洛克希德	210	14.00	−584.05	−580.87	−563.86 *
洛克希德(有政府担保)	275	12.50	−312.71	−381.93	−414.89
行业分析师	300	12.50	−274.38	−355.62	−396.43
实际的盈亏平衡点	402	11.75	46.31	−123.36	−224.48
实际的盈亏平衡点(盈利时)	500	11.00	440.99	165.64	−8.35

注:* 由于三星商用飞机项目投产前 5 年均为现金流出量(分期投资支出),当销售量为 210 架时,计算净现值时会出现折现率越高,净现值为负值越小的现象。

三星商用飞机投产后才发现盈亏平衡销售量大于 200 架,而这是公司生产能力所无法达到的。这一投资决策失误使公司损失惨重,股价也从 1967 年的每股 71 美元跌至 1974 年的每股 3.25 美元左右。

(1) 请上网查询有关三星商用飞机项目的相关资料,结合上表的数据分析项目失败的原因。

(2) 洛克希德公司当时流通在外的普通股为 11.3 百万股,据此计算三星商用飞机项目给公司股票带来的市场价值损失,并将这一损失与洛克希德公司预测的盈亏平衡销售量(210 架)时的项目净现值进行比较。

第七章 资本结构

[学习目的]
- 掌握经营杠杆、财务杠杆和总杠杆之间的关系
- 熟悉资本结构、资本成本与公司价值的关系
- 掌握税收优惠与财务危机成本对公司价值的影响
- 了解代理成本、不对称信息对资本结构的影响
- 熟悉目标资本结构设置与调整方式

《美国经济评论》2011 年第 1 期为百年纪念特刊,从该刊百年来刊登的数千篇文章中,甄选出对经济学发展与实践产生深远影响且富有创造性的 20 篇最佳论文。所选论文代表了每一时期经济学的最高学术水平,反映了百年来美国主流经济学的基本走向。这 20 篇名篇佳作中对公司财务理论具有革命性突破的当属 Modigliani and Miller(1958)的资本结构理论(简称 MM 理论),这篇文献采用无套利分析方法,阐述了资本结构、资本成本与公司价值之间的关系。瑞典皇家科学院(1990)在诺贝尔经济学奖的致辞中称"MM 理论革命性地改变了公司财务理论与实务,将公司财务从松散的工作程序及规则转变为追求股东价值最大化的精细巧妙法则"。如果说 MM 理论是公司资本结构理论的奠基石,那么继 Modigliani and Miller(1958)、Ross(1973)之后,Jensen and Meckling(1976)和 Myers and Majluf(1984)分别从代理成本、信息不对称视角解释了公司资本结构选择与投资行为,由此形成了不同的理论和流派;但到目前为止,公司"最佳资本结构"仍然是一个不解之谜,仍然没有统一的理论体系针对公司资本结构给出完整的解释。

第一节 杠杆分析

一、经营风险与经营杠杆($Q \rightarrow$ EBIT)

经营风险是指商品经营方面的原因给公司收益(息税前利润)或收益率带来的不确定性。影响经营风险的因素主要有产品需求变动、产品价格变动、产品成本变动等。衡量经营风险的方法很多,以经营杠杆系数来衡量是最常用的一种。

经营杠杆反映销售量与息税前利润之间的关系,主要用于衡量销售量变动对息税前利润的影响。为分析方便,假设公司仅销售一种产品且价格不变;经营成本中的单位变动成本和固定成本总额在相关范围内保持不变。在这种条件下,息税前利润的计算公式为:

$$\text{EBIT} = Q(P-V) - F = Q \times \text{MC} - F \tag{7-1}$$

其中,Q 为产品销售量;P 为单位产品价格;V 为单位变动成本;F 为固定成本总额;MC = $(P-V)$,为单位边际贡献;EBIT 为息税前利润。

公式(7-1)表明，在其他因素不变的条件下，边际贡献总额随着销售量的变动而变动，固定成本总额为常数，与销售量无关。因此，当销售量变动时，虽然不会改变固定成本总额，但会降低或提高单位产品的固定成本，从而提高或降低单位产品收益，使息税前利润变动率大于销售量变动率。固定成本使得销售量变动1个百分点产生了大于1个百分点的息税前利润变动率。这种以固定成本为杠杆，通过扩大销售量所取得的收益称作经营杠杆效益。当然，杠杆效应是一把双刃剑，不仅可能会放大公司的息税前利润，还可能会放大公司的亏损。

为了反映经营杠杆的作用程度，估计经营杠杆效益的大小，评价经营风险的高低，一般可利用经营杠杆系数进行分析。经营杠杆系数是指息税前利润变动率相当于销售量变动率的倍数，计算公式为：

$$DOL = \frac{\Delta EBIT/EBIT}{\Delta Q/Q} \tag{7-2}$$

其中，DOL 表示销售量为 Q 时的经营杠杆系数，用于反映公司息税前利润对销售量的敏感程度。根据公式(7-2)可推导出经营杠杆系数的简化计算公式为：

$$DOL = \frac{Q(P-V)}{Q(P-V)-F} = \frac{Q(P-V)}{EBIT} \tag{7-3}$$

公式(7-3)的优点是可以清晰地表明在特定销售水平（一般指基期的销售水平）下的经营杠杆系数，不同销售水平的经营杠杆系数是不相同的，这一点在计算经营杠杆系数时应特别注意。

【例 7-1】 ACC 公司生产 A 产品，当前销售量为 20 000 件，销售单价（已扣除税金）为 5 元，单位变动成本为 3 元，固定成本总额为 20 000 元，息税前利润为 20 000 元。假设销售单价及成本水平保持不变，当销售量为 20 000 件时，A 产品经营杠杆系数为：

$$DOL = \frac{20\,000 \times (5-3)}{20\,000 \times (5-3) - 20\,000} = \frac{40\,000}{20\,000} = 2(倍)$$

计算结果表明，在销售量为 20 000 件的基础上，销售量每增加 1 个百分点，息税前利润增加 2 个百分点。如果销售量增长 10%，息税前利润将增长 20%（销售量增长百分比×DOL＝10%×2）；或者说，当销售量增长 10% 时，息税前利润由 20 000 元上升到 24 000 元[20 000×(1+10%×2)]。

表 7-1 列出了不同销售水平下的息税前利润和经营杠杆系数。假设单价为 50 元，单位变动成本为 25 元，固定成本总额为 100 000 元。从表 7-1 可以看出，销售量相对于盈亏平衡点（销售量 4 000 件）越远，公司的息税前利润或亏损的绝对值越大，用经营杠杆系数衡量的息税前利润对销售量的敏感程度越低。当销售量超过盈亏平衡点时，经营杠杆系数趋向于 1（大于 1），这意味着当销售量超过盈亏平衡点时，固定成本的存在对息税前利润造成的放大效应逐渐减小。

表 7-1 不同销售水平下的经营杠杆系数

销售量(Q)（件）	息税前利润（EBIT）（元）	经营杠杆系数（DOL）
0	-100 000	0
1 000	-75 000	-0.33
2 000	-50 000	-1.00
3 000	-25 000	-3.00

(续表)

销售量(Q)(件)	息税前利润(EBIT)(元)	经营杠杆系数(DOL)
4 000	0	无穷大
5 000	25 000	5.00
6 000	50 000	3.00
7 000	75 000	2.33
8 000	100 000	2.00
10 000	150 000	1.67

比较公式(7-1)和公式(7-3)可以发现,影响经营杠杆系数的四个因素(销售量、单位价格、单位变动成本、固定成本总额)恰恰就是影响息税前利润的基本因素,不过它们对经营杠杆系数和息税前利润的影响刚好相反。前两个因素与经营杠杆系数反方向变化,与息税前利润同方向变化,在其他因素一定的情况下,销售量越高或价格越高,经营杠杆系数越小,息税前利润就越大;后两个因素与经营杠杆系数同方向变化,与息税前利润反方向变化,在其他因素一定的情况下,单位变动成本越高或固定成本总额越大,经营杠杆系数越大,公司的经营风险越大,息税前利润越小。需要指出的是,经营杠杆系数本身并不是经营风险变化的来源,如果公司保持固定的销售水平和成本水平,再高的经营杠杆系数也没有意义。事实上,销售和成本水平的变动引起了息税前利润的变化,而经营杠杆系数只不过放大了息税前利润的变化,也就是放大了公司的经营风险。因此,经营杠杆系数应当被看作对"潜在风险"的衡量,这种潜在风险只有在销售和成本水平变动的条件下才会被"激活"。

二、财务风险与财务杠杆(EBIT→EPS)

财务风险是指举债经营给公司未来收益带来的不确定性。影响财务风险的因素主要有资本供求变化、利率水平变化、获利能力变化、资本结构变化等。财务风险通常用财务杠杆系数衡量。

财务杠杆主要反映息税前利润与普通股每股收益的关系,用于衡量息税前利润变动对普通股每股收益变动的影响程度,两者的关系如下:

$$\text{EPS} = \frac{(\text{EBIT}-I)(1-T)-\text{Div}}{N} \tag{7-4}$$

其中,I 为利息费用;T 为所得税税率;Div 为优先股股利;N 为普通股股数;EPS 为普通股每股收益。

如前所述,经营杠杆是由固定经营成本产生的,而财务杠杆则来自固定的融资成本。如果一个公司的融资成本包含固定的债务资本成本(如银行借款、签订长期融资租赁合同、发行公司债券)以及股权资本成本(如优先股),使普通股每股收益的变化大于息税前利润的变化时,就被认为使用了财务杠杆。也就是说,在公司资本结构一定的条件下,公司从息税前利润中支付的固定融资成本是相对固定的,当息税前利润发生增减变动时,每1元息税前利润所负担的固定融资成本就会相应地减少或增加,从而给普通股股东带来一定的财务杠杆效益或损失。事实上,财务杠杆是收益放大过程的第二步,第一步是经营杠杆放大了销售量变动对息税前利润的影响;第二步是利用财务杠杆进一步放大前一步导致的息税前利润变动对每股收益变动的影响。

财务杠杆作用可通过财务杠杆系数来衡量。财务杠杆系数（DFL）是指普通股每股收益变动率相当于息税前利润变动率的倍数，计算公式为：

$$DFL = \frac{\Delta EPS/EPS}{\Delta EBIT/EBIT} \quad (7-5)$$

根据公式(7-5)，可推导出财务杠杆系数的简化计算公式为：

$$DFL = \frac{EBIT}{EBIT - I - Div/(1-T)} \quad (7-6)$$

假设在【例7-1】中，ACC公司的资本来源为：债券100 000元，年利率5%；优先股500股，每股面值100元，股利率7%；普通股500股，每股收益8元。公司所得税税率为50%，财务杠杆系数计算如下：

$$DFL = \frac{20\ 000}{20\ 000 - 5\ 000 - 3\ 500/(1-50\%)} = 2.5(倍)$$

计算结果表明，ACC公司在息税前利润（EBIT）20 000元的基础上，EBIT每变动1个百分点，普通股每股收益（EPS）会变动2.5个百分点。如果EBIT增长20%，EPS增长50%（20%×2.5），将由8元变为12元[8×(1+20%×2.5)]。

从公式(7-6)可知，财务风险主要取决于财务杠杆的大小。当公司在资本结构中加大负债或优先股融资比例时，固定的现金流出量就会增加，从而加大了公司财务杠杆系数和财务风险。一般来说，财务杠杆系数越大，每股收益因息税前利润变动而变动的幅度越大；反之，则越小。较大的财务杠杆可以为公司带来较强的每股收益放大能力，但固定融资费用越多，按期支付的可能性越小，由此引发的财务风险越大。如果公司全部资产收益率低于固定融资费率，普通股收益率就会低于公司投资收益率或出现资本亏损。

【例7-2】 某公司拟融资1 000万元，现有三个方案：A方案为全部发行普通股融资；B方案为发行普通股融资500万元，发行债券融资500万元；C方案为发行普通股融资200万元，发行债券融资800万元。假设公司当前普通股每股市价50元，不考虑证券融资费用；预计息税前利润为200万元，利率为8%，所得税税率为30%。不同融资方案的财务杠杆系数、普通股每股收益如表7-2所示。

表7-2 不同融资方案财务杠杆系数

项目	A方案	B方案	C方案
资本总额(万元)	1 000	1 000	1 000
其中：普通股(万元)	1 000	500	200
公司债券(万元)	0	500	800
息税前利润(万元)	200	200	200
利息(8%)	0	40	64
税前利润(万元)	200	160	136
所得税(30%)	60	48	41
税后利润(万元)	140	112	95
普通股股数(万股)	20	10	4
每股收益(元/股)	7.00	11.20	23.75
财务杠杆系数	1.00	1.25	1.47

如果息税前利润从 200 万元降到 150 万元,即下降 25%,三个方案的每股收益分别为:

A 方案:每股收益 = 7×(1-25%×1) = 5.25(元/股),即下降 25%。
B 方案:每股收益 = 11.2×(1-25%×1.25) = 7.7(元/股),即下降 31.25%。
C 方案:每股收益 = 23.75×(1-25%×1.47) = 15.02(元/股),即下降 36.75%。

不同负债水平下息税前利润—每股收益的关系如图 7-1 所示。在图中,负债水平越高,息税前利润—每股收益关系线的斜率越大,表明公司的财务风险越高。

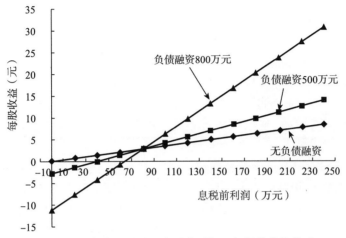

图 7-1　不同负债水平下息税前利润—每股收益的关系

三、公司总风险与总杠杆($Q{\rightarrow}$EPS)

公司总风险是指经营风险和财务风险之和,总杠杆主要反映销售量与每股收益的关系,用公式表示如下:

$$\text{EPS} = \frac{[Q(P-V)-F-I](1-T)-\text{Div}}{N} \tag{7-7}$$

在经营杠杆的计算公式中,销售量是自变量;在财务杠杆的计算公式中,息税前利润是自变量;而在总杠杆的计算公式中,息税前利润不再是一个独立的变量,它被分解为销售量×单位边际贡献-固定成本总额,其中销售量又变成自变量。总杠杆系数(DTL)是指每股收益变动率相当于销售量变动率的倍数,计算公式为:

$$\text{DTL} = \frac{\Delta \text{EPS}/\text{EPS}}{\Delta Q/Q} \tag{7-8}$$

根据公式(7-8),可推导出总杠杆系数的简化计算公式为:

$$\text{DTL} = \frac{Q(P-V)}{\text{EBIT}-I-\text{Div}/(1-T)} \tag{7-9}$$

根据【例 7-1】的资料,当销售量为 20 000 件时,ACC 公司总杠杆系数为:

$$\text{DTL} = \frac{20\,000 \times (5-3)}{20\,000 - 5\,000 - 3\,500/(1-50\%)} = 5(倍)$$

当然,上述计算结果也可直接根据 DOL 和 DFL 计算,即

$$\text{DTL} = \text{DOL} \times \text{DFL} = 2 \times 2.5 = 5(倍)$$

这一结果表明,在销售量为 20 000 件的基础上,销售量每变动 1 个百分点,普通股每股收益变动 5 个百分点。或者说,如果销售量增长 10%,普通股每股收益增长 50%(销售量变动率×总杠杆系数＝10%×5);普通股每股收益将由 8 元变为 12 元[8×(1+10%×5)]。当然,如果销售量下降 10%,普通股每股收益下降 50%,即从 8 元降为 4 元。

经营风险和财务风险之和构成了公司的总风险。一般来说,总杠杆系数越大,每股收益随销售量增长而扩张的能力越强,但风险也随之越高。公司风险越高,债权人和投资者要求的贷款利率与预期的投资收益率越高。过多使用总杠杆的公司将不得不为此付出较高的固定成本,而较高的固定成本反过来又在一定程度上抵消了普通股股东因公司发挥财务杠杆和经营杠杆的作用而获得的收益。除此之外,公司总风险的增大还会引起公司股票价格下跌。

在公司风险中,经营风险是由资产组合中各资产的特性决定的,组合中各资产的风险系数共同决定了公司整体经营风险。与此不同的是,财务风险不是由单项资产而是由公司整体决定的。如果完全通过股权资本融资,则公司就只存在经营风险,没有财务风险。财务杠杆决定了财务风险,所以调整财务风险影响的行为一定发生在那些有债务的公司中。

一般来说,公司对财务风险的控制程度相对大于对经营风险的控制程度。公司可以选择财务政策(资本结构及债务到期日),在合理的范围内(通常基于合理的成本)控制财务风险。相对而言,控制公司经营风险的难度较大。尽管公司在选择投资项目或资产时可以通过经营杠杆来影响经营风险,但通常会受到一些限制,技术上的某些障碍会迫使公司使用固定费用或变动费用占比较大的生产工艺(有些产品只有一种生产工艺)。

在实际工作中,公司对经营杠杆和财务杠杆的运用可以有不同的组合。例如,某公司较多地使用了财务杠杆,为了达到或维持适度的总杠杆系数,可利用较低的经营杠杆系数来抵消财务杠杆系数较高的影响;反之,如果公司过多地发挥了经营杠杆的作用,则可减少使用财务杠杆来加以平衡。假设某公司正在考虑一项资本支出,为了抵消较高经营杠杆的影响,公司可在资本结构中减小债务或优先股的比重,即采取降低财务杠杆系数的做法以形成一个适当的总杠杆系数。

第二节　资本结构理论

一、MM 资本结构理论

资本结构是指公司长期资本(负债、优先股、普通股)的构成及其比例关系。注意这里不包括短期负债,若考虑短期负债,也就是将整个资产负债表的资产项考虑进去,则称为财务结构,在实务中用资产负债率表示。资本结构有两种表示方法:一是负债率,表示长期负债与公司资产的比例关系;二是杠杆比率,表示长期负债与股东权益的比例关系。

1958 年,莫迪格利尼(Modigliani)和米勒(Miller)(以下简称 MM)[①]共同发表的"资本成本、公司融资和投资理论"一文,提出了著名的 MM 理论,不仅被公认为现代公司资本结构理论的基石,也成为后续资本结构理论研究的逻辑起点。MM 理论的核心内容是资本

---

① Modigliani, F. and M. H. Miller, 1958, The cost of capital, corporation finance and the theory of investment, *The American Economic Review*, 48(3): 261-297.

结构与公司价值、资本结构与资本成本的关系。

为方便讨论,通常假设:(1)市场无摩擦。市场无交易费用、无公司所得税和个人所得税。投资者可以自由地进入或退出交易,市场对卖空行为没有任何约束。(2)公司和个人能以同一无风险利率自由地借入资金,即所有投资者的负债是没有风险的。(3)公司经营风险可以衡量,经营风险相同的公司处于同一风险等级。公司经营风险用息税前利润标准差衡量。(4)所有市场参与者对未来的预期是一致的。市场参与者可以无偿获得有关资产价值的信息,他们对每项资产收益的均值和方差的估计相同,并能够理性地利用这些信息确定资产价值。(5)公司预期的息税前利润为常数,即预期息税前利润在未来任何一年都相等。(6)公司的增长率为零且全部收益均以现金股利形式发放。(7)公司只有长期负债和普通股两种长期资本,公司资产总额不变,资本结构变化可通过发行债券回购股票或相反的方式来实现。

(一) MM 无公司所得税模型

MM 模型运用套利机制[①]证明了公司资本结构和公司价值、资本成本、投资决策之间的关系,据此提出了与资本结构相关的两个命题。

命题 I:总价值命题 公司价值只与公司资产预期收益及其对应的资本成本有关,与资本结构无关。或者说,在息税前利润相等的条件下,处于同一经营风险等级的有负债公司价值与无负债公司价值相等。

根据上述假设,公司价值的计算公式为:

$$V_U = V_L = \text{EBIT}/r_w \tag{7-10}$$

其中

$$V_U = \frac{\text{EBIT}}{r_{eU}}, \quad V_L = \frac{\text{EBIT}-I}{r_{eL}} + \frac{I}{r_d}$$

V_U 表示无负债公司价值,V_L 表示有负债公司价值,r_w 表示加权平均资本成本,r_{eU} 表示无负债公司股权资本成本或无负债公司股东要求的收益率,r_{eL} 表示有负债公司股权资本成本或有负债公司股东要求的收益率,r_d 表示债务资本成本。

公式(7-10)表明:(1)公司价值不受资本结构的影响;(2)有负债公司加权平均资本成本等于同一风险等级无负债公司的股权资本成本;(3)r_{eU} 和 r_w 视公司经营风险而定。

命题 I 实际上是价值可加性原理的应用,在资本结构问题上,价值可加性原理可表述为:公司价值是由公司未来现金流量的现值决定的,无论如何划分未来现金流量,都不影响其价值。例如,现金流量(A+B)的现值等于现金流量 A 的现值与现金流量 B 的现值之和。在其他条件一定的情况下,无负债公司的现金流量完全归股东所有,公司价值等于其股票的市场价值(E),即 $V_U = E_U$。举债为 D 的公司的现金净流量 CF 分为两项:一项是债权人得到的利息($I = r_d D$);另一项是股东获得的现金流,即息税前利润扣除利息后的剩余部分($\text{EBIT} - r_d D$)。公司价值等于股票价值与债券价值之和,即 $V = E + D$。

如果两家公司规模相同且产生相同的现金流量,负债经营影响的只是现金流量流向,而不是现金流量总额。也就是说,不论现金流量在股东和债权人之间如何分配,总是存在一个恒定的投资价值,即公司现金流量的组合方式并不影响公司价值。根据 MM 理论,公

---

① 套利是指在一个市场上(无风险的、即时的)以低价买入一种货物,然后在另外一个市场上以较高的价格将其卖出的过程。套利可以获得收益,并且保证在完美市场内的同一价格定律(相同货物在两个不同市场上出售的价格之差不能超过交易费用)得以维持。

司价值和资本成本在均衡条件下独立于资本结构。也就是说,公司价值取决于公司未来经营现金流量和资本成本,而不取决于这些现金流量如何在债权人和股东之间的分配,即不取决于公司怎样获得经营所需的资本及其形成的比例关系。

【例 7-3】 假设 ABC 公司决定以债务融资代替股权融资,发行 5 000 万元债券回购相同数额的股票。为简化,以 U_{ABC} 代表无负债融资, L_{ABC} 代表有负债融资。在其他因素一定的情况下,不同资本结构条件下的公司价值均为 10 000 万元(见表 7-3)。

表 7-3 资本结构与公司价值的关系(无公司所得税)　　　　　金额单位:万元

项目	U_{ABC}(负债=0)	L_{ABC}(负债=5 000)
股权资本(E)	10 000	5 000
股权资本成本(r_e)	15%	20%
债务资本(D)	0	5 000
债务资本成本(r_d)	—	10%
息税前利润(EBIT)	1 500	1 500
减:利息费用(I)	0	500
股东收入(DIV)	1 500	1 000
证券持有者收入(DIV+I)	1 500	1 500
公司价值(V)	10 000	10 000

根据表 7-3 的资料,ABC 公司负债为 0 和负债为 5 000 万元的价值分别计算如下:

$$V_U = \frac{\text{EBIT}}{r_{eU}} = \frac{1\ 500}{15\%} = 10\ 000(\text{万元})$$

$$V_L = \frac{\text{EBIT}}{r_w} = \frac{\text{EBIT}-I}{r_{eL}} + \frac{I}{r_d} = \frac{1\ 500-500}{20\%} + \frac{500}{10\%} = 10\ 000(\text{万元})$$

上述计算结果表明,在不考虑所得税的条件下,ABC 公司资本结构变化不影响公司价值的大小。

命题 Ⅱ:资本成本命题　　有负债公司的股权资本成本等于无负债公司的股权资本成本加上风险溢价,而风险溢价取决于杠杆比率(debt-to-equity ratio,D/E)。

如果不考虑所得税和财务危机成本,无负债公司股东要求的预期收益率就是公司资产的预期收益率。对于无负债公司来说,只有股东对公司资产创造的现金流量享有要求权。在市场均衡的条件下,股东要求的预期收益率就是公司股权资本成本或者公司全部资本成本。无负债公司股权资本成本 r_{eU} 或加权平均资本成本 r_w 的计算公式为:

$$r_{eU} = r_w = \frac{\text{EBIT}}{E_U} \qquad (7-11)$$

如果公司决定用负债替换部分股权资本,债权人对公司资产创造的现金流量也拥有要求权,这时公司资产预期收益率被分为两部分——股东要求的预期收益率和债权人要求的预期收益率,两类权益人对公司预期收益率的要求权与他们对公司资产贡献的大小成正比。如果说投资者要求的收益率就是融资者的资本成本,那么有负债公司的资本成本就是以不同资本成本为基数,并以它们在资本总额中的占比为权数的加权平均数,即:

$$r_w = r_d\left(\frac{D}{D+E}\right) + r_{eL}\left(\frac{E}{D+E}\right) \qquad (7-12)$$

假设公司负债成本保持不变,那么公式(7-12)说明负债和股东权益比率的任何变化都必须由股权资本成本r_{eL}予以补偿,因为公司资产预期收益率或资本成本不受股东和债权人间利益分配的影响。为了说明这一问题,可将公式(7-12)重新整理,将r_{eL}表示为r_w、r_d和负债率的函数:

$$r_{eL} = r_w + (r_w - r_d)(D/E) \qquad (7-13)$$

在无所得税条件下,有负债公司股权资本成本r_{eL}和无负债公司股权资本成本r_{eU}的关系为:

$$r_{eL} = r_{eU} + (r_{eU} - r_d)(D/E) \qquad (7-14)$$

根据公式(7-14),有负债公司股权资本成本等于无负债公司股权资本成本加上风险溢价,即公司杠杆比率越大,风险溢价越高,股权资本成本越高。

假设在正常经济环境下,ABC公司预期总资产收益率(EBIT/资产总额)为15%,债务资本成本为10%,当ABC公司的杠杆比率(D/E)为0.25(20%债务资本、80%股权资本)时,股东必要收益率或股权资本成本为:

$$r_{eL} = 15\% + (15\% - 10\%) \times \frac{20\%}{80\%} = 16.25\%$$

同理,当杠杆比率(D/E)为1(50%债务资本、50%股权资本)时,股东必要收益率或股权资本成本将升至20%[15%+(15%-10%)×1],以弥补财务杠杆加大后所承担的财务风险。但无论负债和股权资本之间的比例如何变化,公司加权平均资本成本都为15%,或者说总资产预期收益率(15%)不会发生变化。

$$r_w = 10\% \times 20\% + 16.25\% \times 80\% = 15\%$$

或

$$r_w = 10\% \times 50\% + 20\% \times 50\% = 15\%$$

在本例计算中,假设债务资本成本保持不变,事实上,随着负债率的提高,股权和债务融资的风险都会随之增大,从而提高股权和债务资本成本。但是,由于低成本债务权重的增加,加权平均资本成本保持不变。需要注意的是,当公司100%举债时,债权人承担的风险与公司资产风险相同,债务资本成本就应该与无负债股权资本成本相同。不同负债率下的资本成本如图7-2所示。结合MM理论的假设(5)和假设(6),在无所得税条件下,公司资本结构不会影响公司价值和资本成本。

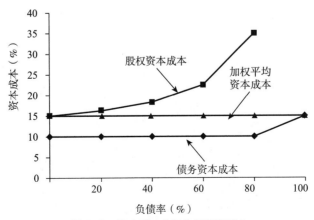

图7-2 资本成本(无公司所得税)

（二）MM 含公司所得税模型

Modigliani and Miller（1963）放松了"不存在公司所得税"的假设，提出了含税条件下的 MM 模型。① 这一模型主要包括总价值命题和资本成本命题。

命题 I：总价值命题　　在考虑公司所得税的情形下，利息可以抵税，从而增加了公司税后现金流量，公司价值会随着负债率的提高而增加，即有负债公司价值等于相同风险等级的无负债公司价值加上税赋节约的现值。假设所得税税率为 T，则有：

$$V_L = V_U + \text{PV}(r_d DT) \tag{7-15}$$

其中，$\text{PV}(r_d DT)$ 表示利息抵税现值，其中利息抵税的计算公式为：

$$\text{利息抵税} = \text{负债成本} \times \text{负债总额} \times \text{所得税税率} = r_d DT \tag{7-16}$$

公式（7-15）表明，在考虑公司所得税后，有负债公司价值会超过无负债公司价值，且负债越高，价值差额越大。当负债税率达到 100% 时，公司价值最大。

仍以【例 7-3】的资料为基础，如果 ABC 公司所得税税率为 50%，那么以债务融资代替股权融资会降低公司的税费支出，从而增加公司税后现金流量，提高公司价值和公司股票价格（见表 7-4）。

表 7-4　资本结构与公司价值的关系（含所得税）　　　　　金额单位：万元

项目	U_{ABC}（负债=0）	L_{ABC}（负债=5 000）
股权资本（E）	10 000	5 000
股权资本成本（r_e）(%)	15	20
债务资本（D）	—	5 000
债务资本成本（r_d）(%)	—	10
息税前利润（EBIT）	1 500	1 500
减：利息费用（I）	—	500
税前利润（EBT）	1 500	1 000
减：所得税（T）	750	500
税后利润或股东收入（DIV）	750	500
证券持有者收入（DIV+I）	750	1 000
公司价值（V）	5 000	7 500

在考虑所得税的条件下，ABC 公司负债为 0 和负债为 5 000 万元的价值分别计算如下：

$$V_U = \frac{\text{EBIT}(1-T)}{r_{eU}} = \frac{1\,500 \times (1-50\%)}{15\%} = 5\,000（\text{万元}）$$

$$V_L = \frac{(\text{EBIT}-I)(1-T)}{r_{eL}} + \frac{I}{r_d}$$

$$= \frac{(1\,500-500) \times (1-50\%)}{20\%} + \frac{500}{10\%} = 7\,500（\text{万元}）$$

---

① Modigliani, F. and M.H. Miller, 1963, Corporate income taxes and the cost of capital: A correction, *The American Economic Review*, 53(3): 433–443.

上述计算结果表明,公司采用债务融资的价值比无负债时多了 2 500 万元,这是由利息减税引起的。当 ABC 公司以债务融资代替股权融资时,每年可节约税费 250 万元(750-500),年税后现金流量会增加同等数额。利息支付恰好减少了公司应纳税所得额,因此年抵税额等于利息乘以税率,在本例中为 250 万元(500×50%)。假设利息抵税额的风险与负债风险等价,且利息抵税额表现为永续年金形式,那么其现值就等于永续年金(年 250 万元)的现值,折现率为负债利率,由此公司未来利息抵税额现值为:

$$利息抵税额现值 = \frac{r_d DT}{r_d} = DT = 5\,000 \times 50\% = 2\,500(万元)$$

$$V_L = V_U + DT = 5\,000 + 5\,000 \times 50\% = 7\,500(万元)$$

需要注意的是,负债经营的 ABC 公司价值比无负债经营的 ABC 公司价值增加了 2 500 万元,并不是因为债务产生的风险更高或更低的税前现金流量(预期息税前利润均为 1 500 万元),或者说负债并没有使公司创造出更多的税前现金流量,而是因为公司调整资本结构降低了这些现金流量应缴纳的税金。通过借债重新构筑 ABC 公司的资本结构,是一个可以创造价值的融资决策,但这个决策为公司带来的收益远比不上选择一个更优的投资项目所产生的收益,因为一旦达到最优资本结构,公司就不可能再通过这一途径增加公司价值。

如果放松永续年金的假设,为了计算债务利息抵税引起的公司价值增值,需要预测公司的债务以及各期支付的利息,根据所得税税率和与风险相适应的折现率折成现值。表 7-5 列示了债务抵税现值的计算结果。

表 7-5 利息抵税现值 单位:万元

项目	2018 年	2019 年	2020 年	2021 年	2022 年
息税前利润	470	548	636	734	843
利息(6%)	54	60	66	72	78
税前利润	416	488	570	662	765
所得税(25%)	104	122	143	166	191
净利润	312	366	427	496	574
利息减税(利息×税率)	13.50	15.00	16.50	18.00	19.50
利息减税现值(折现率=6%)	12.74	13.35	13.85	14.26	14.57

【例 7-4】 WT 公司预计下一年度公司自由现金流量为 348 万元,此后每年按 3% 增长。公司股权资本成本为 10%,债务资本成本为 6%,公司所得税税率 25%,假设公司维持目前的资本结构,资产负债率(有息债务/投入资本)为 40.76%。计算公司利息抵税价值。

第一,计算无所得税的加权平均资本成本和公司价值。

$$r_W = 6\% \times 40.76\% + 10\% \times (1 - 40.76\%) = 8.37\%$$

根据稳定增长模型,无所得税的公司价值为:

$$V_{无税} = \frac{348}{8.37\% - 3\%} = 6\,480(万元)$$

第二,计算含所得税的加权平均资本成本和公司价值。

$$r_W = 6\% \times (1 - 25\%) \times 40.76\% + 10\% \times (1 - 40.76\%) = 7.76\%$$

$$V_{含税} = \frac{348}{7.76\% - 3\%} = 7\,311(万元)$$

第三,计算利息抵税价值。

$$PV(利息抵税) = 7\,311 - 6\,480 = 831(万元)$$

命题Ⅱ:资本成本命题 在考虑公司所得税的情形下,有负债公司股权资本成本等于无负债公司股权资本成本加上风险溢价,而风险溢价与杠杆比率和所得税税率有关。

对于无负债公司来说,股东要求收益率等于公司总资产收益率,或者说无负债公司股权资本成本等于公司全部资本成本,计算公式为:

$$r_{eU} = r_w = \frac{EBIT(1-T)}{E_U} \tag{7-17}$$

考虑所得税后,股权资本成本的计算公式为:

$$r_{eL} = r_{eU} + (r_{eU} - r_d)(1-T)(D/E) \tag{7-18}$$

公式(7-18)中的(1-T)小于1。考虑公司所得税后,虽然股权资本成本会随着负债率的提高而上升,但上升速度低于无所得税时的上升速度,据此可以得到有负债公司的加权平均资本成本为:

$$r_w = r_d(D/V)(1-T) + r_{eL}(E/V) \tag{7-19}$$

将公式(7-18)中的r_{eL}值代入公式(7-19),可得:

$$r_w = r_{eU}[1-(D/V)T] \tag{7-20}$$

从公式(7-20)可看出,有负债公司加权平均资本成本等于无负债公司股权资本成本减去政府提供的税收补贴(tax subsidy)。公式(7-20)表明,公司负债越多或所得税税率越高,公司加权平均资本成本越小。

在正常经济环境下,ABC公司预期总资产收益率为15%,债务资本成本为10%,所得税税率为50%。当ABC公司的负债为2 000万元时,公司价值为6 000万元(5 000+2 000×50%),股权资本为4 000万元,股权资本成本为16.25%,加权平均资本成本为12.5%,计算过程如下:

$$r_{eL} = 15\% + (15\% - 10\%) \times (1-50\%) \times (2\,000 \div 4\,000) = 16.25\%$$

$$r_w = 10\% \times (2\,000 \div 6\,000) \times (1-50\%) + 16.25\% \times (4\,000 \div 6\,000) = 12.5\%$$

或

$$r_w = 15\% \times [1-(2\,000 \div 6\,000) \times 50\%] = 12.5\%$$

同理,当ABC公司的负债为5 000万元时,公司价值为7 500万元,加权平均资本成本为10%。上述分析结果表明,在存在所得税的情况下,当公司负债增加时,公司资产价值会随之增加,加权平均资本成本会随之下降;当公司100%负债经营时,公司价值最大,加权平均资本成本最低。不同负债率下的资本成本如图7-3所示。当公司100%举债时,税后债务成本为7.5%[15%×(1-50%)],此时加权平均资本成本最低、公司价值最大。

(三)MM模型与CAPM

Hamada(1969)将MM含公司所得税模型与资本资产定价模型(CAPM)相结合,得到有负债公司的股权资本成本:

$$r_{eL} = r_f + \beta_U(r_m - r_f) + \beta_U(r_m - r_f)(1-T)(D/E)$$

$$= 无风险利率 + 经营风险溢价 + 财务风险溢价 \tag{7-21}$$

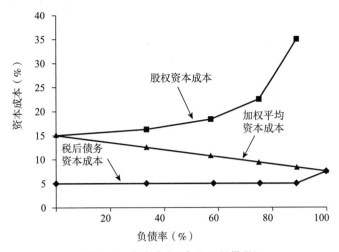

图 7-3 资本成本(含公司所得税)

U 公司为无负债公司,当前股票市场价值为 1 000 万元。假设无负债 β_U 系数为 1.13,无风险利率为 10%,市场收益率为 15%,所得税税率为 25%,则 U 公司的股权资本成本为:

$$r_{eL} = 10\% + 1.13 \times (15\% - 10\%) = 10\% + 5.65\% = 15.65\%$$

如果 U 公司期望举债 200 万元改变资本结构(发行债券回购本公司相同数额的股票),根据有关模型,举债后公司价值和股权资本成本分别计算如下:

$$V_L = V_U + DT = 1\,000 + 200 \times 25\% = 1\,050(万元)$$

$$r_{eL} = 10\% + 1.13 \times (15\% - 10\%) + 1.13 \times (15\% - 10\%) \times (1 - 25\%) \times (200 \div 850)$$
$$= 10\% + 5.65\% + 0.997\% = 16.65\%$$

上述计算结果表明,当公司举债 200 万元时,公司的经营风险溢价为 5.65%,财务风险溢价为 0.997%。

假设无风险利率等于债务成本,Hanada(1969)推导出有负债公司 β_L 系数和无负债公司 β_U 系数的关系,首先计算有负债公司的 β_L,然后计算股权资本成本。

$$\beta_L = \beta_U [1 + (1-T)(D/E)]$$
$$= 1.13 \times [1 + (1-0.25) \times (200 \div 850)] = 1.33$$
$$r_{eL} = 10\% + 1.33 \times (15\% - 10\%) = 16.65\%$$

由于构筑 MM 模型和 CAPM 的假设与实际不完全相符,因此上述各种计算结果只是一个近似值,但这些模型可以给公司提供一些有益的参考。

(四)米勒税收理论

1977 年,米勒(Miller)提出了一个将公司所得税和个人所得税均包括在内的模型,据此估计负债对公司价值的影响。EBT 和 EAT 分别代表税前利润和税后利润,T_c、T_e、T_d 分别代表公司所得税税率、个人股票所得税税率和债券所得税税率。注意股票收益包括股利收益和资本利得,当股利收益与资本利得所得税税率不同时,T_e 指两种税率的加权平均税率;所有债券收入都表现为利息,对利息按投资者最高税率课税。图 7-4 表明,在公司创造的息税前利润中,归属于债权人的部分为"利息$\times(1-T_d)$",归属于股东的部分为"税前利润$\times(1-T_c)\times(1-T_e)$",即税前利润双重纳税后的剩余部分。

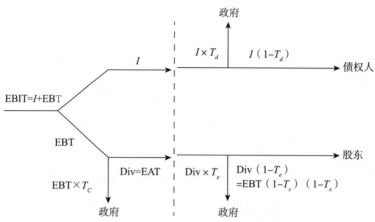

图 7-4　税收对股东和债权人收益的影响

为方便分析，MM 模型的所有假设保持不变，考虑个人所得税，有负债公司价值的米勒模型为：

$$V_L = V_U + \left[1 - \frac{(1-T_c)(1-T_e)}{(1-T_d)}\right] \times D \qquad (7-22)$$

公式(7-22)的第二项代表利息抵税现值。当公司处于无所得税环境下时，即 $T_c = T_e = T_d = 0$，则 $V_L = V_U$，这与 MM 无公司所得税模型相同；当只考虑公司所得税时，即 $T_e = T_d = 0$，则 $V_L = V_U + PV(r_d DT)$，这与 MM 含公司所得税模型相同；当股票和债券收益的个人所得税相等时，即 $T_e = T_d$，则股票和债券收益的个人所得税对有负债公司的市场价值的影响相互抵消，则 $V_L = V_U + PV(r_d DT)$；如果 $(1-T_c)(1-T_e) = (1-T_d)$，那么括号内的项目等于 0，意味着税赋节约也为 0。也就是说，公司负债减税的好处正好被个人所得税抵消，则 $V_L = V_U$。因此，资本结构对公司价值或资本成本无任何影响，此时又回到了 MM 无公司所得税模型。

从某种意义上说，MM 模型的推论很像厂商在完全竞争市场上追求最大利润的模型，尽管 MM 模型不完全真实，但它为分析有关问题提供了一个有用的起点和框架。虽然不能解决实际财务问题，但 MM 理论为推动资本结构理论的发展奠定了坚实的基础。

二、财务危机权衡理论

MM 理论及米勒税收理论只考虑了负债给公司带来的减税收益，没有考虑负债可能给公司带来的财务危机成本和损失。

(一) 财务危机成本和损失

财务危机是指公司不能支付到期债务或费用所造成的风险，主要表现为财务困境和破产两种情况。对于财务危机一般可以采取一定的措施加以补救，如通过协商来求得债权人让步，延长偿债期限，或者抵押资产等借新债还旧债。这样做虽然可以避免破产，但公司要为此付出极高的代价。破产是财务危机的一种极端形式，当公司资本匮乏和信用崩溃两种情况同时出现时，公司破产便不可避免。随着负债率提高而增加的财务危机成本会在相当大的程度上抵消税赋所创造的财务杠杆利益，减少公司资产创造的现金流量，降低投资者(股东和债权人)的收益分配份额以及公司价值和股票价格。财务危机成本是指公司因无力支付到期债务所要付出的成本,表现为直接成本和间接成本。

1. 财务危机直接成本

财务危机直接成本主要指破产成本,如公司破产时为所要经历的各项法律程序及其他有关工作支付的费用,诸如律师费、法庭收费和行政开支、清算或重组成本等。据报道,安然公司进入破产程序后,每月支付的法律费和会计费约为 3 000 万美元,总成本最终超过 7.5 亿美元。破产费会降低投资者的价值,在安然公司的案例中,重组成本约占公司资产价值的 10%。Warner(1977)等的研究表明,公司平均直接破产成本占破产前公司资产市场价值的 3%—4%。此外,破产还会使公司无形资产价值遭受损失,与公司相联系的技术优势、发展机会以及人力资源价值会随着公司破产而丧失。

破产的可能性及其伴随的费用,降低了债权人的索偿价值,贷款人会将预计破产费用计入必要成本,从而降低了股东的索偿价值。假设 ABC 公司想借入 1 年期的 100 万元贷款,其完全偿付概率为 90%,公司 1 年后破产的概率为 10%。如果公司破产,则其资产出售价为 60 万元,处理 ABC 公司破产的法律费用为 6 万元。如果贷款无风险,银行要求的预期收益率为 10%,即年末银行要求收到 110 万元;如果 ABC 公司破产,银行年末只能得到 54 万元。假设公司不破产情况下银行获得的现金流为 x,则

$$100 \times (1+10\%) = 0.1 \times 54 + 0.9x$$

$$x = 116.22$$

上述计算结果表明,为得到 110 万元,银行针对这笔贷款要收取 16.22% 的利率。如果不考虑破产费用 6 万元,银行在破产时可以收到 60 万元,这样它只需对此贷款收取 15.56% 的利率。

上例表明,为反映债务人违约对债权人造成的损失,债权人提高贷款利率以反映债务人违约时他们要承担的预期成本,或者说破产直接成本的预期现值已包含在公司的借款成本中。借款成本的提高降低了公司价值,由此股东间接地承担了预期破产成本。

2. 财务危机间接成本

财务危机间接成本主要包括两个方面:

第一,公司发生财务危机但尚未破产时在经营管理方面遇到的各种困难。由于公司负债过多,公司不得不放弃有价值的投资机会,减少研究开发费用,缩减市场开支以积累现金,力求避免破产;消费者可能会因此对公司长期生产能力和服务能力产生质疑,最终决定消费其他公司的产品;供应商可能会因此拒绝向公司提供商业信用;优秀员工可能会因此离开公司;负债过多,公司可能会丧失利息抵税的杠杆利益。

第二,在财务危机时期,股东与债权人的利益冲突引起的非效率投资对公司价值的影响。由于债券持有者有优先索偿权,一旦公司破产,债权人就可以从公司实物资产清算中获得一定的补偿,而股权所有者只能获得剩余财产补偿。当公司破产概率上升时,管理者为保护股权所有者的利益会采取非最优的投资策略,从而侵蚀债权人的利益。产生这种现象的原因在于利益分配和风险分担的不均衡。一般来说,债权人对公司资产具有优先但固定的索偿权,股东对公司债务承担有限责任、对公司剩余资产具有"无限的索偿权"。"有限责任"给予股东将公司资产交给债权人(发生破产时)而不必偿付全部债务的权利,"无限索偿权"给予股东获得潜在收益的最大好处。或者说,"有限责任"使借款人对极端不利事态(如破产)的损失享有最低保证(借款人的收入不可能小于 0),而对极端有利事态所获收益没有最高限制。这种损益不对等分配使得股东具有强烈的动机去从事那些成

功机会甚微但一旦成功即获利颇丰的投资活动。一旦投资成功,则股东将受益可观;一旦投资失败,债权人将承担大部分损失。其结果是财富从债权人手中转移给了股东,而投资产生的风险则转移给了债权人。

【例7-5】 XYZ公司资产和权益的账面价值、市场价值如表7-6和表7-7所示。根据表中数据,XYZ公司负债的账面价值超过资产的市场价值,如果债务现在到期,债权人可得到100万元,股东将一无所有。在这种情况下,股东将如何选择投资项目?

表7-6 XYZ公司简易资产负债表(账面价值) 单位:万元

项目	金额	项目	金额
现金	100	长期负债	150
固定资产	200	股东权益	150
资产总计	300	负债与股东权益总计	300

表7-7 XYZ公司简易资产负债表(市场价值) 单位:万元

项目	金额	项目	金额
现金	100	长期负债	100
固定资产	0	股东权益	0
资产总计	100	负债与股东权益总计	100

当公司处于财务危机状态时,股东可能会进行各种非效率投资,如投资过度或投资不足,将财富从债权人手中转移给股东,其结果是导致公司总价值下降。

(1) 投资过度(over investment)。XYZ公司债务1年后到期,公司尚有100万元支持业务运营,此时公司可以利用经营权进行最后一搏。如果XYZ公司有一项目,投资额为100万元,预测1年后项目投资现金流量或为200万元(概率为0.10)、或为50万元(概率为0.90),则期望投资现金流量为65万元。假设折现率为20%,则期望投资净现值为-45.83万元(-100+65/1.2)。

在正常情况下,公司绝不会投资净现值小于0的项目,但此时公司资产总额小于负债总额,资产实际上已完全归债权人所有,即债权人成了公司投资风险的实际承担者。在这种情况下,股东有可能把可以动用的资金(事实上属于债权人的资金)投入高风险项目,做孤注一掷的赌博式投资。股东进行风险投资的结果如表7-8所示。

表7-8 风险投资后的债务价值与股东价值 单位:万元

项目	现在破产	风险投资(100)			
		项目成功 (0.1)	项目失败 (0.9)	期望值	现值 (折现率=20%)
公司价值	100	200.00	50.00	65.00	54.17
债务价值	100	150.00	50.00	60.00	50.00
股东价值	0	50.00	0.00	5.00	4.17

从表7-8可知,如果项目成功,债权人将收到150万元,债务得到完全偿付;如果项目失败,债权人只能收到50万元;债权人所得偿付的期望值为60万元,如果折现率为20%,则债权人得到偿付的现值为50万元,与债务当前可以得到的价值100万元相比,损失了

50万元。在债权人损失的50万元中,4.17万元转移给了股东,剩余45.83万元是风险投资的预期损失。事实上,股东是在用债权人的钱赌博,如果成功,公司就可以获得200万元,可摆脱困境;如果失败,至多不过加重财务危机程度,由于股东只承担有限责任,加重的财务危机就转嫁给了债权人。这个例子表明,当公司发生财务危机时,即使投资项目的净现值为负,股东仍可从公司的高风险投资中获利。因此,股东有动机进行高风险投资或过度投资,这一行为的结果是损害了公司的整体价值。

(2) 投资不足(under investment)。与第一种情况相反,身处财务危机的公司可能会拒绝将股权资本投入正净现值的项目中。这种情况之所以会发生,是因为公司价值的任何增长都必须由股东和债权人分享。如果股东进行项目投资的结果仅仅改善了债权人的利益,他们就有可能放弃一些有利可图、自己却得不到相应收益的投资机会。

XYZ公司有一投资项目,投资额为150万元,1年后投资现金流量为190万元,折现率为20%,投资项目净现值为8万元。如果现在投资,股东需要出资50万元(在财务危机条件下,公司很难对外筹措资本),XYZ公司有无新项目的债务价值和股东价值如表7-9所示。

表7-9　有无新项目的债务价值与股东价值　　　　　　　　　　　单位:万元

项目	无新项目	有项目投资		
		投资额*	1年后现金流量	现值折现率=(20%)
公司资产	100	-100	190	158
债务价值	100	0	150	125
股东价值	0	-50	40	33

注:*项目投资额指公司现有资产(100万元)加上股东追加投资(50万元)。

在表7-9中,1年后的现金流量(190万元)中,首先归还债权人150万元,折现现值为125万元(150/1.2),与无新项目相比,项目投资改善了债权人的状况,债务价值从100万元增加到125万元。股东预期现金流量为40万元(190-150),现值为33万元,项目投资结果表明,股东投资50万元,1年后仅收到40万元,现值为33万元(40/1.2),股东投资净现值为-17万元。由于债权人得到项目投资的大部分收益,尽管项目能为公司带来正的净现值8万元(158-150),但对股东来说却是一项净现值为负的投资机会。这个例子表明,公司在面临财务危机时,为防止财富从股东转移给债权人,股东可能会放弃净现值为正的新项目融资,这一行为通常被称为投资不足。股东放弃投资净现值为正的项目,从长远看降低了公司价值。

(3) 抽逃资金。除投资过度或投资不足等非效率投资行为外,在身处财务危机、面临破产威胁的情况下,股东不但不愿将新资本注入公司,反而会想方设法将资本转移出去,以保护自己的利益。例如,公司试图以发放股利的方式将现金分掉,减少公司资产,股利发放引起的公司资产价值下降使债权人的索偿价值随之下降,这种行为的结果是使公司陷入更深的财务危机。假设XYZ公司在破产前发放股利60万元,到公司破产时,债权人偿付价值只剩下40万元,抽逃资金的行为使财富从债权人处转移给了股东。

为防止股东通过非效率投资或资金抽逃方式将风险从股东转移给债权人,将财富从债权人转移给股东,债权人在签订借贷合约时,通常会设置保护性条款或限制性条款。前者主要指债务人必须满足各种财务指标,如保持最低的净营运资本需求量、最小的利息保障倍数、最小的有形资产与总债务比率等。当公司不能达到限制性条款的要求时,从技术上讲,即使公司已向债权人支付了承诺的款项,它也已经违约了。贷款合约中的限制性条款(如借款公司在未偿还债务本息前不允许发放股利、不允许出售资产、不允许进行风险项目的投资等),虽然有利于保护债权人的利益,但也会束缚公司管理的灵活性,放弃净现值为正的投资机会,降低公司的整体价值。

（二）财务危机成本与公司价值

假设以 FPV 表示财务危机成本现值,则公司负债、财务危机与公司价值的关系可表示为:

$$V_L = V_U + PV(r_d DT) - FPV \qquad (7\text{-}23)$$

公式(7-23)等号右边的前两项代表了 MM 理论的思想,即负债越多,由此带来的减税收益越多,公司价值越高。但在考虑了财务危机成本之后,随着负债减税收益的增加,财务危机成本现值也会增加。当负债的减税边际收益大于边际成本现值之和时,表明公司可以增加负债以趋近最优资本结构;当负债的减税边际收益小于边际成本现值之和时,表明公司债务规模过大;当负债的减税边际收益等于边际成本现值之和时,表明已确立最佳资本结构。有学者认为,如果交易成本为 0,不停地借债、不停地还债就是公司的最优选择。因为以这种方式融资,公司既可以享受负债的税收收益,又可以避免破产成本。公式(7-23)中公司负债与公司价值的关系也可以用图 7-5 表示。

在图 7-5 中,负债额为 D/V^* 的资本结构可使公司价值最大。在实际工作中,负债减税收益是可以估算的,但如何确定财务危机成本现值(FPV),至今尚无定论。在实务中,一般是预估破产成本现值来计算这一指标,即:

$$预估破产成本现值 = 破产概率 \times 破产成本 \qquad (7\text{-}24)$$

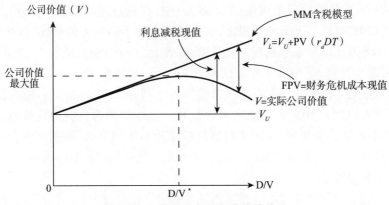

图 7-5　负债价值与公司价值的关系

破产概率是指公司现金流量不足以满足公司的债务支出(本金和利息)要求的可能性。破产概率的主要影响因素有:一是经营现金流量的规模,二是公司现金流量的波动性。在其他因素不变的情况下,相对于债务支付要求的现金流量规模来说,经营现金流量的规模越大,破产的可能性越小。相应地,对于债务规模逐渐增大的公司来说,无论经营现金流量规模多大和多稳定,破产概率也会随着负债的增多而相应增大。对于相同的债务支付而言,如果公司的经营现金流量越不稳定且越不可预期,公司破产概率就会越大。

公式(7-24)中的破产概率和破产成本均无法直接确定。通常有两种方法预测破产概率:一种是根据不同的债务水平确定不同的信用评级,利用经验数据确定不同信用评级的破产概率;另一种是统计方法,在不同债务水平上利用公司可观测的特征来估计破产发生的可能性。破产成本主要指前述的财务危机直接成本和间接成本。

【例 7-6】 假设 SSM 公司拟将研究开发的新产品投入市场,但产品能否得到市场认可仍是个未知数。管理层预测,如果新产品成功,公司的收入和利润将增长,一年后公司价值为 15 000 万元;如果新产品失败,公司价值将只有 8 000 万元。公司的融资方式有股权融资和混合融资,1 年后需偿还到期债务 10 000 万元。假设破产成本为破产前公司价值的 20%,请分析破产成本对公司价值的影响。

第一,不考虑财务危机成本,计算 1 年后新产品成功与否对股东和债权人的影响(见表 7-10)。

表 7-10 股权价值与债务价值(不考虑财务危机成本) 单位:万元

项目	股权融资(无负债)		混合融资(股权+债务融资)	
	成功	失败	成功	失败
债务价值	—	—	10 000	8 000
股权价值	15 000	8 000	5 000	0
公司价值	15 000	8 000	15 000	8 000

在表 7-10 中,如果新产品成功,公司价值为 15 000 万元。在全部股权融资的情形下,股东拥有全部的公司价值。如果项目失败,虽然股东会遭受损失,但公司不必立即承担法律后果。在混合融资的情形下,公司必须支付 10 000 万元到期债务,剩余 5 000 万元归股东所有。如果新产品失败,公司价值为 8 000 万元。在混合融资的情形下,到期债务(10 000 万元)大于公司价值(8 000 万元),公司陷入破产境地。此时,债权人得到价值 8 000 万元的资产,股东则一无所得。

SSM 公司新产品成功与失败的概率相等,资产创造的现金流量与经济状况无关,新产品的系统风险等于 0,由此资本成本等于无风险利率。如果无风险利率为 6%,1 年后公司价值的现值计算如下:

$$无负债股权价值 = \frac{15\ 000 \times 0.5 + 8\ 000 \times 0.5}{1 + 6\%} = 10\ 849(万元)$$

$$有负债公司股权价值 = \frac{5\ 000 \times 0.5 + 0 \times 0.5}{1 + 6\%} = 2\ 358(万元)$$

$$有负债公司债务价值 = \frac{10\ 000 \times 0.5 + 8\ 000 \times 0.5}{1 + 6\%} = 8\ 491(万元)$$

上述计算结果表明,无负债公司价值等于无负债股权价值 10 849 万元,有负债公司价值等于 10 849 万元(2 358+8 491)。这表明在不考虑所得税、财务危机成本的条件下,有负债公司价值和无负债公司价值相等。

第二,考虑财务危机成本,新产品对股权价值和债务价值的影响。如果新产品失败,公司价值小于到期债务价值,公司将被迫破产。在这种情形下,由于存在破产成本和财务危机成本,公司将损失一部分资产价值,债权人得到的价值稍低于 8 000 万元。假设 SSM 公司财务危机成本等于破产前公司价值的 20%,则公司财务危机成本为 1 600 万元,计算考虑财务危机成本对股权价值和债务价值的影响(见表 7-11)。

表 7-11　股权价值与债务价值(考虑财务危机成本)　　　　　　单位:万元

项目	股权融资(无负债)		混合融资(股权+债务融资)	
	成功	失败	成功	失败
债务价值	—	—	10 000	6 400
股权价值	15 000	8 000	5 000	0
投资者价值	15 000	8 000	15 000	6 400

在表 7-11 中,如果新产品失败,财务危机成本将使混合融资下的公司价值低于股权融资下的公司价值。

第三,计算财务危机成本对公司价值的影响。表 7-11 与表 7-10 的区别在于最后一栏考虑了财务危机成本。根据表 7-10 数据计算得到,无负债公司价值或股权价值为 10 849 万元,有负债公司的股权价值为 2 358 万元;考虑财务危机成本,有负债公司的债务价值为:

$$有负债公司债务价值 = \frac{10\,000 \times 0.5 + 6\,400 \times 0.5}{1 + 6\%} = 7\,736(万元)$$

在混合融资的情形下,有负债公司价值为 10 094 万元(2 358+7 736),相比股权融资下公司价值减少 755 万元(10 849-10 094),等于新产品失败时公司付出的 1 600 万元财务危机成本的现值,即:

$$PV(财务危机成本) = \frac{0 \times 0.5 + 1\,600 \times 0.5}{1 + 6\%} = 755(万元)$$

三、代理成本权衡理论

Jensen and Meckling(1976)认为,不同的融资契约与不同的代理成本相联系,最佳资本结构就是当债务的边际代理成本与股权的边际代理成本相等(即债务代理成本和股权代理成本之和最小)时的负债结构。

(一)债务代理成本

当股东向债权人借入资本后,两者便形成一种委托—代理关系。资本一旦进入公司,债权人就基本上失去了控制权,股东可能通过管理者为使自身利益最大化而伤害债权人的利益。除财务危机下股东和债权人间矛盾与冲突引起的非效率投资产生的破产成本外,债务代理成本还表现为资产替代和债权侵蚀。

1. 资产替代

资产替代(asset-substitution)是指公司负债融资时可能导致的股东与债权人之间的利益冲突引起的投资选择问题,即公司将贷款投资于一个较高风险(相对于获得贷款的投资风险)的项目,使贷款的实际风险增大,从而降低贷款的价值,或者说公司用高风险投资项目替代低风险投资项目,从而侵蚀债权人利益的行为。

【例 7-7】　XYZ 公司投资 7 000 万元建一家工厂,现有两种方案,预期现金流量及期望值如表 7-12 所示。项目的资本来源有两种方式:(1)全部发行股票融资。(2)混合融资,一是发行零息债券 4 000 万元,所得税税率为 25%;二是留存收益 3 000 万元。

在不同的融资条件下,投资方案对股东与债权人的财富有什么影响?如果你是公司的股东,你会选择哪种方案?如果你是公司的债权人,你会选择哪种方案?

表 7-12　XYZ 公司项目投资方案　　　　　　　　　　　　　　　单位：万元

方案	现金流量		期望值
	不利($p=0.5$)	有利($p=0.5$)	
A	5 000	10 000	7 500
B	2 500	11 500	7 000

第一，从股东的角度分析，发行股票融资，选择方案 A 可使股东价值增加 500 万元（7 500－7 000），选择方案 B 对股东价值无影响。在这种情形下，股东会选择方案 A。采取混合融资，不同投资方案现金流量和期望值如表 7-13 所示。尽管方案 B 的风险大于方案 A，但其期望值也大于方案 A，如果不考虑其他因素，股东会选择方案 B。

表 7-13　XYZ 公司混合融资下的股东现金流量和期望值　　　　　单位：万元

方案	股东现金流量		期望值
	不利($p=0.5$)	有利($p=0.5$)	
A	1 000(5 000－4 000)	6 000(10 000－4 000)	3 500
B	0	7 500(11 500－4 000)	3 750

第二，从债权人的角度分析。债权人将选择方案 A。因为不论未来的经济状态如何，债权人都可收回债务到期值 4 000 万元。如果选择方案 B，在经济不利的条件下，债权人只能得到 2 500 万元，贷款的期望值为 3 250 万元（0.5×2 500＋0.5×4 000）。因此，债权人不可能选择"现在出资 4 000 万元，1 年后期望值为 3 250 万元"的方案 B。

在混合融资的条件下，股东与债权人对投资项目的选择会发生矛盾，债权人希望选择方案 A，股东希望选择方案 B。由于债权人很难监督公司的投资行为，股东可能会先许诺选择风险较小的方案 A 以发行债券（以较低的利率获得债务资金），之后却选择风险较大的方案 B，将财富从债权人处转移到股权持有者。对于这种资产替代效应，理性的债权人不但知道而且可以根据公司负债状况做出预期，为防止股东获得贷款后进行风险投资，债权人只能同意现在提供 3 250 万元、未来要求获得 4 000 万元。这样，公司股东将不得不提供 3 750 万元为项目融资。在表 7-13 中，选择方案 A，股东只能得到 3 500 万元；选择方案 B，股东可获得 3 750 万元，刚好等于投入成本。这样，XYZ 公司的股东无法从任一方案中获利。如果债权人能够预期股东的风险替代动机（即用方案 B 代替方案 A），为降低资产替代带来的风险，其要求的贷款利率将高达 23.08%［(4 000－3 250)/3 250］。

2. 债权侵蚀

债权人在发放贷款时，通常假定债务人（公司）事后不会发行或借贷具有同一次序或更优次序债券或贷款。如果公司债务人（或股东）事后违约，发行新债券以通过增加财务杠杆来提高利润，那么原来风险较低的债券就会变成风险较高的债券，从而导致旧债券的价值下降。假设发行新债券前，债券投资者要求的收益率为 10%，发行新债后，风险加大，投资者要求的收益率提高到 12%，旧债券按 12%折现后的价值随折现率的上升而下降。

为防止股东做出侵蚀债权人的行为，理性的债券持有者不是被动的，一旦意识到公司股东会牺牲他们的利益去最大化股东的利益，就会采取相应的措施预防股东机会主义行为的发生。这主要表现在：第一，在签订债务契约时，债券持有者会反复推敲契约条款，对借款公司的行为进行种种限制；在签订契约后，债券持有者还会进行必要的监督、审查。所有这些都将增加债务成本，如提高贷款利率。第二，为防止公司股东滥用权力、转嫁危机风险,债权人会对公司的投资行为做出种种限制,以防止债务人伺机转移资产,损害债权人的利益。这些限制条款会给公司的资金运行带来一定的困难。第三,如果债权人认为公司发生财务危机的概率较大,就会提高贷款利率予以补偿,从而降低股东价值或公司价值。

(二) 股权代理成本

股权融资的代理成本产生于股东与管理者的代理冲突。Jensen and Smith(1985)指出,股东与管理者的冲突主要表现在直接侵蚀股东财富和间接侵蚀股东财富两个方面。前者如高薪与在职消费;后者表现为由"管理者帝国建造"引起的过度投资,以及由管理者的风险态度和任期观念引起的投资不足等非效率投资行为对股东财富的影响。

1. 直接代理成本——高薪与在职消费

Jensen and Meckling(1976)首次对股东和管理者直接侵蚀股东财富进行了理论描述。他们认为只要管理者拥有的公司股份低于100%,他就有可能对两种行为进行权衡:第一,提高公司价值,从而相应地提升所持股票的价值,如投资一些产生正现金流量的项目,降低运营成本;第二,获取非货币收益,如在职消费、过度津贴、偷懒行为等。当管理者选择前一种行为的边际收益等于放弃后一种行为的边际(机会)成本时,他的效用可以达到最大。如果市场上的理性投资者预期到管理者的第二种行为,就会自动降低对公司的估值,降低的价值也可视为代理成本。

2. 间接代理成本——非效率投资

股东与管理者的代理冲突对股东财富的间接影响集中在投资行为上,主要表现为"管理者帝国建造"偏好、风险规避偏好以及任期观念产生的非效率投资行为,其结果都可能损害股东利益。

第一,"管理者帝国建造"偏好。管理者之所以会偏好"管理者帝国建造",是因为他们追求的地位、权力、薪酬、特权和升迁等均与公司规模成正比。这样,管理者就有动机去扩大公司规模,而不管规模扩大是否符合股东财富最大化原则。例如,管理者可以通过过度的内部扩张、降低或停止发放现金股利、并购等方式一味地扩大规模。这种规模扩大行为可能与股东利益最大化原则相矛盾。

第二,管理者风险规避偏好。对于公司投资者来说,由于他们持有证券组合从而会分散大部分公司特有风险,因此外部投资者更关心市场风险。对于管理者来说,由于他们的财富大部分来自特定公司的人力资本投资,其风险是不可分散的。如果公司经营不善、破产会使管理者失去工作,由此公司管理者比股东更加厌恶风险。在进行投资决策时,管理者会更倾向于相对安全的计划,从而在一定程度上忽视增加公司价值的机会。例如,管理者可能做出有助于公司多元化经营的投资决策,但这未必符合股东的最大利益。

第三,管理者任期观念。相对于公司无限存续期,管理者在位期限是有限的,这一冲突可能导致管理者投资水平低于最优水平,即投资不足。由于管理者的权利仅限于任期,从自身利益最大化的角度考虑,管理者更倾向于关注短期利益,从而做出"短期行为"。例如,研究与开发等从长期看可以给公司带来可观的收益、增加公司价值,但如果这种效益在管理者可预见的任期内无法实现,管理者就会降低研发支出、减少机器设备维修投入、减少对品牌忠诚度和职工培训等无形资产方面的投入,将资金用于虽对公司价值贡献较小但在短期内易于实现的项目,致使公司价值产生潜在损失。理性的投资者认识到管理者具有逃避责任、投资分散和投资不足的动机,他们会预测这些决策所产生的巨大影响并纳入股票价值。这样,公司因这些决策所遭受的损失等于外部股权融资的代理成本,从而提高了公司股权融资成本。

在实务中,解决股东和管理者间代理冲突的主要方式是激励与监督。前者主要指对管理者进行适当的激励(如工资、奖金、认股权证和额外津贴),后者主要指通过契约约束管理者、审计财务报表和直接限制管理者的决策等。不论是激励措施还是监督措施都要支付一定的费用,表现为一定的代理成本。

(三) 代理成本与资本结构

在确定资本结构时,公司应充分考虑债务与股权代理成本的存在。不过,债务融资也可能会减少公司的代理成本,这主要表现在:

第一,减少股东监督经营者的成本。只要公司发行新债,潜在的债权人就会仔细分析公司的情况以确定债务的公允价格,于是每发行一次新债,现有债权人和股东就能免费享受一次外部"审计"。这种外部审计降低了为确保代理人(经营者)尽职尽责而耗费的监督成本。

第二,举债并用借款回购股票会从两方面减少股权融资代理成本。(1)用债券回购股票一方面减少了公司股份,另一方面减少了公司现金流量中归属于股东的部分。经营者必须用大量的现金偿还债务,归属于债权人的份额得以增加,这意味着能被经营者用来"在职消费"或支配的现金流量减少了。(2)如果经营者已经持有部分股权,公司增加负债后,经营者的持股份额就会相对上升,即便他们所拥有股权的资产量没有改变。这样会促使经营者为股东利益而工作,因为债务融资将经营者和股东的利益紧密地联系在一起,由此成为减少代理成本的一个工具。

第三,举债引起的破产机制会减少代理成本。如果公司发行债券融资,鉴于偿债压力和破产风险,经营者必须努力工作,如果公司经营不好或破产倒闭,或成为兼并的目标公司,其结果是经营者被解职或被逐出经理人市场。从某种意义上说,负债融资可以说是一种"无退路"的融资方式,经营者为了保证在职好处会努力追求公司价值最大化。

债务融资与股权融资引致的代理成本对公司价值的影响主要表现在:当一个公司增加负债时,债务代理成本会随之增加,公司价值和股票价值有时会随之下降(额外的负债成本是很昂贵的);但与此同时,公司股权融资代理成本会降低,这会引起公司价值和股票价值的上升。最后的结果取决于以上两种作用哪个更大。

为分析代理成本对公司资本结构的影响,詹森和梅克林(Jensen and Meckling,1976)将公司资本分成三类,分别是由管理者持有的内部股权、由公司外部股东持有的股权和由公司债权人持有的债务。与此相对应,公司代理成本分为两类,分别是与外部股权资本有关的代理成本 $A_{so}(E)$ 和与债务资本有关的代理成本 $A_{B}(E)$。图 7-6 描述了资本结构与代理成本的关系。在图 7-6 中,外部股权资本的代理成本是负债率的减函数,债务资本的代理成本是负债率的增函数。总代理成本 TAC 曲线代表外部股权和负债各种融资组合的代理成本。在给定公司规模和外部融资额的条件下,当股权融资的边际代理成本等于债务融资的边际代理成本时,总代理成本最低,此时的资本结构为最优资本结构。

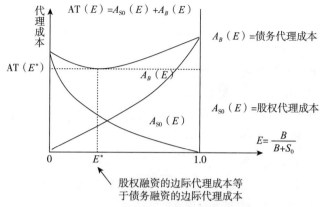

图 7-6　资本结构与代理成本的关系

四、信息不对称理论

从信息经济学的角度来说,代理理论研究的是事后的道德风险(moral hazard)问题,信息不对称理论研究的是事前的逆向选择(adverse selection)问题。代理成本理论讨论的是减少道德风险的激励问题,信息不对称理论讨论的是资本结构对投资者的信号作用。

(一)信号传递理论

在 MM 理论中,假设投资者和管理者在获得公司信息的能力与可能性上是均等的。但事实上,公司管理者更了解公司的内部经营情况,掌握着投资者无法知道的信息,这就是所谓的信息不对称性。

在资本结构理论中,Ross(1977)保留了 MM 理论的全部假设,仅仅放松了关于充分信息的假设。Ross 假设公司管理者对公司的未来收益和投资风险有着充分的信息,而投资者没有这些信息,只能对管理者采取激励和监督措施,通过管理者传递信息来间接评估公司市场价值。

假设某公司有一项新的投资计划,项目成功后公司价值预计增长 30%。出于商业秘密或证券法等原因无法向投资者说明项目的具体细节,外部投资者只能根据公司传递的信息进行投资决策。管理层如何向市场传递有关公司前景的"好消息"?解决这一问题的策略之一是使公司承担大量的债务偿付义务。如果公司管理层传递的信息是正确的,那么公司未来就能偿付债务;如果公司管理层发布虚假信息,夸大未来增长前景,最终将导致公司无法偿付债务,一旦公司破产,最先遭受损失的就是公司管理层,他们可能会失去工作。因此,Ross 认为在任何债务水平上,低质量公司都拥有更高的边际预期破产成本,低质量公司管理者不会仿效高质量公司进行过多的债务融资。认识到一点,投资者相信除非公司管理层确信公司未来有较大的成长机会,否则不会举债经营。投资者将财务杠杆水平的提高视为管理层信心的一个可靠信号,可以凭借公司债务融资比率判断公司预期市场价值的高低或公司质量,从而确定自己的投资组合。

公司债务期限也可以起到信号传递作用。Flannery(1986)认为,当公司拥有关于其前景的私有信息时,其所有的证券将被错误定价。相对于短期债务,长期债务对公司价值变动更敏感,即长期债务被错误定价的程度高于短期债务。如果债务市场不能辨别公司质量的优劣,价值低估(高质量)的公司就会选择定价偏离程度较低的短期债务,而价值高估(低质量)的公司就会选择定价偏离程度较高的长期债务。理性投资者在估价风险性债务时会意识到这种现象,并根据公司债务期限结构判断公司质量的高低。信号传递假说认为,高质量公司偏好选择短期债务向市场传递其质量类型的信号。因此,公司质量与债务期限负相关。

Leland and Pyle(1977)提出在信息不对称情况下,为了使投资项目融资能够顺利进行,借贷双方必须交流信息。他们认为,这种交流可以通过信号的传递来完成。例如,如果掌握了内部信息的经理也进行项目投资,这本身就向贷方传递了一个信号,即项目本身包含"好消息"。也就是说,经理的投资意愿本身就可以作为项目质量好的信号。通常,投资者认为项目质量是经理所持股份的函数,经理持有股份越多,预示着投资项目的价值越多。不仅如此,公司举债越高,经理持股比例越多,预示着公司质量越好,因为大多数经理是风险规避者,只有投资项目的真实收益大于所承担的风险,他们才会进行投资。因此,债务融资给市场传递的信号一般是"好消息"。

Myers and Majluf(1984)在 Ross 理论的基础上,进一步考察信息不对称对公司投资活动及融资方式的影响。他们认为,在信息不对称的条件下,管理者(内部人)比投资者(外部人)更了解公司收益和投资的真实情况。外部人只能根据内部人所传递的信号来重新评价投资决策,而公司的融资结构、股利政策等是内部人传递信号的手段。假设公司为投资新项目必须寻找新的融资方式,为简化只考虑债务融资或股权融资两种情况。管理者比潜在投资者更知道投资项目的实际价值,如果项目的净现值为正,说明项目具有较好的获利能力,此时代表老股东利益的管理者不愿意发行新股以免将新项目的投资收益转让给新股东。投资者知道管理者这种行为模式后,自然会把发行新股当成"坏消息",在有效市场假设下,投资者会根据项目价值重新进行估值,从而影响投资者对新股的出价。

根据上述各种理论,投资者应进一步考察信息不对称对公司投资的影响。假设某公司流通在外的普通股为 10 000 股,股票市场价值为 20 万元,即每股市价 20 元。公司经理比股东掌握着更多的、更准确的有关公司前途的信息,认为公司现有资产的实际价值为 25 万元,此时股东与经营者之间存在信息不对称性。再假设公司需融资 10 万元开发一个项目,预计项目净现值为 5 000 元(项目净现值增加了股东价值)。投资者对这个项目没有预期,因而 5 000 元的净现值尚未计入 10 万元的公司股票市价。公司是否应接受新项目?现分几种情况加以说明。

第一,发行股票时,信息是对称的。对于现存资产的情况,所有投资者与经营者有着同样的信息,股票市价应为每股 25 元。因此,公司应发行 4 000 股(100 000/25)新股为项目融资。接受项目投资会使股价升到每股 25.36 元,并使新老股东同时受益。

$$新股价 = \frac{原股票实际价值+新增资金+项目净现值}{原股数+新股数}$$

$$= \frac{250\ 000+100\ 000+5\ 000}{10\ 000+4\ 000} = 25.36(元/股)$$

第二,发行股票时,信息是不对称的。投资者并不了解公司的实际情况,而公司经理出于某种原因(如为了保持公司的竞争力或证监委不允许公司在股票发行前向外透露风声以推销股票)不能告诉投资者股票的实际价值。这时,股价仍为每股 20 元,公司不得不发行 5 000 股(100 000/20)新股融资 10 万元。如果接受新项目,就会产生新的股票价格,当信息不对称的状况得以改变后,公司股票价格为:

$$新股价 = \frac{250\ 000+100\ 000+5\ 000}{10\ 000+5\ 000} = 23.67(元/股)$$

在这种情况下,公司不可能通过发行新股融资实施项目。因为当信息不对称状况改变后,股价会上升到每股 25 元,而按每股 20 元发行股票后的每股市价为 23.67 元,以至于公司老股东每股损失 1.33 元、新股东每股得益 3.67 元。

第三,如果股东认为公司价值为 20 万元,而公司经理认为外部投资者对公司增长前景的估计过于乐观,那么公司股票的市场价值仅为 18 万元。这可能是因为公司为执行政府有关污染控制的法规,需投入巨额资金购买没有任何收益的污染处理设备,或者需投入巨额资金研究开发新产品。这一切都会减少公司的边际利润和现金流量,严重时会导致公司股价大幅下跌,再想筹措公司生存必需的资金将会万分困难。在这种情况下,如果经理决定以每股 20 元发行新股 10 000 股,筹措资金 20 万元,并用这些资金支撑当年度的资本预算或偿还债务,那么从表面上看,股票价格仍为每股 20 元,但实际价值则为每股 19 元。

$$新股价(实际价值)=\frac{180\ 000+200\ 000}{10\ 000+10\ 000}=19(元/股)$$

如果公司经理的预测得到证实,公司股东就会遭受损失,但公司发行新股会减少损失,因为新股东将承担部分风险。

如果公司举债 100 000 元为项目融资,信息不对称状况就会改变,新股价为:

$$新股价=\frac{250\ 000+5\ 000}{10\ 000}=25.5(元/股)$$

如果举债融资,新项目的剩余价值就应归属于老股东。如果债券有抵押担保且保护性条款,信息不对称对负债价值就没有影响,因此一些经济学家把举债融资称为"安全"融资。

在一个信息不完备的债务市场上,项目的风险水平是不可观测的,债权人无法区分债务人的好坏,由此会设定一个相对较高的利率水平以弥补这种风险。随着利率的上升,质量较好的公司将被挤出市场,这会提高贷款的违约概率,降低贷款人的预期利润。最终的结果是,贷款人会设定一个促使贷款需求明显高于供给的利率水平,从而限制了公司在债务市场上的融资能力。相对于股权融资,以商业银行为主要代表的债权人,通常拥有较高的专业技术水平,有能力向公司要求更多的融资信息,从而减少信息不对称程度。这样,债权人在债务融资中的逆向选择问题相对较小。按照额外风险必须有额外收益作为补偿的原则,投资者有权向融资者要求逆向选择的风险溢价,由此股权投资要求的收益率会高于债权投资的收益率。这样,公司在股权市场上融资的成本会高于在债务市场上的融资成本。

(二)优序融资理论

Myers and Majluf(1984)放宽 MM 理论的完全信息假定,以不对称信息理论为基础,考察不对称信息对融资成本的影响。他们认为股权融资会传递公司经营的负面信息,因为在投资者看来,公司发行新股可能是缘于股价被高估,或公司前景暗淡,出于保护自身利益的考虑,投资者会抛售股票,造成股价下跌,结果使股权融资成本较高。相对来说,在发行债券融资的情形下,债券价值被错估的可能性较小,但是发行债券会使公司受到财务危机风险的约束。Myers and Majluf(1984)指出,如果公司利用留存收益为新项目融资,不发行新股融资,就不存在信息不对称问题,所有净现值为正的项目都会被公司采纳。在此基础上,Myers(1984)提出了信息不对称条件下的优序融资理论(pecking order theory),公司融资一般会遵循内部融资、债务融资、股权融资的先后顺序。也就是说，公司需要融资时，首先会采用内部融资（主要指留存收益），然后是外部融资。在外部融资中，公司选择的融资方式的顺序是从安全债务到有风险债务，比如从有抵押的高等级债务到可转换债券或优先股，股权融资则是最后的选择。如果公司内部产生的现金流量超过投资需求，多余现金将用于偿还债务而不是回购股票。这个推论与美国 1965—1982 年公司融资结构基本相符，该期间内公司内部累积资本占总资本的 61%，债务融资占 23%，新发行股票年均仅占 2.7%。

将留存收益作为公司融资的首选，其原因在于：一是公司管理层十分注重财务的灵活性（债务融资会降低财务的灵活性）和控制权的稀释（债券附有限制性条款，而增发新股会降低内部持股在股权总额中的占比），管理层将留存收益视为资本的最佳来源；二是留存收益的发行成本几乎为零，而外部资本的使用成本较大。

作为可选择的外部融资方式，债务融资优于股权融资。从信息效应来看，股票发行的信息不对称程度高于债券发行，从而导致股票发行的负面效应强于债券发行。相对而言，发行债券，特别是不含转换、赎回条款的纯债券，其信息不对称程度较弱，市场反应的负面程度也较弱。

优序融资理论认为，一些经营好的公司负债率低，不是因为这些公司的目标负债率低，而是因为高收益的公司有足够的内部融资资源，而低收益的公司只能依靠外部融资且不断积累债务。优序融资理论认为，不存在明确的目标负债率，当实际的现金流量、股利和投资机会出现不平衡时，负债率就会发生变化，而债务的税收效益、财务危机成本、代理成本等因素在融资排序中并不重要。

第三节 目标资本结构调整

一、资本成本法

目标资本结构一般是指资本成本最低或公司价值最大时的资本结构。以资产负债率代表资本结构，目标资本结构分析最常用的方法是估计不同负债水平的资本成本，以寻找最低负债水平下的资本结构。

【例 7-8】 假设你被 BOE 公司聘请为财务顾问，并对公司债务水平是否合适进行评估，目前收集到的公司信息如下[①]：

（1）公司当前股票价格为 32.25 元/股，流通在外的普通股为 10.10 亿股，股票 β 系数为 1.02；未清偿债务账面价值为 75.35 亿元，债务平均到期期限为 10 年；短期国债利率为 4.5%，长期政府债券利率为 5%，股票市场风险溢价为 6.5%。

（2）公司当前息税折旧摊销前利润为 34 亿元，折旧和摊销费为 15 亿元，资本支出为 15.84 亿元，未清偿债务利息支出为 4.84 亿元；公司信用评级为 AA，根据评级确定的利率为 5.5%，公司所得税税率为 35%。

（3）其他有关数据通过计算得到。在估计债务的市场价值时，通常将公司所有的债

---

① 资料来源：http：//pages.stern.nyu.edu/~adamodar/；〔美〕爱斯华斯·达莫德伦，2011，《公司财务：理论与实务》，北京：中国人民大学出版社。为简化，对一些数据和货币单位进行了简化与修正。

务(银行借款和公司债券)视为一张债券。根据债券的面值、利率、期限计算债务价值(现值)如下:

$$债务价值 = 4.84 \times \frac{1-(1+5.5\%)^{0-10}}{5.5\%} + \frac{75.35}{(1+5.5\%)^{10}} = 80.59(亿元)$$

股票市场价值 = 32.25×10.10 = 325.73(亿元)

公司市场价值 = 325.73+80.59 = 406.32(亿元)

资产负债率 = 80.59/406.32 = 19.83%

股权资本成本 = 5%+1.02×6.5% = 11.63%

税后债务成本 = 5.5%×(1-35%) = 3.575%

加权平均资本成本 = 3.575%×19.83%+11.63%×(1-19.83%) = 10.03%

(4) 计算不同负债水平下的股权资本成本。利用资本资产定价模型计算股权资本成本,无风险利率采用长期政府债券利率(5%),风险溢价为 6.5%。当前负债 β 系数为 1.02,为计算不同负债水平下的 β 系数,首先将有负债 β 系数调整为无负债 β 系数($D/E=0$),然后以无负债 β 系数为基础,根据不同负债水平和有效税率调整 β 系数。不同负债水平下的股权资本成本如表 7-14 所示。

表 7-14 不同负债水平下的股权资本成本

资产负债率(%)	负债/股东权益(%)	负债(亿元)	有效税率(%)	负债 β 系数	股权资本成本(%)
0	0.00	0.00	35.00	0.8787	10.71
10.0	11.11	4 063.19	35.00	0.9421	11.12
20.0	25.00	8 126.39	35.00	1.0215	11.64
30.0	42.86	12 189.58	35.00	1.1235	12.30
40.0	66.67	16 252.77	35.00	1.2594	13.19
50.0	100.00	20 315.97	32.73	1.4697	14.55
60.0	150.00	24 379.16	21.82	1.9091	17.41
70.0	233.33	28 442.35	18.70	2.5454	21.55
80.0	400.00	32 505.54	16.37	3.8182	29.82
90.0	900.00	36 568.74	14.55	7.6363	54.64

在表 7-14 中,不同负债水平下的 β 系数计算如下:

$$\beta_{D/E=0} = \frac{1.02}{1+(1-0.35)\times 80.59/325.73} \times [1+(1-0.35)\times 0] = 0.8787$$

$$\beta_{D/E=11.11\%} = 0.8787 \times [1+(1-0.35)\times 11.11\%] = 0.9422$$

其他各项指标的 β 系数计算方法以此类推。注意,表 7-14 中数据利用 Excel 计算,与手工计算结果有误差。

(5) 计算不同负债水平下的债务资本成本。公司债务成本主要与信用评级有关,信用评级越低,公司违约或破产的可能性越大,债务成本就越高。债券信用评级与许多财务指标有关,通常的方式是构造一套复杂的模型来预测债券信用评级。标准普尔评级的美国公司和欧洲公司(金融机构除外)的样本统计结果表明,45%以上的评级差异可以用利息保障倍数给以解释。在实务中,财务经理一般基于利息保障倍数调整公司的资本结构。由于利息保障倍数无须任何预期估值,只涉及利息和息税前利润或息税折旧摊销前利润,可以较准确地衡量信用质量。表7-15列示了不同利息保障倍数信用评级与利率、违约率和违约风险溢价的关系，其中违约风险溢价等于利率减去长期政府债券利率。

表 7-15　信用评级与利率、违约率和违约风险溢价的关系

利息保障倍数		信用评级	利率（%）	违约率（%）	违约风险溢价（%）
低	高				
-100 000	0.199999	D	15.00	100.00	10.00
0.20	0.649999	C	12.50	80.00	7.50
0.65	0.799999	CC	11.00	65.00	6.00
0.80	1.249999	CCC	10.00	50.00	5.00
1.25	1.499999	B-	9.25	32.50	4.25
1.50	1.749999	B	8.25	26.36	3.25
1.75	1.999999	B+	7.50	19.28	2.50
2.00	2.499999	BB	7.00	12.20	2.00
2.50	2.999999	BBB	6.50	2.30	1.50
3.00	4.249999	A-	6.25	1.41	1.25
4.25	5.499999	A	6.00	0.53	1.00
5.50	6.499999	A+	5.80	0.40	0.80
6.50	8.499999	AA	5.50	0.28	0.50
8.50	100 000	AAA	5.20	0.01	0.20

注：违约率数据参阅奥尔斯曼和Kishore的研究，爱斯华斯、达莫德伦，《公司财务理论与实务》，中国人民大学出版社2001年版。

根据【例7-8】的数据，公司当前的利息保障倍数计算如下：

$$利息保障倍数 = \frac{息税前利润}{利息} = \frac{34-15}{4.84} = 3.93$$

BOE公司的信用评级为AA，但如果仅基于利息保障倍数计算的信用评级则为A-，以此确定的利率为6.25%。为计算不同负债水平下的利息保障倍数，需重新评估不同负债水平下的利润水平（见表7-16）。

表 7-16　不同负债水平下的利润水平

资产负债率	息税折旧摊销前利润（百万元）	折旧（百万元）	利息（百万元）	税前利润（百万元）
0	3 400	1 500	0	1 900
0.1	3 400	1 500	211	1 689
0.2	3 400	1 500	508	1 392
0.3	3 400	1 500	853	1 047
0.4	3 400	1 500	1 625	275
0.5	3 400	1 500	2 032	-132
0.6	3 400	1 500	3 047	-1 147
0.7	3 400	1 500	3 555	-1 655
0.8	3 400	1 500	4 063	-2 163
0.9	3 400	1 500	4 571	-2 671

基于表 7-16 的数据,确定不同负债水平下的利息保障倍数、信用评级、利率和债务资本成本(见表 7-17)。

表 7-17 不同负债水平下的债务资本成本

资产负债率	利息保障倍数	信用评级	利率(%)	有效税率(%)	税后债务资本成本(%)
0	3.93	AAA	5.20	35.00	3.38
0.1	8.99	AAA	5.20	35.00	3.38
0.2	3.74	A-	6.25	35.00	4.06
0.3	2.23	BB	7.00	35.00	4.55
0.4	1.17	CCC	10.00	35.00	6.50
0.5	0.94	CCC	10.00	32.73	6.73
0.6	0.62	C	12.50	21.82	9.77
0.7	0.53	C	12.50	18.70	10.16
0.8	0.47	C	12.50	16.37	10.45
0.9	0.42	C	12.50	14.55	10.68

需要说明的是,表 7-16 和表 7-17 存在循环计算问题,即利率被用于计算利息保障倍数,又根据利息保障倍数确定信用评级和利率。解决这一问题可采用 Excel 函数,循环引用和反复"迭代"运算,直到用于计算利息的利率(表 7-16 中第 4 列)和根据利息保障倍数确定的利率(表 7-17 中的第 4 列)达到一致,即可完成运算。如果利息费用超过息税前利润,那么用于计算税后债务成本的税率应调整如下:

$$有效税率 = 名义税率 \times \min\left[1, \frac{息税前利润}{利息费用}\right] \quad (7-25)$$

在不同的负债水平下(10%—90%)重复这一计算过程,就可以得到不同负债水平下的债务资本成本。

(6)计算加权平均资本成本。综合上述数据,可以确定 BOE 公司不同负债水平下的资本成本、公司价值和股票价格(见表 7-18)。

表 7-18 不同负债水平下的资本成本、公司价值和股票价格

资产负债率	信用评级	债务资本成本(%)	股权资本成本(%)	加权资本成本(%)	公司价值(百万元)	股票价格(元/股)
0	AAA	3.38	10.71	10.71	38 056	29.70
0.1	AAA	3.38	11.12	10.35	39 386	31.02
0.2	A-	4.06	11.64	10.12	40 263	31.88
0.3	BB	4.55	12.30	9.98	40 858	32.47
0.4	CCC	6.50	13.19	10.51	38 778	30.41
0.5	CCC	6.73	14.55	10.64	38 311	29.95
0.6	C	9.77	17.41	12.83	31 779	23.48
0.7	C	10.16	21.55	13.58	30 024	21.75
0.8	C	10.45	29.82	14.33	28 452	20.19
0.9	C	10.68	54.64	15.08	27 037	18.79

不同负债水平下的公司价值是指当前公司价值加上改变资本结构对公司价值的影响值。假设不考虑增长率，表 7-18 中公司价值的计算公式为：

$$公司价值 = 当前公司价值 + (WACC_{当前} - WACC_{变化后}) \times \frac{当前公司价值}{WACC_{变化后}} \quad (7-26)$$

不同负债水平下的股票价格是指当前股票价格加上改变资本结构对股票价格的影响值。假设不考虑增长率，表 7-18 中股票价格的计算公式为：

$$股票价格 = 当前股票价格 + \frac{(公司价值_{改变后} - 公司价值_{当前})}{流通在外股数} \quad (7-27)$$

根据表 7-18 和表 7-19 的数据，BOE 公司最优资本结构是负债率为 30%，此时资本成本最低，公司价值最大（见表 7-19）。将公司负债率从当前的 19.84% 提高到 30%，此时资本成本由 10.03% 下降到 9.98%，公司价值由 406.32 亿元上升到 408.58 亿元，预计股票价格由 32.25 元/股上升到 32.47 元/股；但是，公司的信用评级由 AA 降为 BB，这意味着公司风险加大了。公司是否要提高负债水平，还需在风险和收益之间进行权衡，因为在 30% 的最佳负债率下，BOE 公司债券评级已低于投资级。多数经理不愿意看到公司信用评级下降、违约风险上升，这会提高公司再融资的难度和成本。

表 7-19 分析结果比较

项目	当前	最佳	变化
资产负债率(%)	19.84	30.00	10.16
股票 β 系数	1.02	1.12	0.10
股权资本成本(%)	11.63	12.30	0.67
税前利率(%)	5.50	7.00	1.50
WACC(%)	10.03	9.98	-0.06
信用评级	AA	BB	—
公司价值(百万元)	40 632	40 858	226.21
股票价格(元/股)	32.25	32.47	0.22

在采用上述方法估计 BOE 公司不同负债水平下的资本成本和公司价值时，还要注意以下因素的影响：

第一，在上述计算中，假设以利息保障倍数作为评估公司信用评级的标准，可能会遗漏影响公司信用评级的其他因素，如公司的管理水平、履约情况、发展能力与潜力等定量和定性指标。如果将这些因素纳入分析，就要修正通过财务指标分析获得的信用评级，以反映评级机构的主观要求。

第二，在计算不同负债水平下的债务利息时，假设现存债务会以资本结构变动后的新利率被重新借入。例如，BOE 公司现存未清偿债务面值（80.59 亿元）的信用评级为 AA、利率为 5.5%。如果将公司负债率提到最佳负债率 30%，则信用评级为 BB、利率为 7%，在这一条件下，BOE 公司将按 7% 的利率计算现存全部债务的利息。采用这一假设的原因：一是债券持有者可以行使债券合约中的保护性条款，出售债券给公司并获得票面价值；二是能够从价值计算中消除"财富转移"效应（当债务增加时，股东会从债券持有者手中牟取财富），利用当前利率计算债务，将"财富转移"因素纳入公司的最优资本结构中。

在实务中，不同负债水平下的利息可以分为两部分：一是现存债务利息，二是新增债

务按新的利率计算。例如,当负债率为30%时,债务利息计算如下:

债务利息 = 484+7%×(12 189.53-8 059) = 773(百万元)

第三,上述计算假设息税折旧摊销前利润(EBITDA)不受债券信用评级的影响。如果随着债券信用评级的降低,息税折旧摊销前利润会受到负面影响,那么当加权平均资本成本最低时,公司价值或许不会达到最大。因此,我们有必要将息税折旧摊销前利润看作债务信用评级的函数,据此确定不同负债水平下的公司价值。

二、调整现值法

调整现值法(APV)是依据权衡理论,以无负债公司价值为基础,估计不同负债水平下的减税效应和破产成本对公司价值的影响,据此确定最优资本结构。

【例7-9】 假设BOE公司要求采用调整现值法估计不同负债水平下的公司价值和最佳资本结构。

(1)确定无负债公司价值。目前,BOE公司市场价值为406.32亿元(325.73+80.59),所得税税率为35%,估计公司破产概率为0.28%,破产成本为无负债公司价值的30%。

负债利息抵税价值可以看作公司所得税税率的函数,并且用特定的折现率进行折现以反映公司现金流量的风险。如果公司负债抵税价值永久存在,就可以根据公式(7-16)计算得出。本例中,BOE公司当前负债利息抵税价值计算如下:

负债利息抵税价值 = 负债×所得税税率 = 80.59×35% = 28.21(亿元)

公司的破产成本现值一般与破产概率和破产成本有关,根据公式(7-24),BOE公司破产成本为:

破产成本现值 = 0.28%×30%×(406.32-28.21) = 0.32(亿元)

根据公式(7-23),无负债公司价值计算如下:

无负债BOE公司价值 = 406.32-28.21+0.32 = 378.43(亿元)

(2)估计不同负债水平下的利息抵税价值(见表7-20)。采用永续年金法估计利息抵税价值的现值,如果公司的利息费用超过息税前利润,则采用降低的所得税税率。

表7-20 负债利息抵税价值

资产负债率	负债(百万元)	税率(%)	无负债公司价值(百万元)	利息抵税价值(百万元)
0	0	35.00	37 843	0
0.1	4 063	35.00	37 843	1 422
0.2	8 126	35.00	37 843	2 844
0.3	12 190	35.00	37 843	4 266
0.4	16 253	35.00	37 843	5 688
0.5	20 316	32.73	37 843	6 650
0.6	24 379	21.82	37 843	5 320
0.7	28 442	18.70	37 843	5 320
0.8	32 506	16.73	37 843	5 320
0.9	36 569	14.55	37 843	5 320

（3）计算不同负债水平下的破产成本。根据债券信用评级、破产概率或违约率等估计公司破产成本价值（见表7-21）。

表 7-21 不同负债水平下预计破产成本

资产负债率	信用评级	利息保障倍数	违约率（%）	预期破产成本（百万元）
0	AA	3.9256	0.28	31.79
0.1	AAA	8.9925	0.01	1.14
0.2	A-	3.7409	1.41	160.08
0.3	BB	2.2267	12.20	1 385.05
0.4	CCC	1.1690	46.61	5 291.57
0.5	CCC	0.9352	46.61	5 291.57
0.6	C	0.6235	80.00	9 082.29
0.7	C	0.5344	80.00	9 082.29
0.8	C	0.4676	80.00	9 082.29
0.9	C	0.4157	80.00	9 082.29

表7-21中的信用评级、利息保障倍数取自表7-17的数据，违约率取自表7-15的数据。表7-21数据表明，信用评级越低，违约概率越大，破产成本越高。

（4）综合负债的利息抵税价值和破产成本，可以估计有负债公司价值（见表7-22）。

表 7-22 有负债公司价值   单位：百万元

资产负债率	无负债公司价值	利息抵税价值	预计破产成本	有负债公司价值
0	37 843	0	32	37 811
0.1	37 843	1 422	1	39 264
0.2	37 843	2 844	160	40 527
0.3	37 843	4 266	1 385	40 724
0.4	37 843	5 688	5 292	38 240
0.5	37 843	6 650	5 292	39 201
0.6	37 843	5 320	9 082	34 081
0.7	37 843	5 320	9 082	34 081
0.8	37 843	5 320	9 082	34 081
0.9	37 843	5 320	9 082	34 081

上述计算结果表明，负债率为30%时BOE公司价值最大，这与资本成本法的分析结果一致。但是，调整现值法对破产成本占公司价值比例、破产概率的变动都十分敏感。

在实践中，也可以将公司的负债率与同行业公司负债率的均值或中位数进行比较。这一方法的基本假设是：同一行业中的公司具有可比性，并且都处于或接近最佳经营状态。然而，这两个假设在现实中并不完全正确。处于同一行业的公司有着不同的产品组合、不同程度的经营风险、不同的税率、不同的项目投资收益，虽然存在行业平均水平，但整个行业的平均负债率也许并不处于或接近最佳水平。当然，在研究中也可与相似公司进行比较。相似公司的传统定义是指与研究所分析的公司处于同一行业的、具有相同规模的公司，公司的其他特征（如风险、成长性、现金流量）最好能够相互匹配。

三、资本结构调整方式

以负债率(负债/资产总额)代表资本结构。当实际负债率偏离目标负债率时,公司是快速调整还是在未来一段时间内逐步调整负债率?快速调整负债率虽然可以即时获得目标(最佳)负债率带来的财务杠杆利益,从而降低资本成本,提高公司价值;但是,突然改变负债率,可能会影响公司的经营策略。不仅如此,公司目标负债率被错误估计,也会给公司带来风险。在实践中,一般根据目标负债率(TL^*)来确定偏离目标负债率的上限(TL_U)和下限(TL_L),只有负债率偏离上下限时才进行调整。在图7-7中,负债率在B点(或C点)时,公司会向下(或向上)调整负债率,负债率在A点时不做调整,并允许公司在一定范围内暂时偏离目标负债率。实践表明,公司会积极地管理资本结构,并将负债率保持在一定范围之内,当实际负债率偏离目标值的上下限时,公司会采取一定方式进行调整。实证研究表明,公司按目标负债率调整有一两年的时滞,因为股价波动性和交易成本会使即时调整不现实且成本高昂(Martynova and Renneboog,2009)。

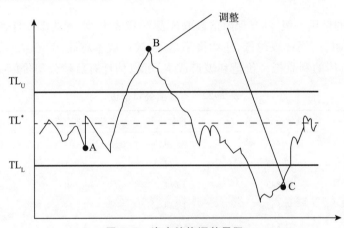

图7-7 资本结构调整界限

资本结构设置是公司财务决策中一项比较复杂的工作,虽然理论上存在最佳资本结构,但实践中并没有公认的答案。一种通用的方法是使资本结构达到某种标准,例如特定的信用评级、利息保障倍数,或者其他的显示年现金流入相对于利息等固定支出保持着"安全缓冲"的指标。如果负债率偏离目标负债率上下限或某种特定标准(如利息保障倍数、信用评级),公司可调整财务政策和经营政策使其趋近于目标值,调整方式如图7-8。

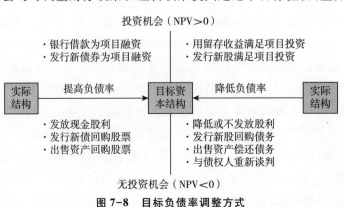

图7-8 目标负债率调整方式

【例7-10】 MMS公司当前资产负债率分别为14.29%（市场价值）和29.41%（账面价值）。为估计未来五年的资产负债率，做出如下假设：(1)公司当前营业收入、净利润、资本支出、折旧（见表7-23）预期每年按5%增长，公司经营性营运资本占营业收入的2%；(2)公司税前债务资本成本为5.75%，所得税税率为25%，股利支付率为22.07%；(3)公司无负债β系数为0.9239，无风险利率为3.5%，市场风险溢价为5.5%。结合表7-23"当前"栏的数据，预期未来每年的资产负债率。

表7-23　MMS公司资产负债率预测基础数据　　　金额单位：万元

	当前	1	2	3	4	5
股东权益（账面价值）	48 000	52 910	58 052	63 437	69 076	74 981
股东权益（市场价值）	120 000	129 626	140 027	151 269	163 420	176 557
负债	20 000	20 385	20 803	21 256	21 746	22 277
资产负债率（市场价值）(%)	14.29	13.59	12.93	12.32	11.74	11.20
资产负债率（账面价值）(%)	29.41	27.81	26.38	25.10	23.94	22.91
营业收入	45 000	47 250	49 613	52 093	54 698	57 433
经营性营运资本	900	945	992	1 042	1 094	1 149
资本支出	7 000	7 350	7 718	8 103	8 509	8 934
加：经营性营运资本变化		45	47	50	52	55
减：折旧	2 000	2 100	2 205	2 315	2 431	2 553
减：净利润	6 000	6 300	6 598	6 910	7 236	7 577
加：股利	1 324	1 390	1 456	1 525	1 597	1 672
新增债务	324	385	418	453	490	531
负债β系数	0.9011	1.0328	1.0268	1.0213	1.0161	1.0113
股权资本成本(%)	8.46	9.18	9.15	9.12	9.09	9.06
增长率(%)		5.00	5.00	5.00	5.00	5.00
股利支付率(%)	22.07	22.07	22.07	22.07	22.07	22.07

表7-23中有关项目的计算公式为：

$$股东权益（账面价值）_t = 股东权益_{t-1} + 净利润_t - 股利_t \quad (7-28)$$

$$股东权益（市场价值）_t = 股东权益_{t-1} \times (1+股权资本成本_t) - 股利_t - 股票回购_t \quad (7-29)$$

采用上述公式计算原因在于股权资本成本也可衡量股票预期收益，而股利支付和股票回购则会降低公司流通在外股票的价值。

$$负债价值_t = 未清偿债务_{t-1} + 新增债务_t \quad (7-30)$$

在按市场价值计算资产负债率时，由于公司负债很少上市交易，也可以采用负债账面价值代替负债市场价值。

营业收入、资本支出、折旧按年增长率5%计算，经营性营运资本按营业收入的2%计算。

$$净利润_t = 净利润_{t-1} \times (1+增长率) - 利率 \times (1-所得税税率) \times (债务_t - 债务_{t-1}) \quad (7-31)$$

年股利按照股利支付率22.07%计算，年负债β系数根据无负债β系数、债务与股权比率和所得税税率计算，股权资本成本采用资本资产定价模型计算。

预测期的资本支出、经营性营运资本等资金需求，首先使用内部资金（留存收益、折旧),不足部分使用债务融资。从表 7-23 可以看出,在整个预测期内,按市场价值计算的资产负债率为 11.20%—13.59%,按账面价值计算的资产负债率为 22.91%—27.81%。总体来看,资产负债率呈下降趋势,原因在于在预测期内转化为股东权益的留存收益(净利润扣除股利)大于新增债务。假设 MMS 公司按账面价值估计的目标资产负债率为 40%,公司将采取什么方式进行调整?

(1)提高股利支付率。股利增加会在两个方面提高公司负债率:一是增加了年债务融资需求;二是减少了股权预期价值增值。假设预测期的股利支付率由当前的 22.07% 升至 60%,在其他因素不变的情况下,预测期内按账面价值计算的资产负债率为 31.07%—36.88%,基本上接近目标负债率 40%,有关数据如表 7-24 所示。

表 7-24　MMS 公司资产负债率(股利支付率=60%)　　金额单位:万元

	当前	1	2	3	4	5
股东权益(账面价值)	48 000	50 520	53 118	55 795	58 551	61 387
股东权益(市场价值)	120 000	127 335	135 289	143 918	153 289	163 471
负债	20 000	22 775	25 737	28 897	32 271	35 871
资产负债率(市场价值)(%)	14.29	15.17	15.98	16.72	17.39	17.99
资产负债率(账面价值)(%)	29.41	31.07	32.64	34.12	35.53	36.88
营业收入	45 000	47 250	49 613	52 093	54 698	57 433
资本支出	7 000	7 350	7 718	8 103	8 509	8 934
加:经营性营运资本变化	0	45	47	50	52	55
减:折旧	2 000	2 100	2 205	2 315	2 431	2 553
减:净利润	6 000	6 300	6 495	6 692	6 891	7 090
加:股利	1 324	3 780	3 897	4 015	4 134	4 254
新增债务	324	2 775	2 962	3 161	3 373	3 600
负债 β 系数	0.901 1	1.047 8	1.055 7	1.063 0	1.069 8	1.076 0
股权资本成本(%)	8.46	9.26	9.31	9.35	9.38	9.42
增长率(%)		5.00	5.00	5.00	5.00	5.00
股利支付率(%)	22.07	60.00	60.00	60.00	60.00	60.00

(2)回购股票。与股利增加相同,回购股票增加了对债务的需求,同时减少了股东权益,从而提高了公司的负债率。在表 7-25 中,假设 MMS 公司年回购 3.5% 流通在外股票,第 3 年公司资产负债率超过 40%,第 5 年公司资产负债率高达 50.35%。这表明,股票回购可能会更快地提高公司负债率。

表 7-25　MMS 公司资产负债率(年股票回购率=3.5%)　　金额单位:万元

	当前	1	2	3	4	5
股东权益(账面价值)	48 000	48 366	48 606	48 693	48 600	48 293
股东权益(市场价值)	120 000	125 272	130 960	137 101	143 735	150 907
负债	20 000	24 929	30 249	35 999	42 222	48 965
资产负债率(市场价值)(%)	14.29	16.60	18.76	20.80	22.71	24.50
资产负债率(账面价值)(%)	29.41	34.01	38.36	42.51	46.49	50.35
营业收入	45 000	47 250	49 613	52 093	54 698	57 433

(续表)

	当前	1	2	3	4	5
资本支出	7 000	7 350	7 718	8 103	8 509	8 934
加:经营性营运资本变化	0	45	47	50	52	55
减:折旧	2 000	2 100	2 205	2 315	2 431	2 553
减:净利润	6 000	6 300	6 402	6 493	6 570	6 630
加:股利	1 324	1 390	1 413	1 433	1 450	1 463
加:股票回购		4 544	4 750	4 973	5 213	5 473
新增债务	324	4 929	5 320	5 750	6 223	6 743
负债β系数	0.9011	1.0615	1.0837	1.1055	1.1271	1.1483
股权资本成本(%)	8.46	9.34	9.46	9.58	9.70	9.82
增长率(%)		5.00	5.00	5.00	5.00	5.00
股利支付率(%)	22.07	22.07	22.07	22.07	22.07	22.07

注:第 t 期股票回购=回购率×[第 $t-1$ 期股东权益×(1+第 t 期股权资本成本)−第 t 期股利],其中的股东权益按市场价值计算。

(3)增加资本支出。除通过增加股利或回购股票提高负债率外,也可以通过举债项目投资、收购其他公司等扩大公司规模来提高负债率。假设 MMS 公司新项目投资、并购活动的年资本支出从 5%增至 65%,相应的折旧增至 10%。在这种情况下,MMS 公司负债率第 5 年达到40.32%(见表 7–26)。通过增加资本支出提高负债率,前提条件是公司必须有足够好的投资项目或并购项目,否则过度投资可能会遭受风险。

表 7–26　MMS 公司资产负债率(资本支出增长率=65%)　　　　金额单位:万元

	当前	1	2	3	4	5
股东权益(账面价值)	48 000	52 910	57 895	62 948	68 062	73 229
股东权益(市场价值)	120 000	129 790	140 589	152 499	165 631	180 107
负债	20 000	25 063	30 439	36 144	42 192	48 600
资产负债率(市场价值)(%)	14.29	16.18	17.80	19.16	20.30	21.25
资产负债率(账面价值)(%)	29.41	32.14	34.46	36.48	38.27	39.89
营业收入	45 000	47 250	49 613	52 093	54 698	57 433
资本支出	7 000	12 128	12 734	13 371	14 039	14 741
加:经营性营运资本变化	0	45	47	50	52	55
减:折旧	2 000	2 200	2 420	2 662	2 928	3 221
减:净利润	6 000	6 300	6 397	6 485	6 563	6 630
加:股利	1 324	1 390	1 412	1 431	1 448	1 463
加:股票回购		0	0	0	0	0
新增债务	324	5 063	5 376	5 705	6 049	6 408
负债β系数	0.9011	1.0577	1.0739	1.0881	1.1004	1.1109
股权资本成本(%)	8.46	9.32	9.41	9.48	9.55	9.61
增长率(%)		5.00	5.00	5.00	5.00	5.00
股利支付率(%)	22.07	22.07	22.07	22.07	22.07	22.07

相对于提高负债率,降低负债率的难度会更大。因为负债率越高,违约风险越大,再融资的可能性或难度就越大。假设 MMS 公司估计的目标负债率为 20%(按账面价值计算),该公司可以采用降低股利支付率,用留存收益、发行新股为新项目融资、支付收购资金、偿还债务;也可以出售部分资产偿还债务,或者发行股票回购债券等。这些方式都可以降低负债率。表 7-27 的数据表明,当股利支付率由 20.07% 降至 5% 时,公司可以用留存收益偿还债务,使资产负债率逐年下降,第 3 年基本达到目标负债率,但随后降至 16.31%。如果希望保持 20% 的负债率,公司随后两年应调高股利支付率,而不是在预测期内保持不变。

表 7-27　MMS 公司资产负债率(股利支付率 = 5%)　　　　　　金额单位:万元

	当前	1	2	3	4	5
股东权益(账面价值)	48 000	53 985	60 298	66 957	73 982	81 396
股东权益(市场价值)	120 000	130 658	142 186	154 659	168 152	182 745
负债	20 000	19 310	18 557	17 736	16 840	15 863
资产负债率(市场价值)(%)	14.29	12.88	11.54	10.29	9.10	7.99
资产负债率(账面价值)(%)	29.41	26.35	23.53	20.94	18.54	16.31
营业收入	45 000	47 250	49 613	52 093	54 698	57 433
资本支出	7 000	7 350	7 718	8 103	8 509	8 934
加:经营性营运资本变化	0	45	47	50	52	55
减:折旧	2 000	2 100	2 205	2 315	2 431	2 553
减:净利润	6 000	6 300	6 645	7 009	7 395	7 804
加:股利	1 324	315	332	350	370	390
新增债务	324	-690	-753	-821	-896	-977
负债 β 系数	0.9011	1.0263	1.0143	1.0034	0.9933	0.9840
股权资本成本(%)	8.46	9.14	9.08	9.02	8.96	8.91
增长率(%)		5.00	5.00	5.00	5.00	5.00
股利支付率(%)	22.07	5.00	5.00	5.00	5.00	5.00

目标负债率既可以按账面价值确定,也可以按市场价值计算。在【例 7-10】中,由于 MMS 公司股票市场价值远远大于账面价值,按市场价值计算的负债率低于按账面价值计算的负债率。因此在调整时,公司应充分考虑市场价值变化对负债率的影响,确定一个可行的目标负债率。

需要注意的是,不论是提高或降低股利支付率,还是发行债券回购股票或发行股票回购债券等,都会向市场传递有关公司的信息。

首先,降低股利支付率通常会释放项目投资资金,但股市通常会将降低股利支付率解读为未来现金流量下降的信号,其结果是公司宣告降低股利支付率或停发股利当天会引发股票价格下跌。其次,一些机构投资者会预期公司每年都会发放股利,一旦停发股利就会迫使他们将资产组合中的一部分变现,导致不必要的交易成本。除非管理层有非常令人信服的理由说明股利将用于未来的投资机会(NPV>0),否则投资者很可能会对降低股利支付率的行为做出负面反应。最后,降低股利支付率虽然降低了负债率,但同时会减小财务杠杆,降低利息减税收益;减少股利以提高留存收益也可能导致经营者的无效投资。

与降低股利支付率不同,投资者通常将增加股利解读为公司未来收益和现金流长期前景利好的信息,一般来说对股票市场具有正效应。但是,股利增加也可能意味着公司未来的投资机会较少,有可能导致股价下跌。

根据资本结构信号理论,不同的融资方式传递的信号也是不同的,而发行股票一般会向市场传递股票被高估的信号。因此,在宣告发行股票后,短期内股价会下跌,尽管股票的实际价并没有下降。与发行股票不同,投资者对发行债券的解读要正面得多。实证研究表明,在宣告发行债券后,股价波动基本上是持平的。

与股票发行的信号效应不同,投资者一般把股票回购视为正向信号,其原因在于:第一,股票回购通常暗示管理层认为股票价格被低估了,因为如果股票价格被高估,管理层就应当偿还债务;第二,股票回购表明管理层确信未来现金流足以支持未来的投资资金需求或偿还债务;第三,股票回购意味着公司不可能将超额现金用于非效率投资。因此,当公司宣告股票回购时,股票价格一般会上升。

不论这些信号传递的是正面信息还是负面信息,都会导致短期价格反应。信号效应带来的一个结果是,公司很难立即将资本结构调整至所期望的目标水平。事实上,公司资本结构是一个动态的、不断调整的过程,很难维持一个严格的目标资本结构。诸如宏观经济、商业周期、资本市场,特别是利率、汇率、通货膨胀率等的变化不仅会影响公司股票或债券的发行时机、发行规模、融资方式等,还会影响公司的资本成本和现金流量,从而使资本结构偏离目标值。鉴于不同的调整方式带来的交易成本和信号效应,公司不可能立刻将资本结构调整到目标值,而采用推迟和渐进的方式进行调整。

四、实践中资本结构的设置

(一)资本结构决策的影响因素

在实务中,公司财务经理设置资本结构所要考虑的几个因素可用其首字母的缩略词 FRICTO 来描述。FRICTO 分别代表:灵活性(flexibility),即公司后续发展中的融资弹性;风险性(risk),即财务杠杆对公司破产和股东收益变动的影响;收益性(income),即债务融资对每股收益或股东收益水平的影响;控制权(control),即公司融资与决策权在新旧股东、债权人和经营者间分配的相互作用;时间性(timing),即公司发行证券的时机选择;其他因素(other),其他有关因素。

Graham and Harvey(2002)调查了美国 392 名公司财务经理(CFO),了解他们如何进行资本预算和融资决策。在资本结构决策中,请 CFO 对决定公司负债率的最重要的变量进行排序,排序标准是 0—4 的一组数字,其中 0 表示完全无关,4 表示非常重要。调查结果(见图 7-9)有助于理解这样一个问题:到底是权衡理论还是优序融资理论对公司债务决策产生影响?根据权衡理论,举债可以获得利息减税效应。调查结果表明,大约 44.9%的 CFO 认为债务减税效应是融资决策的重要因素,或者说应交所得税高的公司可能出于降低税赋的考虑而采取债务融资,而这些 CFO 所在公司一般是大型、高杠杆、低风险、规范化、支付股利的制造业企业;只有 4.5%的公司表示个人所得税是影响债务决策重要或非常重要的因素。关于破产成本对债务决策的影响,仅有 21.4%的 CFO 认为潜在的财务危机成本(破产成本)是重要或非常重要的因素。实际上,有 59.4%(57.1%)的 CFO 认为财务灵活性(信用评级)是影响债务决策的重要或非常重要的因素。这表明,避免财务危机是公司债务决策中最重要的因素之一。为保持财务灵活性,大部分公司保留了未使用的举债能力,拥有"投资级"债券(占样本量50%以上)的公司,信用评级是决定债务政策中一个非常重要的因素。48.1%的CFO认为,收入稳定性是制定债务政策中一个重要或非常重要的因素。Graham and Harvey(2002)的调查结果基本上符合权衡理论,即当公司破产的可能性较大时要维持较少的负债。

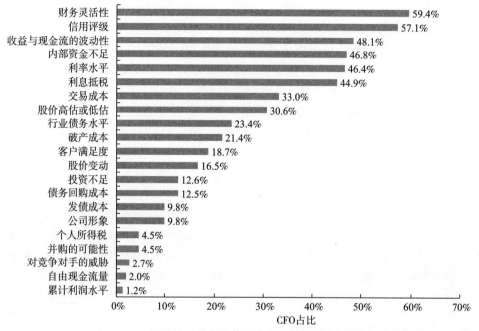

图7-9 债务决策因素的问卷调查

Graham and Harvey (2002)还向CFO调查有关公司是否存在一个最佳或者"目标性"的目标负债率。大约19%的CFO所在公司不设置目标资本结构或债务率区间,大约37%的CFO所在公司设置较灵活的目标资本结构,34%的CFO所在公司设置稍严格的目标资本结构,仅10%的CFO所在公司设置严格的目标资本结构。在上述调查中,1/3以上的公司设置目标资本结构,这意味着如果实际资本结构偏离目标资本结构,公司就可能采取一定的方式将资本结构调整至目标资本结构。

(二)信用评级与资本结构

在实务中,为了保持债务市场融资能力,大多数公司的信用评级通常保持在BBB以上。图7-10列示了标准普尔对资本市值超过10亿美元的所有美国公司和欧洲公司的信用评级的分布。标准普尔按公司信用质量评级,从AAA(最高)到C(违约)的水平,其中BBB-及以上水平的评级就是所谓的投资级。大多数公司(样本公司的75%)的评级位于A+至BBB-,由于信用评级具有长期稳定性,因此大多数公司不会轻易超出这个范围。低于BBB-评级的公司承担的利率相当高,融资弹性受到限制,特别是在信贷紧缩时期。

公司信用评级的高低不仅会影响债券发行规模,还会影响银行贷款、商业信用的获得。因此,信用评级很大程度地决定了公司利用债务市场融资的能力。如果信用评级低于投资级(BBB),公司进行债务融资的机会就非常小,因为很多投资者会拒绝购买非投资级债券,而且银行也会拒绝向违约风险高的公司发放贷款。所以,高信用评级的公司会提高负债率。

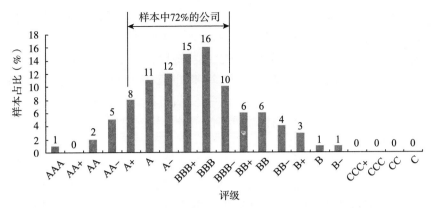

图7-10 资本市值超过10亿美元的美国公司和欧洲公司的信用评级

资料来源：蒂姆·科勒、马克·戈德哈特特,《价值评估：公司价值的衡量与管理》,高建等译.北京：电子工业出版社,2007。

信用评级不仅是评估债券投资性的指标,还是公司与股东沟通的重要因素。自20世纪90年代以来,评级已成为股票投资者衡量公司健康状况的重要指标。因此,管理者有必要向投资者解释是否可以或如何保持目前的信用评级。

(三) 产品生命周期与资本结构

20世纪80年代中后期之前,在研究资本结构决定因素时,研究者通常把产品市场上的产量、定价、行业特点等视为外生变量,并假设这些变量不会对公司资本结构产生影响。随着产业组织理论的发展,人们又将产业组织理论的研究成果应用于资本结构的研究,其中将行业特征、产品生命周期与资本结构相联系成为研究方向之一。Bender and Ward (2003)认为,在整个产品生命周期延续的过程中,公司经营风险在下降,财务风险却在上升。利用经营风险和财务风险的反向搭配,公司可以制定产品生命周期各阶段的融资策略。据此,他们提出了产品不同生命周期的资本结构策略,如图7-11所示。

成长期	引入期
·经营风险高 ·财务风险低 ·股权融资（增长型投资者） ·股利支付较低 ·增长率高 ·市盈率（P/E）高 ·股价增长高且呈一定的波动率	·经营风险很高 ·财务风险很低 ·股权融资（风险投资） ·股利支付为零 ·增长率很高 ·市盈率（P/E）很高 ·股价增长高且波动率高
成熟期	衰退期
·经营风险中等 ·财务风险中等 ·债务和股权融资（留存收益） ·股利支付高 ·增长率中等/低 ·市盈率（P/H）中等 ·股价稳定且波动率较低	·经营风险低 ·财务风险高 ·债务融资 ·股利支付百分百 ·增长率为负数 ·市盈率（P/E）中等 ·股价下跌且具有波动率

图7-11 企业不同生命周期的财务政策

资料来源：Ruth Bender and Keith Ward, 2002, *Corporate Financial Strategy* (2nd Edition), Elsevier Butterworth-Heinemann.

Myers(1977)把公司资产分为当前业务和增长机会,当前业务附属担保价值高,增长机会附属担保价值低。债权人通常在借贷契约中严格约束公司投资高风险项目,从而与股东产生利益冲突。因此,负债率高不利于公司投资增长机会,或者说公司增长机会与负债率负相关。一些实证研究也证实,增长机会(以市值/账面值衡量)与负债率具有显著的负相关关系,即企业的增长机会越多,负债率越低,而且短期债务多,长期债务少。Hovakimian et al.(2001)认为,公司应当使用更多的债务融资支持当前业务,使用股权融资支持增长机会。

资本结构决策是公司财务决策中一项比较复杂的工作,虽然理论上存在最佳资本结构,但实践中很难找到。人们根据公司运作的现实情况,得出一些经验数据。例如,西方国家一般认为,公司负债率不应超过50%,否则将使公司潜在投资者对投资的安全性产生顾虑,也使实际债权人产生债权难以得到保证的危机感。因此,50%的资产负债率被视为公司负债过度与否的"标准线"。

本章小结

1. 财务杠杆是收益两步放大过程的第二步,第一步是经营杠杆放大了销售量变动对息税前利润的影响;第二步是利用财务杠杆进一步放大前一步导致的息税前利润变动对每股收益变动的影响。

2. MM 理论认为,如果不存在公司所得税和破产风险,公司总价值和资本成本与资本结构无关;如果考虑公司所得税,有负债公司价值等于无负债公司价值加上减税收益价值的现值。

3. 财务危机成本包括直接成本和间接成本。前者指破产时对公司价值的负面影响;后者一般指公司发生财务危机但尚未破产,为防止股东通过非效率投资或资金抽逃方式将风险从股东转移给债权人,将财富从债权人转移给股东。

4. 外部股权资本的代理成本是财务杠杆比率的减函数,债务资本的代理成本是财务杠杆比率的增函数。总代理成本曲线显示了外部股权和债务融资各种组合的代理成本,在给定公司规模和外部融资量时,总代理成本最小对应的财务杠杆比率为最优资本结构,而且股权融资的边际代理成本等于债务融资的边际代理成本。

5. 根据优序融资理论,公司应按以下顺序融资:首先是内部积累资金;如果需要外部融资,公司将先进行债务融资,直到因债务增加而引起公司陷入财务危机的概率达到危险区时才发行股票融资。

6. 公司会积极地管理资本结构,并将负债率保持在一定范围之内,当实际负债率偏离目标值的上下限时,公司会采取一定方式进行调整。实证研究表明,公司按目标负债率调整有一两年的时滞,因为股价波动性和交易成本会使即时调整不现实且成本高昂。

基础训练

1. Graham(2000)通过案例和大样本考察债务对公司价值的影响,研究发现:(1)一般而言,公司利息减税价值为公司市场价值的 9.7%;(2)大公司、盈利状况良好、流动性好、处于稳定行业、面临更小破产成本的公司的债务政策较为保守,大约有 44%的公司即使将抵税利息支出提高 1 倍也不会导致边际税率下降,仍能享受利息的减税功能。美国公司为什么采取如此保守的债务政策?是因为公司宁愿支付更多的税费,也不愿意获得更多的利息减税价值,还是因为资本结构还存在许多尚不为人知的不解之谜?

2. 你被 ABC 公司聘请为财务顾问,并评估公司债务水平是否合适,目前收集到的公司信息如下:

(1) 发行股票 100 000 股,每股价格为 20 元,股票的 β 系数为 1.15;

(2)公司未清偿债务为 500 000 元,目前信用评级为 BBB,BBB 级债券利率为 7%,国债利率为 5%;

(3)公司的边际税率为 25%。

你进一步收集了债务增加影响公司信用评级的数据如表 1 所示。

表 1 债务信用评级与利率

债务增加(现有的 500 000 元除外)(元)	新的信用评级	利率(%)
500 000	BB	7.50
1 000 000	B	8.50
1 500 000	B−	10.50
2 000 000	C	11.00

请根据上述资料回答下列问题:

(1)公司应当承担多少额外债务?

(2)债务增加之前、之后的加权平均资本成本分别是多少?

(3)公司承担新债务之后的股价是多少?

(4)你正在考虑一个投资项目,每年可以产生的收益(持续到永久)如表 2 所示,项目风险与目前公司资产风险相近。如果投资项目需要 450 万元,它的净现值是多少?

表 2 利润表 单位:元

销售收入	1 000 000
销售成本	400 000
其中:折旧	100 000
息税前利润	600 000
利息	35 000
税前利润	565 000
所得税	141 250
税后利润	423 750

3. NBS 公司最近为一系列问题所困扰,公司陷入财务危机困境,能否偿付其发行的债券也很成问题,如果公司现在破产,普通股东就会一无所得。虽然公司的财务资源有限,但是其现金流量(主要来自折旧)足以承担两个互斥投资项目之一。两个项目的投资额各为 1.5 亿元,预期寿命均为 10 年。项目的市场风险相同,但由收益离散程度衡量的总风险不同。各项目年税后现金流量如下表所示。

投资项目现金流量 单位:万元

概率	项目 A	项目 B
0.5	3 000	1 000
0.5	3 500	5 000

假设两个项目的风险等于公司所有项目的平均值,公司加权平均资本成本为 15%。根据上述资料计算分析下列问题:

(1)各项目的预期年现金流入量是多少?

(2)计算两个项目的现金流量标准差,说明哪个项目的总风险较大。

(3)分别计算两个项目在不同概率条件下的净现值以及加权平均净现值。

(4)假如你是公司股东,你会选择哪个项目?为什么?

(5)债券持有者希望经理选择哪个项目?为什么?

(6)如果投资决策会引起利益冲突,为了防止公司选择不利于债券持有者的决策,债券持有者有何保护措施?

(7)谁来承担保护措施的成本?这与公司负债和最佳资本结构有什么关系?

4. ABC 公司的有关资料如下表所示。

收入(万元)	6 000	债务	1 200
成本(万元)	4 500	股东权益	8 800
息税前利润(万元)	1 500	总计	10 000

ABC 公司正在考虑将资本结构中的负债率提高到 60%,通过发行债券回购股票来改变资本结构,资本总额保持不变。目前股票按账面价值每股 25 元交易,发行债券前后的利率均为 9%,公司所得税税率为 25%。

要求：
(1) 负债率提高到 60%,公司需发行多少新债回购股票？
(2) 计算发行新债回购股票前后的普通股股数。
(3) 计算资本结构改变前后的每股收益。
(4) 计算资本结构改变前后的财务杠杆系数。
(5) 如果息税前利润下降 5%,资本结构改变前后的每股收益会发生什么变化？

5. XYZ 公司无负债,其财务基本数据如表 1 所示。

表 1　XYZ 公司财务基本数据

资产(账面价值=市场价值)(元)	3 000 000
息税前利润(元)	500 000
股权资本成本(%)	10
股票价格(P_0)(元)	15
流通股股数(n)(股)	200 000
所得税税率(%)	25

公司正考虑发行债券同时回购部分股票。公司负债 900 000 元,与风险相对应,股东要求的收益率(即股权资本成本)将升至 10.66%。债券可以按 7% 的利率发行。XYZ 公司是零增长型公司,全部收益用于股利分配,并且各期收益保持不变。

请根据上述资料回答下列问题：
(1) 采用这一财务杠杆对公司价值产生的影响是多少？
(2) 发行债券回购股票后,公司股价是多少？股票回购后的股价计算公式为：

$$P_1 = \frac{\text{公司价值(股票回购后)} - \text{债务初始值(回购前)}}{\text{初始普通股股数(回购前)}}$$

(3) 根据问题(2)计算回购股数,分析资本结构调整对公司每股收益产生的影响。
(4) 假设最初给出的 500 000 元息税前利润的概率分布期望值如表 2 所示。在债务等于 0、债务等于 900 000 元的水平下,公司每股收益的概率分布各是多少？哪个概率分布的风险更高？确定每种负债水平下利息保障倍数(TIE)的概率分布,哪个概率分布下 900 000 元债务的利息可能得不到补偿？

表 2　XYZ 公司息税前利润的概率分布

概率	息税前利润(元)
0.1	-100 000
0.2	200 000
0.4	500 000
0.2	800 000
0.1	1 100 000

 **案例分析**

假设你刚到一家咨询公司工作,上司要求你评估第四章案例分析所选择的上市公司的剩余债务融资能力。

1. 登录相关网站,获取相关信息。

2. 按账面价值计算公司的资产负债率和债务/股权比率。资产负债率指有息债务与总资产的比率。有息债务指资产负债表中的长期债务和短期债务(或一年内到期的长期债务),不包括应付账款、其他应付款等无息债务。

3. 根据第四章案例分析所确定的公司股票 β 系数、无风险利率、风险溢价等因素,估计公司股权资本成本。

4. 根据有息债务与股权资本比率、所得税税率等确定无负债公司 β 系数。

5. 假设所得税税率为25%,将无负债公司 β 系数调整为有负债公司 β 系数,计算股权资本成本。

6. 根据股权资本成本、债务资本成本、账面债务与股权比率确定公司加权平均资本成本。如果能确定股权与债务的市场价值比率,同时计算市场权重下的加权平均资本成本。

7. 如果公司发行新债10亿元回购股票,计算股票回购数量和股票价格。根据公司当前股票价格,增加债务并回购股票是一个好主意吗?公司主管可能会提出哪些你在分析中并没有考虑的问题?

8. 公司宣告发行债券回购股票会向市场传递什么信号?假如公司管理层认为未来有一个净现值大于0的投资项目,但投资者并未预期该项目的预期收益,那么当公司宣告发行新股时,股票市场价格会发生什么变化?假如公司发行债券为新项目融资,那么当公司宣告发行债券时,股票价格会发生什么变化?比较股权融资与债务融资对公司、投资者和管理层的影响。

第八章 股利政策

[学习目的]
- 掌握现金股利与股票股利的概念
- 熟悉股票回购与股票分割对公司价值和投资者收益的影响
- 了解股利政策无关论和税收差别理论的基本思想
- 理解股利政策与公司价值、税收、代理成本、交易成本的关系等基本思想
- 掌握股利政策的决定因素及其在实务中的基本做法

从 1976 年布莱克提出"股利之谜",到 2001 年法玛和弗仁奇提出"消失的现金股利之谜",经济学家给出了种种解释,但迄今仍未达成共识。观察股利政策的实践,可以发现公司收益的分配方式各不相同。美国通用汽车公司多年来一直奉行稳定的股利政策,1982 年对股票进行分割,并把股利从每股 5 元上升到每股 6 元,这一决定的宣布使公司股价升值了 5%。微软公司 1986 年上市,直到 2003 年才开始分红,2004 年 7 月宣布向在册股东一次性派发现金股利 320 亿美元,同时计划在以后的 4 年内回购价值 300 亿美元股票。但许多公司不断降低股利支付率,甚至很少支付支付现金股利。据投资银行摩根士丹利估计,美国 500 家最大公司的股利支付率已从 1990 年的 50% 以上降至 30% 左右,即所谓的"股利消失"现象。作为现金股利的替代方式,股票回购起源于 20 世纪 50 年代的美国,在 20 世纪 70 年代后快速发展。70 年代尼克松政府为扭转经济下行的趋势,限制上市公司发放现金股利,使得股票回购增多,回购成为发放股利的主要形式。2018 年,美股标普 500 指数成分股回购规模与其走势趋同,刷新历史高位。2018 年上半年美国上市公司宣告约 6 800 亿美元的股票回购,超过 2017 年 5 300 亿美元的纪录。与此相同,中国 A 股公司回购规模近年来逐渐扩大,2018 年 A 股回购规模达 617 亿元,2019 年截至 8 月 4 日的回购金额已达 1 057.7 亿元。商业贸易板块回购规模领先,美的集团、永辉超市等个股回购额居前。美股和中国 A 股股票回购公司均表现出较高的盈利能力且相对较低的估值水平,股票回购公司营业收入增速、净利润增速均高于相应股市的整体水平。

第一节 股利支付方式

一、现金股利

股利作为股东的一种财产权利,是股东获取投资报酬的重要形式之一。以现金支付股利是公司最常采用的股利支付形式。一旦公司宣布发放股利,股利就会成为公司一项不可撤销的负债。

现以青岛啤酒发放现金股利为例,说明现金股利发放程序。根据青岛啤酒股份有限公司 2016 年 7 月 4 日发布的 2015 年度 A 股利润分配实施公告,公司将以 2015 年度末总股本 1 350 982 795 股为基数,每股派发现金股利人民币 0.39 元(含税),共计派发现金红

利约人民币 526 883 290 元(含税)。本次分红的股权登记日为 2016 年 7 月 11 日,除息日为 2016 年 7 月 12 日,现金股利支付日为 2016 年 7 月 12 日。

(1) 股利宣告日(declaration date),即董事会宣告发放股利的日期。青岛啤酒的股利宣告日为 2016 年 7 月 4 日。

(2) 股权登记日(holder-of-record date),即确定股东是否有资格领取股利的截止日期。只有在股权登记日之前登记在册的股东才有权利分享股利。在本例中,如果青岛啤酒的股东将其股票卖给另一名投资者,而且在股权登记日 2016 年 7 月 11 日下午 5 时之前办妥了所有权转移手续,那么这名新股东可以得到股利;如果股票所有权转移手续是在 2016 年 7 月 12 日当天或以后才办好,那么卖出股票的股东将收到股利。

(3) 除息日(ex-dividend date),即领取股利的权利与股票彼此分开的日期。由于股票的买卖过户需要一段时间,按照国际惯例,如果股票所有权的转移发生在股权登记日往前算起的第二个工作日之后,那么卖方仍为股票持有人,有权享有股利;只有股票所有权的转移手续在股权登记日之前两个工作日之前办好,买方才能成为股票持有人并有权享有股利。与国际惯例不同,在我国,通常直接将股权登记日后的第一个工作日作为除息日,这一日或之后购入公司股票的股东,不再享有该公司此次分红配股。

(4) 股利支付日(payment date),即公司向股东发放股利的日期。本例中青岛啤酒只有在 2016 年 7 月 12 日才会将股利划拨给姓名已列入"股权登记日股东名册"的股东账户。股利支付日可以与除息日为同一天,也可以在除息日之后的某一天。

在公司宣告发放现金股利后,股票价格通常在除息日下跌,如图 8-1 所示。

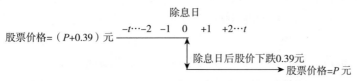

图 8-1　除息日前后的股票价格(0.39 元股利,理想世界)

在既无税收又无交易成本的理想世界里,股票价格下跌额应等于股利额。如果除息日之前股票价格等于 $P+Div$,那么除息日或除息日之后股票价格等于 P。实证研究表明,受个人所得税的影响,股票价格的下跌额小于股利额。

二、股票回购

向投资者支付现金股利的替代方式是股票回购,即上市公司利用现金等形式,从市场上购回本公司发行在外的一定数额的股票。一般情况下,公司在回购完成后会注销回购的股票。其他情况下,公司将回购的股票作为"库存股"保留。在我国,库存股可以用于发行可转换债券、实施员工持股计划或股权激励等,也可以在需要时出售用于增加公司的资金。

【例 8-1】　假设 ABC 公司流通在外普通股股数 100 000 股,每股市价 10 元。假设公司有两种股利分配方式:(1)每股发放 1 元的现金股利;(2)按每股 10 元的价格回购 10% 的股票。在无税收、无交易成本的理想世界里,发放现金股利、回购股票前后的资产负债表如表 8-1 所示。

表 8-1　ABC 公司发放现金股利与回购股票前后的资产负债表　　　　　单位:元

资产		负债和股东权益	
A.股利分配前资产负债表			
库存现金	150 000	负债	0
其他资产	850 000	股东权益	1 000 000
合计	1 000 000	合计	1 000 000
流通在外普通股股数(股)	100 000		
每股市价	10		
B.发放现金股利后资产负债表			
库存现金	50 000	负债	0
其他资产	850 000	股东权益	900 000
合计	900 000	合计	900 000
流通在外普通股股数(股)	100 000		
每股市价	9		
C.股票回购后资产负债表			
库存现金	50 000	负债	0
其他资产	850 000	股东权益	900 000
合计	900 000	合计	900 000
流通在外普通股股数(股)	90 000		
每股市价	10		

根据表 8-1,如果公司决定每股发放 1 元的现金股利,需要支付现金 100 000 元,由此使公司资产的市场价值下降到 900 000 元,每股市价下降到 9 元。如果公司从现有股东手中回购 10% 的股票,随着现金的支出和公司资产市值的下降,流通在外普通股股数减至 90 000 股,资产市值减少与流通股股数减少相互抵消,股票市价仍然保持每股 10 元的水平。上述分析表明,现金股利政策和股票回购政策是相同的。在这两种方式下,公司都需要支付一定数量的现金给股票持有者,不论是以现金的形式发放股利,还是以现金的形式回购股票,结果都使公司总资产减少 100 000 元。

对于投资者来说,无论是收到现金股利还是出售股票获得现金,其财富价值并没发生变化。假设投资者 A 在股利分配前持有 1 000 股价值 10 000 元的 ABC 公司股票,发放现金股利后,他可以得到 1 000 元的现金(股利)和 1 000 股价值 9 000 元的股票。如果公司采取股票回购方式,投资者 A 在股票回购前就持有 1 000 股 ABC 公司股票,占公司股票总数的 1%,投资者将手中 10% 的股票(即 100 股)出售给 ABC 公司,所占股数仍然为 1%,这时他就得到 1 000 元的现金和 900 股价值 9 000 元的 ABC 公司股票。

假设不考虑税收因素(股票回购收益需缴纳资本利得税,其税率通常不等于股利所得税税率),现金股利和股票回购并不影响投资者财富价值大小(见表 8-2)。

表 8-2　现金股利与股票回购对投资者财富的影响

项目	发放现金股利	股票回购
股利分配前价值	10 元/股×1 000 股＝10 000 元	10 元/股×1 000 股＝10 000 元
股利分配后价值		
现金(股利或股票回购)	1 元/股×1 000 股＝1 000 元	10 元/股×100 股＝1 000 元
股票市场价值	9 元/股×1 000 股＝9 000 元	10 元/股×900 股＝9 000 元

在实务中,采用现金回购流通在外的股票主要有三种方式:

(1) 公司像普通投资者一样按照股票当前市场价格购买自己公司的股票。在这种公开市场回购中,公司无须披露购买身份,因此股票卖方根本无法判断其股票是售给公司还是其他投资者。

(2) 要约回购。公司向所有股东宣布将以某一价格回购一定数量的股票,这个价格一般比当前市场价格高 20%,以吸引股东卖出他们的股票,股东可以选择是否接受。例如,假设 ABC 公司发出要约将以每股 12 元的价格回购 10 000 股流通在外的股票。实际上,如果要约价格足够高,股东打算卖出的股票数量就会多于 10 000 股。在一种极端情况下,所有流通在外的股票都会接受要约,此时 ABC 公司将按 10∶1 的比例回购股票。在另一种情况下,如果公司并未回购到足够的股份,那么要约可以撤销。与要约收购有关的另一种方法就是荷兰式拍卖(Dutch auction),此时公司将公布一系列准备回购股票的价格,股东则投标宣布在每一个价格下愿意卖出股票的数量,公司进而选择能够实现既定目标的最低价格。

(3) 目标回购。在这种情况下,公司向特定股东回购一定数量的股票。采用这种方法可能出于以下原因:向个别大股东回购股票的价格通常低于要约回购的价格,法律费用较低;回购大股东的股票还可以避免对管理层不利的收购兼并。

对于管理层而言,公司采取股票回购的方式主要有以下目的或动机:

第一,用于公司兼并或收购。在收购或兼并的场合,产权交换的支付方式无非是现金购买或以股票换股票两种。如果公司有库存股票,可使用公司的库存股票交换被购并公司的股票,由此可以减少公司的现金支出。

第二,满足可转换条款和有助于行使认股权。在公司发行可转换证券或附认股权证的情况下,公司回购股票,可使用库存股票满足认股权证持有人以特定价格认购股票,以及可转换证券持有人将证券转换成普通股的要求,而不必另行发行新股。

第三,建立企业职工持股制度的需要。公司以回购的股票作为奖励优秀经营管理人员、以优惠的价格转让给职工的股票储备。

第四,改善公司资本结构。如果公司认为股东权益所占比例过大、负债对股权的比例失衡,就有可能对外举债,并用举债获得的现金回购公司股票,由此实现资本结构的合理化。

第五,分配公司的超额现金。如果公司的现金超过投资机会所需的现金,但又没有足够的盈利性投资机会可以使用这笔现金,就有可能采取股票回购的方式,将现金分配给股东。这样,流通在外的普通股股数就会减少,在其他条件不变的情况下,可提高每股收益和每股市价。

第六,稳定公司股价。股价过低会使人们对公司的信心下降,削弱公司出售产品、开拓市场的能力。在这种情况下,通过回购股票支撑公司股价,有利于改善公司形象,股价上升的过程中,投资者会重新关注公司的运营情况,也使公司有了进一步配股融资的可能。

三、股票股利

股票股利是指公司将应分给投资者的股利以股票的形式发放。从会计的角度看,股票股利只是资本在股东权益账户之间的转移,而不是资本的运用。也就是说,它只不过是将资本从留存收益账户转移到其他股东权益账户,并未改变每个股东的股权比例,也不增加公司资产。

假设 ABC 公司宣布发放 10% 的股票股利,股票的公平市价为每股 10 元,即公司要增发 100 000 股普通股,现有股东每持有 10 股即可收到 1 股增发的普通股。随着股票股利的发放,留存收益中有 1 000 000 元(1 000 000×10%×10)的资本要转移到普通股和资本公积账户。由于面额(1 元)不变,因此增发 100 000 股普通股,普通股账户仅增加 100 000 元,其余 900 000 元超面额部分则转移到资本公积账户,而该公司股东权益总额不变。发放股票股利前后的股东权益如表 8-3 所示。

表 8-3 发放股票股利前后的股东权益 单位:万元

发放股票股利前		发放股票股利后	
普通股(1 000 000 股,每股 1 元)	100	普通股(1 100 000 股,每股 1 元)	110
资本公积	100	资本公积	190
留存收益	500	留存收益	400
股东权益合计	700	股东权益合计	700
负债和股东权益总计	1 000	负债和股东权益总计	1 000

就股东而言,股票股利除了增加所持股票,几乎没有任何价值。由于公司的收益不变,其所持股份比例不变,因此每个股东所持股票的市场价值总额也保持不变。如果公司在发放股票股利之后还能发放现金股利,且能维持每股现金股利不变,股东就会因所持股数增加而得到更多的现金股利。

对企业管理层而言,发放股票股利可能出于以下动机和目的:第一,在盈利和现金股利预期不会增加的情况下,股票股利的发放可以有效降低每股价格,由此提高投资者的投资兴趣;第二,股票股利的发放让股东分享了公司的收益而无须分配现金,由此可以将更多的现金留存下来,用于再投资,有利于公司长期健康、稳定的发展。

四、股票分割

股票股利的替代方式是股票分割(stock split),是指将面额较高的股票交换为数股面额较低的股票的行为。从会计的角度分析,股票分割对公司的财务结构不会产生任何影响,一般只会使发行在外的股数增加、每股面值降低,并由此使每股市价下跌,而资产负债表中股东权益各账户的余额都保持不变,股东权益合计数也维持不变。

假设 ABC 公司决定实施股票分割计划,股东每拥有 1 股就会收到额外的 1 股,股票面值从每股 1 元降到每股 0.5 元。股票分割前后的股东权益如表 8-4 所示。

表 8-4 股票分割前后的股东权益 单位:万元

股票分割前		股票分割后	
普通股(1 000 000 股,每股 1 元)	100	普通股(2 000 000 股,每股 0.5 元)	100
资本公积	100	资本公积	100
留存收益	500	留存收益	500
股东权益合计	700	股东权益合计	700

股票股利和股票分割，除会计处理不同之外，两者基本上相同：(1) 都没有增加股东的现金流量；(2) 都使流通在外的普通股股数增加，且使股票市场价格下降；(3) 都没有改变股东权益总额，但股票股利使股东权益内部发生了变化并且必须以当期收益或留存收益支付股利，而股票分割却不受此限制，即便公司过去或现在没有留存收益。

就公司管理层而言，实行股票分割的主要目的和动机是：第一，降低股票市价。一般来说，股票价格过高，不利于股票交易活动。通过股票分割降低股价，使公司股票更广泛地分散到投资者手中。第二，为新股发行做准备。股票价格过高使许多潜在投资者力不从心，从而不敢轻易投资公司股票。在新股发行之前，利用股票分割降低股票价格，有利于提高股票的可转让性和促进市场交易，由此增加投资者对股票的兴趣，使新发行股票得以畅销。第三，有助于公司实施兼并、合并政策。当一个公司兼并或合并另一个公司时，首先分割本公司股票，可提高对被兼并方股东的吸引力。假设 A 公司准备通过股票交易兼并 B 公司，设 A、B 两公司股票目前市场价格分别为 50 元和 5 元，根据对对方公司价值的分析，A 公司管理层认为以 1：10 的交换比率（即 10 股 B 公司股票换 1 股 A 公司股票），对于双方都是合理的。但 1：10 的交换比率可能会使 B 公司股东心理上难以承受。为此，A 公司决定先按 1 股变 5 股对本公司的股票进行分割，再按 1：2 的交换比率对 B 公司实施兼并。尽管交易实质并未改变，但 1：2 的交换比率更易为 B 公司股东所接受。

第二节 股利政策的争论

一、股利无关论

股利无关论（MM 理论）是 Miller and Modigliani(1961) 首次提出的，MM 理论认为在完善的资本市场条件下，股利政策不会影响公司的价值。公司价值是由公司投资决策确定的获利能力和风险组合所决定，而不是由公司盈余的分割方式（股利分配政策）决定的。

MM 理论的基本假设是：(1) 公司所有股东均能准确掌握公司的情况，对于将来的投资机会，投资者与管理者拥有相同的信息；(2) 不存在个人所得税或公司所得税，对投资者来说，无论是收到股利还是资本利得都没有差别；(3) 不存在任何股票发行或交易费用；(4) 公司的投资决策独立于股利政策。MM 理论认为，在不改变投资决策和目标资本结构的条件下，无论用剩余现金流量支付的股利是多少，都不会影响股东财富。在此主要从三个方面进行分析：

第一，公司满足项目投资需求之后尚有剩余现金 N 元支付股利，在支付股利前，股东对公司资产拥有 N 元的要求权；在支付股利后，一方面公司"库存现金"账户与"股东权益"账户的金额等额减少，另一方面股东在得到 N 元现金后，也丧失了对公司资产相应的要求权。

第二，公司没有足够的现金支付股利，在支付股利前，必须增发与股利支付额等同的新股，这可以暂时增加公司价值；在支付股利后，公司价值又回到发行新股前的价值。

第三，公司不支付股利，但现有股东希望获取现金股利，他们可以通过寻找并出售部分股票给新的投资者以换取现金。现有股东在换取现金的过程中，将自己的一部分股权让渡给新的投资者。在完善的市场条件下,新股东购买股票愿意支付的价格必须与公司股票价值一致。因此,这一行为的结果是新老股东间的价值转移——老股东将自己拥有的一部分资产转让给新股东,新股东则把同等价值的现金交付给老股东,公司价值保持不变。这种直接交易(股东出售股票以换取现金)被称作自制股利(homemade dividend)。

【例 8-2】 假设 AS 公司预期每年净利润均为 1 600 万元;公司下年度资本支出 1 600 万元,流通在外普通股股数为 320 万股,投资者要求收益率为 20%。假设投资者 A 拥有该公司股票 3 000 股,不同股利支付政策对投资者财富的影响分析如下:

(1)公司股利支付率为 0,净利润全部用于项目投资,投资项目后公司预期每年现金流量为 2 000 万元(假设持续经营),公司价值为 10 000 万元(2 000/20%),新项目公告后公司股票每股价格为 31.25 元(10 000/320),投资者 A 预期财富价值为 93 750 元(31.25×3 000)。

(2)公司净利润全部用于股利发放,每股股利为 5 元(1 600/320),投资者 A 收到股利 15 000 元(5×3 000)。为了满足项目投资需求,公司需发行新股融资 1 600 万元。此时,新股东权益占公司价值的比重为 16%(1 600/10 000),原股东权益占公司价值的比重为 84%。假设新股发行后的普通股股数为 N,新股发行数和发行价格计算如下:

$$0.84 \times N = 3\ 200\ 000(股)$$
$$N = 3\ 809\ 524(股)$$
$$新股发行数 = 3\ 809\ 524 - 3\ 200\ 000 = 609\ 524(股)$$
$$新股发行价 = 100\ 000\ 000 / 3\ 809\ 524 = 26.25(元)$$

若 AS 公司每股股利为 5 元且发行新股为项目融资,则投资者 A 的财富总值为 93 750 元,其中现金股利 15 000 元(3 000×5),股票市场价值为 78 750 元(3 000×26.25)。

假设市场是完美的,投资者 A 也可以在资本市场上按每股 26.25 元出售给购买者(新股东),通过"自制股利"满足现金需求。公司股利政策对股东财富的影响如表 8-5 所示。

表 8-5 股利支付与股东财富

项目	股利支付率=0	股利支付率=100%
公司现金流量(万元)	2 000	2 000
投资者要求收益率(%)	20	20
公司价值(万元)	10 000	10 000
流通在外股数(万股)	320	320+60.9524
每股价格(元)	31.25	26.25
投资者 A 的财富(3 000 股)		
现金股利	0	15 000
股票市场价值	93 750	78 750
合计	93 750	93 750

股利无关论是以多种假设为前提的,在现实生活中,这些假设并不存在,例如股票的交易要付出交易成本;发行股票要支付发行费用;企业管理者通常比外界投资者拥有更多的信息;政府对公司和个人要征收所得税等。因此,股利无关论在现实条件下并不一定有效。

二、差别税收理论

差别税收理论出自 Litzenberger and Ramaswamy(1979)。这种观点认为,股利所得税税率高于资本利得税税率,公司留存收益而非支付股利对投资者更有利;或者说对这两种所得均需纳税的股东会倾向于选择资本利得而非现金股利。此外,资本利得税要递延到股票真正售出的时候才发生(即资本利得实现时才发生),考虑到货币的时间价值,将来支付 1 元钱的价值要小于现在支付 1 元钱的价值,这种税收延期的特点给资本利得提供了另一种优惠。此外,即使对股利和资本利得征收的税率相同,实际的资本利得税(以现值的形式)也低于股利所得税。这意味着支付股利的股票相比具有同等风险但不支付股利的股票需要提供一个更高的预期税前收益率,才能补偿纳税义务给股东带来的价值损失。

【例 8-3】 假设股利所得税税率为 20%,资本利得税税率为 0。现有 A、B 两家公司,有关资料如下:A 公司当前股票价格为每股 100 元,不支付股利,投资者预期一年后股票价格为每股 112.5 元,若股东预期的资本利得为每股 12.5 元,则股东税前、税后预期收益率均为 12.5%。

$$预期收益率 = \frac{112.5 - 100}{100} \times 100\% = 12.5\%$$

B 公司除在当年年末支付每股 10 元的现金股利外,其他情况与 A 公司相同。扣除股利后的价格为 102.5 元(112.5-10)。B 公司股票与 A 公司股票风险相同,B 公司股票也应当或能够提供 12.5% 的税后收益率。由于股利需支付所得税,为了提供与 A 公司股票相同的税后收益率,必须提高 B 公司股票的税前收益率。在股利纳税、资本利得不纳税的情况下,B 公司的股票价格应为多少?

股利所得税税率为 20%,股利税后所得为 8 元(10×80%),B 公司股东每股拥有的价值为 110.5 元(102.5+8)。为了提供 12.5% 的税后收益率,B 公司股票当前每股价格应为预期未来价值的现值,即:

$$每股价格 = \frac{110.5}{1+0.125} = 98.22(元)$$

B 公司股票的税前收益率为:

$$税前收益率 = \frac{112.5 - 98.22}{98.22} \times 100\% = 14.54\%$$

上述计算结果表明,B 公司股票必须提供比 A 公司更高的期望税前收益率(14.54%),用于补偿纳税义务给股东带来的价值损失。

表 8-6 列示了税率差别对两家公司股东收益率的影响。支付现金股利的 B 公司的税前收益率高于 A 公司,但由于股利所得税税率高于资本利得税税率,在其他因素(风险)一定的情况下,投资者无论是持有 A 公司股票还是持有 B 公司股票,其税后投资收益率均为 12.5%。

表 8-6 股东投资收益率

项目	A 公司	B 公司
预计下年股价(元)	112.50	102.50
股利(元)	0	10.00

(续表)

项目	A公司	B公司
税前收益(元)	112.50	112.50
当前股价(元)	100.00	98.22
资本利得(元)	12.50	4.28
税前收益率	12.5%(112.5/100−1)	14.54%(112.5/98.22−1)
股利所得税(税率=20%)(元)	0	2.00
资本利得税(税率=0)(元)	0	0
税后收益(元)	12.50	12.28
税后收益率	12.5%(12.5/100)	12.5%(12.28/98.22)

除股利所得税税率与资本利得税税率之间的差异外，有关学者还研究了投资、股利和税收之间关系，分析了处于不同税率等级的投资者对股利支付率的不同要求。为分析方便，假设：(1)公司支付的有效边际税率 $T_c=40\%$；(2)个人对股利收益支付不同的个人所得税，承担较高税率的股东支付个人所得税税率 $T_{ph}=50\%$，而承担较低税率的股东支付个人所得税税率 $T_{pl}=20\%$；(3)资本利得税税率 $T_g=0$；(4)税务局按向股利支付征税的相同方式对定期的公司股票回购征税；(5)没有债务；(6)实物资产投资获得 $r=18\%$ 的税前利润率。

在上述假设条件下，对于承担较高税率的股东而言，收到的股利的税后收益率为：

$$r(1-T_c)(1-T_{ph})=18\%\times(1-40\%)\times(1-50\%)=5.4\%$$

如果这笔资本由公司留存，获得相同的税后收益率所要求的税前收益率为：

$$r(1-T_c)=5.4\%$$
$$r=9\%$$

对于承担较低税率的股东而言，收到的股利的税后收益率为：

$$r(1-T_c)(1-T_{pl})=18\%\times(1-40\%)\times(1-20\%)=8.64\%$$

如果这笔资本由公司留存，获得相同的税后收益率所要求的税前收益率为：

$$r(1-T_c)=8.64\%$$
$$r=14.4\%$$

上述分析表明，对于承担较高税率的股东而言，要想获得5.4%的税后收益率，用留存收益进行投资所要求的税前收益率为9%；而当这笔收益支付给股东，既要缴纳公司所得税又要缴纳个人所得税时，要求的税前收益率为18%。同样，当股东仅支付20%的个人所得税时，要求的税前收益率为14.4%。位于较低纳税等级的股东得到的股利税后收益率高于位于较高纳税等级的股东得到的收益率，因此对股利有较大的偏好；而处于较高纳税等级的股东却愿意将税后利润留存于公司进行再投资，直到税前利润率下降到9%为止。

在其他因素一定的情况下，留存收益是股东对公司的追加投资，股东所要求的税后收益率就是公司使用这部分资本的成本或代价。对于股票由承担高税率的股东持有的公司而言，留存收益的税前成本为9%，如果低于外部融资成本，公司就不会支付股利，而是将资本留存用于投资需要；对于股东处于低税率等级的公司而言，会支付等于内部资本成本的股利，而扩大投资所需资本主要依靠外部融资筹得。由此看来，所得税税率的高低对公司股利支付率的高低具有一定的影响，并由此影响公司扩大投资所需资本的筹措方式。

三、交易成本与代理成本

代理理论认为,股利发放将减少因控制权和所有权分离而产生的代理成本。高股利减少了管理者可支配的自由现金流量,从而降低了管理者能够带给股东的损失的道德风险。此外,股利发放增大了公司发行更多社会公众股的可能性,从而使公司更频繁地受到来自资本市场的监管,减轻了代理冲突。但是,较高的股利支付率隐含着较高的外部融资成本,又降低了公司价值。因此,Rozeff(1982)认为公司最佳股利支付率是在提高股利支付引起的外部融资成本增加与代理成本减少之间相互权衡的结果。在图8-2中,股利支付率(PAY)越高,外部融资发行成本相对越高,但与股利相关的代理成本相对越低,总成本最低时即为最佳股利支付率(PAY*)。这一理论也可以解释为什么有的公司在宣布发放股利的同时对外发行新股融资。

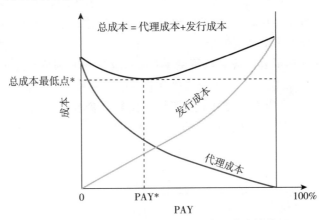

图8-2 股利支付率与代理成本、发行成本的关系

四、客户效应

首先提出追随者效应概念的是米勒(Miller)和莫迪格莱尼(Modigliani),他们认为,正如设计产品往往针对某一特定目标市场一样,公司制定股利政策时同样遵循市场细分原理,"每个公司都会试图以特定的股利支付率吸引一些喜好它的追随者"。Black and Scholes(1974)认为,在按照某种潜在标准权衡股利的成本效益后,一些投资者会偏好高股利,另一些投资者则希望获得低股利。他们将投资者归纳为三种类型的追随者群体——股利偏好型、股利厌恶型、股利中性型,每一种股票都会吸引一批偏好该公司股利支付水平的投资者。一些学者研究发现,富裕或年轻的投资者、股利所得税税率和资本利得税税率差异较大的投资者、资产组合系统风险较高的投资者,常常偏好低股利收益率的股票,而年龄较大、收入较低的投资者则偏好高股利收益率的股票。表8-7列示了股利收益率与不同投资者特征之间的关系。这项研究表明,在公司股东中,年龄大和低收入群体对现金股利的偏好大于年轻人和高收入群体;股利收益率随着股利税收的增加而减少。

表8-7 股利收益率与投资者特征

变量	相关系数	含义
常数	0.0422	
β系数	-2 145	β系数越高,股利支付水平越低

（续表）

变量	相关系数	含义
年龄/100	3.131	投资者年龄越大，支付的股利越多
收入/1 000	-3.726	投资者收入越高，支付的股利越少
差别税率	-2.849	如果一般业务收入的税率高于资本利得税税率，公司支付的股利更少

资料来源：根据 http://pages.stern.nyu.edu/~adamodar/ 资料整理。

五、信号传递理论

信号传递理论认为，股利是企业管理者向外界传递其掌握的内部信息的一种手段。如果他们预计公司的发展前景良好、未来业绩会有大幅增长，就会通过增加股利的方式将这一信息及时告诉股东和潜在投资者；如果他们预计公司的发展前景不太好、未来盈利会呈持续性不理想状态，就会维持甚至降低现有股利水平，这等于向股东和潜在投资者发出利空信号。外部投资者通常会根据公司股利政策传递出的信号进行证券估价，确定股票投资策略。图 8-3 描述了公司股利政策变动（股利减少和股利增加）与累计超额收益率（CAR）之间的关系。在实务中，对于公司股利政策的解释要十分谨慎，公司增发股利不一定是"好消息"，也可能是因没有更好的投资机会而将剩余现金返还给股东；反过来说，公司减发现金股利也不一定是"坏消息"，可能是公司未来有较好的投资机会，留存现金以满足未来投资需要，有利于股东的长期利益。

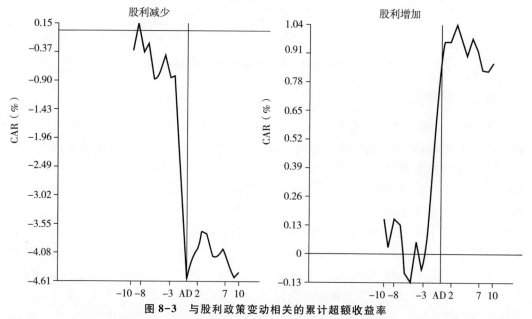

图 8-3　与股利政策变动相关的累计超额收益率

注：AD 指股利宣告日。

资料来源：根据 http://pages.stern.nyu.edu/~adamodar/ 资料整理。

Aharony and Swary(1980) 针对 1963—1976 年 149 家公司的资料，探讨股利宣告与盈余宣告的时间关系，结果发现市场对股利宣告的反应显著大于对盈余宣告的反应，认为股利和盈余数字对管理层而言是可以用来传递公司未来发展信息的重要工具。

股利增发除了传递积极信号之外，也会向市场传递消极信号。一些公司的经理认为，

"支付股利就等于向股东承认公司没有更好的事情可做",向市场传递公司未来的投资机会较少,从而引起股价下跌。

2004年1月21日,英特尔公司宣布季度现金红利将增加1倍,达到每股4美分。从1992年起开始支付红利的英特尔公司表示,将于2004年3月1日开始向股东支付季度红利。这次增发红利使得英特尔公司的年红利达到每股16美分,基于英特尔公司1月21日的收盘价每股32.20美元、分红率0.5%,英特尔公司发言人表示:增发红利是一个向股东返还利润的好方式,考虑到目前公司强劲的财务和现金状况更是如此;增发红利的另一个原因是纳税人当前就红利支付的税率在下降。截止到2003年12月27日,英特尔公司的现金储备为160亿美元。消息公布后,英特尔公司股票价格下跌了41美分,跌幅为1.3%,当日以每股32.20美元收盘。在1月21日的交易中,英特尔公司股票价格一度跌至每股31.82美元的低点。

与英特尔公司现金分红的信号传递效应不同的是,2018年4月25日晚,格力电器发布了2017年度报告,披露格力电器不发放现金红利、不分发红股、不以公积金转增股本。这是格力电器11年来首次不分红,公告后第二日,4月26日格力电器股票价格大跌近10%(见图8-4)。虽然格力电器市值一天蒸发了200亿元,但撬动了整个股票市场!深交所午间发出关注函,询问格力电器不分红的具体原因。对此,格力电器表示,企业转型为多元化的全球工业集团,研发投入增加。格力电器已经从单一的专业空调企业转变为多元化的全球工业集团,如公告所言,智能装备、智能家电、集成电路等新产业需要大量的研发资金,留存资金也将用于生产基地建设、智慧工厂升级,"这是为了企业的长远发展和股东的长期利益"。为了应对市场反应,格力电器火速回函称:考虑到投资者的诉求,公司拟2018年度中期分红。2018年8月31日,格力电器在披露半年报时宣布,上半年拟向全体股东每10股派发现金红利6元(含税)。以格力电器股份为基数,向股东分红总额将超过36亿元。

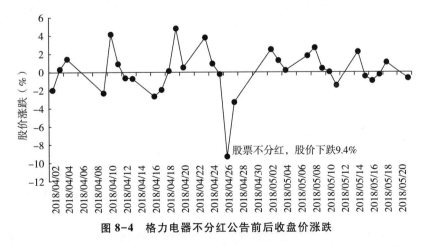

图8-4　格力电器不分红公告前后收盘价涨跌

因此,对于股利信号的解释要十分谨慎,公司增发股利不一定是"好消息",也可能是因没有更好的投资机会而将剩余现金返还给股东;反过来说,公司减发现金股利也不一定是"坏消息",可能是公司未来有较好的投资机会,从长远看,留存现金以满足未来投资有利于股东的长期利益。

支付股利的替代方式是用现金回购公司股票,这种方式也会向市场传递管理者所掌握的信息。根据市场择时理论,当股票价值被低估时,公司可能会回购自己公司的股票。实践中也确实如此,2004年的一项调查表明,87%的CFO认为当股价低于其真实价值时,公司应该回购股票(Brav et al.,2005)。这意味着,股票回购可以成为管理者认为其股票价值被低估的信号。在这种条件下,投资者对股票回购消息会产生积极有利的反应,从而引起股票价格上升。一项研究表明,当公司公开宣布股票回购计划时,股票的平均价格大约上升3%;随着回购的流通股比例增大,市场对股价的反应更强烈(Ikenberry et al.,1994)。

2020年4月13日,格力电器公布股票回购公告:拟使用不低于人民币30亿元(含)且不超过人民币60亿元(含)的自有资金回购公司股份,回购价格不超过每股70元,预计可回购股份占公司目前总股本的0.71%—1.42%。作为2020年金额最大的回购,这次回购公告发布对股价的影响并不显著,虽然13日当天格力电器股价上涨5.03%,但后面几天就显得疲软,股票价格连续两天下跌,图8-5描述了格力电器股票回购前后的股价涨跌百分比。

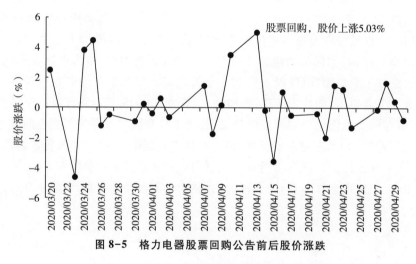

图8-5 格力电器股票回购公告前后股价涨跌

第三节 实践中的股利政策

一、股利政策与投资、融资决策

股利政策主要涉及公司对收益进行分配或留存用于再投资的决策问题,在投资决策既定的情况下,这种选择就归结为:公司是否用留存收益(内部融资)或出售新股票(外部融资)融通投资所需的股权资本。从财务角度分析,公司未来财务活动主要是三大财务决策(投资、融资、股利政策)的确定和调整。公司存在较多的投资机会,其经营性现金又不足以满足投资需要,向股东派发的股利越多,需要筹措的外部资本(发行债券、优先股、普通股)就越多。因此,在投资既定的情况下,公司股利政策的选择可以作为融资决策的一个组成部分。如果公司已确定了投资方案和目标资本结构,这就意味着公司资金需要量和负债率是确定的,这时公司或者改变现有的股利政策,或者增发新股,或者减少资本支出,或者从外部筹措资金。

假设甲公司当前的政策是:负债率(负债/资产总额)为50%,总资产收益率为15%,

股利支付率(每股股利/每股收益)为33%。公司未来有一个投资机会,需要增加资本25万元。现有四个调整方案(见表8-8),各方案的调整方式如图8-6所示。

表8-8 投资、融资、股利政策调整方案

方案	投资规模（万元）	负债率（%）	股利支付率（%）	发行新股融资（万元）
A:改变股利政策	25	50	16.7	0
B:改变资本结构	25	52	33.0	0
C:改变投资规模	20	50	33.0	0
D:发行新股融资	25	50	33.0	2.5

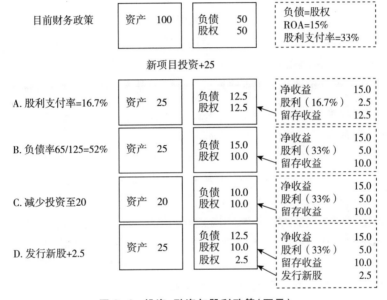

图8-6 投资、融资与股利政策(万元)

在图8-6中,根据方案A,将股利支付率从33%降为16.7%,以满足投资需要且保持当前的资本结构。根据方案B,将负债率从50%提高到52%,以满足投资需要且保持当前的股利政策。根据方案C,将投资额削减到20万元,以保持当前的目标资本结构和股利政策。根据方案D,增发普通股2.5万元,以满足投资需要且保持当前的目标资本结构和股利政策。

二、影响股利政策的因素

公司在确定股利分配政策时,通常要考虑法律等相关因素。

(一)法律因素

为了保护公司债权人和股东的利益,《中华人民共和国公司法》《中华人民共和国证券法》等有关法规对公司股利分配做出了一定的限制,主要包括:(1)资本保全。规定公司不能用筹集的经营性资本发放股利。至于"资本"一词,指的是公司普通股的面值还是公司普通股面值与超过面值缴入的资本之和,应视具体法规而定。公司溢缴资本不能用于股利发放。施行这一限制的目的是保证公司具有完整的产权基础,以充分维护债权人的利益。(2)公司积累。规定公司股利只能从当期的利润和过去累积的留存收益中支付。也就是说,公司股利的支付,不能超过当期与过去的留存收益之和。(3)净利润。规定公司账面累计税后利润必须是正数才可以发放股利,以前年度的亏损必须足额弥补。(4)偿债能力。规定公司如要发放股利,就必须保有充分的偿债能力。也就是说,如果公司无力偿付到期债务或因支付股利而失去偿债能力,公司就不能支付现金股利,以保障债权人的利益。(5)超额累积利润。规定公司的留存收益超过法律认可的合理水平,将被加征额外的税款。这是因为股东所获收益包括股利和资本利得,前者的税率一般大于后者,公司少发股利,有可能通过积累利润使股价上涨以帮助股东避税。

(二) 契约性约束

当公司以长期借款协议、债券契约、优先股协议、租赁合约等形式向公司外部融资时,常常应对方的要求,接受一些关于股利支付的限制性条款。这种限制常常包括:未来股利只能用协议签订以后的收益支付(即限制动用以前的留存收益);营运资本低于一定标准时不得支付股利;利息保障倍数低于一定标准时不得支付股利。其目的在于促使公司把一部分利润按有关条款的要求,以某种形式(如偿债基金)进行再投资,保障借款如期归还,维护债权人的利益。

(三) 公司因素

影响股利政策的公司因素主要有:(1)变现能力。公司资产的变现能力,即保有一定的现金和其他适当的流动资产,是维持正常商品经营活动的重要条件。较多地支付现金股利会减少公司的现金持有量,降低公司资产的流动性。因此,公司现金股利支付能力,在很大程度上受资产变现能力的限制。(2)举债能力。不同的公司在资本市场上举借债务的能力有一定的差别,举债能力较强的公司往往采取较宽松的股利政策;举债能力较弱的公司,为维持正常的经营就不得不留存利润,常采取较紧的股利政策。(3)盈利能力。公司的股利政策在很大程度上受到盈利能力的限制。一般而言,盈利能力比较强的公司,通常采取高股利支付政策;而盈利能力较弱或不够稳定的公司,通常采取低股利支付政策。(4)投资机会。公司的股利政策与其面临的新投资机会密切相关。公司如果有良好的投资机会,则必然需要大量的资本支持,往往会将大部分盈余用于投资而少发放股利;公司如果暂时缺乏良好的投资机会,则倾向于先向股东支付股利,以防止保留大量现金造成资本浪费。正因为如此,许多成长中的公司往往采取较低的股利支付率,而许多处于经营收缩期的公司往往采取较高的股利支付率。(5)资本成本。与发行新股和举债融资相比,采用留存收益作为内部融资的方式,无须支付发行费用,资本成本较低。当公司筹措大量资本时,应选择比较经济的融资渠道以降低资本成本。在这种情况下,公司通常采取低股利支付政策;同时,以留存收益进行融资,还会增大股权资本的比重,进而提高公司的借贷能力。

(四) 股东因素

股东要求也会对公司股利政策产生影响,主要表现在:(1)稳定收入。公司股东的收益包括两部分,即股利收入和资本利得。对于永久性持有股票的股东来说,往往要求较为稳定的股利收入,如果公司留存较多的收益,首先会遭到这部分股东的反对;而且,公司留存收益带来的新收益或股票交易价差产生的资本利得具有很大的不确定性,与其获得不确定的未来收益,不如得到现实的确定的股利。(2)股权稀释。公司举借新债,除要付出一定的代价外,还会增加公司的财务风险。如果通过增募股本的方式筹集资本,现有股东的控制权就有可能被稀释,当他们没有足够的现金认购新股时,为防止自己的控制权下降,宁可不分配股利而反对募集新股。另外,随着新股的发行,流通在外的普通股股数必将增加,最终将导致普通股的每股收益和每股市价下跌,从而对现有股东产生不利的影响。(3)税赋。这主要是指股利所得税税率和资本利得税税率之间的差异,不同收入阶层所得税税率之间的差异在一定程度上也会影响公司的股利政策。

三、实践中的股利政策

Lintner(1956)对公司怎样决定股利政策进行了广泛且深入的分析,认为公司在决定股利政策时要考虑三个重要的因素:第一,确定目标股利支付率,据此决定公司愿意长期内作为股利发放的收益比例。第二,根据收益长期可持续的变动调整股利,但只有在确认能够维持更高股利的条件下才提高股利。由于担心在将来不得不削减股利,股利的增长落后于收益且平滑得多。第三,经营管理者更加关心股利的变动,而不是股利发放水平。图 8-7 描述了标准普尔 500 指数 1960—2013 年收益和股利的变动情况。从图 8-7 中可以看出两种趋势:一是股利随着收益的变化而变化,二是股利变动比收益变动更平缓。

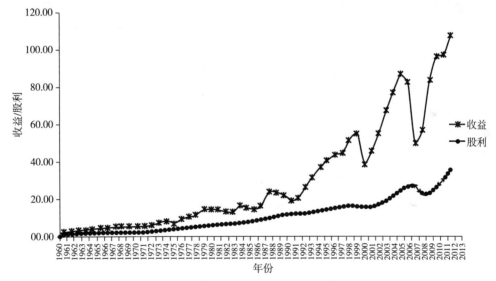

图 8-7 标准普尔 500 指数收益与股利

资料来源:根据 http://pages.stern.nyu.edu/~adamodar/资料整理。

Fama and Babiak(1968)对股利和收益在当期与前期进行回归,发现股利明显滞后于收益,也证实了 Lintner(1956)的股利随收益变动的结论。这种股利的稳定性可通过两个有关的测定数据加以证实和支持。第一,历史上股利的变动程度远远低于收益的变动程度。例如,根据 1960—1994 年总收益和年股利数据,得出股利的标准差是 5.13% 而收益的标准差是 14.09%。第二,不同公司收益率的标准差是 18.57%,要比股利的标准差大得多,即收益率的变动比股利收益率的变动大得多。

实务中的股利政策主要有剩余股利政策、固定股利或稳定增长股利政策、固定股利支付率政策、低正常股利加额外股利政策。

(一)剩余股利政策

剩余股利政策主张:公司的收益首先应当用于盈利性投资项目的资本需要;在满足盈利性投资项目的资本需要之后,若有剩余,则公司可将剩余部分作为股利发放给股东。

采用这一政策,应遵循以下步骤:(1)根据资本投资计划和加权平均资本成本确定最佳资本支出水平;(2)设定目标资本结构,即确定股权资本和债务资本的比率,并据此确定所需达到的股权数额;(3)最大限度地利用留存收益来满足股权数额,若留存收益不足,则需发行新股弥补不足;(4)在留存收益有剩余的情况下才发放股利。

【例 8-4】 ASS 公司现有利润 150 万元,可用于发放股利,也可留存并用于再投资。假设 ASS 公司的最佳资本结构为 30% 的负债和 70% 的股东权益。根据公司加权平均资本成本和投资机会计划决定的最佳资本支出为 120 万元。ASS 公司拟采取剩余股利政策,则其股利发放额和股利支付率如表 8-9 所示。

表 8-9 剩余股利政策

资本支出预算(万元)	120
留存收益(万元)	150
资本预算所需的股权资本(万元)	84(120×70%)
股利发放额(万元)	66(150-84)
股利支付率	44%(66÷150×100%)

例 8-4 中,如果资本支出预算为 200 万元,股利发放额为 10 万元,则股利支付率为 6.67%。如果资本支出预算为 300 万元,股权资本需要额为 210 万元(300×70%),由于现存收益 150 万元不能满足资本预算对股权资本的需要量,不但不能发放股利,反而要发行新的普通股 60 万元(210-150),以弥补股权资本的不足。

从上述分析可知,按照剩余股利政策,股利发放额每年随投资机会和盈利水平的变动而变动。在盈利水平不变的情况下,股利将与投资机会反方向变动,投资机会越多,股利发放越少;反之,投资机会越少,股利发放越多。在投资机会不变的情况下,股利随每年收益而变动。在剩余股利政策下,股利变动较大,因此鲜有公司会机械地照搬剩余股利理论,但许多公司运用该理论设定一个长期目标发放率。

(二)固定股利或稳定增长股利政策

在实务中,国际上大多数成熟公司每年发放的现金股利会固定在某一特定的水平上,然后在一定时期内维持不变,只有当公司认为未来收益的增加足以将股利维持在一个更高水平时,才会提高股利发放额。通常情况下,公司既不愿意大幅提高股利支付额,也不愿意削减现金股利绝对额,使得股利的变化落后于公司盈余的变化。图 8-8 描述了万华化学 2001—2015 年每股收益与每股股利的变化趋势。从图 8-8 中可以看出,公司的每股股利随着每股收益水平的变化而变化,万华化学股利支付总体趋势的稳定增长变化,基本上符合 Lintner(1956)的研究结论。

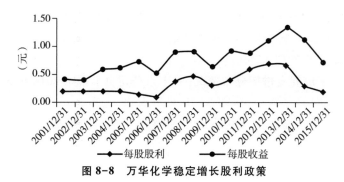

图 8-8 万华化学稳定增长股利政策

(三) 固定股利支付率政策

固定股利支付率政策是指公司提取固定百分比的收益作为股利发放给股东。在这种情况下,公司每年发放的股利会随着公司收益的变动而变动,从而使股利支付极不稳定,由此导致股票市价上下波动,很难使公司的价值达到最大。

(四) 低正常股利加额外股利政策

低正常股利政策是指公司每年只支付数额较少的正常股利,在繁荣时期才向股东发放额外股利。额外股利的运用,既可以使公司保持固定股利的稳定记录,又可以使股东分享公司繁荣的好处。但如果公司经常连续支付额外股利,也就失去了原有的作用,额外股利就变成了一种期望回报。如果能以适当的方式表明这是额外股利,则额外股利或者特别股利仍然可以向市场传递有关公司目前与未来经营业绩的积极信息。

四、中国上市公司股利行为分析

理论上,公司赚取利润后可以向股东分红或者留存用于再投资。按照公司价值最大化原则,公司分红与否的根本依据是资本使用效率。当有好的投资机会时,公司不但不应该分红,还应该继续融资,以促进股东价值最大化;当资金在公司中没有更高效率的使用途径时,公司应将剩余资金返还给股东。当股价被高估时以现金分红的方式返还,当股价被低估时则以回购股票的方式返还。图 8-9 描述了 1993—2017 年上市公司的现金分红、净利润、股利支付率的时间序列情况。

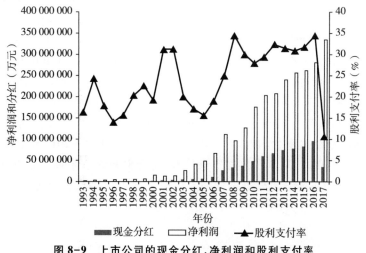

图 8-9 上市公司的现金分红、净利润和股利支付率

资料来源:根据 Wind 资讯整理。

1993—2017年,随着净利润逐年上升,现金分红额逐年上升,各年现金分红额与净利润基本上同步变动,但股利支付率各年变动幅度较大。2017年的净利润可能会在2018年派发股利,从而降低了2017年的股利支付率。

图8-10列示了股利支付率分布情况(各上市公司自上市至2018年5月,累计现金分红占累计实现净利润的比例)。从图8-10可以看出,上市公司股利支付率主要分布在10%—40%区间,上市以来从未支付现金股利的公司有223家,股利支付率超过100%的公司有7家。

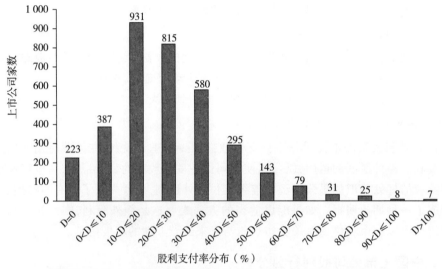

图8-10 上市公司(A股)股利支付率分布(自上市至2018年5月)

资料来源:根据Wind资讯整理。

在图8-9中,上市公司各年净利润呈稳步上升趋势,2005年股权分置改革以后,上市公司的派现水平有较大幅度提高,原因之一可能与中国证监会出台的一系列与再融资资格挂钩的股利分配政策有关。为了鼓励上市公司的股利分配行为,证监会自2000年起规定,只有发放股利的公司才有资格在公开资本市场上再融资。2006年5月6日,证监会颁布的《上市公司证券发行管理办法》规定:上市公司公开发行证券应符合最近三年以现金或股票方式累计分配的利润不少于最近三年实现的年均可分配利润的百分之二十。2008年10月9日,证监会颁布的《关于修改上市公司现金分红若干规定的决定》,将此项规定修改为:上市公司公开发行证券应符合最近三年以现金方式累计分配的利润不少于最近三年实现的年均可分配利润的百分之三十。这些规定的颁布和实施,旨在运用外部融资约束条件影响上市公司股利分配决策。对于存有再融资意愿的公司来说,也可能会根据上述规定调整自身的股利分配政策。图8-11描述了上市公司(2015年、2016年、2017年)累计分红比率①情况。从图8-11可以看出,2015—2017年,大部分公司三年累计分红比率低于30%。从满足再融资条件看,符合再融资条件的上市公司有673家,占上市公司的19.10%;不符合再融资条件的上市公司有2 851家,占上市公司的80.90%。

---

① 最近三年年报分红总额(年度累计分红总额)÷最近三年年报未分配利润的算术平均。

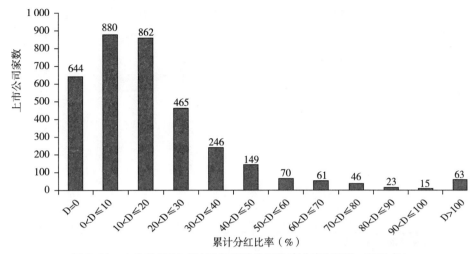

图 8-11　上市公司（A 股）三年累计分红比率分布（2015—2017 年）

资料来源：根据 Wind 资讯整理。

图 8-12 描述了上市公司（A 股）2017 年度每股股利分布情况。从图 8-12 可以看出，2017 年，不发放现金股利的上市公司有 1 981 家，占全部上市公司的 56.21%；每股股利小于等于 0.2 元的上市公司有 1 109 家（701+408）；每股股利大于 0.2 元的公司有 434 家；每股股利大于 0.5 元的公司仅有 103 家。

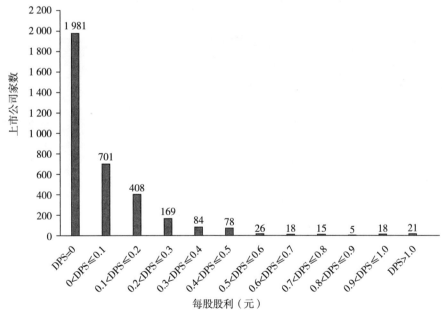

图 8-12　上市公司（A 股）每股股利分布（2017 年）

资料来源：根据 Wind 资讯整理。

除现金股利外，上市公司还通过送股、资本公积转增资本等形式派发股利。表 8-10 描述了 2017 年度上市公司每股转增股本、每股股利前十排行榜。从表 8-10 可以看出，每股转增股本排行榜前十家主要是中小企业和创业板的上市公司；在每股股利前十家公司中，在深圳证券交易所上市的中小企业和创业板公司有 4 家，在上海证券交易所上市的公司有 6 家。

表 8-10　2017 年度上市公司每股转增与每股股利前十排行榜

证券简称	每股转增股本（股）	证券简称	税前每股股利（元）
梅泰诺	1.800	贵州茅台	10.999
美联新材	1.500	养元饮品	2.600
花园生物	1.500	吉比特	2.600
塞力斯	1.500	国光股份	2.000
岭南股份	1.300	方大炭素	1.900
新天科技	1.200	方大特钢	1.600
瑞丰光电	1.002	亿联网络	1.600
建研集团	1.000	飞科电器	1.500
创新股份	1.000	三钢闽光	1.500
风语筑	1.000	兆丰股份	1.500

资料来源：根据 Wind 资讯整理。

中国上市公司股利政策的另一个特点是一边派发股利、一边再融资。根据 Wind 资讯数据，随机选择和整理了 10 家上市公司股利支付与股权融资情况（见表 8-11），其中股权融资包括 IPO、配股、定向增发、公开增发募集的资金。在这 10 家上市公司中，股利支付率最高的是用友网络，最低的是浦发银行；中国神华和浦发银行的累计分红和再融资规模均高于其他 8 家公司。

表 8-11　10 家上市公司股利支付与股权融资

证券简称	成立年份	分红次数	累计净利润（万元）	累计分红（万元）	股利支付率（%）	上市以来股权融资总额（万元）
用友网络	2001	15	432 276.41	278 611.81	64.45	256 700.00
中视传媒	1997	16	93 269.37	39 200.40	42.03	51 030.00
伊利股份	1996	16	2 159 808.46	838 641.17	38.83	641 405.50
贵州茅台	2001	16	10 712 107.14	3 512 336.15	32.79	231 176.76
万华化学	2001	16	2 657 300.63	864 543.74	32.53	400 120.00
中国神华	2007	9	38 627 800.00	11 436 531.76	29.61	13 658 200.00
同仁堂	1997	19	1 057 572.45	261 199.50	24.70	210 553.48
大商股份	1993	16	723 582.60	175 664.18	24.28	92 303.79
上汽集团	1997	16	26 066 821.18	6 114 133.58	23.46	7 194 543.14
浦发银行	1999	16	30 640 837.55	6 132 554.76	20.01	11 334 625.55

资料来源：根据 Wind 资讯整理，数据时间截至 2016 年 12 月。

与国际成熟公司的稳定股利支付政策不同，我国上市公司的股利分配方案中常常出现"转增""配股"等概念，也有人将其视同股利分配的形式，但从严格意义上讲，它们都不属于股利的范畴。

转增是指将公积金转化为股本，并按股东原有股份比例派送新股或者增加每股面值。转增虽然增加了股本，但并没有改变股东权益规模，其客观结果与送股（股票股利）相似。转增与送股的本质区别在于资金来源不同，送股来自公司年度税后利润，公司只在有盈余的情况下才能向股东送股；而转增股本来自公积金，不受公司本年度可分配收益及时间的限制，只是将转增数额从公积金账户转入注册资本账户即可。从严格意义上讲，转增并不属于对股东的分红回报。

配股是指上市公司为扩大再生产，向原有股东按一定比例配售新股的行为。它是上市公司股权融资的主要形式之一。虽然配股与送股在某些方面具有相似性,但两者的性质不同,主要区别在于:第一,送股是股东向公司投资的一种报酬,是股东参与公司税后利润分配的一种形式;配股仅是公司增资扩股的一种形式,属于发行新股的范畴。第二,送股的资金来源为公司税后利润中用于分红的部分,是将本应派发给股东的现金转为股本并具体到每个股东名下,而股东无须额外追加投资;配股的资金则来自公司外部,是股东对公司的追加投入。第三,送股和配股都使公司总股本增加,但前者并不增加股东权益,因为送股的资金本来就是股东权益的一部分;而后者在增加股本的同时,股东权益也相应增加,因为股东追加了投资。第四,送股是无偿的,非股东不能享有;配股是有偿的,股东既可以接受也可以放弃,在配股权证流通的情况下还可以转让,投资者只要购买配股权证就可获得配股权。

本章小结

1. 从投资者的角度分析,股票价格在除息日会下跌。在既无税收又无交易成本的理想世界中,股票价格下跌额应等于股利额。股票股利和股票分割对投资者的影响是一样的,两者都使股票市场价格下降。为改善公司资本结构或分配超额现金,公司通常会采取股票回购方式向股东分配现金股利。

2. MM 理论认为,在完善的资本市场条件下,公司价值由公司投资决策确定的自身获利能力和风险组合所决定,而不是由公司盈余的分割方式所决定。差别税收理论认为,由于股利收入所得税税率高于资本利得税税率,因此公司留存收益相比支付股利对投资者更有利。交易成本与代理成本理论认为,公司最佳股利支付率是在提高股利支付引起的外部融资成本增加与代理成本减少之间相互权衡的结果。

3. 公司管理层在确定股利政策时,要考虑法律规定、公司资本需求、经营风险、资金流动性、举债能力、价值信息评价、控制权和债务合同限制等问题。

4. 剩余股利政策主张,公司的收益首先应当用于盈利性投资项目的资本需要;在满足盈利性投资项目的资本需要之后,若有剩余,则公司可将剩余部分作为股利发放给股东。

5. 许多人认为固定股利政策对股票的市场价格有积极影响,而固定股利支付率政策会引起股票价格上下波动;低正常股利加额外股利政策可使收益周期性波动的公司保持固定股利的稳定记录。

基础训练

1. 2004 年 1 月 21 日,英特尔公司宣布季度现金红利增加 1 倍,达到每股红利 4 美分。消息公布后,英特尔公司的股价下跌了 41 美分,跌幅为 1.3%,以每股 32.20 美元收盘。2004 年 1 月 21 日,英特尔公司的股价一度跌至 31.82 美元的低点。

根据财务理论说明为什么高分红不等于高股价?

2. 假设一家公司决定实施但尚未宣布一项重要的资本预算项目,项目支出为 1 000 万元,项目净现值为 2 000 万元。公司有足够的现金投资该项目。目前公司发行在外的普通股股数为 1 000 万股,每股价值 24 元,负债为零。公司总价值为 24 000 万元,在宣布该项目后为 26 000 万元(24 000+2 000)。假设公司有两个备选方案:(1)不支付现金股利,保留现金以满足项目投资需要;(2)每股支付 1 元现金股利,然后从外部筹集资金 1 000 万元。为便于比较两个方案,公司必须发行 1 000 万新股筹措资金支付股利,否则会产生除股利政策差异之外的其他差异。公司发行新股,将发放股利的 1 000 万元现金替换为 1 000 万元普通股权益,从而达到替换项目融资的目的。

根据 MM 理论分析两种不同方案对股东财富的影响。

3. XYZ 公司的产品正处于产品生命周期的成熟期,公司每股收益稳定地以 3% 低速增长。公司的股利政策是:每年税后收益的 75% 用于发放股利。由于 XYZ 公司的股利增长率很低,其股票价格主要受到股利水平的影响。公司经理向董事会提交了一个新项目:在迅速发展的华北市场投资 5 000 万元建造一个新厂。预计此项投资的年收益率高达 32% 之上,是公司当前平均收益率的两倍多。项目融资方案有以下三种:

(1) 全部发行普通股融资。

(2) 所需资金的一半以留存收益的方式解决,另一半以发行新股的方式筹集。此方案仅使当年的股利减少。

(3) 按现有资本结构中的负债比例发行一部分债券,不减少应发的股利,所需股本以发行普通股的方式融资。

请根据财务管理相关理论评价不同方案对公司股利政策及股票价格的影响。

4. 1989 年以前,IBM 公司的股利每年以 7% 的速度增长。1989—1991 年,IBM 公司的每股股利稳定在 4.89 美元/年,即平均每季度 1.22 美元/股。1992 年 1 月 26 日上午 9 时 2 分,《财务新闻直线》公布了 IBM 公司新的股利政策,季度每股股利从 1.22 美元调整为 0.54 美元,下降超过 50%。维持多年的稳定股利政策终于发生了变化。

请查阅 IBM 公司相关资料,分析 IBM 公司股利政策变化的原因。

5. 根据 Wind 资讯数据整理的 10 家上市公司股利支付与股权融资情况(见下表)。其中股权融资包括 IPO 融资、配股、定向增发、公开增发募集的资金。这 10 家公司自上市以来,股利支付率最高的为用友网络,最低的为浦发银行。

证券简称	成立年份	分红次数	累计净利润(万元)	累计分红(万元)	股利支付率(%)	上市以来股权融资总额(万元)
用友网络	2001	15	432 276.41	278 611.81	64.45	256 700.00
中视传媒	1997	16	93 269.37	39 200.40	42.03	51 030.00
伊利股份	1996	16	2 159 808.46	838 641.17	38.83	641 405.50
贵州茅台	2001	16	10 712 107.14	3 512 336.15	32.79	231 176.76
万华化学	2001	16	2 657 300.63	864 543.74	32.53	400 120.00
中国神华	2007	9	38 627 800.00	11 436 531.76	29.61	13 658 200.00
同仁堂	1997	19	1 057 572.45	261 199.50	24.70	210 553.48
大商股份	1993	16	723 582.60	175 664.18	24.28	92 303.79
上汽集团	1997	16	26 066 821.18	6 114 133.58	23.46	7 194 543.14
浦发银行	1999	16	30 640 837.55	6 132 554.76	20.01	11 334 625.55

资料来源:根据 Wind 资讯整理,数据时间截至 2016 年 12 月。

请分析以上 10 家上市公司的股利政策:

(1) 公司股利政策历史状况:除了支付现金股利,公司是否发行股票股利?

(2) 公司的前五大股东是谁?他或她是否喜欢股利,或者是否偏爱股票股利?

(3) 公司发放现金股利会向市场传递什么信号?或者说,公司利用股利政策作为信号的必要性有多大?

(4) 分析公司现金股利和股权再融资的关系,哪些公司的现金股利支付大于股权再融资?公司的未来投资机会与融资需求是否匹配?公司能否具有融资的灵活性?

(5) 查阅资料了解,公司是否存在限制股利政策发放的债务契约?

(6) 公司和同行业其他公司的股利政策相比,高于还是低于平均股利支付率?

 **案例分析**

佛山照明股利政策分析

曾被媒体誉为"现金奶牛"的佛山照明,从 1993 年上市至 2015 年,累计发放现金股利超过 365 005 万元,上市以来的股利支付率为 70.13%。图 1 描述了佛山照明自上市至 2015 年各年的股利支付率和留存收益比率。从图 1 可以看出,除 1993 年和 2015 年外,其他各年的股利支付率均大于留存收益比率,这表明佛山照明各年创造的利润大部分返还给了投资者。

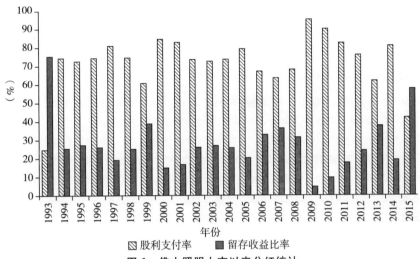

图 1　佛山照明上市以来分红统计

资料来源:根据 Wind 资讯数据整理。

图 2 描述了投入资本收益率(ROIC)和股利支付率的关系。从图 2 可以看出,两者的变化趋势不完全一致,甚至在有些年份相背离,从而导致两者的相关系数仅为 0.45,这可能与佛山照明在特定年份的投资机会、现金流状况有关。例如,2007 年投入资本收益率上升到 15.72%,股利支付率下降为 63.55%;2009 年投入资本收益率下降为 8.06%,股利支付率上升到 95.16%。

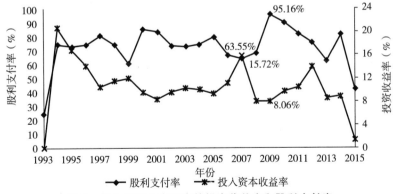

图 2　佛山照明上市以来的投资收益率和股利支付率

资料来源:根据 Wind 资讯数据整理。

佛山照明在高比例支付股利的同时,IPO 后进行再融资,总额约为 84 097.43 万元,如下表所示。从下表可以发现,佛山照明的外部资金全部来自股权融资,其中再融资占 80.99%。查看佛山照明各年银行借款情况发现,1994—1996 年公司仅有短期或一年期银行借款(2015 年资产负债率为 16.38%,负债主要是应付账款等商业信用)。这表明公司运营资金主要来自股权融资和内部留存收益,佛山照明的融资政策和资本结构较为保守。

融资方式	金额(万元)	占比(%)	融资年份
直接融资			
IPO	19 743.90	19.01	1993
股权再融资	84 097.43	80.99	
其中：配股	14 522.43	13.99	1994
定向增发	0.00		
公开增发	69 575.00	67.00	2000
优先股	0.00		
发行债券融资	0.00		
直接融资合计	103 841.33	100.00	
间接融资（按增量银行借款计算）	0.00	0.00	

资料来源：Wind 资讯，数据截至 2017 年 2 月 17 日。

（1）请查询并分析佛山照明自上市以来的股利支付率、投入资本收益率以及 IPO 和股权再融资等情况，评价佛山照明的股利政策及其对公司财务状况和经营成果的影响。

（2）2016 年 4 月 23 日佛山照明发布关于 2015 年度分红派息方案，以公司现有总股数（1 272 132 868 股）为基数，向全体股东每 10 股派现金人民币 0.125 元（含税）。公告发布后第一个工作日（2016 年 4 月 25 日），佛山照明股票价格由前一个交易日的 9.15 元/股跌至 9.03 元/股，下跌 1.31%，4 月 26 日股票价格升至 9.16 元/股，上升 1.44%。请查询并分析分红派息公告前后 5 个交易日股票收盘价的变动，并与同期上证综指变动进行比较，分析佛山照明股票价格波动因素。

第九章 长期融资

[学习目的]
- IPO 的发行程序及销售方式、新股发行的定价方法
- 了解私募股权融资、首次公开发行、股权再融资的发行条件
- 了解长期借款保护性条款的类型和内容
- 了解债券的种类、创新及评级内容
- 熟悉租赁对税收和资产负债表的影响

任何一个成功的公司都应拥有两种产品：商品产品和金融产品。前者为产品购买者提供各种消费品；后者为产品购买者提供各种投资工具。与公司其他高级主管不同的是，财务主管的主要工作是为公司现在的经营和未来的增长提供资本，他们出售的产品对公司的未来现金流具有索取权，这种索取权只有经过包装和出售后才能为公司带来现金流。作为一种交换，金融产品的购买者在获得对公司未来现金流索取权（债券或股票）的同时，也将资本的使用权让渡给公司。为了既能满足公司需要，又能吸引潜在的投资者，财务主管必须针对投资者的偏好设计和提供不同的金融工具，这就要求他们必须熟知资本市场的运作规律，精通各种融资工具或金融产品的特点、价格、包装、发行等融资选择基本理论与技术。本章以资本市场融资功能为主线，主要讨论股权融资、债务融资的类型与方法；采用时间序列和横截面相结合的方法，描述上市公司的融资现状及变化趋势。

第一节 股权融资

一、股票分类

股票是股份公司为筹集股权资本而发行的有价证券，是持股人拥有公司股份的凭证。它与留存收益等一起构成股东在公司中的全部资产，即股东权益。按股东享有权利的不同，股票可分为普通股和优先股两大类。

（一）普通股

普通股（ordinary share）是构成股份公司权益最基本的股份，普通股股东的权利主要表现在以下四个方面：

（1）投票权。普通股股东有权参加股东大会，并有选举权、被选举权、查账权和表决权，有权就公司重大议题进行发言和投票表决。如果股东不能亲自参加股东大会，可以委托他人代行股东权利。

（2）收益权。普通股股东拥有按股份参加公司收益分配的权利，但必须在公司向债权人及优先股股东分别支付利息和股利之后才能享受收益分配权。因此，普通股的股利通常是不固定的，由公司的盈利状况及其股利分配政策决定。

（3）优先认股权。如果公司增发普通股股票，现有普通股股东有权按持股比例，以低于市价的某一特定价格优先购买一定数量新发行的股票，从而保持对公司所有权的原有比例。

（4）剩余财产分配权。当公司破产或清算时，如果公司财产在偿还债务后还有剩余，普通股股东就有权按持股比例对剩余部分进行分配，但受偿顺序列于优先股股东之后。

当然，权利与义务是对等的，股东在享受权利的同时还负有遵守公司章程、缴纳认股款、对公司负有限责任、不得退股等义务。

（二）优先股

优先股（preferred share）是一种兼具普通股股票和债券特点的混合性有价证券，属于股权性资本，但兼具债券的性质。相对于普通股而言，优先股的权利主要表现在以下四个方面：

（1）投票权。在正常情况下，优先股股东没有参与公司经营管理的权利，他们不参加股东大会，没有选举权和被选举权，不能对公司重大经营决策进行表决。

（2）收益权。当公司进行股利分配时，优先股股东先于普通股股东领取股利。为了保障优先股股东的利益，优先股通常会附加一些保护性条款，如股利累计分派或参与分派。股利累计分派是指任一年度未支付的股利都可以递延到以后年度一起发放。也就是说，当公司的税后利润不足以支付优先股股利时，未支付的股利可以累积到下一年度支付。参与分派是指优先股股东在获得定额股利后，还有权与普通股股东参与公司剩余利润的分配，即优先股股东可以获得双重分红权。

（3）优先分派剩余财产。当公司破产、清算时，优先股股东对公司剩余财产的求偿权位于债权人之后，但先于普通股股东。

（4）转换权。优先股持有者可以根据优先股发行时的规定，在将来某一时期内按预先规定的转换比率或转换价格将优先股转换为普通股或其他类型的优先股。优先股股东拥有转换的权利，但没有转换的责任。只有当普通股价格上升，可以从转换中获利时，优先股股东才行使这一权利。

此外，按股票发行对象和上市地区的不同，可以将股票分为 A 股、B 股、H 股、N 股等。A 股是供我国内地个人或法人买卖，以人民币标明票面金额并以人民币认购和交易的股票。B 股、H 股、N 股和 S 股是专供外国和我国港、澳、台地区投资者买卖，以人民币标明票面金额但以外币认购和交易的股票。其中，B 股在上海、深圳上市，H 股在香港上市，N 股在纽约上市，S 股在新加坡上市。

二、首次公开发行股票

公开发行是指股份公司公开向社会发行股票募集资本的一种发行方式。公开发行按照发行股票募集资本的次数，分为首次公开发行和股权再融资。

（一）首次公开发行中的行为主体

首次公开发行（initial public offering，IPO）是指企业公开向社会公众发行股票并上市的过程。在我国，IPO 发行涉及的行为主体包括证监会、发行人、投资银行和投资者（见图 9-1）。

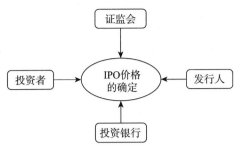

图 9-1 首次公开发行中的行为主体

证监会作为监管机构,分别通过尽职调查、禁售条款、负债率、信息披露要求等措施对 IPO 进行监督和管理。当前世界上主要的 IPO 审核机制有审批制、核准制和注册制。审批制完全由政府主导,从发行额度到发行价格都由政府制定,监管机关要对发行公司的各项条件进行严格审查,我国对股票发行规模和发行企业数量进行双重控制,能否发行完全取决于主管机关。注册制完全由市场主导,证券监管机构只审查发行公司依法提供的申报文件的全面性、准确性、真实性和及时性,并不能决定公司能否发行。核准制则介于审批制与注册制之间,政府不仅管理股票发行实质性内容的审核,还管理发行过程的实际操作,如确定发行方式、发行价。

IPO 的发行人与投资银行、投资银行与投资者均通过签订发行股票契约成为 IPO 的行为主体。投资银行作为证券发行承销商,一方面为发行人提供金融中介服务,包括发行人上市融资辅导、发行人融资工具和发行方案设计,根据发行人的发行规模、行业特征和公司业绩,结合投资者的购买预期确定新股定价区间等;另一方面为投资者提供尽职的投资价值分析服务。投资银行家或资本市场专家提供分析报告以影响投资者的投资策略,如果投资者认购发行股票就会成为发行人的股东。

(二) 新股发行价定价

股票发行价是公司发行股票时采用的价格,也是投资者认购股票时必须支付的价格。自 2000 年我国股票发行体制由审批制转向核准制后,我国 A 股新股发行先后采用了市盈率定价、固定价格、累计投标询价和竞价等。

1. 市盈率定价

市盈率定价法是根据拟发行上市公司的每股净利润及其确定的发行市盈率来确定发行价格的一种新股定价方法,计算公式为:

$$发行价格 = 每股净利润 \times 发行市盈率 \qquad (9-1)$$

其中,每股净利润可以按发行时的每股税后利润计算,也可以根据发行前的历史数据计算;发行市盈率可以根据同行业已上市公司的市盈率和公司自身的各种财务指标进行估计。发行公司在确定市盈率时,应考虑所属行业的发展前景、同行业公司在股市上的表现,以及近期二级市场的规模、供求关系和总体走势等,以便确定一个较为准确的发行市盈率。采用这种方法确定发行价的程序相对简单、成本较低。

2. 固定价格

固定价格(fixed price offer)又称公开发售(public offer),是指承销商根据对发行人的价值评估,在估价结果范围内与发行人协商确定一个固定的发行价格,并根据该价格向投资者公开发售股票。在固定价格下发行价格的形成过程缺乏承销商与投资者的互动博弈,一般认为这一方法与累计投标询价和竞价相比,其市场化程度不足。固定价格虽然存在市场化不足的问题,但可以避免累计投标询价中高昂的路演(road show)成本,对于发行量较小的IPO是节约成本的一种有效机制。

3. 累计投标询价

累计投标询价(book-building)是目前国际证券市场上最常用的股票发行方式之一。这一发行方式通常包括确定价格区间、累计投标询价和价格支持三个步骤。在发行时,承销商采用路演等方式向潜在投资者推介发行人的情况,并根据法律规定披露公司的相关信息。与此同时,承销商与一些可能有购买意向的机构投资者接触,并要求申报认购价格和数量,这一时期即累计投标询价期。累计投标询价期结束后,承销商累计计算所有投资者在同一价格的申购量,得出一系列不同价格的总申购量。最后,按照总申购金额超过发行融资额的一定倍数(超额认购倍数)确定发行价格并对投资者配发股份。因此,累计投标询价制可提供较佳的价格探索功能。

在累计投标询价方式下,发行价格由市场供求决定,更贴近上市价格。此外,发行人有权选择理想的股东结构,有助于上市公司改善治理结构、提高公司质量。特别地,赋予承销商选择客户的权利,有助于大型投资银行的培育。

4. 竞价

竞价(auction)是指股票发行人将拟发行股票的有关资料向投资者进行公告,由各股票承销商或者投资者以投标方式相互竞争,从而确定股票发行价格。竞价是一种"直接"的市场化定价方式,能够更直接反映投资主体对新股价格的接受程度,最终确定的价格更接近新股未来上市后的市场价格。但在不成熟的证券市场中,竞价却有可能造成新股发行定价过高、上市公司融资额过多、市场资本使用效率低下等现象。

竞价先由投资者表达对股票的需求,再根据需求情况确定最终的发行价格,可以有效发挥价格发现功能,缩小发行价格与上市价格之间的差距。但与累计投标询价相比,竞价发行欠缺选择理想股东结构方面的功能。

【例9-1】 华宝股份2018年3月1日发布上市公告书,宣告公司将于2018年3月1日在深圳证券交易所创业板上市,首次公开发行6 159万股人民币普通股(A股),发行市盈率、发行价格、发行费用等相关资料如表9-1所示。

表9-1 华宝股份新股发行相关资料

上市地区	深圳	上市板块	创业板
主承销商	浙商证券股份有限公司	承销方式	余额包销
发行价格(元/股)	38.6	发行方式	网下询价,上网定价
发行市盈率	22.99	行业市盈率	41.47
新股发行数量(万股)	6 159.00	实际原股东转让数量(万股)	—
发行前总股数(万股)	55 429.00	发行后总股数(万股)	61 588.00
预计募资(万元)	237 737.40	实际募资合计(万元)	237 737.40
募集资金净额(万元)	231 184.21	发行费用(万元)	6 553.19
发行公告日	2018/2/12	上市日期	2018/3/1

（三）公开发行股票的销售方式

股份公司公开向社会发行股票，销售方式有两种选择，即自销和委托承销。自销是指股份公司自行将股票出售给投资者，而不经过证券经营机构承销。这种方式可以节约股票发行成本，但发行风险完全由发行人自行承担，仅适用于发行风险较小、手续较简单、数额不多的股票发行。

委托承销是指发行人将股票销售业务委托给证券经营机构代理。按照《中华人民共和国公司法》的相关规定，当公司采用募集设立方式向社会公开发行新股时，必须由证券经营机构承销，承销期最长不得超过90天。承销方式有包销和代销两种。包销是指由发行公司与证券经营机构签订承销协议，全权委托证券经营机构代理股票发售业务。在包销方式下，证券经营机构会买进股份公司公开发行的全部股票，然后将所购股票转售给投资者。在规定的募股期限内，若实际招募股份数达不到预定发行股份数，剩余部分由证券经营机构全部承购。代销是指由承销机构代理发行股票，承销机构不负责承购剩余股票，而将未售股票全部归还发行人的销售方式。在代销方式下，承销机构不需要买入证券，仅从售出的股票中收取佣金，股票发行风险全部由发行人承担，因而发行风险大且融资时间较长，但融资成本较低。

（四）公开上市的优缺点

公开上市意味着公司股票的一部分将发售给外部投资者，并在公开市场上进行交易。公开上市的主要优点有：第一，发行人能够进行多元化投资。随着公司的成长及价值的提升，发行人通常已经将大部分资本投入公司。公开上市后，发行人能够通过证券交易市场出售部分股票，使得个人投资组合多元化，从而降低投资风险水平。第二，提高股票的流动性。公开上市公司的股票在证券交易所挂牌交易，公开交易市场使得投资者和潜在投资者能够及时了解股票信息，从而增大股票的流动性。第三，有利于公司筹集新资本。一方面，巨额的股权资本可以作为债务的资本保障，有利于筹集新的债务资本；另一方面，上市公司受证监会的监管以及定期的信息披露要求，对公司外部股东权益的保护有所增强，有利于吸引新的股权资本的流入。第四，有利于确定公司价值。股票上市后，频繁交易的股票价格能够客观地反映公司价值，有助于激励公司为提高公司价值而采取各种措施。第五，有助于达成并购协议。当公司被兼并或者兼并其他公司并需要用股票支付兼并价格时，有着确定的市场价值的上市公司有助于达成相应的并购协议。第六，有利于提高公司知名度。上市资格和条件的严格审核，使得公开上市向社会传递了一种利好消息，公众认为上市公司经营状况和发展前景良好，会给公司带来良好声誉，从而吸引更多的投资者，并增强公司的举债能力。

公开上市的主要缺点有：第一，披露成本。公开上市公司必须根据证监会的要求定期对外披露季度报告和年度报告，以及可能影响股价的重大事件，披露信息需要聘请中介机构，可能带来沉重的经济负担，产生大量的披露成本。第二，信息披露。管理层可能并不希望披露经营数据，因为这些数据可能是商业秘密。类似地，公司所有者也许并不希望人们知道他所拥有的净财富，由于公开上市公司必须披露高管人员、董事及主要股东的持股数量，其他人很容易得知股东的净财富。第三，股价扭曲。股票市价的高低受到众多因素的影响，而不仅仅取决于公司业绩，当股价偏离公司实际经营状况时，它就不能作为市场对公司价值的客观评价；尤其是当人为因素扭曲公司股价时，不但会使得公司价值失真，而且会在一定程度上损害公司形象。

通过 IPO 完成上市和融资两项重要工作,是公司在生命周期特定时点改变其财务和所有权结构的重要方式。要成为一家上市公司,需要承担很多成本。Brau and Fawcett(2006)针对 2000—2002 年发生 IPO 的上市公司 336 名 CFO 进行了问卷调查,当被问及公司选择上市的原因时,近 60% 的 CFO 回答是为创造用于未来并购的公众股份,51.2% 的 CFO 认为上市可以为公司确定一个市场价格,仅 14.3% 的 CFO 回答是因为债务融资成本太高。CFO 选择 IPO 的原因的调查结果如图 9-2 所示。

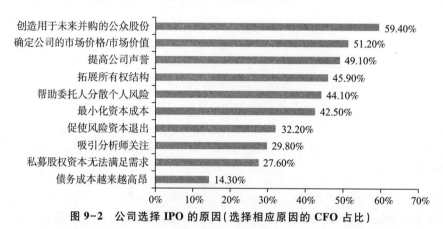

图 9-2 公司选择 IPO 的原因(选择相应原因的 CFO 占比)

三、股权再融资

股权再融资(seasoned equity offering,SEO)是指公开上市公司再次发行股票,也称后续发行。股权再融资主要有增发和配股两种方式。

(一)增发融资

增发(seasoned public offering,SPO)是指公司上市后再次公开发行新股,通常采用公开增发和定向增发两种形式。公开增发是指面对社会大众再发新股;定向增发是指只面向特定对象再发新股。公开增发和定向增发都是新股的增量发行,对其他股东的权益有摊薄效应。与公开增发相比,定向增发的对价不限于现金,还包括非现金资产(包括股权)、债权等,而公开增发必须以现金认购;由于特定对象不同于社会公众投资者,不需要监管部门予以特殊保护,在我国,定向增发的条件不受《中华人民共和国公司法》关于三年连续盈利及发行时间间隔的限制;定向增发不需要承销,成本和费用相对较低。

定向增发作为一种创新型的、高效便捷的再融资工具,既可以满足上市公司与挂牌公司通常的项目资金需求,也有助于上市公司实现资产注入、整体上市、引入战略投资者、完成并购重组等多重目标。

【例 9-2】 长电科技(600584)2016 年定向增发的有关资料如表 9-2 所示。

表 9-2 长电科技定向增发相关资料

预案日期	2016/04/29	2016/04/29
发行价格(元/股)	17.60	15.34
增发上市日收盘价(元/股)	15.58	14.37
增发数量(万股)	15 085.23	17 307.69

(续表)

预计募集资金总额(亿元)	26.55	26.55
实际募集资金总额(亿元)	26.55	26.55
其中:资产募集金额(亿元)		26.55
货币募集金额(亿元)	26.55	
发行费用(亿元)	0.49	
实际募集资金净额(亿元)	26.06	26.55
发行对象	机构投资者	机构投资者
认购方式	现金	资产
实施价格相对基准价格比例(%)	90.01	90.03
预案价格相对基准价格比例(%)	90.01	90.03
是否控股股东认购	否	否
增发目的	配套融资	融资收购其他资产

资料来源:Wind 资讯。

根据长电科技股份有限公司的公告,本次发行股份购买资产的定价基准日为2016年4月29日,发行股份购买资产的发行价格为定价基准日前60个交易日公司股票交易均价的90%(15.36元/股),扣除自本次发行定价基准日至发行股份日期间的公司红利后,本次发行股份购买资产的发行价格调整为15.34元/股;本次募集配套资金发行股份价格为公司定价基准日前20个交易日公司股票交易均价的90%(17.62元/股),扣除自本次发行定价基准日至发行股份日期间公司的红利后,本次配套募集资金的发行价格调整为17.60元/股。

长电科技股份有限公司本次定向增发的上市发行日为2017年6月7日,增发上市日收盘价低于发行价。以配套融资定向增发为例,发行折价率为11.48%(15.58/17.6-1)。

(二)配股融资

配股(right offering)是指上市公司仅向现有股东同比例发行新股。配股方式赋予公司现有股东对新发行股票的优先取舍权,可以保护现有股东合法的优先购买权,这种优先购买权具有一定的时效,过期作废。

【例9-3】 新奥股份(600803)2018年1月30日刊登配股公告,将以2018年2月1日上海证券交易所收市后公司总股数985 785 043股为基数,按每10股配售2.5股的比例向股权登记日全体股东配售。本次配股拟募集资金总额不超过人民币230 000万元(含发行费用),扣除发行费用后的净额将全部投资于年产20万吨稳定轻烃项目。

新奥股份配股融资的实施结果如下:

(1)发行数量:实际配售243 570 740股,均为网上配售。

(2)发行价格:9.33元/股。

(3)发行方式:本次配股采取网上定价发行方式,通过上海证券交易所系统进行。

(4)募集资金总额:2 272 515 004.20元。

(5)发行费用总额及每股发行费用:本次发行费用总额为33 684 570.74元(包括承销保荐费、律师费、验资费、证券登记费及查询费、信息披露费及其他费用),每股发行费用为0.14元。

(6) 募集资金净额:2 238 830 433.46 元。

根据配股公告,配售比例为每10股配售2.5股新股,发行价格为9.33元/股,这表明原有股东需持有4股股票和9.33元现金才能认购1股新股。配股融资的一大特点是,新股发行价格根据配股发行公告发布时的股票市价进行一定的折价处理来确定,其目的是鼓励股东出价认购。当市场环境不稳定时,确定配股价是非常困难的。在正常情况下,新股发行价格按发行配股公告时股票市场价格折价10%—25%。在例9-3中,新奥股份的配股公告日为2018年1月30日,当天股票收盘价为14.54元/股,相对于新股发行价9.33元/股,折价率高达35.83%(9.33/14.54-1)。

配股一般采用承销(standby underwriting)或包销方式,认购人每认购1股股票须向承销商支付备用费(standby fee),作为其承担风险责任的补偿。在实务中,认购价格通常被定得远低于当时的市场价格,从而使配股发行失败的可能性比较小。

中国上市公司利用资本市场进行股票融资的方式有:首次公开发行股票、增发股票、配售股票及优先股等。图9-3列示了A股上市公司1991—2019年股权融资统计数据。从图9-3可以看出,2005年以前,上市公司主要是通过IPO和配股进行股权融资;2005年以后,上市公司主要通过IPO和增发进行股权融资。2005—2013年,IPO融资变化呈M形状态,配股融资变化较为平缓,但增发融资呈上升趋势,这表明在2008年次贷危机后,上市公司股权融资主要是通过增发方式完成的。

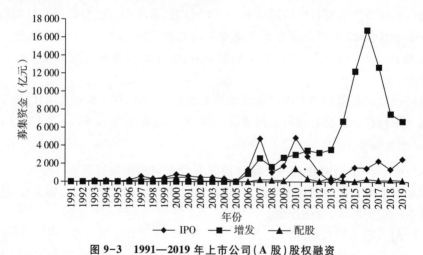

图9-3　1991—2019年上市公司(A股)股权融资

资料来源:根据Wind资讯数据整理。

除增发和配股外,2016年3月24日,在新三板挂牌的中视文化正式取得股转系统核准函,核准公司首家发行优先股。新三板优先股第一单的落地以及即将建立的优先股转让流通机制,将增加新三板市场的融资工具和投资工具,进一步完善新三板的市场功能,促进二级市场的流动性。目前,适合发行优先股的公司主要有:(1)银行类金融机构,发行优先股补充一级资本,满足资本充足率的监管要求;(2)资金需求量较大、现金流稳定的公司,发行优先股可以补充低成本的长期资金,降低资产负债率,改善公司财务结构;(3)创业期、成长初期的公司,这类公司股票估值较低,通过发行优先股,可在不稀释控股权的情况下融资;(4)并购重组公司,发行优先股可以作为收购资产以换取股票的支付工具。

四、私募股权融资

私募股权融资是指企业以非公开方式向潜在投资者筹集股权资本的行为,风险投资人、私募股权投资人、天使投资人和机构投资者及公司投资者是私募股权融资的主要对象。

(一)风险投资

风险投资(venture capital,VC)是指为初创公司提供启动资金的有限合伙制企业,通过风险投资基金进行投资。风险投资的目的不是控股,无论成功与否,退出是风险投资的必然选择。风险投资的退出方式包括 IPO、收购和清算。

风险投资的特征有:(1)投资对象为处于创业期(start-up)的中小型企业,而且多为高新技术企业;(2)投资期限至少 3—5 年以上,投资方式一般为股权投资,通常占被投资企业 30% 左右股权,不要求控股权,也不需要任何担保或抵押;(3)投资决策建立在高度专业化和程序化的基础之上;(4)风险投资人(venture capitalist)一般积极参与被投资企业的经营管理,提供增值服务,除种子期(seed)融资外,风险投资人一般也会满足被投资企业以后各发展阶段的融资需求;(5)由于投资目的是追求超额回报,当被投资企业价值增值后,风险投资人会通过上市、收购兼并或其他股权转让方式撤出资本,实现投资增值。

(二)私募股权投资

私募股权投资(private equity,PE)是指采用私募形式对私有企业(非上市企业)进行的股权性投资。私募股权投资人主要采用上市、并购或管理层回购等方式,出售所持股份以获利并实现退出。

私募股权投资的特点有:(1)对非上市公司的股权投资,不能上市交易,流动性较差,因此投资者会要求高于公开市场水平的回报;(2)没有现成的市场供非上市公司的股权出让方与购买方直接达成交易,而持币待投的投资者和需要融资的企业必须依靠个人关系、行业协会或中介机构来寻找对方;(3)资金来源广泛,如富有的个人、风险基金、杠杆收购基金、战略投资者、养老基金、保险公司等;(4)投资回报方式主要有 IPO、售出或并购、公司资本结构重组三种。

机构调研报告一般将风险投资和私募股权投资这两个概念统一为风险投资,简称为 PE/VC。在资本市场上,很多传统的 VC 机构现在也介入 PE 业务,而许多传统上被认为专做 PE 业务的机构也参与 VC 项目。也就是说,PE 与 VC 只是概念上的一个区分,两者在实际业务中的界限越来越模糊。许多著名的 PE 机构如凯雷(Carlyle)也涉及 VC 业务,其投资的携程网、聚众传媒等是 VC 形式的投资。

风险投资为公司发展开辟了新的融资渠道,解决了公司创业发展阶段的融资难题,打破了公司发展初期的资金瓶颈,为培育有发展潜力的创新科技型公司做出了贡献。但风险投资对投资对象的选择比较严格,条件比较苛刻,使得风险资本的融通对一般公司来说有一定的困难。在西方国家,据不完全统计,风险投资人所投资项目的成功率仅为 30% 左右。正是因为这样,风险投资界才会奉行"不要将鸡蛋放在一个篮子里"的分散组合投资原则。

(三)天使投资人和机构投资者

天使投资是股权资本投资的一种形式,通常是指拥有一定净财富的个人,对有较大发展潜力的初创企业进行早期的直接投资,属于一种自发且分散的民间投资方式。天使投资往往是一种参与性投资,也被称为增值型投资。在投资后,天使投资人往往积极参与被投资企业的战略决策和战略设计,为被投资企业提供咨询服务,帮助被投资企业招聘管理人员,协助开展公关活动,设计退出渠道和组织企业退出等。当然,也有一些天使投资人并不参与管理被投资企业。

机构投资者通常指用自有资本或者从分散的公众投资者手中筹集资本专门进行有价证券投资活动的法人机构。在西方国家,以有价证券投资收益为重要收入来源的证券公司、投资公司、保险公司、各种福利基金、养老基金及金融财团等,一般被称为机构投资者,其中最典型的机构投资者是专门从事有价证券投资的共同基金。

（四）公司投资者

上述各种股权投资者关注的重点是项目的投资收益,而公司投资者(corporate investor),如公司的合作伙伴(corporate partner)、战略合作伙伴(strategic partner)或战略投资者(strategic investor),其投资不仅是为了获得投资收益,更是为了实现公司战略目标、提高资源配置效率。

与上市公司公开发行相比,私募股权融资的优点在于:(1)避免了证券注册、招股说明书的印刷等一系列费用,发行费用相对较低;(2)对于达不到上市资格的公司来说,可以较快地实现募集到所需资本的目的;(3)发行方式更为灵活;(4)发行者可以有针对性地修改发行条件以适应交易各方的要求。

与公开发行相比,私募股权融资的缺点在于:(1)资本成本较高。私募发行的投资者与公开发行的投资者相比倾向于要求更高的溢价。(2)限制条款较多,经营灵活性受限。私募投资者一般会提出更为苛刻的限制性条款,并易于加强对公司经营的监督,限制了公司经营的灵活性,更可能使公司被迫放弃一些有利的投资机会。

IDG 资本(IDG Capital)于 1992 年开始在中国进行风险投资,是最早进入中国的国际投资机构之一。IDG 资本已成为中国风险投资行业的领先者,不仅向中国企业家提供资金,在投资后还会提供一系列的增值服务和强有力的支持。IDG 资本已经在中国投资了 300 余家优秀公司,包括百度、搜狐、腾讯、携程、金蝶、奇虎 360、汉庭、如家、九安医疗、波司登、天福茗茶等,已有 70 多家被投资公司公开上市或实施并购。

五、证券发行成本

证券发行成本主要指销售公开发行证券的直接成本和间接成本。直接成本最重要的是承销商薪酬,如支付给主承销商或者路演的管理费、承销进出差价(公开发行价格和承销商购买价格之间的差额)等。① 证券发行的间接成本主要包括:(1)发行折价。对于首次公开发行而言,股票价格在发行日后一般会大幅上升。由于股票是按照小于上市后的

---

① 在实务中,承销进出差价一般按发行规模或融资总额的百分比进行衡量。为平衡股票发行的供求关系,承销合同中一般会包含超额配售选择权,俗称"绿鞋"条款(green shoe option)。该条款给予承销商按发行价增购证券的选择,以满足过多的需求和超额认购。它一般延续约 30 天时间,包括增购不超过 15%的新发行证券。对于承销商来说,"绿鞋"选择权是一种好处;而对于发行人来说,"绿鞋"选择权是一项成本。假如新发行证券的市场价格在 30 天内升到发行价之上,承销商就可以从发行人那里买入证券,然后立即转售给公众。2010 年,海外股票发行采用超额配售选择权机制已成为惯例,交通银行、建设银行、中国银行和招商银行等多家境内商业银行赴海外上市均采用超额配售选择权机制。

有效价格出售的,因此折价对公司来说是一种成本。(2)超常收益。当股票多次发行时,股票价格在发行公告日一般会下跌1%—2%。下跌将保护新股东,防止公司向他们出售定价过高的股票。(3)发行延迟或发行撤销的成本。

Lee et al.(1996)研究1990—1994年美国上市公司IPO和SEO的直接成本(见表9-3)。作为比较,表9-4列示了可转换债券、纯债券(不含任何转换、赎回条款的债券)的直接发行成本。

表9-3 股票的直接发行成本(1990—1994年)

融资总额 (百万美元)	IPO				SEO			
	发行次数	总价差(%)	其他直接费用(%)	直接发行成本/融资总额(%)	发行次数	总价差(%)	其他直接费用(%)	直接发行成本/融资总额(%)
2—9.99	337	9.05	7.91	16.96	167	7.72	5.56	13.28
10—19.99	389	7.24	4.39	11.63	310	6.23	2.49	8.72
20—39.99	533	7.01	2.69	9.70	425	5.6	1.33	6.93
40—59.99	215	6.96	1.76	8.72	261	5.05	0.82	5.87
60—79.99	79	6.74	1.46	8.20	143	4.57	0.61	5.18
80—99.99	51	6.47	1.44	7.91	71	4.25	0.48	4.73
100—199.99	106	6.03	1.03	7.06	152	3.85	0.37	4.22
200—499.99	47	5.67	0.86	6.53	55	3.26	0.21	3.47
500及以上	10	5.21	0.51	5.72	9	3.03	0.12	3.15
总计	1 767	7.31	3.69	11.00	1 593	5.44	1.67	7.11

表9-4 可转换债券、纯债券的直接发行成本(1990—1994年)

融资总额 (百万美元)	可转换债券				纯债券			
	发行次数	总价差(%)	其他直接费用(%)	直接发行成本/融资总额(%)	发行次数	总价差(%)	其他直接费用(%)	直接发行成本/融资总额(%)
2—9.99	4	6.07	2.68	8.75	32	2.07	2.32	4.39
10—19.99	14	5.48	3.18	8.66	78	1.36	1.4	2.76
20—39.99	18	4.16	1.95	6.11	89	1.54	0.88	2.42
40—59.99	28	3.26	1.04	4.30	90	0.72	0.6	1.32
60—79.99	47	2.64	0.59	3.23	92	1.76	0.58	2.34
80—99.99	13	2.43	0.61	3.04	112	1.55	0.61	2.16
100—199.99	57	2.34	0.42	2.76	409	1.77	0.54	2.31
200—499.99	27	1.99	0.19	2.18	170	1.79	0.4	2.19
500及以上	3	2.0	0.09	2.09	20	1.39	0.25	1.64
总计	211	2.92	0.87	3.79	1 092	1.62	0.62	2.24

根据表9-3和表9-4的数据,可以得出三个结论:第一,股票发行和债券发行的各类成本一般随着发行规模的增大而下降,即发行成本服从于规模经济效应;第二,在全部发行成本中,发行股票的直接费用高于发行债券的直接费用;第三,IPO的成本是最高的。例如,对于一次融资规模小于1 000万美元的股票公开发行来说,全部直接费用约占融资总额的16.96%,如果考虑股票发行的间接成本,IPO成本占比将超过20%。

表9-5列示了中国2016年前十大承销商的承销保荐费和发行费。在十大承销商中,

承销保荐费率最高的是中信证券,平均费率为 9.37%,最低的是中信建投证券,平均费率为 4.81%,前十大承销商承销保荐费率平均值为 6.85%。从发行费看,在十大承销商中,发行费最高的是中信证券,平均费率为 13.21%,最低的是中银国际证券,平均费率为 5.82%,前十大承销商发行费率平均值为 9.23%。

表 9-5 前十大承销商的承销保荐费与发行费(2016 年)

机构名称	募集资金 (万元)	承销保荐费		发行费		承销 家数
		金额 (万元)	平均费率 (%)	金额 (万元)	平均费率 (%)	
中信建投证券	1 834 948.03	60 270.76	4.81	79 989.54	6.90	14
中国国际金融	1 212 261.57	56 766.36	6.21	70 132.16	7.93	10
安信证券	1 176 505.94	54 337.94	7.85	68 661.83	10.56	12
中信证券	1 142 255.04	79 919.34	9.37	101 587.13	13.21	18
华泰联合证券	1 085 582.58	37 269.16	4.96	45 583.41	6.41	6
国泰君安证券	986 764.00	28 469.25	7.25	35 470.12	9.34	6
申万宏源证券	665 952.38	34 382.79	7.18	47 215.75	10.46	10
广发证券	633 562.68	52 256.81	9.30	67 733.60	12.19	15
中银国际证券	614 919.63	13 786.23	4.82	16 355.27	5.82	3
招商证券	599 235.92	32 473.60	6.74	44 626.19	9.46	12

资料来源:Wind 资讯。

为了减少股票的承销保荐费和发行费,发行公司应在保证发行成功与有关服务质量的前提下,选择发行费和保荐费较低的中介机构与服务机构。

六、股权融资的优缺点

普通股融资的优点主要表现在:(1)普通股没有到期日,是一项永久性资本来源,公司清算时才予以偿还,但公司在允许的条件下可通过二级市场回收股票。(2)普通股没有固定的股利负担,股利分配的多少与公司的盈利、投资机会等有关。(3)普通股融资风险小。普通股没有固定的到期日,一般也不用支付固定股利。(4)普通股融资能增强公司的信誉,是公司筹措债务资本的基础。(5)普通股比债券更容易卖出,因为普通股的预期收益高于优先股和债券,而且在通货膨胀时期,普通股增值优于优先股和债券。

普通股融资的缺点主要表现在:(1)股票发行费用比较高。发行费用是指发行公司支付给中介机构的与股票发行相关的费用,如承销费、注册会计师费(审计、验资、盈利预测审核等费用)、资产评估费、律师费等,其中承销费所占比例最高。此外,股票发行成功后,上市公司仍然需要为股票在交易所流通支付相当高的审计费用。不仅如此,普通股的融资成本从税后收益中支付,不能享受减税优惠,从而导致普通股融资成本较高。(2)普通股融资一方面会影响公司的控制权或管理权,另一方面新股东对公司已累积的盈余拥有分配权,这会降低普通股的每股净收益,从而可能引起普通股市价下跌。(3)股票上市后,公司要向社会披露信息,接受证券监管部门的监管等。

七、上市公司股权融资现状

20 世纪 70 年代后期,随着宏观经济体制改革和金融体制改革的不断深入,中国政府面临建设资金短缺的巨大压力,企业也面临融资困境。以1981年发行国库券为始端,国债发售开始恢复。80年代中期,一些国有企业和集体企业开始尝试各种形式的股份制改革,许多企业开始半公开、公开发行股票,股票一级市场出现。随着证券发行和投资者队伍的逐步扩大,证券流通需求日益强烈,股票和债券的柜台交易陆续在全国各地出现。从发展历程看,1990年11月26日,上海证券交易所(上交所)由中国人民银行批准成立并于同年12月19日正式开业,当日首批上市公司有方正科技等7家。1989年11月15日,深圳证券交易所(深交所)开始筹建,1991年4月11日由中国人民银行批准成立并于同年7月3日正式开业。到1990年12月1日,深交所只有五只股票上市,12月19日上交所有八只股票上市。2004年6月,中小企业板成立,首批八只股票上市。2006年,首批10家企业在位于中关村的新三板挂牌。2009年10月,创业板的首批28家企业成功上市。2013年12月14日国务院发文,全国中小企业股转系统面向全国所有股份制中小企业开放扩容,从2015年9月1日起,新三板正式划归场内交易行列。2019年1月30日,中国证监会正式发布在上交所设立科创板并试行注册制的一系列文件并公开征求意见,备受瞩目的科创板和注册制如期而至。经过二十多年的发展,资本市场呈现多层次的市场交易体系,以满足投资者和融资者对金融服务的多样化需求,图9-4列示了我国多层次资本市场的基本内容。

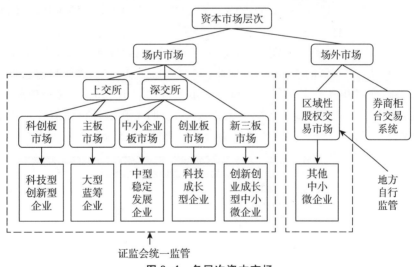

图9-4 多层次资本市场

图9-4显示,不同板块承担着不同的功能。主板市场主要是有较大资本规模以及稳定盈利能力的大型蓝筹企业上市交易的市场;中小企业板市场是为中小企业提供上市融资的一个主要通道,面对一些细分市场的稳定性发展的企业;创业板市场主要服务于创新型高科技企业的上市融资;新三板市场主要服务于国内的创新型、创业型、成长型的中小微企业。图中区域性股权交易市场也称四板市场,主要为特定区域内的企业提供股权、债权转让和融资服务,对于促进中小微企业融资、鼓励科技创新和激活民间资本具有积极作用。未来上海也会推出上交所战略新兴板块,它为我国的一些重要战略新兴行业提供对接资本市场的服务。

(一)主板市场

1991年7月15日,上交所以1990年12月19日为基期100点,开始发布上证综合指数。1991年4月4日深交所以前一天为基期100点，开始发布深证综合指数。图9-5列示了1991—2019年上交所、深交所上市公司的数量和股票市值各年数值。

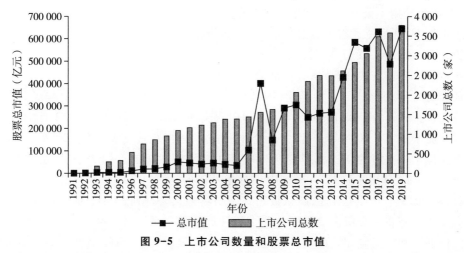

图9-5　上市公司数量和股票总市值

资料来源：Wind资讯。

图9-5显示，1991—2019年上交所、深交所上市公司的数量由1991年的13家上升到2019年的3 773家，年均增长率为32.09%；股票总市值从1991年的120.32亿元上升到2019年的645 497.42亿元，年均增长率为71.45%。

根据证监会的行业分类，在上市公司股票总市值中，制造业上市公司总市值为282 995亿元，占全部上市公司市值的43.42%，金融业(27.16%)，信息传输、软件和信息技术服务业(5.15%)，采矿业(5.04%)，其他行业上市公司市值占比均小于5%。这一现象表明，上市公司大部分集中在制造业和金融保险类上市公司，说明了我国各级政府在选择上市公司时的一种政策偏好，也反映了中国经济结构依然以机械、设备等制造业为主(见图9-6)。

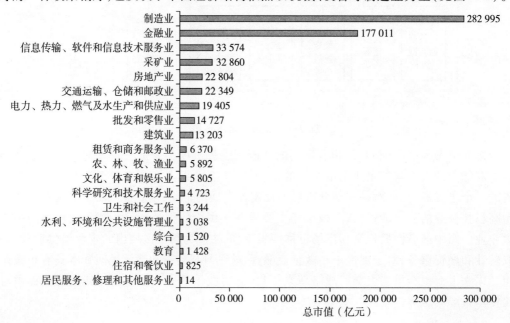

图9-6　上市公司市值行业分类

资料来源：Wind资讯，数据截至2019年12月26日。

从股权融资方面来看,中国上市公司主要利用 IPO、再融资(增发和配股)以及在中国香港上市(H 股)进行股权融资。1991—2019 年上市公司发行情况如图 9-7 所示。

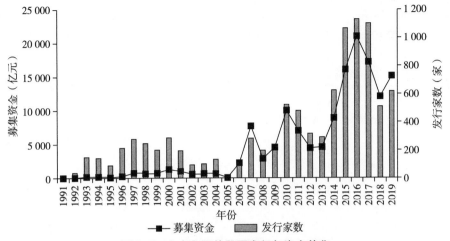

图 9-7　上市公司的股票发行与资金筹集

注:发行家数包括 IPO、增发、配股发行家数;募集资金指 IPO、增发、配股募集资金总额,没有扣除发行费。

资料来源:Wind 资讯。

根据图 9-7,1991—2005 年上市公司股票发行家数和募集资金的趋势相对较为平缓,而 2006—2017 年募集资金变动较大。从图 9-7 可以看出,这一期间至少经过三次大的波动,拐点分别在 2005 年、2008 年和 2013 年。这三个拐点与 2005 年我国开始股权分置改革、2008 年发生全球次贷经济危机、2013 年 IPO 暂停(当年股票融资额仅来自增发或配股所得)有关。

表 9-6 描述了 2018 年 12 月至 2019 年 12 月股权融资额地区分布,一定程度地反映了中国目前经济发展的地区差异。股权融资额前五名的地区分别是北京、广东、上海、浙江和湖北,与中国改革开放优先发展沿海地区的总体战略有关;其他地区的股权融资水平比较低,与其历史上的经济地位有关。

表 9-6　2018 年 12 月至 2019 年 12 月年融资金额地区分布　　　　　　单位:亿元

省(直辖市)	总额	首发	增发	配股	优先股	可转换债券	可交换债券
北京	4 691.86	682.85	917.86	0.00	2 250.00	517.99	323.16
广东	1 665.89	390.98	645.65	4.05	0.00	438.97	186.24
上海	1 420.10	208.23	585.45	0.00	0.00	581.62	44.79
浙江	1 249.25	316.89	751.10	4.53	0.00	132.31	44.42
湖北	898.28	29.26	808.73	0.00	0.00	37.92	22.37
江苏	886.09	259.46	265.63	0.00	0.00	335.00	26.00
山东	872.67	172.81	616.60	0.00	0.00	71.26	12.00
河南	809.86	9.26	755.34	0.00	0.00	39.06	6.20
云南	607.66	26.15	565.27	10.22	0.00	6.03	0.00
福建	477.54	30.72	87.56	0.00	300.00	56.96	2.30
安徽	345.16	12.08	293.38	0.00	0.00	35.20	4.50
四川	225.20	36.62	80.18	0.00	0.00	108.40	0.00
天津	200.23	22.04	128.19	0.00	0.00	50.00	0.00
河北	168.88	22.64	117.39	8.35	0.00	0.00	20.50

(续表)

省(直辖市)	总额	首发	增发	配股	优先股	可转换债券	可交换债券
重庆	144.36	110.92	30.43	0.00	0.00	3.00	0.00
广西	111.20	7.33	99.04	4.82	0.00	0.00	0.00
湖南	109.41	10.13	46.92	0.00	0.00	15.37	37.00
陕西	103.45	52.20	9.10	38.75	0.00	3.40	0.00
新疆	92.81	0.00	32.67	38.28	0.00	8.76	13.09
宁夏	86.39	81.55	4.84	0.00	0.00	0.00	0.00
江西	82.22	5.80	22.87	0.00	0.00	8.55	45.00
甘肃	64.10	0.00	47.54	16.56	0.00	0.00	0.00
内蒙古	61.25	0.00	61.25	0.00	0.00	0.00	0.00
吉林	60.17	0.00	51.87	8.30	0.00	0.00	0.00
贵州	53.23	0.00	29.33	0.00	0.00	23.90	0.00
辽宁	52.07	16.30	20.77	0.00	0.00	10.00	5.00
西藏	32.72	15.45	0.00	0.00	0.00	17.27	0.00
山西	31.85	0.00	31.85	0.00	0.00	0.00	0.00
黑龙江	21.36	9.52	8.76	0.00	0.00	3.08	0.00
海南	8.03	0.00	4.83	0.00	0.00	3.20	0.00

资料来源：Wind 资讯。

(二) 中小企业板、创业板、新三板

为了满足不同阶段、不同类型企业的融资需求以及投资者的风险偏好，深交所于 2004 年 5 月设立中小企业板。2004—2019 年中小企业板股权融资情况如图 9-8 所示。图 9-8 显示，虽然各年度的中小企业股票发行与资金募集波动较大，但总体呈上升趋势。2010 年、2015 年、2016 年的融资额有较大幅度的增加。在中小企业板上市的企业从以制造业为主，开始向信息技术、互联网、物流服务、金融、房地产等行业延伸，上市企业的地区分布也从浙江、广东向全国扩展。

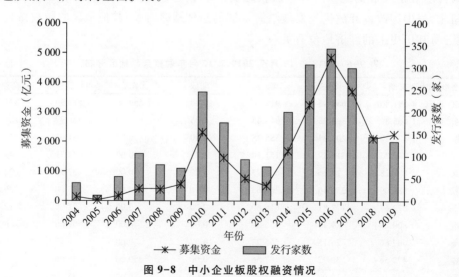

图 9-8 中小企业板股权融资情况

注：发行家数包括 IPO、增发、配股发行家数；募集资金指 IPO、增发、配股募集资金总额，没有扣除发行费。

资料来源：Wind 资讯。

如果说中小企业板市场主要面向符合现有上市标准、成长性好、科技含量较高、行业覆盖面较广的各类企业,创业板市场则主要面向符合新规定的发行条件但尚未达到现有上市标准的成长型、科技型及创新型企业。经过长达10年的准备,创业板于2009年10月正式推出,10月30日创业板首批28家企业上市。创业板股权融资情况如图9-9所示,其走势与中小企业板融资走势基本相同。创业板为一批具有自主创新能力的企业提供了发展所需的资金,促进了中小企业政策支持体系的建设,引导了社会资金流向自主创新型企业和战略性新兴产业。2020年4月27日,中央全面深化改革委员会通过了《创业板改革并试点注册制总体实施方案》,8月24日,创业板注册制首批18家IPO企业上市交易。创业板推广注册制,聚焦成长型创新创业企业,支持新经济、新技术、新基建,与科创板错位竞争,推进资本融资市场化、法制化,接棒成为资本市场存量改革试验田。

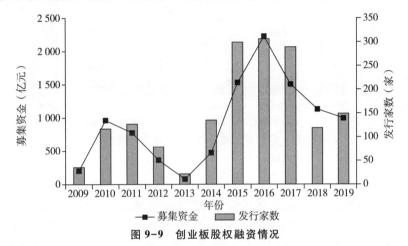

图 9-9 创业板股权融资情况

注:发行家数包括IPO、增发、配股发行家数;募集资金指IPO、增发、配股募集资金总额,没有扣除发行费。

资料来源:Wind资讯。

自2014年新三板扩容后,新三板企业在挂牌数量、行业分布、融资规模等方面都出现了大幅提升,截至2018年5月,新三板新增挂牌公司11 314家,2013年5月至2016年,挂牌公司数量速度增长,2017年增速放缓,这一期间挂牌公司数量平均增长7.26%,新三板各月度挂牌公司家数及其增长率如图9-10所示。

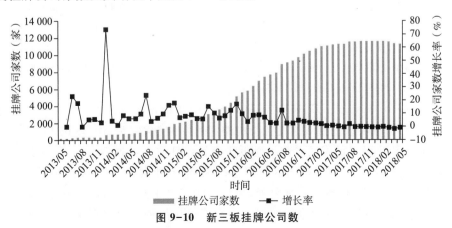

图 9-10 新三板挂牌公司数

资料来源:Wind资讯。

科创板主要服务于科技创新创业企业,是独立于主板市场的新设板块,实行注册制试点。科创板于 2019 年 7 月 22 日正式开板,截至 2019 年 12 月 31 日,70 家公司正式上市,总市值达 8 958 亿元,占全部 A 股市值的 1.37%。在科创板上市公司中,主要涉及新一代信息技术、生物、新材料、高端装备制造、节能环保业、新能源、汽车及相关服务等行业或领域。2019 年科创板各月上市情况如图 9-11 所示。

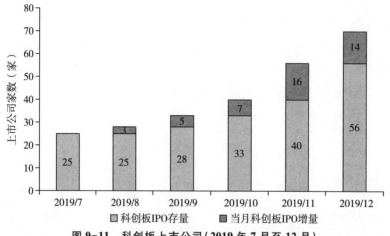

图 9-11 科创板上市公司(2019 年 7 月至 12 月)

资料来源:Wind 资讯,恒大研究院。

多层次资本市场助力经济与金融的结合,构建与处于不同生命周期的企业相匹配的融资方式和交易场所,同时满足不同风险偏好投资人的需求。经过三十多年的发展,资本市场在满足不同层次融资需求方面的发展是不平衡的,主板上市公司的股票交易量、企业融资规模远远大于中小企业板、创业板的股票交易量和融资规模。新三板规模化发展仅数年,融资规模、制度建设等都处于相对薄弱的起步阶段,对标于美国的纳斯达克市场,从长远看,新三板的发展空间极为广阔。而科创板是我国建设多层次资本市场的重要探索,代表着 A 股注册制的进一步推进。

八、IPO 折价:一种可能性的解释

确定股票发行价格是 IPO 中最难的事情之一,发行价格定得过高或过低,发行人都会面临潜在的成本。证券发行定价过高,发行有可能失败;证券发行定价过低(低于真实的市场价值),发行人原有股东将遭受损失。IPO 折价通常是指新股首次公开发行时二级市场的首日交易价格明显大于一级市场的发行价格。当股票折价发行时,发行人以低于股票自身价值的价格销售股票,原有股东可能会遭受损失,新股东则能够从所购股份中获得更高的收益率。例如,华宝股份(300741)的发行价为 38.6 元/股,发行市盈率为 22.99 倍(行业市盈率为 41.47 倍);2018 年 3 月 1 日上市首日收盘价为 55.58 元/股,市盈率为 29.818 倍,上市首日收盘价相对于发行价的溢价率为 43.99%(55.58/38.6−1)。

实证研究表明,IPO 的发行价格通常低于交易首日的市场收盘价,这种现象一般被称作 IPO 折价。自 Logue(1973)提出这一概念以来,学者针对 IPO 公司上市首日收盘价相对于发行价之间的溢价提出了各种解释,包括基于信息不对称的视角、基于制度的视角、基于控制权的视角和基于行为金融的视角。但不论从何种视角审视,折价普遍存在于世界各地的股票市场中,且这种现象在证券市场不发达的发展中国家和地区更为严重。

Ritter(2003)的研究表明(见图9-12),中国内地1990—2000年IPO首个交易日股票溢价率为256.9%,在20个国家和地区中居于首位,远高于成熟市场乃至其他新兴市场的收益率水平,其中最主要的原因在于中国内地股票市场非市场化。1990—2000年,股票公开发行价格采取的是固定价格、相对固定市盈率定价,发行价格是由行政控制而不是由市场决定。随着IPO市场化程度的深化,IPO首个交易日股票收益率呈下降趋势。

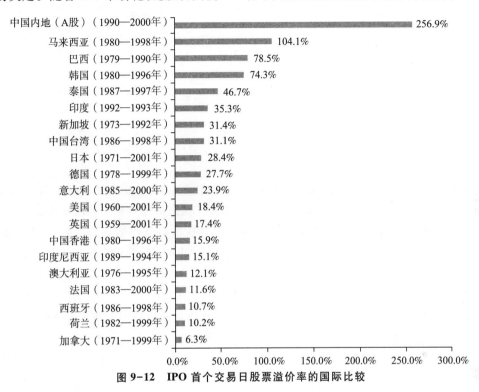

图9-12 IPO首个交易日股票溢价率的国际比较

图9-13描述了各板块IPO首个交易日股票溢价率。1995—2017年,中国内地主板市场首个交易日股价平均涨幅最高为151.59%(1997年),整体平均涨幅为75.88%,主板市场IPO折价水平呈下降趋势。对于中小企业板市场来说,2004—2017年,首个交易日股价平均涨幅最高为209.05%(2007年),整体平均涨幅为61.91%,首日涨幅率呈倒V形。对于创业板市场来说,2009—2017年,首个交易日股价平均涨幅最高为92.67%(2009年),整体平均涨幅为38.88%,首日涨幅率呈V形。这种变化的原因之一是2013年IPO停发,引起当年涨幅率为零,从而出现一个拐点。如果将2013年视作异常值剔除,首日股价平均涨幅会有所上升。在三个板块中,首个交易日股价平均涨幅波动率最大的是中小企业板,股价平均涨幅的标准差为51.99%,主板股价平均涨幅的标准差为46.48%,创业板股价平均涨幅的标准差为25.22%。

从图9-13可知,IPO折价是一种普遍现象。那么,IPO折价的影响因素是什么? 根据Ritter(2014)统计数据,美国公司1980—2013年,首个交易日股票收益率在7.2%和64.5%间波动,平均为18%。相对来说,销售额小的公司,IPO折价程度较大。一种可能的解释是,销售额较小的公司一般规模较小或较年轻,这些公司的风险高于规模较大的公司。这种不确定性的增大仅当折价存在时才可能一定程度地吸引偏好风险的投资者。

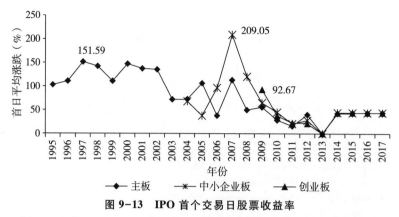

图 9–13　IPO 首个交易日股票收益率

资料来源:《中国证券期货统计年鉴(2018)》。

新股公开发行折价的另一个解释是承销商垄断假说。投资银行作为股票承销商相对于上市公司拥有更多的关于股票发行和定价方面的信息,因此上市公司将股票的发行定价交由投资银行决定。委托—代理关系的存在,使得发行公司在发行过程中很难监督投资银行的行为,而投资银行通过低价发行的方式可以提高证券承销的成功概率。

谁来承担 IPO 折价成本？如果投资者能够以 IPO 价格从承销商手中购买到股票,且能够从首日发行折价中受益,那么 IPO 折价成本由公司上市前的股东承担,或者说公司上市前的股东是以低于公司上市后的价格出售股票的。根据 Ritter（2014）的分析,仅仅在美国 IPO 市场上,IPO 公司几乎每年都要在"桌子上"留下数十亿美元。为什么股票发行公司的股东会容忍新股折价发行？一个重要的原因是 IPO 交易各方当事人之间存在信息不对称。Rock and Kevin(1986)认为,IPO 实施前期实际上存在两类投资者——信息优势者和信息劣势者,从而导致逆向选择。信息优势者在股票价格高于其内在价值时不会购买股票,使得价格被高估的股票只有信息劣势者购买。由于大多数投资者是信息劣势者,他们并不清楚企业未来的成长与价值,比信息优势者购买到劣质股票的概率更大。为了鼓励信息劣势者购买股票,并保持他们的信心,发行公司只好折价发行股票;或者说,通过折价揭示公司真实信息,以便对不知情的投资者给予补偿。

九、市盈率分析

市盈率(P/E)是指股票价格相当于当前每股收益的比值。市盈率概念自 20 世纪 20 年代出现于华尔街,经本杰明·格雷厄姆(Benjamin Graham)在《证券分析》(1934 年)一书中正式表述,已成为股票发行定价和评估股票投资价值最常用的估值模型。市盈率的数学意义是指每 1 元净利润对应的股票价格;经济意义是指购买公司 1 元净利润价格,或者是指按市场价格购买公司股票时回收投资所需的年数。市盈率的投资意义通常是指以一定的市盈率为基准,超过基准视为股票被高估,低于基准视为股票被低估。若为前者则应卖出股票,若为后者则应买入股票。但以市盈率为投资评价标准的意义并不明确,因为基准市盈率很难确定。

与其他股票估值模型一样,投资者必须结合时间序列观察市盈率,才能发现其变动趋势。图 9–14 描述了沪深两市上市公司 IPO 平均市盈率,2000—2017 年,主板上市公司 IPO 平均市盈率为 25.57 倍,中小企业板上市公司 IPO 平均市盈率为 27.59 倍,创业板上市公司 IPO 平均市盈率为 35.52 倍。由于 2013 年 IPO 停发,各板块 IPO 市盈率最小值均为 0。2015 年以后,根据证监会的监管要求,上市公司 IPO 市盈率基本在 23 倍以下。

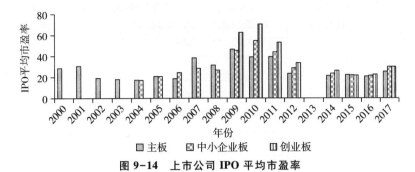

图 9-14 上市公司 IPO 平均市盈率

资料来源:《中国证券期货统计年鉴(2018)》。

图 9-15 分别描述了上证 A 股、深证 A 股、中小企业板、创业板上市公司 1991—2019 年各年的市盈率中位数。从图 9-16 可以看出,全部 A 股上市公司市盈率最大值为 152.07 倍,最小值为 18.89 倍,平均值为 44 倍。2004—2019 年,中小企业板上市公司市盈率最大值为 72.43 倍,最小值为 20.65 倍,平均值为 48.19 倍。2009—2019 年,创业板上市公司市盈率最大值为 112.24 倍,最小值为 31.79 倍,平均值为 58.16 倍。在这几个板块中,市盈率高低依次为创业板、中小企业板、全部 A 股。各板块市盈率波动趋势基本相同,表明各板块估值水平具有一定的联动性。

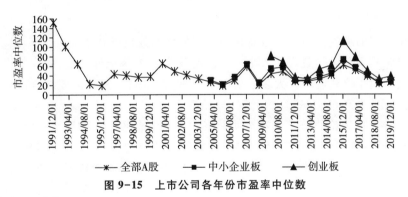

图 9-15 上市公司各年份市盈率中位数

资料来源:Wind 资讯。

图 9-16 描述了 2019 年 12 月 26 日不同行业(证监会行业分类标准)的市盈率中位数。2019 年 12 月 26 日,市盈率最高的行业是卫生和社会工作(83 倍),市盈率最低的行业是房地产业(12 倍)。

十、市盈率与利率分析

为简化起见,假定公司未来股利增长率为 0,每期派发的股利(D)与每期的净利润(E)相等,这时股票价值和市盈率可分别表示为:

$$P = \sum_{t=1}^{\infty} \frac{D_t}{(1+r)^t} = \frac{E}{r} \quad (9\text{-}2)$$

$$E = P \times r \quad \text{或} \quad \frac{P}{E} = \frac{1}{r} \quad (9\text{-}3)$$

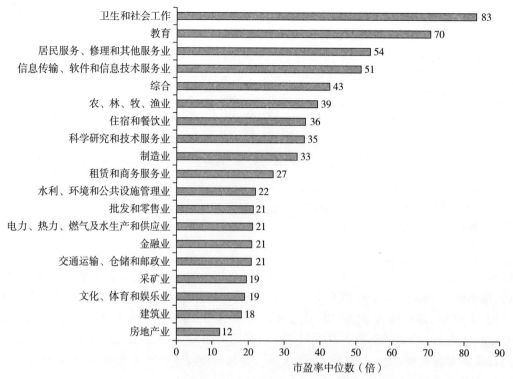

图 9-16　不同行业市盈率中位数（2019 年 12 月 26 日）

资料来源：Wind 资讯。

此时市盈率的理论值为 $1/r$，或者说市盈率的倒数是投资者要求收益率（r），该收益率取决于无风险利率和风险溢价的大小。实际市盈率是否等于理论值，取决于以上假定是否得到满足。由于这些假定在大多数情况下与现实不相符，因此需要结合市盈率的影响因素，确定一个"合理市盈率"。

现代证券分析理论的奠基人本杰明·格雷厄姆综合数十年的股市投资经验提出，在美国，好股票的市盈率一般在 15 倍左右，高成长股的市盈率高一些，在 25 倍和 40 倍之间。针对中国股票的市盈率，许多学者发表了自己的观点，或者从不同角度进行了研究。李红刚和付茜（2002）根据资本资产定价的基本模型以及中国的实际数据，估计中国股市合理的市盈率范围为 8—24 倍，据此认为中国股市实际市盈率偏高。吴明礼（2001）认为，中国证券市场不同股票的市盈率水平相差较大，通常业内人士以市盈率简单平均值作为实际市盈率水平的估计不太合适，与纳斯达克相比，中国股票市场的泡沫程度还是可以接受的。那么在实务中，判断"合理市盈率"的基准是什么？

市场利率代表了某一时点上金融市场的资金收益水平。同时期各国或地区的市场利率水平和走势不一致将影响到各国或地区股市的投资收益水平。对于成熟的资本市场而言，合理市盈率水平应是市场平均收益率水平的倒数，通常将银行 1 年期利率看作市场平均收益率水平。由于中国的利率没有完全市场化，利率水平也不能有效反映市场平均收益率，此法并不适用于中国股市市盈率的计算。何诚颖（2003）认为，股市市盈率的波动会在长期利率的倒数和短期利率的倒数之间，其中短期利率的倒数是"高峰区"，长期利率的倒数是"底部区"。如果银行 1 年期利率为 1.8%（扣税后），将 1 年期利率的倒数 55 倍当作合理市盈率，实际上就是把可以到达的高峰区当作合理区。长期利率可以选择 10

年期或 20 年期国债利率,如果国债利率分别为 3%、4.26%(按年固定付息),可以计算出市盈率的相对底部区分别为 33 倍和 23.47 倍。由此可见,中国股市市盈率的相对底部区在 33 倍以下,极限低点为 23 倍,相对顶点为 55 倍。实际上,这个"合理市盈率"在现实的股票市场中是不存在的。正如价格围绕价值波动一样,股市市盈率也围绕"合理市盈率"波动。正如价格总要向价值回归一样,股市市盈率也要向"合理市盈率"回归。因此,"合理市盈率"是具有高度参考价值的数值,对所有的经济行为都具有参考、借鉴的意义。

图 9-17 描述了中国 1 年期存款利率与沪市上市公司投资收益率(按市盈率倒数计算)在 1993—2019 年的趋势。在此 27 年间,1 年期存款利率高于 A 股收益率(按市盈率倒数计算)的有 11 年,1 年期存款利率低于 A 股收益率(按市盈率倒数计算)的有 16 年。从变动趋势看,大致可分为两个阶段,1993—2002 年,中国相对高利率时期沪市投资收益率低于 1 年期存款利率。随着利率水平下降,沪市估值水平明显回升。2003—2019 年,2007 年除外,中国沪市股票投资收益率相当于 1 年期存款利率,股票投资收益率相对偏高。2007 年,中国再次出现沪市股票投资收益率下降与 1 年期存款利率上升相背离的现象。

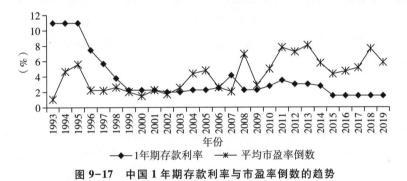

图 9-17 中国 1 年期存款利率与市盈率倒数的趋势

资料来源:上市公司市盈率倒数根据 Wind 资讯数据整理,1 年期存款利率载自 http://finance.sina.com.cn/worldmac/compare.shtml? indicator=FR.INR.DPST。

第二节 长期债务融资

一、长期借款融资

长期借款是指公司向银行等金融机构以及其他单位借入的、期限在一年以上的各种借款,主要用于购建固定资产和满足长期流动资金占用的需要。我国目前各种金融机构提供的长期借款主要有固定资产投资借款、更新改造借款、科技开发和新产品试制借款等。

(一) 长期借款的条件

公司申请借款一般应具备的条件是:(1)独立核算、自负盈亏、有法人资格;(2)经营方向和业务范围符合国家产业政策,借款用途属于银行贷款办法规定的范围;(3)借款公司具备一定的物资和财产保证,担保单位具有相应的经济实力;(4)借款公司具有偿还贷款的能力;(5)财务管理和经济核算制度健全,资本使用效益及公司经济效益良好;(6)在银行开立账户,办理结算。

由于长期借款的期限长、风险大，按照国际惯例，银行通常对借款公司提出一些有助于保证贷款按时足额偿还的条件。这些条件被写进借款合同中，形成合同的保护性条款。

1. 一般性限制条款

一般性限制条款是指对借款公司的资产流动性及偿债能力等方面的要求条款。主要包括：(1)公司需要持有一定限额的货币资金及其他流动资产，以保持资产的合理流动及偿债能力；(2)限制公司支付现金股利和再购入股票，以减少公司资本的过分外流，保证借款公司的债务清偿能力；(3)限制公司资本支出的规模，以保持公司资产的流动性，保证贷款的安全清偿；(4)限制公司借入其他长期资本，以防止其他债权人取得对借款公司资产的优先索偿权。

2. 例行性限制条款

例行性限制条款是指大多数借款合同中固定不变地列示的条款。主要包括：(1)借款公司应定期向银行报送财务报表，使贷款银行能及时、充分地了解借款公司的财务状况和经营成果；(2)未经贷款银行同意，借款公司不得在正常情况下出售太多的资产，以保持正常的生产经营能力；(3)借款公司如期清偿应缴纳的税金和其他到期负债，以防被罚款而造成现金流失；(4)借款公司不能以资产抵押的方式获得其他形式的贷款，避免过重的偿债负担；(5)禁止借款公司出售应收账款和贴现应收票据以减少或有负债；(6)限制借款公司租赁固定资产，防止公司因负担巨额租金而削弱偿债能力等。

3. 特殊性限制条款

特殊性限制条款是指为了全面保证贷款的安全，针对贷款的特定情况而特别规定的条款。特殊性限制条款仅在部分借款合同中出现，并在特殊情况下才能生效。主要包括：(1)明确规定贷款用途，借款公司不得挪作他用；(2)限制借款公司的投资，防止投资于短期内不能收回的项目；(3)限制公司高级管理人员的工资和奖金总额，防止因支付过多的薪酬而影响公司利润；(4)要求公司主要管理人员购买人身保险，并要求他们在合同有效期内担任领导职务，以保证公司经营活动的正常进行等。

（二）长期借款的利率

银行定期贷款利率一般高于短期贷款利率。利率的具体水平取决于资本市场供求关系、贷款额、有无担保及公司信誉等。银行定期贷款利率可采用固定利率、变动利率和浮动利率三种。

1. 固定利率

在贷款合同签订时即设定的利率，不论贷款期内利率如何变动，借款人都按照固定的利率支付利息，不会"随行就市"。

2. 变动利率

按变动利率计息的长期贷款，其利率可以定期调整，一般根据金融市场行情每半年或一年调整一次，调整后的贷款余额按新利率还本付息。

3. 浮动利率

浮动利率是指随市场利率的变动而调整的利率。借款公司在借入贷款时一般会开出期票（即浮动利率期票），票据规定期限，但利率按"优惠利率"加成计算。通常将市场上信誉最好公司的借款利率或商业票据利率定为优惠利率，并在此基础上加 0.5—2 个百分点作为浮动利率。浮动利率票据到期按面值还本,平时按规定的付息期定期按浮动利率付息。

(三)长期借款的偿还

公司以长期借款方式筹集的资金属于借入资本,需要按期还本付息。长期借款的还本付息方式主要有一次性偿付法、等额利息法、等额本金法和等额本息法等。一次性偿付法是指在借款到期时一次性偿还本金和利息。等额利息法是指借款期内每期末按借款利率偿还固定利息,到期一次还本。等额本金法是指借款期内每期偿还固定的本金及按借款余额计算的利息。在等额本金还款方式下,每期偿还的本金数相等,但每年支付的利息数额随着每期剩余本金余额减少而逐年减少。等额本息法是指借款期内每期偿还相等数额的款项。在等额本息还款方式下,每期偿还的本金和利息总额相等,但每年偿还的利息和本金各不相等。随着本金的不断偿还,每期剩余的未偿还本金逐步减少,每期偿还额中包含的利息也逐步减少,而每期偿还额中所包含的本金逐年增加。不同的还本付息方式能够不同程度地缓解公司的偿债负担。

二、公司债券融资

债券是指公司依照法律程序发行,承诺按约定的日期支付利息和本金的一种书面债务凭证。它代表债权人与债务人之间的契约关系,这种关系使债权人对公司收益拥有固定索取权,对公司财产拥有优先(先于股东)清偿权。

(一)债券契约基本条款

上市公司发行债券的基本程序包括:(1)由董事会制订方案,股东会做出决议;(2)依照公司法规定的条件,向债券管理部门提交申请文件,报请批准;(3)发行公司债券的申请经批准后,应当公告债券募集方式。募集方式中应当载明下列事项:(1)公司名称;(2)债券总额和债券票面金额;(3)债券利率;(4)还本付息的期限和方式;(5)债券发行的起止日期;(6)公司净资产额;(7)已发行但尚未到期的公司债券总额;(8)公司债券的承销机构。

在公司债券发行公告中,除上述基本条款外,通常还会附有一些特殊条款:(1)担保财产;(2)保护性和限制性条款;(3)偿债基金计划;(4)特殊条款,如赎回条款和回售条款等。

【例9-4】 北京同仁堂科技发展股份有限公司2016年7月29发布公告称,拟发行公司债券(136594.SH),面值不超过12亿元,募集资金主要用于调整债务结构、补充公司营运资金。假设现在是2018年3月1日,与债券发行有关的条款如表9-7所示。

表9-7 16同仁堂公司债券基本条款

债券代码	136594.SH	债券简称	16同仁堂
实际募集资金(亿元)	8	债券类型	一般公司债
质押券代码	134594 16同仁堂	折合标准券(元)	68
上市日期	2016/8/30	摘牌日期	2021/7/30
交易市场	136594.SH(上海)	海外评级	无
最新债券评级	AA+(维持,2017/6/20)	评级机构	上海新世纪资信评估投资服务有限公司

(续表)

票面利率(当期)	2.95%	发行价格/最新面值(元)	100/100
利率类型	累进利率	息票品种	附息
付息频率	每年付息1次	下一个付息日	2018/7/31
利率说明	2016/7/31—2019/7/30,票面利率:2.95%; 2019/7/31—2021/7/30,票面利率:2.95%+上调基点	距下一个付息日(天)	152
剩余期限(年)	1.4164+2	期限(年)	5(3+2)
起息日期	2016/7/31	到期日期	2021/7/31
发行规模(亿元)	8	发行方式	公募
债券全称	北京同仁堂科技发展股份有限公司2016年公司债券(第一期)	是否城投债样本券	否
发行人	北京同仁堂科技发展股份有限公司	担保人	—
缴款日期	2016/8/1	主承销商	中银国际证券股份有限公司
内含特殊条款	回售,调整票面利率	下一个行权日	2019/7/31

资料来源:Wind资讯(2018年3月1日)。

根据"北京同仁堂科技发展股份有限公司公开发行2016年公司债券(第一期)募集说明书摘要",结合表9-7,"16同仁堂"公司债券的主要条款说明如下:

(1) 债券价值。"16同仁堂"债面值100元,平价发行,这表明债券发行时,债券面值等于市场价值。在债券存续期内,债券市场价值还取决于利率等其他因素的变化。在债券交易中,债券通常以面值的百分比的形式报价。尽管每年只对外发放一次或二次利息,但利息可以一年内连续"累计"。目前,交易所债券实行净价交易全价结算,也就是按净价报单买卖、全价结算(净价+应计利息)。例如,2018年3月1日,"16同仁堂"债报价:净价为96.65元,全价为98.3796元,其中应计利息为1.7296元。

(2) 债券利率。"16同仁堂"债票面利率由发行人和主承销商根据网下利率询价结果在利率询价区间内协商确定。债券采用累进利率①,债券存续期内前3年的利率为2.95%,固定不变;债券存续期的第3年年末,如发行人行使调整票面利率选择权,未回售部分债券的票面利率在债券存续期内前3年票面利率的基础上调整,利率为2.95%+上调基点;债券存续期后2年的利率固定不变。

(3) 发行人调整票面利率选择权。发行人有权决定在本期债券存续期的第3年年末调整债券后2年的票面利率;发行人将于第3个计息年度付息日前的第30个交易日,在中国证监会指定的上市公司信息披露媒体上发布关于是否调整债券票面利率及其调整幅度的公告。若发行人未行使本期债券调整票面利率选择权,则债券后续期限的票面利率仍维持原有票面利率不变。

---

① 累进利率债券是指以利率逐年累进方法计息的债券。随着时间的推移,债券的后期利率将比前期利率更高,利率递增率呈累进状态,例如第一年为5%,第二年为6%,第三年为7%,等等。累进利率债券的期限一般是浮动的,投资者可以自行选择,但必须符合最短持有期和最长持有期的限制。

(4) 投资者回售选择权。发行人发出关于是否调整本期债券票面利率及其调整幅度的公告后，投资者有权选择在本期债券的第 3 个计息年度付息日将所持债券按票面金额全部或部分回售给发行人。

(5) 还本付息方式及支付金额。本期债券采用单利按年计息，不计复利。每年付息一次，到期一次还本，最后一期利息随本金的兑付一起支付。本期债券的付息日为 2017 年至 2021 年每年的 7 月 31 日。若投资者行使回售选择权，则回售部分债券的付息日为 2017 年至 2019 年每年的 7 月 31 日。与此相对应，本期债券的计息期限为 2016 年 7 月 31 日至 2021 年 7 月 31 日。若债券持有人行使回售选择权，则回售部分债券的计息期限为 2016 年 7 月 31 日至 2019 年 7 月 31 日。

(二) 担保方式

公司发行债券时，按财产担保可以划分为担保债券和信用债券。担保债券按抵押品不同又可以分为不动产（房屋等）抵押债券、动产（适销商品等）抵押债券和证券（股票及其他债券等）信托抵押债券。一旦债券发行人违约，信托人就可将担保品变卖处置，以保证债权人的优先求偿权。担保方式主要有以下四类：

(1) 母公司担保。这种方式的主要特点是：手续简单，一般无须付费；有利于延长债券期限；对公司的资产规模、盈利水平、资信等级要求较高。

(2) 第三方担保。这种方式的主要特点是：手续简单；有利于扩大投资者群体；需要与发行人有良好的合作关系；对公司的资产规模、盈利水平、资信等级要求较高；费用较高。

(3) 担保公司。这种方式的主要特点是：对担保公司审查严格，审核周期较长，且收费水平会较高；对担保公司的资产规模、资信等级要求较高；费用较高。

(4) 资产质（抵）押。这种方式的主要特点是：需要获得投资者的认可，需要突破某些投资政策上的限制；抵押、质押资产的差异可能会影响发行人的信用评级；需要增加资产评估环节。质押和抵押的根本区别在于是否转移担保财产的占有。[①]

与担保债券不同的是无担保债券，又称作信用债券，这种债券不以任何财产作为担保，完全凭信用发行。与担保债券相比，信用债券持有人承担的风险较大，因而往往要求较高的利率。为了保护投资人的利益，发行信用债券的公司往往受到种种限制，只有信誉卓著的大公司才有资格发行。除此以外，债券契约中要加入保护性条款，例如不能将资产抵押给其他债权人，不能兼并其他企业，未经债权人同意不能出售资产，不能发行其他长期债券等。

(三) 债券偿还

债券既可以在到期日一次性偿还，也可以在到期日前清偿。债券偿付计划一般会在借款时具体规定。公开发行债券的清偿通常采用偿债基金、分批偿还、赎回条款等方式。

偿债基金也称减债基金，是指债券发行人为偿还未到期债务而设置的专项基金。通常设置"偿债基金"账户，由债券信托人进行管理。通过偿债基金收回债券有两种方式：

---

① 抵押不转移对抵押物的占管形态，仍由抵押人负责保管抵押物；质押改变了质押物的占管形态，由质权人负责保管质押物。一般来说，抵押物的毁损或价值减少由抵押人承担责任，质押物的毁损或价值减少由质权人承担责任。债权人对抵押物不具有直接处置权，需要与抵押人协商或通过起诉由法院判决后完成对抵押物的处置；对质押物的处置无须经过协商或法院判决，只要超过合同规定的时间质权人就可以处置。

一种是公司定期向受托人支付一笔现金,由受托人按偿债基金赎回价格(偿债基金赎回价格通常低于普通赎回价格)回收债券,并按债券的序列号以抽签方式决定被收回的债券;另一种是发行公司在公开市场上购买债券。偿债基金缩短了债务的实际期限,从而能和期限较短的债务一样降低债务的风险。公司会选择成本最小的方式,如果利率上升、债券价格下降,公司就会在公开市场上折价购买债券;如果利率下降、债券价格上升,公司就会提前赎回债券。但要注意,偿债基金的目的和赎回与赎回条款不同,偿债基金赎回一般不要求赎回溢价。

分批偿还公司债券是指在发行同一债券的当时就设定了不同到期日的债券。投资者可以选择最适合自己的到期日,发行这类债券比发行同一天到期的债券能吸引更广泛的投资者群体。例如,2016年禹州市投资总公司公开发行城市停车场建设专项债券"16禹停车"债,发行额为12.8亿元,期限为10年。该债券设置本金分期偿付条款,在债券存续期的第3年年末至第6年年末,每年均偿付本期债券发行总额的10%;在本期债券存续期的第7年年末至第10年年末,每年均偿付本期债券发行总额的15%。分批提前偿付债务使得"16禹停车"债的实际期限少于10年,约为6.9年。

(四)可赎回条款

公司在发行债券时,可以对债券附加一些条款,以降低发行人的风险或增大债券对投资者的吸引力,最常见的就是可赎回条款。可赎回条款允许公司在某一规定的期间内以事先确定的价格赎回全部债券。一般而言,赎回价格会超过债券的票面价值(100元)。赎回价格与票面价值之间的差价称为赎回溢价(call premium)。例如,债券的赎回价格为面值的105%,即债券赎回溢价等于面值的5%。初始赎回价格通常设定为"债券面值+上年利息",并且随着到期时间的减少而下降,逐渐趋近于面值。赎回条款一般有随时赎回条款和推迟赎回条款。随时赎回条款规定,债券一经发行,债券发行人即有权随时赎回债券;推迟赎回条款规定,债券发行人只能在一定期间后才能赎回已发行的债券。

如果债券契约中载明允许发行公司在到期日前将债券从持有人手中赎回的条款,当市场利率下降时,公司就会发行利率较低的新债券,并用所筹措的资金赎回高利率的旧债券。在这种情况下,可赎回债券持有人的现金流量包括两部分:(1)赎回前正常的利息收入;(2)赎回价格(面值+赎回溢价)。

【例9-5】 ABC公司拟发行债券融资,债券面值为100元,息票率为12%,期限为20年,每年付息一次,到期偿还本金,目前同类债券投资者要求的预期收益率为12%。

(1)假设债券没有赎回条款,债券的价值为:

$$P_D = \sum_{t=1}^{20} \frac{100 \times 12\%}{(1+12\%)^t} + \frac{100}{(1+12\%)^{20}} = 100(元)$$

(2)假设债券契约规定5年后公司可按112元价格赎回债券。如果5年后市场利率下跌并降至8%,ABC公司一定会按112元赎回债券。若债券被赎回,则可赎回债券的价值为:

$$P_D = \sum_{t=1}^{5} \frac{100 \times 12\%}{(1+12\%)^t} + \frac{112}{(1+12\%)^5} = 106.81(元)$$

假设债券按面值发行,那么债券被赎回时的预期收益率(YTC)为:

$$100 = \sum_{t=1}^{5} \frac{100 \times 12\%}{(1+YTC)^t} + \frac{112}{(1+YTC)^5}$$

求解上式得到,投资者的预期收益率(YTC)为 13.82%。表面上看,债券赎回收益率大于不可赎回债券的预期收益率 12%(债券按面值发行,到期收益率与息票率相同)。但是债券被赎回后,投资者收到的赎回价(112 元)只能按 8%的利率再投资,持有 20 年债券的预期收益率为:

$$100 = \sum_{t=1}^{5} \frac{100 \times 12\%}{(1+\text{YTC})^t} + \sum_{t=1}^{15} \frac{112 \times 8\%}{(1+\text{YTC})^t} \times \frac{1}{(1+\text{YTC})^5} + \frac{112}{(1+\text{YTC})^{20}}$$

求解上式得到投资者的预期收益率为 10.54%。事实上,这一数值相当于可赎回债券投资者前 5 年获得了 13.82%的预期收益率、后 15 年获得了 8%的预期收益率的平均预期收益率。相对于不可赎回债券,投资者的预期收益率下降了 1.46%(12%-10.54%)。如果投资者是理性的就会认知,一旦债券被赎回,投资者将遭受再投资损失。因此,投资者不会花费 100 元去购买利率为 12%的可赎回债券。可赎回条款的存在,降低了可赎回债券投资者的实际预期收益率。为弥补被赎回的风险,可赎回债券发行时通常设置了较高的息票率和较高的承诺到期预期收益率。

(五)可回售条款

附可回售条款的债券,给予投资者在债券到期日之前的某一时点将债券回售给发行人的权利。大多数可回售债券还附有利率跳升条款,即在回售时点前,发行人可提高票面利率以满足投资者的要求。例如,"16 同仁堂"债是 5 年期债券,由于期限较长,可能跨越一个以上的利率波动周期,债券的投资价值在存续期内可能会随市场利率的波动而发生变动,从而使债券投资者持有的债券价值具有一定的不确定性。为此,该债券还附加了在第 3 年年末发行人调整票面利率选择权及投资者可回售选择权。

作为给予投资者可回售选择权的交换,发行人可用更低的票面利率再融资。例如,一只 5 年期、含投资者在第 3 年年末可回售选择权的债券(3+2)的票面利率不仅应低于 5 年期债券的票面利率,还应低于 3 年期债券的票面利率。这是因为,上述可回售债券等价于一只 3 年期普通债券加上一个投资者按相同或更高(若存在利率跳升)的利率将现有债券继续持有两年的选择权,使得可回售债券的价值更高。

(六)可转换条款

可转换条款给予债券持有人将债券转换成一定数额的债券发行人普通股的权利。或者说,可转换债券(exchangeable bonds)是一种带有可购买发行人普通股的买入期权的公司债券。可交换债券赋予债券持有人用其债券交换不同于债券发行人的另一家公司普通股的权利。

(七)债券发行价格

公司债券的发行价格是发行公司(或承销机构)发行债券时设定的价格,也是投资者向发行公司认购其所发行债券时实际支付的价格。公司债券发行价格的影响因素包括:

(1)发行者的类型。债券市场是按发行人的类型分类的,不同的发行人被称为不同的市场部门(market sector),如公司、政府等。

(2)发行人的资信。发行人资信状况好,债券信用评级高,投资者承受的风险相对较小,债券的票面利率可以定得比其他条件相同的债券低一些;反之,就高一些。

(3)债券期限。债券价格的波动与债券期限密切相关,期限越长,价格波动风险越大,票面利率会高于期限较短的债券。

（4）可赎回与可转换条款。债券契约中通常会设置某些条款，例如允许债券发行人全部或部分提前偿还债务的可赎回条款，持有可转换债券的债权人可根据情况将手中的债权转换为股权等。一般来说，市场投资者对附带有利于发行人的可赎回条款的债券会要求较高的收益率，而对附带有利于投资者的可转换条款的债券则要求较低的收益率。

债券的买卖价格包括发行价格和转让价格，都是根据债券现值确定的。当然，其他许多经济、非经济因素也会同时影响债券的发行价格，但无论这些因素的作用有多大，债券的发行价格始终围绕债券的内在价值上下波动。在实务中，公司债券的发行价格通常有等价、溢价、折价三种情况。

（八）债券发行条件

按照国际惯例，发行债券应符合规定的条件，一般包括发行债券最高限额、发行公司自有资本最低限额、公司获利能力、债券利率水平等。根据《中华人民共和国公司法》，公司发行债券必须符合下列条件：公司规模达到规定的要求；公司财务会计制度符合国家规定；具备偿债能力；公司经济效益良好，发行债券前3年盈利；所融资金的用途符合国家产业政策，不得用于房地产买卖、股票买卖和期货交易等与本公司生产经营无关的风险性投资。按规定，发行公司发生下列情形之一的，不得再次发行公司债券：（1）前一次发行的公司债券尚未募足；（2）对已发行的公司债券或债务有违约延迟支付本息的事实，且仍处于继续状态；（3）最近3年平均可分配利润不足以支付所发行债券一年利息。

（九）债券发行成本

债券发行成本主要包括中介机构费、登记托管费、发行推介费、信息披露费、发行宣传费等。

（1）中介机构费①的内容如表9-8所示。

表9-8 债券发行中介机构收费

保荐费	公司债券实行保荐制，需支付保荐费
承销费	发行人支付给主承销商的承销牵头费和支付给承销团队所有成员的承销佣金
受托管理费	公司债需聘请债券受托管理人，目前要求由保荐人担任
评级公司评级费	按照中国人民银行征信局的要求，需评级机构出具评级报告
律师事务所费用	需聘请律师出具法律意见书
会计师事务所费用	由于不需要出具特殊的报告，一般不额外增加费用

（2）登记托管费。这是指在公司债券的发行和存续期内，发行人需支付登记托管和兑息手续费，具体数额根据发行规模确定，由中国证券登记结算有限公司（简称"中证登"）收取。

（3）发行推介费。这是指发行债券的初步询价和路演推介所产生的费用，因路演的范围和规模而异，IPO发行推介费一般为100万—300万元，但考虑到债券路演的范围和规模通常较小，费用相对较低，大约为50万元（也有部分债券发行时不采用路演推介的方式，此项费用为0）。

（4）信息披露费。这包括刊登募集说明书摘要及发行公告、网上路演公告、利率确定

---

① 参阅 http://blog.sina.com.cn/s/blog_43fbfcd60101au3q.html，公司债券发行成本构成。

公告、上市公告书等发生的费用。

（5）宣传费。这包括发行仪式、上市仪式、纪念品、总结会等费用。

对一只5年期债券而言，除利息外，中介机构费及其他费用约增加年融资成本 0.3%—0.4%。

（十）债券融资的优点和缺点

债券融资的优点主要有：（1）债券成本较低。公司债券的利息可在税前支付，从而可以享受扣减所得税的优惠，因而公司实际负担的资本成本较低。（2）可利用财务杠杆。债券持有人一般只能收取固定的利息，不能参加剩余利润的分配，当公司资本收益率高于债券利率时，可以为普通股股东带来更多的收益。（3）便于调整资本结构。在发行可转换债券或可提前赎回债券的情况下，公司可根据需要主动、合理地调整资本结构。（4）保障股东控制权。债券持有人无权参与公司经营管理，因此债券融资不会分散股东对公司的控制权。

债券融资的缺点主要有：（1）财务风险较高。债券有固定的到期日，并需要定期支付利息，发行公司必须承担按期还本付息的义务。即使经营不景气，发行公司也需要向债券持有人支付本息，这会给公司带来更大的财务困难，有时甚至会导致公司破产。（2）限制条件较多。发行债券的限制条件一般比定期借款、租赁融资的限制条件更多且更严格，从而限制了公司对债券融资方式的使用，有时还会影响公司以后的融资能力。

三、债券市场企业融资现状分析

与股票交易并行，中国于1981年7月重启发行国债。经过三十多年的发展，中国已形成种类基本齐全、品种结构较为合理、信用层次不断拓展的债券市场。债券品种的创新演变如表9-9所示。

表9-9 债券品种的创新演变

年份	政府信用债券	金融债券	企业信用债券
1981	国债		
1984			企业债
1985		特种贷款金融债	
1992			城投债
1996	贴现债券：央行融资券		
1997		政策性银行债、特种金融债	
2001		非银行金融机构债	
2002	央行票据		
2003		境内美元债	中小企业集合债
2004	凭证式国债（电子记账）	商业银行次级债	
2005		券商短期融资券：国际机构债（熊猫债）	短期融资券：信贷资产支持证券、券商资产支持证券
2006	储蓄国债		可转换债券
2007	特别国债		公司债
2008			中期票据

(续表)

年份	政府信用债券	金融债券	企业信用债券
2009	地方政府债		中小企业集合票据
2010	政府支持机构债		企业资产支持票据
2011		商业银行普通债	非公开定向债务融资工具
2012			中小企业私募债券
2013		同业存单	可续期债券
2014		证券公司短期公司债,保险公司次级债	永续中期票据;项目收益债、项目收益票据
2015	定向承销地方政府债	大额存单;专项金融券	

资料来源:中央国债登记结算有限责任公司中国证券市场概览(2015),2016年5月。

政府信用债券主要有国债和地方政府债,前者的发行主体是中央政府,由财政部具体发行操作,分为记账式国债和储蓄国债;后者的发行主体是地方政府,分为一般债券和专项债券。通过中央结算公司招标或定向承销发行,在银行间债券市场、交易所债券市场交易,由中央结算公司总托管。此外,政府信用债券还有通过中国人民银行发行的央行票据,通过中央结算公司发行的政府支持机构债券,通过中央汇金投资有限责任公司发行的中央汇金债等。

金融债券一般通过中央结算公司发行,由银行间债券市场交易,由中央结算公司托管。金融债券主要有由开发性金融机构(如国家开发银行)和政策性银行(如中国进出口银行、中国农业发展银行)发行的政策性金融债券,由境内设立的商业银行法人发行的商业银行债券,如一般金融债、小微企业贷款专项债、次级债等品种,由境内设立的非银行金融机构法人(包括财务公司、金融租赁公司等非银行金融机构,证券公司、保险机构)发行的非银行金融债券。

企业信用债券主要有:(1)企业债券。此类债券的发行主体为企业,经发改委核准,通过中央结算公司发行系统面向银行间债券市场和交易所市场统一发行,在银行间及交易所债券市场交易,由中央结算公司登记托管。此外,企业债券还有中小企业集合债券、项目收益债券、可续期债券等。(2)非金融企业债务融资工具。此类债券的发行主体为具备法人资格的非金融企业,面向银行间债券市场发行,在银行间债券市场交易,由上清所登记托管。(3)公司债券。发行主体为上市公司或非上市公众公司,经证监会核准,在交易所债券市场公开或非公开发行,在证券交易所上市交易或在全国中小企业股份转让系统转让,由中国证券登记结算有限公司登记托管。(4)可转换公司债券。发行主体为境内上市公司,可转换债券在交易所债券市场发行和交易,由中证登登记托管。可分离债券是认股权和债券分离交易的可转换公司债券。(5)中小企业私募债券。发行主体为境内中小微企业,面向交易所债券市场合格投资者非公开发行,只在合格投资者范围内转让,由中证登登记托管。

从1982年开始,一些企业开始自发地向企业内部或社会集资并支付利息,形成最初的企业债券。1984年,银行开始发行金融债券以支持一些在建项目。此后,金融债券成为银行的一种常规性融资工具。图9-18描述了1998—2019年国债、地方政府债券、央行票据、金融债券、企业债券和公司债券的发行情况。从发行规模看,发行最多是国债和地方政府债券,其次是金融债券和企业债券。从发行趋势看,金融债券和企业债券发行表现为平稳的上升趋势,国债发行的波动率相对高于其他两类债。

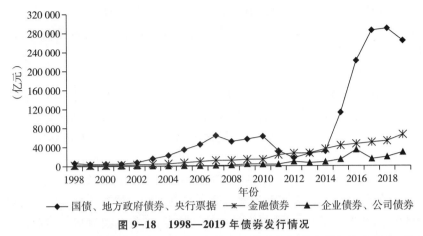

图 9-18　1998—2019 年债券发行情况

注:(1)国债包括地方政府债券和央行票据。(2)金融债券包括商业银行普通债券、商业银行次级债券、保险公司债券、证券公司债券、证券公司短期融资券、其他金融机构债券。(3)企业信用债券包括企业债券、公司债券、中期票据、短期融资券、可转换债券、可分离债券、可交换债券。

资料来源:Wind 资讯。

需要说明的是,公司债券和企业债券虽然都是企业依照法定程序发行的、约定在一定期限还本付息的有价证券,但它们产生的制度背景不同,存在一定的区别。第一,发行主体不同。公司债券目前仅由上市股份有限公司发行。第二,募集资金的用途不同。企业债券募集资金一般用于基础设施建设、固定资产投资、重大技术改造、公益事业投资等方面;而公司债券可根据公司自身的具体经营需要提出发行需求。第三,监管机构不同。公司债券的发行实行核准制,由中国证监会审核发债公司的材料是否符合法律制度规定,而企业债券的发行则由国家发改委审批。第四,信息披露要求的差异。企业债券发行人没有严格的信息披露义务,而公司债券发行人的信息披露较为严格。

我国可转换债券融资历史较短,进入 20 世纪 90 年代以后,随着股票市场的建立才开始出现。根据中国证监会编制的《中国资本市场二十年》的资料,中国境内发行可转换债券的历史可以追溯到 1991 年 8 月 11 日发行的能源转债。这是一只由非上市公司发行的可转换债券,发行者为海南新能源股份有限公司,发行规模仅 3 000 万元,存续期 3 年,公司股票直到 1992 年 11 月才上市,转换期自 1993 年 6 月 7 日开始,1993 年 6 月 7 日至 6 月 16 日有 30% 的可转换债券按照配股价转换为 A 股股票并在深交所上市流通。1992 年 11 月,中国宝安集团股份有限公司在国内证券市场第一次公开发行总额为 5 亿元的 3 年期可转换债券,1993 年 2 月 10 日上市交易,是我国第一只上市交易的可转换债券。在经济转型的特殊背景下,可转换债券在中国的发展经历了一个不断积累经验、逐步完善的过程。自 2010 年开始,我国可转换债券融资方式得到了大规模的发展,到 2011 年 2 月随着中石化 230 亿元可转换债券的上市,中国可转换债券的市场容量突破千亿级。根据 Wind 资讯的资料,从 2012 年 3 月到 2019 年 3 月,共发行了 235 只可转换债券,发行额为 4 548.99 亿元。

2014 年 12 月 8 日,宝钢集团发布可交换公司债券募集说明书摘要和发行公告,将所持有的新华保险部分 A 股股票作为标的股票,于 2014 年 12 月 10 日公开发行可交换公司债券,发行规模为 40 亿元。宝钢集团当时持有新华保险股票 4.71 亿股,占新华保险 A 股股本的 15.11%，均为流通股，市值约 95.09 亿元。本次可交换债券拟以不超过 2.36 亿股新华保险 A 股股票作为债券担保物，占宝钢集团所持新华保险 A 股股票的 50%。宝钢集团 2014 年可交换公司债券成功完成发行，成为境内首单公开发行的可交换公司债券。

2006 年，交易所债券市场推出了分离交易可转换债券，这是一种附认股权证的公司债，可分离为纯债券和认股权证两部分，赋予上市公司一次发行、两次融资的机会。分离交易可转换债券是债券和股票的混合型融资品种，它与普通可转换债券的本质区别在于债券与期权可分离交易。2006 年年末出台的《上市公司证券发行管理办法》首次将分离交易可转换债券列为上市公司再融资品种，并对其发行条件、发行程序、条款设定等方面做出较为具体的规定。2006 年 11 月 29 日，第一只分离交易可转换债券"06 马钢"在上海交易所上市。随后，许多上市公司开始发行分离交易可转换债券进行融资。根据 Wind 资讯，截至 2009 年，共发行了 20 只分离交易可转换债券，发行总额为 933.65 亿元。

图 9-19 描述了 1998—2019 年可转换债券、分离交易可转换债券（附认股权证债券）、可交换债券的发行情况。可转换债券发行额从 1998 年的 4 亿元增至 2019 年的 2 695 亿元；分离交易可转换债券主要发生在股权分置改革后的 2006—2009 年，发行规模最高为 633 亿元，最低为 30 亿元；可交换债券主要发生在 2013—2019 年，发行额最大值为 1 173 亿元，最小值为 3 亿元，2019 年为 824 亿元。

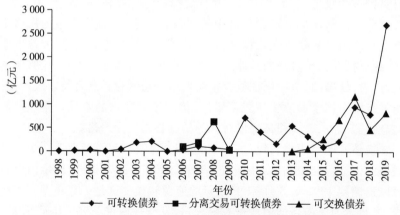

图 9-19 可转换债券、分离交易可转换债券、可交换债券的发行情况

2015 年 1 月，中国证监会发布修订的《公司债券发行与交易管理办法》，涵盖了扩大发行主体范围、丰富债券发行方式、简化发行审核流程等七方面内容。根据中央国债登记结算有限责任公司发布的《2015 年债券市场统计分析报告》，公司债的改革促使公司债券发行量迅猛增长，2015 年 7 月以后，公司债券的发行量明显超过中期票据、短期融资等同类企业融资工具，2015 年发行量接近 10 000 亿元，创出历史新高。公司债新规出台之后，受市场资金面宽松、股票市场行情回落、高收益资产短缺、回购质押等因素的影响，公司债券利率明显下降。

表 9-10 列示了与企业融资有关的主要金融产品的历史发行规模。2006—2017 年，不考虑可分离债券，发行规模增长率最高的品种是可转换债券，年均增长率为 167.6%，其后分别为公司债券（141.42%）、中期票据（47.01%）、企业债券（36.36%）和短期融资券（30.48%）。这一现象表明我国企业开始从以企业债券为主的融资品种向多品种发展。

表 9-10 债务市场主要金融产品的发行规模　　　　　　　　　　　单位:亿元

年份	企业债券	公司债券	中期票据	短期融资券	可转换债券	可分离债券	可交换债券
2006	615	0	0	2 920	34	99	0
2007	1 109	112	0	3 349	106	172	0
2008	1 567	288	1 737	4 339	77	633	0
2009	3 252	735	6 913	4 612	47	30	0
2010	2 827	512	4 971	6 892	717	0	0
2011	2 485	1 291	7 336	10 122	413	0	0
2012	6 499	2 623	8 559	14 222	164	0	0
2013	4 752	1 700	6 979	16 135	545	0	3
2014	6 972	1 408	9 773	21 850	321	0	60
2015	3 421	10 284	12 728	32 806	98	0	265
2016	5 926	27 735	11 420	33 676	213	0	674
2017	3 731	11 025	10 369	23 776	947	0	1 173

注:企业债券指一般企业债券和集合企业债券,中期票据指一般中期票据和集合票据,短期融资券指一般短期融资券和超短期融资债券。

资料来源:Wind 资讯。

从资料债券发行规模结构看(见图 9-20),在 2016 年 5 月至 2018 年 5 月,各类债券发行总额为 788 217.46 亿元。从图 9-20 可以看出,债券发行规模占比前五的品种分别是同业存单、金融债券、地方政府债券、国债、短期融资券;相对而言,企业债券和公司债券占比相对较小,还有相当大的发展空间。

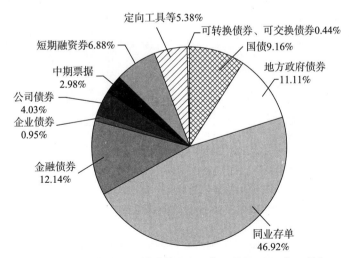

图 9-20 债券发行规模结构(2016 年 5 月至 2018 年 5 月)

注:定向工具等主要包括定向工具、国际机构债券、政府支持机构债券、资产支持证券。

四、直接融资与间接融资

直接融资通常指股票和债券融资,间接融资通常指贷款。直接融资和间接融资的比例关系,既反映了一国的金融结构,也反映了一国中两种融资组织方式对实体经济的支持和贡献程度。事实上,以资本市场为载体的直接融资,与以银行为中介的间接融资存在较大的不同。前者以满足大额、长期融资需求为主,后者以满足中小额、中短期融资需求为主,两者相互补充、相互竞争、相互促进、相互发展。

在我国,企业融资方式是随着经济体制的变革而持续演变的。根据企业融资制度变迁过程分析,我国企业融资制度大体上可以划分为三个阶段,1983 年以前属于财政主导型融资阶段,1984—1990 年属于银行主导型融资阶段,1990 年以后属于市场主导型的多元化融资阶段。资本市场三十多年的发展一定程度地改变了过去单纯依赖财政拨款和银行贷款的局面,使股票融资、企业债券融资等直接融资方式成为企业融资的重要组成部分。图 9-21 描述了 2002—2018 年企业直接融资、间接融资、直接融资占社会融资(直接融资与间接融资总和)总额之比的时间序列数据。图 9-21 显示,虽然直接融资占社会融资总额之比呈上升趋势,但仍然较小。这表明,现阶段我国企业需要的资金大部分来自银行贷款。

根据图 9-21 的数据,现阶段我国企业仍以银行贷款间接融资为主,在直接融资中以股票融资为主,尽管债券市场的出现早于股票市场,但公司债券市场发展相当缓慢,远远低于股票市场发展速度。这种股热债冷的原因是多方面的:许多公司经营者认为"股票是软的,债务是硬的",而"既不必承担风险,又不必偿还本金"的股票融资对自己最为有利;相当多的上市公司将股权资本视为可自主支配的"自由现金流量",可以根据需要调整股利政策,或者通过送股、转股等股票股利形式发放股利,或者降低现金股利支付率,使得经营者认为股票的融资成本低廉。

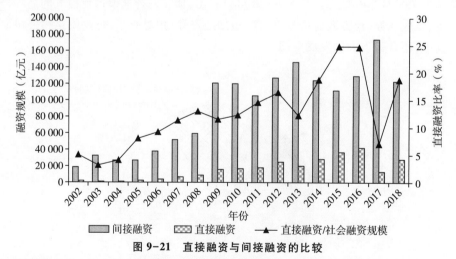

图 9-21 直接融资与间接融资的比较

注:(1)直接融资主要包括企业债券、非金融企业股票融资。(2)银行贷款增加额主要包括人民币贷款、外币贷款、委托贷款、信托贷款、未贴现银行承兑汇票。

资料来源:国家统计局(http://data.stats.gov.cn/easyquery.htm? cn=C01)。

吴晓求(2003)认为,公司偏好股票融资而冷落债券融资的关键原因在于政府政策的误导。在中国,政府驱动资本市场发展有双重目标:既要发挥资源配置作用,又要肩负推动改革的使命。只有满足该双重目标要求的市场形式才能得到政府的扶持和鼓励。当双重目标发生冲突并难以两全时,实际操作中往往是牺牲资源配置成本,以保证经济改革的顺利进行。也可以说,在国有企业没有完成根本性改革时,其债务最终都要由国家来承担。发行公司债券将对国有企业制度和政府调控经济模式改革产生极大的压力。对公来说,股票本来是比公司债券更具影响力的金融产品,但国家针对上市公司设置国家股和法人股,使国有企业的股权结构不会因高层交易而变化。这样,股票融资成为国家改变国有企业债务比率,从而改善国有商业银行资产质量但又不需要改变经济管制模式的一种方法。

资本市场的出现和发展,不仅推动了中国经济体制和社会资源配置方式的变革,也使企业的融资方式从财政拨款、银行贷款向股票、债券融资多元化发展。但相对于发达国家,由于中国市场机制不够完善、证券市场历史较短、市场化发展不够充分,证券化率[①]整体上要低于发展中国家。图9-22列示了世界各国和中国的证券化率时间序列状况。图9-22显示,除了2007年,中国市场证券化率在其他各年都低于世界各国证券化率均值。

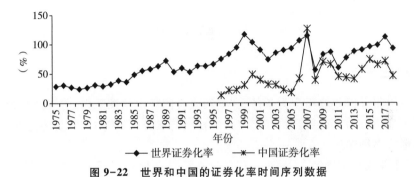

图9-22　世界和中国的证券化率时间序列数据

资料来源:http://finance.sina.com.cn/worldmac/indicator_CM.MKT.LCAP.CD.shtml

证券化率是衡量一国证券市场发展程度的重要指标,一国或地区的证券化率越高,意味着证券市场在该国或地区的经济体系中越重要。发达国家由于市场机制高度完善、证券市场历史较长、市场发展充分,证券化率整体上要高于发展中国家。图9-23列示了12个国家的GDP和证券化率。

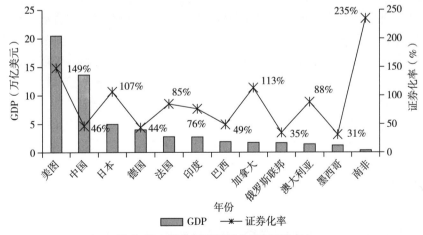

图9-23　部分国家证券化率(2018年)

资料来源:根据网上数据整理,http://finance.sina.com.cn/worldmac/indicator_CM.MKT.LCAP.GD.ZS.shtml。

---

① 证券化率是指一国各类证券总市值与该国国内生产总值的比率(即各类金融证券总市值与GDP总量的比值),实际计算中,证券总市值通常用"股票总市值+债券总市值+共同基金总市值"代表。

在主要发达国家,证券化率(股票市价总值与GDP的比率)已经达到较高的水平,2018年,美国、日本、加拿大的证券化率都超过100%,而中国、俄罗斯、印度等发展中国家的证券化率均低于80%。证券化率并非完全与经济发展水平成正比,还受到国家金融体制、经济政策等因素的影响。例如,德国传统上以银行融资为主,证券融资发展缓慢,虽然其经济高度发达,但2018年的证券化率只有44%。由于证券化率与股市市值相关,股市市值又与股票价格相关,如果股票价格水平短期内波动较大,可能会加剧证券化率的变动,在新兴市场尤其如此。2018年,南非的证券化率为235%,在世界上都处于前列,但GDP在12个国家中处于最低位置。虽然证券化率与股票价格水平的波动密切相关,但这并不一定表明证券市场在国民经济中的地位得到提高。

第三节 租 赁 融 资

一、租赁种类

租赁是出租人以收取租金为条件,在契约或合同规定的期限内,将资产租让给承租人使用的一种经济行为。租赁合约规定双方的权利与义务,具体内容需要通过谈判确定,因而租赁的形式多种多样。

根据《企业会计准则第21号——租赁》,在租赁开始日,承租人和出租人根据与资产所有权有关的全部风险和报酬是否转移,将租赁分为融资租赁和经营租赁。如果一项租赁与资产所有权有关的全部风险或收益实质上已经转移,这种租赁称为融资性租赁;否则,称为经营性租赁。

(一)经营性租赁

经营性租赁(operating lease)又称服务租赁,是指由租赁公司在短期内向承租人提供资产(如设备等),并提供维修、保养、人员培训等的一种服务性业务。因此,经营性租赁能够同时提供融资与维修服务。经营性租赁的特点主要表现在以下三方面:第一,经营性租赁的租赁期限通常短于租赁资产的寿命期,在一次租赁中,承租人支付的租赁费总额不能完全补偿购买该资产的所有费用;但在一次租赁合约期满后,出租人可以将这些资产再租给其他承租人,或者折价出售这些资产来补偿全部购置成本,表明经营性租赁并非完全的分期付款。第二,在经营性租赁方式下,与租赁资产有关的一些费用(如维修费、保养费、折旧费等)一般由出租人负担。第三,经营性租赁契约一般包含解约条款(cancellation clause),即承租人在约定的租赁期结束以前有权取消租赁契约,返还租赁资产,这意味着如果技术发展使资产过时或者承租人业务发生变化不再需要该资产,承租人有权终止租赁合约,将资产退回。

(二)融资性租赁

融资性租赁(financial lease)又称资本租赁(capital lease),是由出租人、承租人和供应商共同参与的一种租赁方式。在这一业务中,与租赁有关的三方当事人分别签订具有法律效力的购买合同和租赁合同,两个合同合为一体构成融资性租赁。购买合同的内容主要体现了出租人的义务,即支付租赁物的货款,承租人行使对租赁物的选择权;租赁合同的内容主要体现了出租人的权利,即收取租金,承租人要承担租赁物有瑕疵的风险,供应商在购买合同中的义务主要是对承租人负责。

融资性租赁与经营性租赁不同,主要表现在:第一,融资性租赁的租赁期比较长,一般长达资产预计使用寿命期的大部分,因而租赁设备的购置成本必须全部摊入各期租赁费——出租人收取的租金必须等于租赁设备的全部成本加上租赁投资收益,即融资性租赁是完全的分期付款;第二,在融资性租赁方式下,承租人负责租赁资产的维修、保养等;第三,融资性租赁禁止中途解约,融资性租赁双方签订的租赁合同一般是不可撤销的,即承租人必须支付全部租金且可能面临破产风险。

在典型的融资性租赁合同中,使用设备的公司(承租人)选定所需的具体设备,并与制造商协商价格,然后安排租赁公司(出租人)直接向制造商购入设备,同时开始执行租赁合同。承租人通常要全额分期支付出租人的初始投资,还要按同期担保贷款利率对尚未偿清的余额支付一定的利息。在租赁合同到期时,承租人通常拥有以较低价格获得资产的选择权。由于出租人在租赁合同到期前能够收回全部投资,并且承租人承担租赁资产的维修、保养等费用,出租人所获收益是完成这些支付后的净额,因此融资性租赁也称"净"租赁。

上述融资性租赁合同只是说明了一种典型的融资性租赁过程。按照融资性租赁中当事人的关系,可将融资性租赁分为直接租赁、售后回租和杠杆租赁三种。

(1) 直接租赁是指出租人根据承租人提出的要求,直接购买承租人所需的租赁物品,然后出租给承租人,即制造商出售资产给出租人,出租人再把资产租赁给承租人。在直接租赁方式下,出租人与承租人签订租赁合同,出租人根据承租人的订货要求与制造商签订资产买卖合同。

(2) 售后回租是指拥有某项资产的公司出售资产后,立即按照特定条款从购买者手中租回该项资产。售后回租一方面可以使公司获得出售资产的现金收入,另一方面可以继续使用该项资产。

(3) 杠杆租赁是指在一项租赁交易中,如果资产购置成本所需资金的一部分(10%—20%)由出租人承担,其余大部分资金由出租人以租赁资产做抵押向债权人贷款。与其他租赁方式不同,杠杆租赁是由出租人、承租人和债权人三方组成的一种租赁形式。从承租人的角度看,杠杆租赁与其他租赁方式并无区别,承租人支付的租赁费首先用于偿还贷款人的贷款本息,剩余部分是出租人的投资收益。若出租人无力偿还借款,则债权人享有租赁资产和租赁费的要求权。

除此之外,为了解决创业期和成长期的高科技风险公司资本短缺的困难,也可采用风险租赁——出租人以租赁债权和投资的方式将设备出租给承租人,以获得租金和股东权益作为投资回报。在风险租赁交易中,租金是出租人的主要回报,一般为全部投资的50%左右,其次是设备的残值回报,一般不超过25%,这两项收益相对比较安全可靠,其余部分按双方约定,在一定时间内按设定价格购买承租人的普通股权。

为了与国际会计准则趋同,2018年12月7日,财政部对《企业会计准则第21号——租赁》进行了修订。在新租赁会计准则下,承租人不再将租赁区分为经营性租赁或融资性租赁,而是采用统一的会计处理模型,对短期租赁和低价值资产租赁以外的其他租赁均确认使用权资产与租赁负债,并分别计提折旧和利息费用。其中,短期租赁是指在租赁期开始日,租赁期不超过12个月的租赁;低价值资产租赁是指单项租赁资产为全新资产时价值较低的租赁。

二、租赁对所得税的影响

在新租赁会计准则下,对于短期租赁和低价值资产租赁,可以选择不确认使用权资产与租赁负债,而采用与现有的经营性租赁相似的方式进行会计处理。这两种情况下的租赁发生的租赁费支出,按照租赁期限均匀扣除。对于承租人而言,短期租赁和低价值资产租赁对税收的影响只体现在税金减税效应(租赁费×所得税税率)上,因此短期租赁和低价值资产租赁又称节税性租赁(tax-oriented lease)。

除短期租赁和低价值资产租赁外,使用权资产(租赁资产)的折旧由承租人计提,其对税收的影响体现在以下两方面:一是承租人享受折旧带来的减税效应;二是租赁费支出属于资本化支出,不得在所得税前扣除,使得承租人丧失了税金的减税效应,但租赁费中的利息可在税前扣除。也就是说,租赁资产的折旧费和租赁费中相当于利息的部分可抵减所得税,而不是租赁费本身享受税收抵减,因此融资租赁又称非节税性租赁(non-tax-oriented lease)。为计算应税收益抵减额,通常将租赁费看作债务付款,将其分割为本金和利息两部分,相应确定应税收益抵减额。

假设一项 5 年期的资产租赁的租赁费每年为 11 548.74 万元,租赁费率(利率)为 5%,所得税税率为 25%,则各年租赁费、利息费和折旧费(每年为 10 000 万元)的抵税额如表 9-11 所示。

表 9-11　租赁费、利息费和折旧费的抵税额　　　　　　　　　　　　单位:万元

年数	租赁费 ①	租赁费 债务本金 ②	租赁费 利息 ③=①-②	折旧费 ④	应税收益 减免额 ⑤=③+④	抵税额 ⑥=⑤×25%
1	11 548.74	9 048.74	2 500.00	10 000.00	12 500.00	3 125.00
2	11 548.74	9 501.18	2 047.56	10 000.00	12 047.56	3 011.89
3	11 548.74	9 976.24	1 572.50	10 000.00	11 572.50	2 893.13
4	11 548.74	10 475.05	1 073.69	10 000.00	11 073.69	2 768.42
5	11 548.74	10 998.80	549.94	10 000.00	10 549.94	2 637.48
合计	57 743.70	50 000.00	7 743.70	50 000.00	57 743.70	14 435.92

(1) 租赁负债总额可通过将 5 年间每年 11 548.74 万元现值计算得出,假设付款在每年年末发生,折现率为 5%。

$$\text{租赁债务本金现值} = 11\ 548.74\ 000 \times \left[\frac{1-(1+5\%)^{-5}}{5\%} \right] = 50\ 000 (万元)$$

(2) 租赁费中相当于本金部分可按以下公式计算,如第 1 年的债务本金计算如下:

$$P_1 = \frac{A}{(1+r)^{n-t+1}} = \frac{11\ 548.74}{(1+5\%)^5} = 9\ 048.74 (万元)$$

(3) 使用权资产应在资产寿命期内计提折旧,本例采用直线法计提折旧,每年折旧为 10 000 万元(50 000/5)。

应税收益减免额是由利息和折旧费构成,从表 9-11 中可以看出,5 年应税收益减免额之和为 57 743.70 万元,正好等于租赁费总额。唯一的差别是时间问题:使用权资产的应税收益减免在前期较多,而在后期较少。由此,利息和折旧抵税额前期多、后期少;而租赁费抵税额每年相等;不同时期抵税额的差异又会影响抵税额的现值。

三、租赁对财务报表的影响

2019 年之前,经营性租赁业务一直作为企业表外融资的形式存在,即经营性租赁未纳入承租人的资产负债表,导致其财务报表无法全面反映因租赁交易而取得的权利和承担的义务,从而降低了财务报表的相关性。新租赁会计准则的核心变化就是将经营性租赁表外业务表内化,要求承租人对所有租赁(选择简化处理的短期租赁和低价值资产租赁除外)确认使用权资产和租赁负债,并分别确认折旧和利息费用。

假设承租人与出租人签订了为期 3 年的设备租赁合同,相关租赁安排如下:年租赁费为 100 万元,租赁费率(利率)为 7%,则租赁付款额现值为 262.43 万元。

在旧租赁会计准则下,承租人只需每年确认 100 万元的租赁费,对资产负债表没有影响。在新租赁会计准则下,承租人在期初需确认一项金额为 262.43 万元的使用权资产和租赁负债,之后每年按直线法确认使用权资产的折旧 87.48 万元(262.43/3)、按实际利率法确认利息费用并增加租赁负债,每年支付的租金冲减租赁负债。新旧租赁会计准则对财务报表的影响如表 9-12 所示。

表 9-12 新旧租赁会计准则对财务报表的影响　　　　单位:万元

项目	期初	第 1 年	第 2 年	第 3 年	合计
旧租赁会计准则:					
损益表费用(年租赁费)		100.00	100.00	100.00	300.00
新租赁会计准则:					
损益表					
使用权资产折旧		87.48	87.48	87.48	262.43
利息费用		18.37	12.66	6.54	37.57
合计		105.85	100.13	94.02	300.00
资产负债表					
使用权资产	262.43	174.95	87.48		
租赁负债	262.43	180.80	93.46		

表 9-12 显示,在新租赁会计准则之下,使用权资产折旧以直线法计算,利息支出在租赁期内随着租赁负债的减少而减少,因此承租人损益表中总体成本呈现前高后低的特点,初期净资产和每股收益相应下降。前期利息费用增加,也会使利息保障倍数下降。从资产负债表来看,经营性租赁业务入表,使用权资产和租赁负债同时增加会导致负债率上升;确认使用权资产也会使资产周转率下降。从现金流量表来看,旧租赁会计准则下支付经营性租赁租金一般计入经营活动流出的现金流量,而新租赁会计准则实施后计入筹资活动流出的现金流量。新租赁会计准则的实施会导致经营活动净现金流量增加、筹资活动净现金流量减少。

在租赁业务中(除短期租赁和低价值资产租赁外),与租赁资产有关的风险和收益实质上已经转移给了承租人,由此也可以将这种租赁业务看作借款购买资产的一种替代性融资方式。在这种情况下,租赁资产应反映在资产负债表上,即资产租赁产生了与租赁费现值相等的一项资产和负债,分别列示在资产负债表的左右两方。

假设某公司需要增加一项资产,价值 2 000 万元,采用资产租赁、举债购买资产对资产负债表的影响如表 9-13 所示。

表 9-13　租赁对资产负债表的影响　　　　　　　　　　　　　　　单位：万元

项目	资产增加前	资产增加后	
		资产租赁	举债（借款）购买资产
资产			
流动资产	3 000	3 000	3 000
固定资产	5 000	5 000	7 000
使用权资产（租赁资产）	—	2 000	—
总资产	8 000	10 000	10 000
负债与股东权益			
流动负债	2 000	2 000	2 000
长期负债	1 000	3 000	3 000
其中：租赁负债	—	2 000	—
股东权益	5 000	5 000	5 000
负债与股东权益	8 000	10 000	10 000

从表 9-13 中可知，资产租赁对资产负债表的影响与举债（借款）融资的影响相同。公司如果签订了资产租赁合同，便负有支付未来租金的义务，该义务与借款合同一样具有法律约束力——无力偿付租金如同借款合同中无法偿还本金或利息，均可能导致公司破产。因此，签订融资性租赁合同会改变资本结构、增大财务风险。新租赁会计准则下，原采用经营性租赁方式取得的资产及负有的支付义务需在资产负债表中列示，消除了承租人利用经营性租赁进行表外融资的机会，可以更为全面、真实地反映企业资产负债状况，更好地满足报表使用者的需求。此外，新租赁会计准则引入的承租人增量借款利率反映了承租人自身的信用风险特征，结合原表外债务的显性化，将促使企业重新梳理评估现有业务和债务结构、加强风险管理、提升发展质量。

四、租赁融资的优点和缺点

租赁融资的优点主要表现在：(1) 能够迅速获得所需资产。租赁资产是一种融资与融物相结合的融资方式，公司在筹到资金的同时，还可获得长期资产的使用权。(2) 可以增大融资的灵活性。租赁资产可以避免定期借款融资所附加的各种限制性条款，从而为公司经营活动提供了更大的弹性空间。(3) 可以减少设备引进费。采用融资租赁方式引进设备，融资与引进设备都由有经验和对市场熟悉的租赁公司承担，既可以迅速获得公司所需设备，又可以因租赁公司的高效率而节省费用。(4) 有利于减轻所得税负担。租赁费中的利息、手续费以及融资租赁设备的折旧费均可在税前抵减，这样可获得财务杠杆利益，减轻公司的税收负担。

租赁融资的缺点主要表现在：(1) 融资成本高。租赁的隐含收益（租金）通常要高于债券利息。(2) 当事人违约风险。租赁业务涉及的当事人很多，如果当事人中有一方违约，就可能给其他当事人带来风险。(3) 利率和税率变动风险。在租赁期间，如果银行利率或税率发生变化，就会给租赁当事人带来一定的风险。若利率降低，而承租人须按合同规定的数额支付租金，则不能享有利率下跌的好处；若利率提高，则会使出租人的收入减少。

根据中国租赁联盟（华经产业研究院）的统计，2011—2018 年，中国融资性租赁业务总量由 2011 年的 9 300 亿元增至 2018 年的 66 500 亿元,增长 6.15 倍,年均增速达到 34%。2014 年以后,尽管增速放缓,但是中国融资租赁市场规模依然保持较高的增长速度。2018 年,中国融资性租赁合同余额同比 2017 年增长 9.4%。图 9-24 描述了 2011—2018 年中国融资租赁行业的市场规模及增长率的情况。

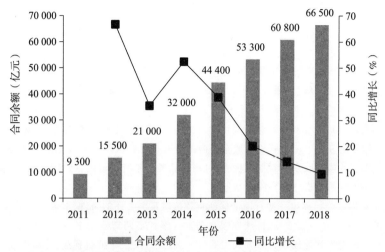

图 9-24　中国融资租赁行业的市场规模及增长率(2011—2018 年)

资料来源:中国租赁联盟(华经产业研究院)整理。

从行业分布看,融资性租赁资产的分布排名前五的行业为能源设备业、交通运输设备业、通用机械设备业、基础设施及不动产业和工业装备业,占比总计达 81%,每个行业资产总额均过千亿元,融资性租赁在能源设备与环保治理等领域的行业经验较为丰富,伴随我国经济动能切换与新经济崛起,未来融资性租赁有望进一步开拓新行业蓝海(见图 9-25)。

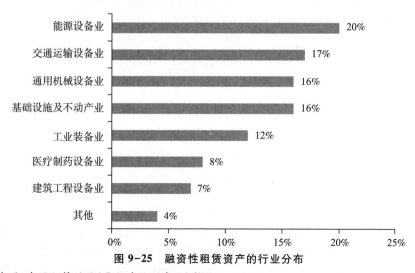

图 9-25　融资性租赁资产的行业分布

资料来源:中国租赁联盟(华经产业研究院)整理。

根据中国租赁联盟公布的数据,截至 2018 年年底,全国融资租赁企业总数约为 11 777 家,较 2017 年年底增加 2 101 家,增长 21.7%,相比 2006 年的 80 家年均复合增速达到 51.6%。其中,2018 年金融租赁企业 69 家,与 2017 年相比不变;内资租赁企业 397 家,与

2017 年相比增加 117 家;外资租赁企业 11 311 家,与 2017 年相比增加 1 984 家。

一些研究表明,依照国际经验,融资租赁行业的增速并不随着经济增长率的下行而下行。原因显而易见,在经济下行时期,企业获得资金会比较困难,而此时融资性租赁有利于产品的销售、增强企业的盈利能力。

本章小结

1. 首次公开发行(IPO)是指公司首次向社会公众发行股票以筹措资本的一种方式,首次公开发行的股票在证券交易所挂牌交易,公司成为上市公司。新发行股票的定价方式有市盈率定价、固定价格、累计投标询价和竞价。

2. 股权再融资(SEO)主要有增发和配股两种方式。增发又称上市后公开发行,即已上市公司再次发售新股。公司增发的新股可由包括现有股东在内的所有投资者认购。配股是指上市公司仅向现有股东同比例发售新股。普通股股东通常拥有优先认股权,认股权是有价值的,每股认股权的价值等于配股后的市场总市值与配股总价格之差再除以认股数。

3. 银行通常对借款公司提出一些有助于保证贷款按时足额偿还的条件,形成合同的保护性条款,包括一般性限制条款、例行性限制条款、特殊性限制条款。银行定期贷款利率可采用固定利率、变动利率和浮动利率三种。长期借款的还本付息方式主要有一次性偿付法、等额利息法、等额本金法和等额本息法等。不同还本付息的方式对债务人资本成本的影响是不同的。

4. 企业信用债券主要有:(1)企业债,发行主体为企业,经发改委核准,通过中央结算公司发行系统面向银行间债券市场和交易所市场统一发行;(2)非金融企业债务融资工具,发行主体为具有法人资格的非金融企业,面向银行间债券市场发行;(3)公司债,发行主体为上市公司或非上市公众公司,经中国证监会核准,在交易所债券市场公开或非公开发行;(4)可转换公司债券,发行主体为境内上市公司,在交易所债券市场发行、交易,在中证登登记托管;(5)中小企业私募债券,发行主体为境内中小微型企业,面向交易所债券市场合格投资者非公开发行,只在合格投资者范围内转让,在中证登登记托管。

5. 新租赁会计准则规定,承租人对所有租赁(短期租赁和低价值资产租赁除外)确认使用权资产和租赁负债,并分别确认折旧和利息费用。

基础训练

1. 影响 IPO 折价的因素很多,Brau and Fawcett (2006)对 2000—2002 年发生 IPO 的 336 位上市公司 CFO 进行问卷调查,询问他们对 IPO 折价的看法。请阅读此文献,查阅 CFO 对 IPO 折价的看法。

2. 按照上市公司的目的和价值取向的不同,定向增发主要有三种模式:资产并购重组型、引入战略投资者型和财务投资者型。请查询相关资料说明这三种模式的特点。

3. 私募股权融资是一个非常复杂的过程,时间长短不一,大概需要三到六个月的时间。假设你所在的公司正处在创业期,需要进行私募股权融资。公司 CEO 要求你查询私募股权融资的流程。

4. 2012 年 3 月 27 日,柳州化工股份在上交所公开发行 5.10 亿元的公司债,票面利率 7.0%,期限 5+2 年,第 5 年年末附有调整票面利率和回售权,鹏元评级给予债券 AA 评级。债券简称"11 柳化债",于 2012 年 4 月 16 日在上交所挂牌上市。2018 年 3 月 20 日,柳州化工公告称,因无力清偿到期债务且明显缺乏清偿能力,柳州中院已裁定公司重组,公司债券"11 柳化债"本金及利息存在不能全额清偿的风险;法院已通知截至目前持有公司债券的债券持有人向管理人申报债权。另外,公司存在因重组失败而被宣告破产的风险,公司债券可能被终止上市交易。

（1）债券发行时，债券信用评级为 AA，跟踪"11 柳化债"发行至今的信用评级变化情况，查阅公司财务报表，分析债券信用评级变化的原因。

（2）"11 柳化债"含有回售条款，即"本期债券持有人有权在第 5 个付息日将其持有的全部或部分本期债券按票面金额回售给发行人"。你认为"11 柳化债"的投资者是否会行使回售权，一旦债券发生违约，他们会采取什么措施保障自身的权益？

5. 南方航空 2018 年 3 月 16 日发布公告称，公司与广州南沙南航天水租赁有限公司（以下简称"天水租赁"）签署协议，将公司自有的 14 架 A320 飞机出售给天水租赁，出售总价为人民币 3.71 亿元，并以每架飞机月租金人民币 68.7 万元向天水租赁租赁上述 14 架飞机，租期 8—22 个月，2018 年和 2019 年年度租金总额预计分别为人民币 10 789.5 万元和 5 564.7 万元。

请查询相关资料，分析南方航空采用售后回租的好处及可能面临的风险。

第十章 营运资本管理

[学习目的]
- 了解营运资本组合策略与融资策略
- 掌握目标现金余额的确定方法
- 掌握公司信用政策的分析方法
- 熟悉存货订货批量模型与管理模式
- 掌握商业信用、短期融资的方式和特点

哈佛商学院 Stuart Gilson 教授在接受普华永道关于中国零售企业营运资本管理调研时指出,公司面临的最大挑战之一是对"净营运资本"的管理。净营运资本是指公司在运营时占用的短期资产与短期负债的差额。净营运资本过度增长会严重消耗公司的现金流。例如,客户应收账款或库存的增加体现了对公司现金的耗用。对公司损益表直接负责的管理者可能会过分着眼于盈利,而忽视其决策对资产负债表的影响,而资产负债科目会对公司的现金流产生重大影响。从财务的角度看,价值创造主要是由公司生成现金流的能力所决定的。对于一般企业来说,营运资本管理贯穿企业经营过程的供、产、销三个阶段。从融资的角度看,采购时能延期付款、销售产品时能预收账款,无异于供应商、客户给公司提供了无息贷款。有人称这种运作商业信用的方法为 OPM(other people's money)。如果将应付账款和预收货款比作"用别人的钱",那么应收账款和存货就是"被别人用钱"。营运资本管理的目标是尽可能减少公司在流动资产上的资金占用。以海尔为例。海尔曾提出追求零营运资本管理,这是一种极限管理,当然不是真的要求营运资本为零,而是尽量使营运资本趋于最小。这种管理模式在实战中更多地集中于存货与应收账款。要做到存货最小,可采取的措施有 JIT 管理与订单生产;要做到应收账款最小,应拒绝或减少赊销。为此,海尔强推"现款现货",实现零坏账目标。除家乐福、麦德龙等信用评级较高的大卖场,海尔很少赋予客户信用账期。在实施这一变革时,海尔最初几个月的销售量下降很厉害,但海尔并未因此而放弃。与商户僵持数月后,海尔还是获得了订单。一旦得到商户的认可,现款现货的价值就会凸显,海尔因此在竞争中占据主动地位。

第一节 营运资本管理策略

一、营运资本概念

营运资本(working capital)管理包括流动资产管理和流动负债管理。前者主要指现金管理、信用管理和存货管理,后者主要指商业信用管理(应付账款)和短期融资管理。

在营运资本管理中,净营运资本(net working capital, NWC)数据并没有现实意义,但可以用来分析流动资产和流动负债的匹配情况。如果 NWC>0,说明流动资产所占用的资金除了由流动负债提供,还有一些来自长期负债。在这种情形下,公司运营较为安全。如果 NWC=0,说明流动资产所占用的资金完全由流动负债提供。由于流动负债需要在短期内归还,增大了公司运营风险。如果 NWC<0,说明公司不能从流动资产中筹到足够的现金解决负债问题。在这种情形下,公司可能会面临较大的偿付风险。因此,公司应当:(1)控制和减少存货投入;(2)重新审核并紧缩信贷,减少应收账款;(3)增加长期负债或者发行股票以确保流动性。

二、流动资产组合策略

公司在确定流动资产总额时,必须权衡风险与收益。为简化起见,采用总资产收益率(息税前利润/资产总额)衡量收益水平;采用净营运资本或流动比率衡量风险。

(一)资产组合的风险与收益

从资产的盈利能力分析,流动资产的盈利能力低于固定资产。例如,工业企业运用劳动资料(厂房、设备等)对劳动对象进行加工,生产一定数量的产品,通过销售转化为应收账款或现金,最终可为企业带来利润。因此,我们通常将固定资产称为盈利性资产。与此相比,流动资产虽然也是生产经营中不可缺少的一部分,但除有价证券外,现金、应收账款、存货等流动资产只是为企业再生产活动的正常进行提供必要的条件,本身并不具有直接的盈利性。

从风险性分析,由于流动资产相比固定资产更易于变现,其潜亏的可能性或风险小于固定资产。当然,固定资产也可通过市场销售转变为现金,但作为公司的主要生产手段,若将固定资产销售,则公司将无法开展正常的经营活动。因此,除了不需要的固定资产出售转让,公司生产经营中的固定资产未到迫不得已(如面临破产)是不会出售的,即固定资产的变现能力较弱。公司在一定时期持有的流动资产越多,承担的风险相对越小。拥有足够的易变现资产,一方面可以保证偿还到期债务,另一方面可以增强应对各种意外情况的能力,如抵御因材料供应偶然中断和产品销路不畅对生产与收入的影响等。但是,公司持有的流动资产越多,占用的资金就越多,这些资产(如现金、有价证券等)作为生息资本所产生的收益必然小于将这些资产作为经营资本所带来的收益。因此,持有流动资产所带来的风险减小是以收益下降为代价的。

【例 10-1】 假设 SST 公司正在考虑流动资产持有量的三种方案(见表 10-1)。三种方案的主要区别是有价证券持有量不同。为了简化,假设公司固定资产总额保持不变;存货、应收账款均为变现能力较强的资产(即无坏账和呆滞积压产品);有价证券投资所需资金均来自股票发行,即在有价证券增加的同时,普通股股本也相应增加;有价证券投资收益率为 6%。在其他条件不变的情况下,A 方案的息税前利润为 100 万元,B 方案和 C 方案的息税前利润分别比 A 方案增加 3 万元和 6 万元(即有价证券投资收益)。

表 10-1 流动资产持有量方案 金额单位:万元

项目	A(激进型)	B(折中型)	C(稳健型)
① 流动资产	350.00	400.00	450.00
② 其中:有价证券	0	50.00	100.00
③ 固定资产	300.00	300.00	300.00

（续表）

项目	A（激进型）	B（折中型）	C（稳健型）
④ 资产总额	650.00	700.00	750.00
⑤ 流动负债	200.00	200.00	200.00
⑥ 长期负债	220.00	220.00	220.00
⑦ 股东权益	230.00	280.00	330.00
⑧ 预期息税前利润	100.00	103.00	106.00
⑨ 总资产收益率⑧/④（%）	15.38	14.71	14.13
⑩ 净营运资本①-⑤	150.00	200.00	250.00
⑪ 流动比率①/⑤	1.75	2.00	2.25

从表 10-1 可以看出，随着流动资产持有量的增加，总资产收益率从 15.38% 下降到 14.13%，但流动比率却由 1.75 上升到 2.25。这表明流动资产持有量的大小与总资产收益率和风险反方向变动。对于这三个方案，不但取决于方案的风险与收益水平，还取决于决策者的风险规避态度，不同的决策者会做出不同的选择。但在正常情况下，采用何种流动资产持有量方案，应以有利于公司发展、有利于提高公司价值为标准，力求以最小的风险取得最多的收益。

（二）流动资产项目组合策略

流动资产内部不同项目之间的变现能力和收益水平各不相同。流动资产各项目按变现能力由大到小为现金、有价证券、应收账款、存货。流动资产各项目按收益实现的可能性由小到大为现金、有价证券、应收账款、存货。其中，现金是非盈利资产；有价证券可通过出售获得一定的收入；应收账款和存货包含了公司潜在的收益，如扩大应收账款有可能促使公司增加销售，从而增加利润；保持一定的存货，有利于减少停工损失和缺货损失，有利于公司利润的形成和实现。

流动资产项目组合策略是指根据流动资产各项目风险与收益的特征，合理确定流动资产内部各项目之间的比例关系。在确定流动资产各项目的构成比例时，一般有两种策略：稳健型策略和激进型策略。前者不但会提高流动资产在资产总额中的比例，而且在流动资产总量中保持充足的现金和有价证券，其基本特点是低风险、低收益；后者追求尽可能低的流动资产份额，特别是减少现金和有价证券的存量，试图通过减少流动资产占用量来提高公司盈利能力，其特点是高风险、高收益。

流动资产各项目之间到底应保持什么样的比例？这不仅取决于行业特征，也取决于公司本身的风险与收益特征。一般来说，稳健型策略适用于未来收益不确定性较大的公司，而激进型策略适用于未来收益变化较小的公司。

三、流动负债组合策略

流动负债组合策略主要研究短期负债和长期负债之间的比例关系，以及流动负债各项目之间的比例关系。

（一）长期、短期负债融资的风险与成本

为了分析方便，在讨论流动负债组合策略时，假设短期债务成本低于长期债务成本。

从风险看,借款人和贷款人对长期、短期负债风险的看法是不同的。对于贷款人来说,贷款期限越长,风险越大。对于借款人来说,情况正好相反,在其他条件一定的情况下,债务期限越短,公司偿付本息的缓冲时间越短,发生违约的概率就越大;反之,则越小。

【例 10-2】 假设 SST 公司资产总额为 700 万元,股东权益为 280 万元,长期和短期债务的利率分别为 10% 和 8%。SST 公司目前正在考虑三个方案:

（A）激进型策略:流动负债 300 万元,长期负债 120 万元;
（B）折中型策略:流动负债 200 万元,长期负债 220 万元;
（C）稳健型策略:流动负债 100 万元,长期负债 320 万元。

其他有关资料如表 10-2 所示。

表 10-2　流动负债组合策略　　　　　　　　金额单位:万元

项目	A（激进型）	B（折中型）	C（稳健型）
① 流动资产	400.00	400.00	400.00
② 固定资产	300.00	300.00	300.00
③ 资产总额	700.00	700.00	700.00
④ 流动负债（8%）	300.00	200.00	100.00
⑤ 长期负债（10%）	120.00	220.00	320.00
⑥ 负债总额	420.00	420.00	420.00
⑦ 股东权益	280.00	280.00	280.00
⑧ 负债和股东权益总额	700.00	700.00	700.00
⑨ 预期息税前利润	103.00	103.00	103.00
⑩ 利息费用	36.00	38.00	40.00
⑪ 税前利润	67.00	65.00	63.00
⑫ 所得税（50%）	33.50	32.50	31.50
⑬ 税后利润	33.50	32.50	31.50
⑭ 净资产收益率⑬/⑦（%）	11.96	11.61	11.25
⑮ 净营运资本①-④	100.00	200.00	300.00
⑯ 流动比率①/④	1.33	2.00	4.00

从收益性分析,激进型策略的净资产收益率最高,稳健型策略的净资产收益率最低,折中型策略的净资产收益率介于两者之间。从风险分析,激进型策略的风险最大,流动比率为 1.33,净营运资本为 100 万元;稳健型策略的风险最小,其流动资产相当于流动负债的 4 倍,净营运资本为 300 万元;折中型策略的风险介于两者之间。总之,公司收益水平和风险与流动负债率的变化同方向变化。

（二）流动负债项目组合策略

短期负债本身也是由不同项目组成的,如短期银行借款、应付账款、应付票据以及法规和结算方面的原因形成的其他应付款项。短期负债中不同项目的资本成本和偿还期限不同,对风险与收益的影响也各有差异。相对来说,银行借款的基本特征是低风险、高成本,当公司出于某种原因暂时不能偿还借款时,银行一般不会立即诉诸法律,而是采取提高利率的方法制约公司。应付账款融资的基本特征是低成本、高风险,当公司不能按期付款时,债权人有可能会诉诸法律;如果公司能按期付款,其成本相对较小,甚至没有成本。法律和结算原因形成的应付税金、应付工资、应计费用属于"自然融资"方式,对于这种负债,公司一般只需合理利用。

短期负债各项目组合策略主要是根据生产经营的规律性,合理安排短期银行借款、应付账款及应付票据的借款期限、还款期限和使用期限,即按不同的偿还期限筹措各种短期资金来源,以保证既能满足生产经营需要,又能及时清偿到期债务。

四、营运资本融资策略

公司的流动资产一般分为临时性资产(即波动性流动资产)和永久性资产两部分。前者是指出于季节性或临时性原因占用的流动资产,如销售旺季增加的应收账款和存货等;后者是指用于满足公司长期稳定需要的流动资产,如保险储备中的存货或现金等。与此相对应,公司的资金需求也分为临时性资金需求和永久性资金需求。前者是指通过短期负债融资满足公司临时性流动资产的资金需求;后者是指通过长期负债和股权资本满足公司永久性流动资产和固定资产的资金需求。

营运资本的融资策略就是指如何配置流动资产及其资金来源等。针对临时性流动资产和永久性流动资产的融资策略一般有稳健型、激进型和折中型三种。

(一)稳健型策略

这是一种较为谨慎的融资策略(见图10-1)。图10-1中虚线在永久性流动资产线以上,表明公司的长期资金不仅能满足永久性资产(固定资产+永久性流动资产)的资金需求,还能满足部分短期或临时性流动资产的资金需求。长期资金超出永久性资产需求部分,通常以可迅速变现的有价证券形式存在。当临时性流动资产需求处于低谷时,这部分证券可获得部分短期投资收益;当临时性资产需求处于高峰时,可将这部分证券转换为现金。稳健型融资策略的主要目的是规避风险。采取稳健型融资策略,公司短期负债比例相对较小,其优点是可增强公司偿债能力,降低利率变动风险。但稳健型融资策略会使公司的资本成本增加、利润减少;如果用股权资本代替负债,还会使公司丧失财务杠杆收益,降低股东的收益率。稳健型融资策略通常适合于长期资金多余但又找不到更好投资机会的公司。

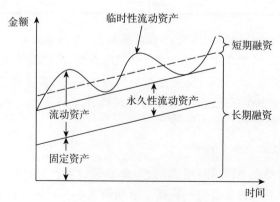

图10-1 稳健型融资策略

(二)激进型融资策略

这是一种扩张型的融资策略(见图 10-2)。图 10-2 中虚线在永久性流动资产线以内,表明公司的长期资金不能满足永久性资产的资金需求,要依赖短期负债予以弥补。激进型融资策略的主要目的是追求高利润。但采取这种策略,一方面降低了公司的流动比率,加大了偿债风险,另一方面短期负债融资利率的多变性又增大了公司盈利的不确定性。由此,短期负债的低成本带来的收益将被这些高风险抵消。激进型融资策略一般适合于长期资金来源不足或短期负债成本较低的公司。

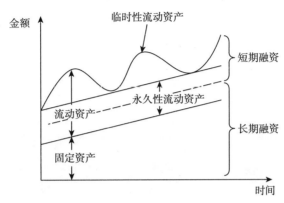

图 10-2　激进型融资策略

(三)折中型融资策略

这是一种介于稳健型和激进型之间的融资策略(见图 10-3)。图 10-3 中虚线刚好与永久性流动资产线重合,表明公司的长期资金正好满足永久性资产的资金需求,而临时性流动资产的资金需求则全部由短期负债融资解决。折中型融资策略要求公司负债的到期结构与公司资产的寿命周期相匹配,这样一方面可以降低到期不能偿债的风险,另一方面可以减少闲置资金占用量,提高资金的利用效率。折中型融资策略是一种理想的融资策略,但是较难在现实经济活动中得到完美的实现。

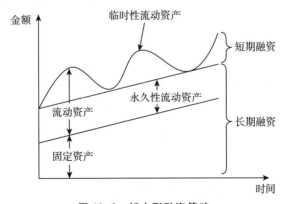

图 10-3　折中型融资策略

【例 10-3】　假设 SST 公司资本总额中 60% 为债务资本、40% 为股权资本。目前,公司正考虑三种营运资本融资策略:

(A)激进型融资策略。流动资产投入 350 万元,流动负债 300 万元,长期负债 90 万元。

(B)折中型融资策略。流动资产投入 400 万元,流动负债 200 万元,长期负债 220 万元。

（C）稳健型融资策略。流动资产投入450万元，流动负债100万元，长期负债350万元。三种不同融资策略的风险与收益情况如表10-3所示。

表10-3 营运资本融资策略　　　　金额单位：万元

项目	A（激进型）	B（折中型）	C（稳健型）
① 流动资产	350.00	400.00	450.00
② 固定资产	300.00	300.00	300.00
③ 资产总额	650.00	700.00	750.00
④ 流动负债(8%)	300.00	200.00	100.00
⑤ 长期负债(10%)	90.00	220.00	350.00
⑥ 负债总额	390.00	420.00	450.00
⑦ 股东权益	260.00	280.00	300.00
⑧ 负债和股东权益总额	650.00	700.00	750.00
⑨ 预期息税前利润	100.00	103.00	106.00
⑩ 利息费用	33.00	38.00	43.00
⑪ 税前利润	67.00	65.00	63.00
⑫ 所得税(50%)	33.50	32.50	31.50
⑬ 税后利润	33.50	32.50	31.50
⑭ 净资产收益率⑬/⑦（%）	12.88	11.61	10.50
⑮ 净营运资本①-④	50.00	200.00	350.00
⑯ 流动比率①/④	1.17	2.00	4.50

根据表10-3，激进型融资策略的净资产收益率为12.88%，流动比率为1.17，其特点是收益高、风险大；稳健型融资策略的净资产收益率为10.5%，流动比率为4.5，其特点是收益低、风险小；折中型融资策略的收益与风险介于两者之间。

上述融资策略孰优孰劣，并无绝对标准，公司应结合自身实际情况，灵活运用这些策略。在选择组合策略时，还应注意以下三个问题：

第一，资产与债务偿还期相匹配。例如在销售旺季，库存资产增加所需资金一般应以短期银行借款来解决；而在销售淡季，库存减少所释放出的现金可用于归还银行借款。如果以长期资金用于库存资产，在销售淡季就会出现资金闲置，即使投资于有价证券，收益也相对较低。相反，如果固定资产投资以短期银行借款融资，公司就无法用该项投资产生的现金流入量还本付息。按照资产与债务偿还期相匹配的原则，公司应将长期资金用于固定资产投资，因为无论盈利能力如何，如果没有足够的现金支付到期债务或当前费用，公司就会陷入财务危机。

第二，净营运资本应以长期资金来源予以解决。

第三，保留一定的资金或融资能力。这样可使公司在有需要时能够更方便地使用资金，保留一定的资金并不仅仅意味着公司实际上拥有一部分现金节余，还包括公司的借贷能力，即公司保留一部分向银行借款的能力，在必要时利用这部分能力随时从银行取得借款。但这一原则容易造成资金使用效率低下，导致某种机会成本产生，因此公司应在资金使用方便和资金使用效率之间寻找一个合适的均衡点。

五、现金周转期

对于典型的制造业公司来说,经营周转期涵盖了公司从取得货物到销售货物并从客户处收到现金为止的所有阶段。实务中,通常采用现金周转期反映营运资本管理效率。现金周转期又称营运资本周转期,是指公司从现金投入经营活动开始,到销售商品并收回现金为止所需的时间,即现金周转一次所需的天数。现金周转期的长短取决于以下三方面:(1)存货周转期,是指从现金购买原材料开始,将原材料转化为在产品、半成品、产成品,直到销售为止所需的时间;(2)应收账款周转期,是指从应收账款形成到收回现金所需的时间,即从产品销售到收回现金的时间;(3)应付账款周转期,是指从购买原材料延期付款开始直到以现金偿还应付账款为止所需的时间。它们之间的关系如图10-4所示。

根据图10-4,现金周转一次所需天数的计算公式为:

$$\text{现金周转期} = \text{存货周转期} + \text{应收账款周转期} - \text{应付账款周转期} \quad (10-1)$$

现金周转期又称现金缺口期(cash gap),是指公司向供应商支付货款到从客户处收到货款的间隔天数,此期间所需现金需要通过融资加以解决。

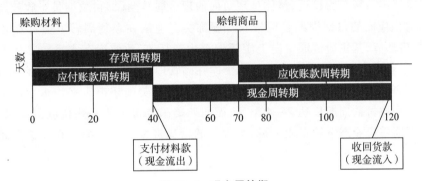

图10-4 现金周转期

在图10-4中,经营周转期为120天,现金周转期为80天,或者说现金缺口期为80天。从图中可以看出,存货周转期、应收账款周转期越长,现金周转期越长;当公司延长应付账款周转期时,现金周转期也随之缩短。因此,缩短现金缺口期的方法有:(1)延长采购存货的应付账款周转期;(2)加速催收应收账款,即缩短应收账款周转期;(3)加快存货的周转,即缩短存货周转期。公司存货周转越快,所需现金越少。管理者知道应收账款收款期和应付账款周转期对现金缺口期的影响,但很难直接领会到加快存货周转对现金缺口期的影响。其实,缩短现金缺口期的前两种方法受到环境和行业惯例的限制。在激烈的竞争环境下,为了促销,公司不能过分限制应收账款期限;为了保持公司信誉,公司也不能拖延应付账款的付款。只有缩短存货周转天数很少受外围因素的影响,纯属公司内部管理问题。因此,为了缩短现金缺口期,任何公司都应该加强对存货的管理。

实务中,大多数公司的现金周转期是正值,这意味着公司必须为存货和应收账款融资,现金周转期越长,融资需求越大。同时,公司现金周转期的改变通常被视作预警信号。延长的现金周转期表明公司在存货管理或应收账款回收方面出现了问题。当然,这样的问题也可能被应付账款周转期的延长而掩盖或至少部分掩盖,因此,公司必须实时监控这三个周转期。

由于行业经营特点不同,各自的经营周转期和现金周转期差异较大,难以在行业之间进行比较分析。即使对于同行业不同的公司，各周转期也存在较大的差异。中国连锁经营协会和普华永道以中国内地及香港上市的 86 家零售企业的公开数据为基础进行调研，联合发布了 2016 中国零售企业营运资本管理调研报告，采用周转期等指标分析了零售企业营运资本管理效率，如表 10-4 所示。

表 10-4　2013—2014 年零售业主要周转期指标均值　　　　　　　　　　单位：天

	百货店	超市店	服饰类专业店	家电类专业店	综合店
应收账款周转期	6.9	4.8	48.6	3.5	1.7
存货周转期	21.0	53.5	153.3	63.5	27.4
应付账款周转期	55.2	77.6	84.8	127.4	61.5
现金周转期	-27.3	-19.3	117.1	-60.4	-32.4
经营周转期	27.9	58.3	201.9	67.0	29.1

资料来源：普华永道，根据"2016 中国零售企业营运资本管理调研：聚焦营运效率，重塑零售价值"整理。

根据调研报告，从各零售业态之间的横向比较看，百货店、超市店、家电类专业店及综合店的营运资本结构较为接近，整体呈现负向的现金周转期（即付款期长于收款期和存货周转期），对供应商的付款周期普遍较长。服饰类专业店在存货周转方面存在较大的不同，除了零售环节，其供应链通常向上游延伸至生产环节，致使库存水平较其他零售业态更高，最终呈现正向的现金周转期。相比于库存品管理更为发达的美国超市零售业，中国超市 2013—2015 年的存货周转期维持在 50 多天，高于美国超市店平均水平（30 多天）；中国零售业平均付款周期长达 2—4 个月，而同期美国零售企业平均付款周期只有 1.5 个月。对于不同零售业态下的企业来说，可预见的营运资本效率的提升和改善空间都是巨大的。

第二节　现 金 管 理

一、现金管理动机

现金是每个公司进行交易所必不可少的一项资产，公司持有一定量的现金主要是为了满足交易性需求、预防性需求和投机性需求。

交易性需求是指公司持有现金以满足日常经营业务现金支付的需求，如用现金购买材料、支付工资、交纳税款、偿还债务和派发股利等。公司的现金收入主要来自经营过程中的商品销售、资产出售和新的融资活动等，通常这种现金流入和现金流出在时间与数量上很难同步同量发生，当现金流入大于现金流出时，形成现金结余；当现金流入小于现金流出时，要补充现金短缺。因此，公司应保留一定的现金余额，以便在现金流出大于现金流入时不至于中断交易。一般来说，为满足交易性需求所持有的现金余额取决于公司的销售水平，通常公司销售扩大，销售额增加，所需现金余额也会随之增加。

预防性需求是指公司为应付意外紧急事件而持有的现金。市场行情瞬息万变以及各种不确定因素的存在，许多意外事件的发生会影响公司的现金收入与现金支出，如自然灾害、采购环境发生重大变化、生产事故等会打破公司现金收支计划，使现金收支出现不平衡。因此，在正常经营活动现金需求量的基础上，追加一定数量的现金余额以应付未来现金流入和现金流出的随机波动,是公司在确定必要现金持有量时应当考虑的。预防性需求所持有的现金余额取决于以下三方面:一是公司对现金流量预测的准确程度;二是公司临时借款的能力;三是公司愿意承担现金短缺风险的程度。

投机性需求是指公司持有现金用于不寻常的购买机会的需求。例如,当遇到廉价原材料或其他资产供应的机会时,公司可立即以手中持有的现金大量购入以获取低成本优势;公司可在有价证券价格大幅下跌时用现金购入有价证券,在价格反弹时卖出有价证券,从而获得高额资本利得。通常,除金融机构和投资公司外,一般公司很少为投机性行为专设现金储备,在遇到不寻常的购买机会时,常常是设法临时筹集现金。但是,公司拥有一定数额的现金储备,无疑为捕捉有利的投资机会提供了方便。

不同公司持有现金的动机各不相同。一般来说,经营现金流量需求的不确定性越大,交易性和预防性现金需求就越多;交易性现金需求受季节性因素的影响,例如,零售公司往往在年末或年初几个月保持较高的现金余额,因为它们预计在元旦前后或春节前后销售额会增加;投机性现金需求对拥有长期投资项目的公司来说并不重要,但对于那些面临短期获利机会且必须尽快利用这些机会,否则便会在竞争中遭受损失的公司,投机性需求就是一个重要的因素。例如,一家财务服务公司期望从短期交易机会中获利,这些机会随时会在金融市场上出现,因而公司必须手头持有现金,以便在机会来临时抓住获利机会。

现金是流动性最强的资产,拥有足够的现金可以满足经营开支的各种需要,对保持公司经营稳定、降低风险、增强现金的流动性和债务的可清偿性具有十分重要的意义。然而,现金属于非盈利性资产,即使是银行存款,利率也非常低,并且公司持有现金还会增加持有现金的机会成本、降低收益。因此,公司现金管理的目标就是要在资产的流动性和收益性之间进行权衡,在保证公司正常经营所需现金支付的同时尽量减少闲置现金的数量,以提高现金收益率。

二、目标现金余额的预测

目标现金余额也称最佳现金持有量,是指能够使现金管理的机会成本与转换成本之和保持最低的现金持有量。预测目标现金余额的方法主要有存货模式和随机模式。

(一) 存货模式

存货模式是美国经济学家威廉·鲍莫尔(William Baumol)1952年首先提出的。他认为现金持有量在许多方面与存货经济批量相似,可根据存货模型确定目标现金持有量。

存货模式的基本原理是指权衡持有现金的机会成本与转换有价证券的交易成本,以求得两者相加总成本最低的现金余额,从而确定最佳现金持有量。存货模式假设:(1)一定时期内公司未来现金需求总量可以预测;(2)公司所需现金可以通过证券变现取得,且证券变现的不确定性很小;(3)现金支出过程较稳定,波动较小,而且每当现金余额降至0时,均通过变现部分证券得以补足;(4)有价证券的利率或收益率以及每次公司将有价证券转换为现金所支付的交易成本可以获悉并固定不变。在这些假设条件下,现金余额随时间推移呈现一定的规律性,如图10-5所示的锯齿形。公司期初持有一定量的现金C(出售有价证券获得),若每天平均流出量大于流入量,到一段时间后现金余额降至0时,则公司必须再出售有价证券予以补充,使下一周期的期初现金余额恢复到最高点(C),而后这笔现金再供生产逐渐支用,至余额降至0后又予以补充……如此反复进行下去。

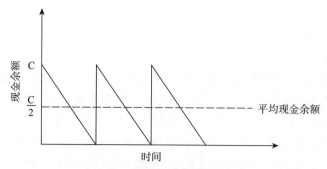

图 10-5 存货模式下的现金余额变动

存货模式将现金持有量和短期有价证券联系起来考虑,现金不足时可以出售有价证券,不存在现金短缺成本;管理成本是持有现金的固定成本,不是最佳现金持有量决策的一个变量。因而,现金持有成本可以不考虑现金短缺成本和管理成本。与现金持有量决策相关的成本主要包括:

(1)持有现金的机会成本,即公司持有现金所放弃的将其用于其他投资机会可能获得的收益,如投资于有价证券而带来的利息或股息收入等。所以,机会成本一般按有价证券利率计算,并与现金持有量成正比,现金持有量越大,持有现金的机会成本越高。

(2)现金与有价证券转换的交易成本,如经纪人费用、相关税金及其他管理成本等。假设这些成本只与转换次数有关,那么其高低与现金持有量成反比,即现金持有量越大,有价证券转换次数越少,转换交易成本越低。

现金持有量(现金余额)与上述两种成本的关系如图 10-6 所示。从图 10-6 可以看出,现金持有量的大小与机会成本同向变化,而与交易成本反向变化,即现金持有量越大,机会成本越高,短期有价证券的转换次数越少,交易成本越低;反之,现金持有量越小,机会成本越低,短期有价证券的转换次数越多,交易成本越高。当持有现金的机会成本与交易成本之和最低时(横轴上的现金持有量 C^*),即总成本最低时的现金持有量就是最佳现金持有量。存货模式下与持有现金相关的总成本的表达式为:

$$TC = \left(\frac{C}{2}\right) \times r + \left(\frac{T}{C}\right) \times F \qquad (10-2)$$

其中,TC 表示持有现金的总成本;C 表示现金持有量,即每次有价证券变现的数量;r 表示有价证券利率(机会成本);T 表示一个周期内的现金总需求量;F 表示每次转换有价证券的交易成本。

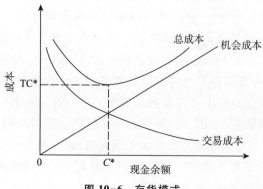

图 10-6 存货模式

将公式(10-2)中的 C 作为变量，TC 为 C 的函数，对公式(10-2)求一阶导数并令其等于0，得到最佳现金持有量 C^* 的计算公式为：

$$C^* = \sqrt{\frac{2TF}{r}} \qquad (10-3)$$

将公式(10-3)代入公式(10-2)得：

$$最低现金持有总成本(TC^*) = \sqrt{2TFr} \qquad (10-4)$$

$$有价证券最佳交易次数(N) = \frac{T}{C^*} \qquad (10-5)$$

【例10-4】 假设 MIT 公司预计每月现金需求量为 640 000 元，现金与有价证券的交易成本为每次 200 元，有价证券的月利率为 1%，则 MIT 公司最佳现金持有量为：

$$C^* = \sqrt{\frac{2 \times 640\ 000 \times 200}{1\%}} = 160\ 000(元)$$

最低现金持有总成本为：

$$TC = \sqrt{2 \times 640\ 000 \times 200 \times 1\%} = 1\ 600(元)$$

每月有价证券交易次数为：

$$N = \frac{640\ 000}{160\ 000} = 4(次)$$

上述计算表明，当公司现金余额为 0 时，公司应出售有价证券获得现金 160 000 元，每月持有现金的总成本为 1 600 元，每月交易有价证券 4 次。

存货模式可以较为精确地测算出一定时期的最佳现金持有量及相关指标，但该模式建立在未来期间现金流量稳定均衡且周期性变化、有价证券收益率可预测的基础上，而公司在实际工作中往往不易做到这些。因此，公司应根据不同的情形重新测算和调整现金持有量。

(二) 随机模式

随机模式又称米勒-奥尔模式(Miller-Orr Model)，是美国经济学家默顿·米勒(Merton Miller)和丹尼尔·奥尔(Deniel Orr)将不确定性引入现金管理的一种目标现金余额预测模型。随机模式假设公司日净现金流量是一个随机变量，其变化近似服从正态分布(见图 10-7)。公司可以根据历史经验和现实需要，预测出现金余额的控制范围，即确定现金余额的上限(H)和下限(L)，并将现金余额控制在上限和下限之间。

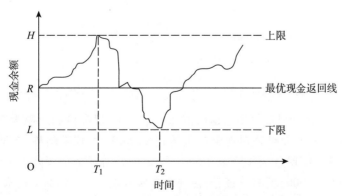

图 10-7 米勒-奥尔现金管理模式

图 10-7 描述了随机模式下的最佳现金余额,虚线 H 为现金余额的上限,虚线 L 为现金余额的下限,实线 R 为最优现金返回线或最佳现金余额。通常,公司的现金余额是随机波动的,当实际现金余额在 H 和 L 之间随机波动时,表明公司的现金余额处于一个较为合理的水平,无须调整。当现金余额达到现金控制上限(H)时,如在 T_1,公司应用现金购入 $H-R$ 单位有价证券,使现金余额回落到现金返回线 R 的水平上;当现金余额降至现金控制下限(L)时,如在 T_2,公司应出售 $R-L$ 单位有价证券,使现金余额升至现金返回线 R 的水平上。

最优现金返回线(R)的确定,仍根据持有现金的机会成本和转换短期有价证券的交易成本之和最低的原则,并将现金余额可能波动幅度考虑在内。随机模式确定目标现金余额的基本步骤为:

第一,确定现金余额下限(L),它是公司现金的安全储备额或者银行要求的最低现金余额,可以是等于 0 或大于 0 的某一数值。通常 L 值的确定取决于公司的日最低现金需要量和管理人员的风险偏好等因素。

第二,估算日现金余额变化的方差。一般根据历史资料,采用统计方法分析得到。

第三,确定利率和交易成本。

第四,根据上述资料计算现金余额上限、下限及最优现金返回线。

在米勒-奥尔模式中,当给定 L 值时,最优现金返回线(R)和上限(H)的现金余额以及平均现金余额的计算公式分别为:

$$R = \sqrt[3]{\frac{3F\sigma^2}{4r}} + L \qquad (10\text{-}6)$$

$$H = 3R - 2L \qquad (10\text{-}7)$$

$$\text{平均现金余额} = \frac{4R-L}{3} \qquad (10\text{-}8)$$

其中,F 表示每次有价证券转换的交易成本;σ^2 表示日现金余额变化的方差;r 表示有价证券的利率(按日计算的机会成本)。

【例 10-5】 按照现金流动性的要求和有关补偿性余额的协议,A 公司的最低现金余额为 2 000 元,根据历史资料测算出的日现金余额波动的标准差为 1 250 元,有价证券年利率为 10%,每次有价证券转换交易成本为 100 元,如果一年按 360 天计算,那么在米勒-奥尔现金管理模式下,A 公司最优现金返回线(R)的现金余额、上限(H)及平均现金余额分别为:

$$R = \sqrt[3]{\frac{3 \times 100 \times 1\ 250^2}{4(10\%/360)}} + 2\ 000 = 7\ 500 + 2\ 000 = 9\ 500(\text{元})$$

$$H = 3 \times 9\ 500 - 2 \times 2\ 000 = 24\ 500(\text{元})$$

$$\text{平均现金余额} = \frac{4 \times 9\ 500 - 2\ 000}{3} = 12\ 000(\text{元})$$

上述计算表明,该公司最优现金返回值为 9 500 元,现金控制上限为 24 500 元,现金平均余额为 12 000 元。如果公司现金余额达到 24 500 元,则应购买 15 000 元(24 500-9 500)的有价证券,使现金余额降至 9 500 元;如果公司现金余额降至 2 000 元,则应出售 7 500 元(9 500-2 000)的有价证券,使现金余额升至 9 500 元的最优水平。

随机模式是在现金需求量难以预知的情况下进行现金余额控制的方法,它明确了现金管理的关键。首先,最优现金返回线 R 的现金余额并不是现金余额上限和下限的中间值,而是取决于每日现金余额变化的幅度、利率的高低和每次有价证券转换交易成本的大小;其次,最优现金返回线 R 的现金余额与交易成本 F 正相关,而与机会成本 r 负相关,这一发现与鲍莫尔的存货模式的推论基本上是一致的;最后,随机模式说明最优现金返回线 R 的现金余额及平均现金余额都与现金流量正相关,意味着现金流量更不确定的公司应保持更大的平均现金余额。

三、现金集中管理

20世纪90年代以来,随着公司规模的不断膨胀,集团公司对下属成员的财务控制尤其是现金控制的需求快速增长,银行开始帮助集团公司集中其内部现金,在保证正常付款需求的前提下,减少集团公司的总借款金额以降低财务成本,或者集合更多的现金进行短期投资以获取更大的财务收益。因此,银行的公司业务已经从单纯的以支付结算和贷款授信为主转变为向公司提供专业化的现金管理服务,现金管理已经成为公司银行服务的基本平台。

银行现金管理不同于传统意义上的公司现金管理,它是指银行凭借雄厚的实力、先进的手段和丰富的经验,将收款付款、账户管理、投资、筹资、信息服务等产品进行有机组合,为客户量身定制个性化的现金管理方案,提供综合性服务,协助客户对现金流入、现金流出及存量进行统筹规划,在保证流动性的基础上,实现公司经济效益最大化。目前,最流行的银行现金管理方式是"现金池"。国际上许多知名的公司集团,如英国石油公司、宝马汽车和通用电气等都已经利用"现金池"管理集团内的现金。

"现金池"的基本思想是建立由集团统一管理的现金池账户,通过零余额管理或者虚拟余额管理,实现各成员单位现金的集中运作和集团内部现金资源的共享,减少集团对外整体筹资规模和筹资成本,提高集团现金整体效率。按照是否需要实际结转现金余额,现金池可分为物理现金池(physical pooling)和名义现金池(notional pooling)。物理现金池也称现金余额集中,是集团中的分公司或子公司通过在银行开立的子账户进行商业经营、款项收付,每个营业日结束时,分(子)公司账户下的所有现金都实际转账进入主账户(主账户是指集团总部的现金管理账户,一般是以法人名义设立,如母公司或财务公司等),转账后各分(子)公司的账户余额为零。名义现金池也称账户余额集中,是指集团下属各分(子)公司的银行账户虚拟集中到一起(不发生现金物理转移),由集团总部现金管理者统一管理集中后的现金头寸。在名义现金池的安排中,现金没有被实际划转,而是由银行冲销参与账户中的借方余额和贷方余额,以便计算现金池的净利息头寸,银行再根据净利息头寸向集团支付存款利息或收取透支利息。

建立现金池为集团公司带来的最直接收益是改善利息收支情况。假设某集团公司下属 A、B、C、D 四家子公司,其账户余额分别为-200万元、500万元、-300万元和400万元,它们共同的银行提供的存款利率为3%,透支利率或贷款利率为6%,则未建立现金池与建立现金池对集团公司存贷款利息的影响如图10-8所示。

分析图10-8,未建立现金池的净利息支出为3万元,建立现金池后却实现了净利息收入12万元,从而显著改善了整个集团的利息收支情况。

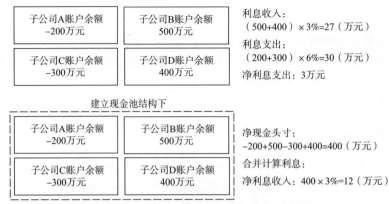

图 10-8　现金池对集团公司存贷款利息的影响

现金池的构建可以使集团公司通过金融机构媒介进行委托贷款。此时,银行是放款人,集团公司及其子公司是委托贷款人和借款人,通过电子银行实现一揽子委托贷款协议。仍以上述 A、B、C、D 四家子公司构成的集团公司为例,现金池的操作流程如图 10-9 所示。日终,子公司 B 和子公司 D 账户现金余额分别为 500 万元和 400 万元,自动归集到总公司现金池,而子公司 A 和子公司 C 账户日间分别透支 200 万元和 300 万元,总公司分别向其下拨现金 200 万元和 300 万元以补足账户透支额,这样集团总公司日终统一上收各成员公司账户现金头寸合计为 400 万元(−200+500−300+400)。若日终总公司现金池账户现金余额不足以补足各子公司透支额,则由银行向总公司提供授信项下短期融资用于补足各子公司透支额度。

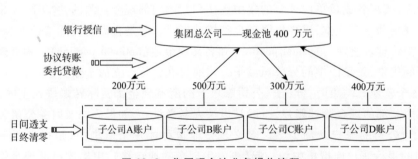

图 10-9　集团现金池业务操作流程

"现金池"不但可以改善集团公司的利息收支状况,而且可以集中整个集团的现金余额(如上例的 400 万元)进行投资,从而进一步提高集团的现金收益。虽然在名义现金池下,集团总公司不能直接操作现金池账户(该账户是虚拟账户),但可以在现金池结构中建立"影子账户"达到同样的投资目的。"影子账户"实际上是以集团总公司或任一成员单位名义开立的、由集团现金管理中心控制的一个名义现金池参与账户。"影子账户"通常没有存款,是一个纯粹的透支账户,透支范围以其他所有现金池参与账户的存款净额为限。通行的做法是:集团现金管理者定期检查现金池所有参与账户总存款和总透支的差额,差额为正表示集团存在盈余现金,可以通过"影子账户"办理一笔透支获取现金进行短期投资(只要投资收益率大于透支利率就有利可图)。要做到这一点,集团现金管理者必须能够及时、方便地从银行获取准确、完整的现金池账户余额报告。

四、闲置现金投资管理

公司在筹集现金和经营业务时会取得大量现金,这些现金在转入资本投资或其他业务活动之前,通常会闲置一段时间。如何处置"趴"在账户上的闲置资金?如何在保持流动性与控制风险的前提下配置闲置的现金资产,以减少公司持有现金的机会成本或收取现金投资收益?根据普华永道发布的一项报告,在当今西方国家尤其是美国市场,54%的美国企业选用外部机构进行现金管理,44%的美国企业趋向于自行管理现金。在现金投资工具的选择上,92%的公司选择了货币市场基金;86%的公司认为国债是安全的;排在第三位到第五位的分别是长期存款(79%)、银行同业拆借(78%)及商业票据(72%);仅有不到3%的公司将目光投向收益率较高的点对点投资(peer-to-peer investing,P2P)产品。由此可以看出,即便是在美国这种比较先进的金融市场上,资金投向的选择也是比较谨慎的。

公司将暂时闲置的现金投资于货币市场基金等有价证券,一方面,公司能够获得高于银行存款利率的收益,减少公司持有现金的机会成本;另一方面,有价证券作为一种"准现金",具有很强的变现能力,当公司现金不足时可以随时变现以补充现金的需求。这就要求公司在选择投资工具时,首先应选择高流动性和低风险性的金融工具,其次才考虑其收益性。此外,不同有价证券投资收益的税赋成本不同。例如,国库券的收益相对低些,但可以免交税金;而其他一些有价证券的收益虽然相对高些,但要交纳较多的税金。因此,出于收益的考虑,公司要权衡各种投资税赋成本后的实际投资收益的大小。

第三节 应收账款信用管理

一、应收账款信用成本

应收账款是指公司对外销售商品或提供劳务时采用赊销方式而形成的应向购货方或接受劳务方收取的款项,主要包括应收账款、应收票据等。商品和劳务的赊销,一方面可以扩大销售、减少存货,从而增加利润;另一方面又会因形成应收账款而增加公司的经营风险和信用成本。应收账款信用成本是指公司持有应收账款所付出的代价,主要包括机会成本、管理成本和坏账成本。

(一)机会成本

应收账款的机会成本是指将资金投放于应收账款而丧失的其他投资收益,如投资于有价证券所产生的利息或股利收入。这一成本的大小通常与公司维持赊销业务所需资金数量和资本成本有关,计算公式为:

$$应收账款的机会成本 = 维持赊销业务所需要的资金 \times 资本成本 \quad (10-9)$$

其中,资本成本一般按短期有价证券的利率计算。

维持赊销业务所需资金的计算公式为:

$$维持赊销业务所需要的资金 = 应收账款平均余额 \times 变动成本率 \quad (10-10)$$

其中

$$应收账款平均余额 = \frac{年赊销收入净额}{应收账款周转率}$$

$$= \frac{年赊销收入净额}{360\ 天} \times 应收账款平均周转天数$$

$$变动成本率 = 变动成本 \div 销售收入$$

在上述分析中,假设公司的成本水平保持不变(即单位变动成本不变,固定成本总额不变),随着赊销业务的扩大,只有变动成本总额随之上升。

假设某公司预测的年度赊销额为 5 400 万元,应收账款平均周转期为 60 天,变动成本率为 70%,资本成本为 10%,则应收账款的机会成本计算如下:

$$应收账款周转率 = \frac{360}{60} = 6(次)$$

$$应收账款平均余额 = \frac{5\ 400}{6} = 900(万元)$$

$$维持赊销业务所需资金 = 900 \times 70\% = 630(万元)$$

$$应收账款的机会成本 = 630 \times 10\% = 63(万元)$$

上述计算表明,公司投放 630 万元的资金可维持 5 400 万元的销售业务。由此可见,应收账款的机会成本取决于公司维持赊销业务所需资金的多少,而后者在很大程度上取决于应收账款周转情况。在正常情况下,应收账款的周转速度越快,维持一定赊销额所需资金就越少,应收账款的机会成本也就越小;反之亦然。

(二)管理成本

应收账款的管理成本是指公司管理应收账款而发生的各种支出,主要包括对客户的资信调查费用、各种信息的收集费用、账簿记录和保管费用、逾期催收账款的费用及其他费用等。在应收账款一定数额范围内,管理成本一般是固定的。

(三)坏账成本

坏账成本是指债务人破产、解散、财务状况恶化或其他种种原因导致公司无法收回应收账款所产生的损失。坏账成本一般随着应收账款数额的增加而扩大。为了增强抵御坏账风险的能力,避免坏账成本给公司生产经营活动的稳定带来不利影响,公司应按规定以应收账款余额的一定比例提取坏账准备金。

二、应收账款信用政策的分析

应收账款信用政策是指公司在采用信用销售方式时,对应收账款信用风险进行规划和控制而确立的原则与行为规范,主要包括信用标准、信用条件和收账政策三个方面。合理制定信用政策是加强应收账款管理、降低应收账款信用风险的重要前提。公司信用决策的标准是将实施信用政策或改变信用政策引起的销售收入变化所带来的收益增加额与应收账款信用成本增加额进行比较,选择能够使公司收益增加的信用政策方案。

(一)信用标准

信用标准是客户获得公司商业信用应具备的最低条件,如果客户达不到这些条件,就不能享受公司按商业信用提供的各种优惠。信用标准主要根据市场竞争激烈程度、客户资信状况、公司实际经营和财务状况以及公司自身承担违约风险的能力等因素制定。如果公司制定的信用标准较严，只对信誉好、坏账损失率低的客户予以赊销，将使许多客户因信用达不到标准而被拒之门外。这样尽管有利于降低违约风险及应收账款信用成本，但不利于公司市场竞争能力的提高和销售收入的扩大；相反，如果公司采取较低的信用标准，虽然有利于公司扩大销售、提高市场竞争力和占有率，但也会导致坏账损失风险的增大和信用成本的增加。因此，公司在制定信用标准时应权衡不同标准下的收入与成本。如果公司要改变信用标准，必须预测信用标准改变后的收入与成本的变化，据此评估改变信用标准是否具备可行性。

（二）信用条件

信用条件是指公司接受客户信用所提出的付款要求，主要包括信用期限、折扣期限及现金折扣。信用条件的基本表达方式如"$1/10, n/30$"，它规定如果客户在发票开出后 10 天内付款，可以享受 1% 的现金折扣；如果放弃折扣优惠，则全部款项必须在 30 天内付清。其中，30 天为信用期限，10 天为折扣期限，1% 为现金折扣率。

1. 信用期限

信用期限是指公司允许客户从购货到支付货款的时间间隔。公司产品的销售量与信用期限存在一定的依存关系。一般而言，延长信用期限可以在一定程度上扩大销售量，从而增加营业利润。但不适当地延长信用期限，一方面会延长平均收账期，应收账款上的资金占用增加，机会成本增加；另一方面会导致管理成本及坏账成本增加。因此，公司是否延长客户的信用期限，应视延长信用期限所增加的边际收益是否大于增加的边际成本而定。

【例 10-6】 假设在现行的经济政策下，FED 公司预测的年度赊销收入净额为 480 万元，信用条件为"$n/30$"，变动成本率为 70%，资本成本（有价证券利率）为 10%，固定成本总额保持不变。FED 公司信用经理正在考虑三个信用条件备选方案。

A 方案：维持"$n/30$"的信用条件；

B 方案：将信用条件放宽到"$n/60$"；

C 方案：将信用条件放宽到"$n/90$"。

各备选方案估计的赊销水平、坏账损失率和收账费用等有关数据如表 10-5 所示。

表 10-5 FED 公司信用条件备选方案

项目	A 方案	B 方案	C 方案
① 年赊销额（预计数）（万元）	480.0	528.0	576.0
② 应收账款收账天数（天）	30.0	60.0	90.0
③ 应收账款周转率（360/②）（次数）	12.0	6.0	4.0
④ 应收账款平均余额（①÷③）（万元）	40.0	88.0	144.0
⑤ 维持赊销业务所需资金（④×变动成本率）（万元）	28.0	61.6	100.8
⑥ 平均坏账损失率（预计数）（%）	1.0	2.0	4.0
⑦ 坏账损失（①×⑥）（万元）	4.8	10.6	23.0
⑧ 收账费用（万元）	2.1	3.0	4.2

根据上述资料,分别评价各方案的信用成本与收益(见表 10-6)。

表 10-6　信用成本与收益比较　　　　　　　　　　　　　　　　　单位:万元

项目	A 方案	B 方案	C 方案
① 年赊销额	480.00	528.00	576.00
② 变动成本(①×变动成本率)	336.00	369.60	403.20
③ 扣除信用成本前收益	144.00	158.40	172.80
④ 信用成本:			
应收账款机会成本	2.80	6.16	10.08
坏账损失	4.80	10.56	23.04
收账费用	2.10	3.00	4.20
小计	9.70	19.72	37.32
⑤ 信用成本后收益	134.30	138.68	135.48

根据表 10-6 的计算结果可知,在三种方案中,B 方案($n/60$)扣除信用成本后收益最大,比 A 方案($n/30$)增加收益 43 800 元(1 386 800−1 343 000),比 C 方案($n/90$)增加收益 32 000 元(1 386 800−1 354 800)。因此,在其他条件不变的情况下,应选择 B 方案。

2. 现金折扣率与折扣期限

延长信用期限会增加应收账款占用的时间和金额,许多公司为了加速现金周转,以便及时收回货款、减少坏账损失,往往在延长信用期限的同时,采取一定的优惠措施,即在规定的时间内提前偿付货款的客户可按销售收入的一定比例享受折扣。公司还可能根据需要采用阶段性的折扣期限与不同的现金折扣率,如"$2/10,1/20,n/30$",即给予客户 30 天的信用期限,如果客户能在发票开出后 10 天内付款,则可享受 2% 的现金折扣;超过 10 天但在 20 天之内付款,则可享受 1% 的现金折扣;否则,必须在 30 天内全额支付款项。

公司提供现金折扣能够吸引客户、扩大销售、加速应收账款的周转,但现金折扣优惠实际上是产品价格的扣减,使公司丧失折扣额本身的收益。因此,公司是否提供以及提供多大程度的现金折扣,应着重考虑提供折扣后所得的收益是否大于现金折扣的成本。

在【例 10-6】中,尽管 FED 公司选择了 B 方案,但为了加速应收账款的回收,公司考虑将信用条件改为"$2/10,1/20,n/60$"(D 方案),估计约有 40% 的客户(按赊销额计算)将利用 2% 的折扣;10% 的客户将利用 1% 的折扣,预计坏账损失率将降为 1%、收账费用将降为 2.4 万元。根据上述资料,有关指标的计算如下:

　　　　应收账款平均收账期 = 40%×10+10%×20+50%×60 = 36(天)

　　　　应收账款周转率 = 360/36 = 10(次)

　　　　应收账款平均余额 = 528/10 = 52.8(万元)

　　　　维持赊销业务所需资金 = 52.8×70% = 36.96(万元)

　　　　应收账款的机会成本 = 36.96×10% = 3.70(万元)

　　　　坏账损失造成的资产损失 = 528×1% = 5.28(万元)

　　　　现金折扣减少的收入 = 528×(2%×40%+1%×10%) = 4.75(万元)

根据以上资料对 B、D 两方案进行分析评价(见表 10-7)。

表 10-7　信用成本与收益比较　　　　　　　　　　　　　　单位:万元

项目	B 方案	D 方案
① 年赊销额	528.00	528.00
减:现金折扣	—	4.75
② 年赊销净额	528.00	523.25
减:变动成本(①×变动成本率)	369.60	369.60
③ 扣除信用成本前收益	158.40	153.65
④ 信用成本:		
应收账款机会成本	6.16	3.70
坏账损失	10.56	5.28
收账费用	3.00	2.40
小计	19.72	11.38
⑤ 扣除信用成本后收益	138.68	142.27

表 10-7 的计算结果表明,提供现金折扣以后,公司扣除信用成本后收益增加 35 900 元(1 422 700－1 386 800),因此公司最终应选择 D 方案作为最佳方案。

（三）收账政策

收账政策是指公司针对客户违反信用条件、拖欠甚至拒付账款而采取的收账策略与措施。对于客户拖欠或拒付的款项,无论采取何种方式加以催收,都需要付出一定的代价（收账费用）,如收账所花费的邮电通信费、派专人收款的差旅费和不得已时的法律诉讼费等。通常,公司如果采取较积极的收账政策,将会使拖欠款项的客户减少且拖欠时间缩短,从而减少应收账款上资金占用和坏账损失,但会增加收账费用;如果采取较消极的收账政策,则会导致拖欠款项的客户增多且拖欠时间延长,从而增加应收账款资金占用和坏账损失,但会减少收账费用。因此,制定收账政策的基本原则是要在增加的收账费用与减少的坏账损失及应收账款上的资金占用之间进行权衡。

值得注意的是,通常收账费用投入越多,坏账损失越少,但两者并非线性关系。公司一开始增加一些收账费用,在一定范围内可以减少小部分的坏账损失;当收账费用增加到一定程度时,增加收账费用会使坏账损失明显地减少,当收账费用达到某一限度后,再增加收账费用对减少坏账损失就几乎没有意义了。这表明收账费用的增加并不能完全避免坏账损失,一定量的坏账损失是不可避免的。

【例 10-7】 W 公司应收账款现行收账政策和拟改变的收账政策如表 10-8 所示。

表 10-8　W 公司收账政策备选方案

项目	现行收账政策	拟改变的收账政策
年收账费用(万元)	60	100
应收账款平均收账天数(天)	45	30
坏账损失/年赊销额(%)	3	2
年赊销额(万元)	3 600	3 600

假设资本成本(或有价证券利率)为10%,变动成本率为60%。根据表10-8中的资料,计算两种方案的收账成本,并据此做出收账政策决策(见表10-9)。

表10-9 收账政策分析评价　　　　　　　　　　　　　金额单位:万元

项目	现行收账政策	拟改变的收账政策
年赊销额	3 600	3 600
应收账款平均收账期(天)	45	30
应收账款周转率(次)	8	12
应收账款平均余额	450	300
维持赊销业务所需资金	270	180
收账成本:		
应收账款机会成本	27	18
坏账损失	108	72
收账费用	60	100
分析评价:		
拟改变的收账政策比现行政策减少的应收账款机会成本	9	
拟改变的收账政策比现行政策减少的坏账损失	36	
小计	45	
拟改变的收账政策比现行政策增加的收账费用	40	

从表10-9可以看出,拟改变的收账政策减少应收账款机会成本和坏账损失共计45万元,大于由此带来的收账费用增加40万元,因此应选取拟改变收账政策的方案。

总之,影响公司信用标准、信用条件和收账政策的因素很多,如赊销额、赊销期限、现金折扣、坏账损失、过剩生产能力、信用部门成本、变动成本率,以及固定成本、机会成本、存货投入、公司承受信用风险的能力等。这就使得信用政策的制定更为复杂,但一般说来,理想的信用政策就是公司采取或松或紧的信用政策所带来的收益最大的政策。

三、应收账款信用风险管理

信用风险从两个方面影响公司的现金流量:现金流量的时间和数额。前者是由于客户付款迟于规定的时间,公司可能会发生比预期更高的机会成本和收账成本,其结果是降低了销售利润;后者是由于有些客户赖账或至少不付清全部货款,导致现金流量存在不确定性。

(一)收集客户信用资料,建立并完善客户信用档案

搜集客户信用资料并建立客户信用档案是进行客户信用分析和应收账款管理的前提,资料的真实、可靠程度直接影响到信用决策的结果。信用管理部门应从与客户建立交易关系之前就着手建立客户信用档案,并在发展与客户关系的过程中予以及时补充和更新完善,以便能够依靠完整的客户资料评价和跟踪客户的信用状况。公司在接受订单时,若为老客户,信用管理部门要分析老客户的信用资料,查看是否齐全、是否需要更新,如果资料短缺或已过期,则通过相应的信用调查予以补充更新;若为新客户,则直接进行调查并建立新的客户档案资料。客户信用档案包括客户基本资料、客户信用资料、赊销合同、

以往交易记录等基本内容。资料的收集通常可以直接与客户接触（如索取信用申请表），并通过当面采访、询问、观察、记录等方式获取信用资料，这种方法能保证收集资料的准确性和及时性；也可以采取查阅客户的财务报表、参考公司业务部门提供的意见或第三方推荐等方式获取；还可以通过银行、财税部门、工商管理部门、证券交易部门、专业的资信评级机构等外部机构了解客户的基本信用状况。

（二）客户资信评估

在充分获取客户信用资料、建立客户信用档案的基础上，有必要对档案资料进行整理分析，采用科学、合理的分析和评估方法评定客户资信状况，并把评信结果分别通知公司的业务部门和客户。在实务中，评信人经常采用"5C"评估法对客户信用风险进行分析。信用受评人的"5C"指品德、能力、资本、抵押品和经济状况。

品德（character），即客户履行偿还债务的态度和诚意，是评估客户信誉品质的首要因素，因为客户是否愿意尽最大努力归还欠款，直接决定着账款的回收速度和数量。公司可以通过了解客户以往的付款履约记录进行评价。

能力（capacity），即客户的偿债能力，取决于客户的资产，特别是流动资产的数量、质量以及流动负债的性质。公司可以通过了解客户的财务状况，计算分析其流动比率、速动比率、资产负债率等偿债能力相关指标，或者实地考察予以判断。

资本（capital），即客户的财务实力，主要是对客户总资产、有形资产净值及留存收益等进行测定。资本反映了客户的经济实力与财务状况的优劣，是客户偿付债务的最终保证。公司一般可以从客户的财务报表中获得相关信息。

抵押品（collateral），即客户提供的在其无力偿还债务或拒绝偿还债务时可用于抵押的财产。对于一些信用状况不很了解或存在争议的客户，如果其能够提供足够的抵押品，公司就可以考虑提供与之相应的信用。客户提供的抵押品越充足，信用安全保障就越大。

经济状况（condition），可能影响客户偿债能力的各种社会经济形势及其他情况，如经济衰退、市场收缩及自然灾害等。这需要了解客户在过去经济环境困境时期的付款历史。

此外，还可以采用信用评分法，即通过打分的方式评价每位客户资信状况的一种定量分析方法。它是先对一系列可能影响客户资信状况的因素进行评分，然后采用一定的权数加权平均，得出客户的综合信用分数，据此比较和评价不同客户的资信状况。信用评分法也可参阅第二章相关内容

（三）修改信用政策，建立信用额度

公司应根据情况的变化不断修改和调整信用政策，尽量协调以下三个相互矛盾的目标：(1)提高销售量；(2)降低应收账款机会成本；(3)降低坏账损失。如果改变后的信用政策所增加的利润足以补偿所包含的风险，公司就应改变信用政策。

根据客户的信用评级及有关资料，为每一个客户设定信用额度。信用额度虽然不一定能提高客户付款的概率，但可以限制不付款引起的坏账损失。通常，对新客户制定一个低的信用额度，随着收账经验的累积，如果客户的付款情况正常，就可以提高其信用额度。在实际操作中，信用控制单位必须根据每月的出货情况，审查是否超过信用额度、客户是否有逾期账款未收而停止出货。

（四）债权保障机制

债权保障机制是指在签约时保障或转嫁应收账款的信用风险。公司往往会遇到某些

利润丰厚但风险较大的风险,针对这种商机和风险并存的交易,公司可以采纳,但前提是将风险加以转移,使债权得到保障。一种方法是自身控制风险,在与客户签约时,由客户提供一定的抵押、担保或保证;另一种方法是通过外部力量转移风险,例如银行提供的应收账款担保、应收账款保理,保险公司提供的信用保险业务,担保公司提供的信用担保业务等。在采用上述方法建立债权保障机制时,公司要付出一定的代价(如保理费或保险费等),但能够锁定应收账款风险。因此,公司可以比较所支付的成本费用与所降低的坏账损失,权衡得失,选择适当的债权保障方法。

(五)应收账款监控机制

对于已经发生的应收账款,公司应进行跟踪分析与控制,及时了解应收账款的变动情况,适时采取相应的措施。应收账款监控通常包括个别客户监控和整体监控。监控个别客户是指对与自身有经常性业务往来的客户进行单独管理,主要是因为:(1)可能会在发货、发票或付款过程中出现误差或耽搁;(2)一些买方可能会故意拖延付款直到卖方催收;(3)买方财务状况发生变化而导致其支付能力下降,卖方可能缩减未来的赊销水平等。对个别客户应收账款的跟踪管理与监控主要是在货物发出后到应收账款到期前的一段时间内,跟踪了解货物的走向,确认货物的品质和数量是否符合要求、客户是否收到发票等,同时在应收账款到期前提示客户付款。对于那些到期不支付账款的客户,公司一方面要通知业务部门停止发货,另一方面要通知账款追收部门开始催收账款。

在实务中,公司主要通过编制应收账款账龄分析表,按账龄分类估计潜在的风险损失,正确估量应收账款价值,并调整现行的信用政策。应收账款账龄分析是指考察应收账款的账龄结构,揭示每个客户的风险和每笔应收账款发生坏账的可能性。在采用账龄分析法时,公司应将不同账龄的应收账款进行分组,根据前期坏账实际发生的有关资料,确定各账龄组的估计坏账损失百分比,再将各账龄组的应收账款金额乘以对应的估计坏账损失百分比,计算出各组的估计坏账损失额之和,即为当期的坏账损失预计金额。

表 10-10 为三一重工 2017 年年度报告中披露的应收账款账龄分析。

表 10-10 三一重工 2017 年应收账款账龄分析

账龄	应收账款余额 (亿元)	应收账款占比 (%)	坏账准备提取比例 (%)	坏账准备 (亿元)
1 年以内	126.32	66.80	1.00	1.26
1—2 年	24.41	12.90	6.00	1.46
2—3 年	16.86	8.92	15.00	2.53
3—4 年	12.91	6.83	40.00	5.16
4—5 年	3.51	1.86	70.00	2.46
5 年以上	5.08	2.69	100.00	5.08
合计	189.09	100.00		17.96

资料来源:三一重工股份有限公司 2017 年年度报告。

在表 10-10 中,三一重工 1 年以内的应收账款占比(66.80%)较大,3 年以上的应收账款占比相对较小。公司应分析具体有哪些客户,这些客户是否经常发生拖欠的情况,拖欠的原因是什么。对于拖欠时间不同的账款以及信用品质不同的客户,公司应采取不同的收账方法,制定出切实可行的收账政策,并适当地修订已有的信用政策。此外,公司对可能发生的坏账损失计提了相应的坏账准备,充分估计了其对损益可能产生的影响,尤其是由于 3 年以上的应收账款预计收回的可能性较小,计提坏账准备的比例较大。

(六)逾期账款催收机制

逾期账款催收机制主要包括两方面内容:(1)确定合理的催收程序。在发出追账通知后,首先进行内勤追讨,如采取信函、电报、电话、传真等方式;对于仍无法收回的账款,再进行外勤追讨,如派专人与客户面谈或委托专业机构收账,或者诉诸法律予以解决;对于未收回的款项,应合理地确认坏账损失,并通知资信调查部门进行信用登记,完善信用档案资料。(2)确定合理的讨债方法。对于已逾期的应收账款,公司应具体分析其形成原因,相应地采用必要的催收手段,使损失降到最低限度。对于短期拖欠的客户,一般可采取较委婉的信函方式催收;对于长期拖欠的客户,可采取电话方式催收,或者派专人与客户当面洽谈,若这些措施无效,则委托专业收账机构或律师事务所进行追账。通常采取法律方式强制收回账款是公司不得已而为之的最后办法。每个客户拖欠或拒付账款的原因不尽相同,许多信用品质良好的客户也可能出于某些原因陷入财务困境,无法支付到期款项,若公司直接向法院提起诉讼,则不仅要花费数额相当的诉讼费用,还会损害与客户的关系,使公司销售受到不利影响。因此,对于那些确实只是暂时遇到困难、经过努力能够走出困境的客户,公司可以与客户商谈进行债务重组,给予一定的宽限期,接受低于债务金额的非货币性资产予以抵偿,将债权转变为对客户的投资等,帮助客户渡过难关,以便日后收回更多的账款。对于那些有支付能力却故意拖欠账款的客户,公司应采取严厉的措施加以催收。总之,公司在采用收账措施时,既要考虑本公司的利益,又不能过分伤害客户的感情,应根据具体情况,灵活运用各种催账手段,维护与客户良好的信用关系。

第四节 存 货 管 理

一、存货成本

在经营管理中,大多数公司会维持一定的存货。对于制造业来说,存货一般包括原材料、在产品、产成品。存货管理主要研究公司持有多少存货,并使其成本最低。与存货相关的成本主要有购置成本、订货成本、储存成本和缺货成本。

(1)购置成本。这是指存货本身的价值,其数额取决于存货的数量和单价,与单次存货批量无关,因此购置成本在存货批量决策中一般属于无关成本。但是,对于原材料存货来说,如果供应商采用"数量折扣"等优惠办法,购置成本就构成决策的相关成本。

(2)订货成本。这是指为订货而发生的成本,如采购人员的工资、采购部门的一般经费(如办公费、水电费、折旧费等)和采购业务费(如差旅费、邮电费、检验费等)。订货成本可分为两部分:订货成本中为维持一定的采购能力而发生的、各期金额比较稳定的成本,称为固定订货成本;随着订货次数的变动而变动的成本,称为变动订货成本。

(3)储存成本。这是指为保持存货而发生的成本,包括存货占用资金应计的利息(若公司用现有现金购买存货,则失去现金存放于银行或投资于证券本应取得的利息或股息,称为"放弃利息";若公司借款购买存货,则要支付利息费用,称为"付出利息")、仓库费用、保险费用、存货破损和变质损失等。储存成本也分为两部分:在储存成本中,总额稳定、与储存存货数量和储存时间无关的成本,称为固定储存成本;储存成本总额取决于存货数量的,称为变动储存成本。

在订货成本和储存成本中,只需考虑订货成本中的变动订货成本、储存成本中的变动储存成本。至于固定订货成本和固定储存成本,往往是存货决策中的无关成本。

(4) 缺货成本。这是指存货供应中断造成的损失。例如,材料供应中断造成的停工损失、产成品库存短缺造成的拖欠发货损失和丧失销售机会的损失,还应包括需主观估计的商誉损失;如果生产公司紧急采购代用材料以解决库存材料中断之急,那么短缺成本就表现为紧急额外购入成本(紧急额外购入的开支大于正常采购的开支)。缺货成本大多表现为机会成本,计算比较困难,但为了决策需要,应估算单位缺货成本(即缺少单位存货而给企业带来的平均损失)。

二、经济订货批量

经济订货批量模型是建立最佳存货水平的广为人知的方法,原理与目标现金余额中的存货模型相同。为简化,假设:(1)公司能够及时补充存货,所需存货的市场供应充足,存货有需要可立即到位;(2)存货集中到货,而不是陆续入库;(3)不允许缺货,即无缺货成本;(4)一段时间的存货需求量能够确定,即需求量为常量;(5)存货单价不变,不考虑现金折扣,即单价为已知常量;(6)公司现金充足,不会因现金短缺而影响进货。

在设定上述条件后,与经济订货批量决策相关的成本主要指变动的订货成本和储存成本。前者等于订货次数与每次订货成本的乘积;后者等于平均存货水平与单位储存成本的乘积。

假设 T 表示某种存货的全年需要量;Q 表示每次进货量,$Q/2$ 表示平均存货水平;K 表示单位存货年储存成本;T/Q 表示订货次数;F 表示每次订货成本;TC 表示与订货批量决策相关的总成本(不包括存货的固定成本、购置成本等),其计算公式为:

$$\text{TC} = \frac{Q}{2} \times K + \frac{T}{Q} \times F \tag{10-11}$$

求总成本最小值,即可得到最佳存货水平 Q^* 为:

$$Q^* = \sqrt{\frac{2TF}{K}} \tag{10-12}$$

由此,求出最佳存货水平状态下的总成本为:

$$\text{TC}(Q^*) = \sqrt{2TFK} \tag{10-13}$$

根据存货经济批量的基础模型,可对公司各项存货(原材料、在产品等)的采购、投产等批量做出决策。

【例 10-8】 假设 EST 公司全年需要 A 材料 1 200 件,每次订货成本 10 元,每件材料年储存成本 0.6 元。根据上述资料,存货决策如下:

(1) A 材料的经济订货批量:

$$Q^* = \sqrt{\frac{2 \times 1\,200 \times 10}{0.6}} = 200(件)$$

(2) A 材料年最佳采购次数:

$$N = 1\,200 \div 200 = 6(次)$$

(3) 经济订货批量下的最低总成本:

$$TC(Q^*) = \sqrt{2 \times 12\,000 \times 10 \times 0.6} = 120(元)$$

不同采购批量下的相关成本如表 10-11 所示。

表 10-11 不同采购批量下的相关成本　　　　　　　　　　单位:元

采购次数 (T/Q)	采购批量 (Q)	平均储存量 ($Q/2$)	年采购成本 (T/QF)	年储存成本 ($Q/2K$)	年成本合计 (TC)
1	1 200	600	10	360	370
2	600	300	20	180	200
3	400	200	30	120	150
4	300	150	40	90	130
5	240	120	50	72	122
6	200	100	60	60	120
7	171	86	70	51	121
8	150	75	80	45	125

表 10-11 的结果表明,当采购批量为 200 件时,年存货总成本最低,该采购批量即为经济订货批量。进一步分析还可以看出,当某一采购批量的年采购成本等于年储存成本时,存货总成本最低,即在经济订货批量下,年采购成本与年储存成本相等。

一般情况下,公司的存货不能做到随用随时补充,不能等存货用光再去订货,而需要在存货没有用完时提前订货。在提前订货的情况下,公司再次发出订货单时,尚有存货的库存量被称为订货点,数量等于交货时间和日平均需用量的乘积。假设公司订货日至到货日的时间为 10 天,日存货需用量为 10 件,则经济订货点的采购量为 100 件(10×10),即公司在尚存 100 件存货时就应当再次订货,等到下批订货到达时(再次发出订货单 10 天后),原有存货刚好用完。此时有关存货的每次采购批量、采购次数、订货间隔时间等并无变化,与瞬时补充时相同。这就是说,订货提前期对经济订货批量并无影响,可仍以原来瞬时补货情况下的 300 件(200+100)为订货批量,只不过在达到在订货点(库存 100 件)时即发出订货单。

在实务中,存货管理通常归属于采购、生产和市场营销等职能部门,财务经理主要关注存货占用资金或存货成本。因此,本章仅简单介绍原材料的经济订货批量模型,该模型在其他存货(在产品、产成品)等方面的应用可参阅相关书籍。

三、存货管理 ABC 分类法

存货管理中的 ABC 分类法是意大利经济学家维尔弗雷多·帕累托(Vilfredo Pareto)于 19 世纪首创的,经过不断的发展与完善,现已广泛应用于公司的存货管理与控制。ABC 分类法是对存货各项目(如原材料、在产品、产成品等)按种类、品种或规格分清主次、重点控制的方法。ABC 分类法的操作如下:第一步,计算每种存货在一定期间内(通常为一年)的资金占用额;第二步,计算每种存货资金占用额占全部资金占用额的百分比,并按大小排序,编成表格;第三步,将存货占用资金巨大、品种数量较少的确定为 A 类,将存货占用资金一般、品种数量相对较多的确定为 B 类,将存货品种数量繁多、价值金额较小的确定为 C 类;第四步,对 A 类存货实行重点规划和控制,对 B 类存货实行次重要管理,对 C 类存货实行一般管理。

通过对存货进行 A、B、C 分类，可使公司分清各项存货的主次，并采取相应措施进行有效的管理和控制。从财务管理的角度看，A 类存货种类虽然较少，但占用资金较多，应集中主要精力，认真规划经济批量，实施严格控制；C 类存货虽然种类繁多，但占用资金很少，不必耗费过多的精力去分别确定其经济批量，也难以实行分品种或分大类控制，可凭经验确定其进货量；B 类存货介于 A 类和 C 类之间，也应给予相当的重视，但不必像对待 A 类存货那样进行非常严格的规划和控制，可根据实际情况采取灵活措施加以管理。

四、适时供应

适时供应（just-in-time, JIT）是指公司在生产自动化的情形下，合理规划并大大简化生产和销售过程，使从原材料进厂到产成品出厂并进入市场的每个环节都能够紧密衔接，使公司生产经营中的各个环节能够像钟表一样相互协调、准确无误地运转，从而达到降低产品成本，全面提高产品质量、劳动生产率和综合经济效益的目标的先进管理系统。它的核心思想是致力于减少公司存货，减少浪费，降低成本，最终增加公司利润，增强公司的竞争力。

在工艺流程中，适时供应思想是指存货恰好在需要时取得并投入流程，使得生产准备成本最小、经济订货批量下降、存货占用资金较低。这要求公司具有高效的采购计划、极为可靠的供应商以及有效的存货处理系统，通过计算机网络获得即时信息，有利于适时供应成为现实。

对于减少原材料存货的占用，可以通过提高内部管理效率达到目标，与可靠供应商合作对于降低原材料库存也是至关重要的；对于减少在产品的占用，可以通过提高内部物流管理效率达到目标；对于产成品存货而言，将受到客户满意度的影响，适销对路必然减少库存。适时供应会导致较快的生产流程，要求管理者一方面降低存货水平，另一方面防止缺货发生，从而实现最佳的存货占用水平。

第五节　短期融资

一、商业信用

商业信用是指商品交易以延期付款或预收货款方式进行购销活动而形成的借贷关系，它是公司之间直接的信用行为。商业信用产生于商品交换，具体形式主要是应付账款、应付票据、预收账款等。

（一）应付账款

应付账款是指购买材料、商品或接受劳务供应等发生的债务。对于卖方来说，可以利用这种方式促销；对于买方来说，延期付款相当于向卖方借用资金购进商品，以满足短期资金需要。

公司一定时期应付账款的融资额度不仅与公司生产经营状况有关，还与供应商（卖方）提供的信用条件有关，例如供应商的信用条件"$n/30$"表示购货方必须在 30 天内支付货款。有时，供应商为促使购货方按期或及早付款，通常给予购货方一定的现金折扣。例如，信用条件"$2/10, n/30$"表示购货方如在购货后 10 天内付款，可以享受 2% 的现金折扣；在10—30天内付款，购货方必须支付全额货款，允许购货方付款的期限最长为30天。假设某公司按"$n/30$"的条件平均每天从供货商处采购货物5 000元，如果公司在信用期末（第30天）付款，则相当于通过应付账款获得了价值15万元（30×5 000元）的融资额度。如果公司的采购计划随着生产计划调整，则其应付账款融资额度也将随之变动。

应付账款融资按是否支付一定的费用，分为"免费"融资和有代价融资。如果供应商不提供现金折扣，则购货方在信用期限内任何时间支付货款均没有成本；如果供应商提供现金折扣，则购货方在折扣期限内支付货款也没有成本。这两种情况通常称为"免费"融资，因为在许多情况下，供应商已将现金折扣成本包括在产品价格中。如果购货方超出规定的信用期限延迟付款或放弃现金折扣，在折扣期限外支付货款，则称为有代价融资。

【例10-9】 假设某公司按"$2/10, n/30$"的条件购买一批商品，价值100 000元。如果公司在10天内付款，则可获得最长10天的"免费"融资，并可获得现金折扣2 000元（100 000×2%），免费融资额为98 000元（100 000-2 000）。如果公司放弃现金折扣，在第30天付款，则付款总额为100 000元。公司放弃现金折扣的实际利率是多少？

公司为推迟付款20天，需多支付2 000元。我们可以将这种情况看作一笔为期20天、金额为98 000元的借款，利息为2 000元，借款的实际利率为：

$$20\text{天的实际利率} = (2\,000/98\,000) \times 100\% = 2.04\%$$

利息通常以年表示，应当把20天的利率折算为360天的利率。假设按单利计算，则实际年利率为：

$$\text{实际年利率} = 2.04\% \times 360/20 = 36.72\%$$

公司放弃现金折扣的实际利率（或机会成本）的计算公式为：

$$\text{放弃现金折扣实际利率} = \frac{\text{折扣率}}{1-\text{折扣率}} \times \frac{360}{\text{信用期限}-\text{折扣期限}} \tag{10-14}$$

根据【例10-9】的资料，放弃现金折扣的实际利率为：

$$\text{放弃现金折扣实际利率} = \frac{2\%}{1-2\%} \times \frac{360}{30-10} = 36.72\%$$

上述计算结果表明，公司放弃现金折扣以取得20天期的资金使用权，是以承担36.72%的年利率为代价的。或者说，放弃2%的现金折扣意味着公司可向供应商融得98 000元的资金，使用20天。

公司是否放弃现金折扣，通常应与短期融资成本进行比较。如果其他融资方式的成本低于这一水平，公司就不应放弃赊销方提供的折扣优惠，可通过其他渠道融通成本较低的资金来提前支付这笔应付账款。假设【例10-9】中同期银行短期借款利率为12%，则买方可利用银行借款支付货款。假设公司在第10天利用银行借款98 000元支付货款，并在第30天偿还这笔借款的本金和利息。这笔借款20天的利息为653.33元（98 000×0.12×20/360），那么在第30天公司应向银行偿还98 653.33元，这比发票金额减少了1 346.67元。由此，公司应该利用现金折扣，即第10天付款。

如果公司推迟付款，在第45天而不是30天付款，那么获得45天信用期的代价是丧失2 000元的现金折扣。放弃现金折扣的实际利率计算如下：

$$\text{放弃现金折扣实际利率} = \frac{2\%}{1-2\%} \times \frac{360}{45-10} = 21.28\%$$

尽管实际利率仍然高于12%，但实际成本比原先在第30天付款小多了。付款推迟的

时间越长,实际利率就越低。延期付款可降低成本,但由此会带来一定的风险或潜在的融资成本,主要包括:

(1)信用损失。如果公司过度延期支付应付账款或严重违约,公司的信用评级就会遭受损失,不良的信用评级会影响公司与其他供应商和金融机构的关系。

(2)利息罚金。有些供应商可能会向延期付款的客户收取一定的利息罚金,有些供应商则将逾期应付账款转为应付票据或本票,两者都是付款义务的正式凭证,一旦客户破产,应付票据或本票对供应商更为有利。

(3)停止送货。拖欠货款会使供应商停止或推迟送货,这不但会使公司因停工待料而丧失生产或销售机会,还会失去公司原有的客户。

(4)法律追索。供应商可能利用某些法律手段(如对公司所购原材料保留留置权)控制存货或诉诸法庭,使公司不得不寻求破产保护等。

在利用商业信用时,公司还必须将在一定条件下可自由使用的资金用于短期投资所获收益,与放弃现金折扣的实际利率及延期付款而导致的信用评级下降的机会成本之间进行权衡,以取得最大利益。

(二)应付票据

应付票据是指购销双方按购销合同进行商品交易,延期付款而签发的、反映债权债务关系的一种信用凭证。根据承兑人的不同,应付票据分为商业承兑汇票和银行承兑汇票两种。商业承兑汇票是由收款人签发并经付款人承兑,或由付款人签发并承兑的票据;银行承兑汇票是由收款人或承兑申请人签发,由承兑申请人向开户银行申请,经银行审查同意,并由银行承兑的票据。商业汇票承兑后,承兑人(付款人)负有将来无条件支付票款的责任,经承兑的商业票据允许背书转让。

应付票据的承兑期限由交易双方商定,一般为1—6个月,最长不超过9个月。应付票据可以带息,也可以不带息。带息应付票据的利率通常低于其他融资方式(如短期借款)的利率,而且不必保持相应的补偿性余额和支付各种手续费等。

在应付票据结算方式下,收款人需要资金时,可持未到期的商业承兑汇票或银行承兑汇票向其开户银行申请贴现;贴现银行需要资金时,可持未到期的汇票向其他银行转贴现。票据贴现实际上是持票人将未到期的汇票转让给银行,贴付一定利息以取得银行借款的行为。因此,票据贴现是商业信用发展的产物,实质为一种银行信用。

(三)预收账款

预收账款是卖方在交付货物之前向买方预先收取部分或全部货款的信用形式。对于卖方来说,预收账款相当于先向买方借用资金、后用货物抵偿。预收账款一般用于生产周期长、资金需求量大的货物的销售。

公司在生产经营活动中往往会形成一些应付费用,如应付水电费、应付工资、应付税金、应付利息等。这些项目的发生是受益在先、支付在后,支付期晚于发生期,由此为公司形成一种"自然性融资",其期限通常有强制性的规定,如按月支付工资、按规定期限缴纳税金等。这些短期融资项目也被视作无息负债。

与其他短期融资方式相比,商业信用融资的主要优势体现在两方面:一是易于取得,公司无须办理复杂的手续即可取得商业信用,而且自主权较大;二是无须担保。在商业信用融资方式下,公司无义务将自有资产抵押给债权方,不存在因无法偿付而使抵押资产被强行拍卖或处置的风险。

商业信用方式的弊端也显而易见,主要体现在三个方面:第一,融资时间短。商业信用融资仅可用于短期资金的周转,为了保证公司信用评级,合理安排和平衡资金,如期付款是公司长久经营的保证。第二,融资限制较大。对于商品销售方而言,商业信用往往存在于供小于求的卖方市场,即在卖方市场上才可能出现预先收取货款的短期融资方式;对于商品购买方而言,商业信用往往存在于供大于求的买方市场,即在买方市场上较多发生先提货后付款的融资行为。第三,隐性成本较大。商业信用融资方式使用不当的代价往往是信用评级下降,支付能力受到质疑,在当今以"信用经济"为特质的社会中,信用的缺失会使公司陷于经营失败的危机。

二、商业票据

商业票据(commercial paper)是指向货币市场投资者发行的无担保本票。商业票据作为一种期限短、交易金额大、风险程度低的货币市场短期直接融资工具,在成熟的资本市场上得到广泛的应用。

公司发行商业票据可满足不同的融资需求:(1)临时性或季节性资金需求;(2)当长期资本市场不能提供令人满意的融资条件时,发行商业票据可延缓进行长期融资的时间;(3)补充或替代商业银行贷款。发行商业票据不是以现实的商品交易为基础,而是以公司信用作为担保,只有信用度极高的公司才可能利用这种融资方式。在实务中,信用评级较低的公司在发行商业票据时,必须借助信用评级较高的公司给予信用支持(这种票据被称为信用支持票据),或者以高品质的资产为抵押(这种票据被称为抵押支持商业票据)。

商业票据的票面利率通常高于银行存款利率但低于银行贷款利率,这也是大多数公司偏好发行商业票据的原因。除融资成本相对较低外,发行商业票据还可以提升公司知名度(由于对商业票据发行人信用度的要求非常严格,票据发行主体往往成为信誉优良公司的代名词)。商业票据融资的弊端主要在于:发行商业票据要求发行公司具有较高的资信评级,发行条件比较严格;商业票据属于无担保信用债券,由此发行商业票据的风险较大。

三、短期借款

在我国,短期银行借款主要用于满足公司生产周转性资金、临时资金和结算资金等需求。短期借款按有无担保分为短期无担保借款和短期担保借款两种。

(一)短期无担保借款

无担保借款是指公司凭借自身的信誉从银行取得的贷款。公司申请无担保借款时,需要将公司近期的财务报表、现金预算和预测报表送交银行。银行根据这些资料分析公司的风险与收益,决定是否向公司贷款,并拟定具体的贷款条件。这些条件主要有:

(1)信用额度。这是指借款公司与银行之间正式或非正式协议规定的公司向银行借款的最高限额。信用额度的确立一般以银行出具的信函通知书(或者一份更正式的、具有法律约束的协议)为准,上面写明银行的信用额度、期限或贷款条件等。虽然大部分信用额度的时间以一年为限,但只要借款人的信用风险维持不变且银行能够接受,那么信用额度到期后往往可再续约。更新信用额度时,信用限额、利率及其他条件也会随之变化。

(2)周转信贷协议。这是指银行负有法律义务、承诺提供不超过某一最高限额的贷款协议。在协议有效期内,只要公司的借款总额未超过最高限额,银行必须满足公司任何时间提出的借款要求。对于周转信贷协议,公司通常要对贷款限额的未使用部分付给银行一笔承诺费。这是因为尚未使用的信用额度仍属稀缺资源,尤其是订立了有法律约束力的信用额度协议。承诺费一般按信用额度总额中尚未使用部分的一定百分比计算。例如,周转信用额度为 100 万元,借款公司年度内使用了 60 万元,余额为 40 万元,借款公司该年度内应向银行支付承诺费,假设承诺费率为 0.5%,则公司在该年度内享有周转信贷协议所付出的代价为 2 000 元(40 000×0.5%)。周转信贷协议不仅可以满足季节性资金需要,还可以满足一般性流动资金需要。

(3)补偿性余额。这是指银行要求借款公司在银行中保留按贷款限额的一定百分比(10%—20%)计算的最低存款余额。从银行的角度看,补偿性余额可以降低贷款风险;从借款公司的角度看,补偿性余额则提高了借款的实际利率。例如,某公司按 8% 的利率向银行借款 100 000 元,银行要求维持贷款限额 15% 的补偿性余额,那么公司实际可用的借款只有 85 000 元,该项借款的实际利率为 9.4%(100 000×8%/85 000)。

(二)短期担保借款

担保借款又称抵押借款,是指借款公司以自身的某些资产作为偿债担保品而取得的借款。借款公司可以用自己拥有的应收账款、存货、固定资产或其他资产作为担保品。担保借款要求借贷双方签订抵押借款合同,合同中必须注明担保品的名称及有关说明,同时送一份合同文本到有关政府机构备案,以保证债权人的权益。

银行贷款的安全程度取决于担保品的价值和变现速度。在借款者不能偿还债务时,银行可变卖担保品。当出售担保品所得价款超过债务本息时,银行应将差额部分归还借款者;当所得价款少于债务本息时,差额部分则形成一般性无担保债权。通常担保品的价值越高,变现力越强,银行贷款风险就越小。短期借款的担保品一般包括应收账款、应收票据和存货等。

(三)短期银行借款成本

短期银行借款成本的高低取决于银行贷款利率,与国库券、银行承兑汇票、商业票据等不同,大多数商业贷款的利率由借贷双方协商决定。在某种程度上,银行根据借款人的信用评级调整利率,信用度越低,利率越高。此外,提供贷款的服务成本也是利率的决定因素。由于信用调查与贷款处理过程存在固定成本,因此小额贷款比大额贷款的利率更高。

四、短期融资计划

短期融资计划是通过编制现金预算实现的。现金预算可以为公司确定一定时期内的现金需求量及其筹集方式,为经营管理者合理处理现金收支业务、正确调度资金、保证资金的正常流转提供参考依据。

现金预算主要由现金流入量、现金流出量、现金净流量与现金需求量、现金筹措与运用计划四部分构成。

(1)现金流入量。它是指期初的现金结存数和预算期内发生的现金收入,如现销收入、收回的应收账款、应收票据到期兑现和票据贴现收入等。

(2)现金流出量。它是指预算期内预计发生的现金支出,如采购材料支付货款、支付工资、支付部分制造费用、支付三项费用(销售费用、管理费用和财务费用)、偿还应付款项、缴纳税金、支付利润及资本性支出(如设备购置费)等。

(3) 现金净流量与现金需求量。现金净流量是指现金流入量与现金流出量的差额,差额为正表示现金多余,差额为负表示现金不足。根据现金净流量及其他资料确定现金需求量。

(4) 现金筹措与运用计划。根据计划期现金净流量及公司有关资金管理的各项政策,确定筹集或运用现金的数额。如果现金不足,可向银行取得借款或发放短期商业票据以筹集资金,并预计还本付息的期限和数额;如果现金多余,除了可用于偿还借款,还可用于购买有价证券进行短期投资。

现金预算一般以年、季、月、旬、周甚至日为编制期。为简化,在这里以季度为单位介绍现金预算的编制方法。下面以 ATT 公司为例说明现金预算的编制方法。

1. 现金流入量

ATT 公司的现金流入量主要是产品销售收入,根据市场预测、销售合同以及公司的生产能力,首先预测 2020 年各季度产品销售收入,假设 ATT 公司各季度产品销售收入分别为 8 750 万元、7 850 万元、11 600 万元和 13 100 万元。如果公司采取赊销方式,那么从销售收入到现金收入会存在一个时间差,其长短取决于公司的信用政策和客户的支付能力。据估计,各季度销售收入中有 80% 于当季收到现金,其余 20% 要到下季收讫。假设 ATT 公司 2019 年第四季度销售收入为 7 500 万元,年末应收账款余额为 1 500 万元,据此编制销售收入收现计划如表 10-12 所示。

表 10-12　ATT 公司销售收入收现计划　　　　　　　　　单位:万元

项目	第一季度	第二季度	第三季度	第四季度
期初应收账款	1 500	1 750	1 570	2 320
销售收入	8 750	7 850	11 600	13 100
现金收入				
其中:上季收现	1 500	1 750	1 570	2 320
本季收现	7 000	6 280	9 280	10 480
现金收入合计	8 500	8 030	10 850	12 800
期末应收账款	1 750	1 570	2 320	2 620

注:上季收现数等于期初应收账款数,即上季应收账款在本季全部收现;本季收现数等于本季销售收入的 80%;期末应收账款数等于本季销售收入的 20%。

ATT 公司除产品销售收入外,还包括其他现金收入,如固定资产报废残值收入、按政策规定退回的已缴税款等。公司筹措的长期资金(如发行债券或股票等)也是公司的一项资金来源,为简化,假设 ATT 公司在计划期内未筹措长期资金。

2. 现金流出量

ATT 公司的现金支出主要包括:(1) 材料采购支出。根据销售收入计划和生产计划确定材料采购支出计划,公司购买各种原材料、零件、能源时既可当季付款,也可根据供应商的信用条件和公司的支付能力延期付款。延期付款可在一定时期内占用供应商的资金,成为公司的短期现金来源,但在存在现金折扣的情况下,延期付款所承担的机会成本很高,一般公司应尽可能地及时支付货款。假设 ATT 公司的材料采购支出均在当季付现。(2)工资、管理费用(不包括折旧费)、销售费用等现金支出。(3)资本支出,即长期投资现金支出。ATT公司长期投资支出主要发生在第一季度。(4)所得税、利息、股利支出。利息支出包括全部长期债务利息支出,但不包括为弥补该年度资金不足而借入的短期债务的利息支出。ATT公司现金支出如表10-13所示。

表10-13　现金支出计划　　　　　　　　　　　　　　　　　　　　　单位:万元

项目	第一季度	第二季度	第三季度	第四季度
材料采购支出	6 500	6 000	5 500	5 000
工资、管理费用、销售费用等现金支出	3 000	3 000	3 000	3 000
资本支出	6 250	130	550	800
所得税、利息、股利支出	400	400	450	500
合计	13 150	9 530	9 500	9 300

3. 现金净流量与现金需求计划

根据现金流入量和现金流出量编制现金需求计划(表10-14)。表10-14显示,ATT公司前两个季度的现金流出量大于现金流入量,原因主要有:(1)第一季度的资本支出较高;(2)第一、二季度的销售收入较低。随着销售收入增加和资本支出减少,后两个季度的现金流入量大于现金流出量。根据预计的现金流量,即可确定公司的现金需求计划。假设ATT公司期初现金余额为500万元,这也是公司确定的最低现金持有量。

表10-14　现金需求计划　　　　　　　　　　　　　　　　　　　　　单位:万元

项目	第一季度	第二季度	第三季度	第四季度
① 现金收入	8 650	8 030	12 100	12 800
其中:销售现收入	8 500	8 030	10 850	12 800
其他现金收入	150	0	1250	0
② 现金支出	13 150	9 530	9 500	9 300
③ 现金净流量①-②	-4 500	-1 500	2 600	3 500
④ 现金需求计划				
⑤ 期初现金余额	500	-4 000	-5 500	-2 900
⑥ 期末现金余额③+⑤	-4 000	-5 500	-2 900	600
⑦ 最低现金持有量	500	500	500	500
⑧ 累计现金余(缺)额⑥-⑦	-4 500	-6 000	-3 400	100

表10-14表明,ATT公司在第一、二、三季度累计现金余(缺)分别为4 500万元、6 000万元和3 400万元,只有在第四季度才有现金节余600万元,扣除最低现金持有量后,剩余的100万元可用于其他投资。

上述现金流量及现金需求计划只是预期值,未来是不确定的,实际值会偏离预期值,如销售收入下降、应收账款不能按期收回、成本费用增加等。如有可能,公司应进行敏感性分析,以观察各项因素变化对现金流量的影响。

根据现金预算,公司还需要确定短期资金来源。为简化,假设:(1)短期资金主要来自银行借款和商业信用融资(即延期付款融资)。(2)ATT公司可利用的银行短期贷款限额为 4 000 万元,年利率为 8%。(3)公司可利用供应商提供的商业信用延期支付货款。延期支付货款虽然可解决部分现金短缺,但这一方面可能会使公司丧失供应商提供的现金折扣,另一方面可能会降低公司的商业信用。(4)假设放弃现金折扣的机会成本(季利率)为 5%。通常情况下,公司应谨慎使用商业信用。表 10-15 列示了 ATT 公司短期资金筹集计划。

表 10-15　ATT 公司短期资金筹集计划　　　　　　　　单位:万元

项目	第一季度	第二季度	第三季度	第四季度
现金需求				
① 经营现金需求量*	4 500	1 500	-2 600	-3 500
② 银行借款利息**	80	80	80	63
③ 延期付款利息***	0	0	79	0
④ 现金需求量合计	4 580	1 580	-2 441	-3 437
现金来源				
⑤ 银行借款限额	4 000	0	0	0
⑥ 延期付款融资	0	1 580	0	0
⑦ 出售短期有价证券	580	0	0	0
⑧ 现金来源合计	4 580	1 580	0	0
偿还借款和支付延期货款				
⑨ 支付延期货款	0	0	1 580	0
⑩ 偿还银行贷款	0	0	861	3 139
现金余额增加				
⑪ 增加现金余额	0	0	0	298
银行借款余额				
⑫ 季初余额	4 000	4 000	4 000	3 139
⑬ 季末余额	4 000	4 000	3 139	0

注:* 根据表 10-14 现金净流量填列,其中正数代表现金需求量。**第一季度银行借款利息=借款数额×季度利率=4 000×2%=80 万元,第二、三季度类推,第四季度银行借款利息=3 139×2%=62.78 万元。***延期付款应计利息=延期付款金额×放弃现金折扣实际利率=1 580×5%=79 万元。

ATT 公司第一季度现金总需求量为 4 580 万元,取得银行短期借款 4 000 万元,出售短期有价证券 580 万元。其中,500 万元用于弥补现金需求量与银行借款限额之差,80 万元支付第一季度借款利息。

第二季度需追加融资 1 500 万元以弥补经营现金流出量,除此之外,还需支付银行借款利息 80 万元。由于银行借款限额已全部使用,公司可通过延期支付货款融资 1 580 万元来解决现金需求问题。第一、二季度,公司的现金净流量为负数,其维持的现金余额为最低现金余额,即公司没有多余的现金偿还银行借款。

第三、四季度,公司的现金净流量均为正数,第三季度经营现金流量归还本季银行借款利息 80 万元、延期支付货款应计利息 79 万元,支付上季延期货款 1 580 万元,归还银行借款本金 861 万元。至此,季末银行借款余额减少到 3 139 万元。第四季度的现金净流量用于支付本季利息 63 万元,归还银行借款本金 3 139 万元。在第四季度结束时,公司在归还了全部银行借款本息及延期货款的基础上,还增加了 298 万元现金余额。

在编制短期资金需求计划后,公司还应评估和分析该计划,以进一步完善财务计划。评估和分析可从以下几方面着手:(1)公司能否寻求其他短期资金来源以取代延期付款带来的融资成本过高(季利率为5%)的问题;(2)公司是否应持有更多的现金、短期有价证券或保留一定的贷款能力,以防止客户拖欠货款或坏账损失而引起的现金短缺问题;(3)该计划是否会降低流动比率或公司资产变现能力,是否会引起银行的不利反应;(4)延期支付货款是否会影响公司的商业信用,是否会引起供应商的不满;(5)公司是否应筹措长期资金以解决长期投资的资金需求,如此可减少相当大的短期借款,ATT 公司长期投资资金来自短期借款,但公司到年末偿还了全部借款,这意味着资金支出全部由公司的经营现金流量来解决;(6)公司的现金净流量大部分产生于第三、四季度,公司可否将投资延期至下半年支付,以减缓第一季度资金需求的压力,公司可否与设备厂家协商,采用分期付款方式支付设备等资产的款项等。

短期资金筹措计划一般需要反复测试,可根据不同的假设条件设计不同的融资方案,然后进行比较和选择,使得计划切实可行。

本章小结

1. 稳健型融资策略表明公司的长期资金不但能满足永久性资产的资金需求,而且能满足部分短期或临时性流动资产的资金需求。激进型融资策略表明公司的长期资金不能满足永久性资产的资金需求,要依赖短期负债来弥补。折中型融资策略表明公司的长期资金正好能满足永久性资产的资金需求,而临时性流动资产的资金需求则全部由短期负债融资满足。

2. 现金持有量存货模式的基本原理是指权衡持有现金的机会成本与转换有价证券的交易成本,以求得二者相加总成本最低时的现金余额。现金持有量随机模式是指将不确定性引入现金管理,公司在现金流量随机波动、无法准确预测情况下确定目标现金余额的一种方法。

3. 应收账款信用政策是对商业信用进行规划和控制而确定的基本原则与行为规范,具体包括信用标准、信用条件和收账政策三部分内容。公司信用政策确定的基本原则是:将拟实施信用政策或拟改变信用政策引起的销售收入变化所带来的收益增加额与应收账款成本增加额进行比较,选择能够使公司收益增加的方案。

4. 经济订货批量决策的相关成本主要指变动的订货成本和储存成本。前者等于订货次数与每次订货成本的乘积,后者等于平均存货水平与单位储存成本的乘积。

5. 短期资金是指使用时间在一年以内或者超过一年的一个营业周期以内的资金。短期资金主要来自自然融资和非自然融资两种,前者指商业信用和应计费用,后者指商业票据和短期借款等。

基础训练

1. 我国 A 股上市公司现金及现金等价物、交易性金融资产各年均值占资产总额均值的比重如下图所示。从图中可以看出,A 股上市公司现金及现金等价物占资产总额的比重在 2011 年以前基本上呈持续上升趋势,2011 年以后呈下降趋势;交易性金融资产则呈上升趋势,特别是 2011 年以后上升幅度较大。请根据公司现金持有动机说明现金及现金等价物、交易性金融资产变动趋势的原因。

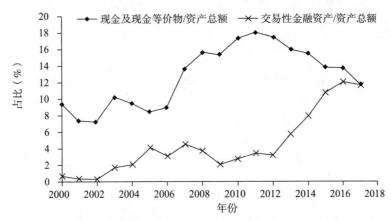

现金及现金等价物、交易性金融资产占资产总额的比重

资料来源:根据 Wind 数据整理。

2. 2004 年年末,一场发生在美国的诉讼把人们的目光聚焦到我国最大的彩电厂家四川长虹集团(下称"长虹")。长虹与美国 APEX Digital(下称"APEX")的商业组合曾一度为长虹带来了巨额的出口,使公司快速抢占了市场并赢得了发展,但大量的信用赊销使得长虹产品出口的大幅增长并没有得到现金流的回报,最终遭受了 40 多亿元的巨额损失。请查找"长虹事件"的相关资料,分析长虹应收账款管理存在的问题,并思考如何构建信用管理体系。

3. 对于电脑制造商来说,存货周转率尤为重要。戴尔公司年存货周转率可达 80 次,而竞争者只有 10—20 次。相比而言,戴尔公司的营运资本几乎为负值,因此能创造惊人的现金流量。2001 会计年度第四季度,戴尔公司的营业收入为 81 亿美元,营业利润率为 7.4%,而来自经营活动的现金流量为 10 亿美元,2001 会计年度的投入资本收益率为 355%。关于存货,迈克·戴尔认为:"存货不是资产而是负债!"你是否赞同这一观点?为什么?

4. 海尔集团从 2005 年开始,在前期流程再造的基础上进一步创新升级,在全集团划分出 2 000 多个自主经营体,实施"人单合一"模式。每个经营体独立核算、自负盈亏、超利分享。"人单合一"模式实施至今,对提高企业竞争力和效益起到了决定性的作用,形成了基于供应链的集约化营运资本管理模式。

请查阅相关文献,了解海尔的营运资本管理模式。

5. 访问网址:http://www.boc.cn/cn/static/index.html(中国银行)、http://www.pbc.gov.cn/(中国人民银行)、http://www.icbc.com.cn/index.jsp(中国工商银行)、http://www.cmbchina.com/(招商银行)、http://www.citibank.com.tw/(花旗银行)等,进入相关银行网站,查询目前银行为公司提供的现金管理服务类型,公司将如何利用银行提供的现金管理服务?在选择服务银行时,公司会考虑哪些因素?除支票、汇票、本票等传统支付工具外,银行还为公司收付款提供哪些创新产品和服务?

21世纪经济与管理规划教材
财务管理系列

第三篇

公司理财专题

第十一章　经济增加值与价值管理
第十二章　期权定价与公司财务
第十三章　公司战略与实物期权
第十四章　衍生工具与风险管理
第十五章　公司并购与资产剥离

第十一章 经济增加值与价值管理

[学习目的]
- 掌握经济增加值的经济意义和基本模型
- 了解从会计利润到经济增加值的主要调整项目与方法
- 熟悉经济增加值与净现值、市场增加值的关系
- 掌握公司价值创造的动因及财务战略矩阵的基本内容
- 熟悉价值创造、价值评价与价值分享体系的基本内容

著名的管理学大师彼得·德鲁克1995年在《哈佛商业评论》上撰文指出:"我们通常所说的利润,其实并不是真正意义上的利润。如果一家企业未能获得超出资本成本的利润,那么它就是处于亏损状态。缴纳税款看似产生了利润,但其实这毫无意义,企业的回报仍然少于资源消耗……这并不会创造价值,反而会损害价值。"20世纪80年代,美国Stern Stewart公司引入并向可口可乐公司首次推介经济增加值理念,并在实际运作中见到成效。此后,经济增加值在全球范围内得到广泛应用。至今,已有300多家公司(包括西门子、索尼等)运用经济增加值管理体系,其效率及增长率均得到大幅提高。经济增加值被美国《财富》杂志称为"创造财富的密钥"。经济增加值不仅可以用于评价公司能否为股东创造价值,还可以用于识别公司价值创造的驱动因素,实施价值导向管理。魏斌曾任华润集团CFO,根据多年的财务管理实践,按照公司价值创造逻辑,提出了"5C价值管理体系",由资本结构(capital structure)、现金创造(cash generation)、现金管理(cash management)、资金筹集(capital raising)和资本配置(capital allocation)五个模块组成,构成公司价值的五个关键因素。其中,现金创造和现金管理与公司的回报及增长水平直接相关,资本结构和资金筹集体现公司的财务能力(即主要风险水平),资本配置推动公司的持续发展。5C价值管理体系涵盖了从获得资本到进行业务经营和日常管理,再到进一步成长,最终实现可持续发展的完整价值创造与管理循环。① 5C价值管理体系使价值管理理念系统地在公司落地实施。

第一节 经济增加值调整方式

一、经济增加值基本模型

经济增加值('economic value added, EVA)是一种剩余价值指标,数量上等于税后净经营利润超过资本成本的价值,计算公式为:

$$EVA = NOPAT + Adj_{op} - WACC \times (IC + Adj_{ic}) \tag{11-1}$$

---

① 魏斌,2018,《价值之道——公司价值管理的最佳实践》,北京:中信出版社。

其中，NOPAT（net operating profit after taxes）为税后净经营利润，Adj_{op} 为 NOPAT 调整数，WACC 为公司加权平均资本成本，IC 为投入资本总额，Adj_{ic} 为投入资本调整数。

假设不考虑各种调整因素，经济增加值可表述为：

$$EVA = IC \times \left(\frac{NOPAT}{IC} - WACC \right) = IC \times (ROIC - WACC) \quad (11-2)$$

其中，ROIC 为投入资本收益率，IC 为投入资本平均余额，NOPAT 可根据 EBIT 直接计算。

NOPAT = 净利润 + 利息费用 ×（1 - 所得税税率）= 息税前利润 ×（1 - 所得税税率） （11-3）

公式（11-2）中的（ROIC-WACC）称作收益率差（return spread），正的收益率差创造价值，负的收益率差损害价值。单纯的增长并不一定创造价值，只有收益率差为正时，增长才有意义。因此，管理的目标不是预期的收益率最大，而是预期的收益率差最大。

二、标准会计调整

经济增加值与会计利润的主要区别在于后者只考虑了以利息形式反映的债务资本成本，忽略了股权资本成本。经济增加值是扣除全部资本成本后的收益，反映了使用全部资本的机会成本，为此有必要对经营利润和投入资本进行一定的调整。

（一）主要调整项目

经济增加值的倡导者，Stem Stewart 公司列出了多达 164 个调整项目，这些调整主要有三个目的：(1) 消除会计稳健性原则的影响，如对研发费、商誉等的调整，使调整后的数据能够反映公司的真实业绩；(2) 消除或减少管理当局进行盈余管理的机会，如对各种准备金（如坏账准备）的调整；(3) 使业绩计量免受过去会计计量误差的影响，如将研发费和商誉资本化而不是在费用发生当期冲减利润，消除经营者对这类投资的顾虑。以对外报告的会计数据为基础进行调整，常见的调整项目主要有资本化的研发费、商誉、递延税项、存货跌价准备和各种准备金等。

1. 研发费

研发费与其他有形资产投资一样，旨在提高公司未来的经营业绩。但会计稳健性原则要求公司在研发费发生的当年将其作为费用一次性摊销，这种会计处理方法会降低研发费发生当年公司的经营业绩，同时低估公司的资本占用额。因此，应将研发费资本化，在支出的当年将全部的研发费加回到经营利润和投入资本，以后逐年摊销的研发费从NOPAT 中扣除，尚未摊销的余额仍然包括在投入资本总额中。

假设某公司 2019 年度财务报表披露 2015—2019 年研发费和各年摊销额如表 11-1 所示，假设研发费在发生时即资本化，分 5 年摊销。

表 11-1　各年研发费与摊销费用　　　　　　　　　　单位：万元

	研发费	摊销费用				
		2015 年	2016 年	2017 年	2018 年	2019 年
2015 年	990	198	198	198	198	198
2016 年	1 020		204	204	204	204
2017 年	1 130			226	226	226
2018 年	1 520				304	304
2019 年	960					192
合计	5 620	198	402	628	932	1 124

为计算2019年的EVA,将该年度960万元的研发费加回到NOPAT,将2019年摊销的研发费1 124万元从NOPAT中扣除,将2019年和以前未摊销的研发费2 336万元(5 620-198-402-628-932-1 124)加到投入资本中。

2. 商誉

对商誉的会计处理有两种方法:一种是将商誉逐年摊销,另一种是在商誉产生时作为费用一次性核销。这两种方法都将商誉投资从资产负债表中扣除,从而不能真正反映公司实际占用的资本额,消除了经营者对商誉资本负有的增值责任。因此,在计算EVA时,不对商誉进行摊销,而是将其视为一项永久性无形资产,而且商誉在整个经济寿命期内发挥作用。如果在会计处理时已将商誉作为费用进行摊销,就应将其年摊销额加回到NOPAT,并将累计摊销额加入投入资本。这样,不仅可以真实反映公司占用的所有资本,也可以使利润不受商誉摊销的影响。

3. 递延税项

当根据会计准则计算的利润与按照税法计算的应纳税所得额存在差异时,就会产生递延税项。当会计利润大于应纳税所得额时,形成"递延所得税负债"(反之形成"递延所得税资产"),公司的纳税义务向后推延。只要公司持续发展并不断更新设备,递延税款实际上一直保持一个余额,相当于公司永久性占用的资本,和其他资本一样可用于生产经营。会计利润与应税所得的时间性差异产生原因如图11-1所示。

对递延税项的调整是将其贷方余额加回到投入资本总额;若为借方余额,由于递延所得税资产并不是公司真正意义上的资产,应从资本总额中扣除;同时,将当期递延所得税负债增加额加回到当期的NOPAT,或将当期递延所得税资产增加额从NOPAT中扣除。调整后的EVA能够更准确地反映公司的经营业绩。

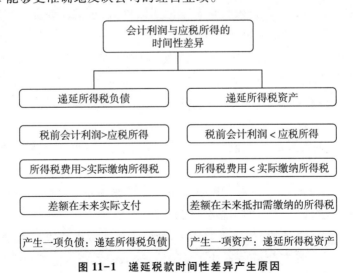

图11-1 递延税款时间性差异产生原因

4. 存货跌价准备和各种准备金

如果公司采用后进先出法确定存货成本,则应按先进先出法进行调整。对于各种准备金(如坏账准备、存货跌价准备、长期股权投资减值准备、固定资产减值准备、无形资产减值准备等),出于稳健性原则,我国会计制度规定公司要为将来可能发生的损失预先提取准备金,准备金余额抵减对应的资产项目,余额的变动计入当期费用冲减利润。这些准备金并不是公司当期资产的实际减少,准备金余额的变动也不是当期费用的现金支出。提取准备金的做法一方面低估了公司实际投入经营的资本总额,另一方面低估了公司的利润,不利于反映公司的真实盈利能力;同时,公司管理人员还有可能利用准备金账户操纵账面利润。因此,计算 EVA 时应将准备金账户余额加入到资本总额,同时将准备金余额的当期变动加到 NOPAT。

(二) 调整净经营利润

在计算公司 EVA 时,需要调整 NOPAT 和投入资本总额。NOPAT 反映了公司资产的盈利能力,为纠正会计信息对真实业绩的扭曲,调整后的计算公式为:

$$\text{调整后的 NOPAT} = \text{息税前利润} + \text{本年发生的研发费} - \text{本年研发费摊销额} + \text{本年发生的商誉} - \text{本年度商誉摊销额} + \text{存货跌价准备和各种准备金增加额} - \text{调整后所得税} \tag{11-4}$$

其中,调整后所得税=利润表中的所得税-递延所得税负债增加额-非经营性收益(费用)所得税+利息费用所得税。

对所得税进行调整,目的在于剔除非经营活动对税费的影响,主要是利息费用、非经营性收益(费用)对报表中所得税的影响。通常,非经营性收益(费用)被看作不再重复发生的项目,为了消除对这些项目的影响,要在税前经营利润中剔除这些项目;为了保持计算的一致性,还必须消除这些项目对所得税的影响。如果这些非经营净利润为正,净利润越大就意味着公司的纳税义务越高;反之,则越低。

(三) 调整投入资本

投入资本总额是指投资者投入公司资本的账面价值,包括债务资本和股权资本。其中,债务资本是指债权人提供的短期贷款和长期贷款,不包括应付账款、其他应付款等商业信用负债;股权资本主要由普通股、优先股及少数股东权益构成。投入资本总额也可以理解为公司全部资产减去商业信用后的净值。为了真实反映资本投入额,可采用资产法或融资法两种方法进行调整,分别得到的结果可相互核对。

(1) 采用资产法,投入资本调整公式为:

$$\text{调整后的投入资本} = \text{经营性营运资本} + \text{固定资产净值} + \text{无形资产} + \text{其他资产} + \text{累计商誉摊销} + \text{未摊销资本化研发费} + \text{存货跌价准备及各种准备金余额} \tag{11-5}$$

(2) 采用融资法,投入资本的调整公式为:

$$\text{调整后的投入资本} = \text{普通股权益} + \text{少数股东权益} + \text{递延所得税负债余额}(-\text{递延所得税资产余额}) + \text{累计商誉摊销} + \text{未摊销的资本化研发费} + \text{存货跌价准备及各种准备金余额} + \text{短期借款} + \text{一年内到期的长期借款} + \text{长期借款} + \text{租赁债务} - \text{超额现金} \tag{11-6}$$

【例 11-1】 根据 GMS 公司利润表(见表 11-2)、资产负债表(见表 11-3)以及与估价有关的报表附注,计算 GMS 公司的 EVA。

表 11-2 GMS 公司利润表 单位:万元

项目	2018 年	2019 年
销售收入	180 000	185 000
销售成本	128 095	130 830
销售费用、管理费用	18 845	22 252
折旧前经营利润	33 060	31 918
折旧和摊销	12 318	13 411
息税前利润(经营利润)	20 742	18 507
利息费用	7 750	9 552
非经营性收益(费用)和特殊项目	1 036	2 333
税前利润	14 028	11 288
所得税(25%)	3 507	2 822
少数股东权益	28	0
非常项目前利润	10 493	8 466
非常项目和非持续经营性业务利润	426	0
净利润	10 919	8 466
发行在外的股数(万股)	619	548
每股收益:不包括非常项目(元)	16.95	15.45
每股收益:包括非常项目(元)	17.64	15.45

注:参阅〔美〕詹姆斯·L.格兰特,2005,《经济增加值基础》,刘志远等译,大连:东北财经大学出版社。根据数据平衡和简化的原则对引用的数据进行了一定的修正与调整,此案例仅用于说明从会计利润到经济增加值的调整方式。

表 11-3 GMS 公司资产负债表 单位:万元

项目	2018 年	2019 年
流动资产		
现金和短期投资	10 442	10 284
应收账款	94 788	110 788
存货	16 316	16 704
其他流动资产	9 006	8 388
流动资产合计	130 552	146 164
固定资产总额	119 418	120 815
折旧、摊销(累计)	43 798	42 972
固定资产净值	75 620	77 843
无形资产	14 847	14 795
其他资产	53 711	64 298
资产总额	274 730	303 100
负债		
一年内到期的负债	15 677	19 018
应付票据(含息票据)	53 266	59 933

（续表）

项目	2018 年	2019 年
应付账款	21 516	25 725
应付所得税	1 445	1 016
应计费用	24 723	24 810
其他流动负债	1 001	2 001
流动负债合计	117 628	132 503
长期负债	62 963	65 843
递延所得税	6 656	6 451
其他负债	66 243	67 421
负债总额	253 490	272 218
股东权益		
普通股	1 033	914
资本公积	13 808	21 108
留存收益	5 803	8 153
普通股权益	20 644	30 175
少数股东权益	596	707
股东权益总额	21 240	30 882
负债和股东权益总额	274 730	303 100

注：参阅〔美〕詹姆斯·L.格兰特，2005，《经济增加值基础》，刘志远等译，大连：东北财经大学出版社。根据数据平衡和简化的原则对引用的数据进行了一定的修正和调整，此案例仅用于说明从会计利润到经济增加值的调整方式。

为了估计调整后的税后净经营利润（NOPAT）和投入资本（IC），根据 GMS 公司财务报表披露的数据，与估价有关的附注如下：

附注 1：GMS 公司 2018 年、2019 年的存货跌价准备分别为 1 890 万元和 1 929 万元。

附注 2：假设 GMS 公司研发费在发生时即资本化，研发费分 3 年按直线法摊销。GMS 公司研发费及未摊销研发费如表 11-4 所示。

表 11-4 GMS 公司研发费及其摊销   单位：万元

	研发费	摊销费用			
		2016 年	2017 年	2018 年	2019 年
2016 年	8 200	2 733	2 733	2 733	
2017 年	7 900		2 633	2 633	2 633
2018 年	6 800			2 267	2 267
2019 年	6 600				2 200
合计	29 500	2 733	5 366	7 633	7 100
2019 年年初未摊销研发费				7 168	
2019 年年末未摊销研发费					6 668
未摊销研发费净变化					-500

在表 11-4 中，2019 年年初、年末未摊销研发费计算如下：

2019 年年初未摊销研发费 = 29 500-2 733-5 366-7 633-6 600 = 7 168（万元）

2019 年年末未摊销研发费 = 29 500-2 733-5 366-7 633-7100 = 6 668(万元)

附注 3:公司最低现金按销售收入 3%计算,公司超额现金为资产负债表中"现金与短期投资"与最低现金的差额,经营性营运资本等于经营性流动资产减去经营性流动负债,有关数据如表 11-5 所示。

表 11-5 GMS 公司最低现金与经营性营运资本(2019 年年初)　　　　　　　　单位:万元

项目	2019 年年初	说明
最低现金占销售收入的比例	3%	
最低现金	5 400	利润表:180 000×3%
超额现金	5 042	资产负债表:10 442-5 400
经营性流动资产	125 510	资产负债表:130 552-5 042
经营性流动负债	48 685	资产负债表:117 628-15 677-53 266
经营性营营运资本	76 825	125 510-48 685

根据上述资料,计算 GMS 公司的 EVA 如下:

第一,根据利润表、资产负债表和报表附注,估计调整后的 NOPAT(见表 11-6)。

表 11-6 GMS 公司调整后的 NOPAT(2019 年)　　　　　　　　单位:万元

项目	金额	说明
息税前利润	18 507	利润表
加:本年研发费增加额	6 600	附注 2
减:本年研发费摊销额	-7 100	
商誉摊销增加额	0	
存货跌价准备增加额	39	附注 1(1 929-1 890)
调整后的税前净经营利润	18 046	
报表上的所得税	2 822	利润表
减:递延所得税增加额	-205	资产负债表(6 451-6 656)
加:利息费用减税收益	2 388	9 552×25%
减:非经营性收益(费用)和特殊项目减税收益	583	2 333×25%
现金营业税	4 832	2 822-(-205)+2 388-583
调整后的 NOPAT	13 214	18 046-4 832

第二,采用资产法和融资法分别估计 GMS 公司 2019 年年初投入资本(见表 11-7、表 11-8)。

表 11-7 GMS 公司调整后的投入资本(资产法)(2019 年年初)　　　　　　　　单位:万元

项目	金额	说明
经营性营运资本	76 825	附注 3
固定资产净值	75 620	资产负债表
无形资产	14 847	资产负债表
其他资产	53 711	资产负债表

(续表)

项目	金额	说明
未摊销资本化研发费	7 168	附注 2
存货跌价准备	1 890	附注 1
投入资本	230 061	合计

表 11-8　GMS 公司调整后的投入资本（融资法）（2019 年年初）　　　　　单位：万元

项目	金额	说明
股东权益		
普通股权益	20 644	资产负债表
加：少数股东权益	596	资产负债表
递延税项贷方余额	6 656	资产负债表
未摊销资本化研发费	7 168	附注 2
存货跌价准备	1 890	附注 1
减：超额现金	5 042	附注 3
股东权益总额	31 912	
付息债务		
付息短期负债	68 943	应付票据+一年内到期债务
长期借款	62 963	
其他负债	66 243	
付息债务总额	198 149	
调整后的投入资本	230 061	31 912+198 149

第三，根据调整后的 NOPAT 和调整后的投入资本，结合资本成本，计算 GMS 公司的经济增加值 EVA（见表 11-9）。

表 11-9　GMS 公司经济增加值（2019 年）　　　　　金额单位：万元

项目	金额	说明
债务	198 149	付息债务/投入资本=86.13%
股东权益	31 912	股东权益/投入资本=13.87%
投入资本	230 061	
公司债务税前成本	6.00%	
所得税税率	25.00%	
债务税后成本	4.50%	6%×(1-25%)
无风险利率	5.00%	
市场风险溢价	6.00%	
贝塔系数 β	1.1	
股权资本成本	11.60%	CAPM：5%+1.10×6%
加权平均资本成本	5.48%	WACC：86.13%×4.5%+13.87%×11.6%
投入资本收益率	5.74%	ROIC：13 214/230 061
经济增加值	598	EVA：230 061×(5.74%-5.48%)

上述计算表明,2019年,GMS公司实现的净利润为8 466万元,为股东创造的经济增加值为598万元。

经济增加值的最大贡献是采用经济利润而不是会计利润进行财务决策,它克服了现行会计准则只确认和计量债务成本、将股权成本仅作为利润分配处理的缺陷,充分体现了资本保值增值的要求。

三、经济增加值调整在中国的实践

2006年12月30日,国资委发布了修订的《中央企业负责人经营业绩考核暂行办法》,并于2007年1月1日正式实施。2019年3月1日,国资委发布了《中央企业负责人经营业绩考核办法》,并于2019年4月1日正式实施。在经济增加值调整细则中,主要对利息支出、研发费、非经营性收益、无息流动负债和在建工程等五项进行调整。有关项目的计算公式为:

$$经济增加值=税后净经营利润-资本成本$$
$$=税后净经营利润-调整后资本×平均资本成本$$

其中,税后净经营利润=净利润+(利息支出+研究开发费用调整项)×(1-25%)。公司通过变卖优质资产等取得的非经营性收益从税后净经营利润中全额扣除。

调整后投入资本=平均所有者权益+平均负债合计-平均无息流动负债-平均在建工程

根据国资委的经济增加值考核细则,有关项目的确定方式如下:

(1)利息支出是指企业财务报表中"财务费用"项下的"利息支出"。

(2)研究开发费用调整项是指企业财务报表中"管理费用"项下的"研究与开发费",以及当期确认为无形资产的研究开发支出。对于勘探投入较大的企业,经国资委认定后,将其成本费用情况表中的"勘探费用"视同研究开发费用调整项并按照一定比例(原则上不超过50%)予以加回。

(3)无息流动负债是指企业财务报表中的"应付票据""应付账款""预收款项""应交税费""应付利息""其他应付款"和"其他流动负债";对于因承担国家任务等造成"专项应付款""特种储备基金"余额较大的,可视同无息流动负债扣除。

(4)在建工程是指企业财务报表中符合主业规定的"在建工程"。工程物资和在建工程作为不能为当期实际创造利润的长期性持续性投资,不应包括在资本占用中,当期完工并转入固定资产时才计入。

(5)其他重大调整事项。对重大政策变化、严重自然灾害等不可抗力因素、企业重组上市及会计准则调整等不可比因素进行调整。

资本成本是计算经济增加值的重要参数。理论上,资本成本应采用加权平均资本成本(WACC),资本成本高低应体现行业的风险差异,但由于中国资本市场尚不成熟,股票交易价格的形成机制并不能充分反映上市公司的风险与价值。在估计经济增加值时,国资委考核中央企业的资本成本原则上定为5.5%(基于长期贷款利率确定);承担国家政策性任务较重且资产通用性较差的企业,资本成本定为4.1%;资产负债率在75%以上的工业企业和80%以上的非工业企业,资本成本上浮0.5个百分点;资本成本确定后,三年内保持不变。

国资委引入经济增加值指标评价企业业绩,向中央企业发出了清晰的信号:企业必须从以规模为导向的发展模式逐步向以价值创造为导向的发展模式转化。

四、经济增加值与净现值

在项目评估中,投资决策的法则之一是净现值法则。项目净现值是衡量投资项目对公司增量价值的贡献大小。投资于净现值为正的项目将会增加公司价值;反之,则会损害公司价值。经济增加值是对于净现值法则的简单拓展。或者说,项目净现值是它在寿命周期内追加的经济增加值的现值:

$$NPV = \sum_{t=1}^{n} \frac{EVA_t}{(1+WACC)^t} \qquad (11-7)$$

假设公司有一个投资项目,初始投资额为 100 万元,项目周期为 4 年,按直线法计提折旧,资本成本为 10%,每年税后净经营利润(NOPAT)见表 11-10,采用折现净现金流量(NCF)计算的项目净现值和采用折现经济增加值(EVA)计算的各投资年度 EVA 现值之和均为 74.34 万元。由于投资年度 EVA 的现值等于投资项目的 NPV,因此投资项目 EVA 现值也可以作为投资决策的评价指标。

表 11-10 投资项目 NCF 与 EVA 的现值   单位:万元

年数	NOPAT	折旧	NCF	资本成本费用	投资余额	EVA
0			-100.00		100	
1	30	25	55.00	10.0	75	20.00
2	30	25	55.00	7.5	50	22.50
3	30	25	55.00	5.0	25	25.00
4	30	25	55.00	2.5	0	27.50
NPV			74.34			74.34

五、市场增加值

市场增加值(MVA)是从总体上衡量公司为投资者创造价值的能力的指标,其大小不仅取决于公司当前经营创造价值的能力,还与公司未来创造价值的能力有关。

市场增加值是指公司的市场价值与其占用的资本(投资额)之差,即:

$$MVA_t = MV_t - BV_t \qquad (11-8)$$

其中,MV_t 表示 t 时点公司市场价值,即债务与股权的市场价值之和;BV_t 表示 t 时点公司投入资本的账面价值,根据经济增加值的概念进行调整。

由于公司资本是由债务资本和股权资本两部分构成,MVA 可相应地分解为债务 MVA 和股权 MVA。前者等于公司债务的市场价值减去账面价值的净额,后者等于公司股权资本的市场价值减去账面价值的净额。如果公司债务的市场价值等于账面价值,市场增加值就等于股权资本的市场增加值。

根据市场增加值的定义,MVA 大于 0,说明公司资本的市场价值大于投资者投资于公司的资本数量,从而为投资者创造价值;反之,则说明公司损害了投资者的财富。从某一特定时点来说,市场增加值反映了公司为投资者创造价值或损害价值的数量。因此,公司管理的目标是市场增加值最大化,而不是市场价值最大化。后者只关注公司在资本市场上的价值定位,忽略了公司的资本占用量,不能反映价值创造。

从投资的角度分析,市场增加值计算公式中的投入资本账面价值应当是公司过去和现在所有项目的投入资本总额。如果资本市场是理性的,那么上述所有项目未来预期现金流量的现值之和等于公司投入资本的市场价值。因此,接受 NPV 大于 0 的投资项目意味着 MVA 增加,项目对公司 MVA 的贡献大小就是项目的净现值。根据 MVA、NPV 和 EVA 之间的关系,公司市场价值可表述为:

$$MV = IC_0 + \sum_{t=0}^{\infty} \frac{NCF_t}{(1+WACC)^t} = IC_0 + \sum_{t=1}^{\infty} \frac{EVA_t}{(1+WACC)^t} \quad (11-9)$$

公式(11-9)中的公司市场价值等于投入资本账面价值加上所有未来 EVA 的现值。重新调整后,市场增加值的计算公式为:

$$MVA_0 = MV_0 - IC_0 = \sum_{t=1}^{\infty} \frac{EVA_t}{(1+WACC)^t} \quad (11-10)$$

公式(11-10)描述了 EVA 和 MVA 的关系,即 MVA 等于未来 EVA 的现值。EVA 越大,公司价值的增值越多,为股东创造的财富越多。

从 MVA 和 EVA 的关系看,MVA 作为经营业绩的衡量指标,反映了股东投入资本的增值部分,直接与股东财富创造相关。MVA 标志着一家公司合理运用稀缺资源的能力。EVA 的作用在于它扣除了资本成本,减去了投资者期望的最低投资收益。因此,当市场认为公司的 EVA 为 0 时,公司收支平衡,投资者只获得最低回报,从而公司的 MVA 等于 0。此时,公司市场价值与资本的账面价值相等。

将前述的 NPV 与 EVA 和 MVA 结合起来,可以发现这些指标是从不同的角度反映公司价值增值。采用 NPV 分析公司价值增值,实质上是项目投资决策分析中的 NPV 最大化原则,如果把股东投资于公司看作一个投资期趋近于无穷大的投资项目,那么公司价值最大化就是公司所有投资子项目的累计 NPV 最大化,也就是 MVA 最大化。本质上,EVA 是公司价值实现的内在动力,MVA 是公司价值的外在市场表现,NPV 是公司价值实现的微观决策标准。可见,公司价值最大化与 EVA 直接相关,一些投资公司的研究报告表明,EVA 的长期变化是上市公司 MVA 变动的重要原因。

第二节 经济增加值驱动因素

一、价值驱动因素的分析思路

价值驱动因素是影响或推动价值创造的决策变量。根据财务估值理论,公司价值创造的源泉来自存量资产创造的价值和公司未来增长机会创造的价值。如果资产账面价值与投入资本相等,根据公式(11-8),公司市场价值为初始投入资本与未来 EVA 现值之和,其中未来 EVA 现值来自两个方面:存量资产创造的各期 EVA 现值和未来增量投资创造的各期 EVA 现值,公式(11-9)可改写为:

$$MV = IC_{存量资产} + \sum_{t=1}^{\infty} \frac{EVA_{t,存量资产}}{(1+WACC)^t} + \sum_{t=1}^{\infty} \frac{EVA_{t,未来投资}}{(1+WACC)^t} \quad (11-11)$$

在公式(11-11)中,存量资产的价值创造取决于公司存量资产的经营效率,未来增长价值取决于增量资产的投入与整合。因此,可从经营效率和增长价值两个方面研究价值创造的驱动因素。

二、经营效率驱动因素

反映公司经营效率的关键业绩指标既可以采用净资产收益率(ROE)或投入资本收益率(ROIC),也可以采用自由现金流量(FCFF)或经济增加值(EVA)以及影响这些指标的派生因素。

以 ROE 作为关键业绩指标,其价值驱动因素可分为销售利润率、总资产周转率、财务成本率、权益乘数和税收效应率等。为反映经营活动对净资产收益率的影响,也可根据杜邦财务分析体系,将净资产收益率分解总资产收益率和权益乘数(见第二章格力电器 ROE 分析)。

如果以 FCFF 作为关键业绩指标,价值驱动因素主要是现金流量、资本成本和增长率(见第三章)。如果以 EVA 作为关键业绩指标,价值驱动因素是投入资本、税后净经营利润和资本成本等。在其他因素保持不变的情况下,提高投入资本收益率(ROIC)、降低资本成本(WACC)、增加资本投入(假设新投资项目的 ROIC 大于 WACC)或减少资本投入(假设被剥离资产的 ROIC 小于 WACC)会增加 EVA,为股东创造价值。

三、增长价值驱动因素

影响公司增长价值的因素不仅表现为较高的增长率,还表现为高增长率持续期或竞争优势持续期。在其他因素不变的情况下,伴随着超额收益,高增长期持续得越长,公司价值增值越大。公司收益增长率一方面受商品市场和管理效率的双重影响,另一方面受金融市场和财务政策的影响,如负债水平、投资规模、融资方式、股利政策等。因此,销售增长率能否实现,不仅取决于公司的经营效率,还取决于公司的财务政策或财务资源的影响。

如果公司的增长率是通过增加投资或资本扩张(如并购与重组)等实现的,应特别注意这种增长必须能带来现金流量或收益的增长,因为单纯的快速增长不一定会创造价值,只有当增长创造的增量价值大于增量成本时,才会为公司创造价值。

【例 11-2】 ABC 公司存量资产的投入资本(IC)为 10 000 万元,税后净经营利润为 1 500 万元,预期投入资本收益率(ROIC)为 15%,资本成本为 12%。为扩大收益、增加公司价值,公司预期未来 5 年在每年年初追加投资 1 000 万元,这些投资的预期收益率为 15%,预期资本成本仍保持在 12%的水平。第 5 年之后,公司将继续投资 1 000 万元且收益每年增长 5%,新投资收益率与资本成本均为 12%。假设公司持续经营,根据经济增加值模型,ABC 公司价值计算如表 11-11 所示。

表 11-11 ABC 公司市场价值计算 单位:万元

项目	现值	计算方法
现有资产		
投入资本	10 000.00	
EVA 现值	2 500.00	10 000×(15%−12%)/0.12
第 1 年年初投资的 EVA 现值	250.00	1 000×(15%−12%)/0.12
第 2 年年初投资的 EVA 现值	223.21	[1 000×(15%−12%)/0.12]/1.12

(续表)

项目	现值	计算方法
第3年年初投资的EVA现值	199.30	$[1\,000\times(15\%-12\%)/0.12]/1.12^2$
第4年年初投资的EVA现值	177.95	$[1\,000\times(15\%-12\%)/0.12]/1.12^3$
第5年年初投资的EVA现值	158.88	$[1\,000\times(15\%-12\%)/0.12]/1.12^4$
公司市场价值(MA)	13 509.34	

在表11-11中,假设投资均发生在各年年初;各年投资的EVA为一固定数额,且持续到永久。在调整时,可将各年的EVA当作永续年金调整到各年投资的期初,然后调整到第0期。例如,对于第2年年初投资的EVA现值进行为期1年的折现。

表11-11计算结果表明,公司市场价值为13 509.34万元,其中存量资产的投入资本为10 000万元,存量资产创造的EVA现值为2 500万元,第1年至第5年每年追加投资获得的EVA现值合计为1 009.34万元。据此,市场价值增加值为3 509.34万元(13 509.34-10 000)。需要注意的是,只有当ROIC大于资本成本时,才会为公司创造MVA。尽管公司在第5年后将继续增加投资,但由于ROIC等于资本成本,投资的边际收益等于0。由此说明增加投资并不意味着增加价值,只有当ROIC增长率大于资本成本增长率时才会创造增量价值。如果公司的投资收益等于或低于资本成本,增加投资的结果只会损害公司价值。

根据【例11-2】的数据,采用公司自由现金流(FCFF)计算公司价值(见表11-12)。

表11-12 ABC公司市场价值计算(FCFF) 单位:万元

年数	0	1	2	3	4	5	6
现有资产EBIT$(1-T)$		1 500.00	1 500.00	1 500.00	1 500.00	1 500.00	
第1年年初投资的EBIT$(1-T)$		150.00	150.00	150.00	150.00	150.00	
第2年年初投资的EBIT$(1-T)$			150.00	150.00	150.00	150.00	
第3年年初投资的EBIT$(1-T)$				150.00	150.00	150.00	
第4年年初投资的EBIT$(1-T)$					150.00	150.00	
第5年年初投资的EBIT$(1-T)$						150.00	
EBIT$(1-T)$合计		1 650.00	1 800.00	1 950.00	2 100.00	2 250.00	2 362.50*
资本支出(再投资)	1 000.00	1 000.00	1 000.00	1 000.00	1 000.00	937.50	984.38*
公司自由现金流量	-1 000.00	650.00	800.00	950.00	1 100.00	1 312.50	1 378.13
FCFF现值(前5年)	2 338.12						
稳定增长期EVA现值	11 171.22					19 687.50	
公司价值	13 509.34						

注:*按增长率5%计算。

阅读表 11-12 的数据时要注意的是：(1) 各年资本支出（再投资）发生在每年年初，从而第 1 年的 1 000 万元被列示在第 0 年，第 2 年的资本支出被列示在第 1 年，以此类推；(2) 假设第 6 年起税后净经营利润、资本支出增长率每年为 5%，第 5 年之后投入资本收益率与资本成本均为 12%。因此，第 5 年的资本支出计算如下：

$$资本支出_5 = \frac{EBIT_6(1-T) - EBIT_5(1-T)}{ROIC} = \frac{2\,362.5 - 2\,250}{0.12} = 937.5(万元)$$

采用资本成本对公司自由现金流量进行折现得到的公司价值为 13 509.34 万元，与采用经济增加值方法得到的公司价值相等。这种结果仅仅在假设条件、调整方式基本一致的情况下可能出现。例如，采用 EVA 方法需要对研发费进行调整，那么采用 FCFF 方法也要对研发费进行调整，即用于估计 FCFF 的税后净经营利润与估计 EVA 的税后净经营利润相一致。但是在大多数情况下，出于增长率预测、各年投入资本预测等原因，两种方法所得的结果是有差异的。

四、价值驱动因素分析

现以经济增加值为例说明不同价值驱动因素对公司价值的影响。根据公式（11-2），影响经济增加值的因素主要有投入资本总额、税后净经营利润和加权平均资本成本。

【例 11-3】 假设 XYZ 公司目前投入资本（IC）为 2 000 万元，资本成本（r_w）为 10%，投入资本收益率（ROIC）第 1 年为 18%，以后每年递减 1%，到第 9 年与资本成本相同。据此，未来经济增加值（EVA）现值与公司价值计算如表 11-13 所示。

表 11-13 经济增加值现值与市场价值的基本数据

年数	0	1	2	3	4	5	6	7	8	9
ROIC-WACC		8%	7%	6%	5%	4%	3%	2%	1%	0%
EVA（万元）		160	140	120	100	80	60	40	20	—
PV(EVA)(10%)（万元）	533	=NPV(10%,160,140,120,100,80,60,40,20)								

根据表 11-13 的数据，假设公司资产的账面价值（BV）与投入资本（IC）相等，市场价值计算如下：

$$MV = 2\,000 + \frac{160}{(1+10\%)} + \frac{140}{(1+10\%)^2} + \cdots + \frac{20}{(1+10\%)^8}$$
$$= 2\,000 + 533 = 2\,533(万元)$$

上述计算结果表明 XYZ 公司未来 EVA 现值为 533 万元，公司市场价值（2 533 万元）为投入资本与未来 EVA 现值之和。以表 11-13 的数据为基础，分析不同因素变化对公司市场价值的影响。

1. 提高现有投入资本收益率

XYZ 公司通过提高经营效率（如提高市场份额、降低成本、提高资产周转率等），使第 1 年的 ROIC 由 18% 提高到 20%，以后每年递减 1.25%，第 9 年的 ROIC 与资本成本相同。假设投入资本和资本成本等因素保持不变，ROIC 变化对公司市场价值的影响如表 11-14 所示。

表 11-14 提高现有资本收益率对公司市场价值的影响

年数	0	1	2	3	4	5	6	7	8	9
ROIC−WACC		10.0%	8.75%	7.50%	6.25%	5.00%	3.75%	2.50%	1.25%	0.0%
EVA(万元)		200	175	150	125	100	75	50	25	0
PV(EVA)(万元)	666	=NPV(10%,200,175,150,125,100,75,50,25)								

在其他因素不变的情况下,提高 ROIC,未来 EVA 现值增加了 133 万元(666−533),公司市场价值随之由 2 533 万元增加到 2 666 万元,增加了 133 万元。

2. 剥离不良资产,降低资本占用

XYZ 公司资产分为 A、B 两类,A 类资产总额为 1 500 万元,投资收益率为 22%,B 类资产总额为 500 万元,投资收益率为 6%,A 类、B 类资产平均投资收益率为 18%。假设公司决定以账面价值出售 B 类资产。A 类资产收益率每年递减 1.5%,第 9 年与资本成本相同。假设资本成本保持不变,公司剥离不良资产后的价值如表 11-15 所示。

表 11-15 资产剥离后的公司市场价值

年数	0	1	2	3	4	5	6	7	8	9
ROIC−WACC		12.0%	10.5%	9.0%	7.5%	6.0%	4.5%	3.0%	1.5%	0.0%
EVA(万元)		180	158	135	113	90	68	45	23	—
PV(EVA)(万元)	600	=NPV(10%,180,158,135,113,90,68,45,23)								

表 11-15 表明,公司剥离不良资产 500 万元后,未来 EVA 现值为 600 万元,市场价值降为 2 100 万元(1 500+600)。与表 11-13 比较,虽然市场价值减少了 433 万元(2 533−2 100),但资本减少了 500 万元,两者相比,相当于创造了 67 万元的价值,这与未来 EVA 现值增加值 67 万元(600−533)刚好相等。

上述计算结果表明,如果以比资本投入增加更快的速度增加市场价值,或者以比市场价值减少更快的速度减少资本投入,都会得到同样的效果,即增加股东价值。因此,价值创造的目标不是市场价值最大化,而是市场增加值最大化。

3. 延长竞争优势期

上述各例均假设竞争优势期为 8 年,假设延长至 10 年,每年收益率仍线性递减,其他因素保持不变,公司市场价值如表 11-16 所示。

表 11-16 延长竞争优势期的公司市场价值

年数	0	1	2	3	4	5	6	7	8	9	10	11
ROIC−WACC		8.0%	7.2%	6.4%	5.6%	4.8%	4.0%	3.2%	2.4%	1.6%	0.8%	0.0%
EVA(万元)		160	144	128	112	96	80	64	48	32	16	—
PV(EVA)(万元)	617	=NPV(10%,160,144,128,112,96,80,64,48,32,16)										

表 11-16 表明,公司竞争优势期延长 2 年,未来 EVA 现值将增加 84 万元(617−533),公司市场价值也增加 84 万元(2 000+617−2 533)。

公司经过一段时间的快速增长后,都会进入增长速度等于或小于经济平均增长速度的成熟期。当公司的投入资本投资收益率大于资本成本(即存在超额利润)时,高速增长能提高公司价值；同时，某一领域的超额利润会吸引竞争者进入，导致竞争加剧，最终导致高速增长期结束。因此，要延长高速增长期，公司必须建立并提高进入壁垒和增强竞争优势，并采取必要的措施延长竞争优势持续期间以提高公司市场价值。

4. 降低资本成本

假设其他因素不变，资本成本降到 8%，则第 1 年 ROIC 与 r_w 的差额为 10%（18%-8%），以后每年递减 1.25%（10%/8），第 9 年时为 0。降低资本成本后的公司市场价值如表 11-17 所示。

表 11-17 降低资本成本后的公司市场价值

年数	0	1	2	3	4	5	6	7	8	9
ROIC-WACC		10.0%	8.75%	7.50%	6.25%	5.00%	3.75%	2.50%	1.25%	0.0%
EVA（万元）		200	175	150	125	100	75	50	25	—
PV(EVA)(8%)（万元）	704	=NPV(8%,200,175,150,125,100,75,50,25)								

表 11-17 表明，降低资本成本 2%，未来 EVA 现值增加了 171 万元（704-533），公司市场价值由 2 533 万元增加到 2 704 万元（2 000+704），同样增加了 171 万元。

第三节 可持续增长与财务战略矩阵

一、内含增长率与可持续增长率

影响公司价值的重要参数是未来收益增长率，特别是销售收入增长率是影响公司价值增长的关键因素。为了考察这一指标的合理性，通常将预期销售收入增长率与公司内含增长率和可持续增长率进行比较。

XYZ 公司预计销售增长率为 10%，公司主要通过外部融资（长期借款）和减少股利支付来满足增加资产、扩大销售的资金需要。不追加外部资金，仅仅依靠新增留存收益和自然融资形成的资金（假设折旧全部用于当年的更新改造）所能达到的最大增长率称为内含增长率（internal growth rate）。销售增长率用 g 表示，股利用 Div 表示，外部资金需要量的计算公式为：

$$\text{AFN} = (A/S)gS_0 - (L/S)gS_0 - [M(1+g)S_0 - \text{Div}] \qquad (11\text{-}12)$$

其中，AFN 为外部资金需要量；A/S 为基期资产（A 指与销售增长有关的资产项目）与期初销售收入（S_0）的比率，表明销售收入增加 1 元需要增加的资产，A/S 也可以表示为总资产周转率的倒数；L/S 表示自然融资增加的负债（指应付账款和应计项目，不包括银行借款和债券）与期初销售收入的比率关系，表明销售收入增加 1 元而自然产生的融资额；M 为基期销售净利率。

如果无外部追加资金，即 AFN=0，通过公式（11-12）可求出内含增长率。

$$\text{AFN} = (A/S)gS_0 - (L/S)gS_0 - [M(1+g)S_0 - \text{Div}] = 0$$

$$g = \frac{MS - \text{Div}}{S_0[(A/S) - (L/S) - M]}$$

假设公司年股利支付率为 d 且保持不变，则下一年度的股利为：

$$\text{Div} = dMS_0(1+g)$$

将 Div 代入上式,可得到内含增长率 g 的计算公式为:

$$g = \frac{M(1-d)}{(A/S)-(L/S)-M(1-d)} \quad (11-13)$$

内含增长率(不使用外部资金的最大增长率)与销售净利率 M 正相关,与股利支付率 d 负相关。销售净利率越高,内含增长率越高;股利支付率越高,内含增长率越低。公式(11-13)中的分母是指单位增量销售收入所需追加的增量资金。

假设 XYZ 公司 2020 年销售净利率(M)为 6.6%,股利支付率(d)为 66.67%,A/S 为 0.6,L/S 为 0.1。如果这些财务指标保持不变,则公司内含增长率为:

$$g = \frac{6.6\% \times (1-66.67\%)}{0.6-0.1-6.6\% \times (1-66.67\%)} = 4.60\%$$

上述计算结果表明,XYZ 公司的内部资金能使其维持在 4.60% 的增长水平上,一旦超过这一增长水平,公司就不得不追加外部资金。

如果一个公司增长所需资金完全来自内部(留存收益和自然融资),经过一段时间后公司资金总额中的股东权益就会增加,由此引起负债率不断下降。如果公司希望继续保持原有的资本结构,就必须发行新债融资。可持续增长率(sustainable growth rate,SGR)是指在财务杠杆不变的条件下,运用内部资金和外部资金所能支持的最大增长率。

如果公司新增的股东权益仅来自留存收益,而留存收益又取决于下一年度的销售收入、股利支付率和销售净利率,即:

留存收益增加额 = 下一年度净利润 × (1-股利支付率) = $MS_0(1+g) \times (1-d)$

在长期负债与股东权益比率一定的情况下,公司追加债务数额取决于留存收益和杠杆比率(D/E)(有息债务/股东权益),即:

债务增加额 = 留存收益增加数 × 杠杆比率 = $MS_0(1+g)(1-d) \times (D/E)$

如果资产增长与销售增长相等,则资产需求增加额等于自然融资增加额与留存收益增加额和债务增加额之和,即:

$$(A/S)gS_0 = (L/S)gS_0 + MS_0(1+g)(1-d) + MS_0(1+g)(1-d)(D/E)$$
$$= (L/S)gS_0 + MS_0(1+g)(1-d)(1+D/E)$$

整理上式,增长率 g 可表示为与财务政策(如杠杆比率、股利支付率等)一致的最大销售收入增长率——可持续增长率,通常用 g^* 表示,即:

$$g^* = \frac{M(1-d)(1+D/E)}{(A/S)-(L/S)-M(1-d)(1+D/E)} \quad (11-14)$$

可持续增长率与杠杆比率(D/E)和销售净利率正相关,与股利支付率负相关。负债率越大,可持续增长率越高;销售净利率越高,可持续增长就越快;股利支付率越高,可持续增长率越低。

在其他因素一定的情况下,由于可持续增长率是运用内部资金和外部资金的最大增长率,因此它一般高于内含增长率。在本例中,XYZ 公司基期杠杆比率为 66.67%,假设销售净利率、股利支付率保持不变,则:

$$g^* = \frac{6.6\%(1-66.67\%)(1+66.67\%)}{0.6-0.1-6.6\%(1-66.67\%)(1+66.67\%)} = 7.91\%$$

如果杠杆比率保持不变,随着股东权益的增长,负债必须以相同的比率增长,负债和股东权益的共同增长决定了资产扩张速度;当然,后者也会限制销售的增长,即限制销售增长的主要因素是股东权益的扩张速度。

上述计算结果表明,在各种比率保持不变的条件下,公司运用内部资金和外部资金的最大可持续增长率为 7.91%,低于预期销售增长率 10%,公司必须调整经营计划或改变财务政策,以平衡发展与资金的关系。

二、财务战略矩阵

在财务管理中,价值创造与可持续增长率的组合分析是通过财务战略矩阵实现的。财务战略矩阵是基于两维的参数综合分析公司价值增长程度的工具,一是投入资本收益率与资本成本的差幅,即资本收益率差幅(ROIC-WACC);二是销售增长率与可持续增长率的差幅,即增长率差幅($G_{销售}$-SGR)。为分析方便,假设公司拥有多个部门或业务单元,各自创造的价值构成公司价值创造总额。根据不同的资本收益率差幅和增长率差幅将财务战略矩阵分成四个象限(见图 11-2)。每个象限对应于资本收益率差幅与增长率差幅的不同组合,对应不同的经营状态。①

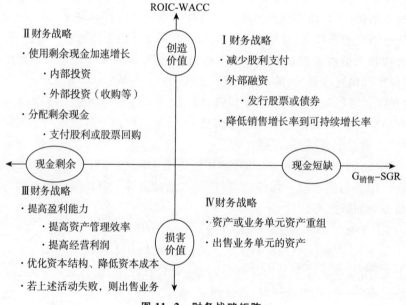

图 11-2 财务战略矩阵

在图 11-2 中,纵坐标表示资本收益率差幅,用于衡量公司某一特定业务单元创造价值的能力。如果资本收益率差幅大于 0,则表明业务单元为公司创造价值;反之,则损害公司价值。横坐标表示增长率差幅,用于衡量公司某一特定业务单元为销售增长提供现金的能力。如果增长率差幅大于 0,则表明业务单元出现现金短缺;反之,则表明业务单元产生现金剩余。处于不同象限的部门或业务单元应采用不同的财务战略。

象限 I 处于这一象限的业务单元,资本收益率差幅与增长率差幅大于 0。该业务单元的经营活动能创造价值,但现金短缺。对此,可供选择的财务战略包括:一是筹措资金,满足销售增长的需要;二是缩小经营规模,使公司的可持续增长率与销售增长率相平

---

① 加布里埃尔·哈瓦维尼,克劳德·维埃里,2006,《经理人员财务管理——创造价值的过程》,王全喜等译,北京:机械工业出版社。

衡。该战略使公司进入更加细分的市场,以提高留存业务的价值创造能力。

象限 Ⅱ 处于这一象限的业务单元,资本收益率差幅大于0,但增长率差幅小于0。该业务单元的经营活动创造价值,并产生剩余现金。根据是否存在增长机会采取不同的财务战略:如果存在增长机会,则可将多余的现金投资于现有业务单元,促进现有业务的扩张,或者通过收购实现外部增长;如果目前尚未发现有利的投资机会,则可通过现金股利或股票回购方式将多余的现金返还给股东。

象限 Ⅲ 处于这一象限的业务单元,资本收益率差幅和增长率差幅均小于0。该业务单元虽然能够产生足够的现金流量来维持自身发展,但业务增长反而会降低经营价值,这是公司处于衰退期的前兆。对此,可采取的财务战略包括:一是将多余的现金用于该业务单元的重组,提高投入资本收益率;二是通过扩大销售、提高价格、减少费用等途径提高边际收益;三是采用有效营运资本管理(加速收款、减少存货)等方法提高资产周转率;四是通过业务重组降低资本成本;五是出售业务单元,并将多余的现金返还给股东。

象限 Ⅳ 处于这一象限的业务单元,资本收益率差幅小于0,增长率差幅大于0。该业务单元的经营活动既不能创造价值,也不能支持自身的发展。如果不能彻底改变这一局面,公司就必须出售该业务单元的资产,全面退出相关业务。

EVA作为一种评价指标,能够准确地反映经营者为股东创造的价值,但由于EVA对公司未来成长的计算是建立在既有的产品、技术和市场的基础上,同时EVA的计算对资本成本高度敏感,而资本成本的确定又依赖于历史数据分析,因此EVA的可操作性还有诸多问题需要解决,如对公认会计准则的调整、股权资本成本的确定等,从而在一定程度上限制了公司的外部信息使用者的判断。

三、价值创造与财务支持策略

公司财务的研究框架主要有两个:一是通过资源的流动和重组来实现资源的优化配置与价值增值,即如何在商品市场上进行实物资产投资,为公司创造价值;二是通过各种金融工具的创新和资本结构的调整来实现资本的扩张与增值,即如何在金融市场上筹措投资所需资本,为投资者创造价值。在实务中,公司财务管理主要表现为投资决策、筹资决策和营运资本管理三种形式,最终目标是实现市场增加值最大化(见图11-3)。

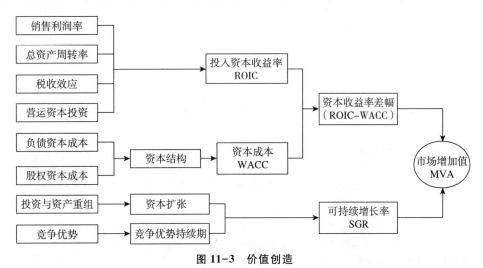

图11-3 价值创造

在图 11-3 中,市场增加值的来源是公司的投资活动和经营活动,市场增加值主要是向市场或投资者展示这种价值的度量结果,仅当投资活动和经营活动创造的价值大于资本成本时,才能为投资者创造增量价值。可以说,价值创造与价值评价是一种动因和结果的关系。

投资决策是评价和选择投资项目、优化资源配置的经济活动。投资项目决策旨在评价或选择能够创造公司价值的投资项目,以提高公司价值的长期增长潜力。在投资决策中,除了选择和评价投资项目,财务部门也可以监控和量化公司股票价格及其内在价值的关系,以识别价值创造的新机会。例如,当上市公司当前股票价格小于股票内在价值(即股票价值被低估)时,财务部门可以寻求不同的方法消除差距,例如加强与投资者的沟通或回购股票,或者采取剥离或出售某些资产、并购其他业务、放弃与公司战略不符的业务等资产重组方式提高股票市场价格。

在融资决策中,出于竞争和套利机制的作用,很难找到净现值大于 0 的融资方案或融资机会。因此,公司必须采用其他方法(如证券创新)去创造价值。① 在实务中,融资决策创造价值可以通过节税或降低融资成本来直接实现,也可以通过提高公司资金来源的可靠性和灵活性、降低公司风险等方式来间接实现。20 世纪 90 年代后期,安然公司管理层为了达到增长目标,采用债务资本对宽带业务进行投机性投资。宽带投资失败后,巨额债务将安然公司拖入破产的泥潭。安然事件的教训之一是:融资策略与投资策略是互补的,拟定融资策略之前要先充分考虑到经营业务方面的风险,一旦经营业务发生变化就要重新审视融资策略合适与否。这意味着财务部门还应掌握评估和监控与投资决策有关的风险管理技术与工具。例如,财务部门可通过掉期、远期、期货、期权等衍生工具转移风险、降低风险或化解风险。公司的投资、融资可看作某种期权的组合,根据期权理论设计的各种避险工具,既可以规避下方风险,也不会丧失上方收益。

如果说投资管理强调的是公司的发展,那么融资管理强调的则是公司的生存。尽管保持合理的资本结构可以减少财务危机成本,但资本结构并不是一个关键的价值动因,对于已经达到合理杠杆水平的公司,资本结构创造价值的潜力有限。因此,管理者应确保公司拥有足够的财务灵活性,在支持公司战略的同时尽量减少财务危机成本,而不是调整负债权益比率以达到"最佳"资本结构。

在前述分析中,反映价值创造的一个重要指标是投入资本收益率(ROIC),这一指标又可分解为销售利润率和资产周转率,而税后的投入资本收益率与税率有关。因此,营运资本管理对提高投入资本收益率或价值创造的贡献主要是提高资产管理效率或加速资本周转,如加速收款、减少存货等。

第四节 价值导向管理

一、价值创造体系

从历史渊源分析,管理是以五种思想或理论为基础建立的:1211 年佛罗伦萨银行家

---

① 近年来的金融创新产品层出不穷,公司从开发和高价发行具有独创性的证券中获得好处,但从长远看,证券创新者从中获得的价值很小。证券创新者通常不能对其创新的证券设计申请专利或版权,其他公司很快就能复制和发行类似的证券,最终迫使证券价格下跌。

发明的簿记法,20世纪初泰勒开创的科学管理,20世纪20年代斯隆提出的分权组织,20世纪50年代德鲁克提出的公司战略和目标管理,20世纪90年代肯尼斯·布兰查德提出的价值导向管理。如果说簿记法使工业革命催生的大型公司组织得以迅速发展,那么价值导向管理使传统的经营理念发生了革命性的变化。

价值导向管理作为一种价值管理体系,主要包括价值创造体系、价值评价体系和价值分享体系。价值创造体系关注公司价值创造的驱动因素;价值评价体系关注不同的价值驱动因素对公司价值创造的贡献程度;价值分享体系关注如何回报不同贡献程度的价值驱动因素。

根据核心能力理论,公司价值的持续增长来自公司的持续竞争优势,而持续竞争优势则来自公司拥有的战略资源。上述各节的讨论主要从财务资源的角度分析价值创造的驱动因素,事实上,除投资者提供的财务资源外,人力资源和客户资源以及其他无形资产都是构成公司竞争优势所不可缺少的。因此,价值管理不仅要为财务资源提供者——股东创造价值,也要为人力资源提供者或财务资源使用者——员工(包括经营者和其他员工)创造价值,还要为公司产品/服务购买者——客户创造价值。股东价值、客户价值和员工价值也可以看作结果与动因的关系(见图11-4)。

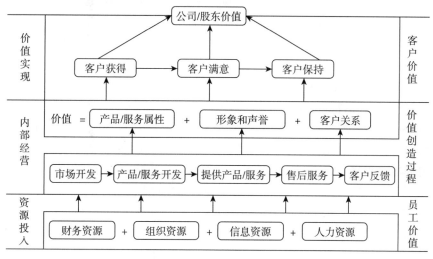

图11-4 股东价值、客户价值和员工价值的关系

图11-4中的财务资源主要表现为有形资产,组织资源、信息资源和人力资源主要表现为无形资产。在无形资产中,信息资源主要包括信息系统、数据库、图书馆和网络资源等。组织资源是指为执行创造公司价值战略所要求的组织能力:一是文化,执行战略所需的使命、愿望和核心价值的意识与内在化;二是领导力,管理者激发和领导员工实现公司目标的能力;三是协调一致,个人、团队和部门目标与战略目标的实现相结合;四是团队工作及知识管理,整个公司共享的具有战略潜力的知识。人力资源主要指员工技能、知识和诀窍的有效性,它们主要用来执行对创造公司价值至关重要的内部经营。

资源投入是创造价值的第一步,经过产品/服务开发过程、生产过程、销售过程创造价值。这一过程是通过公司的内部业务经营来完成的,即从确定客户要求开始,到研究开发满足客户要求的产品与服务项目、制造并销售产品或提供服务,最后提供销售服务、满足客户要求的一系列活动,是公司改善经营业绩的重点。客户满意和实现股东价值最大化都要从内部业务经营中获得支持。

公司价值或股东价值的实现是通过为客户创造价值完成的;或者说,通过为客户提供超越竞争对手的价值,从而为公司或股东创造价值。为了提高客户价值,公司不但要在产品属性、服务质量、价格、品牌等客户价值收益来源上做文章,而且要研究影响客户支出成本的相关因素,设法降低客户购买成本、时间成本、精神成本、体力成本以及风险承担(信息不对称导致的客户所购与所需产生差异而带来的损失);建立客户信息共享机制和内部沟通机制,实现公司与客户的双向沟通,建立基于共同利益的新型公司—客户关系,通过客户服务(争取客户、满足客户、保持客户)创造价值。

二、价值评价体系

价值评价体系是对资源创造的价值或价值创造的因素进行系统、科学评价的一整套标准、过程和方法,旨在度量不同价值驱动因素对价值创造的贡献程度,为经营业绩考核提供依据。价值评价体系是公司人力资源战略的重要组成部分,在此仅从评价标准或指标的角度分析业绩评价指标。

从业绩评价的角度分析,评价指标的设计必须反映公司成功的关键成功因素和关键业绩指标(key process indication,KPI)。其设计思路应遵循 SMART 原则:S(specific)代表具体,指业绩考核要切中特定的工作指标;M(measurable)代表可度量,指评价指标是数量化或行为化的,验证这些评价指标的数据或信息是可以获得的;A(attainable)代表可实现,指评价指标在付出努力的情况下可以实现,避免设立过高或过低的目标;R(realistic)代表现实性,指评价指标是实实在在的,可以证明和观察的;T(time bound)代表时限,注重完成业绩评价指标的特定期限。

为了保证关键业绩指标的有效运用,它应具备以下特征:其一,能将员工的工作与公司愿景、战略与部门工作相连接,能够层层分解、层层支持,使员工的个人业绩与部门业绩、公司整体效益直接挂钩;其二,保证员工业绩与客户价值相连接,共同为实现客户价值服务;其三,员工业绩考核指标的设计是基于公司的发展战略与流程,而不是基于岗位的功能。因此,关键业绩指标与一般业绩指标相比,把个人和部门目标与公司成败联系起来,具有更长远的战略意义。关键业绩指标能集中度量员工的行为,使员工按照业绩的衡量标准和奖励标准去做,真正发挥业绩考核指标的牵引和导向作用。

公司应根据所在行业特点、发展阶段、内部状况因素确定关键业绩指标。通常,公司关键业绩指标的定位框架主要表现为八个方面:市场地位、创新、生产率、实物及金融资产、利润、管理人员的表现和培养、工人表现和态度、公共责任感。

基于价值创造的驱动因素,价值评价指标主要包括股东价值、客户价值和员工价值评价指标。股东价值评价指标主要有 ROA、ROE、ROIC、EVA、MVA,以及与此相关的派生指标,可参阅有关章节的相关内容。

三、价值分享体系

在信息经济时代,管理发生了革命性的变化:公司资源由单一财务资源拓展为财务资源、人力资源和客户资源的结合;价值评价由注重股东价值的结果性指标发展到注重价值驱动过程且结合过程性指标和结果性指标的分层指标体系;财务管理机制由股东独享财权的单边治理发展到由股东、员工、客户共同分享财权的多边共同治理;公司收益分配机制由利润分享发展到价值分享。例如,作为全球顶尖的价值创造者,可口可乐公司1995年财务报告指出:"可口可乐向每一个接触它的人提供价值。"这表明无论是向公司提供资源的投资者,公司价值的直接创造者(员工、供应商等),还是从公司品牌中获得享受的消费者,都会因可口可乐公司的存在而获益。

这里的价值分享主要是从员工业绩评价的角度进行的,价值分享体系主要解决两个问题:一是如何回报价值创造的驱动因素,即如何确定公司的薪酬战略和薪酬政策;二是以怎样的方式和怎样的水平回报与激励员工,即薪酬模式的选择。价值分享体系设计的目的是在实现公司价值或股东价值最大化的同时,实现个人价值最大化。公司价值最大化需要员工全力创造价值,如实现工作目标、提高工作技能、认同公司价值观等;个人价值最大化则需要给员工合理分配价值,如发放工资和奖金,颁发荣誉、营造良好的工作氛围,乃至给员工配售股权/期权等。员工分配价值的依据是其创造的价值,涉及如何对员工创造的价值或价值创造的要素进行评价。

虽然关键业绩指标体系从不同角度列示了许多考核指标,但最终都会落实到部门或员工对公司价值创造的贡献程度。相对于传统的会计业绩指标,EVA是衡量公司价值创造能力的较准确的尺度,而且是容易被管理者理解和掌握的财务衡量尺度。以EVA为基础的薪酬激励计划,员工的奖金与EVA直接挂钩。EVA对员工的激励作用可以渗透到管理层底部,许多影响EVA的重要经营指标与一线管理者甚至普通员工的行为相关,并且能被他们直接控制。这些指标反映的经营信息与一组财务业绩指标联系起来,直接解释了EVA的变化。在以EVA为基础的薪酬激励计划中,公司只对超过资本成本的增加值给予奖励,从而将奖金的数量与员工为股东创造的财富紧密地联系起来,使员工开始像公司所有者一样思考。此外,EVA计算过程中对相关事项的调整,有效地避免了会计指标短期化和过分稳健的影响,更加精确地展示了员工对价值的实际创造。

自1982年成立以来,近300家大公司采用EVA体系作为下属业务单元业绩评价和经营者奖励的依据,包括可口可乐、AT&T及CSX等巨型跨国集团。以西门子为例,公司44万名员工中参与激励计划的占15%—20%,前50名高层管理者60%的薪酬与价值指标挂钩。公司根据当年的股价估计下一年投资者对EVA的预期增加值,并以此作为标准。如果下一年达到了预期的标准,高层管理者将得到全部的目标奖金。当然,公司还在其他方面(如市场份额)设定了标准,达到或超过这些标准,高级管理层会得到更多的报酬。但是,公司实行的是价值创造"一票否决制",即所有增加的奖金只有在EVA目标已完成的基础上才能拿到。在完成EVA业绩目标的前提下,公司会对照主要竞争对手的增长和市场份额给予员工加倍奖励。

对公司来说,只有解决好价值创造、价值评价、价值分享这条价值链的连接和平衡,才能促使员工有持续的动力去创造价值,才能构筑员工的动力机制。可以说,全力创造价值、科学评价价值、合理分享价值构成了价值导向管理的核心主线。

本章小结

1. 经济增加值(EVA)是扣除全部资本成本后的收益,反映了使用全部资本的机会成本。在计算EVA时,应当对经营利润和投入资本进行一定的调整,目的在于:(1)消除会计稳健性原则的影响,如对研发费、商誉等的调整,使调整后的数据能反映公司的真实业绩;(2)消除或减少管理当局进行盈余管理的机会,如对各种准备金(如坏账准备)的调整;(3)使业绩计量免受过去会计计量误差的影响,如将研发费和商誉资本化而不是在费用发生当期冲减利润,消除经营者对这类投资的顾虑。

2. 价值驱动因素是影响或推动价值创造的决策变量。根据财务估值原理,公司价值创造的源泉来自存量资产创造的价值和公司未来增长机会创造的价值。前者取决于公司存量资产的经营效率,后者取决于增量资产的投入与整合。因此,投资者可从经营效率和增长价值两个方面研究价值创造的驱动因素。

3. 如果以经济增加值作为关键业绩指标,价值驱动因素就是税后净经营利润和资本成本等,在其他因素保持不变的情况下,提高投入资本收益率(ROIC)、降低资本成本(WACC)、增加资本投入(假设新投资的 ROIC 大于 WACC)或减少资本投入(假设被剥离资产的 ROIC 小于 WACC)会增加 EVA,为股东创造价值。

4. 财务战略矩阵是指通过二维参数综合分析公司价值增长程度的工具,一是资本收益率差幅(ROIC-WACC),二是销售增长率与可持续增长率之间的差幅($G_{销售}$-SGR)。

5. 对公司来说,只有解决好价值创造、价值评价、价值分享这条价值链的连接和平衡,才能促使员工有持续的动力去创造价值。可以说,全力创造价值、科学评价价值、合理分享价值构成了价值导向管理的核心主线。

基础训练

1. 根据安然公司 2000 年年报,无论从哪个角度去评估,安然公司 2000 年度的业绩都是无可挑剔的,年度净利润达到历史最高,并预计未来每股收益会持续超强。安然公司会计利润与经济增加值有关数据如下表所示。

项目	1996 年	1997 年	1998 年	1999 年	2000 年
净利润(百万美元)	600	100	700	880	990
每股收益(美元)	1.25	0.185	1.155	1.40	1.20
经济增加值(百万美元)	-10	50	-200	-330	-650

安然公司作为世界上最大的电力、天然气及电讯公司之一,2000 年披露的营业额达 1 010 亿美元之巨,连续六年被《财富》杂志评选为"美国最具创新精神公司"。但是,这个拥有上千亿美元资产的公司在 2002 年宣告破产。请查询安然公司相关信息,结合表 11-18 的数据,从会计利润和经济增加值的角度分析公司破产的原因。

2. AAA 公司 2020 年销售收入为 1 000 万元,销售利润率为 15%,投入资本为 1 000 万元,公司无负债,资本成本为 10%。为提高收益,公司正在考虑以下两个方案:

(1)引进新产品扩大销售。AAA 公司正在考虑引入新产品,根据市场预测,新产品会使销售收入提高 10%,产品销售利润率为 15%,但要新增投资 500 万元。假设不考虑所得税,公司应引入新产品线吗?

(2)改善采购。AAA 公司拟通过改善采购流程、节约成本等措施,使销售利润率升至 17%,但同时要投入资金 150 万元。假设销售收入保持不变,不考虑所得税,公司是否应执行该方案?

3. 假设 ASS 公司是一家处于高成长期的小型企业,公司投入资本均为股权资本,2020 年公司投入资本为 600 万元,税后净经营利润为 200 万元,股权资本成本为 15%。

(1)假设公司在未来 5 年的年经济增加值增长 15%,第 5 年之后将不存在超额收益,即 5 年后的投资收益率与股权资本成本均为 12%。请估计公司价值,并区分公司价值中多少来自经济增加值、多少来自投入资本。

(2)假设 2020 年公司将投入资本减少 400 万元,并通过售后回租方式收回资金。假设售后回租后税后净经营利润为 180 万元,资本成本保持不变,请估计公司价值,并区分多少来自经济增加值、多少来自投入资本。

4. X 公司 2019 年业绩平平，销售及利润的增长率均为 5% 左右，而竞争者的增长率为 10%，公司聘用你为总经理。公司期望销售增长达到 10%（见表 1），预计资产负债表如表 2 所示，投资类似企业的预期收益率（股权资本成本）为 20%，公司与竞争者的相关数据如表 3 所示。这一计划是否可行？

表 1 预计利润表   单位：万元

项目	2019 年实际	2020 年预计
销售收入	2 000	2 200
减：营业费用	-1 780	-1 920
减：折旧	-20	-50
息税前利润（EBIT）	200	230
减：利息费用（10%）	-50	-60
税前利润（EBT）	150	170
减：所得税（t=40%）	-60	-68
净利润	90	102

表 2 预计资产负债表   单位：万元

项目	2019 年实际	2020 年预计	项目	2019 年实际	2020 年预计
投入资本			资本来源		
现金	100	60	短期债务	200	300
经营性营运资本需求（WCR）	600	780	长期债务	300	300
净固定资产	300	360	所有者权益	500	600
合计	1 000	1 200	合计	1 000	1 200

表 3 公司与竞争者相关数据   单位：%

指标	2019 年实际	2020 年预计	竞争者
销售增长率	5.0	10.0	9.0
净利润增长率	5.0	13.3	10.0
营业费用增长率	6.0	7.9	9.0
投入资本增长率	8.0	20.0	10.0
WCR 增长率	8.0	30.0	25.0
短期债务/WCR	33.3	38.5	25.0
投入资本收益率（ROIC）	12.0	12.55	14.0

5. 根据【例 11-2】的数据，公司价值为 13 509.34 万元（见表 11-11），现分别基于以下情景计算 ABC 公司现存资产创造的 EVA、各年再投资创造的 EVA 及公司价值，并与【例 11-2】的结果相比，分析 EVA 和公司价值产生差异的原因。

(1) 减少投入资本。假设【例 11-2】中的投入资本降至 5 000 万元（降低 50%），税后净经营利润为 1 500 万元，预期投入资本收益率（ROIC）为 30%，其他变量保持不变。

(2) 减少投入资本。假设公司管理层能够以租赁方式租入资产（投入资本的 50%），租赁资产的租赁成本为 4 000 万元，公司总投入资本为 9 000 万元（4 000+10 000×50%）；经过调整，公司年度税后净经营利润为 1 480 万元，投入资本收益率为 16.44%，其他变量保持不变。

(3) 投入资本收益率变动。假设公司现有资产收益率由 15% 提高到 15.5%，每年再投资部分收益率降低为 13.5%，其他变量保持不变。

（4）投资收益率和资本成本同时提高。假设现存资产和再投资的投入资本收益率从15%提高到16.25%,资本成本从12%提高到13%,其他变量保持不变。

6. 自1982年以来,许多大公司(包括可口可乐、AT&T及CSX等巨型跨国集团)采用EVA体系作为下属业务单元业绩评价和经营者奖励的依据。从2008年起,中央企业第二任期经营业绩考核全面启动,国资委修订的《中央企业负责人经营业绩考核暂行办法》也正式对外公布并开始实施。该办法鼓励企业使用经济增加值(EVA)指标进行年度经营业绩考核,并将逐渐增加EVA指标的考核范围和权重。采用EVA指标(相对利润指标)考核管理者经营业绩的作用是什么？采用EVA指标考核管理者经营业绩需要注意什么问题？

第十二章 期权定价与公司财务

[学习目的]
- 熟悉期权价值、内含价值与时间价值的关系
- 掌握无套利定价和风险中性定价模型
- 熟悉二项式期权定价模型的基本原理
- 掌握 B-S 期权价值评估的基本理论与方法
- 了解股票与债券隐含期权价值及分析方法

黑格尔说:"不理解过去人们的思想,也就不能理解过去的历史。正是在这个意义上,历史就是思想史,一切历史都是思想史。"金融思想萌芽于 Louis Bachelier(1990)的博士论文"投机理论",率先采用数学工具解释股票市场的运作。20世纪50年代以后,随着资本市场的作用日益增强,金融理论的研究空前繁荣,出现一批日后在金融学史上举足轻重的代表性人物。在马克维茨(Markowitz,1952)、夏普(Sharpe,1964)、米勒(Miller,1958)、法玛(Fama,1965)等学者的努力下,金融学成为半个世纪以来最活跃的经济学分支,他们的理论成为金融学史上具有重大学术价值的历史文献,反映了主流金融经济学的基本走向和理论框架。1973年5月,费希尔·布莱克(Fischer Black)和迈伦·斯科尔斯(Myron Scholes)发表了"期权和公司负债的定价"一文,推导出无红利支付股票衍生品的价格必须满足的微分方程,并成功地得到欧式看涨期权和看跌期权定价的解析公式(B-S 模型),使期权和其他衍生证券定价理论获得突破性的进展,成为经典的期权定价模型,并引发第二次华尔街革命。同年,罗伯特·默顿(Robert Merton)放松了 B-S 模型所依赖的假设条件,提出了 B-S-M 模型,并很快将 B-S-M 模型程序化,应用于刚刚营业的芝加哥期权交易所。随着计算机、通信技术的进步,B-S-M 模型及其变形模型已被期权交易商、投资银行、金融管理者、保险人等广泛使用。瑞典皇家科学院将1997年度的诺贝尔经济学奖授予美国斯坦福大学教授迈伦·斯科尔斯和哈佛大学教授罗伯特·默顿,以表彰两位学者对现代期权估价理论的突破性贡献。

第一节 期权交易的基础知识

一、期权合约的构成

期权(option)或称选择权,是买卖双方达成的一种可转让的标准化合约。期权持有人(期权购买者)具有在规定期限内的任何时间或期满日按双方约定的价格买入或卖出一定数量标的资产的权利;而期权立约人(期权出售者)则负有按约定价格卖出或买入一定数量标的资产的义务。

（一）期权类型

按期权赋予权利的不同,期权可分为买权(call option)和卖权(put option)。前者又称看涨期权,是指期权购买者可以按行权价格在到期前或到期日买入一定数量标的资产的权利;后者又称看跌期权,是指期权购买者可以在到期前或到期日按行权价格卖出一定数量标的资产的权利。期权买卖双方的权利与义务如图12-1所示。

图12-1　期权买卖双方的权利与义务

在图12-1中,如果预计未来标的资产(如股票)价格呈上升趋势,期权交易者可以买入买权(buy call options)或卖出卖权(sell put options);如果预计未来标的资产(如股票)价格呈下降趋势,期权交易者可以买入卖权(buy put options)或卖出买权(sell call options)。

按期权权利行使时间的不同,期权可分为欧式期权(European option)和美式期权(American option)。美式期权在期权有效期内任何营业日均可行使权利,欧式期权则只有在到期日才能履约。此外,介于欧式期权和美式期权之间的期权称为百慕大期权。标准的百慕大期权通常在期权上市日和到期日之间多设定一个行权日,取名"百慕大"正是缘于百慕大位于美国本土与夏威夷之间。后来,百慕大期权的含义扩展为期权可以在事先指定的存续期内的若干个交易日行权。

按期权交易的对象,期权可分为现货期权(如利率期权、货币期权、股票指数期权、股票期权)和期货期权(如利率期货期权、货币期货期权、股票指数期货期权)。

（二）行权价格和到期日

行权价格又称履约价格(exercise price)、敲定价格(strike price)或执行价格,是指期权合约规定的、期权买方在行使期权时实际执行的价格,即期权购买者据以向期权出售者买入或卖出一定数量的某种标的资产的价格。行权价格是在买卖期权合约时确定的,在期权有效期内,无论标的资产的市场价格上涨或下跌到什么水平,只要期权购买者要求执行该期权,期权出售者就必须以约定的价格履行义务,因此也称固定价格。

到期日是指期权持有人有权履约的最后一天。如果期权持有人在到期日不执行期权,则期权合约自动失效。

（三）期权价值

期权价值具有双重含义,它既是期权持有人为持有期权而支付的购买费,又是期权立约人出售期权并承担履约义务而收取的权利金收入。期权价值也称期权费(premium)或权利金。需要注意的是,期权价值与行权价格是完全不同的两个概念:前者是现在取得到期按约定价格买入或卖出标的资产的权利的价格,后者是约定的到期对应标的资产交割的价格。

作为一种金融商品,期权具有四个显著特点:第一,期权的交易对象是一种权利,即买入或卖出特定标的物的权利,但并不承担一定要买入或卖出的义务。第二,这种权利具有较强的时间性,超过规定的有效期限不行使,期权自动失效。第三,期权合约买者和卖者的权利与义务是不对称的,给予期权买方随时履约的权利,但并不要求其必须履约;给予期权卖方只有义务而无权利,只要买方行使权利,卖方就必须履约;若买方认为行使期权对自身不利,卖方无权要求对方履约。第四,期权具有以小搏大的杠杆效应。

二、期权价值

在一个标准的期权合约中,期权价值是唯一的变量,也是最难确定的。通常,期权价值由两部分构成:内含价值和时间价值。

(一) 内含价值

内含价值(intrinsic value)是指期权本身具有的价值,也是履行期权合约时所能获得的收益,反映了期权行权价格与标的资产价格的变动关系。按照有无内含价值,期权可呈三种状态:有价或实值(in-the-money)、无价或虚值(out-the-money)和平价(at-the-money)。假设标的资产的现时市场价格以 S 表示,期权行权价格以 K 表示,不同状态下的期权内含价值如表 12-1 所示。

表 12-1 期权内含价值的状态

类型	$S>K$	$S=K$	$S<K$
买权	有价	平价	无价
卖权	无价	平价	有价

当期权处于有价状态时,买权内含价值等于标的资产价格与行权价格的差额,卖权内含价值等于行权价格减去标的资产价格;当期权处于平价或无价状态时,买权、卖权的内含价值均等于 0。

$$买权内含价值 = \max[S-K, 0] \tag{12-1}$$

$$卖权内含价值 = \max[K-S, 0] \tag{12-2}$$

假设一份可以按 50 元买入某项资产(如股票)的期权。如果该项标的资产在到期日的市场价格为 60 元,则期权有价,期权持有人将行使期权,即以 50 元的价格购买股票,并可按 60 元的价格在市场上出售股票,获得 10 元的收益。期权有价,内含价值为 10 元。如果该项标的资产的现行市场价格低于 50 元(如 40 元),则期权持有人会放弃期权,直接在市场上按 40 元价格购买股票。此时期权无价,内含价值等于 0。

理论上,期权通常不会以低于其内含价值的价格出售。如果以低于内含价值的价格出售,套利者将立刻买入所有他可能买到的买权并执行期权。此时,他得到的收益就是有价部分与期权价值的差额。例如,当标的资产的价值为 60 元时,一个行权价格为 50 元的买权的期权价值小于 10 元,假设期权价值为 8 元,如果这是一个美式期权,套利者将会以 8 元购入买权并立即执行。这时,套利者取得标的资产的总投资为 58 元(8 元购买期权、50 元执行期权)。标的资产以 60 元的价格进行交易,套利者能立即卖出(即执行)期权所获得的标的资产,获得 2 元(60-58)的净收益。如果市场上许多套利者都能识别这个获利机会并采取同样的策略——购买期权,就会使期权价值上升,直到这个期权价值上升至 10 元,不能为套利者提供套利利润为止。因此,期权价值必须不低于 10 元,即 10 元是这个期权的内含价值。

(二) 时间价值

在任何情况下,期权卖方会要求一笔高于内含价值的期权费,高出部分称作期权的时间价值,它反映了期权合约有效时间与潜在风险和收益之间的相互关系。一般来说,期权合约剩余有效时间越长,时间价值也就越大。这是因为,对于期权买方而言,期权合约有效时间越长,标的资产市场价格变动的可能性越大,因而其获利的潜力就越大,买方愿意支付比内含价值更多的权利金来购买这项权利。对于期权卖方而言,期权合约的有效期越长,他承担无条件履约义务的时间就越长,由于买方是在有利于自己、不利于卖方的时候才会行使期权,因此卖方承担的风险较大,他出售合约所要求的权利金就会较多。伴随合约剩余有效时间的缩短,买卖双方获利机会减少,承担的风险相应减少,时间价值也将逐渐减小。一旦期满未曾实施,期权也就完全丧失了时间价值。

通常一个期权的时间价值在平价时最大,在向有价期权和无价期权转化时逐步递减。这是因为,时间价值实质上是投机价值或投机溢价。当期权处于平价时,很难确定它是向有价还是向无价转化,转化为有价则买方赢利,转化为无价则卖方赢利,故投机性最强,时间价值也最大。当期权处于无价状态时,标的资产市场价格越偏离行权价格,期权转化为有价的可能性越小,所愿支付的投机价值就越小,其时间价值也越小。当期权处于有价状态时,标的资产市场价格越偏离行权价格,它的杠杆作用就越小,即它以较小的投资控制较大资源的能力减小了。一个极端的例子是,如果一个买方期权的行权价格为 0,它的内含价值就等于这种期权所规定的标的资产的市场价格,该期权根本不具有杠杆作用,期权购买者还不如直接在市场上购买该标的资产。因此,这个期权不具有时间价值。

一般来说,当期权处于有价状态时,时间价值等于期权价值减去内含价值;当期权处于无价或平价状态时,时间价值等于期权价值,即期权价值完全由时间价值构成。

影响时间价值的另外两个因素是标的资产风险和利率水平。一般来说,标的资产的风险直接影响其价格,而标的资产价格与行权价格的差额又决定期权处于有价、平价或无价状态。利率所起的作用比较复杂,它对于买权和卖权的作用相反,即买权的时间价值随利率上升而上升,卖权的时间价值随利率上升而下降。

期权价值由内含价值加上时间价值构成,内含价值和时间价值又各有不同的变化规律,这些变化规律如图 12-2 所示。

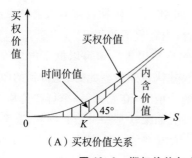

(A) 买权价值关系

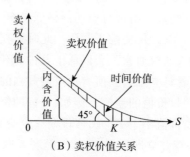

(B) 卖权价值关系

图 12-2 期权价值与内含价值、时间价值的关系

从图 12-2 中可以看出,期权价值在任一时点都是由内含价值和时间价值两部分构成的。当期权处于无价状态时,期权价值完全由时间价值构成;当期权处于平价状态时,期权价值完全由时间价值构成,且时间价值达到最大;当期权处于有价状态时,期权价值由内含价值和时间价值两部分构成。期权价值伴随合约剩余有效时间的减少而减少,期满时时间价值为 0,期权价值完全由内含价值构成。

三、期权基本交易策略

期权基本交易策略主要包括买入买权、卖出买权、买入卖权、卖出卖权四种,其交易损益与标的资产价格的关系如图 12-3、图 12-4 所示。

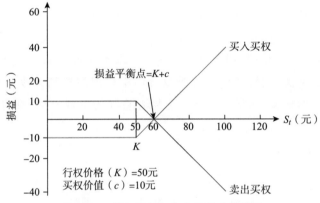

图 12-3　买入买权与卖出买权交易损益

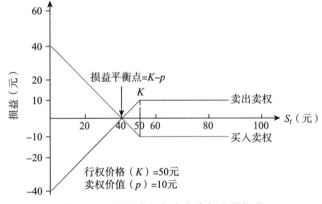

图 12-4　买入卖权与卖出卖权交易损益

为简化,本章中有关符号设定如下:c 表示买权价值,p 表示卖权价值,S_t 表示标的资产在 t 时的市场价格($t=0,1,\cdots,T$),K 表示期权行权价格,T 表示期权有效期最后一天。

(一) 买入买权

买入买权交易策略是指交易者买入一个买权合约,获得在特定时间内按约定价格买入一定数量标的资产的权利,以便为将要买入的标的资产确定最高价格水平,从而达到规避价格上涨风险的保值目的。图 12-3"买入买权"线表明:如果到期日标的资产价格大于行权价格（$K=50$ 元），$S_T>K$，期权持有人可以得到标的资产价格升值收益；如果 $S_T=K+c$，期权交易为损益平衡，期权持有人从标的资产价格升值中得到的收益正好补偿所付出的购买该期权合约的权利金（$c=10$ 元）；如果 $S_T>K+c$，期权持有人可获得标的资产价格升值带来的净收益；如果 $S_T<K+c$，期权持有人开始出现亏损，但亏损额仅限于所付出的权利金。因此，对于一个理性的期权持有人来说，只有当 $S_T>K$ 时才考虑履约，当 $S_T≤K$ 时则应放弃期权，否则将蒙受价格下跌带来的更大损失。从上述分析可以看到，买入买权交易策略既享有保护和控制标的资产价格大幅下降的好处，又享有获得标的资产价格升值收益的机会。理论上，买入买权交易策略可谓"损失有限，收益无限"。

（二）卖出买权

卖出买权交易策略是指交易者卖出一个买权合约，获得一笔权利金收入，并利用这笔款项为今后卖出标的资产提供部分价值补偿。图 12-3"卖出买权"线表明：如果期权到期日标的资产价格小于行权价格，即 $S_T<K$，交易者将获得全部权利金收入；如果 $S_T=K+c$，交易者将达到损益平衡，交易者从出售买权合约中得到的权利金收益正好抵消标的资产价格上升所造成的损失；如果 $S_T>K+c$，交易者将开始出现亏损，并且 S_T 越大，亏损额越大。

（三）买入卖权

买入卖权交易策略是指交易者买入一个卖权合约，获得在特定时间内按某一约定价格卖出一定数量标的资产的权利，以便规避价格下跌的风险。图 12-4"买入卖权"线表明：如果到期日标的资产价格小于行权价格，即 $S_T<K$，期权持有人可以得到因标的资产价格下跌带来的收益；如果 $S_T=K-p$，持有人收益为损益平衡，从标的资产价格下跌得到的收益正好补偿付出的购买期权合约的权利金；如果 $S_T>K-p$，持有人将出现亏损，但亏损额仅限于所付出的权利金。因此，对于一个理性的期权持有人来说，只有在 $S_T<K$ 时才考虑履约，在 $S_T≥K$ 时应放弃期权，否则将面临因标的资产价格上涨带来的更大亏损。从上述分析可以看到，买入卖权既可以控制标的资产价格大幅上升的风险，又享有获得标的资产价格下跌带来收益的机会。

（四）卖出卖权

卖出卖权交易策略是指交易者卖出一个卖权合约，获得一笔权利金收入，并利用这笔款项为今后买入标的资产提供部分价值补偿。图 12-4"卖出卖权"线表明：如果期权到期日标的资产价格小于 40 元，即 $S_T<K-p$，交易者开始出现亏损，并且 S_T 越小，亏损越大；如果 $S_T=K-p$，交易者将达到损益平衡，交易者从出售卖权合约中得到的权利金收入正好抵消标的资产价格下跌造成的损失；如果 $S_T≥K$，交易者将获得全部的权利金收益。

【例 12-1】 现在是美国东部时间 2016 年 11 月 3 日下午 4:02，在美国纽约证券交易所（NYSE）交易的 IBM 公司股票价格为 151.95 美元/股。以 IBM 股票为标的资产、到期日为 2017 年 4 月 21 日的不同行权价格的看涨期权和看跌期权的相关交易信息如表 12-2 所示。

表 12-2　IBM 股票期权报价

行权价格	合约	收盘价	要价	买价	卖价	交易量	未平仓合约数
看涨期权						到期日,April 21, 2017	
120.00	IBM170421C00120000	37.60	0.00	34.25	36.95	8	22
135.00	IBM170421C00135000	18.20	0.00	18.65	20.40	4	11
140.00	IBM170421C00140000	14.40	0.00	14.85	16.45	13	129
145.00	IBM170421C00145000	12.20	0.00	11.55	11.80	3	45
190.00	IBM170421C00190000	0.10	0.00	0.09	0.16	18	49
195.00	IBM170421C00195000	0.10	0.00	0.03	0.11	4	17
205.00	IBM170421C00205000	0.10	0.00	N/A	0.06	3	13
220.00	IBM170421C00220000	0.01	0.00	N/A	0.04	200	200
看跌期权						到期日,April 21, 2017	
80.00	IBM170421P00080000	0.22	0.00	0.20	0.28	6	28
85.00	IBM170421P00085000	0.22	0.00	0.25	0.35	1	3
90.00	IBM170421P00090000	0.28	0.00	0.33	0.42	1	12
95.00	IBM170421P00095000	0.40	0.00	0.43	0.50	1	43
120.00	IBM170421P00120000	1.39	0.00	1.50	1.58	20	900
175.00	IBM170421P00175000	23.29	0.00	22.85	24.85	28	54
220.00	IBM170421P00220000	61.51	0.00	61.50	65.50	10	10

资料来源：http://finance.yahoo.com/q/op?s=IBM&k（2020/3/10）。

（1）表 12-2 上半部分描述了 IBM 股票看涨期权的部分交易信息。以 IBM170421C00120000 合约为例：到期日为 2017 年 4 月 21 日，行权价格为 120 美元，2016 年 11 月 3 日期权收盘价（Last）为 37.60 美元，期权买价（Bid）和卖价（Ask）分别为 34.25 美元和 36.95 美元，交易量（Vol）或成交合约数为 8 份，未平仓合约数（Open Int）为 22 份。

这份合约表明，如果一名投资者在 2016 年 11 月 3 日按照 37.6 美元的价格买入 1 份 IBM 股票的看涨期权，有权在到期日（2017 年 4 月 21 日）按照 120 美元的价格买入 1 股 IBM 股票。期权到期日，如果 IBM 股票价格超过 120 美元，买权购买者就会执行这个权利，其收益为股票价格与 120 美元之差，扣除最初的期权费后则就是购买者的最终利润。若 IBM 股票价格低于 120 美元，期权购买者就会放弃行权，其最大损失是 37.6 美元的期权费。2017 年 4 月 21 日之后，期权到期，期权买方的权利随之失效。

如果一名投资者在 2016 年 11 月 3 日按照 37.6 美元价格卖出 1 份 IBM 股票看涨期权，他就成为该看涨期权的空方，在获得 37.6 美元的权利金（期权费）后，买权出售者就只有义务而没有权利了。当 IBM 股票价格高于 120 美元时，买权购买者要执行期权，买权出售者必须按 120 美元的价格将股票卖给买权购买者；当 IBM 股票价格低于 120 美元时，买权购买者不执行期权，买权出售者必须接受这个选择。

（2）表 12-2 下半部分描述了 IBM 股票看跌期权的部分交易信息。以 IBM170421P00080000 合约为例：到期日为 2017 年 4 月 21 日，行权价格为 80 美元，2016 年 11 月 3 日期权收盘价为 0.22 美元，当天期权买价和卖价分别为 0.20 美元和 0.28 美元，交易量为 6 份合约，未平仓合约数为 28 份。

这一合约表明,如果一名投资者在 2016 年 11 月 3 日按 0.22 美元的价格买入 1 份 IBM 股票看跌期权,就有权利在到期日(2017 年 4 月 21 日)按照 80 美元的价格卖出 1 股 IBM 股票。期权到期日,如果 IBM 股票价格低于 80 美元,卖权购买者就会执行期权,其收益为 80 美元与当时股票价格之差,再扣除期权费就是期权购买者的最后利润;若 IBM 股票价格高于 80 美元,卖权购买者就会放弃行权,其最大损失就是 0.22 美元的期权费。2017 年 4 月 21 日之后,期权到期,期权买方的权利随之失效。

如果一名投资者在 2016 年 11 月 3 日按照 0.22 美元的价格卖出 1 份 IBM 股票看跌期权,就成为该看跌期权的卖方,在获得了 0.22 美元的权利金后,卖权出售者就只有义务而没有权利了。当股票价格低于 80 美元时,卖权购买者要执行期权,卖权出售者必须按照 80 美元的价格买入股票;当股票价格高于 80 美元时,卖权购买者不执行期权,卖权出售者也必须接受这个选择。

在期权交易中,如果不考虑交易手续费和税费,买卖双方是一个零和博弈(zero-sum game),期权卖方和买方的损益刚好相反,形成一种"镜像效应"。图 12-3 反映了买权的买卖双方的损益情况,图 12-4 反映了卖权买卖双方的损益情况。

综上所述,期权买卖双方的风险和收益是不对称的,期权买方的风险是可预见的、有限的(以期权费为限),而获得收益的可能性却是不可预见的;期权卖方的风险是不可预见的,而获得收益的可能性是可预见的、有限的(以期权费为限)。

(五)期权组合分析

期权组合分析是指投资者会通过持有期权组合而将期权头寸合并,在存在风险的同时获得收益。假设你同时持有行权价格均为 60 元的买入买权(期权费为 4 元)和买入卖权(期权费为 3 元),到期日你的投资组合如图 12-5 所示。图中的虚线为买入买权到期时损益,点划线为买入卖权到期时损益,实线为投资组合(同时持有买权和卖权)到期时损益。从图 12-5 可以看出,期权到期日,当股票价格与行权价格相等时,扣除期权费后投资组合价值为负值;而在其他情况下,组合价值均为正值,这种组合称为跨式(straddle)组合。当投资者预期股票价格上下波动幅度较大但不能确定股价变动方向时,有时会采取跨式组合策略;与此相反,当投资者预期股价接近期权行权价格时,会选择出售跨式组合。

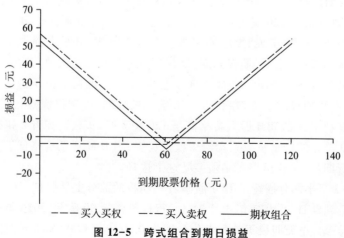

图 12-5 跨式组合到期日损益

如果买卖权的行权价格不相等,同时购买 1 份看涨期权和 1 份看跌期权,期权到期时,买卖权投资组合价值如图 12-6 所示。在图 12-6 中,买入买权的行权价格为 55 元,期权费为 4 元;买入卖权的行权价格为 45 元,期权费为 1.2 元;图中的虚线为买入买权到期时损益,点划线为买入卖权到期时损益,实线为投资组合(同时持有买权和卖权)到期时损益。如果期权到期时股票价格处于两个行权价格之间,投资者不能获利,在其他情况下,组合均可获利,这种组合称为蝶式(butterfly)组合。

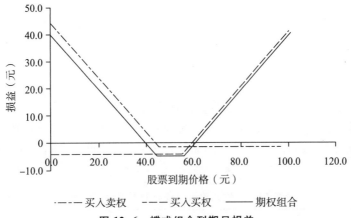

图 12-6 蝶式组合到期日损益

为了规避股票价格下跌风险,你既可以单独购买 1 份卖权,也可以投资期权组合。假设你持有当前价格为 60 元/股的 ASS 公司股票,为避免股票跌至 60 元以下,决定购买行权价格为 60 元的 1 个月到期的欧式看跌期权,图 12-7 中实线是由 1 股 ASS 股票和 1 份行权价格为 60 元的 ASS 股票欧式看跌期权构成的投资组合在期权到期日的价值(其中,虚线为 ASS 股票价值,点划线为买入卖权的价值)。如果期权到期时 ASS 股票价格低于 60 元,你将执行看跌期权,以 60 元卖出股票;如果期权到期时股票价格高于 60 元,你将继续持有股票。这样,你既避免了股价下跌的损失,又获得了股价上升的收益。

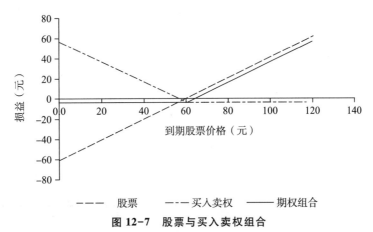

图 12-7 股票与买入卖权组合

采用这种投资策略相当于构造了一个保护性看跌期权组合。这一投资组合结果也可以通过买入 1 份面值为 60 元的零息无风险债券和 1 份行权价格为 60 元的 ASS 股票欧式看涨期权实现。在这种情况下,如果 ASS 股票价格低于 60 元,你可以获得一张价值 60 元的无息债券;如果到期时股票价格高于 60 元,你可以执行看涨期权,即用出售无息债券(60元)获得的款项买入股票,股票价格高于60元的部分即为执行看涨期权的收益。

四、买权—卖权平价

买权—卖权平价(put-call parity)关系是指具有相同的行权价与到期日的金融工具,其卖权价格与买权价格之间存在的基本关系。如果两者不相同,则存在套利空间。如果一个投资组合由一只股票和一份看跌期权组成,另一个投资组合由一只零息债券和一份看涨期权组成,那么这两个投资组合的价值是一样的。将买权、卖权、债券和股票一起考虑,就可以得到欧式期权的平价关系为:

$$S+p=c+\mathrm{PV}(K) \tag{12-3}$$

其中,S 表示股票价值;p 表示卖权价值;c 表示买权价值;K 表示债券价值(行权价格);$\mathrm{PV}(K)$ 表示零息债券的现值,在连续复利条件下,$\mathrm{PV}(K)=Ke^{-rT}$。

【例 12-2】 有两种投资组合:A 为一份欧式股票卖权和持有一股股票;B 为一份欧式股票买权和持有一张到期价值为 K 的无风险债券。在期权到期日,两种组合的价值都为 $\max[S_T,K]$(见表 12-3 和表 12-4)。

表 12-3 欧式股票卖权与股票组合的价值

投资组合	$S_T>K$	$S_T<K$
买入卖权	0	$K-S_T$
股票	S_T	S_T
合计	S_T	K

表 12-4 欧式股票买权与无风险债券组合的价值

投资组合	$S_T>K$	$S_T<K$
买入买权	S_T-K	0
无风险债券	K	K
合计	S_T	K

由于两种组合到期价值相同,因此到期日前的任一时刻也应等值,即存在买权—卖权平价关系。假设某公司股票现行市场价格为 44 元,与欧式期权有关的资料如下:行权价格为 55 元,期权有效期为 1 年,卖权价格为 7 元,买权价格为 1 元,无风险利率为 10%,预计 1 年后股票价格为 58 元或 34 元。根据上述资料,投资者可采取下列组合抵消风险:购买 1 股股票和 1 份卖权,同时出售 1 份买权,投资组合相关价值的计算如表 12-5 所示。

表 12-5 投资组合价值

投资组合	初始现金流量	到期日投资组合价值 股价=58元	到期日投资组合价值 股价=34元
购买 1 股股票	-44	58	34
买入 1 份卖权	-7	0	21=(55-34)
卖出 1 份买权	1	-3=-(58-55)	0
合计	-50	55	55

上述结果表明,无论股票价格如何变动,投资组合都可得到相同的结果(55元),投资收益率即为无风险利率10%(55/50-1)。

假设没有套利活动,投资者可获得10%的无风险收益,如果卖权价格为6元,则初始投资为49元,投资者在1年后将有12.2%(55/49-1)的非均衡收益,超过平衡点收益率。为防止套利行为,投资者的初始投资必须遵循下列关系:

股票价值+卖权价值-买权价值=行权价格现值　　　　(12-4)
44　　+　　7　　-　　1　　=55/(1+10%)

式(12-4)即为买权—卖权平价关系,利用这种平价关系,就可以根据欧式买权价格推断出相同行权价、相同到期日的欧式卖权价格;反之亦然。

第二节　二项式期权定价模型

一、无套利定价

在一个有效的金融市场上,任何一项金融资产的价格必然会对套利行为做出相应的调整,重新回到均衡状态,这就是无套利定价原则。根据这一原则,金融资产的市场合理价格是这个价格使得市场不存在无风险套利机会。

无套利定价的关键是"复制"技术,即用一组证券复制另一组证券。假设存在两个不同的资产组合,它们的未来损益(future payoff)相同,但成本不同。在这里,可以简单地把损益理解为现金流。如果现金流是确定的,那么相同的损益指相同的现金流;如果现金流是不确定的,即未来存在多种可能性或者说多种状态,那么相同的损益指在相同状态下现金流是一样的。如果一个资产组合的损益等同于一只证券,那么这个资产组合的价格等于该证券的价格。这个资产组合称为证券的复制组合(replicating portfolio)。

期权复制是指利用股票与无风险债券构造一个投资组合,并使得该组合在任何状态下(股票价格上升或下跌)的未来现金流和看涨期权的未来现金流完全相同。例如,"1份看涨期权的未来现金流=A份股票的未来现金流+B份债券的未来现金流",即"1Call=A Shares+B Bonds",则称由A份股票和B份债券构成的投资组合可以复制1份看涨期权。

【例12-3】　有两个基本资产(股票A和债券B),还有一个在股票A上的看涨期权。股票当前价格为100元,1年后可能上涨25%(期末价格为125元),也可能下跌15%(期末价格为85元);无风险利率为8%(国库券年利率),债券当前价格为1元;股票A看涨期权的执行价格为100元,期限为1年。

根据上述数据,股票、债券和看涨期权的期末价格可以表示为二项式的形式,如图12-8所示。

根据无套利定价原则,看涨期权的(现在)价格和复制组合(股票和债券)的(现在)价格相等,即期权可以通过股票和债券来定价。如果期权和期权复制在期末的价格满足"1Call=A Shares +B Bonds",则

$$125A+1.08B=25$$
$$85A+1.08B=0$$

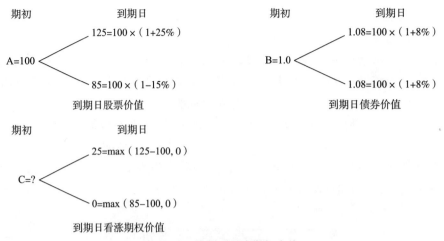

图 12-8 单期二项式期权定价

解此方程可以得到：

$$A = \frac{25}{125-85} = 0.6250$$

$$B = \frac{0-85A}{1.08} = -49.1898$$

根据该线性方程的解，1Call = 0.6250 Shares + (-49.1898) Bonds。如果股票价格上涨，买入 0.6250 份股票并以 8% 的利率借入 49.1898 份债券，就可以复制 1 份看涨期权，即：

看涨期权价格 = 0.625×100 + (-49.1898)×1 = 13.31(元)

这就是无套利定价法，如果两项资产或一组资产[这里是看涨期权(1 Call)和证券投资组合(0.6250 Shares 和 -49.1898 Bonds)]有相同的收益，那么它们一定有相同的市场价格。

二、风险中性定价

假设股票当前价格为 S，股票未来价格或上涨或下跌，且上涨和下跌的幅度是确定的。如果股票未来价格或上涨到 $Su(u>1)$，或下跌到 $Sd(d<1)$，依附于该股票的看涨期权价格是多少？为此，可以构造一个证券组合：买入 Δ 股股票，同时卖出 1 份买权。1 年后投资组合价值如表 12-6 所示。

表 12-6 无风险投资组合

投资组合	初始现金流量	到期价值	
		$S_{T=1} = 125$	$S_{T=1} = 85$
买入 Δ 股股票	-100Δ	125Δ	85Δ
卖出 1 份买权	c	-25	0
合计	$c-100\Delta$	$125\Delta-25$	85Δ

在表 12-6 中，到期日投资组合价值分别为 $(125\Delta-25)$ 元或 85Δ 元，如果不存在风险，则投资组合的价值就应该相等，即

$$125\Delta - 25 = 85\Delta$$

解得：

$$\Delta = 25/40 = 0.625$$

计算结果表明,如果现在买入 0.625 股股票同时卖出 1 份买权,到期时投资组合的价值是一样的。该投资组合既然是无风险的,在不存在套利机会的条件下,其收益率一定等于无风险利率。因此,投资组合的到期价值为:

$$125 \times 0.625 - 25 = 85 \times 0.625 = 53.125(元)$$

假设无风险利率为 8%,则投资组合到期价值的现值为:

$$53.125/(1+8\%) = 49.1898(元)$$

基于表 12-6 的数据,投资组合的初始价值为($100\Delta - c$)元,则:

$$100\Delta - c = 49.1898$$

$$c = 100 \times 0.625 - 49.1898 = 13.31(元)$$

将上述计算过程推而广之,可以得出期权价格的一般计算公式为:

$$Su\Delta - c_u = Sd\Delta - c_d$$

或

$$\Delta = \frac{c_u - c_d}{Su - Sd} = \frac{c_u - c_d}{S(u-d)} \tag{12-5}$$

公式(12-5)中的 Δ 为保值比率,即买权价格变动率与股票价格变动率之间的比率关系。在上例中,保值比率计算如下:

$$\Delta = \frac{25 - 0}{100 \times (1.25 - 0.85)} = 0.625$$

保值比率说明:(1)股票价格变动 1 个单位,买权价格变动 0.625 个单位;(2)"Δ 值"的倒数表示套期保值所需购买或出售的期权份数。在这里,投资者可购买 1 股股票同时卖出 1.6 份买权,这与前述的购买 0.625 股股票同时卖出 1 份买权是相同的。

公式(12-5)表明,如果 $\Delta = 0.625$,那么无论股票价格上升还是下跌,该组合的价值都相等。显然,这是无风险组合,因此我们可以用无风险利率对($Su\Delta - c_u$)或($Sd\Delta - c_d$)进行折现求解该组合的现值。在无套利机会的假设下,组合收益的现值应等于组合构造成本,即:

$$(S\Delta - c) = (Su\Delta - c_u)/(1+r)$$

$$c = \frac{S\Delta(1+r) - Su\Delta + c_u}{1+r} = \frac{S\Delta[(1+r) - u] + c_u}{1+r} \tag{12-6}$$

将保值比率代入上式,再对各项进行重新整理,可得到看涨期权的价值为:

$$c = \frac{1}{1+r}\left\{c_u\left[\frac{(1+r)-d}{u-d}\right] + c_d\left[\frac{u-(1+r)}{u-d}\right]\right\}$$

为简化上式,令

$$p = \frac{(1+r)-d}{u-d}, \quad 1-p = \frac{u-(1+r)}{u-d}$$

可以得到:

$$c = \frac{pc_u + (1-p)c_d}{1+r}$$

p 为风险中性概率(risk-neutral probability),它总是大于 0 而小于 1,所以具有概率性质。在一个风险中性世界里:(1)所有可交易证券的期望收益率都是无风险利率;(2)未来现金流量可以用证券的期望值按无风险利率折现。基于表 12-6 的数据,风险中性概率及看涨期权价值计算如下:

$$p = \frac{(1+r)-d}{u-d} = \frac{(1+8\%)-0.85}{1.25-0.85} = 0.575$$

$$1-p = \frac{u-(1+r)}{u-d} = \frac{1.25-(1+8\%)}{1.25-0.85} = 0.425$$

$$c = (0.5750 \times 25 + 0.4250 \times 0)/(1+8\%) = 13.31(元)$$

事实上,股价变动概率(p)已经隐含在下面的等式中:

$$125p + 85(1-p) = 100(1+8\%)$$

解上式得出概率(p)为0.5750。也就是说,1年后股价或涨至125元或跌至85元的股票之所以当前价格为100元,是因为投资者总体已经对股票未来价格波动概率有一个预期,即预计股票上涨或下跌的概率分别为0.575和0.425。我们用这个概率可以计算出买权1年后的预期价值为:

$$0.575 \times 25 + 0.425 \times 0 = 14.375(元)$$

在一个没有风险的中性世界里,1年后的14.375元的当前价值(以无风险利率折现)为:

$$14.375/(1+8\%) = 13.31(元)$$

比较以上两种方法可以看到,无套利定价法和风险中性定价法实际上具有内在一致性。在无套利定价过程中,并没有考虑标的资产价格上升和下降的实际概率,但从 p 在公式中的地位和特征上看很像概率,因此 p 常被称作假概率。把 p 解释为股票价格上升的概率相当于假设股票收益率等于无风险利率。如果与证券相关的资本市场上的投资者都是风险中性者,那么投资者要求的收益率就等于无风险利率。

在风险中性假设下,看涨期权和看跌期权的定价可表述为:

$$c = [0.5750 \times \max(100 \times 1.25 - 100, 0) + 0.4250 \times \max(100 \times 0.85 - 100, 0)]/1.08 = 13.31$$

$$p = [0.5750 \times \max(100 - 100 \times 1.25, 0) + 0.4250 \times \max(100 - 100 \times 0.85, 0)]/1.08 = 5.90$$

除了采用风险中性模型定价股票的看涨期权和看跌期权,还可以建立买权—卖权平价关系定价:

$$S + p = c + PV(K)$$
$$100 + 5.90 = 13.31 + 100/(1+8\%)$$

在买权—卖权平价中的现值 $PV(K)$ 为:在连续时间框架(标准 B-S 框架)中,$PV(K) = Ke^{-rT}$。在本例中,现值 $PV(K)$ 采用的是离散时间,即 $PV(K) = K/(1+r)$。

三、多期二项式期权定价

单期二项式模型虽然比较简单,但已包含二项式定价模型的基本原理和方法,我们可以进一步将其拓展为多期二项式模型。二项式模型的基本原理是:把期权的有效期分为很多很小的时间间隔 Δt,并假设在每一个时间间隔 Δt 内标的资产(S)的价格只有上升或下降两种可能。图12-9描述了二项式模型的一般表现形式,图中每一个数值称为一个节点,每一条通往各节点的线称为路径。u 和 d 分别表示标的资产价格上升或下降为原来数值的倍数,u 和 d 的数目分别表示上升或下降的次数。例如,当时间为0时、证券价格为 S,当时间为 Δt 时,证券价格要么上涨到 Su,要么下降到 Sd;当时间为 $2\Delta t$ 时,证券价格就有三种可能,即 Su^2、Sud(等于 S)和 Sd^2;以此类推。一般而言,在 $i\Delta t$ 时刻,证券价格有 $i+1$ 种可能。需要说明的是,在较大的时间间隔内,这种二值运动的假设是不符合实际的;但是当时间间隔非常小,且在每个瞬间资产价格只向两个方向变动时,二值运动的假设是可以接受的。因此,二项式模型实际上是用大量离散的小幅度二值运动来模拟连续的资产价格运动。

在图 12-9 中,根据每个节点标的资产的价格,采用倒推法计算每个节点的期权价格,即从结构图的末端 t 时刻往回倒推。在到期 t 时刻的预期期权价值是已知的,例如买权价值为 $\max(S_t-K,0)$,卖权价值为 $\max(K-S_t,0)$。在风险中性条件下,求解 $t-\Delta t$ 时刻的每一节点上的期权价值,都可将 t 时刻的期权价值的预期值在 Δt 时间长度内按无风险利率 r 求出折现值。同理,要求解 $t-2\Delta t$ 时刻的每一节点的期权价值,也可以将 $t-\Delta t$ 时刻的期权价值预期值在时间 Δt 内按无风险利率 r 求出折现值,以此类推。采用这种倒推法,最终可以求出零时刻(当前时刻)的期权价值。

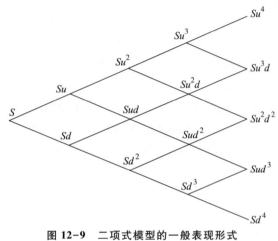

图 12-9 二项式模型的一般表现形式

【例 12-4】 股票当前价格为 50 元,考虑 3 个阶段(每个阶段间隔为 0.25 年)的价格变化,假设每个阶段股票价格可能上涨下跌 20%,同期无风险债券利率为 2.02%,现有 1 份股票看涨期权,执行价格 K 为 52 元,计算看涨期权的价格。

(1)计算不同时点上升或下跌时的股票价格,如图 12-10 上半部分所示。

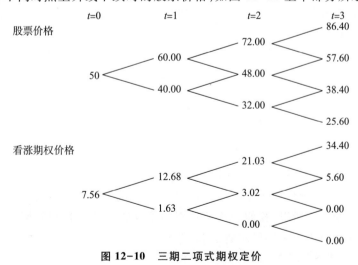

图 12-10 三期二项式期权定价

(2)计算风险中性概率:

$$p=\frac{(1+r)-d}{u-d}=\frac{(1+2.02\%)-0.80}{1.20-0.80}=0.5505$$

$$1-p = \frac{u-(1+r)}{u-d} = \frac{1.20-(1+2.02\%)}{1.20-0.80} = 0.4495$$

（3）计算图 12-10 下半部分各个节点的期权价格。在图 12-10 中，3 期结束时（$t=3$）的股票价格和期权价格的计算如表 12-7 所示。

表 12-7　股票价格和期权价格（$t=3$）

状态	股票价格（元）	期权价格（元）
价格 3 次上涨	$86.4 = Su^3 = 50 \times 1.20^3$	$34.4, \max(86.4-52, 0)$
价格 2 次上涨，1 次下跌	$57.6 = Su^2d = 50 \times 1.20^2 \times 0.80$	$5.6, \max(57.6-52, 0)$
价格 1 次上涨，2 次下跌	$38.4 = Sud^2 = 50 \times 1.20 \times 0.80^2$	$0, \max(38.4-52, 0)$
价格 3 次下跌	$25.6 = Sd^3 = 50 \times 0.8^3$	$0, \max(25.6-52, 0)$

当 $t=2$ 时，根据风险中性概率（这个概率依赖于股票运动的状态和市场利率）计算三个节点的期权价格：

$$21.03 = (0.5504 \times 34.4 + 0.4495 \times 5.6)/1.0202$$
$$3.02 = (0.5504 \times 5.6 + 0.4495 \times 0)/1.0202$$
$$0 = (0.5504 \times 0 + 0.4495 \times 0)/1.0202$$

当 $t=1$ 时，两个节点的期权价格为：

$$12.68 = (0.5504 \times 21.03 + 0.4495 \times 3.02)/1.0202$$
$$1.63 = (0.5504 \times 3.02 + 0.4495 \times 0)/1.0202$$

当 $t=0$ 时，期权价格为：

$$7.56 = (0.5504 \times 12.68 + 0.4495 \times 1.63)/1.0202$$

上述计算表明，看涨期权价值等于以无风险利率折现的两个期间的期望值（此处采用风险中性概率计算）。同理，3 期二项式模型可以推广为多期二项式期权定价模型。

以上是欧式期权的情况，如果是美式期权，就要在二项式结构的每一个节点上，比较在本时刻提前执行期权，或继续再持有 t 时到下一个时刻再执行期权，选择其中较大者作为本节点的期权价值。

第三节　布莱克-斯科尔斯模型

一、布莱克-斯科尔斯模型的基本思想

二项式模型是通过投资组合的价值关系确定期权价值的。这种方法虽然简单，但在现实生活中很难实行。这是因为在期权有效期内，标的资产（股票）价格的变化不只局限于两种情况，而且股票价格变化是连续性的，在每一瞬间，股票价格都会发生变化，并由此引起期权价值的变化。所以，我们必须从动态的角度研究每一瞬间的期权价值。美国学者费希尔·布莱克与迈伦·斯科尔斯于 1973 年在"期权估值与公司债务"一文中提出期权估值模型（简称 B-S 模型），把财务理论推向了一个崭新的阶段。

B-S 模型的主要假设条件是：①资本市场是完善的，没有交易手续费、税费、保证金、融资限制等；②存在一个无风险利率，它在期权有效期内不会变动，投资者可按此利率无限制地借款和贷款；③标的资产价格的变动是连续的，在一段极短的时间内，标的资产价

格只能极微小地变动,即排除了跳空上涨或跳空下跌的可能性;④期权为欧式的;⑤标的资产在期权有效期内不支付股利和利息;⑥标的资产价格变动符合几何布朗运动,每一个小区间内标的资产的收益率均服从正态分布,且两个不同区间内的收益率相互独立;⑦市场提供了连续交易的机会。

B-S 模型的基本思路是:利用期权和相关证券组合进行无风险投资保值,导出期权定价模型。在表 12-6 的投资组合中,当股票价格上升 ΔS 时,投资者在卖出买权这一交易中损失 $1.6 \times 0.625 \Delta S$ 或 ΔS,但在股票投资上赚了 ΔS,所以组合投资价值为零。也就是说,组合资产的 Δ 为零,这样的组合资产称作 Δ 中性(delta neutral)组合。但资产组合保持中性只是暂时的,随着股票价格和时间的变动,同一期权的 Δ 值也会发生变化,因此投资者必须不断调整投资组合,使买入股票和卖出买权的数量比例与 Δ 值的比值始终维持为倒数关系。在连续的调整过程中,所有的资本都必须在该投资组合内周转,称为自我融资(self-financing),即期初支出(如 $100-1.6c$)一旦确定,投资者就不应再动用自己的任何资金。

在无风险、无套利与自我融资的情况下,投资者会一直赚取无风险利率,此时再把股价波动的随机过程纳入,便可导出财务理论史上具有深远意义的买权定价公式:

$$c = SN(d_1) - Ke^{-rT}N(d_2) \tag{12-7}$$

$$d_1 = \frac{\ln(S/K) + (r+\sigma^2/2)T}{\sigma\sqrt{T}}$$

$$d_2 = d_1 - \sigma\sqrt{T}$$

其中,c 表示买权价值;S 表示标的资产现行市场价格;K 表示行权价格;r 表示无风险利率(按连续复利计算);σ 表示标的资产价格波动率(volatility);T 表示期权距到期日的时间;$N(x)$ 表示标准正态分布的累积概率分布函数,即服从正态分布的变量小于 x 的概率。根据标准正态分布函数特性,可知 $N(-x) = 1 - N(x)$。

从 B-S 模型的经济含义看,$N(d_1)$ 等于保值比率 Δ,反映了标的资产变动一个很小单位时,期权价格的变化量。或者说,要避免标的资产价格变化给期权价格带来的影响,一个单位的看涨期权多头需要 Δ 单位的标的资产空头加以保值。$N(d_2)$ 实际上是在风险中性世界中 S_T 大于 K 的概率,或者说是欧式买权被执行的概率,因此 $Ke^{-rT}N(d_2)$ 是 K 的风险中性期望值的现值,$SN(d_1) = e^{-rT}S_T N(d_1)$ 是 S_T 的风险中性期望值的现值。因此,整个欧式买权公式可以被看作期权未来预期收益的现值,即买权价值等于标的资产价格期望值的现值减去行权价格现值。

二、B-S 模型的计算方法

根据公式(12-6),B-S 模型中的期权价格取决于以下五个参数:标的资产市场价格、行权价格、到期期限、无风险利率和标的资产价格波动率(即标的资产收益率的标准差)。在这些参数中,前三个较容易获得确定的数值,后两个则需要通过一定的计算确定。

(一)估计无风险利率

在发达的金融市场上,可选择国债利率作为无风险利率的估计值。由于国债利率通常为名义利率,需要将其转化为按连续复利方式表达的利率。此外,如果利率期限结构曲线倾斜严重,那么不同到期日的收益率很可能相差很大,必须选择距离期权到期日最近的国债利率作为无风险利率。

(二)估计标的资产价格波动率

1. 历史波动率

历史波动率是指基于标的资产价格的历史数据计算出价格收益率的标准差。在计算波动率时,可以采用统计学中计算样本均值和标准差的简单方法。首先,从市场上获得标的资产(如股票)在固定时间间隔(如每天、每周或每月等)的价格;其次,对于每个时间段,求出该时间段末的股价与该时间段初的股价之比的自然对数;然后,求出前述对数的标准差,再乘以一年所包含的时段数的平方根(选取时间间隔为天,按交易日计算,年一般按252个交易日计算,即乘以$\sqrt{252}$),即得到历史波动率。

表12-8列示了IBM股票11个交易日的收盘价(2016年10月20日至2016年11月3日),据此可得到11个交易日的股票收益率及波动率数据,据此说明波动率的计算方法。

表12-8 IBM股票历史波动率数据

日期	调整后收盘价(美元/股)	收益率 $\ln(r_t)$ (%)	$(\ln r_t - \bar{r})^2$
2016/10/20	151.52		
2016/10/21	149.63	−1.26	0.00017
2016/10/24	150.57	0.63	0.00003
2016/10/25	150.88	0.21	0.00000
2016/10/26	151.81	0.61	0.00003
2016/10/27	153.35	1.01	0.00009
2016/10/28	152.61	−0.48	0.00003
2016/10/31	153.69	0.71	0.00004
2016/11/1	152.79	−0.59	0.00004
2016/11/2	151.95	−0.55	0.00004
2016/11/3	152.37	0.28	0.00000
合计		0.5%	0.00048

资料来源:根据 http://cn.finance.yahoo.com/ 调整后收盘价计算。

根据表12-8,计算股票收益率的均值、标准差如下:

$$收益率均值(\bar{r}) = \frac{1}{n}\sum_{t=1}^{n}\ln r_t = \frac{0.56\%}{10} = 0.056\%$$

$$收益率标准差(\sigma_日) = \sqrt{\frac{1}{n-1}\sum_{t=1}^{n}(\ln r_t - \bar{r})} = \sqrt{\frac{0.00048}{9}} = 0.00005$$

$$\sigma_年 = \sigma_日 \times \sqrt{252} = 0.00005 \times \sqrt{252} = 0.0007937$$

在上述例子中,采用11个交易日股票价格的历史数据(或10个收益率观测值)计算的波动率(日标准差)为0.005%,年标准差为0.07937%。从11个交易日的收盘价看,IBM股票价格在149.63美元和153.69美元之间波动。在实务中,收益率标准差可以按日、周或月度数据计算,时间跨度可根据需要选择短期(一年内)或长期(一年以上)。从统计的角度来看,时间越长、数据越多,收益标准差的精确度越高。但是,资产价格收益率的波动率常常随时间而变化,太长的时间段反而可能降低波动率的精确度。因此,在计算波动率时,要注意选取距离估价日较近的时间,一般的经验法则是设定度量波动率的时期等于期权的到期日。

在 B-S 模型所用的参数中,有三个参数与时间有关:到期期限、无风险利率和波动率。值得注意的是,这三个参数的时间单位必须相同,同为天、周或年。

2. 隐含波动率

从 B-S 模型本身来说,波动率指的是未来的波动率数据,即投资者对未来标的资产波动率的预期。历史波动率并不能很好地反映预期值,为了克服这一缺陷,可采用隐含波动率。B-S 期权定价所要求的 5 个参数中,有 4 个参数(S,K,r 和 T)是可以直接观测的,只有一个参数(股票价格波动率 σ)是不可直接观测到的。在实务中,可以根据 B-S 模型"倒推"计算得到。也就是说,可以将除波动率以外的参数和市场上的期权报价代入 B-S 模型,计算所得波动率可以看作市场对未来波动率的预期。由于 B-S 期权定价公式比较复杂,隐含波动率的计算一般需要通过计算机完成。在实务中,也可采用数据提供商提供的隐含波动率。

【例 12-5】 根据表 12-2 的数据,在 IBM170421C00120000 合约中,买权的行权价格为 120 美元;期权到期日为 2017 年 4 月 21 日,在此期间扣除双休日、元旦等假期后,共有 115 个交易日,假设全年按 252 个交易日计算;隐含波动率为 42.94%(http://cn.finance.yahoo.com/);假设同期国债利率为 1.5%。2016 年 11 月 2 日 IBM 股票收盘价为 151.95 美元,假设不考虑股利支付因素。

(1) 按欧式期权计算的 IBM170421C00120000 买权合约的理论价值如下:

第一步,计算 d_1 与 d_2。

$$d_1 = \frac{\ln(S/K)+(r+\sigma^2/2)T}{\sigma\sqrt{T}}$$

$$= \frac{\ln(151.95/120)+(1.5\%+0.4294^2/2)\times115/252}{\sqrt{0.4294^2\times115/252}} = 0.9824$$

$$d_2 = d_1 - \sigma\sqrt{T} = 0.9824 - \sqrt{0.4294^2\times115/252} = 0.6923$$

第二步,计算 $N(d_1)$ 和 $N(d_2)$。

$N(d)$ 可根据标准正态分布①的累积概率分布函数表,查表计算得出。表中给出的是正态分布对称轴一侧的面积,如果 $d>0$,查表所得概率应加上 0.5;如果 $d<0$,查表所得概率应从 0.5 中减除。② 本例中 $N(d)$ 数值计算如下:

$$N(d_1) = N(0.9824) = N(0.98) = 0.3365+0.5 = 0.8365$$
$$N(d_2) = N(0.6923) = N(0.69) = 0.2549+0.5 = 0.7549$$

分布函数表只列示小数点后两位数,上述是按 $N(d_1=0.98)$ 和 $N(d_2=0.69)$ 查表计算的,计算结果不够准确。为此,可根据 Excel 函数(NORMSDIST)得到上述参数,在电子表格中输入"=NORMSDIST(d)",回车后可以得到:

$$N(d_1) = 0.837049$$

---

① 标准正态分布是指 $E(r)=0$、$\sigma=1$ 的正态分布,从这个分布抽取的数值小于 0 的概率为 50%,即 $N(0)=50\%$。
② 在以后的例题中,d_1,d_2 均保留小数点后四位,采用 Excel 函数进行计算。

$$N(d_2) = 0.755626$$

第三步,计算买权的理论价值。

$$\begin{aligned}c &= SN(d_1) - Ke^{-rT}N(d_2)\\&= 151.95 \times 0.837049 - 120 \times e^{-0.015 \times 115/252} \times 0.755626\\&= 127.1896 - 90.0565 = 37.13(美元)\end{aligned}$$

(2)根据买权-卖权平价关系,得到一个可以直接计算卖权价值(p)的公式为:

$$\begin{aligned}p &= c + Ke^{-rT} - S\\&= SN(d_1) - Ke^{-rT}N(d_2) + Ke^{-rT} - S\\&= S[N(d_1)-1] + Ke^{-rT}[1-N(d_2)]\\&= Ke^{-rT}N(-d_2) - SN(-d_1)\end{aligned} \qquad (12\text{-}8)$$

根据表 12-2 的数据,在 IBM170421P00080000 合约中,行权价格为 80 美元;到期日为 2017 年 4 月 21 日,在此期间共有 115 个交易日;假设隐含波动率为 44.26%;假设无风险利率为 1.5%;则

$d_1 = 2.3180$ $N(d_1) = 0.9898$ $N(-d_1) = 1 - N(d_1) = 0.0102$

$d_2 = 2.0190$ $N(d_2) = 0.9783$ $N(-d_2) = 1 - N(d_2) = 0.0217$

2016 年 11 月 3 日,IBM 股票收盘价为 151.95 美元,假设不考虑股利支付因素,按欧式期权计算,IBM170421P00080000 卖权合约的理论价值计算如下:

$$\begin{aligned}p &= Ke^{-rT}N(-d_2) - SN(-d_1)\\&= 80e^{-0.015 \times 115/252} \times 0.0217 - 151.95 \times 0.0102\\&= 1.7216 - 1.5499 = 0.1743(美元)\end{aligned}$$

根据 B-S 模型,在上述两个期权合约中,看涨期权理论价值为 37.13 美元,看跌期权理论价值为 0.1743 美元;两种期权理论的价值估计结果与表 12-2 列示的交易价格稍有差别。

严格地说,B-S 模型只适用于计算无派息条件下的欧式股票期权的理论价值,但在进行必要的修正之后,也可用于估算其他类型期权价值的理论值。现以美式期权和存在股利的情况为例加以说明。

通常,美式期权持有者在到期日之前的任意时间均可履约。由于美式期权能提供所有欧式期权所提供的权利,还提供比欧式期权更多的机会,因此它的价值至少应等于或大于与同等欧式期权的价值。通常,在无股利情况下,美式期权不应提前执行,如果提前支付行权价格,则意味着履约者不仅放弃了期权,还放弃了货币的时间价值。如果不提前履约,在其他条件一定的情况下,美式期权与欧式期权的价值相等。只有在支付股利的情况下,美式期权与欧式期权的估价方法才有所不同。

一般情况下,股票价格在除息日会下降一定幅度,从而引起买权价值下跌。事实上,现金股利代表公司部分具有相应权利的股东而非期权持有者,如果公司支付清算性股利,那么股票价格将降为 0,期权价值也将降为 0。在其他条件不变的情况下,期权到期之前所支付股利的现值越大,期权价值越小。在 B-S 模型中,对内含股利的标的股票进行调整的一种方法就是把所有至到期日为止的预期未来股利的现值从股票的现行市价中扣除,然后采用无股利情况下的 B-S 模型计算期权价值。如果预期标的资产的股利收益($y =$ 股利/股票的现值)在寿命周期内保持不变,B-S 模型可改写为:

$$c = Se^{-yT}N(d_1) - Ke^{-rT}N(d_2) \qquad (12-9)$$

$$d_1 = \frac{\ln(S/K) + (r-y+\sigma^2/2)T}{\sigma\sqrt{T}}$$

$$d_2 = d_1 - \sigma\sqrt{T}$$

在 B-S 模型中考虑股利的结果是降低了买权价值,这种调整方法简单易行,但仍然没有考虑提前履约的可能性。

【例 12-6】 2017 年 3 月 17 日,IBM 股票价格为 175.65 美元,按连续型收益计算的年度标准差为 17.31%(根据 IBM 股票 2012 年 1 月至 2016 年 12 月的调整后收盘价计算的 60 个月收益率,并以此为基础计算月度标准差和年度标准差),2017 年 6 月 16 日到期国债收益率为 2.92%。IBM 股票欧式看涨期权(IBM170616C00160000)执行价格为 160 美元,欧式看跌期权(IBM170616P00160000)执行价格为 160 美元。到期日均为 2017 年 6 月 16 日的两种期权的到期期限为 0.2493 年;假设股利支付率为 1%。采用 Excel 函数计算 IBM 期权价值(见表 12-9)。

表 12-9　B-S 期权定价(连续型收益)

参数	数额	输入说明
S	175.65	当前的股票价格(美元)
K	160.00	行权价格(美元)
r	2.92%	年度无风险利率
T	0.2493	到期期限
Sigma	17.31%	历史波动率(σ)
y	1%	股利支付率
输出		
d_1	1.1784	=(LN(S/K)+(r-y+0.5*sigma^2)*T)/(sigma*SQRT(T))
d_2	1.0919	=d_1-sigma*SQRT(T)
$N(d_1)$	0.8807	=NormSDist(d_1)
$N(d_2)$	0.8626	=NormSDist(d_2)
c(看涨期权)	17.2951	=S*EXP(-y*T)*N(d_1)-K*exp(-r*T)*N(d_2)
$-d_1$	-1.1784	=-d1
$-d_2$	-1.0919	=-d2
$N(-d_1)$	0.1193	=1-N(d1)
$N(-d_2)$	0.1374	=1-N(d2)
p(看跌期权)	0.9219	call price-S+K*EXP(-r*T):用买权—卖权平价定理(美元)
p(看跌期权)	0.9219	K*EXP(-r*T)*N(-d2)-S*EXP(-y*T)*N(-d1):直接用公式(美元)

三、B-S 模型参数分析

以上讨论的只是期权价值理论上的价值构成,期权价值的形成和确定受多种因素的影响,如宏观经济形势、期权市场供求状况和交易者的心理预期等,较为重要的因素有以下六种:

（1）标的资产市价(S)。买权价值与S呈正向变动关系，S越高(低)，买权价值越大(小)；卖权价值与S呈负向变动关系，S越高(低)，卖权价值越小(大)。

（2）行权价格(K)。买权价值与K呈反向变动关系，K越高(低)，期权买方盈利的可能性越小(大)，买权价值越小(大)；卖权价值与K呈正向变动关系，K越高(低)，期权卖权盈利的可能性越大(小)，卖权价值越大(小)。

（3）合约剩余有效期(T)。期权具有时间价值且与合约剩余有效期长短呈正向变动关系，在一般情况下，买权价值和卖权价值均与T呈正向变动关系。但对于欧式期权来说，由于欧式期权只能在到期日履约，因而也可能在买方履约愿望较强时出现T越短、期权价值越高，T越长、期权价值越低的情况。

（4）标的资产价格的波动性或风险性(σ)。σ通常以标的资产收益率的标准差来衡量，但标准差只衡量离中趋势，并未指明S会向哪个方向波动，而且正反方向的波动机会均等。若往正向波动，则买权持有者有无限的获利空间；若往负向波动，买权持有者可弃权，其受损程度有限，两相抵消后仍以正向波动的好处较大，因此σ与c有正向变动关系。对卖权而言，若S负向波动，则卖权持有者有较大的获利空间；若S正向波动，则卖权持有者可弃权而使损失有限，两相抵消后仍以负向波动的好处较大，因此σ与p也有正向变动关系。

（5）利率(r)。买权是指在一定时间内以固定价格购买标的资产的权利，利率越高，行权价格的现值就越小，相当于买权履约成本减少，对买权有利；而行权价格是卖权出售标的资产所能得到的款项，当利率上涨、现值减小时，相当于卖权履约收入降低。因此，r与c有正向变动关系，r与p有负向变动关系。

（6）标的资产的孳息(D)。在期权有效期内，股票可能发放股利，债券有应计利息，外币有各自的汇率，这些就是所谓的孳息。孳息越多，S的下降趋势(如股票会因除息而跌价)越显著，这对卖权有利、对买权不利，因此D与c有负向变动关系，D与p有正向变动关系。

第四节 期权与融资估价

一、期权在融资中的应用

MM定理的发明者米勒教授指出："只有依赖期权定价法我们才能对股票进行准确的量化定价。"在实务中，含有期权特征的证券主要有以下几种：

（1）优先认购权(pre-emptive rights)是指公司在发行新股时，给现有股东优先认购的权利。优先认购权使现有股东在一定时期内有权以低于市场价格的价格购买新股，主要用于保护现有股东对公司的所有权和控制权。公司现有股东可以在规定的时间按优惠价格购买公司新股，也可以在市场上出售优先认购权。影响优先认购权价值的参数与B-S模型的参数相同。

（2）备兑协议(standby agreements)是指承销商与发行人之间关于股票承销的一种协议。按协议规定，公司发行新股时，如果在规定的时间内按一定价格发售后还有剩余的未售股票，承销商(投资银行)有义务按协定价格或优惠价格全部买入这部分股票，然后再转售给公众投资者。对于投资银行来说，为了防止在备兑协议期间股票市场价格下跌遭受的损失,要求发行人事先支付一笔风险溢价,这笔溢价可视同股票卖权价值。

(3)权证可分为认购权证(call warrants)和认沽权证(put warrants)两种。前者是一种买入权利(而非义务),即权证持有人有权在约定期间(美式权期)或到期日(欧式权期),按约定价格买入约定数量的标的资产。认沽权证则属于卖出权利(而非义务),权证持有人有权在约定期间(美式期权)或到期日(欧式期权)按约定价格卖出约定数量的标的资产。

(4)可转换债券(convertible bonds)是指在将来指定的时期按约定的转换比率转换成同一公司发行的其他证券(如股票)等。

(5)可售回债券(股票)(putable bonds,putable stocks)规定证券持有人可以在未来某一时间按约定价格提前用持有的证券兑换现金。这种证券的持有人不但购买了证券,还购买了证券的卖权,即证券本身包含了一个卖权多头。

(6)可赎回债券(callable bonds)规定发行公司可以在未来某一时间按约定价格购回债券。这种债券的持有人相当于出售给发行人一个买权,即债券本身包含一个买权空头。

含有期权特征的证券价值高于纯证券(不含期权)价值的部分即为期权价值,一般可以根据 B-S 模型进行估价,也可以采用其他方法,如决策树法、模拟分析法等。本节主要从融资的角度讨论认股权证和可转换债券的期权价值。

二、附认股权证债券

附认股权证债券(bond with attached warrant 或 equity warrant bonds)是指公司债券附有认股权证,持有人依法享有在一定期间内按约定价格认购公司股票的权利,是"债券+认股权证"的产品组合。对于发行人来说,附认股权证债券起到一次发行、二次融资的作用,可以有效降低融资成本。相对于普通转换债券,附认股权证债券的不同之处表现在:第一,发行人一直都有偿还本息的义务;第二,如果债券附美式权证,会给发行人的资金规划带来一定的不利影响;第三,无赎回和强制转股条款,从而在发行人股票价格高涨或者市场利率大幅降低时,发行人需承担一定的机会成本。

附认股权证公司债券价值由纯债券价值和认股权证价值两部分构成,其中纯债券价值可根据第三章相关公式计算。作为期权的一个变种,认股权证价值主要由内含价值和时间价值构成,采用 B-S 模型确定认股权证内含价值的计算公式为:

$$c_w = \max[n(S-K), 0] \quad (12-10)$$

其中,c_w 表示认股权证的内含价值;n 表示行权比率,即每份认购权证能购买的普通股股数;S 表示普通股每股市价;K 表示行权价格。

认股权证的持有人无投票权,也不能分得股利,但如果公司发行股票或分割股票,认股权证的行权价格会自动调整。套利机制使得认股权证的内含价值构成认股权证的最低极限价格。由于普通股的市场价值随着时间的推移而变动,因此认股权证的内含价值也会随之变动。

时间价值反映股价在到期日前可能向有利于投资者方向变动而产生的价值,主要与权证剩余时间和股票价格波动率有关。对于权证投资者,距离到期日时间越长,股票价格波动的可能性越大,权证时间价值也越大。随着时间的流逝,权证时间价值逐渐下降。股价波动率的增大会增加权证持有人获利的机会,因此股价波动率越大,认股权证的价值越高。

影响权证价值的因素与影响股票期权价值的因素基本相同；此外，在确定认股权证价值时，还应考虑股利因素。权证持有人不享有股利分配权，权证持有时间越长，丧失的股利收入就越多，当权证杠杆效应所带来的收益不足以弥补所丧失的股利时，权证价值就会下降。

当认股权证持有人行使转换权利时，将增加公司流通在外的普通股股数，其结果是普通股每股收益降低，这种潜在的每股收益稀释也将导致认股权证价值的下降。认股权证内含价值计算步骤如下：

第一步，根据认股权证被执行后的预期稀释效应调整股票价格，稀释后普通股每股预期价格为：

$$\text{稀释后普通股每股预期价格} = \frac{S \times N + n \times W \times K}{N + n \times W} \qquad (12-11)$$

其中，S 表示普通股当前每股价格；N 表示认股权证行使前公司发行在外的普通股股数；n 表示每张认股权证可以购买的普通股股数；W 表示认股权证发行数量；K 表示认购价格。

第二步，根据 B-S 模型计算普通股买权价值，其中所用方差是公司股票价值的方差。

第三步，根据认股权证与普通股买权价值的关系计算认股权证价值，每份认股权证的内含价值为：

$$\max\left[n\left(\frac{S \times N + n \times W \times K}{N + n \times W} - K\right), 0\right] = \max\left[\frac{N \times n}{N + n \times W}(S-K), 0\right]$$

$$= \frac{N \times n}{N + n \times W}\max[S-K, 0] \qquad (12-12)$$

公式(12-12)中的 $\max[S-K, 0]$ 为普通股买权价值，公司认股权证内含价值等于公司普通股买权价值的 $\frac{N \times n}{N + n \times W}$ 倍。

【例 12-7】 2008 年 4 月 2 日，青岛啤酒发行 1 500 万张附认股权证债券（或分离交易可转换债券），募集资金共计 15 亿元，每张债券持有人可以获得公司派发的 7 份认股权证。债券面值为 100 元，票面利率为 0.8%，期限为 6 年，信用评级为 AA+。认股权证部分的存续期为 18 个月，行权日为 2009 年 10 月 13 日，初始行权价为 28.32 元，行权比率为 2∶1。

（1）认股权证价值。假设现在是 2008 年 8 月 21 日，青岛啤酒股票（正股）收盘价格为 21.09 元。为测算每份认股权证的理论价值，对 B-S 模型中的参数设定如下：行权价格 (K) 为 28.06 元；无风险利率 (r) 取 2 年期国债利率 2.88%，按连续复利计算为 2.92%；股票波动率 (σ) 为青岛啤酒股票收益率的隐含波动率 104.9%；权证存续期 (T) 为 1.16 年。将上述参数代入 B-S 模型，采用 Excel 函数计算出青岛啤酒股票买权价值为 7.52 元（见表 12-10）。

表 12-10 青岛啤酒股票买权价值

参数	数额	说明
S	21.09	股票当前市场价格（2008 年 8 月 21 日）
K	28.06	行权价格
r	2.92%	无风险利率（按 2 年期国债利率连续复利计算）
T	1.16	期权到期时间（以年为单位）

(续表)

参数	数额	说明
σ	104.90%	股票隐含波动率
d_1	0.3422	=(LN(S/K)+(r+0.5*sigma^2)*T)/(sigma*SQRT(T))
d_2	-0.7876	=d_1-sigma*SQRT(T)
$N(d_1)$	0.6339	=NormSDist(d_1)
$N(d_2)$	0.2155	=NormSDist(d_2)
买权价值	7.52	=S*N(d_1)-K*exp(-r*T)*N(d_2)

根据青岛啤酒分离交易可转换债券的公告,认股权证发行总量为 10 500 万份,行权比率为 2∶1,即 2 份认股权证可认购 1 股青岛啤酒 A 股股票,流通股为 23 575.55 万股。结合表 12-10 的数据,青岛啤酒认股权证内含价值计算如下:

$$认股权证内含价值 = 7.52 \times \frac{N \times n}{N + n \times W}$$

$$= 7.52 \times \frac{23\,575.55 \times 0.5}{23\,575.55 + 0.5 \times 10\,500} = 3.08(元)$$

在实务中,通常根据认股权证合理的溢价率水平确定其市场定价。溢价率是权证一个重要的风险指标,表示以当前价格买入权证并持有至到期,标的股票需向有利方向变动多少(百分比)投资者才可以不盈不亏。限于篇幅,在此不做说明。

(2) 债券价值。公司债券价值主要取决于到期收益率和债券票面利率,2008 年 8 月,沪市企业债券交易所市场交易 5—6 年期企业债共有 20 种,到期收益率平均值为 5.08%,以此作为折现率;青岛啤酒债券剩余年限为 5.611 年。根据上述数据,青岛啤酒债券价值为 79.86 元(表 12-11 最后一行合计数)。

表 12-11　青岛啤酒债券价值

剩余年限(年)	0.611	1.611	2.611	3.611	4.611	5.611
利息及到期本金(元)	0.800	0.800	0.800	0.800	0.800	100.800
现值(元)	0.776	0.739	0.703	0.669	0.637	76.333

三、可转换债券估价

可转换债券(convertible bonds)是一种以公司债券(包括优先股)为载体,允许持有人在规定的时间内按规定的价格转换为发行人或其他公司普通股的金融工具。

(一) 可转换债券的基本概念

纯债券价值(straight-debt value)是指非转换债券所具有的价值——不含转换权债券的价值,一般根据债券估价模型计算。

转换价值(conversion value)是指可转换债券能以当前股票价格立即转换为普通股时可转换债券所能取得的价值,其计算公式为:

$$转换价值 = 换股比率 \times 股票当前市场价格 \qquad (12-13)$$

转换价格（conversion price）是指可转换债券转换为股份的行权价格，可转换债券合约中规定的这一价格为初始转换价格。

转换比率（conversion ratio）是指每份可转换债券可转换成普通股的股数。

转换比率与转换价格的关系可表示为：

$$转换比率=\frac{可转换债券的发行价格}{转换价格} \qquad (12-14)$$

转换时间是指债券持有人行使转换权利的有效期限。通常有两种规定：一种是发行人确定一个特定的转换期限，只有在该期限内，公司才受理可转换债券的换股事宜；另一种是不限制转换的具体期限，只要可转换债券尚未还本付息，投资者可以任意选择转换时间。

转换权是指债券持有人在规定的时间内可按规定的转换价格将可转换债券转换为股票的权利，转换权是可转换债券的基本特征。

赎回权（callable option）是指发行人在一定的时期内可以提前赎回未到期的可转换债券的权利而非义务，赎回价格一般高于面值。赎回权一般在公司与投资者之间关于赎回行为的赎回条款中书面约定。

回售权（putable option）是指在股票价格表现欠佳时，投资者要求发行人收回发行在外的可转换债券，并在指定日期内以高于面值的一定溢价出售给发行人的权利。回售权一般在公司与投资者之间关于回售行为的回售条款中约定。

（二）可转换债券价值

可转换债券可以看作一份债券和和一份公司股票的看涨期权组合，这与前述的附认股权证债券组合几乎相同，只不过可转换债券持有人行权时必须放弃债券，而附认股权证债券持有人在行权后可继续持有债券。

可转换债券价值主要由纯债券价值（或转换价值）加上期权价值构成。在可转换债券到期之前：如果纯债券价值>转换价值，投资者不会行使转换权，会持有债券以赚取高额利息收入；如果转换价值>纯债券价值，投资者会将债券转换为股票，从中获利。在可转换债券到期日，可转换债券持有人要么立即行使转换权，成为公司的股东，要么接受公司支付的债券本息。因此，到期日可转换债券的价值是纯债券价值和转换价值中的最大者，也是可转换债券的最小值或底价。

在可转换债券到期前，可转换债券持有人不必立即做出选择，他们可以等待获利机会再做决断。这样未到期可转换债券价值总是大于底价，两者的差额称为可转换债券期权价值或溢价，这笔溢价相当于公司股票的美式买权价值。假设不考虑债券违约情况，纯债券价值、转换价值、期权价值、可转换债券价值之间的关系如图12-11所示。

在图12-11中，纯债券价值与转换价值越接近（无论两者孰高），可转换债券期权价值越大；纯债券价值与转换价值的差额越大，期权价值相对越小；纯债券价值与转换价值相等时，期权价值相对最大。随着债券到期日（或转换日）的接近，可转换债券的市场价值与转换价值几乎相等，即可转换债券期权价值为零。在可转换债券到期日之前，其价值等于纯债券价值和转换价值两者中的较大值与期权价值之和：

$$可转换债券价值=\max(纯债券价值或转换价值)+期权价值 \qquad (12-15)$$

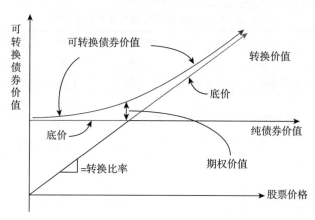

图 12-11 可转换债券价值与股票价格的关系

【例 12-8】 2018 年 12 月 13 日,青岛海尔股份有限公司发布公告,将于 2018 年 12 月 18 日发行 30.0749 亿元可转换债券,按面值发行,每张面值 100 元,债券期限 6 年。海尔可转债的债券条款、转股条款和特殊条款如表 12-12 所示。

表 12-12 海尔可转债(110049.SH)条款

发行规模	可转换债券张数	发行价	网上申购日	缴款日
30.07 亿元	3 007 万张	100 元/张	2018/12/18	2018/12/20
债券条款				
债券期限	2018/12/18—2024/12/17		起息日	2018/12/18
到期赎回价格	105 元/张(含最后一期利息)		付息频率	1 年 1 次
票面利率	0.2%、0.5%、1.0%、1.5%、1.8%、2.0%			
信用评级	主体"AAA",债券"AAA"			
转股条款				
初始转换价格	14.55 元/股		初始转换比率	6.8729(100/14.55)
转换期	2019/6/25—2024/12/17			
特殊条款				
向下修正条款	在本次可转换债券存续期间,当公司 A 股股票在任意连续 30 个交易日中有 15 个交易日的收盘价低于当期转换价格的 80%时,公司董事会有权提出转换价格向下修正方案并提交公司股东大会审议表决			
赎回条款	在本次发行的可转换债券转换期内,当公司 A 股股票在任意连续 30 个交易日中至少有 15 个交易日的收盘价不低于当期转换价格的 120%(含 120%),或本次发行的可转换债券未转股的余额不足 3 000 万元(含)时,公司有权按照债券面值加当期应计利息的价格赎回全部或部分未转股的可转换债券			
回售条款	在本次可转换债券最后两个计息年度内,当公司 A 股股票收盘价在任何连续 30 个交易日低于当期转换价格的 70%时,本次可转换债券持有人有权将持有的本次可转换债券全部或部分以面值加上当期应计利息回售给公司			

资料来源:Wind,国泰君安证券研究。

(1)海尔可转债纯债券价值。海尔可转债发行时,以中债 6 年期 AAA 企业债到期收益率(2018/12/17)4.1578%作为折现率,海尔可转债纯债券价值为 86.51 元(表 12-13 最后一行合计数),按面值计算的溢价率为 15.59%(100/86.51−1)

表 12-13　海尔可转债纯债券价值

	2019/12/18	2020/12/18	2021/12/18	2022/12/18	2023/12/18	2024/12/18
利率(%)	0.20	0.50	1.00	1.50	1.80	2.00
现金流量(元)	0.20	0.50	1.00	1.50	1.80	105.00
现值(4.1578%)(元)	0.19	0.46	0.88	1.27	1.48	82.23

如果投资者按债券面值 100 元购买海尔可转债并一直持有至到期,则纯债券到期收益率(YTM)为 1.63%。

(2)海尔可转债转换价值。根据转股条款,初始转换价格为 14.55 元,转换比率为 6.8729(100/14.55);2018 年 12 月 17 日,青岛海尔的股票市场价格为 14.43 元,转换价值为 99.18 元(14.43×6.8729),按债券面值计算的转换价值溢价率为 0.8316%(100/99.18−1)。

(3)海尔可转债买权价值。根据 B-S 模型,有关参数的确定方法和买权价值的计算结果如表 12-14 所示。

表 12-14　海尔可转债买权价值

参数	数额	说明
S	14.43	股票当前市场价格(2018 年 12 月 17 日)
K	14.55	初始转换价格
r	3.1691%	6 年期(2018 年 12 月中债国债收益率)
T	6.00	期权到期时间(以年为单位)
Sigma	29.00%	股票隐含波动率(国泰君安债券研究,2018 年 12 月 15 日)
d_1	0.6112	=(LN(S/K)+(r+0.5*sigma^2)*T)/(sigma*SQRT(T))
d_2	−0.0992	=d_1−sigma*SQRT(T)
$N(d_1)$	0.7295	=NormSDist(d_1)
$N(d_2)$	0.4605	=NormSDist(d_2)
买权价值	4.99	=S*N(d_1)−K*exp(−r*T)*N(d_2)

(4)海尔可转债的理论价值。2018 年 12 月 17 日,海尔可转债的纯债券价值为 86.51 元、转换价值为 99.18 元、买权价值为 4.99 元、理论价值为 104.17 元(99.18+4.99)。

从价值构成来看,可转换债券可以看作普通公司债券与看涨期权的组合。但可转换债券的结构极为复杂,通常隐含转换权、赎回权和回售权等,这些都会影响海尔可转债期权价值。

由于可转换公司债券赋予投资者在一定时间的转换期内具有转换为股份的权利,采用美式期权定价应该说是最合适的。因此,采用 B-S 欧式期权定价模型估计的可转债期权价值只是一个参考值,还应结合其他各种因素进行调整。

四、可赎回债券与可回售债券

公司在发行债券时,可以对债券附加一些条款,以减少发行者的风险或增加对债券投资者的吸引力,最常见的就是可赎回条款。可赎回条款允许发行人(公司)在某一规定的期间内以事先确定的价格从债权人手中赎回全部债券。一般而言,赎回价格会超过债券的票面价值(100 元)。赎回价格与票面价值的差价称为赎回溢价(call premium)。例如,债券的赎回价格为面值的105%,则债券赎回溢价等于面值的5%。初始赎回价格通常设定为债券面值加上年利息,并且随着到期时间的减少而下降,逐渐趋近于面值。赎回条款一般有两种:随时赎回条款和推迟赎回条款。随时赎回条款规定,债券一经发行,债券发行人即有权随时赎回债券;推迟赎回条款规定,债券发行人只能在一定时间后才能赎回已发行的债券。

从期权的角度分析,可赎回债券的发行人可以在利率下跌(债券价格上升)时以约定的价格赎回旧债券,这表明可赎回债券相当于在纯债券上附加了一份在标的资产(债券)价格上涨时以固定价格(赎回价格)购买该资产的看涨期权。

如果债券契约中载明"允许发行公司在到期日前将债券从持有人手中赎回"的条款,那么当市场利率下降时,公司会发行利率较低的新债券,并以所筹措的资金赎回高利率的旧债券。在这种情况下,可赎回债券持有人的现金流量包括两部分:(1)赎回前正常的利息收入;(2)赎回价格(面值+赎回溢价)。赎回条款的存在降低了债券投资者的实际预期收益率。为弥补被赎回的风险,可赎回债券在发行时通常有较高的息票率和较高的承诺到期预期收益率。

可回售债券给予债券投资者在债券到期日之前的某一时点将持有的债券以一定的价格回售给发行人的权利。当利率上升、债券价格下跌时,债券投资者可以行使回售权,将资金重新投资于收益率更高的债券或其他投资产品;同时,回售价格是债券价格的下限,有助于在债券价格下跌时保护投资者。因此,可回售债券可以看作一份纯债券加上一份看跌期权的组合。与可赎回债券相反,可回售债券有利于投资者、不利于融资者,因为需要承担更大的市场风险。例如,海尔可转债包含了回售条款(见表12-12),作为给予投资者回售选择权的交换,发行人可用更低的票面利率再融资。例如,一只5年期、含投资者3年期末回售选择权(3+2)的债券票面利率不仅应低于5年期债券票面利率,也应低于3年期债券票面利率。这是因为,上述可回售债券等价于一只3年期纯债券加上一只投资者按照相同或更高(若存在利率跳升)的利率将现有债券继续持有2年的选择权,从而使得可回售债券的价值更高。

可赎回债券和可回售债券含有的期权价值,一般可利用蒙特卡罗模拟等方法进行定价。

第五节 股票、债券期权价值分析

一、股票、债券与公司价值

Black and Scholes(1973)首次提出负债公司的股权实际上是公司价值的看涨期权。此后,大量的研究进一步说明了如何将期权定价理论应用于解决公司财务问题,例如含期权融资产品、资本结构、兼并与收购、投资决策、风险管理等。

如果以公司资产作为期权标的资产,站在不同的角度进行分析,股票、债券持有人具有不同的权利和义务,现从买权和卖权两方面进行分析。

(一)买权分析

假设公司资本总额由股权资本(普通股)和债务资本(零息债券)两部分组成,公司债券面值为 D,期限为 T 年。债券到期时,股票总价值 E_T 与公司资产价值 V_T 关系如下:

$$E_T = \max[V_T - D, 0] \qquad (12\text{-}16)$$

公式(12-16)与买权的到期日价值为同一形态,因此公司股票可以解释为以公司资产为标的资产、以债券面值为行权价、以债券期限为权利期的一种欧式买入期权,而以股票为标的资产的买权变成了买权的买权,称为复合买权(compound option)。此时,买权的真正标的资产是公司资产,而不是公司股票。以股价为中介,买权(股票价值)主要与公司资产价值和债券面值有关(见图12-12)。

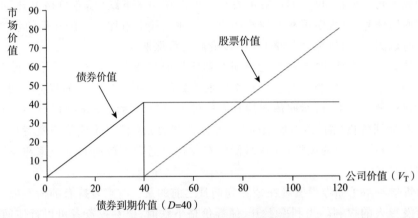

图12-12　股票价值与公司价值

根据买权定价理论,债券到期时,股票持有人(股东)有两种选择:偿还债券或宣告破产。$V_T>D$,债券将被偿还,即股东执行期权;$V_T<D$,公司将无力偿还债券,按股东承担有限责任的观点,债权人将接受公司的全部资产,或者说股东将不行使买权,此时买权一文不值(即股票价值为零)。理论上,股票持有人的上方收益是无限的(他们分享了公司资产价值超过债券账面价值的所有部分),而下方风险是锁定的。

从债权人的角度看,债券到期时,$V_T>D$,债权人将公司资产以债券面值"出售"给股东;$V_T<D$,债权人将得到小于债券面值的公司资产。此时,债权人有两项权益:(1)他们是公司资产的持有人;(2)他们是公司资产买权的出售者,承担将公司资产出售给股东的义务。

$$债券价值 = 公司资产价值 - 公司资产买权价值 \quad (12-17)$$

理论上,债券持有人的上方收益和下方风险是有限的,以债券面值为限。图12-13中的实线描述了债权人的损益状况。

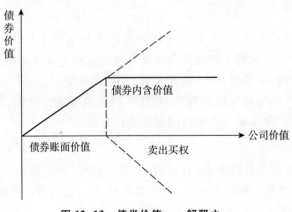

图12-13　债券价值——解释之一

(二) 卖权分析

从股东的角度看,股东对公司资产拥有三项权益:(1)他们是公司资产的持有者;(2)他们是公司债券的偿还者;(3)他们持有一份以公司债券为行权价的卖权。债券到期时,$V_T<D$,股东行使期权,以债券面值将公司资产出售给债权人,此时仅仅是公司资产与债券的交换,并未发生任何现金流动,交易结束后股东一无所有。$V_T>D$,股东放弃期权,按债券价值偿还债券后,股东仍是公司资产所有者。

$$\text{股票价值}=\text{资产价值}-\text{预期债券的现值}+\text{公司资产卖权价值} \quad (12-18)$$

从债权人的角度看,持有人有两项权益:(1)他们拥有债券索偿权;(2)他们是公司资产卖权的出售者。债券到期时,$V_T<D$,股东行使卖权,债权人必须以债券面值将公司资产买回,交易结束后,股东和债权人的权利与义务相互抵消;$V_T>D$,股东放弃期权,此时债权人仅按债券面值收到偿还额。图 12-14 中的实线显示了公司债权人的损益。

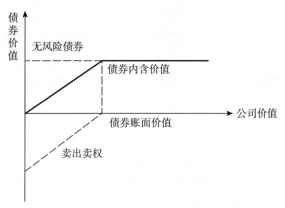

图 12-14 债券价值——解释之二

图 12-14 表明,对一家有限责任公司进行资本贷放,相当于进行了一项风险投资。为了避免风险,债权人会在购买了一张以无风险利率(无违约风险)折现的公司债券的同时,出售给公司股东一份以债券面值为行权价格的卖出期权,以便将风险债券调整为无风险债券。对于债权人来说,他们愿意为在将来取得债券面值的支付额为:

$$\text{债券价值}=\text{预期债券现值}-\text{公司资产卖权价值} \quad (12-19)$$

将公式(12-17)和公式(12-19)结合起来,可以得到:

$$\text{预期债券现值}-\text{公司资产卖权价值}=\text{公司资产价值}-\text{公司资产买权价值} \quad (12-20)$$

公式(12-20)反映了债券价值和股权价值(公司资产买权价值)的关系,即前述买权—卖权平价关系,它对于正确评价债券和股票的市场价值具有重要作用。

(三) 股票、债券期权估价

关于股票和债券的价值评估,可对 B-S 模型进行一定的变量替换,用公司资产价值和公司资产收益率的标准差分别替换模型中的股票价格和股票收益的标准差,用公司债券账面价值和公司债券偿还期分别替换行权价格和到期日。或者说,模型中的 S 表示公司资产市场价值,K 表示债券账面价值,r 表示无风险利率,σ 表示公司未来市场价值的标准差,T 表示公司债券期限,c 表示股票价值(买权价值)。据此可计算公司股票的价值,进而计算债券价值和公司总价值。

【例 12-9】 APX 公司目前资产价值预计为 1 亿元，公司价值标准差为 35%；债券面值为 8 000 万元（10 年期零息债券），10 年期国债利率为 8%。用 B-S 模型，分三种情景估计 APX 公司股权价值、债券价值和债券利率（见表 12-15）。

表 12-15 不同情景下 APX 公司股权价值、债券价值

项目	情景 1	情景 2	情景 3
公司价值 S（万元）	10 000	5 000	9 800
零息债券 K（万元）	8 000	8 000	8 000
无风险利率 r（%）	10	10	10
到期时间 T（年）	10	10	10
年波动率 σ（%）	35	35	50
d_1	1.6585	1.0323	1.5514
d_2	0.5517	-0.0745	-0.0298
$N(d_1)$	0.9514	0.8490	0.9396
$N(d_2)$	0.7094	0.4703	0.4881
股票价值（买权价值）（万元）	7 426	2 861	7 771
债券价值（万元）	2 574	2 139	2 029
债券利率（%）	12.01	14.10	14.71

情景 1：根据 B-S 模型，APX 公司股权价值计算如下：

$$股权价值 = 10\,000 \times 0.9514 - 8\,000 \times e^{-0.10 \times 10} \times 0.7094 = 7\,426（万元）$$

债券价值等于公司价值减去股权价值：

$$债券价值 = 10\,000 - 7\,426 = 2\,574（万元）$$

根据债券市场价值计算 10 年期零息债券的市场利率为：

$$债券利率 = \left(\frac{8\,000}{2\,574}\right)^{1/10} - 1 = 12.01\%$$

上述计算结果表明，10 年期零息债券的违约风险溢价为 2.01%（12.01%-10%）。

采用期权模型估计股权价值的一个隐含意义在于：股权资本总是有价值的，即使公司价值远远低于债券面值，只要债券没有到期，股权资本仍然具有价值。原因在于标的资产价值在期权剩余期限内仍具有时间价值，或者在债券到期前资产价值仍有可能超过债券面值。

情景 2：APX 公司价值下跌到 5 000 万元，低于流通在外债券的价值，在其他因素不变的条件下，APX 公司股权价值、债券价值和债券利率计算如下：

$$股权价值 = 5\,000 \times 0.8490 - 8\,000 \times e^{-0.10 \times 10} \times 0.4703 = 2\,861（万元）$$

$$债券价值 = 5\,000 - 2\,861 = 2\,139（万元）$$

$$债券利率 = \left(\frac{8\,000}{2\,139}\right)^{1/10} - 1 = 14.10\%$$

事实上，即使公司资产价值下跌到 1 000 万元或更低，股权资本仍具有价值，如图 12-15 所示。

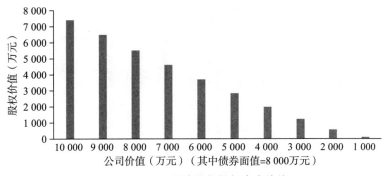

图 12-15 公司价值与股权资本价值

在上述分析中,假设公司只存在一次性发行的零息债券,与大多数公司不相符合,采用 B-S 模型时需要进行一定的调整。对公司价值而言,一般有三种调整方式:(1)如果公司所有的债券和股票都在公开市场进行交易,可以据此确定公司总价值(股票与债券市场价值之和),然后采用期权定价模型把公司总价值在股权价值和债券价值之间重新分配。这种方法虽然简单,但得到的却是与市场价值完全不同的股权价值与债券价值。(2)基于资本成本对预期现金流量进行折现,以确定公司资产的市场价值。在这种方法下,期权定价模型中的公司价值应该是清算价值,有可能忽略了公司未来投资的增长价值,也有可能降低了清算成本。(3)选择同行业可比公司,采用价格乘数法计算公司价值。

如果公司的股票、债券可上市交易,则公司价值的方差为:

$$\sigma_{公司}^2 = w_s^2\sigma_s^2 + w_b^2\sigma_b^2 + 2w_sw_b\rho_{sb}\sigma_s\sigma_b \quad (12-21)$$

其中,w_s 和 w_b 分别表示股权和债权的市场价值权数,σ_s 和 σ_b 分别表示股票价格和债券价格的标准差,ρ_{sb} 表示股票价格和债券价格的相关系数。

公司债券不在市场上交易,可以采用相似评级债券的标准差作为 σ_b 的估计值,而把相似评级债券与公司股票价格之间的相关系数作为 ρ_{sb} 的估计值。当公司股票或债券价格波动幅度比较大时,采用上述方法可能得出错误的结论。在这种情况下,可以采用同行业平均方差作为估计值。

如果公司债券是由不同期限、不同利率的债券构成的,那么在采用期权估价法时,需要将多次发行的债券调整为一次性的零息债券。对于不同期限的公司债券,一般有两种调整方法:一种是估计每只债券的持续期或久期,计算不同债券持续期的加权平均数;另一种是以不同期限债券的面值为权数,计算加权平均期限作为零息债券的到期期限。

在期权定价法下,可采用两种方式确定债券面值:一是将公司所有债券到期本金视为公司已发行的零息债券面值。这种方法的局限性在于忽略了公司在债券有效期间必须支付的利息。二是将公司预期的利息支付加总到到期本金上,从而获得债券的累积面值。这种方法的局限性在于混合了不同时点上产生的现金流量。

二、股权价值与违约概率

一般来说,股权价值和债券利率是公司资产价值标准差的增函数。在其他因素不变的条件下,公司价值标准差上升,股权价值和债券利率随之上升,如图 12-16 所示。

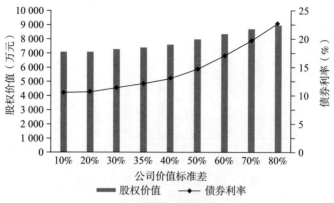

图 12-16 公司价值标准差与股权价值和债券利率

B-S 模型不仅可以用于估价,还可用于估计公司的违约风险中性概率(简称"违约概率")。在 B-S 模型中,$N(d_2)$ 是 $S_T>K$ 的风险中性概率。在这里,它是公司资产价值超过债券面值的概率。因此,违约概率为 $1-N(d_2)$,而债券违约风险溢价则是公司债券利率与无风险利率之间的差额。图 12-17 描述了公司违约概率和违约风险溢价与公司价值标准差之间的关系。在图 12-17 中,公司资产价值标准差越高,违约概率和违约风险溢价越大,而且上升的幅度很大。

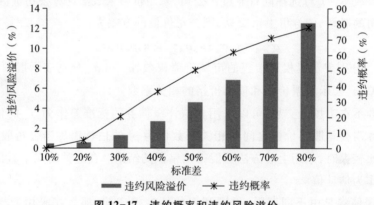

图 12-17 违约概率和违约风险溢价

三、期权与代理问题

从股东和债权人的关系来说,股东相当于公司资产价值的买权持有者,债权人则是这一买权的出售者。根据 B-S 模型,股票价值(买权价值)与公司资产价值(标的物)标准差同向变化,标准差越大,风险越高,股票价值越大,债券价值越小。图 12-18 描述了情景 1 下公司资产价值标准差对股票价值、债券价值的影响。由此,负债公司的股东通常比无负债公司的股东更愿意从事高风险项目,或为了获得高报酬,或为了向债权人转移风险。

在表 12-15 中,情景 3 假设公司进行项目投资,净现值为 -200 万元,公司价值标准差由 35% 提高到 50%。在公司价值下降、标准差上升的情况下,即使其他因素保持不变,股权价值由 7 426 万元增加到 7 771 万元,增加了 345 万元;债券价值由 2 574 万元降低到 2 029 万元,下降了 545 元。这意味着债券持有人不但承担了项目投资的全部损失(-200

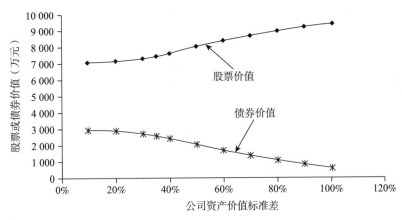

图 12-18 标准差与股票价值、债券价值

万元),还将价值 345 万元的财富转移给了股东。上述分析表明,当标的资产价值风险加大时,债券持有人承担了更大的风险,而股权价值(买权价值)变得更有价值,这也是股东愿意从事高风险投资的主要原因。

不仅如此,当公司发生财务危机时,股东会想方设法将资本转移出去,这种策略可以用卖权理论来解释。根据期权定价理论,股东可以将公司资产出售给债权人,公司资产价值越低,卖权价值越大。当公司发放现金股利减少公司资产时,会增加卖权价值,由于风险债券价值等于无风险债券价值与卖权价值之差,当卖权价值增加时,风险债券价值相应减少。

从股东与经营者的关系来看,由于股东和经营者存在信息不对称,以及股东与经营者的追求目标存在差异,因此可能会出现经营者滥用职权、在其位不谋其政、风险经营造成亏损等情况,从而损害股东利益。原则上,股东可以监督经营者,但监督成本高、缺乏效率,而且许多行为也是不可观测的。因此,"激励"就成为解决代理冲突的主要手段,而"经理股票期权"(executive stock option,ESO)正是一种有效的激励措施。它授予经营者(主要指经理人)在未来以预先设定的价格(即行权价格)购买本公司的股票的权利,这种权利不能转让,但所得股票可以在市场上出售。其激励逻辑是:提供期权激励——经营者努力工作,实现公司价值最大化,公司股价上升——经营者行使期权获得利益;反之,经营者利益受损。这样,经营者的个人收益就成为公司长期利润的增函数,使他们像股东一样思考和行事,从而有效降低了代理成本,矫正了经营者的短视行为。所以,管理学者把"经理股票期权"比喻为"金手铐"。由于股票可以看作公司资产价值的一种买权,因此这种方法也可以看作期权原理的一种应用。

四、期权与资本结构

公司发行股票回购债券或发行债券回购股票是改变资本结构的方式之一。现从期权的角度说明,在资产总额一定的情况下,发行债券回购股票对公司资本结构的影响。

【例 12-10】 假设一家无负债公司准备采用发行债券、回购股票的方式改变公司的资本结构。目前公司价值为 1 400 万元,公司资产价值的标准差为 0.2,无风险利率为 8%。现有三个方案:(1)计划发行面值 500 万元、期限 6 年的零息债券;(2)计划发行面值 1 000 万元、期限 6 年的零息债券;(3)计划发行面值 1 000 万元、期限 6 年的零息债券,公司资产价值的标准差为 0.4。根据 B-S 模型计算的股票价值、债券价值、负债率等如表 12-16 所示。

表 12-16 资本结构

项目	方案 1	方案 2	方案 3
公司价值 S(万元)	1 400.00	1 400.00	1 400.00
零息债券 K(万元)	500.00	1 000.00	1 000.00
无风险利率 r(%)	8.00	8.00	8.00
到期时间 T(年)	6.00	6.00	6.00
年波动率 σ(%)	20.00	20.00	40.00
d_1	3.3264	1.9116	1.3232
d_2	2.8365	1.4217	0.3434
$N(d_1)$	0.9996	0.9720	0.9071
$N(d_2)$	0.9977	0.9224	0.6344
看涨期权价格(元)	1 090.70	790.06	877.43
看跌期权价格(元)	0.09	8.84	96.22
股票价值(万元)	1 090.70	790.06	877.43
风险债券价值(万元)	309.30	609.94	522.57
债券利率(%)	8.33	8.59	11.42
负债/资产价值(%)	35.71	71.43	71.43
单位债券价值(债券现值/面值)(元)	0.6186	0.6099	0.5226

如果市场是有效的,根据方案 1,公司可以按 309.30 万元折价发行面值为 500 万元的债券,并用所得款项回购公司股票;根据方案 2 和方案 3,公司分别以 609.94 万元和 522.57 万元折价发行面值为 1 000 万元的债券,并用所得款项回购公司股票。

比较方案 1 和方案 2 可以发现:在其他因素一定的情况下,随着负债率的提高(从 35.71%提高到 71.43%),债券利率由 8.33%上升到 8.59%,单位债券价值由 0.6186 元降低到 0.6099 元。这是因为公司的负债越多,风险越大,债权人要求的收益率就会越高,从而降低了债券价值。同理,比较方案 2 和方案 3 可以发现:在其他因素一定的情况下,经营风险由 0.2 上升到 0.4,公司股票价值由 790.06 万元上升到 877.43 万元,这表明当标的资产风险加大时,期权变得更有价值。与此相对应的是,负债价值由 609.94 万元下降到 522.57 万元,利率由 8.59%上升到 11.42%,这意味着债券持有人承担了更大的风险,而股东却可能占有最大的潜在利益,这也是股东愿意从事高风险投资的主要原因。

本章小结

1. 期权价值在任一时点都是由内含价值和时间价值两部分构成的。当期权处于无价状态时,期权价值完全由时间价值构成;当期权处于平价状态时,期权价值完全由时间价值构成,且时间价值达到最大;当期权处于有价状态时,期权价值由内含价值和时间价值构成,随着合约剩余有效期的减少而减少,期满时时间价值为零,期权价值完全由内含价值构成。

2. 无套利定价法和风险中性定价法实际上具有内在的一致性。在无套利定价过程中,并没有考虑标的资产价格上升和下降的实际概率,但从 p 在公式中的地位和特征上看很像概率,因此 p 常被称作假概率。把 p 解释为股票价格上升的概率相当于假设股票收益率等于无风险利率。如果与证券相关的资本市场上的投资者都是风险中性者,投资者要求的收益率就等于无风险利率。

3. 从 B-S 期权定价模型的经济含义看,$N(d_1)$ 等于保值比率 Δ,反映了标的资产变动一个很小单位时,期权价格的变化量。$N(d_2)$ 实际上是在风险中性世界中 S_T 大于 K 的概率,$Ke^{-rT}N(d_2)$ 是 K 的风险中性期望值的现值。$SN(d_1) = e^{-rT}S_T N(d_1)$ 是 S_T 的风险中性期望值的现值。因此,整个欧式买权公式可以看作期权未来预期收益的现值,即买权价值等于标的资产价格期望现值减去行权价格现值。

4. 附认股权证公司债券包括认股权证价值和纯债券价值两部分。可转换债券价值主要由纯债券价值(或转换价值)和期权价值构成。纯债券价值与转换价值越接近(无论两者谁高),可转换债券期权价值越大;纯债券价值与转换价值之间的差距越大,期权价值相对越小;纯债券价值与转换价值相等时,期权价值相对最大。

5. 公司的股票可以解释为以公司资产为标的资产、以债券面值为行权价、以债券期限为权利期的一种欧式买入期权,而以股票为标的资产的买权变成了买权的买权,称为复合买权。此时,买权的真正标的资产是公司资产,而不是公司股票,以股价为中介,买权(股票价值)主要与公司资产价值和债券面值有关。

基础训练

1. 1995 年,当时日经指数在 10 000 点左右徘徊,而巴林银行在亚洲主管衍生金融工具业务的里森构造了一个非常"进取"的期权组合。他同时卖出了两项期权:(1)允许其他投资人在日经指数跌破 9 500 点时,仍然以 9 500 点的价格向巴林银行出售投资人持有的指数投资;(2)允许其他投资人在日经指数涨过 10 500 点时,仍然以 10 500 点的价格从巴林银行手中收购指数投资。在这样的头寸安排下,如果日经指数在期权结算到期日时落在 9 500 点和 10 500 点之间,巴林银行就获得出售两项期权所带来的收益;而一旦日经指数跌破 9 500 点或者涨过 10 500 点,巴林银行都要承担巨大的损失。当结算日将近时,里森发现日经指数跌破 9 500 点且有进一步下跌的趋势,为了挽回损失,他开始调动巴林银行的资金大量买入日经指数现货,以期通过这种手段将日经指数重新拉回到 9 500 点以上的安全区。结果,日本大阪神大地震的利空消息令日经指数继续大幅下跌,巴林银行损失惨重,最终倒闭。请查询有关资料,画出里森构造的蝶式期权组合,分析导致巴林银行倒闭的原因,透过巴林银行倒闭事件,我们应当怎样看待衍生金融工具?

2. 2006 年 4 月 27 日,万华化学认股权证和认沽权证在上海证券交易所挂牌上市,均为欧式权证,有关要素如下:两个权证的存续期均为 1 年;行权比率均为 1,前者是 1 份认股权证可按行权价(9 元)向公司购买 1 股万华化学 A 股股票,后者是 1 份认沽权证可按行权价(13 元)向公司出售 1 股万华化学 A 股股票;认股权证上市总数为 5 657.6 万份,认沽权证上市总数为 8 486.4 万份。万华化学蝶式权证类似于"宽跨式"权证组合,但在一般的"宽跨式"权证组合里,认股权证的行权价高于认沽权证的行权价,收益曲线呈"_/"形状。请说明万华化学蝶式权证的特征与图 12-6 的区别,假设你是一个投资者,请解释这种蝶式权证对投资收益与风险的影响。

3. A 股票价格为 36 元,行权价格为 34 元,无风险利率为 10%,当前 9 个月的欧式买权价格为 6.4 元,9 个月的欧式卖权价格为 3.6 元。根据上述资料计算分析:
(1)根据买权—卖权平价关系,在给定卖权条件下计算买权价值。
(2)根据买权—卖权平价关系,在给定买权条件下计算卖权价值。
(3)将计算结果与买权或卖权现行价格比较,应采用何种投资策略进行套利交易?举例说明。

4. 假设一个四期二项式模型有如下特征:每期股价从上一期开始上涨 25%或下跌 15%(每个时期为

1年);股票当前价格为100元,无风险利率为8%(国库券利率),债券当前价格为1元。现有一份股票欧式看涨期权,执行价格为100元,期限为4年,计算该看涨期权价格。

5. 假设 A 公司资产的现值为 2 000 万元,公司资产价值变动的标准差为 40%;公司债务账面价值为 1 600 万元(10 年期的零息票债券),假设 10 年期国库券利率为 10%。要求:

(1) 计算公司股权资本价值、公司债务价值和债务的利率。

(2) 假设 A 公司的价值仅为 1 000 万元,低于债务面值(1 600 万元),以股权作为买权的各参数保持不变。在这种情况下,公司股权资本的价值是多少? 为什么股权仍有价值?

(3) 假设公司资产价值为 2 000 万元,有 10 年期零息票债券 1 600 万元,公司价值的标准差为 40%。现假设公司有机会投资一项净现值为-40 万元的项目,该项目风险很高,将使公司价值的标准差上升到 50%。计算股权资本价值和债务价值,将计算结果与(1)的结果进行对比并说明原因。

6. 采用 B-S 期权定价模型:

(1) 2017 年 3 月 17 日,IBM 股票价格为 175.65 美元,请计算在当前价格下的看涨期权价格,其执行价格为 160 美元,无风险利率为 2.92%,期限为 0.2493 年,隐含波动率为 17.31%。

(2) 请计算具有相同参数的看跌期权价格。

(3) 根据(1)和(2)的计算结果,对 B-S 期权定价模型,进行敏感性分析。关于敏感性分析,主要是运用模拟运算表功能求出相应的变化值,然后描绘结果图示,以便直观地描述两个变量的关系。

① 看涨期权价格对期初股票价格 S 变动的敏感性;

② 看涨期权价格对 σ 变动的敏感性;

③ 看涨期权价格对到期时间 T 变动的敏感性;

④ 看涨期权价格对利率 r 变动的敏感性;

⑤ 看跌期权价格对执行价格 K 变动的敏感性;

⑥ 看跌期权价格对利率 r 变动的敏感性。

案例分析

深南电油品合约损益分析

深南电的主业是燃油发电,燃料油计价成本在整个发电成本中占比很大,为规避油价上升风险,2008 年,深南电与高盛子公司(杰润公司)签订了两份期权合约确认书。

第一份确认书的有效期为 2008 年 3 月 3 日—12 月 31 日,由三个期权合约构成。当浮动价(每个决定期限内纽约商品交易所当月轻质原油期货合约收市结算价的算术平均数)高于 63.5 美元/桶时,深南电每月可获 30 万美元的收益(1.5 美元/桶×20 万桶);当浮动价低于 63.5 美元/桶、高于 62 美元/桶时,深南电每月可得(浮动价-62 美元/桶)×20 万桶的收益;当浮动价低于 62 美元/桶时,深南电每月需向杰润支付与(62 美元/桶-浮动价)×40 万桶等额的美元。

第二份确认书的有效期为 2009 年 1 月 1 日—2010 年 10 月 31 日,杰润在 2008 年 12 月 30 日 18 点前拥有是否执行的选择权。当油价高于 66.5 美元/桶时,深南电每月可获 34 万美元的收益(1.7 美元/桶×20 万桶);当油价高于 64.5 美元/桶、低于 66.5 美元/桶时,深南电每月可获(浮动价-64.5 美元/桶)×20 万桶的收益;当油价低于 64.5 美元/桶时,深南电每月需向杰润支付与(64.5 美元/桶-浮动价)×40 万桶等额的美元。

以第一份确认书为例。杰润将一份简单的期权协议拆解成三份来描述,表面上很复杂,但仔细分析可以发现,这份合约就是一份看跌期权,深南电和杰润分别是看跌期权的卖方和买方,合约双方损益如图 1 所示。

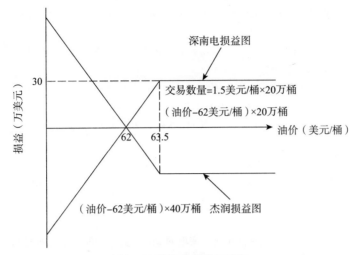

图 1　合约双方损益示意图

本质上,深南电卖出的是两个看跌期权,期权有效期为 10 个月(2008 年 3—12 月),由于合约按月执行,可以看作 10 份期权组合,合约签署时原油期货价格约为 100.75 美元/桶。期权 1 的标的物是 20 万桶原油,执行价格为 63.5 美元/桶,期权费为 30 万美元。期权 2 的执行价格为 62 美元/桶,期权费为零,合约规模视油价高低而不同:浮动价大于 62 美元/桶,期权合约规模为 20 万桶原油;如果浮动价低于 62 美元/桶,合约规模为 40 万桶原油。

当油价高于 63.5 美元/桶时,两份合约都不会被行权,深南电获得 1.5 美元/桶期权费,每月为 30 万美元;当油价在 63.5 美元/桶和 62 美元/桶之间时,期权 1 被行权,此时深南电被要求行权,盈亏为浮动价−63.5 美元/桶,加上 1.5 美元/桶的期权费,总计盈亏为浮动价−62 美元/桶;当价格低于 62 美元/桶,期权 1 和期权 2 都被行权,深南电总体盈亏为 2×(浮动价−62 美元/桶)。

与第一份合约不同,第二份合约实际上是一个复合期权,杰润对合约具有优先选择权,只有在国际原油价格有利于杰润时才会选择执行合约;于深南电来说,该合约几乎没有任何避险功能。

合约签署后,国际原油价格经历了过山车般的大起大落。以纽约商品交易所 12 月份交货的轻质原油期货为例。2008 年 7 月 11 日创下 147.27 美元/桶的历史最高纪录;11 月上旬开始跌破 62 美元/桶,到 12 月,国际油价已跌至 40 美元/桶;2009 年 7 月,油价重上 60 美元/桶以上。以 WTI、布伦特、迪拜、阿曼、塔皮斯为例,2008 年 1 月至 2009 年 7 月原油月平均价如图 2 所示。

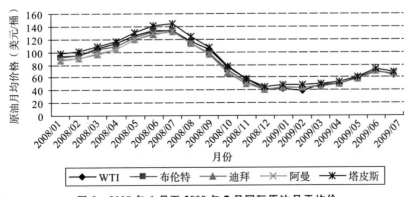

图 2　2008 年 1 月至 2009 年 7 月国际原油月平均价

资料来源:根据 http://www.cnpc.com.cn/CNPC/ywycp/yj/OilPrice.htm 网上数据计算。

根据上述资料,请回答下列问题:

(1) 假设以 2008 年 3—12 月 WTI 原油价为基数计算深南电与杰润第一份合约的损益。根据合约,

3—10月,深南电应收到多少美元?油价于10月下旬交易盘中已跌破62美元/桶,根据合约,深南电在11月和12月两个月共亏损多少美元?

（2）假设第二份合约生效,不考虑现货市场影响和其他对冲手段,根据2009年1月至2010年10月的预测数,深南电合约损益为多少?

（3）从合约的实际执行情况看,杰润付给深南电的210万美元（2008年3—9月）已被划入其他应收款项下的暂收衍生金融工具合同;2008年10月下旬,出于合约披露等方面的原因,证监会要求深南电对两份石油衍生产品对冲合约限期整改;12月13日,合约双方宣布终止交易。终止交易对深南电有何影响?

（4）深南电与杰润对赌的标的石油数量是20万桶,2008年3—12月,若纽约商品交易所原油价格高于62美元/桶,则深南电每月最高可获得30万美元的收益;若原油价格低于62美元/桶,则深南电需向杰润支付（62美元/桶-浮动价格）×40万桶,也就是每下跌1美元,深南电要向杰润支付40万美元。如此不对等的对赌协议深南电为何会签呢?

（5）从合约的实际执行情况看,杰润付给深南电的210万美元（2008年3—9月）已被划入其他应收款项下的暂收衍生金融工具合同;2008年10月下旬,出于合约披露等方面的原因,证监会要求深南电对两份石油衍生产品对冲合约限期整改;12月13日,合约双方宣布终止交易。终止交易对杰润有何启示?

第十三章　公司战略与实物期权

[学习目的]
- 熟悉公司战略与价值驱动因素
- 了解实物期权分析和折现现金流量分析的联系与区别
- 了解扩展(战略)净现值的基本思想
- 熟悉实物期权的类型和分析方法
- 熟悉实物期权价值评估的基本理论与方法

关于项目投资价值的评估,几十年来,这一领域一直呈现驻足不前的状态。在学术和实务领域,越来越多的人认识到有关公司资源配置的各种标准方法已然失效。其最主要的原因在于这些标准无法恰当地把握管理者在应对未曾预料的市场变化时调整、矫正后续决策的灵活性,无法把握由某一项已获得论证的技术所产生的战略价值,无法把握各个项目之间的相互依存性和竞争性。在瞬息万变且不确定的市场经济中,管理者所拥有的经营灵活性及战略适应能力,构成了能否准确利用有利于未来的投资机会、限制逆向市场变化和竞争活动所导致损失的关键。最初用金融期权理论审视战略投资的思想源于摩西·鲁曼发表在《哈佛商业评论》上的两篇文章:"视投资机会为实物期权:从数字出发"[1]及"实物期权投资组合战略"[2],在后一篇文章中,摩西·鲁曼写道,"用金融观点来看,公司投资更像一系列的期权,而不是稳定的现金流"。实物期权探讨的是在不确定的状态下如何进行资源配置和项目评估,特别是评价项目投资决策中的灵活性和战略性。对公司来讲,任何一项投资的价值是公司战略和风险的函数,而决定项目的风险或不确定性的因素可能是内生的,也可能是外生的,外生的不确定性因素随着时间的推移可以解决,而内生的不确定性因素则需要通过战略投资来降低。不管是外生的不确定性还是内生的不确定性,都会提高实物期权的经济价值。实物期权将公司战略和公司财务战略联系起来,为投资决策、投资模式选择等提供实质性参考标准,同时也为解释、预测不确定性下的决策提供良好视角。

第一节　公司战略价值评价

一、公司战略与价值驱动因素

任何一家公司都可以看作一个价值增值系统,通过各种生产要素(如资本、土地、劳动力及管理能力)的投入为公司创造价值。当最终消费者支付的价格超过投入要素的成本

---

[1] Luehrman, T. A., 1998a, Investment opportunities as real options: Getting started on the numbers, *Harvard Business Review*, 76(4): 51-67.
[2] Luehrman, T. A., 1998b, Strategy as a portfolio of real options, *Harvard Business Review*, 76(5): 89.

时,公司价值就产生增值。一般来说,选择任何一个投资项目,目的在于提高公司超过竞争对手的优势。例如,规模经济和范围经济、绝对成本优势和产品差异化能力,这些都是公司价值增长的驱动因素。事实上,任何一个项目投资都是反映和实施公司战略的行动方案。

最有代表性的竞争战略理论是产业结构理论、战略资源理论和核心能力理论。以波特(Poter,1987)为代表的产业结构理论认为,公司战略选择与其所处的市场环境高度相关。一个产业的竞争状态和盈利能力取决于公司竞争者、购买方、供应方、替代产品、潜在竞争者五种基本竞争力量之间的相互作用,而每种竞争力量又受到诸多经济技术因素的影响。在这种指导思想下,公司只能通过战略性投资,如投入新产品开发(产品差异化战略)、扩大生产规模(低成本战略),以此提高行业壁垒和打击竞争者,从而获得超额收益。

以巴尼(Barney,2001)、鲁梅尔特(Rumelt et al.,1991)为代表的战略资源理论以公司内部专有资源为基础研究公司战略。战略资源理论认为,公司是一系列独特资源的组合,公司可以获得超出行业平均收益的原因在于它能够比竞争对手更好地掌握和利用某些核心资源或能力。公司战略研究的主要内容是如何培育独特的战略资源,以及最大限度地优化配置战略资源的能力。

以蒂斯(Teece,1997)为代表的核心能力理论,把公司的资源分为四个层次:(1)公共资源,如基本的生产要素;(2)专有资源,如商业秘密、专利技术等;(3)组织与管理能力,即将公司的生产要素和专有资源有机结合起来的组织与管理能力;(4)创新能力。在核心能力理论下,资源的概念不再是你拥有多少资源,而是你能调度多少资源。资源概念的变化在于引入整合管理,不仅要善于整合内部资源,更要善于整合外部资源为己所用。资源整合能力与创新能力是公司发展和价值创造的真正源泉。在信息时代,公司只有不断地进行技术创新、制度创新和组织创新,才能获得更多的战略资源,以持久地保持竞争优势。

事实上,公司竞争优势的形成可能归属于上述战略之一,也可能是不同战略组合的结果。例如,组装个人电脑的戴尔公司是通过直销、战略联盟、外包维修服务、选择性研究开发、弹性雇佣政策、订单制造等六大秘密武器实施低成本竞争战略获得超额价值;而位于个人电脑行业上游的微软公司则是通过维护软件行业的领导地位、致力于技术创新、不惜代价保护版权、拒绝技术的授权使用、注重公司形象塑造与广告促销、开发专有技术等六大秘密武器获得超额价值。从产业链的角度分析,微软和戴尔恰好分别处于个人电脑产业"微笑"曲线①的两端。在图13-1描述的"微笑"曲线上,价值的最低点是简单装配;曲线左边,价值沿着生产显示器、内存、CPU、提供软件等逐渐上升;曲线右边,价值沿着本土化配件生产、市场运作、销售渠道建立、电子商务等逐渐上升。微软位于左边的产业价值链最高端,在个人电脑领域获得较高的附加值。戴尔处于产业价值链的右端,其成功并不是直销模式,而是建立在直销模式上的低成本配件供应与装配运作体系的实施能力,这种运营能力使得消费者可按低价接受个性化服务。

---

① 20世纪90年代初,台湾宏基集团董事长施振荣提出"微笑"曲线(smiling curve)的概念,用一个开口向上的抛物线描述个人电脑制造流程中各个环节的附加价值。"微笑"曲线其实就是附加价值曲线,即通过品牌、营销渠道、运筹能力提升工艺、制造、规模的附加价值,(即向"微笑"曲线两端渗透)创造更多的价值。实际上,"微笑"曲线这一现象不仅在电脑制造企业存在,在其他行业也普遍存在。

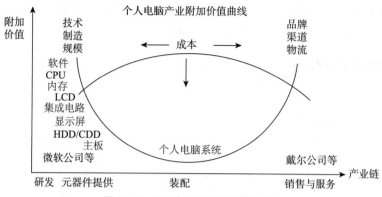

图 13-1　PC 产业链的"微笑"曲线

微笑曲线的突破重点是技术、品牌/服务等,强调的是创造"与众不同",但关键是:创造"与众不同"的策略是技术至上的"自上而下"型,还是客户至上的"自下而上"型。从实物期权角度分析,产业链条上的上游公司拥有下游公司的一个增长期权。图 13-2 描述了微软、英特尔(生产个人电脑微处理器)、戴尔等公司在个人电脑产业链中所处的地位及其影响。从市场价值表现来看,英特尔公司拥有戴尔公司业绩增长的买方期权,其价值等于自身业绩创造的价值加上戴尔和其他客户的业绩增长期权价值,因而英特尔的市场定价高于戴尔;而盘踞在个人电脑产业链最上方的微软公司持有英特尔公司的业绩增长期权,如果英特尔业务发展迅速,微软也会从中受益。由此,产业链上游公司的市场定价普遍高于下游公司。这也是为什么许多公司将"待在食物链的上方"(stay at the upstream of the food chain)视为经营哲学。

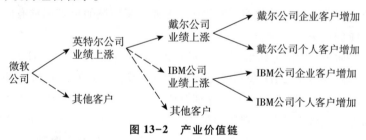

图 13-2　产业价值链

资料来源:周洛华,2005,《中级金融工程学》,上海:上海财经大学出版社。

从产业链的角度研究公司价值的创造与分配,强调技术至上,这是自然竞争法则在工业时代商业运作中的应用。在信息社会,商业运作规则发生了很大的变化,即使处在产业链下游的公司,也可能通过创新获得附加价值。这种战略的价值取向不是立足于已知市场空间开展竞争,而是力图开辟一个全新的、非竞争性的市场空间。例如,在大型电脑风行的时代,苹果电脑没有与竞争对手展开直接竞争,而是开拓个人电脑的新领域;在个人电脑时代,康柏电脑没有与苹果电脑逐鹿中原,而是自行开拓个人电脑服务器的新时代;在后个人电脑时代,戴尔电脑也没有将康柏、苹果等著名公司直接列为竞争对手,而是通过压缩库存、倾听顾客意见和直接销售等,在产品、客户和地域等方面创造竞争优势。

在战略性投资决策中,公司可以根据自己的产品优势、技术优势、资本优势、成本优势等发现有正净现值的投资机会。创造净现值大于零的策略主要有:率先推出新产品,建立比竞争对手更低的成本,提供产品或服务的核心竞争力,设置其他公司难以有效竞争的进入壁垒,革新现有产品以提供市场尚未满足的需求,通过创意广告和强势营销网络强化服务与品牌的差别化,变革组织结构以利于上述策略的有效实施等。

二、战略性投资评价

根据公司战略选择投资项目是优化资源配置、提高竞争优势的一种经济活动,目的在于提高公司价值的长期增长潜力。根据传统的折现现金流量法,公司应选择净现值大于零的投资项目,这一法则与市场增加值最大化的目标相一致。这种方法的优点是:所有项目都具有清晰、一致的决策标准,只要项目的净现值大于零,项目就是可行的。因此,这种方法广泛应用于投资项目的价值评估。但是,它隐含着对未来机会的预先假定——投资决策是"现在投资或永远不投资",没有考虑不确定环境下,公司"等等再看"决策的价值,没有考虑公司不仅有权决定是否投资一个新项目,还有权决定在何时扩大或放弃这个新项目的价值。

事实上,项目投资价值,特别是专利、品牌等无形资产的价值不是来自直接的现金流,而是来自未来增长投资的期权。Myers(1977)认为,一个项目的初始投资不但给公司直接带来现金流量,而且赋予公司进一步投资有价值的"增长机会"的权利——未来以一定价格取得或出售一项实物资产或投资项目,实物资产投资可以运用类似评估一般期权的方式进行评估。同时,因为标的物为实物资产,故将此性质的期权称为实物期权。

在项目投资分析中,战略规划经常会包括一些净现值小于零的投资,现时投资虽然不能获利,但这些先行投资可为公司奠定后续投资的前提和战略地位。例如,研发中的先行投资,可以看作未来增量投资的增长期权,如果研发成功且具有商业价值,则公司可以选择进入下一个投资阶段。研发投资、试验项目或进入新领域的市场都具有附加战略价值,因为它们都可能创造未来投资机会。

假设有客户向IIT公司定购价值3 000万元的特殊电脑系统,而IIT公司目前尚无现成能力提供全套解决方案。IIT公司技术中心提出:需要150万元的研究经费,以便设计出一套生产方案。但是,技术中心不能保证其设计方案在经济上最终是否可行:技术中心设计出的特殊电脑系统有可能需追加投资1 000万元(经济上可行),有可能需追加5 000万元(经济上不可行),概率均为50%。那么,是否要给技术中心拨款150万元?采用两种方法计算项目的净现值如表13-1所示。

表13-1 不同方法下的项目决策

项目	折现现金流量法	实物期权法
预期订单收益(万元)	3 000	1 500 = 3 000×50%
预期成本现值(万元)	3 150 = 150+(1 000×50%+5 000×50%)	1 150 = 150+1 000
净现值(万元)	−150	350
项目决策(是否拨款)	不拨款	拨款

在表13-1中,不同方法得出的结果完全不同。从期权角度分析,IIT公司给技术中心拨款进行研发,就等于花费150万元购买了一项期权,这项期权对IIT公司而言价值为350万元。在这个例子中,IIT公司把一个订单的完成分成了"研发"和"生产"两个阶段。在完成"研发"阶段工作、收到新信息之后,才决定是否进入"生产"阶段(见图13-3),只

有在技术中心设计的特殊电脑系统的追加支出为1 000万元时才接受订单,反之则取消订单。而在折现现金流量法下,不论设计成本为多少都拒绝订单,忽略了项目决策的灵活性。

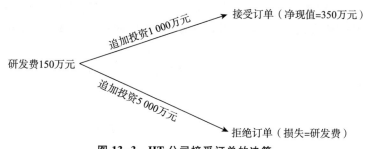

图 13-3 IIT 公司接受订单的决策

三、实物期权法与折现现金流量法的关系

实物期权分析(real option analysis,ROA)有助于管理者在高度不确定性下更睿智地做出投资决策。实物期权分析技术与传统的折现现金流量法(DCF)的区别主要表现在以下两方面:

第一,不确定性与投资价值的关系。在项目投资分析中,折现现金流量法隐含了一个假设:未来以现金流量度量的收益是可以预测的,或者说未来收益是确定的。如果出现不确定性,则会降低这项投资的价值。不确定性越大,投资价值越小。实物期权分析法认为投资项目的不确定性有两种含义:一方面意味着以现金流量度量的未来收益仅仅是一个粗略的估计,不足以准确反映投资项目的真实价值;另一方面认为许多投资决策的机会往往取决于项目的发展状况,未来投资的不确定性越大,期权越有价值。其原因在于盈亏不平衡(这与期权买卖双方的不对等合约相似):如果项目顺向发展,盈利的可能性为"无限大";如果项目逆向发展,净现值为负数,期权不被行使,从而限制了亏损,即亏损不会随着风险的加大而增加。例如,外国航空公司即使亏损经营也要维持飞往中国的航线,因为航线也是一种权利,一旦停飞,就会被取消航权。外国公司虽然经营亏损,但获得了一个买方期权,等待未来飞往中国航线需求上升而获利。

第二,折现现金流量法否认项目"灵活性"价值,把项目决策看作一种当期决策,与决策后可能出现的新信息无关。而实物期权分析法假设:即使接受某些投资项目,这些项目也不是一成不变的,随着时间的推移,有关项目商业价值的信息逐渐明朗,管理者可以根据新的信息做出某种改变(如扩大、收缩、放弃等)以影响后续的现金流量或项目寿命期。在投资分析中,可以用"如果发生某种情况,则有机会做某事"等诸如此类词语描述这种选择权。

例如,在实物期权分析中,将公司的投资视为购买了一份看涨期权,在特定期间内,支付一定的费用可以行使看涨期权并得到标的资产。如果等待没有机会成本或者持有特定资产能得到类似于"股利"的收益,持有者将会推迟至期权到期日(t)才做出是否行使权利的决策。实物期权的标的资产是项目投资后预期现金净流量的现值V_t,行权价格是在时间t的投资额I_t。在时间t,当$V_t>I_t$时,公司进行投资,并在此时获得项目净现值 NPV = V_t-I_t;当$V_t<I_t$时,公司放弃投资,项目价值为零,在这种情况下,公司仅仅损失了购买期权的费用。当项目价值不确定时,公司也可推迟项目投资,有时持有期权等待最有利时机再投资可能具有更高的价值。

虽然折现现金流量法受到越来越多的批评，但实物期权分析法并不是替代传统方法的全新框架，两者是具有互补性质的决策工具。折现现金流量法更适合分析确定环境中并不复杂的项目，其预测在相对稳定的环境中更为可靠。实物期权分析法更适合分析不确定环境中的复杂项目，管理者可利用新信息，积极管理项目。Lint and Pennings(2001)以实物期权分析法与折现现金流量法的互补性为基础，提出四象限分析法。他们根据收益和风险的不同，将项目分为四个象限，如图13-4所示。

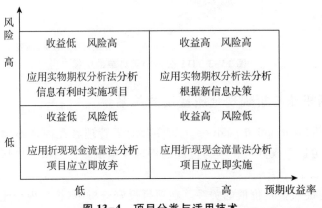

图 13-4 项目分类与适用技术

在图13-4中，根据项目投资收益与风险的关系采用不同的分析技术和投资策略。如果项目的风险较低，可根据折现现金流量法进行决策，或立即实施项目，或放弃项目；如果项目的风险较高，可采用实物期权分析法进行决策，或根据新信息重新进行项目决策，或在有利信息来临时实施项目。

四、扩展（战略）净现值模型

美国学者 Han Smit 和 Lenos Trigeorgis 在《战略投资学——实物期权和博弈论》一书中将折现现金流量法、实物期权理论、博弈论和战略规划方法纳入一个分析框架。对投资机会创造的净现值产生影响的三个层次为（见图13-5）：第一，从公司竞争优势的角度，采用净现值法评估投资项目产生的预期现金流量的价值；第二，从成长机会的角度，采用实物期权分析法评估公司应变能力带来的灵活性的价值；第三，从战略博弈的角度，用博弈论或产业组织经济学等方法评估公司战略决策的价值，这部分价值产生于公司建立、加强或保护自己战略地位的努力。据此，Smit 和 Trigeorgis 将传统的公司财务理论与战略规划相联结，提出扩展（战略型）的净现值估值模型为：

扩展（战略）的净现值 =（静态）净现值 + 灵活性（期权）价值 + 战略（博弈论）价值

(13-1)

在公式(13-1)中，传统的折现现金流量法可以估计公司在预期情景下的现金流量价值，因为传统的净现值标准没有包含实物期权的投资战略价值，故被称为静态净现值。实际上，项目的投资机会类似于拥有看涨期权，实物期权分析法给出了当未来发展可能与预期情景不一致时的估值方法，因此在项目价值中要考虑期权价值。如果市场上的竞争者可能会影响彼此的行为，就需要一种扩展的战略分析（通常是基于博弈论的原理）。扩展的净现值模型试图分析除未来预期现金流量的净现值以外的灵活性价值和战略价值。

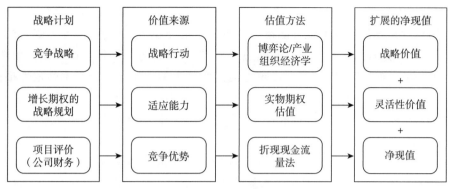

图 13-5 公司财务价值与战略价值的关系

Smit 和 Trigeorgis 指出，项目价值的驱动因素可以被看作公司财务的定量评估工具和战略规划的定性分析相结合的过程。因此，投资者必须考察净现值（NPV）、灵活性价值和战略价值的驱动因素，以便了解为什么一个特定的项目对一个公司要比对它的竞争者更有价值。

净现值的价值驱动因素主要来自公司的可持续竞争优势，这种竞争优势带来的价值创造通过多种战略得到。例如，成本优势和差异化优势都会使公司相比其他竞争者收取更高的价格溢价。如果公司能够拥有独特的能力和核心竞争力来保证收取更高的价格溢价，这种差异化就可以成为一种主要的竞争优势。如果需求的价格灵活性比较低，产品性质或服务的差异化就可以在客户愿意支付的价格中显示出来，那么这种策略是更有吸引力的。

在实物期权的视角下，项目投资价值主要来自一系列公司未来投资机会的期权集合。战略规划中可能会出现采用传统的折现现金流量法计算的净现值小于零的项目，但实际上它们可能会创造一个后续的投资机会以帮助公司获得有利的竞争地位。例如，如果对于诸如研发这样的多期投资拥有足够的信息，管理层就可根据有价值的灵活性来决定对下一个阶段是进行投资还是终止投资，甚至改变未来的投资计划。一个研发投资、一个试验性项目、进入一个新地理区域的市场方案，之所以具有附加的战略价值，是因为它们能创造更多的未来投资机会。类似于一个看涨期权，灵活性或增长期权的价值驱动因素主要是不确定性、到期时间（或能推迟项目支出时间）和利率等。

关于战略行为和战略价值，Smit 和 Trigeorgis 主要从博弈论的视角对公司之间的竞争性反应进行了深入的分析。博弈论描述了公司与竞争者战略相互影响的决策关系。这种博弈可能是零和博弈，大家共同分享一个经济蛋糕，或者为了提高整体价值而合作和做出符合共同利益的决策。在零和博弈中，一家公司的收益就是其他公司的损失。例如，一家电子或医药公司获得了一项专利权，从而提高了它们的竞争地位和未来在行业中发展的能力。因此，在确定投资战略时，公司必须考虑竞争对手的反应以及投资对自身价值可能产生的积极或消极影响，一个战略性的行为可能会在某种意义上影响竞争者的行为。例如，一个先行者在存在规模经济的市场上大规模投资，投资所产生的超额生产能力就可以看作一个可信的承诺，后来的进入者就面临价值较小的扩张机会。因此，早期的投资承诺能够给先行公司带来更高的利润。类似的，先发优势也可以通过独占技术、经验曲线效应、客户忠诚度、购买者转换成本、网络外部性、声誉以及在不确定条件下的买方选择等获得。在做出早期投资承诺时，投资者还需要分析早期投资可能会失去的等待期权和将来进行投资的潜在期权的价值。也可能会出现先行者劣势或后发者优势。例如，当战略投资的收益可以分享时，后发者就可能搭先行者投资的便车，特别是在研发投资、基础设施投资等方面。除这种搭先行者便车的能力之外，后发者还可能获得等待开发一项新技术因发展不连续而导致市场和技术不确定性消失所带来的优势。当未来不确定性很高、等待不确定性消失之后进行投资会有很大收益时，等待期权就是非常重要的。如果不能建立可持续的竞争优势，先行者就可能遭受失败；然而，一旦公司可以影响未来不确定性的解决过程，先行进入就是非常有吸引力的。

在上述分析的基础上，Smit 和 Trigeorgis 提出了连接实物期权和博弈的动态战略评估方法，传统的净现值法只是其中一种特殊情况，还应包括实物期权和博弈论的决策树方法。净现值法用于评估确定情况下的战略规划的价值和项目现金流的价值，实物期权法用于评估不确定情况下未来机会的价值，博弈论法则用于分析竞争性互动情况的公司价值。

第二节　期权投资法

一、实物期权的类型

实物期权是处理一些具有不确定性投资结果的非金融资产的投资决策工具，是将现代金融领域中的金融期权定价理论应用于实物投资决策的分析方法和技术。目前，实物期权理论已广泛地应用于自然资源投资、海上石油租赁、柔性制造系统等涉及资本预算的研究领域。

夏普（Sharp, 1991）将实物期权分为递增期权（incremental option）和柔性期权（flexibility option）。他认为递增期权为公司提供了获得有利可图的逐渐增量投资的机会。面对不确定的环境，公司首先进行小额试探性投资，当不确定性消失且呈现增长潜力时，公司利用先发优势全面投资。柔性期权是指公司在多阶段投资以后，根据不同情景选择不同行为的灵活性期权。夏普认为，递增期权需要额外投资，而柔性期权可以充分利用已有投资。递增期权一般仅需要小额的初始投资，在获得信息之后决定是否进一步投资；柔性期权通常需要较大额的初始投资，以覆盖可能的或有情景。

柔性生产一直是工业界积极追求的重要目标之一，其原因主要在于客户需求很难预测，致使产品需求也存在一定程度的不确定性。在实现了柔性生产和经营之后，公司就能够灵活地应对不断变化的客户需求。例如，一家公司在进行购买工业锅炉的投资决策时面临三种选择：燃油锅炉 A、燃气锅炉 B、可以使用油和气两种燃料的锅炉 C。如果公司购买了锅炉 C，则无论将来柴油和天然气的价格如何变化，公司总能拥有权利选择使用最便宜的那一种燃料（忽略燃料变更成本）。这种选择权利就是一个"柔性期权"，如果这个期权的价值超过锅炉 C 与锅炉 A 或 B 的价格差，投资购买锅炉 C 就是正确的选择。

美国学者 Eugene Brigham 和 Louis Gapenski 在合著的《财务管理》一书中将与实物期权有关的项目投资机会分为五种：(1) 开发后续产品的机会；(2) 扩大产品市场份额的机会；(3) 扩大或更新厂房、设备的机会；(4) 延缓投资项目的机会；(5) 放弃项目投资的机会。这些投资机会对某些具有战略性的投资项目（如研究开发、商标或网络投资）具有重要的意义。五种投资机会选择也可归纳为扩张（缩小）期权、放弃期权、延期期权三类。

二、扩张(缩小)期权分析

公司正在评估一种新药,管理层认为这种新药完成开发后,可以作为口服药物,也可以直接注射进入血液,这样的效果更佳。因为研发新药存在不确定性,公司决定现在开发口服药剂,几年之后再决定是否追加投资研发注射剂形式的药物。这样,公司就相当于创造了一个扩张期权。也就是说,从现在到几年后的任何时候,可以选择(而不是必须)研发注射剂形式的新药。利用这种投资决策的灵活性,公司降低了最初研发口服药剂和注射剂形式的风险。从实物期权的角度分析,口服剂形式新药可以为研发注射剂形式新药提供一种增长期权。口服药剂的研发费可视为期权价格,注射剂新药投资可视为行权价格,公司是否投资取决于口服药剂的经济后果,而不承担必须"履约"的义务。如果口服剂形式的新药失败或没有商业价值(如产品价格或市场发生逆向变动等),公司就会放弃投资,最大损失是支付的研发费、试制费和市场调研费;反之,则行使期权,扩大投资。期权费是一种收不回来的成本,投资者必须在期权实现取得利润时加以补偿,这使期权的购买价格成为一种风险投资。

又如,一个现时投资净现值为负的项目之所以有价值,就在于这个项目能够给投资者未来继续投资提供一种决策弹性。设想一个公司决定购买一片尚未开发但储藏大量石油的荒地,但在此时开采石油的成本远远高于其现行市场价格。那么,石油公司为什么愿意支付一大笔资金购买这片看来无利可图的荒地呢?答案就在于它给予投资者一种看涨期权,公司并不负有必须开采石油的义务。如果石油价格一直低于开采成本,公司就不会开发这片荒地,此时期权无价;如果未来油价上升且超过开采成本,荒地投资者就会获利丰厚,此时期权有价。根据期权理论,荒地投资者的上限收益是"无限"的,而下限风险是锁定的,最大损失为购买荒地的支出。

扩张期权的特点是,如果投资项目出现"有利机会",则采取增加投资策略;如果投资项目出现"不利情况",则终止项目。一般来说,扩张项目期权对于处于变化剧烈、收益较高行业的项目(如生物技术或计算机软件),要比所处行业较稳定且收益率较低的项目(如器具生产、汽车制造)明显更有价值。

【例13-1】 ACC公司计划建造一家工厂,两年后该项目产生的现金流量及其概率如图13-6所示。项目初始投资为1.4亿元(A点),如果前两年项目运行情况良好,则现金流量为2亿元(D点);如果前两年项目运行情况一年良好、一年不好,现金流量为1.5亿元(E点);如果前两年项目运行情况不好,则现金流量为1亿元(F点)。

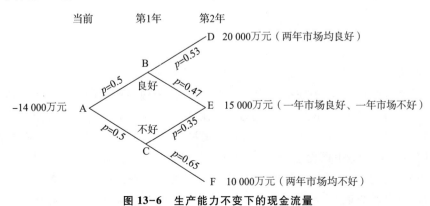

图13-6 生产能力不变下的现金流量

项目运营一年后,如果经营情况良好,则公司再投资 1.4 亿元,使生产能力扩大一倍,期末现金流量也增加一倍,各种情况出现的概率相同,如图 13-7 所示。

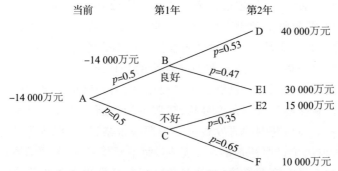

图 13-7　生产能力扩大一倍下的现金流量

假设折现率为 6%,计算两种情况下项目的价值。

第一种情况,忽略项目可能扩大生产能力的期权。

图 13-6 中 B 点(经营情况良好)项目价值为:

$$\frac{0.53\times 20\ 000+0.47\times 15\ 000}{1.06}=16\ 651(万元)$$

图 13-6 中 C 点(经营情况不好)项目价值为:

$$\frac{0.35\times 15\ 000+0.65\times 10\ 000}{1.06}=11\ 085(万元)$$

图 13-6 中 A 点项目净现值为:

$$NPV_1=-14\ 000+\frac{0.5\times 16\ 651+0.5\times 11\ 085}{1.06}=-917(万元)$$

第二种情况,考虑项目可能扩大生产能力的期权。

图 13-7 中 B 点(经营情况良好)项目价值为:

$$-14\ 000+\frac{0.53\times 40\ 000+0.47\times 30\ 000}{1.06}=19\ 302(万元)$$

图 13-7 中 C 点(经营情况不好)项目价值为:

$$\frac{0.35\times 15\ 000+0.65\times 10\ 000}{1.06}=11\ 085(万元)$$

图 13-7 中 A 点项目净现值为:

$$NPV_2=-14\ 000+\frac{0.5\times 19\ 302+0.5\times 11\ 085}{1.06}=333(万元)$$

以上计算结果表明,在第一种情况(即不考虑增加项目生产能力的期权)下,投资项目的净现值为负数,根据传统的资本预算原则,应放弃净现值小于零的项目。但如果考虑项目未来的价值增长机会,则应进行投资。实际上,公司现在要做的决策为是否投入第一个 1.4 亿元;至于是否投入第二个 1.4 亿元,取决于一年后的实际情况。如果现在进行投资,一年后就有机会进行第二次投资;否则,公司将失去第二次投资的机会。或者说,一年后如果机会看好(NPV>0),而公司现在没有进行投资,那么公司将会坐失良机。在本例中,在考虑公司拥有可灵活地增加产量的期权后,项目价值从-917 万元增加到 333 万元,足以使净现值由负变正。

三、放弃期权分析

如果说扩大投资期权是一种看涨期权,旨在扩大上方投资收益,那么放弃投资期权则是一种看跌期权,意在规避下方投资风险。例如,公司支付的财产保险费就相当于一种看跌期权,期权的行权价就是保险合同规定的偿付额。如果财产未受损坏,就不必履行保险契约;如果发生意外灾害(如火灾或地震等)致财产遭受损失,财产价值低于保险赔款,公司将放弃财产并按照保险合同收取赔款。又如,当租赁资产的价值低于租赁费时,承租人就会取消租赁,并将资产归还给出租人。这类似于股票降到某个价值后,持有者就会行使卖权。是继续进行还是中途放弃投资项目,主要取决于继续租赁资产是否具有经济价值。如果项目不能提供正的净现值,投资者就会放弃这一项目,或将项目资产出售,或将项目资产另作他用。一般来说,当发生以下两种情况时,投资项目应该被放弃:(1)放弃价值(项目资产出售时的市场价值)大于项目后继现金流量的现值;(2)现在放弃项目比未来某个时刻放弃更好。当放弃的可能性存在时,投资项目的价值就会增加。与其他实物期权一样,放弃期权可以使公司在有利条件下获得收益、在不利条件下减少损失。

放弃期权相当于公司持有一个投资项目的卖权,如果市场情况恶化或公司生产出现其他障碍,导致当前投资项目出现巨额亏损,管理者可以根据未来投资项目的现金流量与放弃目前投资项目的价值,考虑是否结束投资项目。放弃期权主要应用于资本密集型产业,如航空、铁路、金融服务、新产品开发等领域。

【例 13-2】 假设 RIC 公司正在考虑为电视机厂家生产工业用机器人,这一项目的投资支出可分为三个阶段:(1)市场调研,对在电视机装配线上使用机器人的潜在市场进行市场调查,调研费 50 万元在项目初始($t=0$)时一次性支付;(2)如果产品未来市场潜力较大,则在 $t=1$ 时支付 100 万元用来设计和装配不同型号的机器人原型,并交由电视机厂家进行评价,RIC 公司将根据反馈意见决定是否继续实施该项目;(3)如果对机器人原型评价良好,那么在 $t=2$ 时再投资 1 000 万元建造厂房、购置设备。在此基础上,分析人员预计该项目在以后 4 年内每年的现金净流量及其概率分布如图 13-8 所示。

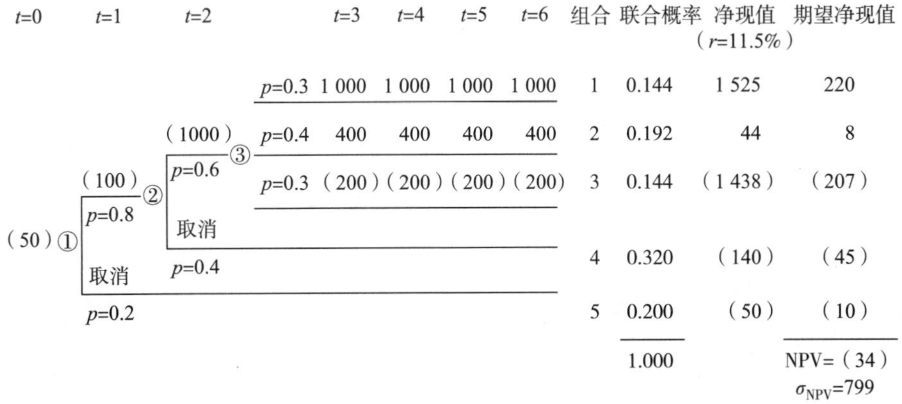

$t=0$	$t=1$	$t=2$	$t=3$	$t=4$	$t=5$	$t=6$	组合	联合概率	净现值 ($r=11.5\%$)	期望净现值
			$p=0.3$ 1 000	1 000	1 000	1 000	1	0.144	1 525	220
		(1000) ③ $p=0.4$	400	400	400	400	2	0.192	44	8
	(100) ② $p=0.6$	$p=0.3$	(200)	(200)	(200)	(200)	3	0.144	(1 438)	(207)
(50) ① $p=0.8$		$p=0.4$ 取消					4	0.320	(140)	(45)
取消 $p=0.2$							5	0.200	(50)	(10)
								1.000	NPV=(34) $\sigma_{NPV}=799$	

图 13-8 机器人项目(不考虑放弃期权价值)的现金净流量

在图 13-8 中,假设项目决策间隔期为 1 年,每个带圆圈数字代表一个决策点或阶段,决策点左边的金额表示"进入"这一阶段所需的投资额,如果项目被实施,则在 $t=3$ 至 $t=6$

时会产生现金流入量。每条横线代表决策树的一个分支,每个分支都标有预计的概率。例如,如果公司决定"进入"这个项目的决策点①,就要支付 50 万元的市场调研费。市场调查结果为可行的概率是 0.8,这表示项目可进入第二阶段;市场调查结果不可行的概率为 0.2,这表示项目进行到第一阶段后即应予以取消。如果项目就此终止,公司的损失是 50 万元的市场调研费。

如果市场潜力较大,RIC 公司将"进入"决策点②,支付 100 万元用于机器人原型的设计和装配。管理者在此时(甚至在进行市场调查之前)预计电视机厂家愿意使用机器人的概率为 0.6,不愿意使用的概率为 0.4。如果电视机厂家接受机器人,RIC 公司就进入决策点③,再投资 1 000 万元;如果机器人不受欢迎,RIC 公司就放弃这个项目。最后,如果 RIC 公司投入生产,各年经营现金流量取决于届时的经济形势和市场状况。预计项目的生产期为 4 年($t=3$ 至 $t=6$),每年现金净流量为 1 000 万元的概率是 0.3,现金净流量为 400 万元的概率为 0.4,每年损失 200 万元的概率是 0.3。在生产期内,RIC 公司也可根据项目进展情况停止机器人的生产。

假设项目资本成本为 11.5%,图 13-8 中组合 1 的有关指标计算如下:

$$联合概率 = 0.8 \times 0.6 \times 0.3 = 0.144$$

$$NPV = -50 - \frac{100}{(1.115)} - \frac{1\,000}{(1.115)^2} + \sum_{t=1}^{4} \frac{1\,000}{(1.115)^t} \times \frac{1}{(1.115)^2} = 1\,525(万元)$$

$$期望净现值 = 0.144 \times 1\,525 = 220(万元)$$

这是其中一种可能的结果,用同样的方法对其他各种组合依次进行计算,然后汇总,最后得到期望净现值为 -34 万元。

从图 13-8 可知,项目期望净现值为负数,净现值标准差为 799 万元,发生亏损的概率为 0.664(0.144+0.320+0.200),这表明项目本身的风险比较大,从一般的决策原则看,应放弃该项投资。

但在进行项目决策特别是阶段性项目决策时,往往还要考虑决策当时的经济形势或市场情况。若经济形势比较好,则继续投资或生产;反之,则放弃。即使公司在决策点③投资了 1 000 万元,第 3 年投产后现金净流量为 -200 万元,公司也可在第 4 年放弃项目。假设公司在第 4 年不再生产亏损产品,并出售与项目有关的厂房或设备,获得现金净流量 300 万元,则修正后的现金流量、净现值、净现值标准差如图 13-9 所示。

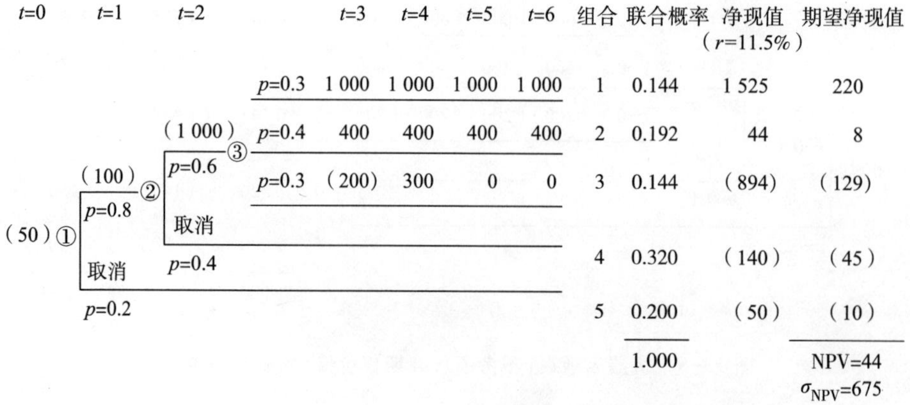

$t=0$	$t=1$	$t=2$	$t=3$	$t=4$	$t=5$	$t=6$	组合	联合概率	净现值 ($r=11.5\%$)	期望净现值
			$p=0.3$ 1 000	1 000	1 000	1 000	1	0.144	1 525	220
		(1 000) $p=0.4$	400	400	400	400	2	0.192	44	8
	(100)	③ $p=0.6$	$p=0.3$ (200)	300	0	0	3	0.144	(894)	(129)
(50)①	② $p=0.8$ 取消									
	取消 $p=0.4$						4	0.320	(140)	(45)
$p=0.2$							5	0.200	(50)	(10)
								1.000		NPV=44
										$\sigma_{NPV}=675$

图 13-9 机器人项目(考虑放弃期权价值)的现金净流量

如果在第 4、5、6 年停止生产机器人产品,并出售与项目有关的设备,那么项目期望净现值将由 -34 万元变为 44 万元,净现值标准差由 799 万元降为 675 万元。因此,根据情况变化,放弃投资项目,可能会使一个净现值为负数的项目变为有利可图,减少损失或降低风险。当然,公司也可将项目资产用于生产其他产品,例如 RIC 公司可将用于生产电视机装配线机器人设备改为生产其他产品装配线机器人。由于项目的投资收益和风险都是不确定的,因此投资决策不应该也不可能是一次性的,公司可根据不同情况做出扩大投资、减少投资或放弃投资等不同选择。

四、延期期权分析

对于某些投资项目,有时存在一个等待期权,也就是不必立即执行项目。等待不仅可使公司获得更多的相关信息,在某些情况下,等待(即持有期权而不急于行使)还具有更高的价值。例如,某项新技术用于生产一种新产品,立即投产,净现值为负数,此项投资应被否定。但这并不等于该项技术没有价值,持有该技术可能给公司带来新的机会,如果未来情况发生变化,如材料价格下跌、市场需求突然变化、相应生产工艺得到改进等,伴随这项新技术的新产品项目有可能产生正的净现值。由于未来是不确定的,等待或推迟项目可使项目决策者有更多的时间分析未来发展变化,避免不利情况发生所引发的损失;但等待也可能减少或延缓项目的现金流量,或者引起更多的竞争者进入同一市场。因此,在进行项目决策时,决策者应权衡立即行使期权或继续等待的利弊得失。

【例 13-3】 ADD 公司计划投资建造一座工厂,投资总额 200 万元,项目周期 5 年,项目出现最差情景、正常情景、最好情景的概率分别为 20%、50% 和 30%,不同情景下各年现金净流量如表 13-2 所示。假设项目投资要求的最低收益率为 20%,利用折现现金流量法计算,项目立即投资的净现值为 -18.04 万元。

表 13-2 投资开发时间与现金流量 单位:万元

最差情景:$p=0.2$						
年数	0	1	2	3	4	5
现金净流量	-200.00	15	18	35	40	55
净现值($r=20\%$)	-113.35					
正常情景:$p=0.5$						
年数	0	1	2	3	4	5
现金净流量	-200.00	30	36	70	80	110
净现值($r=20\%$)	-26.70					
最好情景:$p=0.3$						
年数	0	1	2	3	4	5
现金净流量	-200.00	45	54	105	120	165
净现值($r=20\%$)	59.94					
项目净现值	-18.04	=20%×(-113.35)+50%×(-26.7)+30%×59.94				

ADD 公司管理者有权决定是立即投资 200 万元,还是推迟一年,等到第二年年初再决定是否投资。图 13-10 上半部分描绘了项目推迟一年执行的情况。如果一年后项目出现最好情景,可在第二年年初进行投资,各年现金流量顺序后移。采用被动等待和观察战

略,项目净现值为 49.95 万元。假设公司支付 5 万元进行市场调研,可以观察到项目出现最好情景在半年后,公司可以半年后进行项目投资,扣除调研费后,项目净现值为 49.72 万元(见图 13-10 下半部分)。

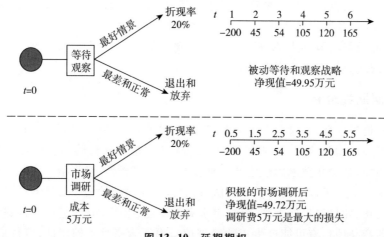

图 13-10 延期期权

由于延迟一年、延迟半年投资的净现值大于立即投资的净现值,因此推迟开发项目是有利的。但是,管理层应当找出愿意支付的市场调研费最大值,以缩短在做出明智决策前必须等待的时间,即第一个等待期权与第二等待期权相等时的市场调研费数额。把 49.95 万元和 49.72 万元的差额(0.23 万元)定为市场调查成本的减少,成本就从 5 万元减少到 4.77 万元。企业市场调研费的最大值不能超过 4.77 万元,否则绝对明智的选择是跟随被动战略并且等待一年。本例中,折现现金流量法下,项目投资的最大损失为 113.35 万元;实物期权法下,最大损失为市场调研费 4.77 万元。

延期期权实质上相当于公司获得了一个以投资项目的未来现金流量现值为标的资产的美式看涨期权。根据期权定价理论,提前执行不付股利的美式看涨期权是不明智的,投资者持有它会获得更高的价值。也就是说,在某些情况下,不必立即执行该项目,等待可使公司获得更多的相关信息,使项目决策者有更多的时间分析未来发展的变化,从而避免不利情况发生所引发的损失;但是,等待意味着公司将放弃项目早期的现金流量,而且可能失去先发优势。也就是说,项目早期的现金流量类似于美式买入期权的股利,如果股利足够大,那么提前执行美式买入期权也许是最佳的选择。因此,公司管理者在进行一个新项目的决策时,他们就拥有现在实施该项目或者推迟到将来实施该项目的延期期权。延期期权是否提前执行,取决于项目早期现金流量的延期期权内含价值的大小。延期期权主要应用于自然资源的开采、房地产开发等领域。

第三节 实物期权价值评估

一、实物期权价值分析

实物期权分析主要解决两个问题:一是公司应该以多少成本或代价获得或卖出一项期权。例如,为了在未来拥有一项新技术的期权,公司当前在研发上应支出多少?二是公司应该在何时执行一项期权。例如,在研发和投资之间,产品投放的盈利有多少?如果公司拥有在未来特定时间以最理想的方式支付一定费用以获取资产选择权,公司就拥有了一份实物看涨期权。在图13-11(A)中,研发活动为新产品或项目提供了进一步投资的机会。在研发上发生的支出(500万元)可以看作买入看涨期权的费用,追加投资(1 500万元)类似于金融期权中的行权价格。如果项目价值(项目现金流量现值)大于追加的投资支出,就应执行看涨期权,项目价值与追加投资的差额构成了项目的净现值;反之,项目或产品就是不可行的,盈利为零,项目的最大损失是研发费。

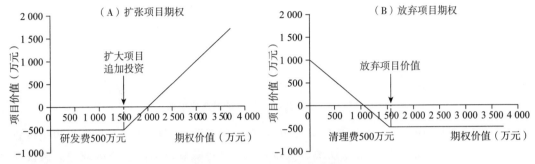

图13-11 扩张(放弃)项目期权

如果公司有权在未来特定时间以最理想的方式处置一项资产,公司就拥有了一份实物看跌期权。在 t 时,项目未来现金流量现值小于投入资本(NPV≤0),此时公司可以考虑放弃项目、出售项目资产或转作他用。假设 V 代表项目在第 t 时的剩余价值,L 代表项目在同一时点出售项目资产所产生的价值或残值,那么有:

放弃期权价值=0　　　　($V>L$)

放弃期权价值=$L-V$　　($V≤L$)

在图13-11(B)中,假设在 t 时,项目价值为800万元。初始投资为1 000万元,净现值小于零且预期随后的项目价值将继续下跌。如果公司在 t 时终止项目且项目资产出售价值为1 500元,出售价值大于项目继续经营的价值(1 500>800),公司应行使放弃项目期权,项目价值越低,放弃项目期权的价值就越高。在本例中,公司放弃项目的最大损失是出售资产的清理费用。

投资于实物资产隐含的期权价值类似于金融期权的价值,当一项实物期权处于平价状态时,期权的时间价值最大。这意味着,如果一项投资当前处于获利或获利边界上(等于零的预期净现值),我们就会从延期投资中得到最大的价值。假设公司拥有在某个时间窗口结束时(如 t)投资于一个项目的实物期权(见图13-12),横轴表示项目或标的资产价值(项目未来预期现金流量在 t 时的现值),纵轴表示项目产生的净现值(等于标的资产价值减去投入资本现值,即行权价为2 400万元),虚线表示项目立即执行的净现值。当标的资产价值等于项目的投入资本(行权价)的现值时,净现值为零。图中带■标记的折线表示在不同的市场条件下,执行期权后公司所能获得的净现值。只有在预期净现值至少等于零时才会投资,这条折线也可视为实物期权的内含价值。图中曲线表示期权未到期前价值,等于内含价值(净现值)加上项目灵活性价值(期权价值)。

由于项目投资是一种风险投资,未来不确定性越大,项目的投资价值和期权价值就越大。如果未来项目的价值与预期值相同,可保持项目的初始计划;如果未来项目的价值大于预期值,可执行扩张期权;如果未来项目的价值小于预期值,可执行缩减或放弃期权。

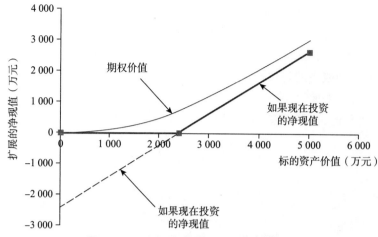

图 13-12 实物看涨期权与延迟期权价值

【例 13-4】 BIO 是一家生物技术公司,拥有一项新药生产许可证。新药的初始投资支出 I_0 为 20 亿元,项目投资后预期现金流量现值(V)将随着市场需求随机波动。假设在 $t=1$ 时,V^+ 为 45 亿元或 V^- 为 10 亿元(两者概率相同,$q=0.5$),项目在 $t=1$ 时的预期价值 $E(V_1)$ 为 27.5 亿元($45\times0.5+10\times0.5$),项目风险折现率(资本成本)为 25%,则新药项目的现值为 V_0 为 22 亿元。在传统的折现现金流量法下,项目净现值为 2 亿元(22-20),项目是可行的。

(1)递延期权。净现值法则表明,资本市场对高风险项目要求较高的收益率,因此立即投资的项目市场价值较低。根据实物期权理论,投资机会价值与不确定性正相关。假设新药许可证产生的投资机会比立即投资更有价值。例如延迟一年,在项目条件(如需求量或价格)有利时进行投资($t=1$ 时,许可证投资机会期权价值 $V^+-I=45-20=25$),或者在不利条件下放弃投资,损失为 0。这样,许可证提供的投资机会类似于以开发或完成项目(V)的价值为标的资产的看涨期权,行权价就是投资支出($I=20$)。项目等待投资的价值如图 13-13 所示。

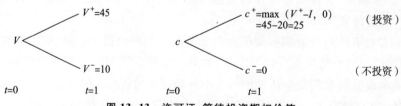

图 13-13 许可证:等待投资期权价值

标的资产的期权定价通常采用风险中性法,给投资机会定价,需要确定风险中性概率,以便采用无风险利率进行折现。风险中性概率是指在风险中性的条件下所有资产预期产生的无风险利率。根据第十二章的计算公式,假设无风险利率为 8%,当 $t=1$ 时,项目价值可能上升 2.05(45/22)倍或下跌 0.45(10/22)倍。本例的风险中性概率计算如下:

$$p = \frac{(1+r)-d}{u-d} = \frac{(1+8\%)-0.45}{2.05-0.45} = 0.3931$$

$$1-p = \frac{u-(1+r)}{u-d} = \frac{2.05-(1+8\%)}{2.05-0.45} = 0.6069$$

采用风险中性概率估计出的现值与传统的折现净现金流量法是一样的,即:

$$V_0=\frac{p\times V^++(1-p)\times V^-}{1+r_f}=\frac{0.3931\times 45+0.6069\times 10}{1+8\%}=22(亿元)$$

$$V_0=\frac{q\times V^++(1-q)\times V^-}{1+r}=\frac{0.5\times 45+0.5\times 10}{1+25\%}=22(亿元)$$

这里的 p 是风险中性概率,r_f 是无风险利率,q 是实际的概率(需求上升),r 是风险调整后的资本机会成本。在考虑期权后,风险状况发生变化了,例如由于可以控制不利的损失,可以采用无风险利率折现。采用风险中性概率计算的许可证投资机会的期权价值为:

$$c=\frac{p\times c^++(1-p)\times c^-}{1+r_f}=\frac{0.3931\times 25+0.6069\times 0}{1+8\%}=9.10(亿元)$$

这一期权也可以采用套期保值方法估值。首先计算保值比率:

$$\Delta=\frac{c_u-c_d}{Su-Sd}=\frac{25-0}{45-10}=0.7143$$

保值比率倒数为 1.4(1/0.7143),表示出售 1.4 份项目买权可以得到 1 份套期保值组后(见表 13-3)。

表 13-3　套期保值组合　　　　　　　　　　　　　　　　单位:亿元

投资组合	初始现金流量	标的资产到期价值($t=1$)	
		$S_u=45$	$S_d=10$
买入标的资产	-22	45.00	10.00
卖出 1.4 份买权	1.4c	-35.00(-25×1.4)	0.00(0×1.4)
合计	1.4c-22	10.00	10.00

无风险利率为 8%,则投资组合到期价值的现值为:

$$10/(1+8\%)=9.2593(亿元)$$

投资组合的初始投资为(22-1.4c)亿元,则:

$$22-1.4c=9.2593$$

$$c=\frac{22-9.2593}{1.4}=9.10(亿元)$$

上述计算结果表明,许可证投资机会的期权价值为 9.10 亿元,递延期权价值为 11.10 亿元(静态净现值+期权价值=2+9.10)。

在不确定的情况下,如果项目收益比预期差且不能撤销投资和收回初始成本,就要谨慎选择投资决策的时机,只有当项目产生高于净现值的溢价时才应该投资。这时递延投资的机会可以被看作对标的资产的看涨期权,标的资产价值为项目预期现金净流量的现值,行权价格为投资支出的现值。在期权到期日(即不可能再延迟的时间),期权价值可表示为:

$$递延期权净现值=\max[净现值(V_t-I),放弃(0)]$$

(2)扩张(缩减)期权。如果 BIO 公司执行递延期权,在期权到期时(如 $t=1$),公司面临三种决策:扩张规模、缩减规模、保持基础方案不变。在一个扩张期权中,以 x 表示扩张产能使项目价值增长的百分比,I'_1 表示扩张产能需要追加的投资(行权价),在到期日,扩张期权价值可表示为:

$$c = \max[\text{扩大规模净现值}(xV - I'_1), 0]$$

缩小生产规模的期权与扩大生产规模的期权类似,当产品在市场上的表现差于预期时,可以放弃或减少原计划的投入资本。因此,缩减生产规模的期权可视为缩减规模项目的看跌期权,行权价就是减少的投入资本。如果市场需求少于原计划,就不需要使用全部的生产能力,甚至缩小经营规模,这样通过缩减就能节省变动成本或弥补转售损失。假设 y 表示项目缩小规模使项目价值降低百分比,R 表示缩小规模节省的变动成本,缩减期权价值可表示为:

$$p = \max[\text{缩小规模净现值}(R - yV), 0]$$

假设项目在第 0 期开始,初始投资后可以追加投资 8 亿元 ($I'_1 = 8$),用于提高额外生产能力或增加广告费,从而使项目价值扩大 50%($x = 50\%$)。在第 1 年内,公司除了进行投资维持现有的经营规模,还可以选择将生产规模和项目价值缩小 50%($y = 50\%$),以节省变动成本 7 亿元($R = 7$)。

上述两种情况的价值是多少?很明显,如果事情如预期那样发展,就应该保持原计划的生产规模。如果下一年市场情况差于预期,就应该执行缩小项目规模期权;如果市场情况好于预期,就应该执行扩大项目规模期权。在到期日,选择追加投资、缩减投资或维持原规模,这主要取决于谁的收益更高,判断标准为:

$$\max[0, (xV - I'_1), (R - yV)]$$

① 到期日,市场情况好于预期,追加投资 8 亿元,项目价值增加 50%:

$$\max[0, (50\% \times 45 - 8), (7 - 50\% \times 45)] = 14.5$$

② 到期日,市场情况差于预期,缩小生产规模缩小使项目价值降低 50%,节省变动成本 7 亿元:

$$\max[0, (50\% \times 10 - 8), (7 - 50\% \times 10)] = 2$$

当市场有利时执行扩张期权,当市场不利时执行缩减期权,投资机会(期权价值)变为:

$$\text{扩张期权净现值} = 2 + \frac{0.3931 \times 14.5 + 0.6069 \times 2}{1 + 8\%} = 2 + 6.37 = 8.37(\text{亿元})$$

在不确定市场上引进新产品时,扩大和缩小生产规模的期权可能特别有价值。它们只在未来市场的发展与预期不一致时才会被执行,使原本不值得进行的维持基础生产规模的投资(静态净现值)变得值得。在进行生产能力决策时,考虑扩大或缩小生产规模的期权,可使公司比竞争对手更容易进行调整以适应市场变化。

二、实物期权估值:B-S 模型

期权是一种衍生性产品,其价值以标的资产的价格为基础。金融期权的标的资产是金融资产,如股票、债券、货币等;而实物期权的标的资产是各种实物资产,如土地、设备、石油等。金融资产具有流动性、收益性和风险性的特性,更容易标准化,便于形成市场化、规模化的连续交易。相对而言,实物期权不仅具有期权的某些特性,还具有投资的特性,因此实物期权比金融期权更为复杂。

实物期权既可能类似于欧式或美式金融期权,也可能是两者的混合。例如,在投资一种新药之前,它的临床试验通常会持续一个固定的期间,这看起来像一个欧式期权。但是当试验结束且成功后,公司拥有根据市场情况做出立即投资或"等等"再投资的灵活性,这相当于公司持有一个美式期权。

尽管金融期权估值模型(如二项式模型、B-S模型)的许多假设(如连续交易、常数利率、不提前执行等)并不符合实物期权的特性,但实物期权与金融期权仍有许多相通之处,两种期权价值的决定因素及相互关系如图13-14所示。

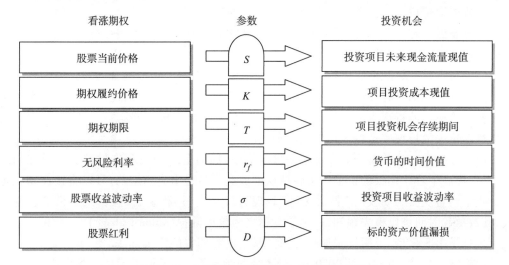

图13-14 实物期权与金融期权各种参数的关系

期权价值主要受标的资产当前价值、期权行权价格、到期期限、波动率、折现率、标的资产价值漏损六个参数的影响。根据实物期权的特点,下面对这些参数做简单的说明。

(1)标的资产价值。金融期权的标的资产是股票等,并假设股票价格变动符合对数正态分布,这对股票而言是合理的。但在实物期权中,标的资产并不符合这一假设,因为实物资产或投资项目的价值有可能出现负数,而股价不会低于零。此外,金融期权定价的基本假设是标的资产能够在金融市场以公平的市场价格自由交易,而实物资产通常不具备自由交易的特征。解决这一问题的方式就是在市场上找到"类似证券",据此复制实物资产价值的变化。例如,对于自然资源(如油田、铝矿等)的投资决策,可以在公开交易的商品期货市场上寻找类似的项目,据以构造一个类似的证券组合;对于多元化经营公司的某一产业部门在拆分、并购时的估价,可参考最近从事单一该产业的公司股票构造类似的证券组合;如果实物资产对公司市场价值的影响非常大,公司可以选择本公司的股票作为类似的证券;如果上述条件都不能满足,通常假设实物资产价值是实物资产交易情况下其市场价值的无偏估计且与其完全相关,从而直接将实物资产价值作为标的资产价值。

(2)期权行权价格。金融期权的行权价格是事先约定且到期一次性支付的。实物期权的行权价格不是事先约定的,而是视期权类型的不同而不同(如进一步投资的成本或放弃原投资所能收回的价值),并随着时间的延续而变化。行权价格具有不确定性,使得公司在执行实物期权时并不能确保获得超额收益。

(3)实物期权的期限。金融期权的执行时间一般通过合约详细规定,而实物期权的执行期限事先可能并不知道,期权的执行不仅受到其他期权是否执行的影响,还受到不确定状况的影响,如竞争态势与格局、技术创新与升级、宏观经济环境等。

(4)波动率。金融期权标的资产收益的波动率可以观察历史数据得到或者利用期权市场价格计算隐含波动率。但对实物期权而言，既不存在历史收益率信息，也不存在期权市场价格，因此波动率估计就成了实物期权定价的重要问题。解决这一问题有两种方法：近似资产的收益分布和蒙特卡罗模拟。如果可以找到类似的证券，如产品存在期货市场的自然资源开发项目，可用类似证券的历史收益率波动性来代替该实物资产项目的波动性。蒙特卡罗模拟是指构造预测现金流量表，分析影响经营的各项因素，对各种输入变量的概率分布做一定的假设，然后通过蒙特卡罗模拟得到项目价值的概率分布，包括项目价值的均值和标准差。

（5）折现率。金融期权定价的一个关键假设是存在一个由标的资产和无风险债券组成的、用于对冲所有风险的复制证券组合。由于所有风险都被复制证券组合对冲，因此金融期权定价所用的折现率为无风险利率。如果实物期权定价能够满足上述假设，那么实物期权定价中的折现率也可采用无风险利率。

（6）标的资产价值漏损。在金融期权定价中，标的资产的股利支付减少了看涨期权的价值，提高了看跌期权的价值。金融期权的股利支付是事先知道的，可以直接在期权定价公式中调整。实物期权的"股利支付"表现为现金支付、租金、保险费及版税等多种形式，其数量和时间难以事先预知，一些学者称之为价值漏损（value leakage）。

现基于 B-S 模型，说明扩张期权、递延期权、放弃期权的定价方法。

【例 13-5】 假设现在是 2020 年，XYZ 公司预计投资 1 000 万元建一条生产线，生产 A1 型产品，预计 2021—2025 年各年现金净流量如表 13-4 所示。公司预计到 2023 年，替代 A1 型产品的 A2 型产品技术将达到成熟，届时公司可以上马 A2 型产品生产线。目前（2020 年）公司对 2023 年及之后的 A2 型产品的现金流量做了最为保守的预测，如表 13-5 所示。假设同类项目的风险调整折现率为 18%，公司现在是否应进行 A1 型产品项目的投资？

表 13-4　A1 型产品项目投资现金流量　　　　　　　　　　单位：万元

	2020 年	2021 年	2022 年	2023 年	2024 年	2025 年
初始投资	-1 000					
现金净流量		300	400	340	320	190

表 13-5　A2 型产品项目投资现金流量　　　　　　　　　　单位：万元

	2023 年	2024 年	2025 年	2026 年	2027 年	2028 年
初始投资	-2 400					
现金净流量		500	1 000	1 200	600	400

（1）采用折现现金流量法分析项目的收益状况。

$$NPV_{A1} = -1\,000 + \frac{300}{(1+18\%)} + \frac{400}{(1+18\%)^2} + \cdots + \frac{190}{(1+18\%)^5}$$

$$= -1\,000 + 996.55 = -3.45（万元）$$

对于 A2 型产品项目，以 2023 年为预测基点，项目净现值为：

$$NPV_{A2} = -2\,400 + \frac{500}{(1+18\%)} + \frac{1\,000}{(1+18\%)^2} + \cdots + \frac{400}{(1+18\%)^5}$$

$$= -2\,400 + 2\,356.59 = -43.41（万元）$$

以 2020 年为预测基点,项目净现值为:

$$\text{NPV} = \frac{-2\,400}{(1+18\%)^3} + \frac{2\,356.59}{(1+18\%)^3} = -1460.71 + 1434.29 = -26.42(万元)$$

在折现现金流量法下,现在上 A1 型产品生产线的投资价值为 996.55 万元,净现值为-3.45 万元,净现值小于零,说明此项投资不可行。根据预测数据,公司在 2023 年投资 2 400 万元建 A2 型产品生产线,投资价值为 1 434.29 万元,净现值为-26.42 万元。按照传统的投资决策原则,此项投资也不可行。

（2）采用实物期权法分析项目收益状况。

从期权角度分析,A2 型产品线投资价值(现在为 1 434.29 万元)具有较大的不确定性。假设随着市场情况的不断变化,投资价值波动率(年标准差)估计为 35%,意味着 A2 型产品项目净现值存在大于 0 的可能性。3 年后,A2 型产品的市场前景会较为明朗和确定,净现值是否大于 0 将更为明确。

实际上,公司现在所做的决策是:是否上马 A1 型产品生产线,至于是否上马 A2 型产品生产线要视 3 年以后的情况而定。如果现在上马 A1 型产品生产线,3 年后就有机会上马 A2 型产品生产线,否则公司将失去上马 A2 型产品生产线的机会。或者说,如果现在上马 A1 型产品生产线,除可以获得 5 年的现金流入量外,还有 3 年后上马 A2 型产品生产线的机会。那么,这个机会的价值是多少呢?用期权的概念解释,这个机会的价值相当于一个期限为 3 年、行权价为 2 400 万元、标的资产当前价值为 1 434.29 万元的期权。假设无风险利率为 5%,根据 B-S 模型,这个机会的价值为 171.15 万元(见表 13-6)。因此,2020 年投资 A1 型产品生产线提供的净现值为 167.7 万元(A1 型产品项目净现值+期权价值=-3.45+171.15),净现值大于零,公司应该投资 A1 型产品生产线。

表 13-6　B-S 模型项目期权价值　　　　　　　　　　　　　　　　　金额单位:万元

参数	数值	说明
S	1434.29	初始投资 2 400 万元的价值(标的资产当前价值)
K	2 400.00	投资额(履约价格)
r	5.00%	无风险利率
T	3	期权执行期限(年)
σ	35%	投资项目收益波动率
d_1	-0.2987	=(LN(S/K)+(r+0.5*sigma^2)*T)/(sigma*SQRT(T))
d_2	-0.9049	=d_1-sigma*SQRT(T)
$N(d_1)$	0.3826	=NormSDist(d_1)
$N(d_2)$	0.1828	=NormSDist(d_2)
买权价值	171.15	=S*N(d_1)-K*exp(-r*T)*N(d_2)

【例 13-6】　TBT 公司正在考虑一个长达 10 年的项目。这个项目要求 TBT 公司与房地产开发商一起投资 5 亿元分期开发房地产,项目预期现金流量现值为 5.4 亿元。由于 4 000 万元的项目净现值过小,TBT 公司犹豫不决。为此,房地产开发商又提出:在未来 5 年内,TBT 公司随时可以将股份作价 3 亿元回售给开发商而退出。TBT 公司对项目现金流量进行模拟运算,得出联合开发带来的现金流量现值标准差为 30%。假设标的资产价

值漏损为 1，项目所需时间为 1/10（即项目现值以每年大约 $1/n$ 的速度下降），5 年期的无风险利率为 7%。放弃项目的期权定价类似于卖权或看跌期权，其计算过程如表 13-7 所示。

表 13-7 放弃期权定价   金额单位：亿元

参数	数值	说明
S	5.4	房地产项目现金净流量现值（标的资产价值）
k	3.0	回售成本（行权价）
r	7.0%	无风险利率
T	5	期权的到期期限
Sigma	30.0%	房价的波动率
y^*	10%	标的资产价值漏损
d_1	0.98802	=(LN(S/k)+(r−y+0.5*sigma^2)*T)/(sigma*SQRT(T))
d_2	0.31720	=d_1−sigma*SQRT(T)
$N(d_1)$	0.83843	=NormSDist(d_1)
$N(d_2)$	0.62445	=NormSDist(d_2)
$-d_1$	−0.98802	=−d_1
$-d_2$	−0.31720	=−d_2
$N(-d_1)$	0.16157	=1−N(d_1)
$N(-d_2)$	0.37555	=1−N(d_2)
放弃期权	0.26480	=k*exp(−r*T)*N(−d_2)−S*exp(−y*T)*N(−d_1)

注：*根据资产价值漏损后的调整公式（12-8）、公式（12-9）计算。

根据表 13-7 的计算结果，考虑放弃期权价值后的项目净现值。

净现值＝项目净现值＋放弃期权价值＝4 000＋2 648＝6 648（万元）

在上面的分析中，假设放弃项目期权的价值可以清楚地确定并且在项目期限内不发生变化，例如合同中规定了放弃项目选择权。在实务中，更常见的情况是公司拥有放弃项目的选择权，但残值收入不易确定。此外，放弃项目期权的价值在项目的期限内会发生变化，这使得传统期权定价法的运用遇到困难。在某些情况下，放弃项目完全有可能非但不会带来清偿价值反而会发生成本。例如，一家制造型公司不得不给工人们发放遣散费。在这种情况下，放弃项目并没有意义，除非项目带来的负现金流量大于项目清偿价值。

【例 13-7】 假设中海油公司拥有一项开采权，允许其 5 年内在北海某固定区域勘探和开采石油资源。勘探结束后，中海油公司探明 1 亿桶原油储量，但当时石油价格低于开采成本。中海油公司决定执行延期期权，准备向政府申请延期 3 年，并愿意支付一笔费用。假设目前石油价格 60 美元/桶，海上油田的开采成本为 65 美元/桶，石油价格波动率为 30%，同期无风险利率为 5%。中海油公司应该向政府缴纳多少费用来获得这个 3 年期的延期开采权？采用 B-S 模型计算不同开采期限的期权价值见表 13-8。

表 13-8　不同开采期限期权价值　　　　　　　　金额单位:万美元

B-S 模型参数	开采期限 5 年	开采期限 8 年
S	600 000	600 000
k	650 000	650 000
r	5.00%	5.00%
T	5	8
Sigma	30.000%	30.000%
d_1	0.58877	0.80134
d_2	−0.08205	−0.04719
$N(d_1)$	0.72199	0.78853
$N(d_2)$	0.46730	0.48118
买权价值	196 637	263 464

在表 13-8 中,标的资产价值石油储量 S 为 600 000 万美元(10 000×60),期权行权价格 K 为 650 000 万美元,石油价格波动率 σ 为 30%,无风险利率 r 为 5%。

根据 B-S 模型,5 年内开采石油的期权价值为 196 637 万美元,而 8 年内开采石油的买方期权价值为 263 464 万美元,两者相差 66 827 万美元。计算结果表明,中海油公司最多向政府支付 66 827 万美元,以换取延期 3 年开采权,以便继续观望市场价格,等待石油价格上升。

期权概念及其定价方法在财务管理中已经得到广泛的应用,许多财务问题在引入期权理论后变的更容易理解。随着期权的进一步创新和财务理论的持续发展,人们或许能在期权的框架下解决更多的财务问题。

任何理论或模型的应用都有一定的局限性,20 世纪 90 年代,期权理论被迅速推广到公司投资决策中,许多公司根据专家修正过的期权定价模型来确定具体投资项目的价值。在运用期权定价模型时,将预计可能获得的利润视作必然能获得的利润,由此过高地估计了某项期权的价值。例如,那些本来没有盈利的 .com 公司股票价格可以在公司没有任何收益的情况下迅速上升,原因就在于投资者普遍认为这是 .com 公司所具有的期权价值。

本章小结

1. 在战略性投资决策中,公司可以根据自身的产品优势、技术优势、资本优势、成本优势等发现有正净现值的投资机会。

2. 折现现金流量法与实物期权分析法应视为具有互补性质的决策工具。折现现金流量法更适合分析确定决策环境中并不复杂的项目,其预测在相对稳定的环境中更为可靠。实物期权分析法更适合分析不确定环境中的复杂项目,管理者可利用新信息,积极管理项目。

3. 递增期权为公司提供获得有利可图的逐渐增加投资的机会。面对不确定的环境,公司首先进行小额试探性投资,当不确定性消除且市场呈现增长潜力时,公司利用先发优势全面投资。柔性期权是指公司在多阶段投资以后,根据不同情景选择不同行为的灵活性期权。

4. 如果说扩张投资期权是一种看涨期权,旨在扩大上方投资收益,那么放弃投资期权则是一种看跌期权,意在规避下方投资风险。对于某些投资项目,有时存在一个等待期权,也就是不必立即执行该项目。等待不但可使公司获得更多的相关信息,在某些情况下,等待(持有期权而不急于行使)还具有更高的价值。

5. 净现值法用于评估确定情况下战略规划的价值和项目现金流的价值,实物期权法用于评估不确定情况下未来机会的价值,博弈论则用于分析竞争性互动情况。

基础训练

1. TOU 是一家电子科技公司,现正准备收购一家私营软件公司,采用折现现金流量法,评估软件公司的价值为 9 200 万元,但软件公司所有者要求最低出价 10 000 万元。目前,软件公司拥有一些颇具潜在价值的专有技术可供将来开发与生产新产品。根据市场预测,新产品的开发与投产始于从现在起的 3 年后,投入成本为 12 000 万元,新产品运营后预期现金净流量现值(折现到第 3 年年末)为 10 000 万元,由此,TOU 公司认为这项投资是不值得的。但是市场的不确定性,使得项目现金流量波动率(标准差)约为 60%,项目要求的最低收益率为 20%,无风险利率为 8%。如何对 TOU 公司购买软件公司的选择权进行估值?

2. 假设软件集团公司准备出售下属一家分公司,采用折现现金流量法估计这家分公司的价值为 5 000 万元。软件公司提出,分公司新的所有者(购买者)可以在一年后以 4 000 万元回售给软件集团公司。估计未来一年这家分公司收益的标准差为 30%,无风险利率为 8%。这一收购行为相当于标的资产为 5 000 万元、行权价为 4 000 万元的资产卖权。试估计这一卖权的价值。

3. 波音公司在建造第一期厂房的时候,手头的飞机订单总数不足,并不需要一个大型厂房。但是,波音公司知道,航空业是一个起伏不定的产业,一旦经济形势好转,航空公司很快就会增加飞机订单数量,到时候再去建造厂房,就可能不得不推掉部分订单,或者拖延交货期,以致造成损失。为此,波音公司在建造一期厂房的时候,将二期厂房所需的管道、地道、通信和电力等设施和一期厂房相关设施一起建设,这样就多花费 5 亿美元。如果公司将二期厂房所需的管道等设施在一期厂房建设时就进行投资,预计在未来接到新订单时,二期厂房比原先提前 2 年完成。二期厂房的生产能力是在这 2 年时间内制造 15 架波音 747 飞机,总售价为 40 亿美元,公司制造 15 架飞机的成本是 30 亿美元。假设无风险利率为 6%,波音 747 飞机价格波动率为 40%。公司是否应多投入 5 亿美元?

4. ADD 公司计划投资修建一座工厂,投资总额为 1 亿元,每年年末产生的系列现金流量如下表所示。ADD 公司管理者有权决定是立刻投资 1 亿元,还是推迟 1 年,等到第 2 年年初再决定是否投资。由于项目所生产的产品市场需求难以预测,这取决于是否有新的竞争产品。但是,这种不确定性可能在第 1 年年末变为确定。假设两种情景发生的概率均为 50%,项目资本成本为 10%,无风险利率为 5%。请评估推迟一年投资的期权价值。

投资开发时间与现金流量(立即投资)　　　　　　　　　　　　　　　　　单位:万元

市场情景	0	第 1 年	第 2 年	第 3 年	第 4 年	第 n 年
市场有利	-10 000	1 000	1 500	1 500	1 500	1 500
市场不利	-10 000	1 000	250	250	250	250

5. ATT 公司有机会以 400 万元购入一块拥有 200 万桶原油储量的土地。按照当前原油价格计算,该原油储量价值为 5 300 万元。为了开采原油而建造厂房、购买设备需投资 5 700 万元。因此,目前对该原油储量进行开采是无利可图的。但是,如果将来原油价格上升,开采可能是有利的。为简化,假设 ATT 公司只有一年的时间决定是否开采,而且一旦决定开采,所有的原油需一次性开采完。ATT 公司预测未来一年随着原油价格的上升,原油储量价值将上升为 6 000 万元,根据历史数据,原油价格波动率为 30%,假设 1 年期无风险利率为 6%,此类项目的资本成本为 13.8%。请评估推迟 1 年开采原油的期权价值。

第十四章　衍生工具与风险管理

[学习目的]
- 熟悉远期、期货、互换和期权合约的特点
- 掌握远期合约、期权合约在外汇风险管理中作用
- 了解修正久期和凸性对债券价格的影响及其分析方法
- 掌握远期外汇利率协议、利率互换、货币互换的基本含义和作用
- 掌握利率期权在外汇风险、利率风险管理中的作用和运作方式

在宋鸿兵所著《货币战争》一书中,他将金融衍生工具描述为"它们的本质是债务。它们是债务的打包、债务的集合、债务的集装箱……这些债务被当作资产充斥于对冲基金的投资组合,被保险公司和退休基金当作资产放在账户上。这些债务被交易着、延期着、挤压着、拉伸着、填充着、掏出着,这是一个债务的盛宴,也是一个赌博的盛宴。在纷繁的数学公式背后,只有空和多两个选择,每一张合同都是一次赌博,每一次赌博都必见输赢。"由于衍生工具既可以用于规避风险,又具有杠杆操作及交易成本低的特点,各国企业对衍生工具的运用在过去二十多年迅速增长,全球期货、期权交易量持续大幅度增长,根据国际清算银行的统计,2012 年 6 月,按交易工具分类的 OTC(柜台交易)市场衍生品未偿付名义成交量为 6 389 280 亿美元,总市值为 253 920 亿美元。利用金融衍生工具进行风险防范,已从"改变金融面貌的尖端技术"变成在一般商务讨论中频繁出现的名词。使用衍生产品(如期货、远期、互换、期权)对冲利率、汇率、商品价格风险已成为许多公司的经常性工作。在风险管理中,各种金融工具(如远期、期货、互换、期权)既可以单独进行交易,也可以用来"构造"更为复杂的系统并根据需要进行调整或修改。不论是单一金融工具的使用,还是多种金融工具的组合,其设计目的之一就是对冲风险。

第一节　衍生工具概览

一、衍生工具的作用

衍生工具(derivatives)是指从基础性交易标的物衍生出来的金融工具。基础性交易标的物主要包括商品、外汇、利率、股票及债券等。衍生工具主要表现为远期合约、期货合约、互换合约和期权合约四大类。

衍生工具的一个基本用途是:提供一种有效的风险分配机制,使希望避免风险的人把风险转移给愿意承担风险的人(承担风险的愿望可能是察觉到潜在投机所得等)。根据衍生工具的用途,可将避险工具大致分为两类:一是用确定性代替风险,如远期、期货和互换合约;二是仅替换于己不利的风险,而保留对己有利的风险,如期权合约。在风险管理中,既可以将远期、期货、互换、期权视为单一的工具,也可将它们组合起来解决同一个问题。

二、远期合约

远期合约(forward contract)是指以固定价格(交割价格或远期价格)在未来的日期(交割日期)买入或卖出某种标的资产的协议。在合约中同意未来买入的一方被称为持有多头头寸(long position),在合约中同意未来卖出的一方被称为持有空头头寸(short position),合约双方都要承担对方不履约的风险。签订合约时没有货币的转移,此后,合约价值将随着远期价格的变动而变动。买卖远期合约的损益如图 14-1 所示。

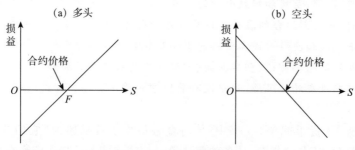

图 14-1 远期合约头寸

在图 14-1(a)中,合约到期时,买方要按合约价格 F 买入标的资产,如果到期时的现货价格(即期价格)S 大于合约价格,合约持有者就可以按较低的合约价格买入标的资产,再按较高的现货价格卖出该资产,获得每单位 $(S-F)$ 的利润。对于空头头寸来说,如果到期时的现货价格低于合约价格,合约的出售者就会获利。他可以按较低的现货价格买入标的资产,然后再按较高的合约价格卖出,获得每单位 $(F-S)$ 的利润,如图 14-1(b)所示。

资本市场远期合约中的标的资产通常是证券或一定数量的外汇或商品。如果标的资产为证券,远期合约就主要表现为利率的远期合约形式;如果标的资产是一定数量的外汇,远期合约就是外汇远期合约。

三、期货合约

期货合约(future contract)是标准化的远期合约,即双方签订的、在合约到期日以固定价格买入或卖出某种标的资产的协议。因此,图 14-1 中表示的远期合约头寸同样可以用来展示期货合约买卖双方的损益情况。但与远期合约相比,期货市场可从以下两个方面消除信用风险:

第一,远期合约的损益只有在到期日才能呈现出来,而期货合约的损益在每天交易结束时就能呈现出来。期货交易采用盯市(mark to market)制,也称每日清算制。期货交易者相当于每日开市重新进入,闭市时结清退出。从技术角度分析,期货合约是一种每日清算的远期合约,而且在清算之时,新的远期合约又诞生了。

第二,期货合约的买卖双方均要开立保证金账户,按合约面值的一定比例向经纪人交纳保证金,并且每日根据市场价值进行重估。如果当天期货合约价值增加,这种收益就会在每日收盘后打入合约持有者的保证金账户;反之,如果当天期货合约价值减少,这种损失就会从合约持有者的保证金账户中抵扣;如果价格的不利变动使保证金账户余额低于约定的最低水平,就需要追加保证金,否则合约持有者的头寸将被强制平仓。这种过程通常在保证金账户保证金用完之前就要平仓,从而违约风险基本上得以消除。

此外,期货合约是在有组织的证券交易所内交易的标准化的合约,多头期货头寸对应的签约方不是空头方,而是证券交易所成立的清算所,它具备足够的资本,几乎不会发生违约的可能。

四、互换合约

互换合约(swap contract)是指合约双方达成的在未来规定的时间,按某种预先确定的规则互换现金流量的一种协议。最常见的形式是利率互换和货币互换。①

一份互换合约本质上可以视为一系列远期合约的组合。图14-2上方描述了一个标准型利率互换的现金流量情况,即接受一系列固定利率(R)计算的利息,而支付的利息是根据浮动利率(r)(如LIBOR,伦敦同业拆借利率)确定的。在这里,上述两种利息支付所依据的名义本金是相同的。因此,我们可以将互换合约安排分解为单一付款合约的组合,进而再分解为一系列远期合约。图14-2下方说明利率互换可以表示成T个远期合约的组合。在利率互换合约中,固定利率(R)是不变的,远期利率合约中的利率和利率互换则根据相同的指标浮动,它们将拥有相同的现值。为避免出现套利机会,互换合约中的固定利率(R)必须是这样的利率:它能够使互换合约的现值等于T个远期利率合约组合在一起的现值。所以,利率互换可以用组合的远期利率合约进行复制。

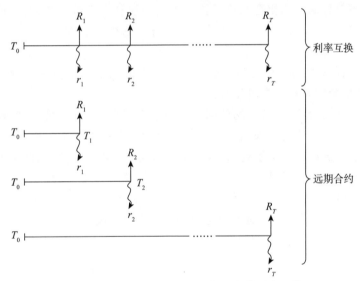

图14-2 利率互换和作为远期组合的利率互换

将远期、期货和互换合约结合起来考察,可以发现它们之间的一些差别。通常,远期合约的履约期限等于自身的期限,由于没有抵押担保,远期合约是一种纯粹的信用工具。期货合约实行逐日结算,再加上保证金要求,使期货合约大大降低了远期合约固有的信用

---

① 互换与掉期的英文都是swap,本质上即交换,但这里所说的互换交易与外汇银行同业市场上的"掉期"交易不同,主要表现在三个方面:第一,期限不同。互换交易是在互换市场上进行的,主要指1年期以上的长期货币或利率的交换;掉期交易是在外汇市场上进行的,通常指1年期以内的货币交易。第二,形式不同。互换交易的基本形式是货币互换、利率互换和交叉互换,货币互换前后交割的汇率通常是一致的;而掉期交易是指在一个交割日卖出(或买入)货币的同时约定在另一个交割日做反向买入(或卖出)同一种货币的交易,前后两个交易日的汇率是不一致的。第三,目的不同。互换交易用于降低长期资本成本,以及在资产、负债管理中防范利率或汇率风险;而掉期交易基本上用于资金头寸管理。

风险。互换合约采用缩短履约期的方法降低信用风险。在图14-2中,尽管合约期限为T,但履约期是短于T的一个一个的单一期间。如果互换和远期的期限大致相同,那么互换合约中交易方承担的信用风险要远远低于远期合约。互换和远期之间的这种信用风险差异,类似于分期偿还贷款和零息债券之间的差异。

在互换合约中,随着利率变动,合约价值也在变化,将这种价值变化传递给合约所有者的既不是在到期日(如远期合约),也不是在每日收盘后(如期货合约),而是在互换合约的每个结算日,交易双方交换价值的变化。如在第一个结算日,部分的价值变化是以"差额结算"的方式由一方付给另一方。因此,期限相同的不同工具,互换合约的履约期比远期合约短,但比期货合约长。

综上所述,互换合约和期货合约均是远期合约的组合,这三种工具管理风险的机制是一样的。远期、期货和互换的主要区别是合约的结算点以及合约交易方所承担的信用风险大小。远期和期货代表了两种极端状态,互换则是一种中间状态。

五、期权合约

期权合约(option contract)赋予买方购买或出售一项资产的权利,但不是义务。期权合约与远期合约、期货合约、互换合约的区别主要表现在两个方面:第一,期权买卖双方的权利与义务是不对等的。期权合约给予持有人一种权利而不是义务,它允许买方在于己有利时执行期权,在于己不利时放弃行权,因此合约的损益表现为"折线"形式;远期合约、期货合约、互换合约买卖双方的权利与义务是相等的,合约持有人都有执行合约的义务,因此这些合约的损益呈"直线"形式。第二,期权的买方为获得这一权利需要支付一笔期权费,而其他合约并不需要事先支付费用。

期权合约与远期合约、期货合约的联系至少表现在两个方面:第一,期权可以通过远期或期货与无风险证券的组合来复制;第二,期权的组合可以产生远期合约,或者远期可以产生一组期权。假设有一个组合:买入一个买权同时卖出一个卖权,两个期权的行权价格和期限都相同(见图14-3上方),这个组合的损益模式与购买资产的远期合约是一致的。同样,图14-3下方显示的资产组合是卖出一个买权并买入一个卖权,这个组合等价于卖出一份远期合约。图14-3显示的这种关系被称为买权—卖权平价关系,它表明两种期权可以"拼凑"在一起产生远期合约模式。

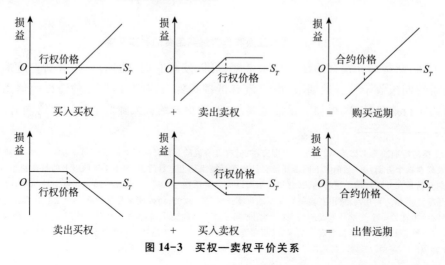

图14-3 买权—卖权平价关系

将图 14-2 和图 14-3 结合起来可以发现,利率互换可以分解为一系列远期合约,而远期合约又可以被期权合约取代。也就是说,期权合约通过与远期合约或期货合约之间的关系,间接地对利率互换产生了类似的影响。

在风险管理中,期权合约的最大优点是可以为公司提供一种决策弹性,即根据标的资产价格的变动方向与程度选择执行期权或放弃行权。

第二节 外汇风险对冲

一、外汇风险概念

外汇风险(foreign exchange risk)有广义和狭义之分。广义的外汇风险是指汇率、利率变动以及交易者到期违约,或外国政府实行外汇管制给外汇交易者带来的任何经济损失或经济收益;狭义的外汇风险是指国际债权债务中约定以外币支付时,因汇率变动为交易者(公司)持有的,以外币计价的资产、负债、收入和支出带来的不确定性。这种不确定性,可能使本币发生损失,也可能形成收益。从规避风险的角度分析,通常把外汇风险视为外汇损失的可能性。本节讨论的外汇风险主要指狭义的外汇风险。

外汇风险通常用外汇风险暴露或者风险敞口(foreign exchange risk exposure)进行衡量。所谓外汇风险暴露,是指公司在各种业务活动中容易受到汇率变动影响的资产和负债的价值,或者暴露在外汇风险中的头寸状况。例如,在外汇买卖中,风险头寸表现为外汇持有额中超买(overbought)或超卖(oversold)的部分;在公司经营中,风险头寸表现为外币资产与外币负债不相匹配的部分,如外币资产大于或小于外币负债,或者外币资产与外币负债虽金额相等,但时间长短期限不一致。一般来说,汇率的不确定性变动是外汇风险的根源,如果公司能够通过风险管理使外汇风险暴露为零,那么无论未来汇率如何变动,公司面临的外汇风险基本上可以相互抵消。

二、外汇风险的类型

外汇风险主要有经济风险、交易风险和折算风险。经济风险主要是指宏观经济风险,如汇率变动、利率变动、通货膨胀、贸易条件变化等引起的风险。对公司而言,经济风险是指未能预料的汇率波动引起的公司价值(未来现金流量的现值)变动。

交易风险是由汇率变化引起的、以外币表示的未履行合约价值的变化,即合约带来的未来外币现金流量。交易风险主要有:(1)以即期或延期付款为支付条件的商品或劳务的进出口,在货物装运和劳务提供后而货款或劳务费用尚未收付前,外汇汇率变动引发的风险;(2)以外币计价的国际信贷活动,在债权债务未清偿前存在的汇率风险;(3)对外融资中的汇率风险,当借入一种外币而需要换成另一种外币使用时,融资人将承担借入货币与使用货币之间汇率变动的风险;(4)待履行的远期外汇合同,约定汇率和到期即期汇率变动引发的风险。

折算风险又称会计风险,是指财务报表中的某些外汇项目因汇率变动引起的转换为本币时的价值变动风险。

上述三类风险有一定的联系,从时间上看,折算风险是基于过去会计资料计量时因汇率变动而造成的资产或负债的变异程度,是账面价值的变化;交易风险是基于过去发生的但在未来结算的现金流量的变化,是实际的经济损失或经济收益。在实务中,折算风险和交易风险是重叠的。交易风险的一些项目(如外币标价应收账款和负债)属于会计风险,因为它们已经体现在公司的资产负债表中。而交易风险中的另一些项目(如那些已经签订但商品还未运出的用外币标价的销售合同)尚未出现在公司目前的财务报表中,属于公司的交易风险。经济风险引起的公司价值变动是通过折算风险和交易风险表现出来的。在这三类风险中,按其影响的重要性不同排序,依次为经济风险、交易风险和折算风险。

三、外汇交易风险对冲

在外汇风险管理中,风险对冲的基本做法是:分析未来汇率变动方向与幅度,确认以外币表示的预期净货币流入量或流出量,明确公司面临的风险类型和大小,合理选择避险工具,设计避险方案,让两种走势相反的风险相互制约,从而达到保值的目的。

【例 14-1】 假设 ABC 公司在 20×3 年 1 月 16 日向美国出口一批产品,应收款项为 100 万美元,约定 4 月 16 日付款。ABC 公司的资本成本为 12%,为从事各种风险对冲交易所需的其他相关资料如下:(1)即期汇率为 RMB 6.789/USD;(2)3 个月期远期汇率为 RMB 6.725/USD;(3)美国 3 个月期借款利率为年利率 10.0%(季利率 2.5%);(4)美国 3 个月期投资收益率为年利率 8.0%(季利率 2.0%);(5)人民币 3 个月期借款利率为年利率 8.0%(季利率 2.0%);(6)人民币 3 个月期投资收益率为年利率 6.0%(季利率 1.5%);(7)在 OTC 市场,3 月份买入卖权的履约价格为 RMB 6.7/USD,合约单位为 100 万美元,期权费为 1.5%;(8)据测 3 个月后即期汇率将为 RMB 6.745/USD。

对于这笔应收款项,可供 ABC 公司采用的交易风险管理策略有远期外汇市场风险对冲、货币市场风险对冲和外币期权市场风险对冲。根据以上资料,分析各种风险管理策略对公司的影响。

(一)远期市场风险对冲

远期外汇交易是指外汇买卖双方签订合同,约定在将来一定的日期内,按预先约定的汇率、币种、金额、日期进行交割的外汇业务活动。为避免外汇风险,ABC 公司与银行签订了一份远期合约,按 3 个月的远期汇率在远期市场上卖出 100 万美元远期,3 个月后公司将收到美国进口商汇来的 100 万美元,随即在远期市场上履约交割,得到 672.5 万元人民币。远期外汇市场风险对冲的实质是"锁定"汇率,以使公司的收入不再随汇率的波动而变动。

在【例 14-1】假设 20×3 年 4 月 16 日,美元对人民币的汇率为 RMB 6.745/USD,如果 ABC 公司没做远期外汇保值,可以收到 674.5 万元人民币,风险对冲的结果使收益减少了 2 万元。如果 3 个月后美元贬值,汇率变为 RMB 6.710/USD,风险对冲可增加收益 1.5 万元。不论未来即期汇率如何变动,ABC 公司都将收到 672.5 万元人民币(见表 14-1)。远期合约的任何外汇利得与损失都将被现汇市场应收账款相应的损失或利得抵消。

表 14-1 远期市场风险对冲的各种可能结果(20×3 年 4 月 16 日)   单位:元人民币

即期汇率(RMB/USD)	应收账款价值	远期合约利得(损失)	现金流量
6.745	6 745 000	−20 000	6 725 000
6.725	6 725 000	0	6 725 000
6.710	6 710 000	15 000	6 725 000

采用这种方法进行交易之前,必须对未来汇率走势做出正确的判断预期,否则出口商进行风险对冲的收入,可能低于不进行风险对冲的收入;同样,进口商进行风险对冲的成本支出,可能高于不进行风险对冲的成本支出。但是,进出口公司很难正确预测汇率走势。为避免这一弊端,可利用择期外汇交易规避汇率风险。

择期外汇交易是一种交割日期不固定的外汇买卖形式,是远期外汇的一种特殊形式,属于远期外汇交易范畴。择期的含义是客户可以在将来的特定一段时间(通常是半月内)的任何一天按约定的汇率进行交易。起息日可以是这段时间内的任意一个交易日。择期外汇交易的程序与一般远期外汇交易的程序相同。择期外汇交易主要是为进出口商等客户提供买卖外汇的灵活性,保证即时收付汇,避免远期外汇交易交割日期固定不变的缺点。

在【例14-1】中,ABC公司也可以采用外汇期货交易进行风险对冲。外汇期货交易和外汇远期交易的差别在于前者合约是标准化的,但风险对冲的基本作用大体相同。因此,上述讨论内容也适用于外汇期货市场的风险对冲。

(二)货币市场风险对冲

货币市场风险对冲的合约是贷款协议,同时借入和贷出两种不同的货币来锁定未来现金流量的本币价值,即把应收账款、应付账款兑换成本币,并在本国货币市场投资以消除外币风险。与远期外汇市场风险对冲不同的是,货币市场风险对冲主要与两国间的利率差有关。

在【例14-1】中,假设ABC公司决定借入美元并按即期汇率将美元贷款转换成人民币,3个月期满时,用收到的应收账款归还贷款。借入美元的数额应符合"匹配"原则,即借款到期应偿还的本利和恰好等于100万美元应收账款。如果借款季利率为2.5%,ABC公司应借入975 610美元(1 000 000/1.025)。把这笔借款按现行即期汇率RMB 6.789/USD兑换成6 623 416元人民币。

ABC公司可以将这笔人民币投资于3个月期的货币市场,收益率为1.5%;也可以投资于公司的经营活动,收益率按资本成本3.0%计算。两种投资方向的终值为:

投资于货币市场3个月的终值 = 6 623 416×(1+1.5%) = 6 722 767(元)

投资于公司经营3个月的终值 = 6 623 416×(1+3.0%) = 6 822 118(元)

上述计算结果表明,投资于货币市场,ABC公司最终所得收入低于远期市场的风险对冲收入;投资于公司经营活动,ABC公司最终收入高于远期市场的风险对冲收入。

在其他条件不变的情况下,投资收益率上升到何种水平会使货币市场和远期市场的保值收益没有差别呢?假设r为3个月期投资收益率,两种保值方法等值的条件是:

借款总额×(1+r) = 远期保值总额

6 623 416×(1+r) = 6 725 000

解得: r = 0.01534

计算结果表明,当投资收益率为6.136%(0.01534×4×100%)时,远期市场风险对冲收益与货币市场风险对冲收益相等。如果投资收益率高于6.136%,货币市场风险对冲有利;如果投资收益率低于6.136%,远期市场风险对冲有利。

(三)期权市场风险对冲

外汇期权是指外汇期权合约的购买者在规定期限内、按交易双方约定的价格购买或出售一定数量的某种外汇权利的外汇交易形式。外汇期权的期权费是以直接报价方式报出的。期权费实际上是期权买入者转移风险的成本,也是期权出售者承担汇率风险的收入,其性质类似于保险业务中的保险费。

在【例14-1】中,ABC公司可买入卖权以抵补外汇风险。根据前述报价,ABC公司当日通过柜台交易市场购买了100万美元的3个月到期、行权价格为RMB 6.7/USD的卖出期权,期权费为101 835人民币元(1 000 000×1.5%×6.789)。若以资本成本(12%)作为折现率或机会成本,则现在付出的期权费101 835元相当于3个月后的期权费104 890元(101 835×1.03),单位美元的期权费为0.105元。

3个月后,ABC公司收到1 000 000美元,是否行使期权取决于届时的即期汇率。如果届时即期汇率高于RMB 6.7/USD,公司将放弃行使期权,而在即期市场上出售美元。假设届时即期汇率与预测值RMB 6.745/USD相等,公司可获得收入6 745 000元人民币,扣除期权费104 890元人民币,净收入为6 640 110元人民币。这表明,人民币贬值幅度越大,公司获得的收益越多。

如果届时人民币升值,公司的最大损失是固定不变的。假设届时汇率低于RMB 6.7/USD,公司会选择行使期权,按行权价格卖出美元获得6 700 000元人民币,扣除期权费后的净收入为6 595 110元人民币。这个数额是ABC公司可得到的最低值,虽然小于远期市场和货币市场的保值结果,但不同的是,期权市场风险对冲的收益上限却是无限的。

将期权风险对冲与远期风险对冲相比较,两者的等值条件是:届时即期汇率等于远期汇率加上单位期权费,即6.725+0.105=6.83元。如果届时即期汇率大于RMB 6.83/USD,那么期权保值净收入大于远期保值所得;如果届时即期汇率低于RMB 6.83/USD,那么远期市场风险对冲所获收益较大,因为期权保值需支付期权费(见图14-4)。

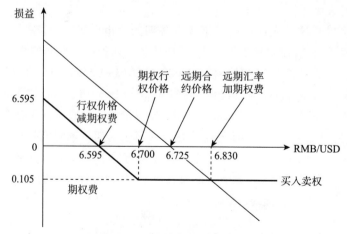

图14-4 远期与期权的风险对冲比较

将期权风险对冲与不采取任何保值措施相比,两者的等值条件是:届时即期汇率等于期权行权价格减去单位期权费,即6.7-0.105=6.595元。如果届时即期汇率高于RMB 6.595/USD,不采取任何保值方式能获较多收益;如果届时即期汇率低于RMB 6.595/USD,期权保值可获较多收益。

在上述各种方式中,不采取任何保值措施的风险较大,3个月后的收入期望值为

674.5万元人民币,但也可能低于或高于这一期望值;远期外汇市场风险对冲在"锁定"风险的同时,也"锁定"收益,3个月后的确定收益为672.5万元人民币;货币市场风险对冲可立即得到6 623 416元人民币,3个月后的收益既取决于两地利率差异和汇率差异,也取决于公司经营情况;期权市场风险对冲可使公司拥有较大的灵活性,3个月后的收益最低为6 595 110元人民币,而收益的上限是无限的。

【例14-2】 某公司向美国出口一批货物。双方于20×1年3月1日签订合同,约定以美元支付相应货款,货款总额为1 000万美元,结算日期为20×1年6月1日。当前即期汇率为RMB 6.033/USD,3个月远期汇率为RMB 5.962/USD。

为避免3个月后美元贬值造成结汇时人民币收入减少,可以采用远期交易锁定结汇汇率,即3个月后公司可按照3个月远期汇率兑换人民币:

$$10\ 000\ 000 \times 5.962 = 59\ 620\ 000(元)$$

锁定未来结汇汇率的另一种方法是采用期权组合规避风险,即同时买入一笔卖权(看跌期权)、卖出一笔买权(看涨期权)。假设两者均为欧式期权,标的资产为美元对人民币汇率,其他交易参数如表14-2所示。

表14-2 期权交易参数

类型	行权价格	期限(月)	名义本金(USD)(万美元)	期权费(USD)(万美元)
买入卖权	RMB 5.98/USD	3	1 000	-6.386
卖出买权	RMB 5.98/USD	3	1 000	6.855

分析这一期权组合的损益,如图14-5所示。

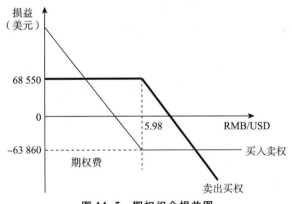

图14-5 期权组合损益图

(1)交易期初,公司期权费净收入4 690美元(68 550-63 860),将这笔期权费净收入按即期汇率RMB 6.033/USD结汇,可兑换人民币为:

$$4\ 690 \times 6.033 = 28\ 295(元)$$

(2)期权到期日,如果美元对人民币汇率$S_T \leqslant$RMB 5.98/USD,则执行看跌期权,不执行看涨期权。此时,公司以RMB 5.98/USD的汇率卖出1 000万美元,可兑换人民币为:

$$10\ 000\ 000 \times 5.98 = 59\ 800\ 000(元)$$

(3)期权到期日,如果美元对人民币汇率$S_T >$RMB 5.98/USD,则不执行看跌期权,执行看涨期权。此时,公司仍以RMB 5.98/USD的汇率卖出1 000万美元,可兑换人民币为:

$$10\ 000\ 000 \times 5.98 = 59\ 800\ 000(元)$$

（4）假设不考虑期权费净收入的再投资收益，到期时，采用期权组合方案可兑换人民币 5 983 万元（2.829 5+5 980），较远期结汇交易多兑换人民币 21 万元（5 983-5 962）。也就是说，公司同时买入卖出两笔行权价格、期限、标的资产、金额等要素相同的看跌期权和看涨期权，相当于构造出一笔远期结汇；不同的是，期权组合避险优于一笔简单的远期交易，增加了换汇收入。

【例 14-3】 A 公司是浙江省某沿海城市的一家从事外贸服装生产加工的民营企业，出口收入的币种主要为欧元。2005 年 7 月末，公司与进口商签订一笔新的供货合同，如何规避风险成为公司决策层的当务之急。当时的即期汇率为 USD1.2115/EUR，A 公司希望：①避险成本为零；②汇率最低锁定水平在 USD1.2050/EUR 之上。上海浦东发展银行根据 A 公司的要求，设计了以"区间远期外汇买卖"（range forward）为主的汇率避险方案。区间远期外汇买卖的实质是买入、卖出各 1 个期限相同、行权价格（汇率）不同的看涨期权和看跌期权，将未来汇率锁定在一个区间内的避险品种。若两种期权费相互抵消，则公司在操作此交易时，无期初费用发生，实现"零成本"避险。区间远期外汇买卖有关条款如表 14-3 所示。

表 14-3　区间远期外汇买卖条款

交易甲方	A 公司
交易乙方	上海浦东发展银行
交易币种	美元/欧元，甲方要求卖出欧元、买入美元
交易金额	名义本金 1：EUR 200 万
	名义本金 2：EUR 300 万
汇率区间上限	USD/EUR 1.2350
汇率区间下限	USD/EUR 1.2050
交易日	待定
到期日	交易日+3 个月（北京时间 14:00 截止）
交割日	到期日+2 个工作日

有关汇率区间的说明：

（1）如果到期日的即期汇率（USD/EUR）低于（等于）汇率区间下限，甲方可选择按汇率区间下限、名义本金 1（EUR 200 万）卖出欧元、买入美元。

（2）如果到期日的即期汇率（USD/EUR）高于汇率区间下限且低于汇率区间上限，甲方可选择按相关即期汇率（USD/EUR）卖出欧元、买入美元。

（3）如果到期日的即期汇率（USD/EUR）高于（等于）汇率区间上限，甲方必须按汇率区间上限、名义本金 2（EUR 300 万）卖出欧元、买入美元。

根据区间远期外汇买卖条款，对应构造的两种期权相关参数如表 14-4 所示。

表 14-4　期权组合的相关参数

期权	交易方向	期权类型	名义本金（EUR）	期限（月）	行权价格（USD/EUR）
期权 1	甲方买入 EUR 卖权	EUR 看跌，USD 看涨	2 000 000	3	1.205
期权 2	甲方卖出 EUR 买权	EUR 看涨，USD 看跌	3 000 000	3	1.235

根据到期日的即期汇率（USD/EUR），可以确定 A 公司进行区间远期外汇买卖的损益情况，到期日模拟损益分析如表 14-5 和图 14-6 所示。

表 14-5　期权到期日美元损益分析表

到期日汇率 （USD/EUR）①	期权行权价格 （USD/EUR）②	卖出欧元 （EUR）③	收益/损失（USD） ④=③×(②-①)
1.195	1.205	2 000 000	20 000
1.200	1.205	2 000 000	10 000
1.205	1.205		0
1.215	1.215	甲方可选择按即期汇率卖出	0
1.225	1.225	欧元，金额由甲方确定	0
1.235	1.235		0
1.240	1.235	3 000 000	-15 000
1.245	1.235	3 000 000	-30 000

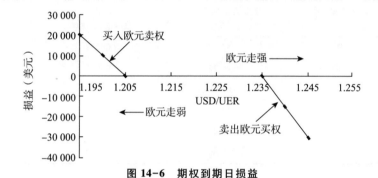

图 14-6　期权到期日损益

在交易执行 3 个月期间，欧元在小幅反弹后又进入下跌的趋势，交割日当天汇率跌至 USD 1.1950/EUR。根据交易相关条款，A 公司可以按 VSD 1.2050/EVR 的汇率卖出 200 万欧元，避险净收益为 20 000 美元。

浦发银行设计的这一避险方案，特点是将美元/欧元汇率锁定在一个区间之内，公司在获得一定的汇率保护水平之外，还可以保有一定的空间以获取欧元升值的好处，且无任何避险费用支出。这一产品无期权费，也满足了公司"零成本"的要求，但产品两端交易的名义本金不匹配，"卖出 EUR 买权"的风险敞口大于"买入 EUR 卖权"的风险敞口，一旦欧元走强，A 公司届时将付出较大的机会成本。

第三节　利率风险管理

一、利率风险的衡量

利率风险是指未预见到的市场利率水平变动引起资产（债券）收益的不确定性。利率风险对资产价值的影响一般通过久期和凸度两个指标进行衡量。

（一）久期

久期（duration）或称持续期，是债券平均有效期的一个测度，被定义为距离每一债券到期时间的加权平均值，其权重与支付的现值成正比。如果债券契约规定分期付息、到期一次还本,投资者在债券到期之前就可以得到利息收益。债券久期是债券各期现金流量现值加权平均年份,权数是每一现金流量的现值在总现金流量现值中的占比。债券久期(D)的计算公式为:

$$D = \frac{\sum_{t=1}^{n}\left[\dfrac{CF_t}{(1+r_d)^t} \times t\right]}{\sum_{t=1}^{n}\left[\dfrac{CF_t}{(1+r_d)^t}\right]} \quad (14-1)$$

其中,CF_t表示债券未来第t期现金流量,r_d表示债券投资者要求的收益率,t表示债券期限。

【例14-4】 债券期限为5年,债券投资者要求的收益率为9%,债券面值与当前市场价格均为1 000元。根据债券各期现金流量计算的债券现值与久期如表14-6所示。

表14-6 债券现值及久期

年数 ①	现金流量(元) ②	现金流量现值(元) ③	权数 ④=③/1 000	久期(年) ⑤=①×④
1	90	82.57	0.08257	0.08257
2	90	75.75	0.07575	0.15150
3	90	69.50	0.06950	0.20850
4	90	63.76	0.06376	0.25504
5	1 090	708.42	0.70842	3.54210
合计		1 000.00	1.00000	4.23971

债券久期也可利用公式(14-1)计算:

$$D = \frac{\dfrac{90}{1+9\%} \times 1 + \dfrac{90}{(1+9\%)^2} \times 2 + \cdots + \dfrac{1\,090}{(1+9\%)^5} \times 5}{1\,000}$$

$$= \frac{4\,239.71}{1\,000} = 4.23971(年)$$

在实务中,久期一般利用Excel函数或有关计算机软件计算,限于篇幅,不做介绍。

久期是以未来收益的现值为权数计算的到期时间,主要用于衡量债券价值对利率变动的敏感性。债券久期越长,利率变动对该债券价值的影响越大,风险也越大。在降息时,久期长的债券价值上升幅度较大;在升息时,久期长的债券价值下跌幅度也较大。久期的特征主要表现在以下几个方面:

第一,零息债券的久期或一次还本付息债券的久期与债券期限相同。由于零息债券只在到期日支付一次,其到期日的权数等于1。

第二,有息债券的久期小于到期时间。例如,按表14-6数据计算的5年期债券的久期为4.23971年。理解这一问题的另一种方法是把某一付息债券看作一组零息债券。在【例14-4】中,这种债券可以看成5张零息债券:第一张的到期价值为90元,1年后到期,现值为82.57元,权数为0.08257;第2张的到期价值为90元,2年后到期,现值为75.75元,权数为0.07575……最后1张的到期价值为1 090元,5年后到期,权数为0.70842。久期就是各现金流量支付时间的加权平均值。

第三,息票率与久期呈负相关关系。息票率高的债券久期比较短,因为更多的现金流以利息支付形式提前出现。假设【例14-4】中息票率由9%改为5%,债券久期由4.23971年延长至4.4998年。

第四,到期期限与债券久期正相关,但随着到期期限的延长,久期以减速度增长,所以到期期限较长的债券的久期通常较长。

第五,在其他条件相同的情况下,到期收益率与久期呈负相关关系。

第六,偿债基金和提前赎回条款对债券久期的影响很大。它们能改变债券的全部现金流量,并由此极大地改变债券久期。在这两个因素中,能引起久期最大不确定性的是提前赎回条款。提前赎回条款是利率变动的函数,很难估计它的执行日。

第七,债券组合的久期。久期具有可加性,这种技术可以扩展到利率变动对整个公司价值影响的分析。资产(或负债)组合的久期就是组合中各资产(或负债)久期的加权平均值,其计算公式为:

$$D_{portfolio} = \frac{D_i V_i + D_{i+1} V_{i+1} + \cdots + D_n V_n}{V_i + V_{i+1} + \cdots + V_n} \tag{14-2}$$

债券久期在利率风险管理中被广泛应用的原因之一就是:它可用于度量债券价格相对于利率或收益率一定变动的百分比变动。久期与债券价格(P_d)的关系式可表达为:

$$\frac{dP_d}{P_d} = -\frac{1}{1+r_d} \times D \times dr_d \tag{14-3}$$

公式(14-3)说明对于给定利率变化(dr_d),如何计算债券价值变化百分比。其中,$D/(1+r_d)$项称为修正久期,它可以近似地估计不可提前赎回债券的利率敏感度。如在【例14-4】中,债券久期为4.23971年,修正久期D_m为:

$$D_m = \frac{4.23971}{1.09} = 3.88964(年)$$

根据修正久期可以计算利率或收益率变化对债券价值的影响为:

$$债券价值百分比变化 = 修正久期 \times 利率变化百分比 \tag{14-4}$$

在【例14-4】中,债券现价为1 000元,如果债券收益率从9%上升到10%(上升1个百分点),则债券价值下降3.88964%(1%×3.88964),即从1 000元下降到961.10元。

修正久期度量收益率与债券价值的近似线性关系,即到期收益率变化时债券价值的稳定性。在同等要素条件下,修正久期小的债券较修正久期大的债券抗利率上升风险能力强,但抗利率下降风险能力较弱。在计算债券久期时,通常假设债券现金流量并不随着市场收益率或利率的变动而变动。这一假设对浮动利率债券、含赎回或回售条款的债券是无效的。

(二)凸度

利率和债券价格可通过久期以一种线性关系联系起来。这种关系给出一个精确的债券价格变动近似值,特别是在利率变动很小的条件下。然而,当利率变动较大时,这种关系将失去其精确性。根据前述分析,债券价格随利率下降而上升的数额要大于债券价格随利率上升(同样幅度)而下降的数额。这种价值反应的不对称性称为债券的凸度,债券价格随着利率变动而变化的关系接近于凸函数而不是直线函数。在图14-7中,采用修正久期估计的价格为过 y^* 点的切线。对于收益率的微小变动（即从 y^* 点到 y_1 点或 y_2 点），这条切线可以准确地估计债券价格的变化。相反，如果收益率变动很大（即从 y^* 点到 y_3 点或 y_4 点），这条切线估计的债券价格将低于价格—收益率曲线显示的实际价格。这种误差的产生是由于修正久期是曲线关系的线性估计，债券价格随利率变动的波动性越大，曲线越弯曲（越凸），误差相应越大，衡量这种误差的方法就是计算债券的凸度。

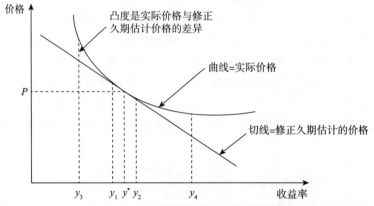

图 14-7　修正久期估计债券价格近似值

凸度是计量债券价格—收益率曲线偏离切线的程度，对不可提前赎回债券而言，凸度总是一个正数，这表明价格—收益率曲线位于修正久期（相切）线的上方。总的来说，由收益率变动引起的债券价格变化可归结为两个因素：债券的修正久期和凸度。从数学上讲，久期是债券价格对收益率的一阶导数，凸度是债券价格对收益率的二阶导数。严格地说，凸度是指在特定到期收益率下，到期收益率变动引起的价格变动幅度的变动程度。从图 14-7 可以看出，虽然久期是衡量利率风险的有用方法，但它在利率发生较大变动时是不准确的。考虑久期和凸度的影响，可以提高预测的准确性。在实务中，凸度的计算是通过计算机完成的。

二、远期利率协议

在举债融资时，公司可以通过债务互换（利率互换和货币互换）、远期合约、期权、负债币种多元化等保值工具防范与控制利率及汇率风险。

远期利率协议（forward rate agreement，FRA）是一种远期合约，买卖双方约定未来某一时间的协定利率和参考利率（通常为 LIBOR），在结算日根据约定的期限和名义本金，由交易一方向另一方支付利息差额的现值。为了在现在将未来借款的远期利率成本锁定，借款者可以买入远期利率协议。

【例 14-5】 现在是 2020 年 1 月 1 日，ABC 公司预期未来 3 个月内将借款 100 万美元，期限为 6 个月。为简化，假设借款者能以 LIBOR 水平筹措这笔资金，现在的 LIBOR 为 5.75%。为锁定这笔贷款的利率，ABC 公司从 XYZ 银行购买了一份远期利率协议，利率报价为 LIBOR＝6%，名义本金为 100 万美元。这份合约的交易日为 1 月 1 日，结算日（起息日）为 4 月 1 日，到期日为 10 月 1 日，协议期限为 6 个月，它们的关系如图 14-8 所示。

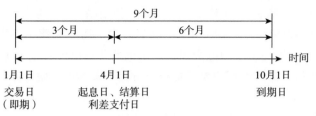

图 14-8 远期利率的时间关系

在远期利率协议的买卖中,买卖双方只是在形式上收支交易本金,实际上并没有转移任何本金,双方交割的仅仅是利息差额。3 个月后(2020 年 4 月 1 日),如果 LIBOR 大于 6%,XYZ 银行将支付给 ABC 公司利息差额;如果 LIBOR 低于 6%,ABC 公司将支付给银行利息之差。这一特征使得交易者的成本、风险大为降低,同时也增强了市场的流动性。尤其是对于银行来说,由于在远期利率协议条件下没有本金的流动,FRA 可以成为资产负债表外的金融工具。

远期利率协议的结算日通常为名义贷款或名义存款的起息日,FRA 差额的支付是在协议期限的期初(利息起算日),而不是协议利率到期日的最后一日,因此利息起算日交付的利息差额要按参考利率折现方式计算,即:

$$\text{交割金额} = \frac{\text{NPA} \times (r_r - r_c) \times \frac{D}{b}}{1 + \left(r_r \times \frac{D}{b}\right)} \quad (14-5)$$

其中,NPA 表示合约的名义本金;r_r 表示参考利率;r_c 表示协议利率;D 表示合约规定的存款或贷款的天数;b 表示计算利率的时间基数,如 360 天或 365 天。

公式(14-5)的计算结果可能为正数,也可能为负数。如果计算结果为正数,由 FRA 的卖方将利息差额的现值付给 FRA 的买方;如果计算结果为负数,则由 FRA 的买方将利息差额的现值付给 FRA 的卖方。

在【例 14-5】中,假设 3 个月后(4 月 1 日),6 个月期的 LIBOR 为 7%,合约规定的天数为 184 天(从 2020 年 4 月 1 日到 10 月 1 日),利率计算时间基数为 365 天。由于参考利率(7%)大于协议利率(6%),ABC 公司将从 XYZ 银行收到由公式(14-5)确定的利息差额的现值,即:

$$\text{交割金额} = \frac{1\,000\,000 \times (0.07 - 0.06) \times \frac{184}{365}}{1 + 0.07 \times \frac{184}{365}} = 4\,869.27(\text{美元})$$

假设 2020 年 4 月 1 日的参考利率 LIBOR 为 5%,即 6 个月期的参考利率(5%)低于协议利率(6%),合约的买方要向卖方支付的补偿额为:

$$\text{交割金额} = \frac{1\,000\,000 \times (0.05 - 0.06) \times \frac{184}{365}}{1 + 0.05 \times \frac{184}{365}} = -4\,917.16(\text{美元})$$

在【例 14-5】中,参考利率偏离协议利率的程度一样,都是 1 个百分点,但交割金额不同,当参考利率低于协议利率时,交割金额的绝对值较高,原因是折现率比较低。

远期利率协议是防范将来利率变动风险的一种金融工具,其特点是预先锁定将来的利率。在远期利率协议市场上,远期利率协议买方为了防止利率上升引起融资成本上升的风险,希望在现在就锁定将来的融资成本。用远期利率协议防范未来利率变动的风险,实质上是利用远期利率协议市场的盈亏抵补现货资本市场的风险。在结算日确定交割金额时,不论参考利率 LIBOR 是多少,买卖双方都接受 6% 的 LIBOR。因此,远期利率协议具有预先确定融资成本或预先确定投资收益的功能。

在【例 14-5】中,在交割日,6 个月期的 LIBOR 为 7%,比买入远期利率协议时的隐含利率高 1 个百分点,收到卖方支付的补偿额 4 869 美元,ABC 公司可将这笔款项进行投资,获得收入 5 041 美元[4 869×(1+7%×184/365)],利息成本净额为 30 247 美元(35 288−5 041),融资成本为 6%。若不购买远期利率协议,则融资成本为 7%(见表 14−7 第 2 列)。若购买远期利率协议(见表 14−7 第 3 列和第 5 列),融资成本的计算公式为:

$$实际融资成本 = \frac{30\ 247}{1\ 000\ 000} \times \frac{365}{184} = 6\%$$

表 14−7　不同参考利率下远期利率协议的融资成本

项目	方案 1(参考利率=7%)		方案 2(参考利率=5%)	
	不买入 FRA	买入 FRA	不买入 FRA	买入 FRA
① 名义本金(借款)	1 000 000	1 000 000	1 000 000	1 000 000
② 利息	35 288	35 288	25 206	25 206
③ FRA 交割金额		4 869		−4 917
④ FRA 交割金额的未来价值		5 041		−5 041
⑤ 利息成本净值②−④	35 288	30 247	25 206	30 247
⑥ 融资净成本	0.07	0.06	0.05	0.06

如果利率未上升反而下跌至 5%,公司需支付给银行 4 917 美元作为补偿额,同时也丧失了用这笔补偿额再投资的机会。这相当于公司在结算日按 5% 的利率借入 4 917 美元,协议到期时支付本息 5 041[4 917×(1+5%×184/365)]美元,加上按名义本金计算的利息,公司支付的利息总额为 30 247 美元,即融资成本为 6%。但若不购买远期利率协议,则融资成本为 5%(见表 14−7 第 4 列)。

以上两种方案下的实际融资成本都锁定在 6%。在第一种方案下,公司不买入远期利率协议,将会有损失;在第二种方案下,公司不买入远期利率协议,则会有收益。这是因为在第一种方案下,公司要按 7% 的利率支付 6 个月期的借款利息;而在第二种方案下,公司只需按 5% 的利率支付利息。

在以上计算中,假设支付的交割额为正数时可以投资,交割额为负数时可以借入,投资和借入都以远期利率协议的参考利率计算利息,但实际上,借入和借出的利率是不相同的。此外,上述分析也没有考虑买入远期利率协议应当支付给经纪人的费用等。

三、利率互换

利率互换(interest rate swap)是双方达成的、在一定时间后进行支付的协定,支付的金额是根据一定的利率和名义本金计算的。一笔标准的利率互换交易由五个因素决定:名义本金、固定利率、浮动利率、固定利息和浮动利息支付频率、到期日。

名义本金是固定利息和浮动利息支付额的计算基数,相当于一张债券的票面价值,互换交易不发生本金的转移,这个数额只是名义上的;固定利率是在互换条款设立之初就确定的,一般以年率或半年率来表示;对主要货币来说,浮动利率一般是 LIBOR,固定利率报价通常对应 6 个月期 LIBOR,以每个计息区间初始的 LIBOR 确定浮动利率方的利息支付水平,实际支付则是在这一区间结束之时完成的;标准的利率互换安排大多每间隔 6 个月进行一次;双方完成最后一次利息支付即互换交易到期日。

利率互换一般指融资型利率互换,其存在的基本条件是:两个独立的融资者存在融资成本的差异,如有些融资者善于在固定利率资本市场上低成本融资,有些融资者则善于在浮动利率资本市场上低成本融资。他们利用各自在资本市场上的比较优势融资,然后进行利率互换。

【例 14-6】 假设 A 公司和 B 公司都需要在资本市场上筹措 100 万美元,两公司在固定利率或浮动利率资本市场上借款的相关利率如表 14-8 所示。

表 14-8 A 公司和 B 公司的固定利率与浮动利率比较

利率	A 公司	B 公司	利差
固定利率	6 个月期利率 11.25%	6 个月期利率 10.25%	1.00%
浮动利率	6 个月期 LIBOR+0.5%	6 个月期 LIBOR	0.50%
两公司利率差			1.0%-0.5%=0.5%

表 14-8 表明,无论是在固定利率资本市场上还是在浮动利率资本市场上,B 公司的融资成本都低于 A 公司。也就是说,B 公司在两个资本市场上拥有绝对优势。但仔细分析就可以发现,两公司在不同资本市场上的成本差异是不相同的。在固定利率资本市场上,A 公司要比 B 公司多支付 1 个百分点的利差,但在浮动利率资本市场上,差距只有 0.5 个百分点。或者说,B 公司在两个资本市场上具有绝对优势,但 B 公司在固定利率资本市场上具有比较优势,而 A 公司在浮动利率资本市场上具有比较优势。注意:A 公司在浮动利率贷款上的优势并不意味着它支付的利率低于 B 公司,而是说 A 公司比 B 公司多支付那部分相对比较小。

如果 A 公司需要的是固定利率,而 B 公司需要的是浮动利率,那么 A 公司和 B 公司就可以达成一个有利可图的互换交易,即 A 公司和 B 公司分别进行浮动利率与固定利率借款,然后交换各自的利息负担。但在实务中,大多数利率互换业务并不是由双方直接达成协议,而是由金融机构代理。金融机构作为中介人,起着牵线搭桥和担保的作用。利率互换有多种设计,图 14-9 是一种可能的结果。

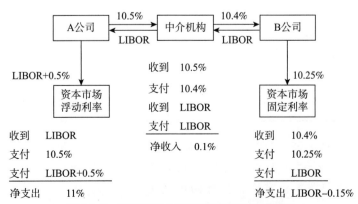

图 14-9 浮动利率与固定利率互换(含中介)

图14-9显示,利率互换后,A公司付出的利率为11%,相对于互换前的固定利率11.25%,互换后节约了0.25%;B公司付出的利率为LIBOR-0.15%,相对于互换前的浮动利率LIBOR,互换后节约了0.15%;金融中介机构的净收益为0.1%(10.50%-10.40%+LIBOR-LIBOR)。

上述结果表明,互换后三方的总收益仍为0.5%。通常,中介机构需同时与A公司和B公司签订相互独立的互换协议,即使其中一家公司对中介机构违约而停止互换交易,中介机构仍需对另一家公司继续互换交易。因此,对一般公司来说,不需要关心它最终的互换对手是谁,也不需要考虑最终对手的信誉状况,只要银行的信誉值得信赖就可以了。

除融资型利率互换外,如果对现有的负债期限和币种结构不满意,那么公司还可以通过债务型利率互换调整和改善资产负债结构,避免汇率和利率风险。融资型利率互换一般是在初级市场上进行的,而债务型利率互换一般是在二级市场上进行的。债务型利率互换的特点是:在预测利率趋于下跌时,适时地将固定利率债务互换为浮动利率债务;在预测利率趋于上升时,适时地将浮动利率债务互换为固定利率债务,以便锁定利率成本。

四、货币互换

货币互换(currency swap)是指由两个独立的融资者将各自筹集的等值的、期限相同但币种不同、计息方法不同的债务,或者币种不同、计息方法相同的债务进行货币和利率的调换,可由银行提供中介,也可以是一个融资者和一家银行进行互换,其目的是将一种货币的债务换成另一种货币的债务,以减少借款成本或防止远期汇率波动造成的汇率风险。

从技术上讲,货币互换是将以一种货币标价的债务偿还责任转换为以另一种双方同意的货币标价的债务本金偿还责任。互换未来的现金流量,各方都能将以某种货币标价的现金流量转变为自己更需要的标价货币的现金流量。

货币互换的一般流程是:(1)互换双方在合约生效日以约定的汇率交换等值本金;(2)合约期内按预先约定的日期,依所换货币的利率相应支付利息给对方,这些利息的支付通常是在利率互换价格基础上商定的;(3)合约到期时,按原汇率换回本金。

【例14-7】 假设一家美国A公司需要为在法国的子公司融资,而另一家法国B公司则希望为在美国的子公司融资,双方都需要融资1 000万欧元。经市场询价,两家公司的债务币种以及在欧元和美元资本市场上取得贷款的条件如表14-9所示。

表14-9 两家公司5年期美元与欧元借款利率比较

项目	A公司	B公司	利差
美元借款利率	7.00%	9.00%	2.00%
欧元借款利率	10.60%	11.00%	0.40%
两家公司利率差			2.00%-0.4%=1.6%

在表14-9中,两家公司在美元市场上的利差为2个百分点,在欧元市场上的利差为0.4个百分点,这说明A公司在美元市场上有比较优势,而B公司在欧元市场上有比较优势,两家公司可分别在各自有比较优势的市场上借款。假设当前的即期汇率为USD 1.2/EUR,A公司以利率7%发行价值1 200万美元债券,B公司以利率11%发行价值

1 000万欧元债券,然后通过金融中介机构进行货币互换交易。其流程如下:

第一,期初交换以不同货币表示的本金。A 公司在支付 1 200 万美元的同时收到 1 000 万欧元,B 公司在支付 1 000 万欧元的同时收到 1 200 美元,如图 14-10 所示。

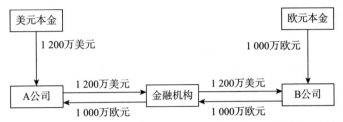

图 14-10　A 公司和 B 公司货币互换的基本结构——初始本金互换

第二,期内交换利息。双方按合约中约定的利率,以未偿还本金金额为基础进行互换交易的利息支付。与利率互换一样,货币互换各方的利差为 1.6%。至于这 1.6 个百分点的利益如何分配,则有多种方法,图 14-11 是其中一种互换方法。

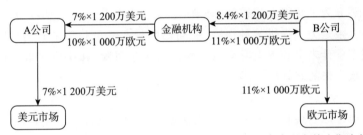

图 14-11　A 公司和 B 公司货币互换的基本结构——未来利息的定期支付

在图 14-11 中,A 公司将从金融中介机构收到的 84 万美元利息(按 7%利率计算)付给自己的贷款者,同时将 100 万欧元利息(按 10%利率计算)付给中介机构;B 公司将从中介机构收到的 110 万欧元利息(按 11%利率计算)付给自己的贷款者,同时将 100.8 万美元利息(按 8.4%利率计算)付给中介机构。

图 14-11 显示,A 公司实际上是以 10%的利率获得一笔欧元贷款,比直接从欧元市场借款节约 0.6 个百分点;B 公司实际上是以 8.4%的利率获得一笔美元贷款,比直接从美元市场借款节约 0.6 个百分点;金融中介机构每年从美元付息中取得 1.4%的净收益,欧元付息的净损失为 1%,如果忽略两种货币的差别,金融中介的净利为 0.4%。三者获利之和为 1.6%(0.6%+0.6%+0.4%),恰好为两公司在两个资本市场融资成本的差值 1.6%(2%-0.4%)。

第三,期末换回本金。在互换合约到期时,双方换回交易日初始各自的本金。本金的再次互换结构图与图 14-10 相同,只不过箭头相反。

在这个互换交易中,金融中介机构承担了汇率风险。A 公司和 B 公司从金融中介机构收到的利息正好用来支付贷款者,而支出的净利息是以各自需要的币种贷款的货币来支付的,不承担汇率风险。在每年的利息支出中,金融中介机构的利息收入为 16.8 万美元(1.4%×1 200)、支出为 10 万欧元(1%×1 000),只有在欧元对美元的汇率维持在 USD1.2/EUR 以下时,金融中介机构才能得到不低于预期 0.4%的收益。如果欧元升值,金融中介机构的收益就相应减少,当汇率为 USD1.68/EUR(16.8/10)时,金融中介机构的利息收入与支出相互抵消。当然,为防止欧元升值带来的潜在损失,金融机构可每年在远期外汇市场买入10万欧元(1‰×1 000)远期合约,足以锁定其在美元上的利益。如果金融机构不希望独自承担欧元汇率的风险,那么也可以改变互换设计,让三方同时承担一定的外汇风险。

五、利率期权

利率期权是一项规避短期利率风险的有效工具。借款人买入一项利率期权,以在利率水平向不利方向变动时得到保护,而在利率水平向有利方向变化时得益。目前,国际上比较流行的利率期权有利率上限期权(interest rate cap)、利率下限期权(interest rate floor)和利率双限期权(interest rate collar)。

(一)利率上限期权

利率上限期权是指客户与银行达成一项协议,双方确定一个利率上限水平。在规定的期限内,若市场基准利率高于协定的利率上限,则利率上限期权的卖方向买方支付市场利率高于协定利率上限的差额部分;若市场利率低于或等于协定的利率上限,则卖方无任何支付义务。买方为了获得上述权利,必须向卖方支付一定数额的期权费。

设计利率上限是为了提供某种保险,使期权购买者避免利率上升的风险。利率上限期权一般适用于预计未来利率上升会给公司融资带来风险,在决定采取风险对冲又不愿意放弃利率下跌带来的好处的情形。

【例14-8】 某公司当日以浮动利率筹措到100万美元,为了避免将来利率上升引起资本成本增加而考虑购买利率上限期权,有关的融资和期权合约条件如表14-10所示。

表14-10 利率上限期权合约

融资条件	合约条件
借入金额:100万美元	合约本金:100万美元
借入期限:3年	合约期限:3年
借款利率:6个月期LIBOR+0.5%	基准利率:6个月期LIBOR
	上限利率:10.0%
	期权费:0.25%(年率)

根据6个月期LIBOR的逐期变动值可算出公司美元借款的实际成本(见表14-11)。

表14-11 美元借款成本 单位:%

6个月期LIBOR(基准利率)	浮动利率(融资成本)	买入利率上限期权		实际融资成本
		期权费	利差	
8	8.5	0.25	0	8.75
9	9.5	0.25	0	9.75
10	10.5	0.25	0	10.75
11	11.5	0.25	1	10.75
12	12.5	0.25	2	10.75
13	13.5	0.25	3	10.75

表14-11显示,公司不购买利率上限期权,融资成本在8.5%—13.5%波动。公司买入利率上限期权,当基准利率超过上限利率时,公司可收取利差,以抵补利率上升造成的成

本增加,扣除期权费后,不论基准利率涨到多高,实际融资成本均为10.75%;若利率下跌,公司还可享受到成本降低的有利条件。

(二)利率下限期权

利率下限期权是指客户与银行达成一项协议,双方规定一个利率下限,卖方向买方承诺:在规定的有效期内,若市场基准利率低于协定的利率下限,则卖方向买方支付市场基准利率低于协定利率下限的差额部分;若市场基准利率大于或等于协定的利率下限,则卖方没有任何支付义务。作为补偿,卖方向买方收取一定数额的手续费。利率下限期权一般适用于预计未来利率下跌会给公司投资带来风险,在决定采取风险对冲又不愿意放弃利率上升带来的好处的情形。

【例14-9】某公司准备将一笔闲置资本按浮动利率存入银行,为了避免将来利率下跌的风险,公司决定买入利率下限期权合约。表14-12是存款条件和利率下限期权合约条件,利率变动和实际存款收益率见表14-13。

表14-12 利率下限期权合约

存款条件	合约条件
存款金额:100万美元	合约本金:100万美元
存款期限:3年	合约期限:3年
存款利率:6个月期LIBOR-0.5%	基准利率:6个月期LIBOR
	下限利率:8.0%
	期权费:0.25%(年率)

表14-13 美元存款收益 单位:%

6个月期LIBOR（基准利率）	浮动利率（存款收益率）	买入利率下限期权		实际存款收益率
		期权费	利差	
11	10.5	0.25	0	10.25
10	9.5	0.25	0	9.25
9	8.5	0.25	0	8.25
8	7.5	0.25	0	7.25
7	6.5	0.25	1	7.25
6	5.5	0.25	2	7.25

表14-13显示,公司不购买利率下限期权,存款收益率在5.5%—10.5%波动。公司买入利率下限期权,当利率低于基准利率时,公司可获得期权卖方提供的利差,扣除期权费后,公司的收益率稳定在7.25%;若利率上升,公司又可获得收益率上升的好处。

(三)利率双限期权

利率双限期权是指将利率上限期权和利率下限期权两种金融工具结合使用。具体地说,购买一份利率双限期权,是指在买入一份利率上限期权的同时卖出一份利率下限期权,以卖出下限期权的收入来部分抵消买入上限期权所付出的代价,从而达到防范风险和降低成本的目的。卖出一份利率双限期权,是指在卖出一份利率上限期权的同时买入一份利率下限期权。

【例 14-10】 某公司打算借入一笔浮动利率贷款,风险管理的目标是尽可能降低融资成本。公司选择了双限期权交易,融资条件及期权合约条件如表 14-14 所示。

表 14-14 利率双限期权合约

融资条件	合约条件
借款本金:100 万美元	合约本金:100 万美元
借款期限:3 年	合约期限:3 年
借款利率:6 个月期 LIBOR+0.5%	基准利率:6 个月期 LIBOR
	上限利率:10.0%
	下限利率:8.0%
	上限期权费:0.40%(年率)
	下限期权费:0.25%(年率)

如果公司在买入利率上限期权的同时卖出利率下限期权,可使融资成本控制在 8.65%—10.65%,如表 14-15、图 14-12 所示。

表 14-15 利率双限期权融资成本　　　　　　　　　　　　　　　　　　　　单位:%

6 个月期 LIBOR（基准利率）	浮动利率（融资成本）	利率双限期权		实际融资成本
		期权费	利差	
7	7.5	0.15	-1	8.65
8	8.5	0.15	0	8.65
9	9.5	0.15	0	9.65
10	10.5	0.15	0	10.65
11	11.5	0.15	1	10.65
12	12.5	0.15	2	10.65

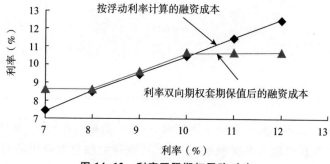

图 14-12 利率双限期权风险对冲

以上各种保值策略都是以两个相反的头寸互相制约。如果有一个"多头头寸",就设法产生一个"空头头寸",反之亦然。在这里,"多头头寸"可以是一项应收账款,或者一份期货、期权的买入合约;而"空头头寸"可以是一项应付账款,或者一份期货、期权的卖出合约。公司在选择避险工具时,至少要考虑成本和风险两个因素,只有在分析风险对冲成本和风险损失的基础上,才能做出是否进行保值、选择何种保值工具的决策。

本章小结

1. 根据衍生工具的用途,可将避险工具大致分为两类:一是用确定性代替风险,如远期合约、期货合约和互换合约;二是仅替换于己不利的风险,而保留对己有利的风险,如期权合约。在风险管理中,既可以将远期、期货、互换、期权视为单一工具,也可将它们组合起来解决同一个问题。

2. 广义的外汇风险是指汇率、利率变动以及交易者到期违约,或者外国政府实行外汇管制给外汇交易者可能带来的任何经济损失或经济收益;狭义的外汇风险是指国际债权债务中约定以外币支付时,汇率变动给交易者(公司)持有的以外币计价的资产、负债、收入和支出带来的不确定性。

3. 久期是指以未来收益的现值为权数计算的到期时间,主要用于衡量债券价格对利率变动的敏感性。债券久期越长,利率变动对债券价格的影响越大,风险也越大。在降息时,久期长的债券价格上升幅度较大;在升息时,久期长的债券价格下跌的幅度也较大。

4. 利率互换存在的基本条件是:两个独立的融资者存在融资成本的差异,他们利用各自在资本市场上的比较优势融资,然后进行债务互换。利率互换过程通常不涉及本金的转移。

5. 远期利率协议是一种远期合约,买卖双方约定未来特定时间的协定利率和参考利率,在结算日根据约定的期限和名义本金,由交易一方向另一方支付利息差额的现值。利率期权是一项规避短期利率风险的有效工具。借款人买入一项利率期权,在利率水平向不利方向变动时得到保护,而在利率水平向有利方向变动时得益。

基础训练

1. DQ 进出口公司向美国出口一批货物,3 个月后将收到对方支付的货款 100 万美元。为了避免 3 个月后汇率变动造成结汇时人民币收入减少,公司拟采取一定的风险对冲措施。锁定未来结汇汇率的备选方案有两种:一是签订一份远期汇率为 RMB 6.665/USD 的远期合约;二是采用期权组合规避风险,买入行权价格为 RMB 6.683/USD、期限为 3 个月、名义本金为 100 万美元、单位期费为 RMB 0.015/USD 的卖权合约,同时卖出行权价格为 RMB 6.683/USD、期限为 3 个月、名义本金为 100 万美元、单位期权费为 RMB 0.02/USD 的买权合约。假设你是 DQ 公司的财务主管,请你对选择何种套保方案进行决策(不考虑期权费净收入的再投资收益)。

2. 1981 年 8 月,IBM 公司和世界银行进行了世界上第一笔货币互换交易。当时,世界银行需要借入一笔长期的瑞士法郎和德国马克贷款以资助不同的项目,但市场上的利率报价很高。而 IBM 公司可利用自身优势在德国和瑞士资本市场上分别筹集固定利率的德国马克和瑞士法郎的贷款。1981 年,美元对马克和瑞士法郎的汇率急剧升值。此时,IBM 公司可从贬值的外汇负债(以美元计量)中获得较大的资本收益,也就是 IBM 公司只需较少的美元支付外债本息。例如,德国马克从 1981 年 3 月的 DM 1.93/USD 跌至 1981 年 8 月的 DM 2.52/USD,IBM 公司支付德国马克利息的美元数额从 51.81 减少到 36.69。此时,如果把用外币支付本息债务转化为以美元支付的债务,IBM 公司可立即实现资本收益。在预测利率变动方向后,IBM 公司决定实施这种转换。而当时的世界银行恰好希望以较低的利率筹措固定利率的德国马克和瑞士法郎。世界银行与 IBM 公司的融资成本如下表所示。

项目	IBM 公司	世界银行	利差
5 年期固定利率(美元)	16.80	16.80	0.00
5 年期固定利率(德国马克)	10.90	11.20	0.30

上表数据表明,美元的融资成本相同,但德国马克的融资成本不同,IBM 公司的融资成本(10.90%)低于世界银行的融资成本(11.20%),这种差异是货币互换存在的基础。请上网查询相关资料,了解世界

银行与 IBM 公司货币互换的详细内容。

3. 甲公司的投资组合中包括三种不同的债券,面值均为 1 000 元,其他有关资料如下表所示。

债券	数量	利率(%)	支付次数/年	期限(年)	到期收益率(%)	半年收益率(%)
A	10	0	零息债券	5	6.00	
B	5	8	半年	3	6.60	3.25
C	8	7	年	4	6.20	

要求:
(1) 计算每种债券的市场价值。
(2) 计算每种债券的久期。
(3) 计算投资组合的久期。
(4) 计算投资组合的加权平均折现率。
(5) 计算投资组合修正久期。
(6) 如果利率下降 1%,对投资组合价值有什么影响?

4. ABC 公司 4 个月后需筹措一笔价值 1 000 万美元的 3 个月短期资金。公司预计市场利率有可能上升,为避免 4 个月后融资成本增加,决定买入一份远期利率协议以规避利率风险,交易对方为 XYZ 银行。假设协定利率为 5.1%,交易本金为 1 000 万美元,交易日为 3 月 5 日,起息日为 7 月 7 日,到期日为 10 月 7 日,协议期限为 92 天,参考利率为 3 个月期 LIBOR。

(1) 如果 4 个月后市场利率上升,LIBOR 3 个月期利率为 5.75%,高于协定利率。ABC 公司实际融资成本为多少?

(2) 如果 4 个月后市场利率下跌,LIBOR3 个月期利率为 4.5%,低于协定利率。ABC 公司实际融资成本为多少?

(3) 与融资不同,ABC 公司 3 个月后收入一笔价值 1 000 万美元的资金,并打算用这笔资金进行 3 个月的短期投资。公司预期市场利率有可能下跌,为避免 3 个月后投资金额减少,公司应采取何种方式规避利率下跌的风险?

5. 假设 A、B 两公司都需筹措资金 500 000 美元,期限 7 年,A 公司的信用评级为 AAA,而 B 公司的信用评级为 BBB,它们可按以下利率贷款:

	A 公司	B 公司	利率差异
浮动利率	LIBOR+0.25%	LIBOR+0.75%	0.5%
固定利率	10%	11%	1.0%

(1) 根据相对优势原则,A、B 两公司各应筹措何种利率贷款?

(2) 假设 A 公司需要浮动利率,B 公司需要固定利率,A 公司请求银行作为互换交易的中介机构,银行要求收取 0.125% 的费用。请设计一个利率互换协议,其中 A 公司可节省 0.25% 的资本成本,银行收取 0.125% 的费用,其余收益归 B 公司。

6. FH 公司于 2020 年 1 月 1 日借入一笔 2 年期浮动利率 1 000 万美元,1 月 15 日正式生效,起息日为 2020 年 1 月 15 日,按 LIBOR 计息。同时,FH 公司预期市场利率有上升趋势,便买入一笔利率上限期权,结算日为付息日,半年付息一次,为每年的 1 月 15 日和 7 月 15 日,上限期权的期权费为 0.25%(年率),协定利率上限为 10%。在第一个结算付息日(2020 年 7 月 15 日),LIBOR 为 8.5%;在第二个结算付息日(2021 年 1 月 15 日),LIBOR 为 10.5%;在第三个结算付息日(2021 年 7 月 15 日),LIBOR 为 12.5%;在第四个结算付息日(2022 年 1 月 15 日),LIBOR 为 10.00%。

(1) 计算 FH 公司采用利率上限期权后实际支付的利息金额和期权费。

(2) 计算采取利率上限期权后 FH 公司实际付息成本节约额。

(3) FH 公司确定利率有上升趋势,不太可能下降,同时买入一份利率上限期权、卖出一份利率下限期权,如果利率下限期权协定利率为 8%,期权费为年率 0.2%,计算 FH 公司实际付息成本的节约额(与买入利率上限期权比较)。

 案例分析

宣钢与 VIA POMINI 项目风险对冲策略①

2003 年 5 月,宣钢拟筹建一套 75 万吨棒材生产线。项目总投资为 2.5 亿元人民币,其中进口设备由意大利 VIA POMINI 公司提供,交货时间为 6 个月,报价币种为欧元。为规避欧元升值风险,签约时宣钢按签约日当天汇买、汇卖中间价,将欧元报价的设备兑换为 500 万美元,从而锁定进口付款成本。

与宣钢简单的风险规避策略不同,VIA POMINI 公司先根据风险管理要求,确定出口设备收入的目标值为 428 万欧元;然后根据欧元对美元汇率预期和避险成本的要求,考虑了三种风险对冲策略。

策略一:远期外汇合约套期保值。VIA POMINI 公司与银行签订 6 个月的买欧元、卖美元的远期合约,签约时 6 个月远期汇率的报价为 USD 1.128/EUR。6 个月后公司将收到的 500 万美元货款按远期合约交割,收到 443.26 万欧元。

策略二:外汇期权合约套期保值。VIA POMINI 公司认为在未来 6 个月中,由于经济的不确定性,欧元升值与贬值的可能性都存在。为此,公司考虑买入一份标准的欧式外汇期权:欧元买权和美元卖权,期限为 6 个月,执行价格为 VSD 1.15/EUR,期权费为 EUR 0.01778/USD 1。这样既能锁定欧元上涨风险,又能分享欧元下跌好处。这一策略对公司的影响取决于期权到期时汇率的变动情况。如果 6 个月后欧元兑美元的汇率高于 USD 1.15/EUR,公司执行期权,按 VSD 1.15/EUR 的汇率买欧元、卖美元,收到 434.78 万欧元,扣除期权费 8.89 万欧元(假设不考虑期权费的时间价值),出口净收入为 425.89 万欧元。采用标准的外汇期权套期保值,期权费较高,最终得到的收入低于公司套期保值的目标值(428 万欧元),这一策略在经济上是不可行的。

策略三:敲出期权与远期组合套期保值。为了解决期权费过高的问题,VIA POMINI 公司转而选择一份执行价格为 USD 1.15/EUR 的敲出期权②,即在原先标准期权的基础上增加障碍汇率:USD 1.1/EUR,如果在期权到期日前市场即期汇率从未达到障碍汇率,期权合约得以履约;否则,期权合约自动取消。敲出期权的期权费为 EUR0.0126/USD 1,比标准期权的期权费低 29%,从而降低了避险成本。与此同时,VIA POMINI 公司与银行签订一份远期合约,当欧元的即期汇率跌至 USD1.1/EUR 时,要求卖出远期美元,从而保证在期权失效时公司能够抵补风险暴露。敲出期权与远期组合套期保值的损益如下图所示。

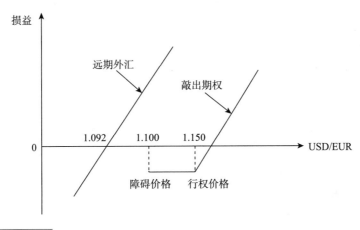

---

① 张宏玲,2004,企业外汇风险管理策略分析与研究,天津大学管理学院硕士论文。

② 敲出期权是障碍期权(barrier option)的一种,它与标准期权其他方面都相同,只是当标的资产价格达到特定障碍价格 H 时,敲出期权自动失效,期权买方和卖方的权利与义务关系不复存在,即敲出期权在到期日之前就已失效。敲出看涨期权的障碍价格 H 一般低于执行价格 X,当标的资产价格下降到 H 时,敲出期权自动失效。如果在期权有效期内市场汇价从未达到约定的障碍价格 H,敲出期权就可以看作一项标准欧式外汇期权。由于敲出期权有可能在到期日之前就失效,自动解除卖方义务,因此敲出期权的期权费通常低于相应的标准欧式外汇期权。

根据上述资料回答下列问题：

（1）结合宣钢与 VIA POMINI 项目风险对冲策略一，说明远期外汇合约套期保值的特点。

（2）比较 VIA POMINI 项目风险对冲策略二和策略三的联系与区别。

（3）分析 VIA POMINI 项目风险对冲策略三对公司的影响：

① 假设在 6 个月内，欧元对美元汇率始终在 USD 1.15/EUR 以上，期权到期时，公司最低可以收到多少欧元？

② 假设在 6 个月内，欧元对美元汇率介于 USD 1.1/EUR 和 USD 1.15/EUR 之间，期权到期时，公司最低可以收到多少欧元？

③ 假设在 6 个月内，欧元对美元汇率降至 USD 1.1/EUR，期权将发生什么变化，公司最低可以收到多少欧元？

④ 在策略三中，VIA POMINI 公司为什么还要与银行签订一份远期合约？

第十五章 公司并购与资产剥离

[学习目的]
- 熟悉并购的类型、并购协同效应与价值来源
- 掌握并购价格对价方式对并购双方股东价值的影响
- 熟悉反收购的管理策略和抗拒策略
- 熟悉资产出售、股权分割等重组形式对公司价值的影响

公司作为诸多生产要素的组合体,是一种最具开发价值的商品。当公司经营者确认某种资源已不适合生产的发展,不能带来收益并需承担一定风险时,它就会将公司及其产权(或股权)以商品形式出让,以实现新的合理的资源配置;当一家公司用货币资本购买企业比自己直接投资建厂的收益更大时,购买就显得十分必要且经济可行。在市场竞争中,公司的兴衰成败相伴发生,社会资源的闲置与不足并存,优胜劣汰的竞争机制迫使经营困难的公司将闲置生产要素转移给那些发展迅速、急需扩大生产规模的公司,而完成这一转移的最有效途径就是并购。并购作为社会资源优化配置的基本方式,已成为公司扩大规模、提高核心竞争力的重要途径。乔治·斯蒂格勒(George Stigler)指出,纵观美国著名大企业,几乎没有哪一家不是以某种方式,在某种程度上运用兼并、收购而发展起来的。但是,20世纪80年代并购浪潮表现出一个主要特点:许多公司把无关业务剥离出去,同时相应地并购同类业务公司,使生产经营范围更加集中。2017年8月15日,中国证监会发文称,按全市场口径统计,2013年中国上市公司并购重组交易额为8 892亿元,到2016年已增至2.39万亿元,年均增长率41.14%,居全球第二,并购重组已成为资本市场支持实体经济发展的重要方式。中国目前处于后工业时代(2000—2020年基本实现工业化),并购仍然以制造业、工业为主,跨国并购日益增多,产业结构逐步由以重工业为主转向新经济产业。有关公司并购与重组的内容很多,本章仅从价值创造的角度讨论与公司并购相关的主题。

第一节 并购与价值创造

一、相关概念界定

合并(combination)是指两家以上的公司依契约及法令归并为一家公司的行为。公司合并包括吸收合并和创新合并两种形式。吸收合并是指两家以上的公司合并,其中一家公司因吸收其他公司而成为存续公司的合并形式;创新合并是指两家或两家以上的公司通过合并创建一家新的公司。

兼并(merger)是指一家公司采取各种形式有偿接受其他公司的产权,使被兼并公司丧失法人资格或改变法人实体的经济活动。

收购(acquisition)是指一家公司(收购方)采用现金、股票等方式购买另一家公司(被收购公司或目标公司)部分或全部股份或资产,从而获得对目标公司的控制权的经济活动。与收购相近的两个概念是接管和要约收购。

接管(take over)通常是指一家公司由一个股东集团控制转为由另一个股东集团控制的情形。接管可通过要约收购、委托投票权[①]得以实现,因此接管比收购的含义范围更大。

要约收购(tender off)或标购是指一家公司直接向目标公司股东提出购买他们手中持有的公司股份要约,达到控制目标公司的行为。

公司兼并和收购,本质上都是公司所有权或产权的有偿转让;经营理念上都是通过外部扩张型战略谋求自身的发展;目的都是加强公司竞争能力,扩充经济实力,形成规模经济,实现资产一体化和经营一体化。因此,公司兼并和收购统称为并购。

二、并购基本类型

根据产业组织特征和行业特点,并购分为横向并购、纵向并购和混合并购三种类型。

横向并购是指处于相同市场层次的公司并购,即两家或两家以上生产和销售相同或相似产品公司之间的并购行为。通过横向并购,使公司资本向同一生产、销售领域集中,可以扩大并购后的市场份额,增强垄断实力;可以扩大公司的生产经营规模,取得规模效益。

纵向并购是指发生在同一产业的上下游之间的并购,即生产经营同一产品的不同生产阶段,在工艺上具有投入产出关系公司的并购行为。纵向并购的公司不是直接的竞争关系,而是供应商和需求商的关系。纵向并购使位于同一产业链上游、中游和下游的公司相互整合,构成同一集团内的产业价值链,上游公司为下游公司节省各种成本,形成从原材料供应、制造加工到销售终端的整个产业链。

混合并购是指两家或两家以上相互没有直接投入产出关系公司之间的并购行为,是跨行业、跨部门的并购。混合并购是实现多元化的重要手段,目的是扩大生产经营范围广度以分散整体运行风险。

除以上基本分类外,按实现方式,并购可分为现金支付型、品牌特许型、换股并购型、以股换资型、托管型、租赁型、合作型、合资型、无偿划拨型、债权债务承担型、杠杆收购型、管理层收购型、联合收购型等。

三、内涵式扩张与外延式扩张

内涵式扩张是指通过建立新的产品线、市场和流程来实现自我发展。外延式扩张是指通过并购获得社会上现存的生产能力来实现自我发展。相对而言,并购可以迅速获得所需的资源或生产能力,缩短从投资到投产所需的时间;并购可以直接获得原有公司的经营经验,减少竞争压力和经营风险[②];并购可以通过换股方式获得公司扩张的资本来源,降低公司的财务风险。

---

① 委托投票权是指一个股东集团欲通过投票选举新的董事会而在董事会中获得大多数席位。

② 当市场竞争水平已经很高并出现剩余生产能力时,如果增加新的生产能力,就必然会遭到现有市场参与者的反击,在这种情况下,收购现有公司会降低这种还击的风险。

公司是采取内涵式扩张还是采取外延式扩张取决于对公司的优势、劣势、机会和威胁(SWOT)分析。这种自我分析可以使潜在收购者明确自身的竞争优势,明确不同扩张方式对公司价值的影响,以便决定采用何种方式实现扩张。

【例15-1】 XYZ公司预期下年度销售收入为20 000万元,投入资本为6 000万元,投入资本收益率(ROIC)为20%,折旧等非现金费用为投入资本的10%,经营性营运资本追加额为销售收入的0.6%,资本支出净额为投资额的4%。不考虑最低现金持有量,公司自由现金流量为1 440万元。假设资本成本为10%,预期增长率为4%,采用稳定增长模型计算公司价值。

$$公司价值 = \frac{1\ 440}{10\% - 4\%} = 24\ 000(万元)$$

为扩大资产规模,增加公司价值,不同投资方式对公司价值的影响分析如下:

第一,内涵式扩张。公司自我投资300万元建设一条产品生产线,预计销售收入为1 000万元,假设投入资本收益率、折旧占投资比例、经营性营运资本追加投资比例、资本支出净额比例、增长率、资本成本等指标保持不变。公司自我投资的自由现金流量现值为1 200万元,扣除投资额300万元,公司价值将增加900万元,即公司价值提高了3.8%(900/24 000),如表15-1第三列所示。

第二,外延式扩张。公司拟收购一家公司而不是自建新产品线,收购后出现两种情况:(1)收购后无协同效应。若目标公司价值增长模式与收购公司内部增长模式相同,则目标公司未来现金流量的现值为1 200万元。若收购溢价为30%,则收购价格为1 560万元(1 200×1.3),大于目标公司未来现金流量的现值,收购行为没有为公司创造价值,反而使收购方的价值下降1.5%(-360/24 000),如表15-1第四列所示。(2)收购后可使目标公司的投入资本收益率由20%提高到30%,其他变量保持不变,目标公司的价值为1 700万元,扣除收购价格1 560万元,收购方价值增长0.58%,如表15-1第五列所示。

表15-1 不同扩张方式对公司价值的影响   金额单位:万元

项目	公司价值(收购方)	内涵式(自我投资)	外延式(收购后目标公司价值)	
			无协同效应	ROIC=30%
销售收入	20 000	1 000	1 000	1 000
预期增长率(%)	4	4	4	4
投入资本	6 000	300	300	300
净利润	1 200	60	60	90
加:折旧等非现金费用	600	30	30	30
减:经营性营运资本增加额	120	6	6	6
减:资本支出净额	240	12	12	12
公司自由现金流量	1 440	72	72	102
市场价值(FCFF现值)	24 000	1 200	1 200	1 700
收购溢价(30%)		300*	360	360
购买价格(1 200+360)		300*	1 560	1 560
价值创造		900	-360	140
价值创造/收购方价值(%)		3.8	-1.50	0.58

注:*初始投资额。

表15-1的结果表明,收购一家公司所创造的价值(即使在ROIC=30%时)低于公司

自我投资建立产品生产线创造的价值。由于支付了30%的并购溢价,新创造的价值大部分转移给了目标公司的股东。内涵式扩张使公司价值增长了3.8%,而外延式(并购)扩张使公司价值增长了0.58%(ROIC=30%)。

表15-1的结果是假设内涵式扩张是外延式(并购)扩张的一种潜在替代方式,并假设收购方新产品的生产能力、技术能力和营销能力等与目标公司相同。事实上,收购方进入一个新的领域可能面临高于目标公司的竞争压力等,而且收购时支付太高的溢价会降低收购所创造的价值。

四、并购协同效应与价值创造

寻求资本增值、增加公司价值是并购行为的基本动因。假设 A 公司拟收购 B 公司,公司价值分别为 V_A 和 V_B(对于上市公司而言,一般是指两家公司独立存在时的市场价值,且假设等于各自独立状态下的内在价值),两家公司合并价值为 V_{AB},如果 V_{AB} 大于 $(V_A + V_B)$,则差额称为协同效应。在【例15-1】的假想并购交易中,假设目标公司的内在价值为1 200万元,协同效应价值为500万元,并购支付价格为1 560万元,由此这一交易创造的价值为140万元(1 200+500-1 560)。并购协同效应引起的价值增值主要表现在收入、成本、税赋和财务等方面。

(一) 收入协同效应

收入协同效应主要来自:(1)通过并购可以重新整合并购双方的战略资源或能力,最大限度地发挥未曾充分利用的经济资源的使用价值,扩大并购后的公司市场份额,增强垄断实力;(2)通过并购可以快速进入特定垄断行业、特定地域、特定新兴市场、获得特定关键技术、获得特定品牌等,从而创造新的收入增长点;(3)通过并购可以获得因竞争减少、价格上升而引起的收入增加。不过,如果并购旨在削减竞争而对社会无益时,可能会受到反垄断法的阻止。

(二) 成本协同效应

成本协同效应主要表现在:(1)通过并购可以充分利用规模效应,增加产量,降低单位成本和费用;(2)通过并购可以合理布局专业化生产和销售流程,降低运输费用和仓储费用;(3)通过并购可以有效规划、整合市场销售网络,合理布局售后服务网点,科学设计广告策略,以一个品牌支撑系列产品,可以扩大市场占有率、节约营销费用;(4)通过并购可以集中人力、物力、财力用于新产品和新技术的开发,加快技术商品化进程,节约科研开发支出等。

(三) 税收协同效应

税收协同效应主要表现在:(1)利用税法中的税收递延条款合理避税,如一家获利高并由此归于最高课税等级的公司并购一家有累积纳税亏损的公司,并购后即可利用税法中的亏损递延规定,获得减交或免交企业所得税的益处。(2)利用尚未动用的举债能力,可以获得减税效应;(3)利用支付工具合理避税,在目标公司股东不是将自持的股票直接转换为并购公司的股票,而是首先购买并购公司发行的可转换债券,然后通过一定的程序和条件转换为并购公司的普通股股票的情况下,对于并购公司而言,可转换债券的利息是从税前列支的,在转换为普通股之前可以少交企业所得税;对于目标公司股东来说,由于资本收益(可转换债券)可延期偿付,从而延迟缴纳资本利得税。

(四) 财务协同效应

财务协同效应主要表现在：(1)当并购一方的产品生命周期处于成熟期、财务资源（如充足的现金流量、大量未被抵押的优质资产等）未被充分利用，而并购另一方的产品生命周期处于成长期、拥有较多投资机会而急需现金的情境下，利用并购的财务互补和协同效应，充分运用并购双方现有的财务资源，可以避免资本的闲置和浪费并节约融资成本。此外，当并购一方产品的生产销售周期与并购另一方不同时，并购可以充分利用不同产品生产销售周期的差异，相互调剂资金余缺，从而减少资本闲置，节约融资成本。(2)公司并购一般伴随着公司规模的扩大、实力的增强、知名度的提高，这不但增大了公司抵抗风险的能力，而且提高了公司的信用评级和融资能力，可以使并购后的公司获得更加有利的信用条件和融资便利。(3)非上市公司并购上市公司，可以取得上市公司宝贵的"壳"资源。"借壳上市"不但可以迅速取得上市资格，提高公司知名度，而且通过向上市公司注入优质资产，可以获取配股及发行新股的资格，较为便利地通过证券市场募集资本并节约上市费用。

五、并购与财富再分配

并购的协同效应一般是通过横向并购或纵向并购实现的。混合并购的动机在于实现经营多元化，旨在降低经营风险，因此混合并购不会增加股东财富。本质上，两家公司合并可以视作一个投资组合。根据投资组合理论，投资多个公司比投资单个公司风险要低，或者说并购后公司的总风险比并购前单个公司的合计风险要低。

根据期权定价模型，在公司价值给定的情况下，公司股票的市场价值相当于公司价值的一个买权，而公司债务价值相当于公司价值减去这一买权。风险增大会增加股票（买权）价值，降低债券价值；反之，风险减小会降低股票价值，增加债券价值。由于并购后公司总风险比并购前单一公司风险要低，因此股票价值相对于债券价值会有所下降。在现实中，并购后公司总价值恰好等于原来各自价值的情况并不多见，因此并购后公司股票价值绝对下降的情况也很少。但无论如何，公司并购带来的风险降低更有利于公司的债权人而不是股东。

【例15-2】 假设A公司、B公司从事不同的经营业务，两家公司希望通过合并实现多元化经营，合并前两家公司的有关数据见表15-2，据此计算合并后公司价值标准差为39.24%。

表15-2　A公司、B公司合并前价值评估　　　　　金额单位：万元

项目	A公司	B公司
公司价值	10 000	15 000
债券面值(零息债券)	8 000	5 000
债券期限(年)	10	10
公司价值标准差(%)	40	50
权数	0.4	0.6
公司价值相关系数	0.4	
合并后公司价值标准差	39.24%　根据公式(4-5)计算方差，然后调整为标准差	

假设 10 年期国债利率为 8%，采用 B-S 模型分别计算 A 公司、B 公司的期权价值、合并前后价值（见表 15-3 和表 15-4）。

表 15-3　A 公司、B 公司及合并后期权价值　　　　　　　　　　金额单位：万元

参数	A 公司	B 公司	合并后	说明
S	10 000.00	15 000.00	25 000.00	标的资产价值：公司价值
K	8 000.00	5 000.00	13 000.00	执行价格：零息债券面值
r	8.00%	8.00%	8.00%	年无风险利率
T	10.00	10.00	10.00	到期时间（年）：债券到期时间
Sigma	40.00%	50.00%	39.24%	标的资产价值波动率：公司价值标准差
d_1	1.4413	1.9914	1.7921	=(LN(S/K)+(r+0.5*sigma^2)*T)/(sigma*SQRT(T))
d_2	0.1764	0.4102	0.5511	=d_1-sigma*SQRT(T)
$N(d_1)$	0.9253	0.9768	0.9634	=NormSDist(d_1)
$N(d_2)$	0.5700	0.6592	0.7092	=NormSDist(d_2)
c	7 203.54	13 170.75	19 943.24	=S*N(d_1)-K*exp(-r*T)*N(d_2)
p	798.17	417.40	784.51	=K*exp(-r*T)*N(-d_2)-S*N(-d_1)
股票价值	7 203.54	13 170.75	19 943.24	看涨期权价格：公司资产买权价格
	7 203.54	13 170.75	19 943.24	公司价值-预期债券现值+看跌期权价格
债券价值	2 796.46	1 829.25	5 056.76	债券价值=公司价值-看涨期权价格
	2 796.46	1 829.25	5 056.76	债券价值=预期债券现值-看跌期权价格

表 15-4　A 公司、B 公司合并前后价值　　　　　　　　　　　　单位：万元

项目	A 公司	B 公司	合并前公司 AB	合并后公司 AB	价值变化
股权价值	7 204	13 171	20 374	19 943	-431
债务价值	2 796	1 829	4 626	5 057	431
公司价值	10 000	15 000	25 000	25 000	0

表 15-4 显示，合并前两家公司股权价值为 20 374 万元，合并后股权价值为 19 943 万元，下降了 431 万元；而债务价值却增加了相同的数量。因此，合并的结果是财富从股东转移给了债权人。也就是说，如果合并后没有提高财务杠杆比率，就很可能发生公司财富重新分配的现象。

合并前后价值变化也可以根据期权理论来解释，即并购增加了债权人的价值是因为降低了股东卖权（违约）价值。或者说，合并前 A 公司和 B 公司各自发行的债券分别对应两份卖权或违约期权，合并后 AB 公司债券（13 000 万元）的卖权价值低于两份期权的价值总和。也就是说，如果两家公司在合并前各自发行了债券，那么合并后，债权人持有的债券原本只是各由一家公司资产担保，现在却由两家公司资产担保。这种保证称作并购的共同保险效应（coinsurance effect），如果两家公司都有负债，则它们可以互为保证，或者说并购的共同保险效应将财富从股东转移给了债权人。

六、并购价值创造的经验证据

为了检验并购对并购双方股东财富或公司价值的影响,许多学者进行了大量的实证研究,Berkovitch and Narayanan(1993)将相关研究大致归结为三类(见表15-5)。

表15-5 并购动机及其对并购双方价值的影响

动机	总收益	目标公司收益	收购公司收益
第一类:效率性和协同性	+	+	+
第二类:自负(赢者诅咒和过度支付)	0	+	−
第三类:代理问题或错误	−	+	−

资料来源:Berkovitch E. and M. P. Narayanan, 1993, Motives for takeovers: An Empirical investigation, *Journal Financial and Quantitative Analysis*, 28: 347-362.

表15-5显示,目标公司股东是并购活动的绝对赢家,并购行为为目标公司股东带来的收益总是正的;并购行为对收购公司股东收益的影响表现为正、负两种情况;并购行为对并购双方总价值的影响表现为正、零和负三种情况。

将并购动机与并购收益联系起来可以发现:

(1)如果并购的动机是提高效率和协同性,并购收益总是正值,如果增加的价值由并购双方共同分享,并购双方的收益也为正值;但是即使总收益为正值,如果收购公司支付的溢价高于总收益,那么收购公司的收益也为负值。

(2)Roll(1986)提出了自负理论,认为收购竞价者之间的竞争容易导致最终胜出者支付的溢价超过所能获得的协同效应收益。收购公司竞价超过目标公司真实价值的原因在于收购公司管理者的过分自信和傲慢,他们的自大导致在评估并购机会时犯了过分乐观的错误,实际上并购收益并不能弥补收购所支付的溢价。在有效市场上,目标公司现行的市场价格已经反映其全部价值,收购公司支付过高价格造成财富向目标公司股东转移。因此,并购并没有增加社会总收益。由于并购总收益为零,当目标公司的收益为正值时,收购公司的收益必然为负值。

(3)当存在代理问题和错误时,经营者会根据自身利益而不是股东利益采取行动。Mueller(1969)提出的经理主义假说认为,经理人有动机扩大公司规模,其报酬是公司规模的函数,因此经理人可能为扩大公司规模而从事低效率的并购活动,从而降低公司价值。

Bradley et al.(1988)以美国1963—1984年发生的并购交易为样本,计算并购前后并购双方股东财富的变化,发现并购总收益在每个时期都为正,位于7%—8%区间。他们得出的结论是:并购产生了协同效应收益,但协同效应收益分配不均,目标公司股东获得了大部分收益,而收购公司得不到或得到很少的收益。

许多学者对过去百年间公司并购结果的考察表明,将近70%的并购没有获益或赔本,只有近1/3的并购达到预期效果。他们的研究表明,并购方过于乐观地估计了并购带来的协同效应而支付了过高的交易溢价,而实施并购后的预期协同效应无法实现是并购失败的主要原因。[①]

---

① 杨华,2007,《上市公司并购重组和价值创造》,北京:中国金融出版社。

在有关并购长期绩效的研究中,Geoffrey(1977)分析了 1964—1971 年英国 233 起合并交易的收益,结果表明交易后收购公司的总资产收益率呈递减趋势,并在交易后第 5 年达到最低点;同时,将近 2/3 的收购公司的业绩低于行业平均水平。总的来讲,合并使收购公司盈利水平轻度下降。

Healy et al.(1992)提出了相反的发现,他们研究了 1979—1984 年美国最大的 50 宗合并交易后的会计数据,并使用行业平均业绩作为基准来检验收购公司的业绩。并购后收购公司的资产生产效率显著提高,导致其比非收购的同类公司获得更高的营运现金流入。收购公司维持了与行业水平大致相当的资本性支出与研发开支比率,这表明业绩的改善不是以削减基础投资为代价换来的。最主要的是,合并公司股票的宣告收益与合并后营运业绩的改善显著相关,这表明合并宣告时股价的运动走势是由预期的业绩改善所驱动的。

张新(2003)的研究范围覆盖了 1993 年 1 月到 2002 年 12 月我国 A 股非金融类上市公司的并购重组事件,总计 1 216 个样本(其中还包含 22 起吸收合并案例)。研究结果显示,并购事件为目标公司的二级市场表现起到提前的推动作用,使二级市场价格在披露前逐步上升,从这个意义来说,并购为目标公司股东创造了价值。

周小春和李善民(2008)以问卷调查收集的 2000—2003 年 63 家中国上市公司从事的并购交易为样本,对我国上市公司并购价值创造的影响因素进行实证研究。结果显示,现金对价收购、较高的收购比例、较好的并购整合程度和并购双方密切的行业相关度都有利于上市公司并购价值创造。

第二节 并购价格与对价方式

一、并购价格的影响因素

一家公司的买卖价格(值)与一件商品的买卖价格(值)不同,商品价值的判断取决于个人对商品消费的效用,而公司价值判断取决于未来的获利能力。公司价值的评估方法可参阅第三章、第四章相关内容,但在并购估价中,不同购买者出于不同的动机和目的,可采用不同的评估方法。若并购是为了利用目标公司现有的资源持续经营,则采用折现现金流量法较为合理;若并购是为了将目标公司分拆出售,则采用清算价格法较为合理;若并购目标为上市公司且股价较为适宜,可采取乘数法。一般来说,折现现金流量法以目标公司未来现金流量为估价基础,可以客观地反映目标公司现有资源的盈利潜力,易为并购双方所接受,理论上较为合理,但操作难度较大,争论较多,因为未来现金流量的预测受较强的主观判断和未来不确定因素的影响较大。乘数法较为直观、操作简便,但需要以发达、成熟和有效的证券市场与并购市场的存在为前提。

与一般价值评估相比,并购价值评估的风险比较大。这种风险的程度依次取决于收购方所获信息的质量,目标公司是公开招股公司还是私人公司,收购行动是敌意还是善意,筹备收购所花费时间和收购前对目标公司的审核等。

如果股票市场是充分有效的,上市公司的股票价格能够反映市场对该公司的经营业绩、未来成长性和可能存在风险的预期,那么并购方可根据现行市价加上一定比例的溢价确定购买价格。溢价并购的原因主要有三种:

第一,控制权溢价论。如果并购公司通过购买股票而取得目标公司的相对控股权,就必须为此支付溢价。这里的"控制权",事实上是一种无形资产,只要并购公司取得目标公司的相对控股地位,对目标公司的资产就具有相对的处置权、经营权和收益分配权。因此,并购溢价反映了获得目标公司控制权的价值。

第二,诱饵论。为了诱使目标公司股东尽快放弃公司控制权,并购公司通常以高于市价的出价作为诱饵,而不管支付的市场溢价能否得到补偿,以促使目标公司股东尽快脱手其持有的股票。尤其是近年来愈演愈烈的并购大战,使竞争激烈的并购市场逐步脱离本身应有的经济意义。

第三,价值增值分配论。在并购活动中,并购双方重组与整合产生的协同效应和价值增值,是利用并购双方的资源共同创造和贡献的,由此应将并购后的预期增量收益拿出一部分作为市场溢价支付给目标公司股东。事实上,并购行为本身就向市场投资者及潜在投资者传递了一个利好消息,即目标公司的股票被低估了。因此,在并购宣告或并购消息泄露后,目标公司股票价格通常会有所上升,并购宣告日前后股票价格的差额基本反映了投资者对并购行为可能带来价值增值的合理预期。

并购价格的协商或确定还应考虑各种并购条件。一般来说,买卖双方在协商收购交易时,买方争取的不仅是尽可能低的价格,还包括有利的付款条件及交易保护;相对来说,卖方除争取最高的价格外,也要尽量避免承诺不利于卖方的交易条件等。如果目标公司是亏损公司,卖方过去的亏损可在未来抵减所得税而节省税赋。因此,税赋节余可作为一种价值,附加在原已计算的价值中。这是卖方在价格谈判上可以争取加价的理由,但买方是否接受,则是谈判实力的较量问题了。

事实上,按照各种方法确定的目标公司支付价格仅仅是并购交易的底价,最终交易价的确定是各种因素综合的结果。在其他因素一定的情况下,并购双方谈判技巧及分析影响因素的能力很重要。底价→谈判价→成交价的过程,既是一项技术性极强的工作,也是一项技巧性极强的工作。在并购价格形成的过程中,不仅要讲究定价策略和方法,更要讲究定价的各种技巧。从一定意义上说,公司价值是一回事,成交价格又是另一回事,双方合意价格的达成,受双方谈判力量的影响最大。

二、现金对价方式分析

并购作为一种战略投资,可以采用并购净现值作为决策标准。假设 A 公司拟收购 B 公司,公司价值分别为 V_A 和 V_B,两公司合并价值为 V_{AB},并购后净现值的计算公式为:

$$NPV = V_{AB} - (V_B + P_B) - V_A$$
$$= V_{AB} - (V_A + V_B) - P_B \tag{15-1}$$

其中,$V_{AB} - (V_A + V_B)$ 为并购的协同效应;P_B 为并购溢价,即并购公司付给目标公司的价格高于 V_B 的差额部分,在双向交易原则下,溢价 P_B 既表示目标公司的收益,又表示并购公司的成本;$V_B + P_B$ 为并购支付价格。公式(15-1)表明,只有当并购协同效应大于并购溢价时,才能为并购方创造价值。[①]

以现金支付并购价格是一种单纯的并购行为,它是由并购方支付一定数量的现金,从

---

① 为简化,假设不考虑并购时发生的各种交易成本,如并购过程中发生的搜寻、策划、谈判、文本拟定、资产评估、法律鉴定、公证等中介费,发行股票时支付的申请费、承销费等。

而取得被并购公司的所有权。由于现金具有较强的流动性,对被并购方特别是对那些因举债过多而被迫出售的公司而言,即时获取现金无疑是比较受欢迎的付款方式。在现金支付方式下,如果并购引起的价值增值大于并购成本,即并购后的净现值大于零,并购活动就是可行的。

【例 15-3】 假设 A 公司拟采用现金支付方式并购 B 公司,有关资料如下:(1) A 公司股票市值为 1 000 000 元,B 公司股票市值为 500 000 元;(2) A、B 两公司资本均为股权资本;预计两公司合并后因经营效率提高,公司价值将达到 1 750 000 元,即并购协同效应为 250 000 元;(3)经并购双方协商,B 公司股东愿意以 650 000 元出售 B 公司;(4)为简化,不考虑并购的交易成本。

根据上述资料,B 公司股东在这次并购活动中获得了 150 000 元的溢价收益,即他们得到并购协同效应 250 000 元中的 150 000 元。B 公司的收益就是 A 公司支付的成本,并购后持续经营的 A 公司价值为 1 100 000 元(1 750 000−650 000),A 公司原股东获得的净现值为 100 000 元(1 100 000−1 000 000)。在这次并购活动中,相当于 A 公司股东持有的价值变为 1 100 000 元,B 公司股东持有的价值变为 650 000 元。如果投资者得知 A 公司将并购 B 公司,对并购收益的估计与管理者相同,那么这一消息将会使 B 公司股票价值从 500 000 元上升到 650 000 元,A 公司股票市场价值从 1 000 000 元增加到 1 100 000 元。

三、股票对价方式

以交换股票方式实现并购是实务中经常采用的并购方式。在吸收合并方式下,并购公司向目标公司股东增发本公司股票,以换取目标公司股东合并前持有的本公司股票,目标公司宣告终止,进而实现对目标公司的合并。在新设合并方式下,新设公司向拟解散公司股东发行新设立公司的股票,以换取拟解散公司股东合并前持有的各自公司股票,拟解散公司宣告终止,进而实现新设合并。在换股合并过程中,股票如何交换、换股比率如何确定是合并双方能否合并成功的关键。

【例 15-3】中,A 公司流通在外的普通股为 10 000 股,每股市价为 100 元;B 公司流通在外的普通股为 8 000 股,每股市价为 62.5 元。如何确定股票换股比率?

假设 A 公司发行 6 500 股本公司普通股交换 B 公司股东原持有的 8 000 股股票,换股比率为 0.812 5∶1。并购前 A 公司股票每股价值 100 元,而 6 500 股×100 元/股=650 000 元,刚好等于用现金 650 000 元购买 B 公司的数值。从表面上看,并购支付价是 650 000 元,但实际支付价大于 650 000 元。

如果并购前的市场价值反映了两个独立公司的真实价值,并购协同效应为 250 000 元,那么换股并购后 A 公司市场价值为 1 750 000 元。如果 A 公司发行 6 500 股股票并购 B 公司,则并购后 A 公司股票数量将达到 16 500 股,B 公司原股东拥有并购后 A 公司 39.39%的股权(6 500/16 500),股权价值为 68 9325 元(0.3939×1 750 000)而非 650 000 元,并购溢价为 189 325 元(689 325−500 000)。也就是说,在这次并购中,B 公司原股东获得的净利润为 189 325 元,而 A 公司原股东获得的净利润为 60 675 元(250 000−189 325)。或者说,并购协同效应收益(250 000 元)中的大部分归 B 公司原股东,只有 60 675 元归 A 公司原股东。

在表 15-6 中,股票交换后 A 公司股票价格由每股 100 元上升为 106.06 元(1 750 000/16 500);在现金支付方式下,并购后 A 公司股票价格为每股 110 元(1 100 000/10 000)。

两者的差额说明股票交换交易使 A 公司付出了更高的成本。

表 15-6　不同对价方式下的并购溢价　　　　　　　　　　　　　　　　　单位:元

项目	并购前公司价值		并购后 A 公司价值		
	A 公司（并购公司）	B 公司（目标公司）	现金对价	股票对价	
				换股比率（0.8125∶1）	换股比率（0.7386∶1）
市场价值	1 000 000	500 000	1 100 000	1 750 000	1 750 000
普通股股数(股)	10 000	8 000	10 000	10 000	10 000
发行股数(股)				6 500	5 909
并购后股数				16 500	15 909
每股价格	100	62.5	110	106.06	110
并购支付价值			650 000	689 394	650 000
并购溢价			150 000	189 394	150 000

那么换股比率为多少才能使 B 公司股东只能得到价值 650 000 元的 A 公司股票？假设 B 公司股东拥有并购后 A 公司的股权比例为 α，换股并购后公司价值为 1 750 000 元，则并购后 B 公司股东的价值为 1 750 000α。如果 B 公司股东愿意以 650 000 元的价位出售 B 公司，则：

$$1\ 750\ 000\ \alpha = 650\ 000$$

解上式，$\alpha = 0.3714286$，即 B 公司股东得到并购后 A 公司 37.14286% 的股权，股票价值为 650 000 元。据此可根据下式计算 B 公司股东得到的股票数：

$$0.3714286 = \frac{增发股票数量}{10\ 000 + 增发股票数量}$$

解上式得到增发股票数量为 5 909 股。这样，并购后 A 公司的股票数量增至 15 909 股，用其中 5 909 股交换 B 公司的 8 000 股股票，换股比率为 0.7386∶1，结果如表 15-6 所示。普通股每股价格为 110 元(1 750 000/15 909)，正好等于现金购买方式下的价值。因此，如果 B 公司股东愿意以 650 000 元出售公司，那么转换比率应为 0.7386∶1，而不是 0.8125∶1。

在换股支付中，换股比率的高低，将直接影响到参与并购各方股东在并购后主体中拥有的股权份额。因此，通过换股方式实现并购，与其说是参与并购公司之间的行为，不如说是参与并购各方股东之间的行为。公司并购虽然一般是由参与并购的公司管理者发起，但并购的最终决定权取决于公司的股东。换股比率的确定对并购各方股东权益的影响主要体现在以下几个方面：

第一，稀释主要股东的持股比例。换股并购方式是在向拟解散公司增发或新发存续公司或新设公司股票的方式下进行的，无论是增发股票还是新发股票都会改变并购双方股东的持股比率，有可能稀释主要股东对并购公司的控制权(如由绝对控股转为相对控股)。当主要股东的股权稀释到不能有效控制并购后公司、主要股东又不愿放弃这种控制权时，主要股东可能会反对并购。

第二，可能摊薄公司每股收益。如果目标公司收益能力较差，并购后每股收益达不到按换股比率折算的并购公司每股收益水平，换股并购方式就会摊薄并购公司的每股收益。这不但导致并购公司股东可能抵制这种并购行为，而且公司管理者也不希望摊薄公司每股收益,因为每股收益是衡量经理人员经营业绩的一个重要尺度。反之,目标公司股东可能会抵制公司并购。

第三,可能降低公司每股净资产。在目标公司一方实际每股净资产较低的情况下,若确定的换股比率不合理,则有可能降低并购公司每股净资产。由于每股净资产反映了公司股东持有的每股股票的实际价值,减少每股净资产就是对并购公司股东权益的侵害。反之,有可能降低目标公司每股净资产。

因此,公司并购必须正确选择目标公司,合理确定目标公司价值,综合考虑目标公司的成长性、发展机会、并购双方的互补性、并购协同性等因素,全面评估并购双方的资产,正确确定换股比率。现简要说明不同对价方式对公司价值的影响。

(1) 如果并购对价不受并购方资金的限制,那么现金对价和股票对价对并购双方股东的影响直接表现为并购双方股东承担风险与分享收益的不同。采用现金对价,并购方股东承担了并购风险。假设在【例15-3】中,预计并购后的协同效应为250 000元,并购方支付价格为650 000元。并购后的协同效应比预计降低或上升了100 000元,不同对价方式对并购双方股东价值的影响如表15-7所示。

表15-7 不同对价方式对并购双方股东价值的影响　　　　　　　　　　　单位:元

项目	预计	实际	
	协同效应=250 000	协同效应=150 000	协同效应=350 000
并购后公司价值	1 750 000	1 650 000	1 850 000
现金对价			
并购方股东价值	1 100 000	1 000 000	1 200 000
目标公司股东价值	650 000	650 000	650 000
并购后价值创造			
归属于并购方股东价值	100 000	0	200 000
归属于目标公司股东价值	150 000	150 000	150 000
股票对价			
并购后股数	15 909	15 909	15 909
原A公司股东持有股数	10 000	10 000	10 000
原B公司股东换股数	5 909	5 909	5 909
并购后股价	110	103.714	116.286
并购方股东持股价值	1 100 000	1 037 143	1 162 857
原目标公司股东持股价值	650 000	612 857	687 143
并购后价值创造			
并购方股东价值	100 000	37 143	162 857
目标公司股东价值	150 000	112 857	187 143

如果采用现金对价,不论协同效应是否达到250 000元,目标公司股东价值均增加150 000元。与此不同,并购方股东价值与协同效应同方向变化。协同效应为350 000时股东价值增加200 000元;协同效应为150 000时,并购活动并没有为并购方创造价值。

如果采用股票对价,目标公司股东成为并购后合并公司的股东,他们与并购方股东一起承担风险和获得收益。如果协同效应增强,目标公司原股东所持股票价值比并购前增加187 143元,与现金对价相比,价值增加37 143元;如果协同效应减弱,目标公司原股东所持股票价值为612 857元,比并购前增加112 857元,与现金对价方式相比减少37 143

元。对并购方股东来说，如果协同效应增强，股东价值比并购前增加 162 857 元，与现金对价方式相比，价值减少 37 143 元（200 000－162 857）；如果协同效应减弱，股东价值比并购前增加 37 143 元，与现金对价方式相比，价值也增加 37 143 元。

从表 15-7 的数据中可以发现，采用现金对价方式对并购方股东价值的影响比较大。若并购方相信并购后可以获得更多的协同效应收益，则应采用现金对价；反之，则采用股票对价。在采用股票对价时，无论并购双方价值被高估还是被低估，并购双方都将分担市场修正价值的结果。

（2）采用何种对价方式还应考虑资本结构的影响，现金对价虽然不会引起股权稀释，但会致使并购方公司现金流量恶化，特别是通过发行债券实现现金对价，如果并购后没有达到预期的协同效应，公司可能因债台高筑而进行债务重组。采用部分或全部股票对价可以由并购双方共同分担风险。

虽然不同的对价方式对并购双方的影响不同，但是决定并购的关键因素是并购活动是否创造了价值，只要有一方认为不能增加财富，就不能达成并购协议。对于目标公司来说，当并购价格大于其独立经营时的内在价值和所要求的溢价时，才愿意出让公司。对于并购方来说，当并购后创造的价值能够增加普通股每股收益或公司价值时，才愿意进行并购活动。当然，并购协议的签订只是获得经营另一家公司的权利，要想实现并购协同效应还需进行大量的组织整合、资源整合、业务流程整合及企业文化整合等工作。

第三节 资产剥离价值分析

一、资产剥离形式

剥离（divestiture）是投资或收购的反向操作，是指公司将子公司、部门、产品生产线、固定资产等出售给其他公司的一种交易。资产剥离主要包括资产出售与分立两种形式。资产出售（sell-off）是指将不符合公司战略的资产、无利可图的资产或已经达到预定目标的资产转卖给其他公司，旨在优化资产结构，提高公司资产整体质量，或者筹集新的资本用于公司核心经营业务。

分立（spin-off）可以看作一种特殊形式的剥离，是指在法律上和组织上将一家公司划分为两个或两个以上独立实体的行为。分立有股权分割和持股分立两种形式。

股权分割（spin-off）是指公司创设一家子公司，并将其股份按比例分配给公司股东，是一种对股东的非现金支付方式。股权分割后，子公司通过上市成为一家公众公司，母公司不再对子公司的资产拥有控制权。这种完全分离使子公司的战略具有更大的灵活性，从更具竞争力的公司（而不是从前的母公司）寻求资源，从而改进经营、提高经营业绩。

持股分立（equity carve-out）是指公司公开出售子公司的部分股票，从而将子公司的股权从母子公司的联合实体中分离出来。与股权分割不同的是，在持股分立中，母公司一般只售出其在子公司权益中的一小部分，仍保留对子公司资产和经营的控制权。持股分立的原因可能是希望维持母公司与子公司之间的协同效应，或者保护子公司免受并购等资本运作活动的影响。通过公开出售子公司的股票，可以获得支持公司增长所需的资金。由于母公司保留对子公司的控制权，不但使公司治理结构更加复杂，而且母子公司在公司战略和利益分配上可能会发生一些冲突，从而影响分立后子公司的经营业绩。

二、资产剥离分析

理论上,两家公司的价值应该与分离前单个公司的价值没有差别,但有关剥离后公司业绩的实证研究表明,积极性的资产剥离具备价值创造的潜力。与此相比,有些公司的高层管理者往往回避使用资产剥离,很多剥离交易是迫于某种压力的被动行为,如母公司经营不善、业务单元经营不善,或两者兼具。此外,大多数被动交易是在公司绩效不佳且持续多年之后才进行剥离的。管理者之所以不愿意进行资产剥离,是因为剥离交易稀释了公司收益。

【例15-4】 某公司资产剥离前的公司价值、息税前利润、每股收益等数据如表15-8第二列所示。公司拟出售下属子公司,出售价为1 000万元。子公司在母公司的经营下,息税前利润为110万元,预期价值为800万元。由于子公司出售价值大于母公司自己经营时的价值,出售将创造价值。假设出售子公司获得的现金有三种用途:(1)短期投资(利率为2%);(2)偿还债务;(3)回购股票(50万股)。不同资金用途对公司收益的影响如表15-8所示。

表15-8 出售子公司对母公司收益的影响　　　　　　　　　　金额单位:万元

项目	剥离前业务	剥离的业务	剥离后		
			短期投资	偿还债务	回购股票
经营价值	5 000.00	800.00	4 200.00	4 200.00	4 200.00
现金			1 000.00		
公司价值	5 000.00		5 200.00	4 200.00	4 200.00
其中:债务价值	1 200.00		1 200.00	200.00	1 200.00
股权价值	3 800.00		4 000.00	4 000.00	3 000.00
流通普通股股数(万股)	200.00		200.00	200.00	150.00
股票价格(元/股)	19.00		20.00	20.00	20.00
息税前利润	533.60	110.00	423.60	423.60	423.60
利息收入(2%)			20.00		
利息费用(6%)	72.00		72.00	12.00	72.00
税前利润	461.60	110.00	371.60	411.60	351.60
所得税(30%)	138.48	33.00	111.48	123.48	105.48
净利润	323.12	77.00	260.12	288.12	246.12
每股收益(元)	1.62		1.30	1.44	1.64
市盈率(倍)	11.76		15.38	13.88	12.19

如果出售子公司获得的现金用于短期投资,每股收益由1.62元降至1.30元,原因在于短期投资利息收入(20万元)低于被出售子公司创造的收益(110万元),或者说短期投资收益低于子公司继续经营所得的息税前利润。但是,股权价值的提高使市盈率由11.76倍提高到15.38倍。

如果出售子公司获得的现金用于偿还债务,利息费减少了60万元,低于拟出售子公司创造的息税前利润110万元,考虑所得税因素,出售后净利润减少了35万元,从而每股收益由子公司出售前的1.62元降至1.44元。与短期投资的资金用途相比,在偿还债务的情况下,对每股收益稀释的影响较小,原因在债务利率高于短期投资收益率,利息费用降低增加了每股收益。

如果母公司将出售子公司获得的现金用于回购股票,使流通在外的普通股股数减少了 50 万股,从而使每股收益从 1.62 元增至 1.64 元,市盈率变为 12.19 倍。

三、资产剥离与价值创造

与并购相同,作为公司战略的一部分,资产剥离旨在对公司业务组合进行重新定位。资产剥离的价值来源可从以下几个方面加以解释:

(一) 核心竞争力效应

资产出售是两个独立公司之间的交易,双方都可以从中获益。对于资产剥离者来说,可以将出售获得的现金投在其他更有效益的业务上,释放被剥离业务此前吸纳的冗余资源,从而加强资产剥离者的核心竞争力,为资产剥离者增加效益。2005 年 5 月,美的电器将所持有的从事小家电生产的子公司日电集团 85% 的股权以 24 886.92 万元的价格转让给美的集团,这样美的电器就可以从微波炉、热水器等小家电业务中脱身,将精力集中于美的集团旗下的空调、压缩机、冰箱等大家电业务。

对于买方来说,被剥离的业务可能与其在战略上配合更好,产生更显著的协同效应。这意味着被剥离业务对买方比对卖方更有价值,这种增加效益可由买方独享,或由买卖双方分享。增加值的分享比例依赖于双方讨价还价的相对实力、卖方的财务状况、资产剥离市场的供应状况、两家公司规模的相对大小以及资产剥离者需要现金的迫切程度。

(二) 信息效应

一般认为,股市对公司的透明度有偏好。分立后的子公司作为一个独立的经济实体,要定期公布财务报表、披露相关信息,使投资者和证券分析师更容易评估子公司的价值,这种持续的公开信息可能对子公司的业绩产生正面影响。例如,IU 是在纽约证券交易所挂牌的一家拥有数亿美元资产的上市公司,IU 公司为了实现多元化经营,相继并购了远洋运输、金矿开发等业务,以便分散风险、稳定收入。从经营战略的角度看,公司的这一举措是合理的,但在资本市场上却不尽如人意。IU 公司高度分散的经营使它很难归于某个特定产业,证券分析师不愿对其证券做出定性分析,也很少向投资者推荐这家公司(证券分析师一般倾向于集中研究某个产业,如果他们不愿意推荐,投资者就不会投资于自己知之甚少的产业),结果 IU 公司的股价很低。有鉴于此,IU 公司决定分立为三个公司——从事石油运输的远洋公司、电子设备公司和金矿开采公司。分立后,IU 公司股票价格从 10 美元上升到 75 美元,大大超过股票市场的平均收益水平。

(三) 消除负协同效应

如果公司的某些业务对实现公司整体战略目标不重要,或者这些业务不适合公司其他业务的发展,或者这些业务目前处于竞争劣势地位,保留这些业务不但不能创造价值,反而会毁灭价值,即所谓的负协同效应(1+1<2)。在这种情况下,剥离不适宜的业务是消除负协同效应的最佳手段。例如,国际收割机公司在一些产品市场上遇到强大的竞争,就当时公司的生产率水平、研究开发能力而言,很难在竞争中取胜。因此,国际收割机公司决定从这些市场上退出,并将相关业务部门出售给一家较大的、有较强融资能力的公司,从而避免了在竞争中可能造成的损失。

(四) 市场形象效应

公司出售资产可能会改变公司的市场形象,提高公司股票的市场价值。例如,美国的埃斯马克(Esmark)是一家拥有快餐、消费品生产和石油生产等业务的集团公司,但在投资者的印象中,它仅仅是一家快餐和消费品生产公司,公司拥有的大量有价值的石油储量被忽视了。这些石油储量在公司资产负债表上仅以较低的价值反映出来,致使公司股票价格被市场低估。管理人员认为埃斯马克当前的状况可能会使公司被其他公司收购,决定将该公司拥有的包括石油生产在内的非消费品生产部门出售给美孚石油公司,由此获得 11 亿美元的现金收入,公司股票的市场价格也从 19 美元上升到 45 美元。这一分立案不仅提高了公司股票的市场价格,也可能打消了并购方的并购意图。

四、剥离价值影响的实证数据

一项针对 370 家私人和上市公司的研究发现,各种类型的剥离在公告日前后存在较大的超额收益(见表 15-9)。

表 15-9　公告前一日与后一日的累计超额收益率

项目	全部	股权分割	持股分立	资产出售
均值	3.00%	4.50%	2.30%	2.60%
中值	1.80%	3.60%	0.90%	1.60%
交易数量	370	106	125	19

资料来源:Mulherin, J. H. and A. L. Boone, 2000, Comparing acquisitions and divestitures, *Journal of Corporate Finance*, 6(2):117-139.

Rosenfield(1984)的研究样本为 1969 年发生在美国的 62 家出售资产的公司,运用均值调整法发现资产剥离宣告当日,股东能获得显著为正的超常收益,而且资产剥离宣告[-30,-1]的累计超常收益率为正。

Jain(1985)选取 1975—1976 年在美国发生的 1 000 多起剥离事件,发现出售方股东获得的超额收益率为 0.7%,且在统计上是显著的;但是在剥离事件宣告之前,出售方股东[-360,-n]天存在负的超常收益率,为-10.8%。

Cho and Cohen(1997)对 1983—1987 年发生在美国的 50 起最大资产剥离事件进行研究,发现企业的经营现金流回报(operating cash flow returns)在剥离之后一般会比剥离之前有轻微提高,但在 5% 的统计水平上并不显著。

Brown et al.(1994)选取了 1979—1988 年 49 家陷入财务困境的公司为样本,发现如果出售资产所得收入用于偿还债权人,市场将做出消极的反应(超常收益率为-1.63%);而如果继续由企业持有,市场反应则是积极的(超常收益率为 1.87%)。

陈信元和张田余(1999)以 1997 年在上海证券交易所上市的有资产重组活动的公司为研究样本,其中资产剥离类样本 14 家。他们选取资产重组前后 20 天的累计超常收益率(CAR)为研究指标,运用市场模型法进行检验,发现资产剥离在公告日后几天的 CAR 显著大于零,其余大部分期间的 CAR 与零没有显著差异,资产剥离在公告日后[15,18]的 CAR 甚至显著小于零。

陆国庆(2000)对 1999 年上交所上市公司不同类型的资产重组进行绩效比较,选取的指标为托宾 Q。结果显示资产重组能显著改善上市公司业绩,绩效差的公司尤其显著,但不同重组类型的绩效相差较大。用股权收益率来评价,以"资产剥离+收购兼并""第一大股东变更的股权转让+资产剥离+收购兼并"和"资产剥离"的绩效最好,单纯的收购兼并次之,资产置换和没有实质性重组的股权转让不但没有改善企业业绩,反而会恶化企业的财务状况。

本章小结

1. 吸收合并是指两家以上的公司合并,其中一家公司因吸收其他公司而成为存续公司的合并形式;创新合并是指两家或两家以上的公司通过合并创建一家新的公司。

2. 公司扩张形式一般分为内涵式和外延式两种。前者是指通过建立新的产品线、市场和流程实现自我发展;后者是指通过并购获得社会上现存的生产能力以实现发展。

3. 目标公司股东是并购活动的绝对赢家,并购行为为目标公司股东总是带来正收益;并购行为对收购公司股东收益的影响表现为正、负两种情况;并购行为对并购双方总价值的影响表现为正、零和负三种情况。

4. 现金对价和股票对价对并购双方股东的影响,直接表现为并购双方股东承担风险和分享收益的情况不同。

5. 剥离是投资或收购的反向操作,是指公司将子公司、部门、产品生产线、固定资产等出售给其他公司的一种交易。资产剥离主要包括资产出售与分立两种形式。资产剥离价值创造主要来自核心竞争力效应、信息效应、消除负协同效应和市场形象效应。

案例分析

1. 2018年10月23日晚,美的集团发布公告称将发行股份,换股吸收合并小天鹅除美的集团及TITONI外所有股东的股票,交易作价合计143.83亿元,对应小天鹅市值303.85亿元。交易完成后,小天鹅全部股票将被注销,进而退市。这意味着,美的、小天鹅双上市平台的现状将结束,美的集团将只保留一个A股上市平台,集团内业务将得到进一步整合。

美的发布重组预案后,深交所随后发布问询,要求美的论证:交易定价是否符合美的和小天鹅双方股东利益;本次换股吸收合并的合理性,以及对两家公司生产经营、品牌延续、上下游关系维护等的影响。

A股上市平台一直是比较宝贵的资源,A股上市公司吸收合并上市公司而使对方退市的情况十分罕见,以前虽有这种情况,但也局限于国企之间的整合。请上网查询,说明美的为何弃壳、换股吸收合并小天鹅。

2. 2014年12月31日,中国南车股份有限公司(简称"中国南车",601766)发布公告称:将与中国北车股份有限公司(简称"中国北车")合并。2015年5月28日,交易顺利完成。请登录巨潮资讯网(http://www.cninfo.com.cn/)查找相关公告,回答以下问题:

(1) 中国南车与中国北车的合并属于吸收合并还是创新合并?属于什么类型的并购?
(2) 本次并购交易是否构成重大资产重组?是否构成关联交易?
(3) 本次并购交易是怎样定价的?采取什么对价方式?
(4) 本次并购对交易双方产生怎样的影响?

3. 2014年8月5日,云南锡业股份有限公司(简称"锡业股份",000960)发布公告称:公司将铅业分公司资产转让出售给云南锡业集团(控股)有限责任公司(简称"云锡控股")。请登录巨潮资讯网(http://www.cninfo.com.cn/)查找相关公告和其他媒体信息,回答以下问题:

(1) 锡业股份为何将资产剥离给云锡控股?
(2) 锡业股份转让资产的价款、支付期限和方式。
(3) 简要分析锡业股份资产剥离的影响。

4. 东方航空换股吸收合并上海航空案例分析。2009年7月10日,中国东方航空股份有限公司(简称"东方航空")发布《换股吸收合并上海航空股份有限公司(简称"上海航空")预案》。本次换股吸收合并完成后,上海航空将终止上市并注销法人资格,东方航空作为合并完成后的存续公司,将依照《换股吸收合并协议》的约定接收上海航空的所有资产、负债、业务、人员以及其他一切权利与义务。2009年12月30日,中国证监会核准东方航空吸收合并上海航空,2010年1月25日上海航空终止上市,2010年1月28日完成换股。本次吸收合并中,换股对象为换股日登记在册的上海航空全体股东。本次吸收合并的对价由东方航空和上海航空,以双方的A股股票在定价基准日的二级市场价格为基础协商确定。东方航空的换股价格为定价基准日前20个交易日东方航空A股股票的交易均价,为5.28元/股;上海航空的换股价格为定价基准日前20个交易日上海航空A股股票的交易均价,为5.50元/股。东方航空同意,作为对参与换股的上海航空股东的风险补偿,在实施换股时给予上海航空约25%的风险溢价,由此确定上海航空与东方航空的换股比例为1∶1.3,即1股上海航空的股票可换取1.3股东方航空的股票。

请登录上海证券交易所网站(http://www.sse.com.cn),查找并下载东方航空和上海航空2008年年报和2009年半年报,分析2008年至2009年上半年东方航空和上海航空的财务状况,并思考东方航空吸收合并上海航空为何采取股票对价方式。此次并购交易价格合理吗?

5. 吉利并购沃尔沃案例分析。吉利控股集团2010年8月2日宣布以13亿美元现金和2亿美元票据完成对沃尔沃汽车公司的并购案。对于只有13年造车历史的吉利来讲,并购超过80年历史的沃尔沃,成为中国汽车制造企业最大的一宗海外并购案。沃尔沃是北欧最大的汽车制造企业,也是瑞典最大的工业企业集团。1999年福特以64亿美元并购沃尔沃,使豪华乘用车品牌归属福特旗下一个全资子公司。2008年全球金融危机爆发,福特出现巨额亏损,其年度财务报告显示,福特2004—2009年累计亏损275亿美元;沃尔沃此期间的销售收入由2004年的161亿美元下降到2009年的124亿美元,税前利润由2004年的-2.56亿美元下降到2009年的-9.34亿美元。为减少亏损、改善财务状况,在出售路虎、捷豹之后,沃尔沃也成为福特剥离的目标。福特于2008年12月1日宣布出售沃尔沃,并且标出60亿美元的售价,约合人民币412.4亿元。吉利聘请了财务顾问——英国投资银行洛希尔公司,采用现金流量法和乘数法对沃尔沃资产进行价值评估,确定合理的价位为20亿—30亿美元,其中并购价格为15亿—20亿美元,后期运营资本为5亿—10亿美元。根据洛希尔的这一估值,吉利控股提出了并购沃尔沃的竞标价。事实上,洛希尔的估值仅仅是并购交易的底价,真正的成交价是各种因素综合的结果,如经济周期、股市预期、行业壁垒、卖方的市场份额、收入和利润的增长能力,以及并购交易对价方式、并购方式、融资能力、并购双方谈判能力等。在吉利并购案中,从并购宣告日(2010年3月28日)到并购交割日(2010年8月2日),并购交易价格从18亿美元降为13亿美元现金和2亿美元票据。交易价格调整的原因之一是受到欧元贬值的影响。自并购宣告日到交割日前一天,欧元对人民币价格从9.1719元跌至8.8441元,跌幅达3.574%,其中最低价为2010年6月7日的8.1301元。并购谈判期间,以欧元计价的资产大幅走低,从而使吉利并购团队在谈判中取得了强势地位,使交割日价格比宣告日价格降低了3亿美元。这一并购案的最终交易价格需根据养老金义务和营运资本等因素确定的并购协议做出最终调整,为此,吉利控股为这部分"其他因素"准备了3亿美元。除现金对价外,根据协议吉利还需承担沃尔沃的部分债务。

请登录上海证券交易所网站(http://www.sse.com.cn),查找并下载有关吉利并购沃尔沃的其他详细资料,分析吉利为什么采取单一的现金对价方式完成并购沃尔沃的交易。现金对价会对吉利未来的发展产生怎样的影响?

主要参考文献[①]

Altman, E. I., 1968, Financial ratios, discriminant analysis and the prediction of corporate bankruptcy, *Journal of Finance*, 23(4), 589–609.

Barney, J., 2001, The resource-based theories of competitive advantage: A ten-year retrospective on the resource-based view, *Journal of Management*, 27: 643–650.

Black, F. and M. Scholes, 1974, The effects of dividend yield and dividend policy on common stock prices and returns, *Journal of Financial Economics*, 1(1): 1–22.

Bradley, M., A. Desai and E. H. Kim, 1988, Synergistic gains from corporate acquisitions and their division between the stockholders of target and acquiring firms, *Journal of Financial Economics*, 21(1): 3–40.

Brau, J. C. and S. E. Fawcett, 2006, Evidence on what CFOs think about the IPO process: Practice, theory, and managerial implications, *Journal of Applied Corporate Finance*, 18(3): 107–117.

Brown, D. T., James C. M. and R. M. Mooradian, 1994, Asset sales by financially distressed firms, *Journal of Corporate finance*, 1(2): 233–257.

Cho, M. H. and M. A. Cohen, 1997, The economic causes and consequences of corporate divestiture, *Managerial and Decision Economics*, 18(5): 367–374.

Elton, E. L., M. J. Gruber and J. Mei, 1994, Cost of capital using arbitrage pricing theory: A case study of nine New York utilities, *Financial Market, Institutions, and Instruments*, 1(3): 45–73.

Fama, E. F., 1976, *Foundations of Finance*, Basic Books, New York.

Fama, E. F. and H. Babiak, 1968, Dividend policy: An empirical analysis, *Journal of the American Statistical Association*, 63: 1132–1161.

Geoffrey, M., 1977, *Disappointing Marriage: A Study of the Gains from Merger*, London: Cambridge University Press.

Graham, J. R. and C. R. Harvey, 2001, The theory and practice of corporate finance: Evidence from the field, *Journal of Financial Economics*, 60(2): 187–243.

Graham. J. and C. Harvey, 2002, How do CFOs make capital budgeting and capital structure decisions? *Journal of Applied Corporate Finance*, 15(1): 8–23.

Hamada, R. S., 1969, Portfolio analysis, market equilibrium and corporation finance, *The Journal of Finance*, 24(1): 13–31.

Healy, P. M., K. G. Palepu and R. S. Ruback, 1992, Does corporate performance improve after mergers? *Journal of Financial Economics*, 31(2): 135–175.

Hertz, D. B., 1968, Investment policies that pay off, *Harvard Business Review*, 46(1): 96–108.

Hovakimian, A., T. Opler and S. Titman, 2001, The debt-equity choice, *Journal of Financial and Quantitative Analysis*, 36(1): 1–24.

Jain, P. C., 1985, The effect of voluntary sell-off announcements on shareholder wealth, *The Journal of Finance*, 40(1): 209–224.

---

① 这里只列示主要的参考文献,全部参考文献可从"学习资源包"中获取,路径为"学习资源包—延伸阅读材料—参考文献+资源链接"。

Jensen, M. C. and Jr. C. Smith, 1985, Stockholder, manager and creditor Interests: Applications of agency theory, *Recent Advances in Corporate Finance*. E. I. Altman and M. G. Subrahmanyam, Homewood, Illinois, Irwin.

Lee, I., S. Lochhead and J. Ritter, 1996, The costs of raising capital, *Journal of Financial Research*, 19: 59-74.

Leland, H. E. and D. H. Pyle, 1977, Informational asymmetry, financial structure, and financial intermediation, *The Journal of Finance*, 32(2): 371-387.

Lint, O. and E. Pennings 2001, An options approach to the new product development process: A case study at Philips electronics, *R&D Management*, 31(2): 163-172.

Lintner, J. V., 1956, Distribution of income among dividends, retained earnings, and taxes, *The American Economic Review*, 45(2).

Logue, D. E., 1973, On the pricing of unseasoned equity issues: 1965-1969, *Journal of Financial and Quantitative Analysis*, 8(1): 91-103.

Miller, M. H., 1977, Debt and taxes, *The Journal of Finance*, 32(2): 261-275.

Miller, M. H. and F. Modigliani, 1961, Dividend policy, growth, and the valuation of shares, *Journal of Business*, 34(4): 411-433.

Mueller, D. C., 1969, A theory of conglomerate mergers, *The Quarterly Journal of Economics*, 83(4): 643-659.

Myers, S. C., 1984, The capital structure puzzle, *The Journal of Finance*, 39(3): 574-592.

Potrer, M. E., 1987, From competitive advantage to corporate strategy, *Harvard Business Review*, 5: 43-59.

Ritter, J. R., 2003, Investment banking and securities issuance, *Handbook of the Economics of Finance*, 1: 255-306.

Rock, K., 1986, Why new issues are underpriced, *Journal of Financial Economics*, 15(1): 187-212.

Roll, R., 1986, The hubris hypothesis of corporate takeovers, *Journal of Business*, 59(2): 197-216.

Rosenfield, J. D., 1984, Additional evidence on the relation between divestiture announcements and shareholder wealth, *The Journal of Finance*, 39(5): 1437-1448.

Ross, S. A., 1976, The arbitrage theory of capital asset pricing, *Journal of Economic Theory*, 13(13): 341-360.

Rozeff, M. S., 1982, Growth, beta and agency costs as determinants of dividend payout ratios, *Journal of Financial Research*, 5(3): 249-259.

Rumelt, R. P., D. Schendel and D. J. Teece, 1991, Strategic management and economics, *Strategic Management Journal*, 12: 5-29.

Teece, D. J., G. Pisano and A. Shuen, 1997, Dynamic capabilities and strategic management, *Strategic Management Journal*, 14: 61-74.

Warner, J. B., 1977, Bankruptcy costs: Some evidence, *The Journal of Finance*, 32(2): 337-347.

陈信元、张田余，1999，资产重组的市场反应——1997年沪市资产重组实证分析，《经济研究》，第9期，第47—55页。

何诚颖，2003，中国股市市盈率分布特征及国际比较研究，《经济研究》，第9期，第74—81页。

李红刚、付茜，2002，中国股票市盈率合理范围探析，《改革》，第2期，第103—106页。

李悦、熊德华、张峥、刘力，2009，中国上市公司如何制定投资决策，《世界经济》，第2期，第66—76页。

陆国庆，2000，中国上市公司不同资产重组类型的绩效比较：对1999年度沪市的实证分析，《财经科学》，第6期，第20—24页。

吴明礼，2001，我国股市的市盈率结构分布和分析，《数量经济技术经济研究》，第5期，第99—102页。

张新，2003，并购重组是否创造价值？中国证券市场的理论与实证研究，《经济研究》，第6期，第20—29页。

周小春、李善民，2008，并购价值创造的影响因素研究，《管理世界》，第5期，第134—143页。